I0826647

LES

MILLE ET UNE NUITS

CONTES ARABES

TRADUIT

PAR M. A. D. GALLAND

SUIVIS

DE NOUVEAUX CONTES DE CAYLUS ET DE L'ABBÉ BLANCHET

AVEC UNE PRÉFACE HISTORIQUE

PAR M. JULES JANIN

PARIS

IMPRIMERIE ET LIBRAIRIE GÉNÉRALE DE FRANCE

7, RUE BONAPARTE

LÈS

MILLE ET UNE NUITS

CONTES ARABES

POISSY. — TYPOGRAPHIE ARBIEU.

LES
MILLE ET UNE NUITS

CONTES ARABES

TRADUITS

PAR M. A. D. GALLAND

SUIVIS

DE NOUVEAUX CONTES DE CAYLUS ET DE L'ABBÉ BLANCHET

AVEC UNE PRÉFACE HISTORIQUE

PAR M. JULES JANIN

TOME PREMIER

PARIS

IMPRIMERIE ET LIBRAIRIE GÉNÉRALE DE FRANCE

7, RUE BONAPARTE

PRÉFACE.

Savez-vous un conte plus amusant, une histoire d'un plus vif intérêt, un poëme plus rempli d'imagination, que ce conte, cette histoire, ce poëme : *les Mille et une Nuits?* C'est le livre de l'enfant, c'est le livre du jeune homme, c'est aussi le livre du vieillard. L'enfant y retrouve, dans leurs plus naïfs développements, les récits magnifiques de sa nourrice; le jeune homme y suit, à perdre haleine, toutes les fraîches et transparentes passions de l'Orient; le vieillard, revenu de toute illusion, s'amuse encore de ces illusions sans fin et sans cesse, les seules qui ne l'aient pas trompé, tant la poésie est chose réelle! Quel est donc ce livre qui convient ainsi à toutes les positions de la vie, que la jeune fille peut ouvrir sans danger, et qui passe ainsi de main en main comme ferait quelque poëme national?

Ce livre, à son origine, est rempli de mystères, le nom de son auteur est inconnu. Vous avez lu, dans *les Mille et une Nuits*, l'histoire de ce vase trouvé au fond de la mer : on ouvrait le vase, et, tout d'un coup, au milieu d'une épaisse fumée, vous voyiez sortir un géant! vous avez lu aussi l'histoire de cette cassette de cristal dont la clef était d'or : on ouvrait la cassette, et soudain vous voyiez sortir quelque belle fille, brune ou blonde, mais à coup sûr souriante, jolie, aimable, couverte d'une gaze transparente, le cou chargé de perles, la tête couverte de diamants, le pied nu, la main effilée, légère comme une abeille; eh bien! voilà l'histoire des *Mille et une Nuits*. C'est le vase caché dans la mer, d'où s'échappe le géant; c'est la précieuse cassette de cristal d'où s'élance la jeune fille de l'Orient; la grâce et la force, la moralité et la fiction, la fable et l'histoire, le songe et la veille, les génies et les hommes, l'ange et le diable, le bon et le mauvais principe; toutes les passions, toutes les chimères, toutes les vertus, tous les mensonges, voilà ce chef-d'œuvre auquel on ne peut rien comparer dans aucune langue, pas même les vers de l'Arioste.

Le peuple arabe est un peuple de poëtes conteurs; la poésie leur vient en naissant, et, dans cette vie de repos et de fatigues, ils n'ont pas d'autre joie, après l'amour, qu'un récit bien compliqué et bien rempli de toutes sortes de passions et d'aventures. Il faut que l'Arabe conte, comme il faut que le gondolier de Venise chante. L'Arabe a des contes pour toutes les positions de la vie, joie ou douleur, ruine ou fortune, maladie ou santé; il allége ses douleurs en contant, il augmente sa joie en contant; le conte, c'est le rêve tout éveillé de l'Arabe, c'est sa vengeance et son admiration, c'est son blâme et sa louange. Il place dans ses contes le bon prince ou le mauvais ministre, et il leur fait jouer un rôle digne d'eux. Sous la tente, dans la ville; sous l'arbre qui se couronne de feuilles au bord de la source limpide, et dans le désert de sable brûlé du soleil; au milieu du palais de marbre et d'or et sous le chaume, que demande l'Arabe? un conte! un conte bien fait, c'est-à-dire bien étrange, bien merveilleux; et alors il écoute, mollement bercé par cette langue harmonieuse, qui est l'italien de l'Orient.

Mais, ces contes charmants improvisés sous la tente, caprices fantastiques de quelque poëte vagabond, qui passaient ainsi de bouche en bouche, de mémoire en mémoire, comme fait la tradition, comment les réunir épars çà et là, sous tant de palmiers, au bord de tant de sources diverses, sur les murs renversés de tant de villes en ruines? Quel savant infatigable voudra vouer sa vie à la recherche de toute cette fugitive poésie éparpillée sur le sol arabe, comme la poussière? et, en même temps, quelle main sera assez délicate pour les cueillir sans dommage, ces fleurs réjouissantes du désert, ces fruits savoureux de l'oasis, ces perles tombées de l'imagination orientale? Quel hardi courage osera pénétrer dans les murailles impénétrables du harem, et là, caché derrière le rideau de pourpre et d'or, pendant que les femmes de Sa Hautesse se baignent dans la tiède vapeur de l'eau de rose, prêter l'oreille à ces chastes et incendiaires narrations d'amour? et même, en supposant un esprit assez exercé pour comprendre ces cent mille passions, une science assez grande pour pénétrer dans cette éclatante obscurité de la poésie arabe, une volonté assez persévérante pour les poursuivre dans les lieux inaccessibles où ils se réfugient, ces contes merveilleux, quel homme osera les reproduire dans notre langue? quel sera l'écrivain assez habile, assez fin, assez railleur, assez enthousiaste, assez passionné, assez naïf, assez grand coloriste, pour nous les faire connaître dans toute leur originalité native, ces contes des *Mille et une Nuits*, si difficiles à retrouver, à comprendre, à traduire? C'était là en effet un des plus excellents tours de force que pût se proposer parmi nous la patience, l'érudition, le style et l'esprit français.

Antoine Galland, le savant le plus populaire qu'ait eu la France, savant aussi populaire qu'un grand romancier qui serait en même temps un grand poëte, fut le premier qui découvrit pour nous, dans les sables et les déserts de l'Arabie, ce monde enchanté d'héroïsme, de féerie et d'amour. Il fut le Christophe Colomb de cette terre d'émeraudes et de topazes, d'or et de soie, incessamment habitée par tant d'heureux génies et par tant de belles femmes, houris conquises sur le paradis de Mahomet. Le premier, il aborda cet Eldorado poétique, dont l'entrée nous était défendue, comme nous est défendu le harem de Sa Hautesse. Et pourtant, avant de s'emparer de ces royaumes au ciel de rubis, aux mers chargées de perles, aux rivières dont le sable est d'or, par quelles misères et par quels travaux infatigables il lui fallut passer! Il y a dans *les Mille et une Nuits* l'histoire d'un voyageur qui, après mainte fatigue, arrive au bord d'un torrent qui gronde en écumant. Au-dessus du torrent, s'élève un pont fragile; au milieu du chemin se trouve un éléphant de pierre. « Qui que « tu sois, dit une belle inscription en langue arabe, si tu veux voir « de grandes choses, prends dans tes bras cet éléphant de pierre, « traverse ce pont fragile, cette onde écumante, et marche tout « droit ton chemin! » Et le pélerin fait ainsi qu'il est dit. Il emporte l'éléphant; il traverse l'abîme; il grimpe la montagne, il arrive au sommet de la montagne. Aussitôt le pont s'écroule; l'éléphant de pierre pousse un grand cri. Soudain se présente une ville; un peuple en sort, et le courageux voyageur est nommé roi d'une cité dont la plus humble chaumière est plus grande que le Louvre, dont le plus humble faubourg est plus riche que Paris.

Telle est l'histoire d'Antoine Galland. Lui aussi, avant d'arriver à son royaume, il avait traversé bien des misères, il avait eu à porter, non pas seulement un éléphant de pierre, mais, ce qui est plus difficile encore, il avait eu à supporter la misère, ce lourd fardeau si écrasant pour l'enfance qui demande de la science et du pain. Galland était né en 1646, dans un petit village de la Picardie, bien loin, comme vous voyez, des beaux paysages où se promène en souriant la sultane Scheherazade, ce grand poëte. A quatre ans le petit Galland n'avait plus de père; sa mère restait seule avec sept enfants, je ne dis pas à élever, mais à nourrir. La Providence, qui n'est guère prodigue des intelligences supérieures, mais qui en revanche n'aime pas à les voir se perdre, faute d'un livre et d'un morceau de pain, quand elle s'est mise en frais pour elles, vint au secours du petit pâtre, comme elle est venue au secours de Sixte-Quint, au secours d'Amyot, au secours du bon Rollin, au secours de tous les pauvres enfants qui n'avaient que du génie. Un bon chanoine de Noyon et le principal du collége de la même ville, deux hommes bienfaisants qui n'ont pas dit leur nom, devinèrent que dans ce petit orphelin, qui avait six frères, il y avait peut-être un homme. Ces deux bienfaiteurs s'associèrent pour élever le petit Galland à leurs frais. Mais, hélas! à quatorze ans le pauvre écolier perdit encore ses deux bienfaiteurs. Ils moururent en même temps l'un et l'autre, car sans aucun doute celui qui eût survécu aurait accepté de grand cœur l'éducation entière de leur protégé, comme sa part la plus précieuse dans l'héritage de son ami. Voici donc que le jeune homme est forcé de quitter son collége, ses études commencées, et de dire adieu au long espoir. Il revient dans la cabane de sa mère, en regrettant ces belles et fortes études de l'antiquité qui à peine avaient commencé à se montrer à ses yeux éblouis. Hélas! à cet âge, notre écolier ne savait encore assez de latin, assez de grec, assez d'hébreu, que pour regretter toute sa vie d'avoir été arraché à ses études. Cependant sa mère était pauvre, ses frères avaient faim; il fallut qu'Antoine, pour vivre, se mît à labourer la terre, honorable travail, mais triste travail pour un enfant qui avait déjà lu Virgile, Homère, le roi David, dans leur magnifique langage. Les *Bucoliques* et les *Géorgiques* ressemblent si peu à ce pénible travail de la campagne en Picardie! La réalité était si loin de la poésie! La véritable charrue et les bœufs véritables, les troupeaux véritables, et les bergers véritables, ressemblent si peu à la charrue, aux bœufs, aux troupeaux et surtout aux bergers de Virgile! Quand il fallait rentrer le soir dans ce pauvre village, l'enfant cherchait en vain la joyeuse fumée qui s'échappe de la cabane de Tityre, et dans la chaumière il cherchait en vain le lait, les noix, le raisin, le fromage, les doux trésors des bergers de Virgile! La poésie et la science s'accordent si peu avec la réalité!

Le jeune Galland à quinze ans, au milieu des rudes travaux des champs, était donc comme le premier homme, quand il fut chassé du paradis terrestre. Il regrettait son collége si tranquille, ses maîtres si bons, ses condisciples si joyeux, et surtout cette science de chaque jour qui lui venait avec son pain de chaque jour, comme la manne qui tombait dans le désert. A la fin, ces cruels souvenirs de son enfance heureuse l'emportèrent sur les nécessités de son enfance misérable. Il résolut d'aller chercher au loin la science, sans laquelle il ne pouvait vivre. Il partit donc. Il embrassa ses frères; il demanda la bénédiction de sa mère, et, à peine vêtu, il arriva à Paris, où il ne connaissait personne. Je me trompe : la Providence l'attendait à Paris, et aussi une vieille servante, qui était la tante de Galland, et un vieux prêtre dont l'enfant savait le nom pour l'avoir entendu souvent prononcer par le bon chanoine, son premier protecteur. La bonne femme fut bien étonnée, quand elle vit ce neveu qui lui venait, tout exprès, pour apprendre l'hébreu, le grec et le latin. Cependant elle le reçut comme eût fait sa mère. Il faut si peu aux pauvres gens pour s'aider et se secourir! Le vieux prêtre chez qui se présenta Galland, quand il fut un peu vêtu, s'émut au souvenir du chanoine de Noyon, et il reçut comme un père cet enfant qui se recommandait de ce nom chéri. Ainsi les bonnes âmes se tiennent par des liens invisibles; grâce à Dieu, il y a appui et solidarité entre les bons bien plus encore qu'entre les méchants. Galland fut sauvé par le vieux prêtre, ami du chanoine de Noyon, comme Sixte-Quint fut sauvé par un prêtre, comme Amyot fut sauvé par un prêtre, le bon Rollin aussi sauvé par un prêtre. Le sous-principal du collége du Plessis trouva à l'enfant autant d'intelligence que de résolution et de cœur, et il lui donna rang parmi ses élèves. Voilà notre Antoine qui se remet de plus belle à l'étude, et qui bientôt nage en pleine eau dans ce fleuve sans rivage de l'antiquité classique. Bientôt du collége du Plessis et devenu un grand humaniste, il passa sous la loi du savant et infatigable docteur Petitpied, l'honneur de la Sorbonne. Ce fut à l'école de ce grand maître qu'Antoine Galland puisa d'abord cette première passion pour l'Orient qui devait le conduire à de si grandes découvertes. Il suivit avec l'ardeur d'un néophyte les cours du Collége royal, et l'Orient lui apparut comme un phare, vers lequel il devait marcher sans s'arrêter jamais. On croit que l'Orient est une découverte moderne. Nos grands poëtes ont pour mot de ralliement — l'Orient! Il y en a qui ont intitulé leurs poésies — *les Orientales!* Nous sommes à la recherche de l'Orient, comme si l'Orient n'avait pas été découvert! M. de Châteaubriand a fait un admirable voyage en Orient, M. de Lamartine aussi. Il n'y a pas vingt vers français ou non français dans lequel aujourd'hui on ne parle de l'Orient. Jamais on ne s'est tant occupé de l'Orient que de nos jours. Je crois pourtant qu'on s'en occupait plus utilement au temps du docteur Godouin et du docteur Petitpied. En ce temps-là, le temps qu'on passe aujourd'hui à faire des points d'exclamation sur l'Orient, on l'employait à apprendre l'hébreu, le turc, l'arabe, et tous les dialectes de l'Orient. Le docteur Godouin fut le dernier maître de Galland. M. Godouin était professeur d'hébreu au collége de France. Il est l'auteur d'une grammaire hébraïque qui n'a pas été imprimée. Ce fut M. Godouin qui proposa au marquis de Nointel, ambassadeur à Constantinople, le jeune Galland pour secrétaire. M. de Nointel, fils de magistrats, destiné à être magistrat lui-même, avait fait de bonne heure de fortes et sévères études; il était donc capable d'apprécier le mérite du jeune homme que lui proposait M. Godouin. Il accepta avec empressement ce jeune et habile secrétaire, qui déjà savait les langues de l'Orient comme sa langue maternelle. Quand M. de Nointel fut envoyé à Constantinople par le roi Louis XIV, le but de sa mission était surtout de protéger la religion catholique et les saints lieux, de renouveler les anciennes relations de commerce entre la France et la Turquie, d'obtenir le rétablissement des échelles du Levant : ainsi c'était à la fois une mission commerciale, politique et de controverse religieuse. Le jeune Galland fut chargé par son ministre de remplir toute la partie de ses instructions qui se rattachait à la grande dispute entre Arnauld et le ministre Claude. (Quelles disputes, si fort oubliées aujourd'hui et pour lesquelles le roi de France envoyait des ambassadeurs à la Sublime Porte !) Dans ses conférences avec les prélats grecs, Galland apprit en peu de temps la langue vulgaire, ce grec corrompu, qui finira peut-être par être la langue d'un grand peuple, et il sut tirer de ces prélats de nombreux renseignements et de nombreuses attestations sur les sujets qui étaient en France la matière de si grandes querelles. Ainsi, dans cette ambassade de M. de Nointel, chacun s'était divisé le travail. L'ambassadeur avait pris pour lui la représentation et l'éclat, devoir obligé des ambassadeurs du roi de France ; il avait laissé à Galland l'étude et les recherches scientifiques. Pendant que M. de Nointel se faisait rendre, à force de courage, les honneurs qui lui étaient dus, Galland, parcourant les monastères et les églises, se livrait à ses investigations de toutes les heures. M. de Nointel signait des traités de paix avec le grand vizir ; Galland retrouvait, copiait et traduisait des inscriptions oubliées et perdues. Nointel était l'ambassadeur de Louis XIV ; Galland était l'ambassadeur des solitaires de Port-Royal. La mission était difficile et grave. Il s'agissait de savoir si les grecs, les arméniens, les cophtes, et les autres communions orientales séparées de l'Église d'Occident, croyaient en effet à la présence réelle de Jésus-Christ dans l'eucharistie et à la transsubstantiation, et s'ils adoraient, du culte de *latrie*, Jésus-Christ présent dans le saint-sacrement. Or il se trouva que ces diverses communions avaient sur ce mystère la même croyance que l'Église catholique. Galland en remit les preuves entre les mains de son ambassadeur, qui les envoya à Louis XIV, et le roi, en roi très-chrétien, fit déposer à la Bibliothèque royale ces pièces importantes, que le jeune orientaliste avait obtenues des différents patriarches et docteurs de l'Orient. Telle fut la première découverte de Galland.

M. de Nointel, non content d'avoir assuré, par un traité, les droits de douane, la juridiction des Français, le libre exercice de leur religion, l'inviolabilité des saints lieux, dont le roi de France fut déclaré padichah (empereur), résolut aussi de parcourir les différentes échelles où les Français faisaient le commerce. Il partit de Constantinople au mois de septembre 1673, accompagné de son fidèle et savant secrétaire, Galland. Ils visitèrent ainsi Métélin, Chio, Milo, Délos, Naxos, Rhodes, Chypre, Jaffa, Gaza, Jérusalem, Négrepont, la Morée, Athènes enfin. Cet ambassadeur voyageait à la fois comme un prince et comme un artiste : il avait avec lui des peintres, des antiquaires, des architectes, et son interprète Galland. Il fut question par toute l'Europe d'un grand repas donné par M. de Nointel, dans l'île de Chio, au milieu du couvent des Capucins. L'ambassadeur avait réuni à sa table les principaux habitants, les fonctionnaires et tous les Français de l'île. La table était placée sur un théâtre élevé en forme de demi-lune, orné de portiques de verdure, de myrte et de branches de citronnier, garni de festons de fleurs et de fruits où pendaient des vers français, italiens et grecs. Cette table principale était entourée de douze autres tables dont les officiers de l'ambassade faisaient les honneurs. Dans une partie de la salle réservée aux dames, un jet d'eau de fleurs d'oranger s'élevait du milieu d'une roche de biscuits et de confitures. Pour le peuple, et du côté opposé, il y avait des fleuves de vin. Dans le fond de la vaste salle, la statue d'un Hollandais, à genoux et les yeux éblouis, regardait le soleil, emblème de Louis XIV. A la fin du repas, le soleil se rapprochant de ce pauvre Hollandais le consuma du feu de ses rayons ; chacun comprit et applaudit l'allusion.

Certes voilà de grandes merveilles ; mais que sont ces merveilles comparées aux merveilles des *Mille et une Nuits*, que le jeune Galland devait découvrir un jour ?

Dans ce grand voyage de Constantinople à Jérusalem et de Jérusalem à Athènes, Galland s'abandonna avec délices à tout l'enthousiasme que lui inspiraient tant de merveilles et tant de ruines. Il était né antiquaire, et il se trouva bien vite initié à la science des pierres, des médailles, des ruines de tout genre, précieuses reliques que le temps sème sous ses pas, et qu'il n'est donné qu'à la science de reconnaître et de ramasser. Il arriva assez à temps à Athènes pour voir le Parthénon en entier, monument sans égal dans le monde, détruit plus tard par une bombe vénitienne, dont les précieux fragments ont été déchirés, gaspillés, détruits, engloutis dans la mer ou emportés en Angleterre par lord Elgin, ce profanateur si cruellement puni de nos jours par les malédictions de lord Byron. Galland pénétra aussi, à la suite de l'ambassadeur, dans la grotte d'Antiparos, et c'est là encore une histoire digne des *Mille et une Nuits*.

Depuis longues années, les habitants du pays n'avaient plus osé pénétrer dans cette grotte célèbre, lorsqu'à la fin de 1673 M. de Nointel, après mille efforts, parvint dans ce vaste palais souterrain. Il avait avec lui plus de cinq cents personnes qui portaient des flambeaux de cire jaune; quatre cents lampes furent suspendues à ces voûtes solennelles. L'ambassadeur et sa suite passèrent les trois jours de la fête de Noël dans cette obscurité lumineuse. Son chapelain célébra la messe sur deux demi-colonnes renversées près d'une pyramide, sur laquelle on grava une inscription en mémoire de cet événement. Au moment de l'élévation, vingt-quatre boîtes et tous les fusils et toute la musique de l'ambassadeur firent de leur mieux pour célébrer le saint sacrifice. L'ambassadeur coucha dans un cabinet taillé dans le roc, presque en face de l'autel. Ils passèrent ainsi trois jours de fête et de recueillement. Galland disait qu'il n'avait pas vu de plus belle grotte que la grotte d'Antiparos, même dans *les Mille et une Nuits*.

De retour en France, Galland fut présenté à M. de Colbert, ce grand ministre, qui le renvoya en Grèce pour la recherche des marbres et des médailles. Après la mort de Colbert, M. de Louvois attacha Galland à son cabinet, et lui fit donner le titre d'*antiquaire du roi*. Dans un voyage entrepris à Smyrne pour M. de Louvois, Galland fut enseveli sous les décombres de sa maison, que venait de renverser un tremblement de terre. Il resta ainsi enseveli vingt-quatre heures sous les décombres, respirant à peine, et peut-être c'en était fait de notre grand poëte; mais on vint à son secours, il fut sauvé, et il revint à Paris, où il fut reçu à bras ouverts par M. Thévenot, garde de la Bibliothèque du roi, et par M. d'Herbelot, le célèbre orientaliste, l'auteur de la *Bibliothèque orientale*.

Melchisédech Thévenot est un de ces savants obstinés qui ne laissent guère qu'un nom honorable et respecté, après avoir passé leur vie dans les délicieux labeurs de la science. C'est chez lui que se tinrent les premières assemblées savantes, d'où est sortie plus tard l'Académie des Sciences. Barthélemy d'Herbelot savait à fond l'arabe, l'hébreu et le persan. C'était un homme de mérite et d'esprit, qui s'était lié à Rome avec les cardinaux Barberini et Grimaldi. A son retour d'Italie, il avait été nommé secrétaire-interprète du roi pour les langues orientales. Le grand duc de Toscane lui envoya toute une bibliothèque de livres orientaux; Colbert l'honora de sa protection; le roi le nomma professeur de syriaque au Collége royal. D'Herbelot avait amassé tous les matériaux de son excellent ouvrage, la *Bibliothèque orientale*, quand il fut arrêté par la mort. Heureusement Galland se trouva tout prêt à recueillir l'héritage scientifique de ces deux hommes; il mit en ordre, il imprima la *Bibliothèque orientale*.

Il semblait qu'à peine un homme s'attachait à Galland, il en était séparé par la mort : le premier homme qui lui vint en aide, après MM. Thévenot et d'Herbelot, ce fut M. Bignon ; mais M. Bignon mourut au bout d'un an d'amitié, laissant son protégé à M. Foucault, intendant de Basse-Bretagne. M. Foucault (voyez que d'orientalistes au dix-septième siècle, où l'on ne cherchait pas l'Orient!) habitait une belle et tranquille maison, au milieu d'une riche bibliothèque et d'une nombreuse collection de médailles. M. Foucault savait l'arabe, le persan, le turc, si bien que Galland trouva à qui parler. Dans cette élégante et savante retraite, Galland se livra au travail avec ardeur. « Au reste, dit M. de Boze, il travaillait sans cesse, « en quelque situation qu'il se trouvât, ayant très-peu d'attention « sur ses besoins, n'en ayant aucune sur ses commodités; « remplaçant, quand il le fallait, par ses seules lectures, ce qui lui man- « quait du côté des livres; n'ayant pour objet que l'exactitude, et « allant toujours à sa fin sans aucun égard pour les ornements qui « auraient pu l'arrêter; simple dans ses mœurs, dans ses manières « comme dans ses ouvrages, il aurait toute sa vie enseigné aux en- « fants les premiers éléments de la grammaire, avec le même plaisir « qu'il a eu à exercer son érudition sur différentes matières. Homme « vrai jusque dans les moindres choses, sa droiture et sa probité « allaient au point que, rendant compte à ses associés de sa dé- « pense dans le Levant, il leur comptait seulement un sou ou deux, « quelquefois rien du tout, pour les journées qui, par des conjonc- « tures, ou même par des abstinences involontaires, ne lui avaient « pas coûté davantage. »

Passant ainsi toute sa vie au travail, Galland a laissé beaucoup d'ouvrages pleins de science et de recherches ; mais s'il n'eût laissé que ses traités, il n'eût laissé que la réputation d'un savant; grâce à ce livre charmant, *les Mille et une Nuits*, dont il fut l'inventeur, il a laissé un nom qui vivra à jamais dans toutes les mémoires, dans tous les esprits, dans tous les cœurs.

En effet, aussi long-temps qu'on attachera quelque prix aux plus brillantes et aux plus gracieuses productions d'une imagination riche et variée autant que féconde et brillante, nos neveux auront à bénir, comme l'ont fait nos pères, le savant modeste et laborieux qui, le premier, déterra et rassembla, disposa et mit au jour, dans un style plein de grâce, ces merveilleuses histoires, la plus excellente histoire qui se puisse lire de l'Orient poétique. Lorsque Galland donna à la France, à l'Europe, au monde entier, cet admirable recueil, il ne prit pas la peine, et que de travaux il eût épargnés aux savants à venir! d'indiquer le nom de l'auteur arabe, ni l'époque où cet auteur charmait les rêveurs de son pays, ni même la contree qui lui donna la vie. Dans une épître dédicatoire à madame la marquise d'O, fille de M. de Guilleragues, Galland se contente de dire que l'auteur des *Mille et une Nuits* est *un auteur arabe inconnu.* Il prit si peu de précautions pour indiquer la source où il avait puisé, que, tout d'abord, le dix-septième siècle s'imagina que c'était là le présent d'une imagination française; ce ne fut que plus tard, quand les savants s'occupèrent de ce recueil, que l'on sut, à n'en plus douter, que ces contes formaient un des principaux monumens de la littérature de l'Asie, qu'ils avaient charmé tour à tour le Turc, l'Arabe, le Persan, l'Hindou, le Chinois, l'Africain lui-même dans son désert, et qu'ils étaient dans toutes les mémoires aussi bien que le Koran. Quand *les Mille et une Nuits* eurent été données à la France, il y eut des voyageurs lointains qui se rappelèrent avoir entendu, sur les bords de l'Euphrate ou du Gange, le conte du Génie et du Pêcheur; d'autres se souvinrent que les Arabes du désert, accroupis autour du feu, oubliaient l'heure du sommeil et le repas du soir, en prêtant une oreille avide à l'histoire des trois Kalenders; d'autres voyageurs racontèrent en même temps qu'ils avaient vu dans les cafés de Constantinople des troubadours ambulants qui venaient raconter aux buveurs d'opium, ces heureux et faciles poëtes qu'improvise l'ivresse, la touchante histoire du Savetier et de la Fille du Roi. Souvent le conteur, aussi habile que la sœur de Scheherazade, suspendait tout d'un coup son récit commencé, et, à l'instant même où l'auditoire relevait sa tête appesantie, ouvrait ses yeux à demi fermés; soudain la narration s'arrêtait, interrompue jusqu'au lendemain. Et que d'opium il fallait alors à ces mangeurs d'opium, pour oublier ce fâcheux contretemps!

Ces peuples de l'Orient sont, il faut le dire, les auditeurs les mieux faits pour s'abandonner mollement à ces fictions heureuses; ils ont trouvé les premiers l'apologue, ce transparent manteau de la vérité et de la morale. Généreux, hardis, hospitaliers, amoureux, ils ont transporté dans leurs fables toutes ces nobles qualités de leur esprit et de leur cœur. Le pouvoir despotique de l'Orient n'a pas nui à l'intérêt de ces fictions; tout au contraire, la fiction se servait du pouvoir absolu, comme les poëtes grecs se servent du dieu sortant de son nuage, *deus ex machinâ.* Ce dieu qui se promène avec la puissance de vie et de mort, de ruine ou de fortune, qui est-il? C'est le sultan! Où va-t-il? Il marche dans les villes, à travers les mœurs de la nation arabe, ou plutôt toute la nation arabe passe tour à tour devant le terrible sultan : femmes coquettes et rusées, santons hypocrites, hommes de loi corrompus, esclaves fripons, usuriers, marchands, jeunes gens, vieillards, les voleurs eux-mêmes, viennent se montrer à lui, le souverain en titre, chacun dans son attirail, dans son manteau et dans ses habitudes de chaque jour.

Mais plus est grand l'intérêt qui se rattache aux *Mille et une Nuits*, et plus on désire connaître l'auteur de ces contes et l'époque à laquelle ils furent composés. Ceci est du ressort des véritables successeurs de ces savants orientalistes du grand siècle. Heureusement nous avons chez nous, pour nous guider dans les recherches difficiles, le plus savant, le plus éclairé et en même temps le plus simple et le plus modeste des savants, M. Sylvestre de Sacy. M. de Sacy, avec cet admirable sang-froid qui ne le quitte jamais, s'est occupé de ce livre magnifique d'enchantements et de féeries. M. Caussin de Perceval, dans une édition des *Mille et une Nuits* publiée en 1806, avait cru pouvoir fixer l'époque où parut ce livre. C'étaient, disait M. de Perceval, les années 955 et 973 de l'hégire; la date était d'autant plus probable que le style de ces contes est une espèce d'arabe vulgaire, bien éloigné de l'arabe littéral pur. Mais est-ce bien là une raison sans réplique? Peut-on soutenir que ces contes en langue vulgaire n'aient pas passé dans la langue vulgaire naturellement et par la toute-puissance même de leur intérêt et de leur popularité? D'une autre part, à propos du lieu originaire de ces contes, un autre savant, M. Langlès, affirme que les noms propres des *Mille et une Nuits* sont des noms persans, et que par conséquent c'est un livre persan : « Quant aux mœurs et aux noms arabes qu'on reconnaît dans ce re-« cueil, ajoute M. Langlès, je crois que ce sont des interpolations des « traducteurs ou des imitateurs arabes; et l'on doit être d'autant moins « étonné d'y voir fréquemment figurer le nom de *Haroun-al-Rachyd*, « que ce kalife est encore aussi célèbre parmi les romanciers arabes « que Charlemagne, son contemporain, l'était parmi nos anciens « romanciers français. Ajoutons que sous les kalifats et les auspices « de Haroun-al-Rachyd, d'al-Amyn, et surtout d'al-Mâmoun, c'est-« à-dire vers la fin du huitième siècle de l'ère chrétienne et au « commencement du neuvième siècle, la littérature arabe s'enrichit « de la traduction d'un grand nombre d'ouvrages cophtes, grecs, « syriaques, persans et indiens. »

A quoi M. Sylvestre de Sacy répond : que s'il est peu étonnant de rencontrer parmi les romanciers arabes Hâroun, sa femme Zobeïdeh et l'eunuque Mesrour, il serait encore très-surprenant qu'un recueil de contes originairement composés dans l'Inde et dans la Perse, du temps des Sassanides, ne contînt que des aventures relatives à des personnages de la fin du second siècle de l'hégire, et respirât partout les mœurs arabes et les doctrines musulmanes.

De son côté, M. Edouard Gauttier est venu en aide au système de M. Langlès, et il le corrobore de plusieurs raisons très-plausibles. Oui, dit-il, c'est un livre persan augmenté par les Arabes. L'intervention des génies, qui jouent un si grand rôle dans *les Mille et une Nuits,* tirent tout à fait leur origine des génies indiens. Ces génies appartiennent au système théologique des brahmanes, et sont tout à fait les génies inférieurs de Brahma, âmes sans corps et sujettes cependant à toutes les calamités humaines. Mais, répond M. Sylvestre de Sacy, on peut répondre à M. Gauttier que les musulmans croient aussi à l'existence de plusieurs races de génies, enfants du Koran et de Mahomet.

Vient ensuite M. Jonathan Scott, qui arrange les deux opinions en disant que ce livre est à la fois arabe et persan, et en preuve il cite la préface d'un livre du scheikh Ahmed Schiwani. Voici ce que dit cet Arabe, dont l'opinion mérite considération.

« Il faut savoir que l'auteur des *Mille et une Nuits* était un homme « habitant de la Syrie, et dont l'arabe était la langue naturelle. Son « but, en composant ce livre, a été que quelques personnes qui dé- « siraient apprendre à parler arabe, acquérant par la lecture une « certaine facilité à s'exprimer, parvinssent à parler cette langue. « C'est pour cela qu'il a composé ce livre dans un style simple, tel « que celui dont usent les Arabes dans la conversation; en sorte « qu'il y a employé certains mots corrompus, conformément au « langage vulgaire des Arabes. Ainsi quiconque lira ce livre et y « observera quelques mots corrompus, ne doit pas les imputer à la « négligence du correcteur, car, au contraire, c'est exprès qu'on « les a laissés tels que l'auteur lui-même les avait employés de des- « sein prémédité. »

M. de Hammer, qui vient à l'aide de M. Langlès, traduit, à ce propos, un passage de Masoudi. « Beaucoup de personnes fort instruites dans « l'histoire des Arabes disent que ces récits sont des romans forgés « exprès et des contes faits à loisir par ceux qui ont gagné la faveur « des rois en les leur contant, et se sont insinués auprès de leurs con- « temporains en les apprenant par cœur et en les répétant. Le genre « des créations est le même que celui des livres qui sont parvenus « jusqu'à nous traduits du persan, de l'indien et du grec, et ils « ont été composés à l'instar du livre de *Hezar efran.* On appela ce « livre *les Mille et une Nuits;* c'est l'histoire d'un roi, de son vizir, de « la fille du vizir et de sa nourrice. »

A quoi M. de Sacy fait remarquer à M. de Hammer que l'Arabe ne dit pas : *les Mille et une Nuits*, mais *les Mille Nuits;* puis, cette observation étant faite, le savant orientaliste rend la parole à M. de Hammer :

« Il en résulte, dit M. de Hammer, que les contes des *Mille et une* « *Nuits* sont d'origine indienne ou plutôt persane. »

M. de Sacy répond encore que, dans le passage cité de cet auteur arabe, il ne s'agit pas des *Mille et une Nuits*, mais d'un autre recueil, qui ne nous est pas connu, destiné à amuser un roi de la Perse orientale, pendant les longues insomnies de ses nuits; mais ces contes s'appelèrent *les Mille Nuits;* mais, au lieu d'être récités par Scheherazade, ils sont racontés par sa nourrice Dinarzade. Vinrent ensuite de nouveaux écrivains arabes qui remanièrent le roman persan, ajoutèrent dans l'ancien cadre un grand nombre de pièces d'origine arabe, de toutes sortes de couleurs; et l'un de ces écrivains, suivant toute apparence, même le premier de tous, substitua le titre de *Mille et une Nuits* à l'autre titre : *Mille Nuits*. Au milieu de cet assemblage si varié de nouvelles, de contes et d'anecdotes de diverses époques et de différents styles, dont l'ensemble porte aujourd'hui le titre : *Mille et une Nuits*, il saute aux yeux que l'ancien fonds des *Mille et une Nuits* n'est que la plus petite partie, et que cette seule nuit, dont le titre du livre a été augmenté, *est devenue comme un capital dont les intérêts accumulés forment aujourd'hui de beaucoup la partie la plus considérable du recueil.*

« Une circonstance, ajoute M. Sylvestre de Sacy, qui confirme « encore la conjecture que je viens d'émettre sur l'état d'imperfec- « tion où le premier auteur des *Mille et une Nuits* a laissé son ou- « vrage, c'est que les manuscrits connus de ce recueil ne sont point « d'accord sur la manière dont se termine le roman ou sur le dénoue- « ment. Dans quelques manuscrits, il est à peu près tel que l'avait « imaginé M. Galland, sans avoir lu jamais un manuscrit de l'ou- « vrage : le sultan, plein d'admiration pour l'esprit de Scheherazade, « et convaincu que le malheur qui a excité sa colère et lui a inspiré « une résolution injuste et barbare n'est qu'un événement fort ordi- « naire, fait grâce de la vie à la fille de son vizir et révoque son dé- « cret inhumain. Dans d'autres, et c'est le plus grand nombre, dé- « goûté des contes de Scheherazade, par l'ennui que lui ont causé les « derniers, ce qui, je pense, est arrivé aussi à plus d'un lecteur, il per- « siste dans la résolution de la faire mourir et donne l'ordre de sa « mort; mais elle lui présente trois enfants, dont elle l'a rendu père « pendant le temps que sa vengeance est restée suspendue; cette « vue l'attendrit; il accorde la vie à la fille de son vizir, la déclare son « épouse, révoque son cruel édit, et cet heureux évenement remplit « de joie le palais et la capitale. M. de Hammer insiste fortement sur « la préférence que mérite, suivant lui, cette dernière version; elle « est certainement plus dramatique que la première, mais elle est

« d'une invraisemblance choquante, puisqu'on ne saurait où placer « les trois accouchements. Au surplus, ceci est hors de mon sujet. »

M. Sylvestre de Sacy résume son opinion en finissant ce grand et simple travail. Il repasse une à une toutes ces preuves. On a dit que les génies des *Mille et une Nuits* étaient d'origine indienne, ils sont musulmans; témoin le génie de la neuvième nuit, ce malheureux génie de la *neuvième nuit*, qui, à peine sorti du vase où il était enfermé, invoque Salomon, le prophète de Dieu, et proteste de son obéissance entière à ses volontés. Puis dans la dixième nuit, il fait au pêcheur le récit de ce qui s'est passé entre lui et le prophète Salomon, fils de David. Il raconte comment on l'a fait paraître devant Salomon, et comment il s'est refusé à reconnaître son autorité, et il a eu pour compagnon de sa rebellion *Sahkr*, le chef de tous les mauvais génies suivant les fables musulmanes; enfin la punition que lui a infligée Salomon. Un peu plus loin le pêcheur abjure *le génie par le grand nom qui était gravé sur le sceau de Salomon*, fils de David. S'agit-il là des *Daiwatas* de l'Inde?

Dans la seconde nuit, le marchand qui se prépare à la mort, après avoir partagé sa succession et fait son testament, fait venir deux lecteurs du Koran pour réciter, pour le salut de son âme, la totalité de ce livre sacré; et il pratique par avance les rites des funérailles musulmanes.

Dans la sixième nuit, le vieillard qui va immoler son fils et la mère de cet enfant, qui ont été ensorcelés et changés en veau et en vache, ne se porte à cette barbarie que pour remplir le devoir que lui impose l'islamisme d'offrir des victimes à la fête du *grand Baïram*.

Dans la onzième nuit, il est question d'un roi des *Grecs* qui règne en souverain dans la capitale des *Perses;* chose assez peu logique au premier abord. Ce roi grec, atteint d'une lèpre que personne ne peut guérir, s'adresse à un médecin nommé Douban, homme d'une science consommée. Mais ce savant médecin, l'honneur de son art, où donc avait-il puisé sa science? à quelle école avait-il étudié? Était-ce chez les mages de l'Iran, ou chez les brahmanes de l'Inde? Avait-il étudié les livres de Zoroastre, ou bien les Vedas, les Schastras et les Pouranas? Non; mais il avait lu avec soin les *livres grecs*, persans, turcs, arabes, latins ou *grecs d'Asie*, syriaques et hébreux. Et même cette apparition des livres turcs n'annonce-t-elle pas une époque peu reculée, d'autant plus que dans toute cette énumération des livres du savant docteur, il n'est absolument pas question des livres *indiens?*

La terrible ogresse de la quinzième nuit, qui veut s'emparer du jeune prince égaré dans le désert, pour le manger, qu'est-ce autre chose qu'un de ces êtres malfaisants que les Arabes appellent *goules?* L'ogresse, pour attirer le jeune prince dans sa caverne, lui raconte *qu'elle est la fille d'un roi des Indes;* or, si en effet le livre des *Mille et une Nuits* était primitivement un livre indien, écrit dans l'Inde, l'ogresse se serait dite *princesse de la Chine*, fille d'un *scheick arabe* ou d'un *roi de Syrie;* mais, à coup sûr, elle n'aurait pas été, dans l'Inde, se donner pour père un prince indien.

Vous vous rappelez, dans la vingt-cinquième nuit, cette ville immense, qui est un étang, et les poissons de mille couleurs qui nagent dans ses ondes, et qui ne sont autres que les habitants de cette ville, devenue un lac? Mais peut-être n'avez-vous pas remarqué que ces poissons ou ces hommes sont de quatre religions différentes : juifs, chrétiens, musulmans et partisans du magisme.

Le conte des trois Kalenders et des cinq Dames de Bagdad n'appartient ni à l'Inde, ni à la Perse; son origine n'est pas douteuse, puisque la scène se passe à Bagdad, sous le règne du khalife Haroun. Dans toute cette longue et ingénieuse comédie, le khalife lui-même joue son rôle avec le vizir Djafar et l'eunuque Mesrour. Le conte se termine à la satisfaction générale par le mariage du khalife et de son fils aîné, Amin, avec deux des cinq Dames. Les moindres détails de cette amusante histoire ne sont pas moins caractéristiques. Fait-on, par exemple, des opérations magiques? on se sert d'un couteau sur lequel sont gravés des noms hébreux et en décrivant au compas un cercle sur lequel sont tracés des noms en caractères talismaniques. Le prince métamorphosé en singe s'avise-t-il d'écrire quelques mots sur des tablettes? il écrit en six sortes différentes d'écriture arabe. Plus loin il est question d'un génie malfaisant; ce génie est le fils de la fille d'Iblis. En un mot, vous retrouvez là, en son entier, le caractère arabe et musulman; il n'y a pas jusqu'au titre du conte, *les Kalenders*, qui ne soit le nom d'un moine musulman, dont la fondation ne remonte pas plus haut que l'an 600 de l'hégire.

Ce qu'on n'a pas fait remarquer, et ce qui n'est pas une médiocre louange à adresser au traducteur des *Mille et une Nuits*, c'est le soin scrupuleux avec lequel Galland a purifié ces contes de toute souillure. Il ne faut pas croire que les récits de l'Orient, si remplis de mollesse et de charme, n'aient pas eu aussi leur côté immoral et licencieux; il ne faut pas croire que dans l'original de ces contes on rencontre toujours cette nudité si chaste, cette passion si réservée, ces emportements contenus dans de si justes bornes; ce serait bien mal connaître l'Orient. La poésie orientale, aussi bien que la poésie latine, ne recule devant aucune licence, ne rougit d'aucun détail; elle relève tant qu'elle peut sa robe et son voile, elle montre tant qu'elle peut sa jambe nue et son sein nu; elle est fille de la passion et elle s'adresse aux passions oisives; elle brûle, elle crie, elle éclate, elle a le transport, elle incendie même le désert. Dans ce conte des Kalenders, traduit par Galland, que, grâce à Galland, toutes les jeunes filles peuvent lire, et qui a fait le charme et l'amusement des imaginations les plus honnêtes, il y a plus d'une phrase d'une licence effrénée; il y a surtout une certaine conversation, entre les trois dames et le portefaix, de l'obscénité la plus grossière. Ces trois dames et ce portefaix font assaut d'esprit, et de quel esprit! il s'agit de savoir à qui des dames ou du portefaix dira, sans la dire, la plus obscène ordure. Tous les contes sont parsemés de pareils détails; et quel esprit, et quel tact, et quel honnête bonheur, je vous prie, n'a-t-il pas fallu au traducteur pour arracher ces souillures de ce livre charmant, pour ôter ces ronces parmi ces fleurs, pour nous présenter toute cette poésie sous son côté honnête et décent sans la changer, sans la détruire; en un mot, pour faire un livre de pensionnat, un livre de jeunes enfants candides et bien élevés, d'une chaude et brûlante histoire, primitivement écrite pour soulever les transports des avaleurs d'opium dans les cafés de Constantinople, ou pour faire battre le cœur et mouiller les beaux yeux des jeunes beautés du harem?

Dans le conte du Petit Bossu il est question de la ville de *Caschgar*, et cette fois on est tenté de croire que le lieu de la scène n'est plus sur les bords du Nil, du Tigre ou de l'Euphrate. Cependant, une fois entré dans le récit, on ne trouve pour héros de ces aventures qui se croisent, que des chrétiens, des juifs, des musulmans; vous allez incessamment du Caire à Bassora, de Damas à Bagdad. Ce qui est plus singulier, et ce qui est fort remarquable, c'est que le tour du barbier étant venu de raconter son histoire, il commence par apprendre à ceux qui l'écoutent, que l'aventure qu'il va raconter s'est passée à Bagdad, sous le règne du khalife *Mostanser-Billah, fils de Mostadhi-Billah.* Mostanser, qui était, non pas le fils, mais l'arrière-petit-fils de Mostadhi, a régné de 623 à 641. L'auteur ajoute que *le khalife résidait alors à Bagdad;* ce qui donne à penser qu'il écrivait après la destruction du khalifat, lorsque les fantômes de khalifes que créaient les sultans d'Égypte avaient leur résidence au Caire.

Sans nul doute, cette suite de contes, qui remplit au moins soixante nuits, ne vient ni d'un roman persan, ni d'un roman indien. On y trouve le nom de plusieurs édifices du Caire, tels que *la Porte des Victoires*, le *Khan de Mesrour*, la *Halte des Circassiens;* tous ces traits rapprochés ne permettent pas de croire à l'antiquité des *Mille et une Nuits.*

Les aventures de Noureddin Ali et de Bedreddin Hassan, non plus que celles d'Aboulhassan Ali Ebn Becar avec Schemselnihar, appartiennent au règne de Haroun, et portent tout-à-fait le caractère arabe et musulman.

L'histoire des amours de Kamar-al-Ziman, prince de l'île des Enfants de Khalidan, île qui est située à vingt journées de navigation des côtes de la Perse, dans l'Océan, et de Badoure, princesse de la Chine, n'est pas plus que les autres indienne ou persane. Le roi, père de Kamar-al-Ziman, a pour sujets des Musulmans; la mère du jeune prince se nomme *Fatime,* et Kamar-al-Ziman, dans sa prison, s'occupe à lire le Koran, les génies qui interviennent dans ces aventures sont encore de ceux qui ont eu des relations avec Salomon; enfin, tout ce qui est dit dans ce livre de la ville des Mages, ainsi que des adorateurs du feu, suffirait pour qu'on ne dût point y chercher autre chose qu'une production d'un écrivain musulman.

Telles sont les raisons déduites, avec autant de bon sens que de science, de sang-froid que d'esprit, par M. Sylvestre de Sacy. Je vais vous dire la conclusion du savant orientaliste, qui me paraît sans réplique.

« Je ne pense pas, dit-il, qu'aucun lecteur impartial voie dans le « recueil des *Mille et une Nuits* autre chose qu'une collection de contes « faits par un ou plusieurs écrivains arabes ou musulmans, à une « époque qui n'est pas très-reculée et où l'on n'écrivait déjà plus « l'arabe avec pureté. Ce qu'on peut dire de plus certain sur la date « de ce recueil, c'est que, lorsqu'il a été composé, l'usage du ta- « bac et du café n'était sans doute pas connu, puisqu'il n'y en est « fait aucune mention. Cette observation prouve que ce recueil « existait vers le milieu du neuvième siècle de l'hégire. »

Je m'aperçois, en terminant ces recherches sur les *Mille et une Nuits,* que j'ai oublié de raconter la seule anecdote qui soit venue jusqu'à nous à propos de M. Galland. Ces pauvres hommes, si célèbres après leur mort, ont coutume de ne guère laisser après eux que leurs œuvres, comme souvenirs de leur passage en ce monde. Pour eux le travail c'est la vie; plus ils sont dans l'obscurité de leur vivant, plus est éclatante leur gloire après leur mort. Tant que le savant est attaché à son œuvre, il ne pense guère ni au monde, ni à la gloire; aussitôt que son livre a vu le jour, le savant s'efface, ou plutôt il passe incontinent d'un travail accompli à un autre travail, et sans s'inquiéter davantage. Voilà pourquoi, dans ces épais volumes si mal digérés qu'on appelle des biographies universelles, vous trouvez si souvent, à votre profond regret, que les vies les plus remplies par le travail sont justement celles qui ont fourni le moins de faits et d'anecdotes à l'histoire. Toutes les fois qu'à la suite d'un nom propre vous trouvez un immense catalogue d'ouvrages, c'est à coup sûr que tout le reste de cet homme sera dans l'ombre : il n'y a que les biographies des oisifs qui soient remplies. Voici donc a seule anecdote qui se raconte à propos du traducteur des *Mille et une Nuits*.

Le livre de Galland, paraissant tout d'un coup au milieu d'une époque élégante, policée et remplie de chefs-d'œuvre, y produisit une sensation profonde. Le peuple des lecteurs se jeta avidement sur les merveilleuses histoires d'enchantements, de féeries, d'amours, si parsemées de terreurs, de ravissements et d'émotions de tout genre. Le dix-septième siècle se sentit merveilleusement intéressé et charmé par ces ravissantes narrations, brodées d'or, de diamants et de perles, dans lesquelles les femmes, les hommes, les fleurs, ces astres d'en bas, les arbres, ces fleurs d'en haut, l'oiseau sur la branche, le lion dans sa taverne, la gazelle du désert, l'eau de la fontaine, le palmier dans les sables, le derviche sur la montagne, l'aigle dans les airs, le géant et le nain, le portefaix et le roi, le maître et l'élève, la princesse et sa suivante, l'enfance et la vieillesse, le voleur de grand chemin et le marchand, le chrétien et le juif, le prêtre et l'idole, le pâtre et le soldat, toutes les passions, tous les intérêts, toutes les conditions, tous les biens, toutes les misères, toutes les gloires, toutes les fortunes, tous les revers, apparaissent et glissent devant vous sous les formes les plus riantes, les plus animées, les plus fantastiques. *Les Mille et une Nuits*, pour tout dire, ont été un des grands succès littéraires de ce grand siècle, à qui il fut donné d'applaudir les *Satires* de Despréaux, les *Caractères* de La Bruyère, les tragédies de Racine, les comédies de Molière ; que dis-je ? les fables de La Fontaine ! La Fontaine, le bienheureux enfant de la poésie, l'enfant prodigue, fut trop heureux de se plonger jusqu'aux lèvres dans ce Pactole de féerie, qui coulait d'une roche d'or frappée par cette baguette de diamant que Galland avait empruntée aux enchanteurs arabes. Ce fut pourtant ce livre, ce chef-d'œuvre du goût uni à la science, qui attira à Galland l'aventure que voici :

C'était une nuit d'hiver. L'honnête savant avait fermé son livre, éteint sa lampe, et, après une douce, tranquille et heureuse journée de travail, il se livrait à ce tranquille sommeil qui repose l'esprit comme les forces de l'homme ; Galland dormait, mollement bercé dans quelques-uns de ces beaux rêves qu'il a jetés le premier dans le monde, et que la postérité la plus reculée fera avec lui tout éveillée. Tout à coup, l'homme savant fut réveillé en sursaut par plusieurs voix lamentables qui criaient sous ses fenêtres : Monsieur Galland ! monsieur Galland ! monsieur Galland !

Et lui, bonhomme, qui pense qu'un ami ou qu'un passant l'appelle du secours de sa détresse, il saute aussitôt de son lit, il met le nez à la fenêtre, et tournant de côté et d'autre sa tête respectable, enveloppée du bienveillant bonnet de la nuit, il demande ce qu'on lui veut ?

Alors la même voix de répondre : — Monsieur Galland ! Monsieur Galland ! si vous ne dormez pas, *contez-nous donc un de ces beaux contes que vous contez si bien.*

Galland ferma brusquement sa fenêtre ; il se remit au lit, et le Ciel voulut que le lendemain l'honnête savant ne fût pas malade. C'eût été une trop cruelle punition de la mauvaise plaisanterie que quelques jeunes étourdis s'étaient permise au sortir du bal, envers un homme qu'ils devaient respecter.

Le lendemain l'anecdote fut racontée dans tout Paris, et, chose facile à croire ! toute cette ville ingrate en rit beaucoup. On trouva généralement que c'était là une plaisanterie excellente et du meilleur goût, que rien n'était plus attique, et qu'il était impossible de critiquer avec plus de grâce l'éternel — *Ma sœur, si vous ne dormez pas*, qui est si dramatique dès les premières nuits, mais qui s'en va toujours s'affaiblissant, et que Galland naturellement a fait disparaître. Nous avons le malheur de n'être pas de l'avis des partisans de cette cruelle plaisanterie. Il n'est jamais permis de déranger le sommeil de personne, à plus forte raison d'un vieillard qui vient de doter son siècle du livre le plus amusant et le plus innocent qui ait jamais paru dans aucun siècle. Si ces jeunes gens y avaient bien pensé, au lieu d'arracher à un repos si nécessaire le traducteur des *Mille et une Nuits*, ils auraient fait silence sous ses fenêtres ; ils se seraient approchés avec respect de cette honnête et savante demeure ; ils auraient déposé sur ce seuil vénérable la couronne de fleurs de leurs danseuses, et en s'éloignant, ils se seraient dit entre eux : — Laissons dormir le poëte qui nous a tenus éveillés si souvent et si avant dans la nuit ; laissons à ses rêves enchantés le noble écrivain à qui nous devons tant de rêves charmants, toujours prêts à nous tendre leurs bras et leurs sourires. Que demain à son réveil il trouve suspendues à sa porte les guirlandes de fleurs de nos danseuses, chaste et silencieux hommage de notre admiration, de notre reconnaissance et de nos respects !

La postérité s'est chargée de payer à la mémoire de Galland sa dette de reconnaissance et d'admiration : elle a donné à Galland plus que la gloire; elle lui a donné la popularité, cette gloire qui est la gloire de La Fontaine, de Molière, de Perrault et de quelques hommes d'élite, dont le nom vit à jamais dans toutes les mémoires et dans tous les cœurs.

JULES JANIN.

LES

MILLE ET UNE NUITS,

CONTES ARABES.

ES chroniques des Sassanides [1], anciens rois de Perse, qui avaient étendu leur empire dans les Indes, dans les grandes et petites îles qui en dépendent, et bien loin au-delà du Gange, jusqu'à la Chine, rapportent qu'il y avait autrefois un roi de cette puissante maison qui était le plus excellent prince de son temps. Il se faisait autant aimer de ses sujets par sa sagesse et sa prudence, qu'il s'était rendu redoutable à ses voisins par le bruit de sa valeur et par la réputation de ses troupes belliqueuses et bien disciplinées. Il avait deux fils : l'aîné, appelé Schahriar, digne héritier de son père, en possédait toutes les vertus ; et le cadet, nommé Schahzenan, n'avait pas moins de mérite que son frère.

Après un règne aussi long que glorieux, ce roi mourut, et Schahriar monta sur le trône. Schahzenan, exclu de tout partage par les lois de l'empire, et obligé de vivre comme un particulier, au lieu de souffrir impatiemment le bonheur de son aîné, mit toute son attention à lui plaire. Il eut peu de peine à y réussir. Schahriar, qui avait naturellement de l'inclination pour ce prince, fut charmé de sa complaisance ; et par un excès d'amitié, voulant partager avec lui ses états, il lui donna le royaume de la Grande Tartarie. Schahzenan en alla bientôt prendre possession, et il établit son séjour à Samarcande, qui en était la capitale.

Il y avait déjà dix ans que ces deux rois étaient séparés, lorsque Schahriar, souhaitant passionnément de revoir son frère, résolut de lui envoyer un ambassadeur pour l'inviter à venir à sa cour. Il choisit pour cette ambassade son premier vizir [2], qui partit avec une suite

[1] Yezdedjerd, dernier rejeton de la race des Sassanides, mourut en combattant contre les musulmans, l'an 39 de l'hégire (659 de notre ère).

[2] Premier ministre. La marque de sa dignité est le cachet de l'empire, que le sultan lui remet en l'investissant de sa charge.

conforme à sa dignité, et fit toute la diligence possible. Quand il fut près de Samarcande, Schahzenan, averti de son arrivée, alla au-devant de lui avec les principaux seigneurs de sa cour, qui, pour faire plus d'honneur au ministre du sultan, s'étaient tous habillés magnifiquement. Le roi de Tartarie le reçut avec de grandes démonstrations de joie, et lui demanda d'abord des nouvelles du sultan son frère. Le vizir satisfit sa curiosité; après quoi il exposa le sujet de son ambassade. Schahzenan en fut touché: « Sage vizir, dit-il, le sultan mon frère me fait trop d'honneur, et il ne pouvait rien me proposer qui me fût plus agréable. S'il souhaite de me voir, je suis pressé de la même envie : le temps, qui n'a point diminué son amitié, n'a point affaibli la mienne. Mon royaume est tranquille, et je ne veux que dix jours pour me mettre en état de partir avec vous. Ainsi il n'est pas nécessaire que vous entriez dans la ville pour si peu de temps. Je vous prie de vous arrêter dans cet endroit et d'y faire dresser vos tentes. Je vais ordonner qu'on vous apporte des rafraîchissements en abondance pour vous et pour toutes les personnes de votre suite. » Cela fut exécuté sur-le-champ : le roi fut à peine rentré dans Samarcande, que le vizir vit arriver une prodigieuse quantité de toutes sortes de provisions, accompagnées de régals et de présents d'un très-grand prix.

Cependant Schahzenan, se disposant à partir, régla les affaires les plus pressantes, établit un conseil pour gouverner son royaume pendant son absence, et mit à la tête de ce conseil un ministre dont la sagesse lui était connue et en qui il avait une entière confiance. Au bout de dix jours, ses équipages étant prêts, il dit adieu à la reine sa femme, sortit sur le soir de Samarcande, et, suivi des officiers qui devaient être du voyage, il se rendit au pavillon royal qu'i avait fait dresser auprès des tentes du vizir. Il s'entretint avec ce ambassadeur jusqu'à minuit. Alors voulant encore une fois embras ser la reine, qu'il aimait beaucoup, il retourna seul dans son pa lais. Il alla droit à l'appartement de cette princesse, qui, ne s'attendant pas à le revoir, avait reçu dans son lit un des derniers officiers de sa maison. Il y avait déjà long-temps qu'ils étaient couchés et ils dormaient d'un profond sommeil.

Le roi entra sans bruit, se faisant un plaisir de surprendre par son retour une épouse dont il se croyait tendrement aimé. Mais quelle fut sa surprise, lorsqu'à la clarté des flambeaux, qui ne s'éteignent jamais la nuit dans les appartements des princes et des princesses, il aperçut un homme dans ses bras! Il demeura immobile durant quelques moments, ne sachant s'il devait croire ce qu'il voyait. Mais n'en pouvant douter : « Quoi! dit-il en lui-même, je suis à peine hors de mon palais, je suis encore sous les murs de Samarcande, et l'on m'ose outrager! Ah! perfide, votre crime ne sera pas impuni! Comme roi je dois punir les forfaits qui se commettent dans mes états; comme époux offensé, il faut que je vous immole à mon juste ressentiment. » Enfin ce malheureux prince, cédant à son premier transport, tira son sabre, s'approcha du lit, et d'un seul coup fit passer les coupables du sommeil à la mort. Ensuite les prenant l'un après l'autre, il les jeta par une fenêtre dans le fossé dont le palais était environné.

S'étant vengé de cette sorte, il sortit de la ville comme il y était venu, et se retira sous son pavillon. Il n'y fut pas plus tôt arrivé, que, sans parler à personne de ce qu'il venait de faire, il ordonna de plier les tentes et de partir. Tout fut bientôt prêt, et il n'était pas jour encore, qu'on se mit en marche au son des timbales et de plusieurs autres instruments qui inspiraient de la joie à tout le monde, hormis au roi. Ce prince, toujours occupé de l'infidélité de la reine, était en proie à une affreuse mélancolie, qui ne le quitta point pendant tout le voyage.

Lorsqu'il fut près de la capitale des Indes, il vit venir au-devant de lui le sultan [1] Schahriar avec toute sa cour. Quelle joie pour ces princes de se revoir! Ils mirent tous deux pied à terre pour s'embrasser; et, après s'être donné mille marques de tendresse, ils remontèrent à cheval, et entrèrent dans la ville aux acclamations d'une foule innombrable de peuple. Le sultan conduisit le roi son frère jusqu'au palais qu'il lui avait fait préparer: ce palais communiquait au sien par un même jardin; il était d'autant plus magnifique, qu'il était consacré aux fêtes et aux divertissements de la cour; et on en avait encore augmenté la magnificence par de nouveaux ameublements.

Schahriar quitta d'abord le roi de Tartarie, pour lui donner le temps d'entrer au bain et de changer d'habit; mais dès qu'il sut qu'il en était sorti, il vint le retrouver. Ils s'assirent sur un sofa, et comme les courtisans se tenaient éloignés par respect, ces deux princes commencèrent à s'entretenir de tout ce que deux frères, encore plus unis par l'amitié que par le sang, ont à se dire après une longue absence. L'heure du souper étant venue, ils mangèrent ensemble; et après le repas, ils reprirent leur entretien, qui dura jusqu'à ce que Schahriar, s'apercevant que la nuit était fort avancée, se retira pour laisser reposer son frère.

[1] Ce mot arabe signifie empereur ou seigneur; on donne ce titre à presque tous les souverains de l'Orient.

L'infortuné Schahzenan se coucha; mais si la présence du sultan son frère avait été capable de suspendre pour quelque temps ses chagrins, ils se réveillèrent alors avec violence; au lieu de goûter le repos dont il avait besoin, il ne fit que rappeler dans sa mémoire les plus cruelles réflexions; toutes les circonstances de l'infidélité de la reine se présentaient si vivement à son imagination, qu'il en était hors de lui-même. Enfin, ne pouvant dormir, il se leva; et se livrant tout entier à des pensées si affligeantes, il parut sur son visage une impression de tristesse que le sultan ne manqua pas de remarquer : « Qu'a donc le roi de Tartarie? disait-il; qui peut causer ce chagrin que je lui vois? Aurait-il sujet de se plaindre de la réception que je lui ai faite? Non : je l'ai reçu comme un frère que j'aime, et je n'ai rien là-dessus à me reprocher. Peut-être se voit-il à regret éloigné de ses états ou de la reine sa femme. Ah! si c'est cela qui l'afflige, il faut que je lui fasse incessamment les présents que je lui destine, afin qu'il puisse partir quand il lui plaira, pour s'en retourner à Samarcande. » Effectivement, dès le lendemain il lui envoya une partie de ces présents, qui étaient composés de tout ce que les Indes produisent de plus rare, de plus riche et de plus singulier. Il ne laissait pas néanmoins d'essayer de le divertir tous les jours par de nouveaux plaisirs; mais les fêtes les plus agréables, au lieu de le réjouir, ne faisaient qu'irriter ses chagrins.

Un jour Schahriar ayant ordonné une grande chasse à deux journées de sa capitale, dans un pays où il y avait particulièrement beaucoup de cerfs, Schahzenan le pria de le dispenser de l'accompagner, en lui disant que l'état de sa santé ne lui permettait pas d'être de la partie. Le sultan ne voulut pas le contraindre, le laissa en liberté et partit avec toute sa cour pour aller prendre ce divertissement. Après son départ, le roi de la Grande Tartarie, se voyant seul, s'enferma dans son appartement. Il s'assit à une fenêtre qui avait vue sur le jardin. Ce beau lieu et le ramage d'une infinité d'oiseaux qui y faisaient leur retraite, lui auraient donné du plaisir, s'il eût été capable d'en ressentir; mais, toujours déchiré par le souvenir funeste de l'action infâme de la reine, il arrêtait moins souvent ses yeux sur le jardin, qu'il ne les levait au ciel pour se plaindre de son malheureux sort.

Néanmoins, quelque occupé qu'il fût de ses ennuis, il ne laissa pas d'apercevoir un objet qui attira toute son attention. Une porte secrète du palais du sultan s'ouvrit tout à coup, et il en sortit vingt femmes, au milieu desquelles marchait la sultane[1] d'un air qui la

[1] Le titre de sultane se donne a toutes les femmes des princes de l'Orient. Cependant le nom de sultane, tout court, désigne ordinairement la favorite.

faisait aisément distinguer. Cette princesse, croyant que le roi de la Grande Tartarie était aussi à la chasse, s'avança avec fermeté jusque sous les fenêtres de l'appartement de ce prince, qui, voulant par curiosité l'observer, se plaça de manière qu'il pouvait tout voir sans être vu. Il remarqua que les personnes qui accompagnaient la sultane, pour bannir toute contrainte, se découvrirent le visage qu'elles avaient eu couvert jusqu'alors, et quittèrent de longs habits qu'elles portaient par-dessus d'autres plus courts. Mais il fut dans un extrême étonnement de voir que dans cette compagnie, qui lui avait semblé toute composée de femmes, il y avait dix noirs, qui prirent chacun leur maîtresse. La sultane, de son côté, ne demeura pas long-temps sans amant; elle frappa des mains en criant: Masoud! Masoud! et aussitôt un autre noir descendit du haut d'un arbre, et courut à elle avec beaucoup d'empressement.

La pudeur ne me permet pas de raconter tout ce qui se passa entre ces femmes et ces noirs, et c'est un détail qu'il n'est pas besoin de faire; il suffit de dire que Schahzenan en vit assez pour juger que son frère n'était pas moins à plaindre que lui. Les plaisirs de cette troupe amoureuse durèrent jusqu'à minuit. Ils se baignèrent tous ensemble dans une grande pièce d'eau qui faisait un des plus beaux ornements du jardin; après quoi ayant repris leurs habits, ils rentrèrent par la porte secrète dans le palais du sultan; et Masoud, qui était venu de dehors par-dessus la muraille du jardin, s'en retourna par le même endroit.

Comme toutes ces choses s'étaient passées sous les yeux du roi de la Grande Tartarie, elles lui donnèrent lieu de faire une infinité de réflexions : « Que j'avais peu raison, disait-il, de croire que mon malheur était si singulier! C'est sans doute l'inévitable destinée de tous les maris, puisque le sultan mon frère, le souverain de tant d'états, le plus grand prince du monde, n'a pu l'éviter. Cela étant, quelle faiblesse de me laisser consumer de chagrin! C'en est fait : le souvenir d'un malheur si commun ne troublera plus désormais le repos de ma vie. » En effet, dès ce moment il cessa de s'affliger; et comme il n'avait pas voulu souper qu'il n'eût vu toute la scène qui venait de se jouer sous ses fenêtres, il fit servir alors, mangea de meilleur appétit qu'il n'avait fait depuis son départ de Samarcande, et entendit même avec quelque plaisir un concert agréable de voix et d'instruments dont on accompagna le repas.

Les jours suivants il fut de très-bonne humeur; et lorsqu'il sut que le sultan était de retour, il alla au-devant de lui, et lui fit son compliment d'un air enjoué. Schahriar d'abord ne prit pas garde à ce changement; il ne songea qu'à se plaindre obligeamment de ce que ce prince avait refusé de l'accompagner à la chasse; et sans lui donner le temps de répondre à ses reproches, il lui parla du grand nombre de cerfs et d'autres animaux qu'il avait pris, et enfin du plaisir qu'il avait eu. Schahzenan, après l'avoir écouté avec attention, prit la parole à son tour. Comme il n'avait plus de chagrin qui l'empêchât de faire paraître combien il avait d'esprit, il dit mille choses agréables et plaisantes.

Le sultan, qui s'était attendu à le retrouver dans le même état où il l'avait laissé, fut ravi de le voir si gai: « Mon frère, lui dit-il, je rends grâces au ciel de l'heureux changement qu'il a produit en vous pendant mon absence: j'en ai une véritable joie; mais j'ai une prière à vous faire, et je vous conjure de m'accorder ce que je vais vous demander.—Que pourrais-je vous refuser? répondit le roi de Tartarie. Vous pouvez tout sur Schahzenan. Parlez; je suis dans l'impatience de savoir ce que vous souhaitez de moi. — Depuis que vous êtes dans ma cour, reprit Schahriar, je vous ai vu plongé dans une noire mélancolie, que j'ai vainement tenté de dissiper par toutes sortes de divertissements. Je me suis imaginé que votre chagrin venait de ce que vous étiez éloigné de vos états; j'ai cru même que l'amour y avait beaucoup de part, et que la reine de Samarcande, que vous avez dû choisir d'une beauté achevée, en était peut-être la cause. Je ne sais si je me suis trompé dans ma conjecture; mais je vous avoue que c'est particulièrement pour cette raison que je n'ai pas voulu vous importuner là-dessus, de peur de vous déplaire. Cependant, sans que j'y aie contribué en aucune manière, je vous trouve à mon retour de la meilleure humeur du monde et l'esprit entièrement dégagé de cette noire vapeur qui en troublait tout l'enjouement: dites-moi de grâce pourquoi vous étiez si triste, et pourquoi vous ne l'êtes plus. »

A ce discours, le roi de la Grande Tartarie demeura quelque temps rêveur, comme s'il eût cherché ce qu'il avait à y répondre. Enfin il repartit dans ces termes: « Vous êtes mon sultan et mon maître; mais dispensez-moi, je vous supplie, de vous donner la satisfaction que vous me demandez. — Non, mon frère, répliqua le sultan, il faut que vous me l'accordiez: je la souhaite; ne me la refusez pas. » Schahzenan ne put résister aux instances de Schahriar: « Hé bien! mon frère, lui dit-il, je vais vous satisfaire, puisque vous me le commandez. » Alors il lui raconta l'infidélité de la reine de Samarcande; et lorsqu'il en eut achevé le récit: « Voilà, poursuivit-il, le sujet de ma tristesse; jugez si j'avais tort de m'y abandonner. — O mon frère! s'écria le sultan d'un ton qui marquait combien il entrait dans le ressentiment du roi de Tartarie, quelle horrible histoire venez-vous de me raconter! Avec quelle impatience je l'ai écoutée jusqu'au bout ! Je vous loue d'avoir puni les traîtres qui vous ont fait un outrage si sensible. On ne saurait vous reprocher cette action : elle est juste ; et pour moi j'avouerai qu'à votre place j'aurais eu peut-être moins de modération que vous : je ne me serais pas contenté d'ôter la vie à une seule femme ; je crois que j'en aurais sacrifié plus de mille à ma rage. Je ne suis pas étonné de vos chagrins : la cause en était trop vive et trop mortifiante pour n'y pas succomber. O ciel, quelle aventure ! Non, je crois qu'il n'en est jamais arrivé de semblable à personne qu'à vous. Mais enfin il faut louer Dieu de ce qu'il vous a donné de la consolation ; et comme je ne doute pas qu'elle ne soit bien fondée, ayez encore la complaisance de m'en instruire, et faites-moi la confidence entière. »

Schahzenan fit plus de difficulté sur ce point que sur le précédent, à cause de l'intérêt que son frère y avait ; mais il fallut céder à ses nouvelles instances : « Je vais donc vous obéir, lui dit-il, puisque vous le voulez absolument. Je crains que mon obéissance ne vous cause plus de chagrins que je n'en ai eu ; mais vous ne devez vous en prendre qu'à vous-même, puisque c'est vous qui me forcez à vous révéler une chose que je voudrais ensevelir dans un éternel oubli. — Ce que vous me dites, interrompit Schahriar, ne fait qu'irriter ma curiosité ; hâtez-vous de me découvrir ce secret, de quelque nature qu'il puisse être. » Le roi de Tartarie, ne pouvant plus s'en défendre, fit alors le détail de tout ce qu'il avait vu du déguisement des noirs, de l'emportement de la sultane et de ses femmes, et il n'oublia pas Masoud : « Après avoir été témoin de ces infamies, continua-t-il, je pensai que toutes les femmes y étaient naturellement portées, et qu'elles ne pouvaient résister à leur penchant. Prévenu de cette opinion, il me parut que c'était une grande faiblesse à un homme d'attacher son repos à leur fidélité. Cette réflexion m'en fit faire beaucoup d'autres ; et enfin je jugeai que je ne pouvais prendre un meilleur parti que de me consoler. Il m'en a coûté quelques efforts ; mais j'en suis venu à bout ; et si vous m'en croyez, vous suivrez mon exemple. »

Quoique ce conseil fût judicieux, le sultan ne put le goûter. Il entra même en fureur : « Quoi ! dit-il, la sultane des Indes est capable de se prostituer d'une manière si indigne ! Non, mon frère, ajouta-t-il, je ne puis croire ce que vous me dites, si je ne le vois de mes propres yeux. Il faut que les vôtres vous aient trompé ; la chose est assez importante pour mériter que j'en sois assuré par moi-même. — Mon frère, répondit Schahzenan, si vous voulez en être témoin, cela n'est pas fort difficile : vous n'avez qu'à faire une nouvelle partie de chasse ; quand nous serons hors de la ville avec votre cour et la mienne, nous nous arrêterons sous nos pavillons, et la nuit nous reviendrons tous deux seuls dans mon appartement. Je suis assuré que le lendemain vous verrez ce que j'ai vu. » Le sultan approuva le stratagème, et ordonna aussitôt une nouvelle chasse; de sorte que dès le même jour les pavillons furent dressés au lieu désigné.

Le jour suivant les deux princes partirent avec toute leur suite. Ils arrivèrent où ils devaient camper, et ils y demeurèrent jusqu'à la nuit. Alors Schahriar appela son grand vizir, et sans lui découvrir son dessein, lui commanda de tenir sa place pendant son absence, et de ne pas permettre que personne sortît du camp, pour quelque sujet que ce pût être. D'abord qu'il eut donné cet ordre, le roi de la Grande Tartarie et lui montèrent à cheval, passèren incognito au travers du camp, rentrèrent dans la ville et se rendirent au palais qu'occupait Schahzenan. Ils se couchèrent; et le lendemain de bon matin ils s'allèrent placer à la fenêtre d'où le roi de Tartarie avait vu la scène des noirs. Ils jouirent quelque temps de la fraîcheur; car le soleil n'était pas encore levé; et en s'entretenant, ils jetaient souvent les yeux du côté de la porte secrète. Elle s'ouvrit enfin; et, pour dire le reste en peu de mots, la sultane parut avec ses femmes et les dix noirs déguisés; elle appela Masoud; et le sultan en vit plus qu'il n'en fallait pour être pleinement convaincu de sa honte et de son malheur: « O Dieu! s'écria-t-il, quelle indignité! quelle horreur! L'épouse d'un souverain tel que moi peut-elle être capable de cette infamie? Après cela quel prince osera se vanter d'être parfaitement heureux? Ah! mon frère, poursuivit-il en embrassant le roi de Tartarie, renonçons tous deux au monde, la bonne foi en est bannie: s'il flatte d'un côté, il trahit de l'autre. Abandonnons nos états et tout l'éclat qui nous environne. Allons dans des royaumes étrangers traîner une vie obscure et cacher notre infortune. » Schahzenan n'approuvait pas cette résolution; mais il n'osa la combattre dans l'emportement où il voyait Schahriar: « Mon frère, lui dit-il, je n'ai pas d'autre volonté que la vôtre; je suis prêt à vous suivre partout où il vous plaira; mais promettez-moi que nous reviendrons, si nous pouvons rencontrer quelqu'un qui soit plus malheureux que nous. — Je vous le promets, répondit le sultan; mais je doute fort que nous trouvions personne qui le puisse être. — Je ne suis pas de votre sentiment là-dessus, répliqua le roi de Tartarie; peut-être même ne voyagerons-nous pas long-temps. » En disant cela, ils sortirent secrètement du palais, et prirent un autre chemin que celui par où ils étaient venus. Ils marchèrent tant qu'ils eurent du jour assez pour se conduire, et passèrent la première nuit sous des arbres. S'étant levés dès le point du jour, ils continuèrent leur marche jusqu'à ce qu'ils arrivèrent à une belle prairie sur le bord de la mer, où il y avait, d'espace en espace, de grands arbres fort touffus. Ils s'assirent sous un de ces arbres pour se délasser et pour y prendre le frais. L'infidélité des princesses leurs femmes fit le sujet de leur conversation.

Il n'y avait pas long-temps qu'ils s'entretenaient, lorsqu'ils entendirent assez près d'eux un bruit horrible du côté de la mer, et des cris effroyables qui les remplirent de crainte : alors la mer s'ouvrit, et il s'en éleva comme une grosse colonne noire qui semblait s'aller perdre dans les nues. Cet objet redoubla leur frayeur; ils se levèrent promptement, et montèrent au haut de l'arbre qui leur parut le plus propre à les cacher. Ils y furent à peine montés, que, regardant vers l'endroit d'où le bruit partait et où la mer s'était entr'ouverte, ils remarquèrent que la colonne noire s'avançait vers le rivage en fendant l'eau. Ils ne purent dans le moment démêler ce que ce pouvait être, mais ils en furent bientôt éclaircis.

C'était un de ces génies[1] qui sont malins, malfaisants, et ennemis mortels des hommes : il était noir et hideux, avait la forme d'un géant d'une hauteur prodigieuse, et portait sur sa tête une grande caisse de verre, fermée à quatre serrures d'acier fin. Il entra dans la prairie avec cette charge, qu'il vint poser justement au pied de l'arbre où étaient les deux princes, qui, connaissant l'extrême péril où ils se trouvaient, se crurent perdus.

Cependant le génie s'assit auprès de la caisse; et l'ayant ouverte avec quatre clefs qui étaient attachées à sa ceinture, il en sortit aussitôt une dame très-richement habillée, d'une taille majestueuse et d'une beauté parfaite. Le monstre la fit asseoir à ses côtés; et la regardant amoureusement : « Dame, dit-il, la plus accomplie de toutes les dames qui sont admirées pour leur beauté, charmante personne, vous que j'ai enlevée le jour de vos noces, et que j'ai toujours aimée depuis si constamment, vous voudrez bien que je dorme quelques moments près de vous; le sommeil, dont je me sens accablé, m'a fait venir en cet endroit pour prendre un peu de repos. » En disant cela, il laissa tomber sa grosse tête sur les genoux de la dame; ensuite ayant allongé ses pieds qui s'étendaient jusqu'à la mer, il ne tarda pas à s'endormir, et il ronfla bientôt de manière qu'il fit retentir le rivage.

La dame alors leva la vue par hasard, et apercevant les princes

[1] Suivant les traditions des musulmans, il y a eu deux sortes de génies : les *péris* et les *dives*. Les premiers étaient bienfaisants; les *dives*, féroces et ennemis de l'homme.

au haut de l'arbre, elle leur fit signe de la main de descendre sans faire de bruit. Leur frayeur fut extrême quand ils se virent découverts. Ils supplièrent la dame, par d'autres signes, de les dispenser de lui obéir; mais elle, après avoir ôté doucement de dessus ses genoux la tête du génie, et l'avoir posée légèrement à terre, se leva et leur dit d'un ton de voix bas, mais animé : « Descendez, il fau absolument que vous veniez à moi. » Ils voulurent vainement lu faire comprendre encore par leurs gestes qu'ils craignaient le génie. « Descendez donc, leur répliqua-t-elle sur le même ton; si vous ne vous hâtez de m'obéir, je vais l'éveiller, et je lui demanderai moi-même votre mort. »

Ces paroles intimidèrent tellement les princes, qu'ils commencèrent à descendre avec toutes les précautions possibles pour ne pas éveiller le génie. Lorsqu'ils furent en bas, la dame les prit par la main; et, s'étant un peu éloignée avec eux sous les arbres, elle leur fit librement une proposition très-vive; ils la rejetèrent d'abord; mais elle les obligea, par de nouvelles menaces, à l'accepter. Après qu'elle eut obtenu d'eux ce qu'elle souhaitait, ayant remarqué qu'ils avaient chacun une bague au doigt, elle les leur demanda. Sitôt qu'elle les eut entre les mains, elle alla prendre une boîte du paquet où était sa toilette; elle en tira un fil garni d'autres bagues de toutes sortes de façons, et le leur montrant : « Savez-vous bien, dit-elle, ce que signifient ces joyaux? — Non, répondirent-ils; mais il ne tiendra qu'à vous de nous l'apprendre. — Ce sont, reprit-elle, les bagues de tous les hommes à qui j'ai fait part de mes faveurs; il y en a quatre-vingt-dix-huit bien comptées, que je garde pour me souvenir d'eux. Je vous ai demandé les vôtres pour la même raison, et afin d'avoir la centaine accomplie : voilà donc, continua-t-elle, cent amànts que j'ai eus jusqu'à ce jour, malgré la vigilance et les précautions de ce vilain génie qui ne me quitte pas. Il a beau m'enfermer dans cette caisse de verre, et me tenir cachée au fond de la mer, je ne laisse pas de tromper ses soins. Vous voyez par là que quand une femme a formé un projet, il n'y a point de mari ni d'amant qui puisse en empêcher l'exécution. Les hommes feraient mieux de ne pas contraindre les femmes; ce serait le moyen de les rendre sages. » La dame, leur ayant parlé de la sorte, passa leurs bagues dans le même fil où étaient enfilées les autres. Elle s'assit ensuite comme auparavant, souleva la tête du génie, qui ne se réveilla point, la remit sur ses genoux, et fit signe aux princes de se retirer.

Ils reprirent le chemin par où ils étaient venus; et lorsqu'ils eurent perdu de vue la dame et le génie, Schahriar dit à Schahzenan :

« Hé bien! mon frère, que pensez-vous de l'aventure qui vient de nous arriver? Le génie n'a-t-il pas une maîtresse bien fidèle? Et ne convenez-vous pas que rien n'est égal à la malice des femmes? — Oui, mon frère, répondit le roi de la Grande Tartarie. Et vous devez aussi demeurer d'accord que le génie est plus à plaindre et plus malheureux que nous. C'est pourquoi, puisque nous avons trouvé ce que nous cherchions, retournons dans nos états, et que cela ne nous empêche pas de nous marier. Pour moi, je sais par quel moyen je prétends que la foi qui m'est due me soit inviolablement conservée. Je ne veux pas m'expliquer présentement là-dessus; mais vous en apprendrez un jour des nouvelles, et je suis sûr que vous suivrez mon exemple. » Le sultan fut de l'avis de son frère; et continuant tous deux de marcher, ils arrivèrent au camp sur la fin de la nuit du troisième jour qu'ils étaient partis.

La nouvelle du retour du sultan s'y étant répandue, les courtisans se rendirent de grand matin devant son pavillon. Il les fit entrer, les reçut d'un air plus riant qu'à l'ordinaire, et leur fit à tous des gratifications. Après quoi, leur ayant déclaré qu'il ne voulait pas aller plus loin, il leur commanda de monter à cheval, et il retourna bientôt à son palais.

A peine fut-il arrivé, qu'il courut à l'appartement de la sultane. Il la fit lier devant lui, et la livra à son grand vizir, avec ordre de la faire étrangler; ce que ce ministre exécuta, sans s'informer quel crime elle avait commis. Le prince irrité n'en demeura pas là : il coupa la tête de sa propre main à toutes les femmes de la sultane. Après ce rigoureux châtiment, persuadé qu'il n'y avait pas une femme sage, pour prévenir les infidélités de celles qu'il prendrait à l'avenir, il résolut d'en épouser une chaque nuit, et de la faire étrangler le lendemain. S'étant imposé cette loi cruelle, il jura qu'il l'observerait immédiatement après le départ du roi de Tartarie, qui prit bientôt congé de lui, et se mit en chemin chargé de présents magnifiques.

Schahzenan étant parti, Schahriar ne manqua pas d'ordonner à son grand vizir de lui amener la fille d'un de ses généraux d'armée. Le vizir obéit. Le sultan coucha avec elle; et le lendemain, en la lui remettant entre les mains pour la faire mourir, il lui commanda de lui en chercher une autre pour la nuit suivante. Quelque répugnance qu'eût le vizir à exécuter de semblables ordres, comme il devait au sultan son maître une obéissance aveugle, il était obligé de s'y soumettre. Il lui mena donc la fille d'un officier subalterne, qu'on fit aussi mourir le lendemain. Après celle-là, ce fut la fille d'un bourgeois de la capitale; et enfin chaque jour c'était une fille mariée et une femme morte.

Le bruit de cette inhumanité sans exemple causa une consternation générale dans la ville. On n'y entendait que des cris et des lamentations : ici c'était un père en pleurs qui se désespérait de la perte de sa fille; et là c'étaient de tendres mères, qui, craignant pour les leurs la même destinée, faisaient par avance retentir l'air de leurs gémissements. Ainsi, au lieu des louanges et des bénédictions que le sultan s'était attirées jusqu'alors, tous ses sujets ne faisaient plus que des imprécations contre lui.

Le grand vizir, qui, comme on l'a déjà dit, était malgré lui le ministre d'une si horrible injustice, avait deux filles, dont l'aînée s'appelait Scheherazade, et la cadette Dinarzade. Cette dernière ne manquait pas de mérite; mais l'autre avait un courage au-dessus de son sexe, de l'esprit infiniment, avec une pénétration admirable. Elle avait beaucoup de lecture et une mémoire si prodigieuse, que rien ne lui était échappé de tout ce qu'elle avait lu. Elle s'était heureusement appliquée à la philosophie, à la médecine, à l'histoire et aux arts; et elle faisait des vers mieux que les poètes les plus célèbres de son temps. Outre cela, elle était pourvue d'une beauté extraordinaire; et une vertu très-solide couronnait toutes ses belles qualités.

Le vizir aimait passionnément une fille si digne de sa tendresse. Un jour qu'ils s'entretenaient tous deux ensemble, elle lui dit : « Mon père, j'ai une grâce à vous demander; je vous supplie très-humblement de me l'accorder. — Je ne vous la refuse pas, répondit-il, pourvu qu'elle soit juste et raisonnable. — Pour juste, répliqua Scheherazade, elle ne peut l'être davantage, et vous en pouvez juger par le motif qui m'oblige à vous la demander. J'ai dessein d'arrêter le cours de cette barbarie que le sultan exerce sur les familles de cette ville. Je veux dissiper la juste crainte que tant de mères ont de perdre leurs filles d'une manière si funeste. — Votre intention est fort louable, ma fille, dit le vizir; mais le mal auquel vous voulez remédier me paraît sans remède. Comment prétendez-vous en venir à bout? — Mon père, repartit Scheherazade, puisque par votre entremise le sultan célèbre chaque jour un nouveau mariage, je vous conjure, par la tendre affection que vous avez pour moi, de me procurer l'honneur de sa couche. » Le vizir ne put entendre ce discours sans horreur : « O Dieu! interrompit-il avec transport. Avez-vous perdu l'esprit, ma fille? Pouvez-vous me faire une prière si dangereuse? Vous savez que le sultan a fait serment sur son âme de ne coucher qu'une seule nuit avec la même femme et de lui faire ôter la vie le lendemain, et vous voulez que je lui propose de vous épouser? Songez-vous bien à quoi vous expose votre zèle indiscret?

—Oui, mon père, répondit cette vertueuse fille, je connais tout le danger que je cours, et il ne saurait m'épouvanter. Si je péris, ma mort sera glorieuse; et si je réussis dans mon entreprise, je rendrai à ma patrie un service important. — Non, dit le vizir, quoi que vous puissiez me représenter, pour m'intéresser à vous permettre de vous jeter dans cet affreux péril, ne vous imaginez pas que j'y consente. Quand le sultan m'ordonnera de vous enfoncer le poignard dans le sein, hélas! il faudra bien que je lui obéisse: quel triste emploi pour un père! Ah! si vous ne craignez point la mort, craignez du moins de me causer la douleur mortelle de voir ma main teinte de votre sang. — Encore une fois, mon père, dit Scheherazade, accordez-moi la grâce que je vous demande. — Votre opiniâtreté, repartit le vizir, excite ma colère. Pourquoi vouloir vous-même courir à votre perte? Qui ne prévoit pas la fin d'une entreprise dangereuse, n'en saurait sortir heureusement. Je crains qu'il ne vous arrive ce qui arriva à l'âne, qui était bien, et qui ne put s'y tenir. — Quel malheur arriva-t-il à cet âne? reprit Scheherazade. — Je vais vous le dire, répondit le vizir; écoutez-moi :

FABLE.

L'ANE, LE BOEUF ET LE LABOUREUR.

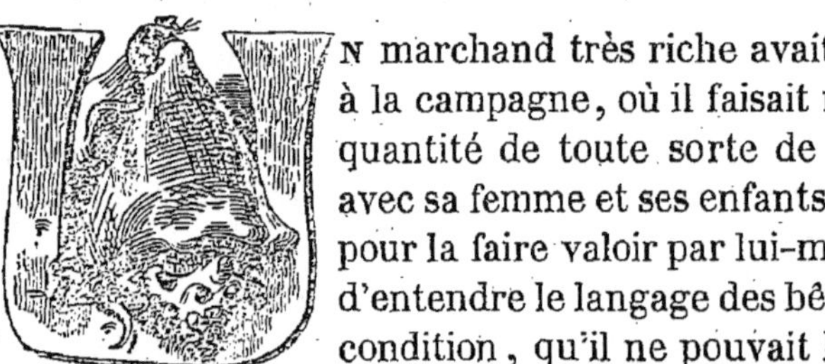

N marchand très riche avait plusieurs maisons à la campagne, où il faisait nourrir une grande quantité de toute sorte de bétail. Il se retira avec sa femme et ses enfants à une de ses terres pour la faire valoir par lui-même. Il avait le don d'entendre le langage des bêtes; mais avec cette condition, qu'il ne pouvait l'interpréter à personne, sans s'exposer à perdre la vie; ce qui l'empêchait de communiquer les choses qu'il avait apprises par le moyen de ce don.

« Il y avait à une même auge un bœuf et un âne. Un jour qu'il était assis près d'eux, et qu'il se divertissait à voir jouer devant lui ses enfants, il entendit que le bœuf disait à l'âne : « L'Éveillé, que je te trouve heureux, quand je considère le repos dont tu jouis, et le peu de travail qu'on exige de toi! Un homme te panse avec soin, te lave, te donne de l'orge bien criblée, et de l'eau fraîche et nette. Ta plus grande peine est de porter le marchand notre maître, lorsqu'il a quelque petit voyage à faire. Sans cela, toute ta vie se passerait dans l'oisiveté. La manière dont on me traite est bien différente, et ma condition est aussi malheureuse que la tienne est agréable : il est à peine minuit qu'on m'attache à une charrue que l'on me fait traîner tout le long du jour en fendant la terre; ce qui me fatigue à un point, que les forces me manquent quelquefois. D'ailleurs, le laboureur, qui est toujours derrière moi, ne cesse de me frapper. A force de tirer la charrue, j'ai le cou tout écorché. Enfin, après avoir travaillé depuis le matin jusqu'au soir, quand je suis de retour, on me donne à manger de méchantes fèves sèches, dont on ne s'est pas mis en peine d'ôter la terre, ou d'autres choses qui ne valent pas mieux. Pour comble de misère, lorsque je me suis repu d'un mets si peu appétissant, je suis obligé de passer la nuit couché dans mon ordure. Tu vois donc que j'ai raison d'envier ton sort. »

« L'âne n'interrompit pas le bœuf; il lui laissa dire tout ce qu'il voulut; mais quand il eut achevé de parler : « Vous ne démentez pas, lui dit-il, le nom d'idiot qu'on vous a donné; vous êtes trop simple, vous vous laissez mener comme l'on veut, et vous ne pouvez prendre une bonne résolution. Cependant quel avantage vous revient-il de toutes les indignités que vous souffrez? Vous vous tuez vous-même pour le repos, le plaisir et le profit de ceux qui ne vous en savent point de gré : on ne vous traiterait pas de la sorte, si vous aviez autant de courage que de force. Lorsqu'on vient vous attacher à l'auge, que ne faites-vous résistance? Que ne donnez-vous de bons coups de cornes? Que ne marquez-vous votre colère en frappant du pied contre terre? Pourquoi enfin n'inspirez-vous pas la terreur par des beuglements effroyables? La nature vous a donné les moyens de vous faire respecter, et vous ne vous en servez pas. On vous apporte de mauvaises fèves et de mauvaise paille, n'en mangez point; flairez-les seulement et les laissez. Si vous suivez les conseils que je vous donne, vous verrez bientôt un changement dont vous me remercierez. »

« Le bœuf prit en fort bonne part les avis de l'âne, il lui témoigna combien il lui était obligé : « Cher l'Éveillé, ajouta-t-il, je ne manquerai pas de faire tout ce que tu m'as dit, et tu verras de quelle manière je m'en acquitterai. » Ils se turent après cet entretien, dont le marchand ne perdit pas une parole.

« Le lendemain de bon matin, le laboureur vint prendre le bœuf; il l'attacha à la charrue, et le mena au travail ordinaire. Le bœuf, qui n'avait pas oublié le conseil de l'âne, fit fort le méchant ce jour-là; et le soir, lorsque le laboureur, l'ayant ramené à l'auge, voulut l'attacher comme de coutume, le malicieux animal, au lieu de présenter ses cornes de lui-même, se mit à faire le rétif, et à reculer en beuglant; il baissa même ses cornes, comme pour en frapper le laboureur. Il fit enfin tout le manége que l'âne lui avait enseigné.

Le jour suivant, le laboureur vint le reprendre pour le remener au labourage; mais trouvant l'auge encore remplie des fèves et de la paille qu'il y avait mises le soir, et le bœuf couché par terre, les pieds étendus, et haletant d'une étrange façon, il le crut malade; il en eut pitié, et, jugeant qu'il serait inutile de le mener au travail, il alla aussitôt en avertir le marchand.

« Le bon marchand vit bien que les mauvais conseils de l'Éveillé avaient été suivis; et pour le punir comme il le méritait : « Va, dit-il au laboureur, prends l'âne à la place du bœuf, et ne manque pas de lui donner bien de l'exercice. » Le laboureur obéit. L'âne fut obligé de tirer la charrue tout ce jour-là; ce qui le fatigua d'autant plus, qu'il était moins accoutumé à ce travail. Outre cela, il reçut tant de coups de bâton, qu'il ne pouvait se soutenir quand il fut de retour.

« Cependant le bœuf était très-content; il avait mangé tout ce qu'il y avait dans son auge, et s'était reposé toute la journée; il se réjouissait en lui-même d'avoir suivi les conseils de l'Éveillé; il lui donnait mille bénédictions pour le bien qu'il lui avait procuré, et il ne manqua pas de lui en faire un nouveau compliment lorsqu'il le vit arriver. L'âne ne répondit rien au bœuf, tant il avait de dépit d'avoir été si maltraité : « C'est par mon imprudence, se disait-il à lui-même, que je me suis attiré ce malheur; je vivais heureux; tout me riait; j'avais tout ce que je pouvais souhaiter : c'est ma faute, si je suis dans ce déplorable état; et si je ne trouve quelque ruse en mon esprit pour m'en tirer, ma perte est certaine. » En disant cela, ses forces se trouvèrent tellement épuisées, qu'il se laissa tomber à demi mort au pied de son auge. »

En cet endroit le grand vizir s'adressant à Scheherazade, lui dit : « Ma fille, vous faites comme cet âne, vous vous exposez à vous perdre par votre fausse prudence. Croyez-moi, demeurez en repos, et ne cherchez point à prévenir votre mort. — Mon père, répondit Scheherazade, l'exemple que vous venez de rapporter n'est pas capable de me faire changer de résolution, et je ne cesserai point de vous importuner, que je n'aie obtenu de vous que vous me présenterez au sultan pour être son épouse. » Le vizir, voyant qu'elle persistait toujours dans sa demande, lui répliqua : « Hé bien! puisque vous ne voulez pas quitter votre obstination, je serai obligé de vous traiter de la même manière que le marchand dont je viens de parler traita sa femme peu de temps après, et voici comment :

« Ce marchand ayant appris que l'âne était dans un état pitoyable, fut curieux de savoir ce qui se passerait entre lui et le bœuf. C'est pourquoi, après le souper, il sortit au clair de la lune, et alla s'asseoir auprès d'eux, accompagné de sa femme. En arrivant, il entendit l'âne qui disait au bœuf : « Compère, dites-moi, je vous prie, ce que vous prétendez faire quand le laboureur vous apportera demain à manger. — Ce que je ferai, répondit le bœuf, je continuerai de faire ce que tu m'as enseigné. Je m'éloignerai d'abord; je présenterai mes cornes comme hier; je ferai le malade, et feindrai d'être aux abois. — Gardez-vous-en bien, interrompit l'âne, ce serait le moyen de vous perdre : car, en arrivant ce soir, j'ai ouï dire au marchand, notre maître, une chose qui m'a fait trembler pour vous. — Hé ! qu'avez-vous entendu? dit le bœuf; ne me cachez rien, de grâce, mon cher l'Éveillé. — Notre maître, reprit l'âne, a dit au laboureur ces tristes paroles : « Puisque le bœuf ne mange pas, et qu'il ne peut se soutenir, je veux qu'il soit tué dès demain. Nous ferons, pour l'amour « de Dieu, une aumône de sa chair aux pauvres; et quant à sa peau, « qui pourra nous être utile, tu la donneras au corroyeur; ne man« que donc pas de faire venir le boucher. » Voilà ce que j'avais à vous apprendre, ajouta l'âne; l'intérêt que je prends à votre conservation, et l'amitié que j'ai pour vous, m'obligent à vous en avertir et à vous donner un nouveau conseil : d'abord qu'on vous apportera vos fèves et votre paille, levez-vous, et vous jetez dessus avec avidité; le maître jugera par là que vous êtes guéri, et révoquera, sans doute, votre arrêt de mort; au lieu que si vous en usez autrement, c'est fait de vous. »

« Ce discours produisit l'effet qu'en avait attendu l'âne. Le bœuf en fut étrangement troublé et en beugla d'effroi. Le marchand, qui les avait écoutés tous deux avec beaucoup d'attention, fit alors un si grand éclat de rire, que sa femme en fut très-surprise : « Apprenez-moi, lui dit-elle, pourquoi vous riez si fort, afin que j'en rie avec vous. — Ma femme, lui répondit le marchand, contentez-vous de m'entendre rire. — Non, reprit-elle, j'en veux savoir le sujet. — Je ne puis vous donner cette satisfaction, repartit le mari; sachez seulement que je ris de ce que notre âne vient de dire à notre bœuf; le reste est un secret qu'il ne m'est pas permis de vous révéler. — Et qui vous empêche de me découvrir ce secret? répliqua-t-elle. — Si je vous le disais, répondit-il, apprenez qu'il m'en coûterait la vie. — Vous vous moquez de moi, s'écria la femme; ce que vous me dites ne peut pas être vrai. Si vous ne m'avouez tout à l'heure pourquoi vous avez ri, si vous refusez de m'instruire de ce que l'âne et le bœuf ont dit, je jure, par le grand Dieu qui est au ciel, que nous ne vivrons pas davantage ensemble. »

« En achevant ces mots, elle rentra dans la maison, et se mit dans un coin où elle passa la nuit à pleurer de toute sa force. Le mari coucha seul ; et le lendemain, voyant qu'elle ne discontinuait pas de se lamenter : « Vous n'êtes pas sage, lui dit-il, de vous affliger de la sorte ; la chose n'en vaut pas la peine ; et il vous est aussi peu important de la savoir, qu'il m'importe beaucoup, à moi, de la tenir secrète. N'y pensez donc plus, je vous en conjure. — J'y pense si bien encore, répondit la femme, que je ne cesserai pas de pleurer, que vous n'ayez satisfait ma curiosité. — Mais je vous dis fort sérieusement, répliqua-t-il, qu'il m'en coûtera la vie, si je cède à vos indiscrètes instances. — Qu'il en arrive tout ce qu'il plaira à Dieu, repartit-elle, je n'en démordrai pas. — Je vois bien, reprit le marchand, qu'il n'y a pas moyen de vous faire entendre raison ; et comme je prévois que vous vous ferez mourir vous-même par votre opiniâtreté, je vais appeler vos enfants, afin qu'ils aient la consolation de vous voir avant que vous mouriez. » Il fit venir ses enfants, et envoya chercher aussi le père, la mère et les parents de la femme. Lorsqu'ils furent assemblés, et qu'il leur eut expliqué de quoi il était question, ils employèrent leur éloquence à faire comprendre à la femme qu'elle avait tort de ne vouloir pas revenir de son entêtement ; mais elle les rebuta tous, et dit qu'elle mourrait plutôt que de céder en cela à son mari. Le père et la mère eurent beau lui parler en particulier, et lui représenter que la chose qu'elle souhaitait d'apprendre ne lui était d'aucune importance, ils ne gagnèrent rien sur son esprit, ni par leur autorité, ni par leurs discours. Quand ses enfants virent qu'elle s'obstinait à rejeter toujours les bonnes raisons dont on combattait son opiniâtreté, ils se mirent à pleurer amèrement. Le marchand lui-même ne savait plus où il en était. Assis seul auprès de la porte de sa maison, il délibérait déjà s'il sacrifierait sa vie pour sauver celle de sa femme qu'il aimait beaucoup.

« Or, ma fille, continua le vizir en parlant toujours à Scheherazade, ce marchand avait cinquante poules et un coq, avec un chien qui faisait bonne garde. Pendant qu'il était assis, comme je l'ai dit, et qu'il rêvait profondément au parti qu'il devait prendre, il vit le chien courir vers le coq qui s'était jeté sur une poule, et il entendit qu'il lui parla dans ces termes : « O coq ! Dieu ne permettra pas que tu « vives encore long-temps ! N'as-tu pas honte de faire aujourd'hui « ce que tu fais ? » Le coq monta sur ses ergots, et se tournant du côté du chien : « Pourquoi, répondit-il fièrement, cela me serait-il « défendu aujourd'hui plutôt que les autres jours ? — Puisque tu « l'ignores, répliqua le chien, apprends que notre maître est aujourd'hui dans un grand deuil. Sa femme veut qu'il lui révèle un secret « qui est de telle nature, qu'il perdra la vie s'il le lui découvre. Les

« choses sont en cet état; et il est à craindre qu'il n'ait pas assez « de fermeté pour résister à l'obstination de sa femme; car il l'aime, « et il est touché des larmes qu'elle répand sans cesse. Il va peut-« être périr; nous en sommes tous alarmés dans ce logis. Toi seul, « insultant à notre tristesse, tu as l'impudence de te divertir avec « tes poules. »

« Le coq repartit de cette sorte à la réprimande du chien : « Que « notre maître est insensé! il n'a qu'une femme, et il n'en peut « venir à bout, pendant que j'en ai cinquante qui ne font que ce « que je veux. Qu'il rappelle sa raison, il trouvera bientôt moyen « do sortir de l'embarras où il est. — Hé! que veux-tu qu'il « fasse? dit le chien. — Qu'il entre dans la chambre où est sa « femme, répondit le coq; et qu'après s'être enfermé avec elle, il « prenne un bon bâton, et lui en donne mille coups; je mets en fait « qu'elle sera sage après cela, et qu'elle ne le pressera plus de lui « dire ce qu'il ne doit pas lui révéler. » Le marchand n'eut pas sitôt entendu ce que le coq venait de dire, qu'il se leva de sa place, prit un gros bâton, alla trouver sa femme qui pleurait encore, s'enferma avec elle, et la battit si bien, qu'elle ne put s'empêcher de crier : « C'est assez, mon mari, c'est assez, laissez-moi; je ne vous « demanderai plus rien. » A ces paroles, et voyant qu'elle se repentait d'avoir été curieuse si mal à propos, il cessa de la maltraiter; il ouvrit la porte, toute la parenté entra, se réjouit de trouver la femme revenue de son entêtement, et fit compliment au mari sur l'heureux expédient dont il s'était servi pour la mettre à la raison. Ma fille, ajouta le grand vizir, vous mériteriez d'être traitée de la même manière que la femme de ce marchand. »

« Mon père, dit alors Scheherazade, de grâce, ne trouvez point mauvais que je persiste dans mes sentiments. L'histoire de cette femme ne saurait m'ébranler. Je pourrais vous en raconter beaucoup d'autres qui vous persuaderaient que vous ne devez pas vous opposer à mon dessein. D'ailleurs, pardonnez-moi si j'ose vous le déclarer, vous vous y opposeriez vainement : quand la tendresse paternelle refuserait de souscrire à la prière que je vous fais, j'irais me présenter moi-même au sultan. »

Enfin, le père, poussé à bout par la fermeté de sa fille, se rendit à ses importunités; et quoique fort affligé de n'avoir pu la détourner d'une si funeste résolution, il alla dès ce moment trouver Schahriar, pour lui annoncer que la nuit prochaine il lui mènerait Scheherazade.

Le sultan fut fort étonné du sacrifice que son grand vizir lui faisait : « Comment avez-vous pu, lui dit-il, vous résoudre à me livrer votre propre fille? — Sire, lui répondit le vizir, elle s'est offerte d'elle-même. La triste destinée qui l'attend n'a pu l'épouvanter, et elle préfère à sa vie l'honneur d'être une seule nuit l'épouse de votre majesté. — Mais ne vous trompez pas, vizir, reprit le sultan : demain, en vous remettant Scheherazade entre les mains, je prétends que vous lui ôtiez la vie. Si vous y manquez, je vous jure que je vous ferai mourir vous-même. — Sire, repartit le vizir, mon cœur gémira, sans doute, en vous obéissant; mais la nature aura beau murmurer : quoique père, je vous réponds d'un bras fidèle. » Schahriar accepta l'offre de son ministre, et lui dit qu'il n'avait qu'à lui amener sa fille quand il lui plairait.

Le grand vizir alla porter cette nouvelle à Scheherazade, qui la reçut avec autant de joie que si elle eût été la plus agréable du monde. Elle remercia son père de l'avoir si sensiblement obligée; et voyant qu'il était accablé de douleur, elle lui dit, pour le consoler, qu'elle espérait qu'il ne se repentirait pas de l'avoir mariée avec le sultan, et qu'au contraire il aurait sujet de s'en réjouir le reste de sa vie.

Elle ne songea plus qu'à se mettre en état de paraître devant le sultan; mais avant que de partir, elle prit sa sœur Dinarzade en particulier, et lui dit : « Ma chère sœur, j'ai besoin de votre secours dans une affaire très-importante, je vous prie de ne me le pas refuser. Mon père va me conduire chez le sultan pour être son épouse. Que cette nouvelle ne vous épouvante pas; écoutez-moi seulement avec patience. Dès que je serai devant le sultan, je le supplierai de permettre que vous couchiez dans la chambre nuptiale, afin que je jouisse cette nuit encore de votre compagnie. Si j'obtiens cette grâce, comme je l'espère, souvenez-vous de m'éveiller demain matin une heure avant le jour et de m'adresser ces paroles : « Ma « sœur, si vous ne dormez pas, je vous supplie, en attendant le jour « qui paraîtra bientôt, de me raconter un de ces beaux contes que « vous savez. » Aussitôt je vous en conterai un, et je me flatte de délivrer par ce moyen tout le peuple de la consternation où il est. » Dinarzade répondit à sa sœur qu'elle ferait avec plaisir ce qu'elle exigeait d'elle.

L'heure de se coucher étant enfin venue, le grand vizir conduisit Scheherazade au palais, et se retira après l'avoir introduite dans l'appartement du sultan Ce prince ne se vit pas plus tôt avec elle, qu'il lui ordonna de se découvrir le visage. Il la trouva si belle, qu'il en fut charmé; mais s'apercevant qu'elle était en pleurs, il lui en demanda le sujet : « Sire, répondit Scheherazade, j'ai une sœur que j'aime aussi tendrement que j'en suis aimée. Je souhaitemais qu'elle passât la nuit dans cette chambre, pour la voir et lui dire adieu encore une fois. Voulez-vous bien que j'aie la consolation de lui donner ce dernier témoignage de mon amitié? » Schahriar y ayant consenti, on alla chercher Dinarzade, qui vint en diligence. Le sultan se coucha avec Scheherazade sur une estrade fort élevée, à la manière des monarques de l'Orient, et Dinarzade dans un lit qu'on lui avait préparé au bas de l'estrade.

Une heure avant le jour, Dinarzade, s'étant réveillée, ne manqua pas de faire ce que sa sœur lui avait recommandé : « Ma chère sœur, s'écria-t-elle, si vous ne dormez pas, je vous supplie, en attendant le jour qui paraîtra bientôt, de me raconter un de ces contes agréables que vous savez. Hélas ! ce sera peut-être la dernière fois que j'aurai ce plaisir. »

Scheherazade, au lieu de répondre à sa sœur, s'adressa au sultan : « Sire, dit-elle, votre majesté veut-elle bien me permettre de donner cette satisfaction à ma sœur? — Très-volontiers, » répondit le sultan. Alors Scheherazade dit à sa sœur d'écouter; et puis adressant la parole à Schahriar, elle commença de la sorte :

PREMIÈRE NUIT.

LE MARCHAND ET LE GÉNIE.

Il y avait autrefois un marchand qui possédait de grands biens, tant en fonds de terre qu'en marchandises et en argent comptant. Il avait beaucoup de commis, de facteurs et d'esclaves. Comme il était obligé de temps en temps de faire des voyages pour s'aboucher avec ses correspondants, un jour qu'une affaire d'importance l'appelait assez loin du lieu qu'il habitait, il monta à cheval et partit avec une valise derrière lui, dans laquelle il avait mis une petite provision de biscuit et de dattes, parce qu'il avait un pays désert à passer, où il n'aurait pas trouvé de quoi vivre. Il arriva sans accident à l'endroit où il avait affaire, et quand il eut terminé la chose qui l'y avait appelé, il remonta à cheval pour s'en retourner chez lui.

Le quatrième jour de sa marche, il se sentit tellement incommodé de l'ardeur du soleil et de la terre échauffée par ses rayons, qu'il se détourna de son chemin pour aller se rafraîchir sous des arbres qu'il aperçut dans la campagne. Il y trouva, au pied d'un grand noyer, une fontaine d'une eau très-claire et coulante. Il mit pied à terre, attacha son cheval à une branche d'arbre, et s'assit près de la fontaine, après avoir tiré de sa valise quelques dattes et du biscuit. En mangeant les dattes, il en jetait les noyaux à droite et à gauche. Lorsqu'il eut achevé ce repas frugal, comme il était bon musulman, il se lava les mains, le visage et les pieds [1], et fit sa prière.

Il ne l'avait pas finie, et il était encore à genoux, quand il vit paraître un génie tout blanc de vieillesse et d'une grandeur énorme, qui s'avançant jusqu'à lui le sabre à la main, lui dit d'un ton de voix terrible : « Lève-toi, que je te tue avec ce sabre, comme tu as tué mon fils. » Il accompagna ces mots d'un cri effroyable. Le marchand, autant effrayé de la hideuse figure du monstre que des paroles qu'il lui avait adressées, lui répondit en tremblant : « Hélas ! mon bon seigneur, de quel crime puis-je être coupable envers vous, pour mériter que vous m'ôtiez la vie? — Je veux, reprit le génie, te tuer de même que tu as tué mon fils. — Hé ! bon Dieu, repartit le marchand, comment pourrais-je avoir tué votre fils? Je ne le connais point, et je ne l'ai jamais vu. — Ne t'es-tu pas assis en arrivant ici ? répliqua le génie; n'as-tu pas tiré des dattes de ta valise, et en les mangeant, n'en as-tu pas jeté les noyaux à droite et à gauche? — J'ai fait ce que vous dites, répondit le marchand; je ne puis le nier. — Cela étant, reprit le génie, je te dis que tu as tué mon fils, et voici comment : dans le temps que tu jetais tes noyaux, mon fils passait; il en a reçu un dans l'œil, et il en est mort : c'est pourquoi il faut que je te tue. — Ah ! monseigneur, pardon, s'écria le marchand. — Point de pardon, répondit le génie, point de miséricorde. N'est-il pas juste de tuer celui qui a tué? — J'en demeure d'accord, dit le marchand; mais je n'ai assurément pas tué votre fils; et quand cela serait, je ne l'aurais fait que fort innocemment : par conséquent je vous supplie de me pardonner et de me laisser la vie. — Non, non, dit le génie en persistant dans sa résolution, il faut que je te tue de même que tu as tué mon fils. » A ces mots, il prit le marchand par le bras, le jeta la face contre terre, et leva le sabre pour lui couper la tête.

Cependant le marchand tout en pleurs, et protestant de son innocence, regrettait sa femme et ses enfants, et disait les choses du monde les plus touchantes. Le génie, toujours le sabre haut, eut la

[1] L'ablution avant la prière est de précepte divin, dans la religion musulmane : « O vous croyants ! lorsque vous vous disposez à la prière, lavez-vous le visage et les « mains jusqu'aux coudes; baignez-vous la tête et les pieds jusqu'à la cheville. »

Un musulman doit faire sa prière cinq fois par jour : 1° Une heure avant le lever du soleil; 2° à midi; 3° à trois heures après midi; 4° au coucher du soleil; 5° une heure et demie après le coucher du soleil. En priant, le musulman se tourne toujours du côté de la Mekke.

patience d'attendre que le malheureux eût achevé ses lamentations; mais il n'en fut nullement attendri : « Tous ces regrets sont superflus, s'écria-t-il; quand tes larmes seraient de sang, cela ne m'empêcherait pas de te tuer, comme tu as tué mon fils. — Quoi! répliqua le marchand, rien ne peut vous toucher? Vous voulez absolument ôter la vie à un pauvre innocent? — Oui, repartit le génie, j'y suis résolu. » En achevant ces paroles. . . . .

Scheherazade, en cet endroit, s'apercevant qu'il était jour, et sachant que le sultan se levait de grand matin pour faire sa prière et tenir son conseil, cessa de parler. « Bon Dieu! ma sœur, dit alors Dinarzade, que votre conte est merveilleux! — La suite en est encore plus surprenante, répondit Scheherazade; et vous en tomberiez d'accord, si le sultan voulait me laisser vivre encore aujourd'hui et me donner la permission de vous la raconter la nuit prochaine. » Schahriar, qui avait écouté Scheherazade avec plaisir, dit en lui-même : « J'attendrai jusqu'à demain; je la ferai toujours bien mourir, quand j'aurai entendu la fin de son conte. » Ayant donc pris la résolution de ne pas faire ôter la vie à Scheherazade ce jour-là, il se leva pour faire sa prière et aller au conseil.

Pendant ce temps-là le grand vizir était dans une inquiétude cruelle : au lieu de goûter la douceur du sommeil, il avait passé la nuit à soupirer et à plaindre le sort de sa fille, dont il devait être le bourreau. Mais si dans cette triste attente il craignait la vue du sultan, il fut agréablement surpris, lorsqu'il vit que ce prince entrait au conseil, sans lui donner l'ordre funeste qu'il en attendait.

Le sultan, selon sa coutume, passa la journée à régler les affaires de son empire, et quand la nuit fut venue, il coucha encore avec Scheherazade. Le lendemain avant que le jour parût, Dinarzade ne manqua pas de s'adresser à sa sœur, et de lui dire : « Ma sœur, si vous ne dormez pas, je vous supplie, en attendant le jour qui paraîtra bientôt, de continuer le conte d'hier. » Le sultan n'attendit pas que Scheherazade lui en demandât la permission : « Achevez, lui dit-il, le conte du génie et du marchand; je suis curieux d'en entendre la fin. » Scheherazade prit alors la parole, et continua son conte dans ces termes :

IIe NUIT

Sire, quand le marchand vit que le génie lui allait trancher la tête, il fit un grand cri, et lui dit : « Arrêtez; encore un mot, de grâce; ayez la bonté de m'accorder un délai : donnez-moi le temps d'aller dire adieu à ma femme et à mes enfants, et de leur partager mes biens par un testament que je n'ai pas encore fait, afin qu'ils n'aient point de procès après ma mort; cela étant fini, je reviendrai aussitôt dans ce même lieu me soumettre à tout ce qu'il vous plaira d'ordonner de moi. — Mais, dit le génie, si je t'accorde le délai que tu demandes, j'ai peur que tu ne reviennes pas. — Si vous voulez croire à mon serment, répondit le marchand, je jure par le Dieu du ciel et de la terre que je viendrai vous retrouver ici sans y manquer. — De combien de temps souhaites-tu que soit ce délai? répliqua le génie. — Je vous demande une année, repartit le marchand : il ne me faut pas moins de temps pour donner ordre à mes affaires, et pour me disposer à renoncer sans regret au plaisir qu'il y a de vivre. Ainsi je vous promets que de demain en un an, sans faute, je me rendrai sous ces arbres, pour me remettre entre vos mains. — Prends-tu Dieu à témoin de la promesse que tu me fais? reprit le génie. — Oui, répondit le marchand, je le prends encore une fois à témoin, et vous pouvez vous reposer sur mon serment. » A ces paroles, le génie le laissa près de la fontaine et disparut.

Le marchand, s'étant remis de sa frayeur, remonta à cheval et reprit son chemin. Mais si d'un côté il avait de la joie de s'être tiré d'un si grand péril, de l'autre il était dans une tristesse mortelle, lorsqu'il songeait au serment fatal qu'il avait fait. Quand il arriva chez lui, sa femme et ses enfants le reçurent avec toutes les démonstrations d'une joie parfaite; mais au lieu de les embrasser de la même manière, il se mit à pleurer si amèrement, qu'ils jugèrent bien qu'il lui était arrivé quelque chose d'extraordinaire. Sa femme lui demanda la cause de ses larmes et de la vive douleur qu'il faisait éclater : « Nous nous réjouissons, disait-elle, de votre retour, et cependant vous nous alarmez tous par l'état où nous vous voyons. Expliquez-nous, je vous prie, le sujet de votre tristesse. — Hélas! répondit le mari, le moyen que je sois dans une autre situation? je n'ai plus qu'un an à vivre. » Alors il leur raconta ce qui s'était passé entre lui et le génie, et leur apprit qu'il lui avait donné parole de retourner au bout de l'année recevoir la mort de sa main.

Lorsqu'ils entendirent cette triste nouvelle, ils commencèrent tous à se désoler. La femme poussait des cris pitoyables en se frappant le visage et en s'arrachant les cheveux; les enfants fondant en pleurs faisaient retentir la maison de leurs gémissements; et le père, cédant à la force du sang, mêlait ses larmes à leurs plaintes. En un mot, c'était le spectacle du monde le plus touchant.

Dès le lendemain, le marchand songea à mettre ordre à ses affaires et s'appliqua sur toutes choses à payer ses dettes. Il fit des présents à ses amis et de grandes aumônes aux pauvres, donna la liberté à ses esclaves de l'un et de l'autre sexe, partagea ses biens entre ses enfants, nomma des tuteurs pour ceux qui n'étaient pas encore en âge; et en rendant à sa femme tout ce qui lui appartenait, selon son contrat de mariage, il l'avantagea de tout ce qu'il put lui donner suivant les lois.

Enfin l'année s'écoula, et il fallut partir. Il fit sa valise, où il mit le drap dans lequel il devait être enseveli; mais lorsqu'il voulut dire adieu à sa femme et à ses enfants, on n'a jamais vu une douleur plus vive. Ils ne pouvaient se résoudre à le perdre; ils voulaient tous l'accompagner et aller mourir avec lui. Néanmoins comme il fallait se faire violence, et quitter des objets si chers: « Mes enfants, leur dit-il, j'obéis à l'ordre de Dieu en me séparant de vous. Imitez-moi : soumettez-vous courageusement à cette nécessité, et songez que la destinée de l'homme est de mourir. » Après avoir dit ces paroles, il s'arracha aux cris et aux regrets de sa famille, il partit et arriva au même endroit où il avait vu le génie, le propre jour qu'il avait promis de s'y rendre. Il mit aussitôt pied à terre, et s'assit au bord de la fontaine, où il attendit le génie avec toute la tristesse qu'on peut s'imaginer. Pendant qu'il languissait dans une si cruelle attente, un bon vieillard qui menait une biche à l'attache parut et s'approcha de lui. Ils se saluèrent l'un l'autre; après quoi le vieillard lui dit: « Mon frère, peut-on savoir de vous pourquoi vous êtes venu dans ce lieu désert, où il n'y a que des esprits malins, et où l'on n'est pas en sûreté? A voir ces beaux arbres, on le croirait habité; mais c'est une véritable solitude, où il est dangereux de s'arrêter trop long-temps. »

Le marchand satisfit la curiosité du vieillard, et lui conta l'aventure qui l'obligeait à se trouver là. Le vieillard l'écouta avec étonnement; et prenant la parole : « Voilà, s'écria-t-il, la chose du monde la plus surprenante; et vous êtes lié par le serment le plus inviolable. Je veux, ajouta-t-il, être témoin de votre entrevue avec le génie. » En disant cela, il s'assit près du marchand, et tandis qu'ils s'entretenaient tous deux......

« Mais voici le jour, dit Scheherazade en se reprenant; ce qui reste est le plus beau du conte. » Le sultan, résolu d'en entendre la fin, laissa vivre encore ce jour-là Scheherazade.

IIIᴱ NUIT.

La nuit suivante, Dinarzade fit à sa sœur la même prière que les deux précédentes : « Ma chère sœur, lui dit-elle, si vous ne dormez pas, je vous supplie de me raconter un de ces contes agréables que vous savez. » Mais le sultan dit qu'il voulait entendre la suite de celui du marchand et du génie ; c'est pourquoi Scheherazade le reprit ainsi :

Sire, dans le temps que le marchand et le vieillard qui conduisait la biche s'entretenaient, il arriva un autre vieillard, suivi de deux chiens noirs. Il s'avança jusqu'à eux, et les salua, en leur demandant ce qu'ils faisaient en cet endroit. Le vieillard qui conduisait la biche lui apprit l'aventure du marchand et du génie, ce qui s'était passé entre eux, et le serment du marchand. Il ajouta que ce jour était celui de la parole donnée, et qu'il était résolu de demeurer là pour voir ce qui en arriverait.

Le second vieillard, trouvant aussi la chose digne de sa curiosité, prit la même résolution. Il s'assit auprès des autres ; et à peine se fut-il mêlé à leur conversation, qu'il survint un troisième vieillard, qui, s'adressant aux deux premiers, leur demanda pourquoi le marchand qui était avec eux paraissait si triste. On lui en dit le sujet, qui lui parut si extraordinaire, qu'il souhaita aussi d'être témoin de ce qui se passerait entre le génie et le marchand : pour cet effet, il se plaça parmi les autres.

Ils aperçurent bientôt dans la campagne une vapeur épaisse, comme un tourbillon de poussière élevé par le vent : cette vapeur s'avança jusqu'à eux, et, se dissipant tout à coup, leur laissa voir le génie, qui, sans les saluer, s'approcha du marchand le sabre à la main, et le prenant par le bras : « Lève-toi, lui dit-il, que je te tue, comme tu as tué mon fils. » Le marchand et les trois vieillards, effrayés, se mirent à pleurer et à remplir l'air de cris......

Scheherazade, en cet endroit apercevant le jour, cessa de poursuivre son conte, qui avait si bien piqué la curiosité du sultan, que ce prince, voulant absolument en savoir la fin, remit encore au lendemain la mort de la sultane.

On ne peut exprimer quelle fut la joie du grand vizir, lorsqu'il vit que le sultan ne lui ordonnait pas de faire mourir Scheherazade. Sa famille, la cour, tout le monde en fut généralement étonné.

IVᴱ NUIT.

Vers la fin de la nuit suivante, Scheherazade, avec la permission du sultan, parla dans ces termes :

Sire, quand le vieillard qui conduisait la biche vit que le génie s'était saisi du marchand et l'allait tuer impitoyablement, il se jeta aux pieds de ce monstre, et les lui baisant : « Prince des génies, lui dit-il, je vous supplie très-humblement de suspendre votre colère, et de me faire la grâce de m'écouter. Je vais vous raconter mon histoire et celle de cette biche que vous voyez ; mais si vous la trouvez plus merveilleuse et plus surprenante que l'aventure de ce marchand à qui vous voulez ôter la vie, puis-je espérer que vous voudrez bien remettre à ce pauvre malheureux le tiers de son crime? » Le génie fut quelque temps à se consulter là-dessus ; mais enfin il répondit : « Hé bien! voyons, j'y consens. »

HISTOIRE

DU PREMIER VIEILLARD ET DE LA BICHE.

JE vais donc, reprit le vieillard, commencer mon récit : écoutez-moi, je vous prie, avec attention. Cette biche que vous voyez est ma cousine et de plus ma femme. Elle n'avait que douze ans quand je l'épousai : ainsi je puis dire qu'elle ne devait pas moins me regarder comme son père que comme son parent et son mari.

« Nous avons vécu ensemble trente années sans avoir eu d'enfants ; mais sa stérilité ne m'a point empêché d'avoir pour elle beaucoup de complaisance et d'amitié. Le seul désir d'avoir des enfants me fit acheter une esclave, dont j'eus un fils [1] qui promettait infiniment. Ma femme en conçut de la jalousie, prit en aversion la mère et l'enfant, et cacha si bien ses sentiments, que je ne les connus que trop tard.

« Cependant mon fils croissait, et il avait déjà dix ans, lorsque je fus obligé de faire un voyage. Avant mon départ, je recommandai

[1] La loi civile chez les mahométans reconnaît pour également légitimes les enfants qui proviennent de trois espèces de mariage permises par leur religion, suivant laquelle on peut licitement acheter, louer ou épouser une ou plusieurs femmes; de façon que si un homme a de son esclave un fils avant d'en avoir de son épouse, le fils de l'esclave est reconnu pour l'aîné, et jouit des droits d'aînesse, à l'exclusion de celui de la femme légitime.

à ma femme, dont je ne me défiais point, l'esclave et son fils, et je la priai d'en avoir soin pendant mon absence, qui dura une année entière. Elle profita de ce temps-là pour contenter sa haine. Elle s'attacha à la magie; et quand elle sut assez de cet art diabolique pour exécuter l'horrible dessein qu'elle méditait, la scélérate mena mon fils dans un lieu écarté. Là, par ses enchantements, elle le changea en veau, et le donna à mon fermier, avec ordre de le nourrir, comme un veau, disait-elle, qu'elle avait acheté. Elle ne borna point sa fureur à cette action abominable : elle changea l'esclave en vache, et la donna aussi à mon fermier.

« A mon retour, je lui demandai des nouvelles de la mère et de l'enfant : « Votre esclave est morte, me dit-elle; et pour votre fils, il y a deux mois que je ne l'ai vu, et que je ne sais ce qu'il est devenu. » Je fus touché de la mort de l'esclave; mais comme mon fils n'avait fait que disparaître, je me flattai que je pourrais le revoir bientôt. Néanmoins huit mois se passèrent sans qu'il revînt, et je n'en avais aucune nouvelle, lorsque la fête du grand Baïram [1] arriva. Pour la célébrer, je mandai à mon fermier de m'amener une vache des plus grasses pour en faire un sacrifice. Il n'y manqua pas. La vache qu'il m'amena était l'esclave elle-même, la malheureuse mère de mon fils. Je la liai; mais dans le moment que je me préparais à la sacrifier, elle se mit à faire des beuglements pitoyables, et je m'aperçus qu'il coulait de ses yeux des ruisseaux de larmes. Cela me parut assez extraordinaire; et me sentant, malgré moi, saisi d'un mouvement de pitié, je ne pus me résoudre à la frapper. J'ordonnai à mon fermier de m'en aller prendre une autre.

« Ma femme, qui était présente, frémit de ma compassion; et s'opposant à un ordre qui rendait sa malice inutile : « Que faites-vous, mon ami? s'écria-t-elle. Immolez cette vache. Votre fermier n'en a pas de plus belle, ni qui soit plus propre à l'usage que nous en voulons faire. » Par complaisance pour ma femme, je m'approchai de la vache; et combattant la pitié qui en suspendait le sacrifice, j'allais porter le coup mortel, quand la victime, redoublant

[1] Nom des deux seules fêtes d'obligation que les musulmans aient dans leur religion. Ce sont des fêtes mobiles, qui, dans l'espace de trente-trois ans, tombent dans tous les mois de l'année, parce que l'année musulmane est lunaire. La première de ces fêtes arrive le premier de la lune qui suit celle du Ramazan, ou carême des mahométans. Ce Baïram dure trois jours, et tient tout à la fois de la pâque des Juifs, de notre carnaval et de notre premier jour de l'an. On immole des agneaux ou des bœufs, et c'est à cette cérémonie que la fête doit le nom de *aïd el courbân* (fête des sacrifices)

Le petit Baïram (*aïd saghir*) est célébré le premier jour du mois de *chawal*, à l'occasion de la fin des jeûnes du Ramazan.

ses pleurs et ses beuglements, me désarma une seconde fois. Alors je mis le maillet entre les mains du fermier, en lui disant : « Prenez, et sacrifiez-la vous-même ; ses beuglements et ses larmes me fendent le cœur. »

« Le fermier, moins pitoyable que moi, la sacrifia. Mais en l'écorchant, il se trouva qu'elle n'avait que les os, quoiqu'elle nous eût paru très-grasse. J'en eus un véritable chagrin : « Prenez-la pour vous, dis-je au fermier, je vous l'abandonne; faites-en des régals et des aumônes à qui vous voudrez ; et si vous avez un veau bien gras, amenez-le-moi à sa place. » Je ne m'informai pas de ce qu'il fit de la vache ; mais peu de temps après qu'il l'eut fait enlever de devant mes yeux, je le vis arriver avec un veau fort gras. Quoique j'ignorasse que ce veau fût mon fils, je ne laissai pas de sentir émouvoir mes entrailles à sa vue. De son côté, dès qu'il m'aperçut, il fit un si grand effort pour venir à moi, qu'il en rompit sa corde. Il se jeta à mes pieds, la tête contre terre comme s'il eût voulu exciter ma compassion, et me conjurer de n'avoir pas la cruauté de lui ôter la vie, en m'avertissant, autant qu'il lui était possible, qu'il était mon fils.

« Je fus encore plus surpris et plus touché de cette action, que je ne l'avais été des pleurs de la vache. Je sentis une tendre pitié qui m'intéressa pour lui ; ou, pour mieux dire, le sang fit en moi son devoir : « Allez, dis-je au fermier, remenez ce veau chez vous ; ayez-en un grand soin, et à sa place, amenez-en un autre incessamment. »

« Dès que ma femme m'entendit parler ainsi, elle ne manqua pas de s'écrier encore : « Que faites-vous, mon mari? Croyez-moi, ne sacrifiez pas un autre veau que celui-là. — Ma femme, lui répondis-je, je n'immolerai pas celui-ci. Je veux lui faire grâce, je vous prie de ne vous y point opposer. » Elle n'eut garde, la méchante femme, de se rendre à ma prière ; elle haïssait trop mon fils, pour consentir que je le sauvasse. Elle m'en demanda le sacrifice avec tant d'opiniâtreté, que je fus obligé de le lui accorder. Je liai le veau, et prenant le couteau funeste.... »

Scheherazade s'arrêta en cet endroit, parce qu'elle aperçut le jour : « Ma sœur, dit alors Dinarzade, je suis enchantée de ce conte, qui soutient si agréablement mon attention. — Si le sultan me laisse encore vivre aujourd'hui, repartit Scheherazade, vous verrez que ce que je vous raconterai demain vous divertira beaucoup davantage. » Schahriar, curieux de savoir ce que deviendrait le fils du vieillard qui conduisait la biche, dit à la sultane qu'il serait bien aise d'entendre, la nuit prochaine, la fin de ce conte.

V^E NUIT.

Sire, poursuivit Scheherazade, le premier vieillard qui conduisait la biche continuant de raconter son histoire au génie, aux deux autres vieillards et au marchand : « Je pris donc, leur dit-il, le couteau, et j'allais l'enfoncer dans la gorge de mon fils, lorsque tournant vers moi languissamment ses yeux baignés de pleurs, il m'attendrit à un point, que je n'eus pas la force de l'immoler. Je laissai tomber le couteau, et je dis à ma femme que je voulais absolument tuer un autre veau que celui-là. Elle n'épargna rien pour me faire changer de résolution ; mais quoi qu'elle pût me représenter, je demeurai ferme, et lui promis, seulement pour l'apaiser, que je le sacrifierais au Baïram de l'année suivante.

« Le lendemain matin, mon fermier demanda à me parler en particulier : « Je viens, me dit-il, vous apprendre une nouvelle, dont j'espère que vous me saurez bon gré. J'ai une fille qui a quelque connaissance de la magie. Hier, comme je remenais au logis le veau dont vous n'aviez pas voulu faire le sacrifice, je remarquai qu'elle rit en le voyant, et qu'un moment après elle se mit à pleurer. Je lui demandai pourquoi elle faisait en même temps deux choses si contraires. « Mon père, me répondit-elle, ce veau que « vous ramenez est le fils de notre maître. J'ai ri de joie de le « voir encore vivant ; et j'ai pleuré en me souvenant du sacrifice « qu'on fit hier de sa mère, qui était changée en vache. Ces deux « métamorphoses ont été faites par les enchantements de la femme « de notre maître, laquelle haïssait la mère et l'enfant. » Voilà ce que m'a dit ma fille, poursuivit le fermier, et je viens vous apporter cette nouvelle. »

« A ces paroles, ô génie, continua le vieillard, je vous laisse à juger quelle fut ma surprise ! Je partis sur-le-champ avec mon fermier, pour parler moi-même à sa fille. En arrivant, j'allai d'abord à l'étable où était mon fils. Il ne put répondre à mes embrassements ; mais il les reçut d'une manière qui acheva de me persuader qu'il était mon fils.

« La fille du fermier arriva : « Ma bonne fille, lui dis-je, pouvez-vous rendre à mon fils sa première forme? — Oui, je le puis, me répondit-elle. — Ah ! si vous en venez à bout, repris-je, je vous fais maîtresse de tous mes biens. » Alors elle me repartit en souriant : « Vous êtes notre maître, et je sais trop bien ce que je vous dois ; mais je vous avertis que je ne puis remettre votre fils dans son premier état, qu'à deux conditions : la première, que vous me le donnerez pour époux ; et la seconde, qu'il me sera permis de punir la personne qui l'a changé en veau. — Pour la première condition, lui dis-je, je l'accepte de bon cœur ; je dis plus, je vous promets de vous donner beaucoup de bien pour vous en particulier, indépendamment de celui que je destine à mon fils. Enfin, vous verrez comment je reconnaîtrai le grand service que j'attends de vous. Pour la condition qui regarde ma femme, je veux bien l'accepter encore : une personne qui a été capable de faire une action si criminelle, mérite bien d'en être punie ; je vous l'abandonne, faites-en ce qu'il vous plaira ; je vous prie seulement de ne lui pas ôter la vie. — Je vais donc, répliqua-t-elle, la traiter de la même manière qu'elle a traité votre fils. — J'y consens, lui repartis-je ; mais rendez-moi mon fils auparavant. »

« Alors cette fille prit un vase plein d'eau, prononça dessus des paroles que je n'entendis pas, et s'adressant au veau : « O veau, « dit-elle, si tu as été créé par le Tout-Puissant et souverain maître « du monde tel que tu parais en ce moment, demeure sous cette « forme ; mais si tu es homme, et que tu sois changé en veau par « enchantement, reprends ta figure naturelle par la permission du « souverain Créateur. » En achevant ces mots, elle jeta l'eau sur lui, et à l'instant il reprit sa première forme.

« Mon fils, mon cher fils ! m'écriai-je aussitôt en l'embrassant avec un transport dont je ne fus pas le maître : c'est Dieu qui nous a envoyé cette jeune fille pour détruire l'horrible charme dont vous étiez environné, et vous venger du mal qui vous a été fait, à vous et à votre mère. Je ne doute pas que, par reconnaissance, vous ne vouliez bien la prendre pour votre femme, comme je m'y suis engagé. » Il y consentit avec joie ; mais avant qu'ils se mariassent, la jeune fille changea ma femme en biche, et c'est elle que vous voyez ici. Je souhaitai qu'elle eût cette forme, plutôt qu'une autre moins agréable, afin que nous la vissions sans répugnance dans la famille. Depuis ce temps-là, mon fils est devenu veuf, et est allé voyager. Comme il y a plusieurs années que je n'ai eu de ses nouvelles, je me suis mis en chemin pour tâcher d'en apprendre ; et n'ayant pas voulu confier à personne le soin de ma femme, pendant que je ferais enquête de lui, j'ai jugé à propos de la mener partout avec moi. Voilà donc mon histoire et celle de cette biche ; n'est-elle pas des plus surprenantes et des plus merveilleuses ? »

« J'en demeure d'accord, dit le génie ; et en sa faveur, je t'accorde le tiers de la grâce de ce marchand. »

Quand le premier vieillard, sire, continua la sultane, eut achevé son histoire, le second, qui conduisait les deux chiens noirs, s'adressa au génie, et lui dit : « Je vais vous raconter ce qui m'est arrivé, à moi et à ces deux chiens noirs que voici, et je suis sûr que vous trouverez mon histoire encore plus étonnante que celle que vous venez d'entendre. Mais quand je vous l'aurai contée, m'accorderez-vous le second tiers de la grâce de ce marchand? — Oui, répondit le génie, pourvu que ton histoire surpasse celle de la biche. » Après ce consentement, le second vieillard commença de cette manière.....

Mais Scheherazade, en prononçant ces dernières paroles, ayant vu le jour, cessa de parler: « Bon Dieu, ma sœur, dit Dinarzade, que ces aventures sont singulières! — Ma sœur, répondit la sultane, elles ne sont pas comparables à celles que j'aurais à vous raconter la nuit prochaine, si le sultan, mon seigneur et mon maître, avait la bonté de me laisser vivre. » Schahriar ne répondit rien à cela; mais il se leva, fit sa prière, et alla au conseil, sans donner aucun ordre contre la vie de la charmante Scheherazade.

VIe NUIT.

La sixième nuit étant venue, le sultan et son épouse se couchèrent. Dinarzade se réveilla à l'heure ordinaire, et appela la sultane. Schahriar, prenant la parole : « Je souhaiterais, dit-il, d'entendre l'histoire du second vieillard et des deux chiens noirs. — Je vais contenter votre curiosité, sire, répondit Scheherazade. » Le second vieillard, poursuivit-elle, s'adressant au génie, commença ainsi son histoire :

HISTOIRE

DU SECOND VIEILLARD ET DES DEUX CHIENS NOIRS.

GRAND prince des génies, vous saurez que nous sommes trois frères, ces deux chiens noirs que vous voyez, et moi qui suis le troisième. Notre père nous avait laissé en mourant chacun mille sequins [1]. Avec cette somme, nous embrassâmes tous trois la même profession : nous nous fîmes marchands. Peu de temps après que nous eûmes ouvert boutique, mon frère aîné, l'un de ces deux chiens,

[1] Monnaie d'or qui a grand cours à Venise et dans le Levant. Le sequin vaut 12 fr. 4 cent.

résolut de voyager et d'aller négocier dans les pays étrangers. Dans ce dessein, il vendit tout son fonds, et en acheta des marchandises propres au négoce qu'il voulait faire.

« Il partit, et fut absent une année entière. Au bout de ce temps-là, un pauvre qui me parut demander l'aumône se présenta à ma boutique. Je lui dis : « Dieu vous assiste ! — Dieu vous assiste aussi ! me répondit-il ; est-il possible que vous ne me reconnaissiez pas ? » Alors l'envisageant avec attention, je le reconnus : « Ah ! mon frère, m'écriai-je en l'embrassant, comment vous aurais-je pu reconnaître en cet état ? » Je le fis entrer dans ma maison, je lui demandai des nouvelles de sa santé et du succès de son voyage. « Ne me faites pas cette question, me dit-il ; en me voyant, vous voyez tout. Ce serait renouveler mon affliction, que de vous faire le détail de tous les malheurs qui me sont arrivés depuis un an, et qui m'ont réduit à l'état où je suis. »

« Je fis aussitôt fermer ma boutique ; et abandonnant tout autre soin, je le menai au bain, et lui donnai les plus beaux habits de ma garde-robe. J'examinai mes registres de vente et d'achat ; et trouvant que j'avais doublé mon fonds, c'est-à-dire, que j'étais riche de deux mille sequins, je lui en donnai la moitié : « Avec cela, mon frère, lui dis-je, vous pourrez oublier la perte que vous avez faite. » Il accepta les mille sequins avec joie, rétablit ses affaires, et nous vécûmes ensemble comme nous avions vécu auparavant.

« Quelque temps après, mon second frère, qui est l'autre de ces deux chiens, voulut aussi vendre son fonds. Nous fîmes, son aîné et moi, tout ce que nous pûmes pour l'en détourner ; mais il n'y eut pas moyen. Il le vendit, et de l'argent qu'il en fit, il acheta des marchandises propres au négoce étranger qu'il voulait entreprendre. Il se joignit à une caravane, et partit. Il revint au bout de l'an dans le même état que son frère aîné ; je le fis habiller ; et comme j'avais encore mille sequins par-dessus mon fonds, je les lui donnai. Il releva boutique, et continua d'exercer sa profession.

« Un jour mes deux frères vinrent me trouver pour me proposer de faire un voyage, et d'aller trafiquer avec eux. Je rejetai d'abord leur proposition : « Vous avez voyagé, leur dis-je, qu'y avez-vous gagné ? Qui m'assurera que je serai plus heureux que vous ? » En vain ils me représentèrent là-dessus tout ce qui leur sembla devoir m'éblouir et m'encourager à tenter la fortune ; je refusai d'entrer dans leur dessein. Mais ils revinrent tant de fois à la charge, qu'après avoir, pendant cinq ans, résisté constamment à leurs sollicitations, je m'y rendis enfin. Mais quand il fallut faire les préparatifs du voyage, et qu'il fut question d'acheter les marchandises dont nous avions besoin, il se trouva qu'ils avaient tout mangé, et qu'il ne leur restait rien des mille sequins que je leur avais donnés à chacun. Je ne leur en fis pas le moindre reproche; au contraire, comme mon fonds était de six mille sequins, j'en partageai la moitié avec eux, en leur disant : « Mes frères, il faut risquer ces trois mille sequins, et cacher les autres en quelque endroit sûr, afin que, si notre voyage n'est pas plus heureux que ceux que vous avez déjà faits, nous ayons de quoi nous en consoler, et reprendre notre ancienne profession. » Je donnai donc mille sequins à chacun, j'en gardai autant pour moi, et j'enterrai les trois mille autres dans un coin de ma maison. Nous achetâmes des marchandises; et après les avoir embarquées sur un vaisseau que nous frétâmes entre nous trois, nous fîmes mettre à la voile avec un vent favorable. Après un mois de navigation....

Mais je vois le jour, poursuivit Scheherazade, il faut que j'en demeure là : « Ma sœur, dit Dinarzade, voilà un conte qui promet beaucoup; je m'imagine que la suite en est fort extraordinaire. — Vous ne vous trompez pas, répondit la sultane; et si le sultan me permet de vous la conter, je suis persuadée qu'elle vous divertira fort. » Schahriar se leva comme le jour précédent, sans s'expliquer là-dessus, et ne donna point ordre au grand vizir de faire mourir sa fille.

VIIE NUIT.

Sur la fin de la septième nuit, Dinarzade supplia la sultane de conter la suite de ce beau conte qu'elle n'avait pu achever la veille. Je le veux bien, répondit Scheherazade; et pour en reprendre le fil, je vous dirai que le vieillard qui menait les deux chiens noirs, continuant de raconter son histoire au génie, aux deux autres vieillards et au marchand : « Enfin, leur dit-il, après deux mois de navigation, nous arrivâmes heureusement à un port de mer, où nous débarquâmes, et fîmes un très-grand débit de nos marchandises. Moi surtout, je vendis si bien les miennes, que je gagnai dix pour un. Nous achetâmes des marchandises du pays, pour les transporter et les négocier au nôtre.

« Dans le temps que nous étions prêts à nous rembarquer pour notre retour, je rencontrai sur le bord de la mer une dame assez bien faite, mais fort pauvrement habillée. Elle m'aborda, me baisa la main, et me pria, avec les dernières instances, de la prendre pour femme, et de l'embarquer avec moi. Je fis difficulté de lui accorder ce qu'elle demandait; mais elle me dit tant de choses pour me persuader que je ne devais pas prendre garde à sa pauvreté, et que j'aurais lieu d'être content de sa conduite, que je me laissai vaincre. Je lui fis faire des habits propres ; et après l'avoir épousée par un contrat de mariage en bonne forme, je l'embarquai avec moi, et nous mîmes à la voile.

« Pendant notre navigation, je trouvai de si belles qualités dans la femme que je venais de prendre, que je l'aimais tous les jours de plus en plus. Cependant mes deux frères, qui n'avaient pas si bien fait leurs affaires que moi, et qui étaient jaloux de ma prospérité, me portaient envie : leur fureur alla même jusqu'à conspirer contre ma vie. Une nuit, dans le temps que ma femme et moi nous dormions, ils nous jetèrent à la mer.

« Ma femme était fée, et par conséquent génie ; vous jugez bien qu'elle ne se noya pas. Pour moi, il est certain que je serais mort sans son secours ; mais je fus à peine tombé dans l'eau, qu'elle m'enleva et me transporta dans une île. Quand il fut jour, la fée me dit : « Vous voyez, mon mari, qu'en vous sauvant la vie, je ne vous ai pas mal récompensé du bien que vous m'avez fait. Vous saurez que je suis fée, et que me trouvant sur le bord de la mer, lorsque vous alliez vous embarquer, je me sentis une forte inclination pour vous. Je voulus éprouver la bonté de votre cœur ; je me présentai devant vous déguisée comme vous m'avez vue. Vous en avez usé avec moi généreusement. Je suis ravie d'avoir trouvé l'occasion de vous en marquer ma reconnaissance. Mais je suis irritée contre vos frères, et je ne serai pas satisfaite que je ne leur aie ôté la vie. »

« J'écoutai avec admiration le discours de la fée ; je la remerciai le mieux qu'il me fut possible de la grande obligation que je lui avais : « Mais, Madame, lui dis-je, pour ce qui est de mes frères, je vous supplie de leur pardonner. Quelque sujet que j'aie de me plaindre d'eux, je ne suis pas assez cruel pour vouloir leur perte. » Je lui racontai ce que j'avais fait pour l'un et pour l'autre ; et mon récit augmentant son indignation contre eux : « Il faut, s'écria-t-elle, que je vole tout à l'heure après ces traîtres et ces ingrats, et que j'en tire une prompte vengeance. Je vais submerger leur vaisseau, et les précipiter dans le fond de la mer. — Non, ma belle dame, repris-je, au nom de Dieu, n'en faites rien, modérez votre courroux, songez que ce sont mes frères, et qu'il faut faire le bien pour le mal. »

« J'apaisai la fée par ces paroles ; et lorsque je les eus prononcées, elle me transporta en un instant de l'île où nous étions sur le toit de mon logis, qui était en terrasse, et elle disparut un moment après. Je descendis, j'ouvris les portes, et je déterrai les trois mille sequins que j'avais cachés. J'allai ensuite à la place où était ma boutique ; je l'ouvris, et je reçus des marchands mes voisins des compliments sur mon retour. Quand je rentrai chez moi, j'aperçus ces deux chiens noirs, qui vinrent m'aborder d'un air soumis. Je ne savais ce que cela signifiait, et j'en étais fort étonné; mais la fée, qui parut bientôt, me l'expliqua: « Mon mari, me dit-elle, ne soyez pas surpris de voir ces deux chiens chez vous : ce sont vos deux frères. » Je frémis à ces mots, et je lui demandai par quelle puissance ils se trouvaient en cet état : « C'est moi qui les y ai mis, me répondit-elle; au moins c'est une de mes sœurs, à qui j'en ai donné la commission, et qui en même temps a coulé à fond leur vaisseau. Vous y perdez les marchandises que vous y aviez; mais je vous récompenserai d'ailleurs. A l'égard de vos frères, je les ai condamnés à demeurer dix ans sous cette forme; leur perfidie ne les rend que trop dignes de cette pénitence. » Enfin, après m'avoir enseigné où je pourrais avoir de ses nouvelles, elle disparut.

« Présentement que les dix années sont accomplies, je suis en chemin pour l'aller chercher; et comme en passant par ici j'ai rencontré ce marchand et le bon vieillard qui mène sa biche, je me suis arrêté avec eux : voilà quelle est mon histoire, ô prince des génies; ne vous paraît-elle pas des plus extraordinaires? — J'en conviens, répondit le génie, et je remets aussi en sa faveur le second tiers du crime dont ce marchand est coupable envers moi. »

Aussitôt que le second vieillard eut achevé son histoire, le troisième prit la parole, et fit au génie la même demande que les deux premiers, c'est-à-dire, de remettre au marchand le troisième tiers de son crime, supposé que l'histoire qu'il avait à lui raconter surpassât, en événements singuliers, les deux qu'il venait d'entendre. Le génie lui fit la même promesse qu'aux autres. « Écoutez donc, lui dit alors le vieillard.... »

Mais le jour paraît, dit Scheherazade en se reprenant; il faut que je m'arrête en cet endroit. « Je ne puis assez admirer, ma sœur, dit alors Dinarzade, les aventures que vous venez de raconter. — J'en sais une infinité d'autres, répondit la sultane, qui sont encore plus belles. » Schahriar, voulant savoir si le conte du troisième vieillard serait aussi agréable que celui du second, différa jusqu'au lendemain la mort de Scheherazade.

VIIIE NUIT

Dès que Dinarzade s'aperçut qu'il était temps d'appeler la sultane, elle supplia sa sœur, en attendant le jour, de lui faire le récit de quelque beau conte : « Racontez-nous celui du troisième vieillard, dit le sultan à Scheherazade; j'ai bien de la peine à croire qu'il soit plus merveilleux que celui du vieillard et des deux chiens noirs. — Sire, répondit la sultane, le troisième vieillard raconta son histoire au génie; je ne vous la dirai point, car elle n'est point venue à ma connaissance; mais je sais qu'elle se trouva si fort au-dessus des deux précédentes, par la diversité des aventures merveilleuses qu'elle contenait, que le génie en fut étonné. Il n'en eut pas plus tôt ouï la fin, qu'il dit au troisième vieillard : « Je t'accorde le dernier tiers de la grâce du marchand; il doit bien vous remercier tous trois de l'avoir tiré d'embarras par vos histoires : sans vous il ne serait plus au monde. » En achevant ces mots, il disparut, au grand contentement de la compagnie. Le marchand ne tarda pas de rendre à ses trois libérateurs toutes les grâces qu'il leur devait. Ils se réjouirent avec lui de le voir hors de péril; après quoi ils se dirent adieu, et chacun reprit son chemin. Le marchand s'en retourna auprès de sa femme et de ses enfants, et passa tranquillement avec eux le reste de ses jours. Mais, sire, ajouta Scheherazade, quelque beaux que soient les contes que j'ai racontés jusqu'ici à votre majesté, ils n'approchent pas de celui du pêcheur. Dinarzade, voyant que la sultane s'arrêtait, lui dit : « Ma sœur, puisqu'il nous reste encore du temps, de grâce racontez-nous l'histoire de ce pêcheur; le sultan le voudra bien. » Schahriar y consentit; et Scheherazade, reprenant son discours, poursuivit de cette manière :

HISTOIRE DU PÊCHEUR.

Autrefois il y avait un pêcheur fort âgé, et si pauvre, qu'à peine pouvait-il gagner de quoi faire subsister sa femme et trois enfants, dont sa famille était composée. Il allait tous les jours à la pêche de grand matin; et chaque jour il s'était fait une loi de ne jeter ses filets que quatre fois seulement.

Il partit un matin au clair de la lune, et se rendit au bord de la mer; il se déshabilla et jeta ses filets. Comme il les tirait vers le rivage, il sentit d'abord de la résistance; il crut avoir fait une bonne pêche, et s'en réjouissait déjà en lui-même. Mais un moment après, s'apercevant qu'au lieu de poisson il n'y avait dans ses filets que la carcasse d'un âne, il en eut beaucoup de chagrin....

Scheherazade, en cet endroit, cessa de parler, parce qu'elle vit paraître le jour : « Ma sœur, lui dit Dinarzade, je vous avoue que ce commencement me charme, et je prévois que la suite sera fort agréable. — Rien n'est plus surprenant que l'histoire du pêcheur, répondit la sultane; et vous en conviendrez la nuit prochaine, si le sultan me fait la grâce de me laisser vivre. » Schahriar, curieux d'apprendre le succès de la pêche du pêcheur, ne voulut pas faire mourir ce jour-là Scheherazade. C'est pourquoi il se leva, et ne donna point encore ce cruel ordre.

IXe NUIT.

« Ma chère sœur, s'écria Dinarzade, le lendemain à l'heure ordinaire, je vous supplie de nous finir le conte du pêcheur, je meurs d'envie de l'entendre. — Je vais vous donner cette satisfaction, » répondit la sultane. En même temps elle demanda la permission au sultan, et lorsqu'elle l'eut obtenue, elle reprit en ces termes le conte du pêcheur :

Sire, quand le pêcheur, affligé d'avoir fait une si mauvaise pêche, eut raccommodé ses filets, que la carcasse de l'âne avait rompus en plusieurs endroits, il les jeta une seconde fois. En les tirant, il sentit encore beaucoup de résistance, ce qui lui fit croire qu'ils étaient remplis de poisson; mais il n'y trouva qu'un grand panier plein de gravier et de fange. Il en fut dans une extrême affliction : « O fortune, s'écria-t-il d'une voix pitoyable, cesse d'être en colère contre moi, et ne persécute point un malheureux qui te prie de l'épargner ! Je suis parti de ma maison pour venir ici chercher ma vie, et tu m'annonces ma mort. Je n'ai pas d'autre métier que celui-ci pour subsister; et malgré tous les soins que j'y apporte, je puis à peine fournir aux plus pressants besoins de ma famille. Mais j'ai tort de me plaindre de toi; tu prends plaisir à maltraiter les honnêtes gens, et à laisser de grands hommes dans l'obscurité, tandis que tu favorises les méchants, et que tu élèves ceux qui n'ont aucune vertu qui les rende recommandables. »

En achevant ces plaintes, il jeta brusquement le panier; et après avoir bien lavé ses filets que la fange avait gâtés, il les jeta pour la troisième fois. Mais il n'amena que des pierres, des coquilles et de l'ordure. On ne saurait expliquer quel fut son désespoir : peu s'en fallut qu'il ne perdît l'esprit. Cependant, comme le jour commençait à paraître, il n'oublia pas de faire sa prière en bon musulman [1]; ensuite il ajouta celle-ci : « Seigneur, vous savez que je ne « jette mes filets que quatre fois chaque jour. Je les ai déjà jetés « trois fois sans avoir tiré le moindre fruit de mon travail. Il ne

[1] La prière est un des quatre grands préceptes de l'Alcoran.

« m'en reste plus qu'une; je vous supplie de me rendre la mer favo- « rable, comme vous l'avez rendue à Moïse [1]. »

Le pêcheur, ayant fini cette prière, jeta ses filets pour la quatrième fois. Quand il jugea qu'il devait y avoir du poisson, il les tira comme auparavant avec assez de peine. Il n'y en avait pas pourtant; mais il y trouva un vase de cuivre jaune, qui, à sa pesanteur, lui parut plein de quelque chose; et il remarqua qu'il était fermé et scellé de plomb, avec l'empreinte d'un sceau. Cela le réjouit: « Je le vendrai au fondeur, disait-il, et de l'argent que j'en ferai, j'en achèterai une mesure de blé. »

Il examina le vase de tous côtés, il le secoua, pour voir si ce qui était dedans ne ferait point de bruit. Il n'entendit rien; et cette circonstance, avec l'empreinte du sceau sur le couvercle de plomb, lui fit penser qu'il devait être rempli de quelque chose de précieux. Pour s'en éclaircir, il prit son couteau, et avec un peu de peine, il l'ouvrit. Il en pencha aussitôt l'ouverture contre terre; mais il n'en sortit rien, ce qui le surprit extrêmement. Il le posa devant lui; et pendant qu'il le considérait attentivement, il en sortit une fumée fort épaisse qui l'obligea de reculer deux ou trois pas en arrière. Cette fumée s'éleva jusqu'aux nues, et, s'étendant sur la mer et sur le rivage, forma un gros brouillard: spectacle qui causa, comme on peut se l'imaginer, un étonnement extraordinaire au pêcheur. Lorsque la fumée fut toute hors du vase, elle se réunit et devint un corps solide, dont il se forma un génie deux fois aussi haut que le plus grand de tous les géants. A l'aspect d'un monstre d'une grandeur si démesurée, le pêcheur voulut prendre la fuite; mais il se trouva si troublé et si effrayé, qu'il ne put marcher.

« Salomon [2], s'écria d'abord le génie, Salomon, grand prophète de Dieu, pardon, pardon! jamais je ne m'opposerai à vos volontés. J'obéirai à tous vos commandements.... »

Scheherazade, apercevant le jour, interrompit là son conte.

Dinarzade prit alors la parole: « Ma sœur, dit-elle, on ne peut

[1] Les musulmans reconnaissent quatre grands prophètes ou législateurs, Moïse, David, Jésus-Christ et Mahomet.

[2] Les Mahométans croient que Dieu donna à Salomon le don des miracles plus abondamment qu'à aucun autre avant lui: suivant eux, il commandait aux anges et aux démons; il était porté par les vents dans toutes les sphères et au-dessus des astres; les animaux, les végétaux et les minéraux lui parlaient et lui obéissaient; il se faisait enseigner par chaque plante quelle était sa propre vertu, et par chaque minéral à quoi il était bon de l'employer; il s'entretenait avec les oiseaux, et c'était d'eux dont il se servait pour faire l'amour à la reine de Saba, et pour lui persuader de le venir trouver. Toutes ces fables de l'Alcoran sont prises dans les Commentaires des Juifs.

mieux tenir sa promesse que vous tenez la vôtre : ce conte est assurément plus surprenant que les autres. — Ma sœur, répondit la sultane, vous entendrez des choses qui vous causeront encore plus d'admiration, si le sultan, mon seigneur, me permet de vous les raconter. » Schahriar avait trop d'envie d'entendre le reste de l'histoire du pêcheur, pour vouloir se priver de ce plaisir. Il remit donc encore au lendemain la mort de la sultane.

X^{E} NUIT.

Dinarzade, la nuit suivante, appelant sa soeur quand il en fut temps, la pria de continuer le conte du pêcheur. Le sultan, de son côté, témoigna de l'impatience d'apprendre quel démêlé le génie avait eu avec Salomon. C'est pourquoi Scheherazade poursuivit ainsi le conte du pêcheur.

Sire, le pêcheur n'eut pas sitôt entendu les paroles que le génie avait prononcées, qu'il se rassura et lui dit : « Esprit superbe, que dites-vous? Il y a plus de dix-huit cents ans que Salomon, le prophète de Dieu, est mort, et nous sommes présentement à la fin des siècles. Apprenez-moi votre histoire, et pour quel sujet vous étiez renfermé dans ce vase. »

A ce discours, le génie, regardant le pêcheur d'un air fier, lui répondit : « Parle-moi plus civilement : tu es bien hardi de m'appeler esprit superbe. — Hé bien ! repartit le pêcheur, vous parlerai-je avec plus de civilité, en vous appelant hibou du bonheur? — Je te dis, repartit le génie, de me parler plus civilement avant que je te tue. — Hé ! pourquoi me tueriez-vous? répliqua le pêcheur. Je viens de vous mettre en liberté ; l'avez-vous déjà oublié? — Non, je m'en souviens, repartit le génie, mais cela ne m'empêchera pas de te faire mourir ; et je n'ai qu'une seule grâce à t'accorder. — Et quelle est cette grâce? dit le pêcheur. — C'est, répondit le génie, de te laisser choisir de quelle manière tu veux que je te tue. — Mais en quoi vous ai-je offensé? reprit le pêcheur. Est-ce ainsi que vous voulez me récompenser du bien que je vous ai fait? — Je ne puis te traiter autrement, dit le génie ; et afin que tu en sois persuadé, écoute mon histoire :

« Je suis un de ces esprits rebelles qui se sont opposés à la volonté de Dieu. Tous les autres génies reconnurent le grand Salomon, prophète de Dieu, et se soumirent à lui. Nous fûmes les seuls, Sacar et moi, qui ne voulûmes pas faire cette bassesse. Pour s'en venger, ce puissant monarque chargea Assaf, fils de Barakhia, son premier ministre, de me venir prendre. Cela fut exécuté. Assaf vint se saisir de ma personne, et me mena malgré moi devant le trône du roi son maître. Salomon, fils de David, me commanda de quitter mon genre de vie, de reconnaître son pouvoir, et de me soumettre à ses commandements. Je refusai hautement de lui obéir; et j'aimai mieux m'exposer à tout son ressentiment, que de lui prêter le serment de fidélité et de soumission qu'il exigeait de moi. Pour me punir, il m'enferma dans ce vase de cuivre; et afin de s'assurer de moi, et que je ne pusse pas forcer ma prison, il imprima lui-même sur le couvercle de plomb son sceau, où le grand nom de Dieu était gravé. Cela fait, il mit le vase entre les mains d'un des génies qui lui obéissaient, avec ordre de me jeter à la mer; ce qui fut exécuté à mon grand regret. Durant le premier siècle de ma prison, je jurai que si quelqu'un m'en délivrait avant les cent ans achevés, je le rendrais riche, même après sa mort. Mais le siècle s'écoula, et personne ne me rendit ce bon office. Pendant le second siècle, je fis serment d'ouvrir tous les trésors de la terre à quiconque me mettrait en liberté; mais je ne fus pas plus heureux. Dans le troisième, je promis de faire puissant monarque mon libérateur, d'être toujours près de lui en esprit, et de lui accorder chaque jour trois demandes, de quelque nature qu'elles pussent être; mais ce siècle se passa comme les deux autres, et je demeurai toujours dans le même état. Enfin, désolé, ou plutôt enragé de me voir prisonnier si long-temps, je jurai que si quelqu'un me délivrait dans la suite, je le tuerais impitoyablement et ne lui accorderais point d'autre grâce que de lui laisser le choix du genre de mort dont il voudrait que je le fisse mourir : c'est pourquoi, puisque tu es venu ici aujourd'hui, et que tu m'as délivré, choisis comment tu veux que je te tue. »

Ce discours affligea fort le pêcheur : « Je suis bien malheureux, s'écria-t-il, d'être venu en cet endroit rendre un si grand service à un ingrat. Considérez de grâce votre injustice, et révoquez un serment si peu raisonnable. Pardonnez-moi, Dieu vous pardonnera de même : si vous me donnez généreusement la vie, il vous mettra à couvert de tous les complots qui se formeront contre vos jours. — Non, ta mort est certaine, dit le génie; choisis seulement de quelle sorte tu veux que je te fasse mourir. » Le pêcheur, le voyant dans la résolution de le tuer, en eut une douleur extrême, non pas tant pour l'amour de lui, qu'à cause de ses trois enfants dont il plaignait la misère où ils allaient être réduits par sa mort. Il tâcha encore d'apaiser le génie : « Hélas! reprit-il, daignez avoir pitié de moi, en considération de ce que j'ai fait pour vous. — Je te l'ai déjà dit, repartit le génie, c'est justement pour cette raison que je suis obligé de t'ôter la vie. — Cela est étrange, répliqua le pêcheur, que vous vouliez absolument rendre le mal pour le bien. Le proverbe dit, que qui fait du bien à celui qui ne le mérite pas en est toujours mal payé. Je croyais, je l'avoue, que cela était faux : en effet, rien ne choque davantage la raison et les droits de la société; néanmoins j'éprouve cruellement que cela n'est que trop véritable. — Ne perdons pas le temps, interrompit le génie, tous tes raisonnements ne sauraient me détourner de mon dessein. Hâte-toi de dire comment tu souhaites que je te tue. »

La nécessité donne de l'esprit. Le pêcheur s'avisa d'un stratagème : « Puisque je ne saurais éviter la mort, dit-il au génie, je me soumets donc à la volonté de Dieu. Mais avant que je choisisse un genre de mort, je vous conjure, par le grand nom de Dieu, qui était gravé sur le sceau du prophète Salomon, fils de David, de me dire la vérité sur une question que j'ai à vous faire. »

Quand le génie vit qu'on lui faisait une adjuration qui le contraignait de répondre positivement, il trembla en lui-même, et dit au pêcheur : « Demande-moi ce que tu voudras, et hâte-toi.... »

Le jour venant à paraître, Scheherazade se tut en cet endroit de son discours : « Ma sœur, lui dit Dinarzade, il faut convenir que plus vous parlez, et plus vous faites de plaisir. J'espère que le sultan, notre seigneur, ne vous fera pas mourir qu'il n'ait entendu le reste du beau conte du pêcheur. — Le sultan est le maître, reprit Scheherazade; il faut vouloir tout ce qui lui plaira. » Le sultan, qui n'avait pas moins d'envie que Dinarzade d'entendre la fin de ce conte, différa encore la mort de la sultane.

XIE NUIT.

Schahriar et la princesse son épouse passèrent cette nuit de la même manière que les précédentes, et avant que le jour parût, Dinarzade les réveilla par ces paroles, qu'elle adressa à la sultane : « Ma sœur, je vous prie de reprendre le conte du pêcheur. — Très volontiers, répondit Scheherazade, je vais vous satisfaire, avec la permission du sultan. »

Le génie, poursuivit-elle, ayant promis de dire la vérité, le pêcheur lui dit : « Je voudrais savoir si effectivement vous étiez dans ce vase; oseriez-vous en jurer par le grand nom de Dieu? — Oui, répondit le génie, je jure par ce grand nom que j'y étais; et cela est très-véritable. — En bonne foi, répliqua le pêcheur, je ne puis vous croire. Ce vase ne pourrait pas seulement contenir un de vos pieds; comment se peut-il que votre corps y ait été renfermé tout entier? — Je te jure pourtant, repartit le génie, que j'y étais tel que tu me vois. Est-ce que tu ne me crois pas, après le grand serment que je t'ai fait? — Non vraiment, dit le pêcheur; et je ne vous croirai point, à moins que vous ne me fassiez voir la chose. »

Alors il se fit une dissolution du corps du génie, qui, se changeant en fumée, s'étendit comme auparavant sur la mer et sur le rivage, et qui, se rassemblant ensuite, commença de rentrer dans le vase, et continua de même par une succession lente et égale, jusqu'à ce qu'il n'en restât plus rien au dehors. Aussitôt il en sortit une voix qui dit au pêcheur : « Hé bien! incrédule pêcheur, me voici dans le vase : me crois-tu présentement? »

Le pêcheur, au lieu de répondre au génie, prit le couvercle de plomb; et ayant fermé promptement le vase : « Génie, lui cria-t-il, demande-moi grâce à ton tour, et choisis de quelle mort tu veux que je te fasse mourir. Mais non, il vaut mieux que je te rejette à la mer, dans le même endroit d'où je t'ai tiré; puis je ferai bâtir une maison sur ce rivage, où je demeurerai, pour avertir tous les pêcheurs qui viendront y jeter leurs filets de bien prendre garde de repêcher un méchant génie comme toi, qui as fait serment de tuer celui qui te mettra en liberté. »

A ces paroles offensantes, le génie, irrité, fit tous ses efforts pour sortir du vase; mais c'est ce qui ne lui fut pas possible : car l'empreinte du sceau du prophète Salomon, fils de David, l'en empêchait. Ainsi, voyant que le pêcheur avait alors l'avantage sur lui, il prit le parti de dissimuler sa colère : « Pêcheur, lui dit-il, d'un ton radouci, garde-toi bien de faire ce que tu dis. Ce que j'en ai fait n'a été que par plaisanterie, et tu ne dois pas prendre la chose sérieusement. — O génie, répondit le pêcheur, toi qui étais, il n'y a qu'un moment, le plus grand, et qui es à cette heure le plus petit de tous les génies, apprends que tes artificieux discours ne te serviront de rien. Tu retourneras à la mer. Si tu y as demeuré tout le temps que tu m'as dit, tu pourras bien y demeurer jusqu'au jour du jugement. Je t'ai prié, au nom de Dieu, de ne me pas ôter la vie, tu as rejeté mes prières; je dois te rendre la pareille. »

Le génie n'épargna rien pour tâcher de toucher le pêcheur : « Ouvre le vase, lui dit-il, donne-moi la liberté, je t'en supplie; je te promets que tu seras content de moi. — Tu n'es qu'un traître, repartit le pêcheur. Je mériterais de perdre la vie, si j'avais l'imprudence de me fier à toi. Tu ne manquerais pas de me traiter de la même façon qu'un certain roi grec traita le médecin Douba. C'est une histoire que je te veux raconter; écoute.

HISTOIRE

DU ROI GREC ET DU MÉDECIN DOUBAN.

ZOUMAN est un pays dans la Perse que gouvernait un roi dont les sujets étaient Grecs originairement : ce roi était couvert de lèpre; et ses médecins, après avoir inutilement employé tous leurs remèdes pour le guérir, ne savaient plus que lui ordonner, lorsqu'un très-habile médecin, nommé Douban, arriva dans sa cour.

« Ce médecin avait puisé sa science dans les livres grecs, persans, turcs, arabes, latins, syriaques et hébreux; et outre qu'il était consommé dans la philosophie; il connaissait parfaitement les bonnes et mauvaises qualités de toutes sortes de plantes et de drogues. Dès qu'il fut informé de la maladie du roi, qu'il eut appris que ses médecins l'avaient abandonné, il s'habilla le plus proprement qu'il lui fut possible, et trouva moyen de se faire présenter au roi : « Sire, lui dit-il, je sais que tous les médecins dont votre majesté s'est servie n'ont pu la guérir de sa lèpre; mais si vous voulez bien me faire l'honneur d'agréer mes services, je m'engage à vous guérir sans breuvage et sans topiques. » Le roi écouta cette proposition : « Si vous êtes assez habile homme, répondit-il, pour faire ce que vous dites, je promets de vous enrichir, vous et votre postérité; et sans compter les présents que je vous ferai, vous serez mon plus cher favori. Vous m'assurez donc que vous m'ôterez ma lèpre, sans me faire prendre aucune potion, et sans m'appliquer aucun remède extérieur? — Oui, sire, repartit le médecin, je me flatte d'y réussir, avec l'aide de Dieu; et dès demain j'en ferai l'épreuve. »

« En effet, le médecin Douban se retira chez lui, et fit un mail qu'il creusa en dedans par le manche, où il mit la drogue dont il prétendait se servir. Cela étant fait, il prépara aussi une boule de la manière qu'il la voulait, avec quoi il alla le lendemain se présenter devant le roi; et se prosternant à ses pieds, il baisa la terre.....

En cet endroit, Scheherazade, remarquant qu'il était jour, en avertit Schahriar, et se tut : « En vérité, ma sœur, dit alors Dinarzade, je ne sais où vous allez prendre tant de belles choses. — Vous en entendrez bien d'autres demain, répondit Scheherazade, si le sultan, mon maître, a la bonté de me prolonger encore la vie. »

Schahriar, qui ne désirait pas moins ardemment que Dinarzade d'entendre la suite de l'histoire du médecin Douban, n'eut garde de faire mourir la sultane ce jour-là.

XIIE NUIT.

La douzième nuit était déjà fort avancée, lorsque Scheherazade reprit ainsi le fil de l'histoire du roi grec et du médecin Douban :

Sire, le pêcheur, parlant toujours au génie qu'il tenait enfermé dans le vase, poursuivit ainsi : « Le médecin Douban se leva, et après avoir fait une profonde révérence, dit au roi qu'il jugeait à propos que sa majesté montât à cheval, et se rendît à la place pour jouer au mail. Le roi fit ce qu'on lui disait ; et lorsqu'il fut dans le lieu destiné à jouer au mail à cheval, le médecin s'approcha de lui avec le mail qu'il avait préparé, et le lui présentant : « Tenez, sire, lui « dit-il, exercez-vous avec ce mail, en poussant cette boule avec, « par la place, jusqu'à ce que vous sentiez votre main et votre « corps en sueur. Quand le remède que j'ai enfermé dans le manche « de ce mail sera échauffé par votre main, il vous pénètrera par « tout le corps ; et sitôt que vous suerez, vous n'aurez qu'à quitter « cet exercice : car le remède aura fait son effet. Dès que vous serez « de retour en votre palais, vous entrerez au bain, et vous vous « ferez bien laver et frotter ; vous vous coucherez ensuite ; et en vous « levant demain matin, vous serez guéri. »

« Le roi prit le mail, et poussa son cheval après la boule qu'il avait jetée. Il la frappa ; et elle lui fût renvoyée par les officiers qui jouaient avec lui ; il la refrappa, et enfin le jeu dura si long-temps, que sa main en sua, aussi bien que tout son corps. Ainsi, le remède enfermé dans le manche du mail opéra comme le médecin l'avait dit. Alors, le roi cessa de jouer, s'en retourna dans son palais, entra au bain, et observa très-exactement ce qui lui avait été prescrit. Il s'en trouva fort bien : car le lendemain, en se levant, il s'aperçut, avec autant d'étonnement que de joie, que sa lèpre était guérie, et qu'il avait le corps aussi net que s'il n'eût jamais été attaqué de cette maladie. D'abord qu'il fut habillé, il entra dans la salle d'audience publique, où il monta sur son trône, et se fit voir à tous ses courtisans, que l'empressement d'apprendre le succès du nouveau remède y avait fait aller de bonne heure. Quand ils virent le roi parfaitement guéri, ils en firent tous paraître une extrême joie.

« Le médecin Douban entra dans la salle, et s'alla prosterner au pied du trône, la face contre terre. Le roi, l'ayant aperçu, l'appela, le fit asseoir à son côté, et le montra à l'assemblée, en lui donnant publiquement toutes les louanges qu'il méritait. Ce prince n'en demeura pas là ; comme il régalait ce jour-là toute sa cour, il le fit manger à sa table seul avec lui.... »

A ces mots, Scheherazade, remarquant qu'il était jour, cessa de poursuivre son conte : « Ma sœur, dit Dinarzade, je ne sais quelle sera la fin de cette histoire, mais j'en trouve le commencement admirable. — Ce qui reste à raconter en est le meilleur, répondit la sultane ; et je suis assurée que vous n'en disconviendrez pas, si le sultan veut bien me permettre de l'achever la nuit prochaine. » Schahriar y consentit, et se leva fort satisfait de ce qu'il avait entendu.

XIIIE NUIT.

Vers la fin de la nuit suivante, Scheherazade, pour contenter la curiosité de sa sœur Dinarzade, continua, avec la permission du sultan, son seigneur, l'histoire du roi grec et du médecin Douban.

« Le roi grec, poursuivit le pêcheur, ne se contenta pas de recevoir à sa table le médecin Douban : vers la fin du jour, lorsqu'il voulut congédier l'assemblée, il le fit revêtir d'une longue robe fort riche, et semblable à celle que portaient ordinairement ses courtisans en sa présence ; outre cela, il lui fit donner deux mille sequins. Le lendemain et les jours suivants, il ne cessa de le caresser. Enfin, ce prince, croyant ne pouvoir jamais assez reconnaître les obligations qu'il avait à un médecin si habile, répandait sur lui tous les jours de nouveaux bienfaits.

« Or, ce roi avait un grand vizir qui était avare, envieux et naturellement capable de toutes sortes de crimes. Il n'avait pu voir sans peine les présents qui avaient été faits au médecin, dont le mérite d'ailleurs commençait à lui faire ombrage ; il résolut de le perdre dans l'esprit du roi. Pour y réussir, il alla trouver ce prince, et lui dit, en particulier, qu'il avait un avis de la dernière importance à lui donner. Le roi lui ayant demandé ce que c'était : « Sire, lui dit-il, il est bien dangereux à un monarque d'avoir de la confiance en un homme dont il n'a point éprouvé la fidélité. En comblant de bienfaits le médecin Douban, en lui faisant toutes les caresses que votre majesté lui fait, vous ne savez pas que c'est un traître qui ne s'est introduit dans cette cour que pour vous assassiner. — De qui tenez-vous ce que vous m'osez dire ? répondit le roi. Songez-vous que c'est à moi que vous parlez, et que vous avancez une chose que je ne croirai pas légèrement ? — Sire, répliqua le vizir, je suis parfaitement instruit de ce que j'ai l'honneur de vous représenter. Ne vous reposez donc plus sur une confiance dangereuse. Si votre majesté dort, qu'elle se réveille : car enfin, je le répète encore, le médecin Douban n'est parti du fond de la Grèce, son pays, il n'est venu s'établir dans votre cour, que pour exécuter l'horrible dessein dont j'ai parlé. — Non, non, vizir, interrompit le roi, je suis sûr que cet homme, que vous traitez de perfide et de traître, est le plus vertueux et le meilleur de tous les hommes ; il n'y a personne au monde que j'aime autant que lui. Vous savez par quel remède, ou plutôt par quel miracle il m'a guéri de ma lèpre ; s'il en veut à ma vie, pourquoi me l'a-t-il sauvée ? Il n'avait qu'à m'abandonner à mon mal ; je n'en pouvais échapper ; ma vie était déjà à moitié consumée. Cessez donc de vouloir m'inspirer d'injustes soupçons ; au lieu de les écouter, je vous avertis que je fais dès ce jour à ce grand homme, pour toute sa vie, une pension de mille sequins par mois. Quand je partagerais avec lui toutes mes richesses et mes états mêmes, je ne le payerais pas assez de ce qu'il a fait pour moi. Je vois ce que c'est, sa vertu excite votre envie ; mais ne croyez pas que je me laisse injustement prévenir contre lui ; je me souviens trop bien de ce qu'un vizir dit au roi Sindbad son maître, pour l'empêcher de faire mourir le prince son fils.... »

Mais, sire, ajouta Scheherazade, le jour qui paraît me défend de poursuivre. « Je sais bon gré au roi grec, dit Dinarzade, d'avoir eu la fermeté de rejeter la fausse accusation de son vizir. — Si vous louez aujourd'hui la fermeté de ce prince, interrompit Scheherazade, vous condamnerez bientôt sa faiblesse, si le sultan veut bien que j'achève de raconter cette histoire. » Le sultan, curieux d'apprendre en quoi le roi grec avait eu de la faiblesse, différa encore la mort de la sultane.

XIVe NUIT.

« Ma sœur, s'écria Dinarzade sur la fin de la quatorzième nuit, reprenez, je vous prie, l'histoire du pêcheur ; vous en êtes demeurée à l'endroit où le roi grec soutient l'innocence du médecin Douban, et prend si fortement son parti. — Je m'en souviens, répondit Scheherazade ; vous en allez entendre la suite : »

Sire, continua-t-elle, en adressant toujours la parole à Schahriar, ce que le roi grec venait de dire touchant le roi Sindbad piqua la curiosité du vizir, qui lui dit : « Sire, je supplie votre majesté de me pardonner si j'ai la hardiesse de lui demander ce que le vizir du roi Sindbad dit à son maître pour le détourner de faire mourir le prince son fils. » Le roi grec eut la complaisance de le satisfaire : « Ce vizir, répondit-il, après avoir représenté au roi Sindbad que sur l'accusation d'une belle-mère, il devait craindre de faire une action dont il pût se repentir, lui conta cette histoire :

HISTOIRE DU MARI ET DU PERROQUET.

Un bonhomme avait une belle femme ; il l'aimait avec tant de passion, qu'il ne la perdait de vue que le moins qu'il pouvait. Un jour que des affaires pressantes l'obligeaient à s'éloigner d'elle, il alla dans un endroit où l'on vendait toutes sortes d'oiseaux ; il y acheta un perroquet, qui non-seulement parlait fort bien, mais qui avait même le don de rendre compte de tout ce qui avait été fait devant lui. Il l'apporta dans une cage au logis, pria sa femme de le mettre dans sa chambre et d'en prendre soin pendant le voyage qu'il allait faire ; après quoi il partit.

« A son retour, il ne manqua pas d'interroger le perroquet sur ce qui s'était passé durant son absence ; et là-dessus, l'oiseau lui apprit des choses qui lui donnèrent lieu de faire de grands reproches à sa femme. Elle crut que quelqu'une de ses esclaves l'avait trahie ; elles jurèrent toutes qu'elles lui avaient été fidèles ; et elles convinrent qu'il fallait que ce fût le perroquet qui eût fait ces mauvais rapports.

« Prévenue de cette opinion, la femme chercha dans son esprit un moyen de détruire les soupçons de son mari, et de se venger en même temps du perroquet. Elle le trouva : son mari étant parti pour faire un voyage d'une journée, elle commanda à une esclave de tourner pendant la nuit, sous la cage de l'oiseau, un moulin à bras ; à une autre, de jeter de l'eau en forme de pluie par le haut de la cage ; et à une troisième, de prendre un miroir et de le tourner devant les yeux du perroquet, à droite et à gauche, à la clarté d'une chandelle. Les esclaves employèrent une grande partie de la nuit à faire ce que leur avait ordonné leur maîtresse, et elles s'en acquittèrent fort adroitement.

« Le lendemain, le mari étant de retour, fit encore des questions au perroquet sur ce qui s'était passé chez lui ; l'oiseau lui répondit : « Mon bon maître, les éclairs, le tonnerre et la pluie m'ont tellement incommodé toute la nuit, que je ne puis vous dire ce que j'en ai souffert. » Le mari, qui savait fort bien qu'il n'avait ni plu ni tonné cette nuit-là, demeura persuadé que le perroquet ne disant pas la vérité en cela ne la lui avait pas dite aussi au sujet de sa femme. C'est pourquoi, de dépit, l'ayant tiré de sa cage, il le jeta si rudement contre terre, qu'il le tua. Néanmoins, dans la suite, il apprit de ses voisins que le pauvre perroquet ne lui avait pas menti en lui parlant de la conduite de sa femme, ce qui fut cause qu'il se repentit de l'avoir tué.....

Là s'arrêta Scheherazade, parce qu'elle s'aperçut qu'il était jour: «Tout ce que vous nous racontez, ma sœur, dit Dinarzade, est si varié, que rien ne me paraît plus agréable. — Je voudrais continuer de vous divertir, répondit Scheherazade; mais je ne sais si le sultan, mon maître, m'en donnera le temps. » Schahriar, qui ne prenait pas moins de plaisir que Dinarzade à entendre la sultane, se leva, et passa la journée sans ordonner au vizir de la faire mourir.

XVe NUIT.

Dinarzade ne fut pas moins exacte cette nuit que les précédentes à réveiller Scheherazade, et à l'engager à lui conter un de ces beaux contes qu'elle savait: « Ma sœur, répondit la sultane, je vais vous donner cette satisfaction. — Attendez, interrompit le sultan, achevez l'entretien du roi grec avec son vizir, au sujet du médecin Douban, et puis vous continuerez l'histoire du pêcheur et du génie. — Sire, repartit Scheherazade, vous allez être obéi. » En même temps elle poursuivit de cette manière :

« Quand le roi grec, dit le pêcheur au génie, eut achevé l'histoire du perroquet : « Et vous, vizir, ajouta-t-il, par l'envie que vous avez conçue contre le médecin Douban, qui ne vous a fait aucun mal, vous voulez que je le fasse mourir; mais je m'en garderai bien, de peur de m'en repentir, comme ce mari d'avoir tué son perroquet. » Le pernicieux vizir était trop intéressé à la perte du médecin Douban pour en demeurer là : « Sire, répliqua-t-il, la mort du perroquet était peu importante, et je ne crois pas que son maître l'ait regretté long-temps. Mais pourquoi faut-il que la crainte d'opprimer l'innocence vous empêche de faire mourir ce médecin? Ne suffit-il pas qu'on l'accuse de vouloir attenter à votre vie, pour vous autoriser à lui faire perdre la sienne? Quand il s'agit d'assurer les jours d'un roi, un simple soupçon doit passer pour une certitude, et il vaut mieux sacrifier l'innocent que sauver le coupable. Mais, sire, ce n'est point ici une chose incertaine : le médecin Douban veut vous assassiner. Ce n'est point l'envie qui m'arme contre lui c'est l'intérêt seul que je prends à la conservation de votre majesté; c'est mon zèle qui me porte à vous donner un avis d'une si grande importance. S'il est faux, je mérite qu'on me punisse de la même manière qu'on punit autrefois un vizir. — Qu'avait fait ce vizir, dit le roi grec, pour être digne de ce châtiment?—Je vais, répondit le vizir, l'apprendre à votre majesté; qu'elle ait, s'il lui plaît, la bonté de m'écouter: »

HISTOIRE DU VIZIR PUNI.

Il était autrefois un roi, poursuivit-il, qui avait un fils qui aimait passionnément la chasse. Il lui permettait de prendre souvent ce divertissement; mais il avait donné ordre à son grand vizir de l'accompagner toujours et de ne le perdre jamais de vue. Un jour de chasse, les piqueurs ayant lancé un cerf, le prince, qui crut que le vizir le suivait, se mit après la bête. Il courut si long-temps, et son ardeur l'emporta si loin, qu'il se trouva seul. Il s'arrêta, et remarquant qu'il avait perdu la voie, il voulut retourner sur ses pas pour aller rejoindre le vizir, qui n'avait pas été assez diligent pour le suivre de près; mais il s'égara. Pendant qu'il courait de tous côtés sans tenir de route assurée, il rencontra au bord d'un chemin une dame assez bien faite, qui pleurait amèrement. Il retint la bride de son cheval, demanda à cette femme qui elle était, ce qu'elle faisait seule en cet endroit, et si elle avait besoin de secours: « Je suis, lui répondit-elle, la fille d'un roi des Indes. En me promenant à cheval dans la campagne, je me suis endormie, et je suis tombée. Mon cheval s'est échappé, et je ne sais ce qu'il est devenu. » Le jeune prince eut pitié d'elle, et lui proposa de la prendre en croupe; ce qu'elle accepta.

« Comme ils passaient près d'une masure, la dame ayant témoigné qu'elle serait bien aise de mettre pied à terre pour quelque nécessité, le prince s'arrêta et la laissa descendre. Il descendit aussi, s'approcha de la masure en tenant son cheval par la bride. Jugez quelle fut sa surprise, lorsqu'il entendit la dame en dedans prononcer ces paroles: « Réjouissez-vous, mes enfants, je vous amène un garçon bien fait et fort gras; » et d'autres voix lui répondirent aussitôt: « Maman, où est-il, que nous le mangions tout à l'heure; car nous avons bon appétit? »

« Le prince n'eut pas besoin d'en entendre davantage pour concevoir le danger où il se trouvait. Il vit bien que la dame qui se disait fille d'un roi des Indes, était une ogresse, femme d'un de ces démons sauvages, appelés ogres, qui se retirent dans des lieux abandonnés, et se servent de mille ruses pour surprendre et dévorer les passants. Il fut saisi de frayeur, et se jeta au plus vite sur son cheval. La prétendue princesse parut dans le moment; et voyant qu'elle avait manqué son coup : « Ne craignez rien, cria-t-elle au prince. Qui êtes-vous? Que cherchez-vous? — Je suis égaré, répondit-il, et je cherche mon chemin. — Si vous êtes égaré, lui dit-elle, recommandez-vous à Dieu, il vous délivrera de l'embarras où vous vous trouvez. » Alors le prince leva les yeux au ciel.... » Mais, sire, dit Scheherazade en cet endroit, je suis obligée d'interrompre mon discours; le jour, qui paraît, m'impose silence. — Je suis fort en peine, ma sœur, dit Dinarzade, de savoir ce que deviendra ce jeune prince; je tremble pour lui.

—Je vous tirerai demain d'inquiétude, répondit la sultane, si le sultan veut bien que je vive jusqu'à ce temps-là. Schahriar, curieux d'apprendre le dénoûment de cette histoire, prolongea encore la vie de Scheherazade.

XVIE NUIT.

Dinarzade avait tant d'envie d'entendre la fin de l'histoire du jeune prince, qu'elle se réveilla cette nuit plutôt qu'à l'ordinaire : « Ma sœur, dit-elle, achevez, je vous prie, l'histoire que vous commençâtes hier; je m'intéresse au sort du jeune prince, et je meurs de peur qu'il ne soit mangé par l'ogresse et ses enfants. » Schariar ayant marqué qu'il était dans la même crainte : Hé bien! sire, dit la sultane, je vais vous tirer de peine.

« Après que la fausse princesse des Indes eut dit au jeune prince de se recommander à Dieu, comme il crut qu'elle ne lui parlait pas sincèrement, et qu'elle comptait sur lui comme s'il eût déjà été sa proie, il leva les mains au ciel, et dit : « Seigneur, qui êtes tout-puissant, jetez les yeux sur moi, et me délivrez de cette ennemie.» A cette prière, la femme de l'ogre rentra dans la masure, et le prince s'en éloigna avec précipitation. Heureusement il retrouva son chemin, et arriva sain et sauf auprès du roi son père, auquel il raconta de point en point le danger qu'il venait de courir par la faute du grand vizir. Le roi, irrité contre ce ministre, le fit étrangler à l'heure même.

« Sire, poursuivit le vizir du roi grec, pour revenir au médecin Douban, si vous n'y prenez garde, la confiance que vous avez en lui vous sera funeste; je sais de bonne part que c'est un espion envoyé par vos ennemis pour attenter à la vie de votre majesté. il vous a guéri, dites-vous; hé! qui peut vous en assurer? Il ne vous a peut-être guéri qu'en apparence et non radicalement. Que sait-on si ce remède, avec le temps, ne produira pas un effet pernicieux? »

« Le roi grec, qui avait naturellement fort peu d'esprit, n'eut pas assez de pénétration pour s'apercevoir de la méchante intention de son vizir, ni assez de fermeté pour persister dans son premier sentiment. Ce discours l'ébranla : « Vizir, dit-il, tu as raison; il peut être venu exprès pour m'ôter la vie; ce qu'il peut fort bien exécuter par la seule odeur de quelqu'une de ses drogues. Il faut voir ce qu'il est à propos de faire dans cette conjoncture. »

« Quand le vizir vit le roi dans la disposition où il le voulait : « Sire, lui dit-il, le moyen le plus sûr et le plus prompt pour assurer votre repos et mettre votre vie en sûreté, c'est d'envoyer chercher tout à l'heure le médecin Douban, et de lui faire couper la tête dès qu'il sera arrivé. — Véritablement, reprit le roi, je crois que c'est par là que je dois prévenir son dessein. » En achevant ces paroles, il appela un de ses officiers, et lui ordonna d'aller chercher le médecin, qui, sans savoir ce que le roi lui voulait, courut au palais en diligence. « Sais-tu bien, dit le roi en le voyant, pourquoi je te mande ici? — Non, sire, répondit-il, et j'attends que votre majesté daigne m'en instruire. — Je t'ai fait venir, reprit le roi, pour me délivrer de toi en te faisant ôter la vie. »

« Il n'est pas possible d'exprimer quel fut l'étonnement du médecin, lorsqu'il entendit prononcer l'arrêt de sa mort : « Sire, dit-il, quelle raison peut avoir votre majesté de me faire mourir? Quel crime ai-je commis? — J'ai appris de bonne part, répliqua le roi, que tu es un espion, et que tu n'es venu dans ma cour que pour attenter à ma vie; mais, pour te prévenir, je veux te ravir la tienne. Frappe, ajouta-t-il au bourreau qui était présent, et me délivre d'un perfide qui ne s'est introduit ici que pour m'assassiner. »

« A cet ordre cruel, le médecin jugea bien que les honneurs et les bienfaits qu'il avait reçus lui avaient suscité des ennemis, et que le faible roi s'était laissé surprendre à leurs impostures. Il se repentait de l'avoir guéri de sa lèpre; mais c'était un repentir hors de saison : « Est-ce ainsi, lui disait-il, que vous me récompensez du bien que je vous ai fait? » Le roi ne l'écouta pas, et ordonna une seconde fois au bourreau de porter le coup mortel. Le médecin eut recours aux prières : « Hélas! sire, s'écria-t-il, prolongez-moi la vie, Dieu prolongera la vôtre; ne me faites pas mourir, de crainte que Dieu ne vous traite de la même manière. »

Le pêcheur interrompit son discours en cet endroit, pour adresser la parole au génie : « Hé bien! génie, lui dit-il, tu vois que ce qui se passa alors entre le roi grec et le médecin Douban, vient tout à l'heure de se passer entre nous deux. »

« Le roi grec, continua-t-il, au lieu d'avoir égard à la prière que le médecin venait de lui faire, en le conjurant au nom de Dieu, lui repartit avec dureté : « Non, non, c'est une nécessité absolue que je te fasse périr : aussi bien pourrais-tu m'ôter la vie plus subtilement encore que tu ne m'as guéri. » Cependant le médecin, fondant en pleurs, et se plaignant d'une manière touchante de se voir si mal payé du service qu'il avait rendu au roi, se prépara à recevoir le coup de la mort. Le bourreau lui banda les yeux, lui lia les mains, et se mit en devoir de tirer son sabre.

« Alors les courtisans qui étaient présents, émus de compassion, supplièrent le roi de lui faire grâce, assurant qu'il n'était pas coupable, et répondant de son innocence. Mais le roi fut inflexible, et leur parla de sorte qu'ils n'osèrent lui répliquer.

« Le médecin étant à genoux, les yeux bandés, et prêt à recevoir le coup qui devait terminer son sort, s'adressa encore une fois au roi : « Sire, lui dit-il, puisque votre majesté ne veut point révoquer l'arrêt de ma mort, je la supplie du moins de m'accorder la liberté d'aller jusque chez moi donner ordre à ma sépulture, dire le dernier adieu à ma famille, faire des aumônes, et léguer mes livres à des personnes capables d'en faire un bon usage. J'en ai un, entre autres, dont je veux faire présent à votre majesté : c'est un ouvrage fort précieux et très-digne d'être soigneusement gardé dans votre trésor. — Hé! pourquoi est-il aussi précieux que tu le dis? répliqua le roi. — Sire, repartit le médecin, c'est qu'il contient une infinité de choses curieuses, dont la principale est, qué quand on m'aura coupé la tête, si votre majesté veut bien se donner la peine d'ouvrir le livre au sixième feuillet et lire la troisième ligne de la page à main gauche, ma tête répondra à toutes les questions que vous voudrez lui faire. » Le roi, curieux de voir une chose si merveilleuse, remit sa mort au lendemain, et l'envoya chez lui sous bonne garde.

« Le médecin, pendant ce temps-là, mit ordre à ses affaires; et comme le bruit s'était répandu qu'il devait arriver un prodige inouï après son trépas, les vizirs [1], les émirs [2], les officiers de la garde, enfin toute la cour se rendit le jour suivant dans la salle d'audience pour en être témoin.

[1] Les membres du conseil dont le grand vizir est le chef.
[2] Les premiers officiers civils.

« On vit bientôt paraître le médecin Douban, qui s'avança jusqu'au pied du trône royal avec un gros livre à la main. Là, il se fit apporter un bassin, sur lequel il étendit la couverture dont le livre était enveloppé; et présentant le livre au roi : « Sire, lui dit-il, prenez, s'il vous plaît, ce livre; et d'abord que ma tête sera coupée, commandez qu'on la pose dans le bassin sur la couverture du livre; dès qu'elle y sera, le sang cessera d'en couler : alors vous ouvrirez le livre, et ma tête répondra à toutes vos demandes. Mais, sire, ajouta-t-il, permettez-moi d'implorer encore une fois la clémence de votre majesté; au nom de Dieu, laissez-vous fléchir; je vous proteste que je suis innocent. — Tes prières, répondit le roi, sont inutiles; et quand ce ne serait que pour entendre parler ta tête après ta mort, je veux que tu meures. » En disant cela, il prit le livre des mains du médecin, et ordonna au bourreau de faire son devoir.

« La tête fut coupée si adroitement, qu'elle tomba dans le bassin; et elle fut à peine posée sur la couverture, que le sang s'arrêta. Alors, au grand étonnement du roi et de tous les spectateurs, elle ouvrit les yeux; et prenant la parole : « Sire, dit-elle, que votre majesté ouvre le livre. » Le roi l'ouvrit; et trouvant que le premier feuillet était comme collé contre le second, pour le tourner avec plus de facilité, il porta le doigt à sa bouche, et le mouilla de sa salive. Il fit la même chose jusqu'au sixième feuillet; et ne voyant pas d'écriture à la page indiquée : « Médecin, dit-il à la tête, il n'y a rien d'écrit. — Tournez encore quelques feuillets, » repartit la tête. Le roi continua d'en tourner, en portant toujours le doigt à sa bouche, jusqu'à ce que le poison, dont chaque feuillet était imbu, venant à faire son effet, ce prince se sentit tout à coup agité d'un transport extraordinaire; sa vue se troubla, et il se laissa tomber au pied de son trône avec de grandes convulsions.....

A ces mots, Scheherazade apercevant le jour en avertit le sultan, et cessa de parler : « Ah! ma chère sœur, dit alors Dinarzade, que je suis fâchée que vous n'ayez pas le temps d'achever cette histoire! Je serais inconsolable si vous perdiez la vie aujourd'hui. —Ma sœur, répondit la sultane, il en sera ce qu'il plaira au sultan; mais il faut espérer qu'il aura la bonté de suspendre ma mort jusqu'à demain. » Effectivement, Schahriar, loin d'ordonner son trépas ce jour-là, attendit la nuit prochaine avec impatience, tant il avait d'envie d'apprendre la fin de l'histoire du roi grec, et la suite de celle du pêcheur et du génie.

XVIIE NUIT.

Quelque curiosité qu'eût Dinarzade d'entendre le reste de l'histoire du roi grec, elle ne se réveilla pas cette nuit de si bonne heure qu'à l'ordinaire; il était même presque jour, lorsqu'elle dit à la sultane : « Ma chère sœur, je vous prie de continuer la merveilleuse histoire du roi grec : mais hâtez-vous, de grâce, car le jour paraîtra bientôt. »

Scheherazade reprit aussitôt cette histoire, à l'endroit où elle l'avait laissée le jour précédent : Sire, dit-elle, le pêcheur continua ainsi : « Quand le médecin Douban, ou, pour mieux dire, sa tête, vit que le poison faisait son effet, et que le roi n'avait plus que quelques moments à vivre : « Tyran, s'écria-t-elle, voilà de quelle manière sont traités les princes qui, abusant de leur autorité, font « périr les innocents. Dieu punit tôt ou tard leurs injustices et leurs « cruautés. » La tête eut à peine achevé ces paroles, que le roi tomba mort, et qu'elle perdit elle-même aussi le peu de vie qui lui restait. »

Sire, poursuit Scheherazade, telle fut la fin du roi grec et du médecin Douban. Il faut présentement revenir à l'histoire du pêcheur et du génie; mais ce n'est pas la peine de commencer, car il est jour. Le sultan, de qui toutes les heures étaient réglées, ne pouvant l'écouter plus long-temps, se leva, et comme il voulait absolument entendre la suite de l'histoire du génie et du pêcheur, il avertit la sultane de se préparer à la lui raconter la nuit suivante.

XVIIIE NUIT.

Dinarzade se dédommagea cette nuit de la précédente : elle se réveilla long-temps avant le jour, et pria Scheherazade de raconter la suite de l'histoire du pêcheur et du génie, que le sultan souhaitait autant que Dinarzade d'entendre : « Je vais, répondit la sultane, contenter sa curiosité et la vôtre. » Alors, s'adressant à Schahriar : Sire, poursuivit-elle, sitôt que le pêcheur eut fini l'histoire du roi grec et du médecin Douban, il en fit l'application au génie qu'il tenait toujours enfermé dans le vase.

« Si le roi grec, lui dit-il, eût voulu laisser vivre le médecin, Dieu l'aurait aussi laissé vivre lui-même; mais il rejeta ses plus humbles prières, et Dieu l'en punit. Il en est de même de toi, ô génie : si j'avais pu te fléchir et obtenir de toi la grâce que je te demandais, j'aurais présentement pitié de l'état où tu es; mais puisque, malgré l'extrême obligation que tu m'avais de t'avoir mis en liberté, tu as persisté dans la volonté de me tuer, je dois, à mon tour, être impitoyable. Je vais, en te laissant dans ce vase et en te rejetant à la mer, t'ôter l'usage de la vie jusqu'à la fin des temps : c'est là vengeance que je prétends tirer de toi. »

« Pêcheur, mon ami, répondit le génie, je te conjure encore une fois de ne pas faire une si cruelle action. Songe qu'il n'est pas honnête de se venger, et qu'au contraire il est louable de rendre le bien pour le mal; ne me traite pas comme Imma traita autrefois Ateca. — Et que fit Imma à Ateca? répliqua le pêcheur. — Oh ! si tu souhaites de le savoir, repartit le génie, ouvre-moi ce vase; crois-tu que je sois en humeur de faire des contes dans une prison si étroite? Je t'en ferai tant que tu voudras quand tu m'auras tiré d'ici. — Non, dit le pêcheur, je ne te délivrerai pas : c'est trop raisonner, je vais te précipiter au fond de la mer. — Encore un mot, pêcheur, s'écria le génie; je te promets de ne te faire aucun mal : bien éloigné de cela, je t'enseignerai un moyen de devenir puissamment riche. »

L'espérance de se tirer de la pauvreté désarma le pêcheur: « Je pourrais t'écouter, dit-il, s'il y avait quelque fonds à faire sur ta parole : jure-moi, par le grand nom de Dieu, que tu feras de bonne foi ce que tu dis, et je vais t'ouvrir le vase; je ne crois pas que tu sois assez hardi pour violer un pareil serment. » Le génie le fit, et le pêcheur ôta aussitôt le couvercle du vase. Il en sortit à l'instant de la fumée, et le génie ayant repris sa forme de la même manière qu'auparavant, la première chose qu'il fit fut de jeter, d'un coup de pied, le vase dans la mer. Cette action effraya le pêcheur: « Génie, dit-il, qu'est-ce que cela signifie? Ne voulez-vous pas garder le serment que vous venez de faire? Et dois-je vous dire ce que le médecin Douban disait au roi grec : « Laissez-moi vivre, et Dieu prolongera « vos jours? »

La crainte du pêcheur fit rire le génie, qui lui répondit : « Non, pêcheur, rassure-toi; je n'ai jeté le vase que pour me divertir et voir si tu en serais alarmé; et pour te persuader que je te veux tenir parole, prends tes filets et me suis. » En prononçant ces mots, il se mit à marcher devant le pêcheur, qui, chargé de ses filets, le suivit avec quelque sorte de défiance. Ils passèrent devant la ville, et montèrent au haut d'une montagne, d'où ils descendirent dans une vaste plaine qui les conduisit à un étang situé entre quatre collines.

Lorsqu'ils furent arrivés au bord de l'étang, le génie dit au pêcheur : « Jette tes filets, et prends du poisson. » Le pêcheur ne douta point qu'il n'en prît : car il en vit une grande quantité dans l'élang; mais ce qui le surprit extrêmement, c'est qu'il remarqua qu'il y en avait de quatre couleurs différentes, c'est-à-dire, de blancs, de rouges, de bleus, et de jaunes. Il jeta ses filets, et en amena quatre, dont chacun était d'une de ces couleurs. Comme il n'en avait jamais vu de pareils, il ne pouvait se lasser de les admirer; et jugeant qu'il en pourrait tirer une somme assez considérable, il en avait beaucoup de joie: « Emporte ces poissons, lui dit le génie, et va les présenter à ton sultan; il t'en donnera plus d'argent que tu n'en as manié en toute ta vie. Tu pourras venir tous les jours pêcher en cet étang; mais je t'avertis de ne jeter tes filets qu'une fois chaque jour; autrement il t'en arrivera du mal, prends-y garde; c'est l'avis que je te donne: si tu le suis exactement, tu t'en trouveras bien. » En disant cela, il frappa du pied la terre, qui s'ouvrit, et se referma après l'avoir englouti.

Le pêcheur, résolu à suivre de point en point les conseils du génie, se garda bien de jeter une seconde fois ses filets. Il reprit le chemin de la ville, fort content de sa pêche et faisant mille réflexions sur son aventure. Il alla droit au palais du sultan pour lui présenter ses poissons...

Mais, sire, dit Scheherazade, j'aperçois le jour; il faut que je m'arrête en cet endroit: « Ma sœur, dit alors Dinarzade, que les derniers événemens que vous venez de raconter sont surprenants! J'ai de la peine à croire que vous puissiez désormais nous en apprendre d'autres qui le soient davantage. — Ma chère sœur, répondit la sultane, si le sultan mon maître me laisse vivre jusqu'à demain, je suis persuadée que vous trouverez la suite de l'histoire du pêcheur encore plus merveilleuse que le commencement, et incomparablement plus agréable. » Schahriar, curieux de voir si le reste de l'histoire du pêcheur était tel que la sultane le promettait, différa encore l'exécution de la loi cruelle qu'il s'était faite.

XIXE NUIT.

Vers la fin de la dix-neuvième nuit, Dinarzade appela la sultane, et lui dit: « Ma sœur, je suis dans une extrême impatience d'entendre la suite de l'histoire du pêcheur; racontez-nous-la, en attendant que le jour paraisse. » Scheherazade, avec la permission du sultan, la reprit aussitôt de cette sorte:

Sire, je laisse à penser à votre majesté quelle fut la surprise du sultan lorsqu'il vit les quatre poissons que le pêcheur lui présenta. Il les prit l'un après l'autre pour les considérer avec attention; et après les avoir admirés assez long-temps : « Prenez ces poissons, dit-il à son premier vizir, et les portez à l'habile cuisinière que l'empereur des Grecs m'a envoyée ; je m'imagine qu'ils ne seront pas moins bons qu'ils sont beaux. » Le vizir les porta lui-même à la cuisinière, et les lui remettant entre les mains : « Voilà, lui dit-il, quatre poissons qu'on vient d'apporter au sultan ; il vous ordonne de les lui apprêter. » Après s'être acquitté de cette commission, il retourna vers le sultan son maître, qui le chargea de donner au pêcheur quatre cents pièces d'or de sa monnaie ; ce qu'il exécuta très-fidèlement. Le pêcheur, qui n'avait jamais possédé une si grande somme à la fois, concevait à peine son bonheur, et le regardait comme un songe. Mais il connut dans la suite qu'il était réel par le bon usage qu'il en fit, en l'employant aux besoins de sa famille.

Mais, sire, poursuivit Scheherazade, après vous avoir parlé du pêcheur, il faut vous parler aussi de la cuisinière du sultan, que nous allons trouver dans un grand embarras. D'abord qu'elle eut nettoyé les poissons que le vizir lui avait donnés, elle les mit sur le feu dans une casserole avec de l'huile pour les frire ; lorsqu'elle les crut assez cuits d'un côté, elle les tourna de l'autre. Mais, ô prodige inouï, à peine furent-ils tournés, que le mur de la cuisine s'entr'ouvrit ! Il en sortit une jeune dame d'une beauté admirable, et d'une taille avantageuse ; elle était habillée d'une étoffe de satin à fleurs, façon d'Égypte, avec des pendants d'oreille, un collier de grosses perles, des bracelets d'or garnis de rubis ; et elle tenait une baguette de myrte à la main. Elle s'approcha de la casserole, au grand étonnement de la cuisinière, qui demeura immobile à cette vue ; et frappant un des poissons du bout de sa baguette : « Poisson, poisson, lui dit-elle, es-tu dans ton devoir ? » Le poisson n'ayant rien répondu, elle répéta les mêmes paroles, et alors les quatre poissons levèrent la tête tous ensemble, et lui dirent très-distinctement : « Oui, oui, si vous comptez, nous comptons ; si vous payez vos « dettes, nous payons les nôtres ; si vous fuyez, nous vainquons et « nous sommes contents. » Dès qu'ils eurent achevé ces mots, la jeune dame renversa la casserole, et rentra dans l'ouverture du mur, qui se referma aussitôt et se remit dans le même état où il était auparavant.

La cuisinière, que toutes ces merveilles avaient épouvantée, étant revenue de sa frayeur, alla relever les poissons qui étaient tombés sur la braise ; mais elle les trouva plus noirs que du charbon, et hors d'état d'être servis au sultan. Elle en eut une vive douleur, et se mettant à pleurer de toute sa force : « Hélas ! disait-elle ; que vais-je devenir? Quand je conterai au sultan ce que j'ai vu, je suis assurée qu'il ne me croira point; dans quelle colère ne sera-t-il pas contre moi? »

Pendant qu'elle s'affligeait ainsi, le grand vizir entra, et lui demanda si les poissons étaient prêts. Elle lui raconta tout ce qui était arrivé; et ce récit, comme on peut le penser, l'étonna fort; mais sans en parler au sultan, il inventa une excuse qui le contenta. Cependant il envoya chercher le pêcheur à l'heure même; et quand il fut arrivé : « Pêcheur, lui dit-il, apporte-moi quatre autres poissons qui soient semblables à ceux que tu as déjà apportés : car il est survenu certain malheur qui a empêché qu'on ne les ait servis au sultan. » Le pêcheur ne lui dit pas ce que le génie lui avait recommandé; mais, pour se dispenser de fournir ce jour-là les poissons qu'on lui demandait, il s'excusa sur la longueur du chemin, et promit de les apporter le lendemain matin.

Effectivement, le pêcheur partit durant la nuit, et se rendit à l'étang. Il y jeta ses filets, et les ayant retirés, il y trouva quatre poissons qui étaient, comme les autres, chacun d'une couleur différente. Il s'en retourna aussitôt, et les porta au grand vizir dans le temps qu'il les lui avait promis. Ce ministre les prit et les porta lui-même encore dans la cuisine, où il s'enferma seul avec la cuisinière, qui commença à les habiller devant lui, et qui les mit sur le feu, comme elle avait fait pour les quatre autres le jour précédent. Lorsqu'ils furent cuits d'un côté, et qu'elle les eut tournés de l'autre, le mur de la cuisine s'entr'ouvrit encore, et la même dame parut avec sa baguette à la main : elle s'approcha de la casserole, frappa un des poissons, lui adressa les mêmes paroles, et ils lui firent tous la même réponse en levant la tête.

Mais, sire, ajouta Scheherazade en se reprenant, voilà le jour qui paraît, et qui m'empêche de continuer cette histoire. Les choses que je viens de vous dire sont, à la vérité, très-singulières; mais si je suis en vie demain, je vous en dirai d'autres qui sont encore plus dignes de votre attention. Schahriar, jugeant bien que la suite devait être fort curieuse, résolut de l'entendre la nuit suivante.

XXe NUIT.

« Ma chère sœur, s'écria Dinarzade, suivant sa coutume, je vous prie de poursuivre et d'achever le beau conte du pêcheur. » La sultane prit aussitôt la parole, et parla en ces termes :

Sire, après que les quatre poissons eurent répondu à la jeune dame, elle renversa encore la casserole d'un coup de baguette, et se retira dans le même endroit de la muraille d'où elle était sortie. Le grand vizir ayant été témoin de ce qui s'était passé : « Cela est trop surprenant, dit-il, et trop extraordinaire, pour en faire un mystère au sultan ; je vais de ce pas l'informer de ce prodige. » En effet, il l'alla trouver, et lui en fit un rapport fidèle.

Le sultan, fort surpris, marqua beaucoup d'empressement de voir cette merveille. Pour cet effet, il envoya chercher le pêcheur : « Mon ami, lui dit-il, ne pourrais-tu pas m'apporter encore quatre poissons de diverses couleurs ? » Le pêcheur répondit au sultan, que si sa majesté voulait lui accorder trois jours pour faire ce qu'elle désirait, il se promettait de la contenter. Les ayant obtenus, il alla à l'étang pour la troisième fois, et il ne fut pas moins heureux que les deux autres : car, du premier coup de filet, il prit quatre poissons de couleurs différentes. Il ne manqua pas de les porter à l'heure même au sultan, qui en eut d'autant plus de joie, qu'il ne s'attendait pas à les avoir si tôt, et qui lui fit donner encore quatre cents pièces de sa monnaie.

D'abord que le sultan eut les poissons, il les fit porter dans son cabinet avec tout ce qui était nécessaire pour les faire cuire. Là, s'étant enfermé avec son grand vizir, ce ministre les habilla, les mit ensuite sur le feu dans une casserole, et quand ils furent cuits d'un côté, il les tourna de l'autre. Alors le mur du cabinet s'entr'ouvrit ; mais au lieu de la jeune dame, ce fut un noir qui en sortit. Ce noir avait un habillement d'esclave : il était d'une grosseur et d'une grandeur gigantesques, et tenait un gros bâton vert à la main. Il s'avança jusqu'à la casserole, et touchant de son bâton un des poissons, il lui dit d'une voix terrible : « Poisson, poisson, es-tu « dans ton devoir ? » A ces mots, les poissons levèrent la tête, et répondirent : « Oui, oui, nous y sommes : si vous comptez, nous comp- « tons ; si vous payez vos dettes, nous payons les nôtres ; si vous « fuyez, nous vainquons et nous sommes contents. »

Les poissons eurent à peine achevé ces paroles, que le noir renversa la casserole au milieu du cabinet et réduisit les poissons en charbon. Cela étant fait, il se retira fièrement, et rentra dans l'ouverture du mur, qui se referma et qui parut dans le même état qu'auparavant : « Après ce que je viens de voir, dit le sultan à son grand vizir, il ne me sera pas possible d'avoir l'esprit en repos. Ces poissons, sans doute, signifient quelque chose d'extraordinaire dont je veux être éclairci. » Il envoya chercher le pêcheur ; on le lui amena : « Pêcheur, lui dit-il, les poissons que tu nous as apportés me causent bien de l'inquiétude. En quel endroit les as-tu pêchés ? — Sire, répondit-il, je les ai pêchés dans un étang qui est situé entre quatre collines, au delà de la montagne que l'on voit d'ici. — Connaissez-vous cet étang? dit le sultan au vizir. — Non, sire, répondit le vizir, je n'en ai jamais ouï parler; il y a pourtant soixante ans que je chasse aux environs et au delà de cette montagne. » Le sultan demanda au pêcheur à quelle distance de son palais était l'étang; le pêcheur assura qu'il n'y avait pas plus de trois heures de chemin. Sur cette assurance, et comme il restait encore assez de jour pour y arriver avant la nuit, le sultan commanda à toute sa cour de monter à cheval, et le pêcheur leur servit de guide.

Ils montèrent tous la montagne; et à la descente, ils virent avec beaucoup de surprise une vaste plaine que personne n'avait remarquée jusqu'alors. Enfin ils arrivèrent à l'étang, qu'ils trouvèrent effectivement situé entre quatre collines, comme le pêcheur l'avait rapporté. L'eau en était si transparente, qu'ils remarquèrent que tous les poissons étaient semblables à ceux que le pêcheur avait apportés au palais.

Le sultan s'arrêta sur le bord de l'étang; et après avoir quelque temps regardé les poissons avec admiration, il demanda à ses émirs et à tous les courtisans s'il était possible qu'ils n'eussent pas encore vu cet étang, qui était si peu éloigné de la ville. Ils lui répondirent qu'ils n'en avaient jamais entendu parler : « Puisque vous convenez tous, leur dit-il, que vous n'en avez jamais ouï parler, et que je ne suis pas moins étonné que vous de cette nouveauté, je suis résolu à ne pas rentrer dans mon palais, que je n'aie su pour quelle raison cet étang se trouve ici, et pourquoi il n'y a dedans que des poissons de quatre couleurs. » Après avoir dit ces paroles, il ordonna de camper, et aussitôt son pavillon et les tentes de sa maison furent dressés sur les bords de l'étang.

A l'entrée de la nuit, le sultan, retiré sous son pavillon, parla en particulier à son grand vizir, et lui dit : « Vizir, j'ai l'esprit dans une étrange inquiétude : cet étang transporté dans ces lieux, ce noir qui nous est apparu dans mon cabinet, ces poissons que nous avons entendu parler, tout cela irrite tellement ma curiosité, que je ne puis résister à l'impatience de la satisfaire. Pour cet effet, je médite un dessein que je veux absolument exécuter. Je vais seul m'éloigner de ce camp; je vous ordonne de tenir mon absence secrète; demeurez sous mon pavillon; et demain matin, quand mes émirs et mes courtisans se présenteront à l'entrée, renvoyez-les, en leur disant que j'ai une légère indisposition, et que je veux être seul. Les jours suivants vous continuerez de leur dire la même chose, jusqu'à ce que je sois de retour.

Le grand vizir dit plusieurs choses au sultan, pour tâcher de le détourner de son dessein : il lui représenta le danger auquel il s'exposait, et la peine qu'il allait prendre peut-être inutilement. Mais il eut beau épuiser son éloquence, le sultan ne renonça point à sa résolution, et se prépara à l'exécuter. Il prit un habillement commode pour marcher à pied ; il se munit d'un sabre ; et dès qu'il vit que tout était tranquille dans son camp, il partit sans être accompagné de personne.

Il tourna ses pas vers une des collines, qu'il monta sans beaucoup de peine. Il en trouva la descente encore plus aisée ; et lorsqu'il fut dans la plaine, il marcha jusqu'au lever du soleil. Alors apercevant de loin devant lui un grand édifice, il s'en réjouit, dans l'espérance d'y pouvoir apprendre ce qu'il voulait savoir. Quand il en fut près, il remarqua que c'était un palais magnifique ou plutôt un château très-fort, d'un beau marbre noir poli, et couvert d'un acier fin et uni comme une glace de miroir. Ravi de n'avoir pas été long-temps sans rencontrer quelque chose digne de sa curiosité, il s'arrêta devant la façade du château et la considéra avec beaucoup d'attention.

Il s'avança ensuite jusqu'à la porte, qui était à deux battants, dont l'un était ouvert. Quoiqu'il lui fût libre d'entrer, il crut néanmoins devoir frapper. Il frappa un coup assez légèrement et attendit quelque temps ; ne voyant venir personne, il s'imagina qu'on ne l'avait pas entendu : c'est pourquoi il frappa un second coup plus fort ; mais ne voyant ni n'entendant personne, il redoubla : personne ne parut encore. Cela le surprit extrêmement : car il ne pouvait penser qu'un château si bien entretenu fût abandonné : « S'il n'y a personne, disait-il en lui-même, je n'ai rien à craindre ; et s'il y a quelqu'un, j'ai de quoi me défendre. »

Enfin le sultan entra, et s'avançant sous le vestibule : « N'y a-t-il personne ici, s'écria-t-il, pour recevoir un étranger qui aurait besoin de se rafraîchir en passant ? » Il répéta la même chose deux ou trois fois ; mais, quoiqu'il parlât fort haut, personne ne lui répondit. Ce silence augmenta son étonnement. Il passa dans une cour très-spacieuse, et regardant de tous côtés pour voir s'il ne découvrirait point quelqu'un, il n'aperçut pas le moindre être vivant....

Mais, sire, dit Scheherazade en cet endroit, le jour qui paraît vient m'imposer silence : « Ah ! ma sœur, dit Dinarzade, vous nous laissez au plus bel endroit ! — Il est vrai, répondit la sultane ; mais, ma sœur, vous en voyez la nécessité. Il ne tiendra qu'au sultan mon seigneur que vous entendiez le reste demain. » Ce ne fut pas tant pour faire plaisir à Dinarzade que Schahriar laissa vivre encore la sultane, que pour contenter la curiosité qu'il avait d'apprendre ce qui se passerait dans le château.

XXIe NUIT.

Dinarzade ne fut pas paresseuse à réveiller la sultane sur la fin de cette nuit : « Ma chère sœur, lui dit-elle, je vous prie de nous raconter ce qui se passa dans ce beau château où vous nous laissâtes hier. » Scheherazade reprit aussitôt le conte du jour précédent ; et s'adressant toujours à Schahriar : Sire, dit-elle, le sultan ne voyant donc personne dans la cour où il était, entra dans de grandes salles, dont les tapis de pied étaient de soie, les estrades et les sofas couverts d'étoffe de la Mekke, et les portières, des plus riches étoffes des Indes, relevées d'or et d'argent. Il passa ensuite dans un salon merveilleux, au milieu duquel il y avait un grand bassin avec un lion d'or massif à chaque coin. Les quatre lions jetaient de l'eau par la gueule, et cette eau, en tombant, formait des diamants et des perles ; ce qui n'accompagnait pas mal un jet d'eau, qui, s'élançant du milieu du bassin, allait presque frapper le fond d'un dôme peint à l'arabesque.

Le château, de trois côtés, était environné d'un jardin, que les parterres, les pièces d'eau, les bosquets et mille autres agréments concouraient à embellir ; et ce qui achevait de rendre ce lieu admirable, c'était une infinité d'oiseaux, qui y remplissaient l'air de leurs chants harmonieux, et qui y faisaient toujours leur demeure, parce que des filets tendus au-dessus des arbres et du palais les empêchaient d'en sortir.

Le sultan se promena long-temps d'appartements en appartements, où tout lui parut grand et magnifique. Lorsqu'il fut las de marcher, il s'assit dans un cabinet ouvert, qui avait vue sur le jardin ; et là, rempli de tout ce qu'il avait déjà vu et de tout ce qu'il voyait encore, il faisait des réflexions sur tous ces différents objets, quand tout à coup une voix plaintive, accompagnée de cris lamentables, vint frapper son oreille. Il écouta avec attention, et il entendit distinctement ces tristes paroles : « O fortune, qui n'as pu me laisser « jouir long-temps d'un heureux sort, et qui m'as rendu le plus infor- « tuné de tous les hommes, cesse de me persécuter, et viens, par une « prompte mort, mettre fin à mes douleurs. Hélas ! est-il possible « que je sois encore en vie après tous les tourments que j'ai souf- « ferts ? »

Le sultan, touché de ces tristes plaintes, se leva pour aller du côté d'où elles étaient parties. Lorsqu'il fut à la porte d'une grande salle, il ouvrit la portière, et vit un jeune homme bien fait, et très-richement vêtu, qui était assis sur un trône un peu élevé de terre : la tristesse était peinte sur son visage. Le sultan s'approcha de lui, et le salua. Le jeune homme lui rendit son salut, en lui faisant une inclination de tête fort basse; et comme il ne se levait pas : « Seigneur, dit-il au sultan, je juge bien que vous méritez que je me lève pour vous recevoir et vous rendre tous les honneurs possibles; mais une raison si forte s'y oppose, que vous ne devez pas m'en savoir mauvais gré. — Seigneur, lui répondit le sultan, je vous suis fort obligé de la bonne opinion que vous avez de moi. Quant au sujet que vous avez de ne pas vous lever, quelle que puisse être votre excuse, je la reçois de fort bon cœur. Attiré par vos plaintes, pénétré de vos peines, je viens vous offrir mon secours. Plût à Dieu qu'il dépendît de moi d'apporter du soulagement à vos maux, je m'y emploierais de tout mon pouvoir! Je me flatte que vous voudrez bien me raconter l'histoire de vos malheurs, mais de grâce apprenez-moi auparavant ce que signifie cet étang qui est près d'ici, et où l'on voit des poissons de quatre couleurs différentes; ce que c'est que ce château; pourquoi vous vous y trouvez, et d'où vient que vous y êtes seul? » Au lieu de répondre à ces questions, le jeune homme se mit à pleurer amèrement : « Que la fortune est inconstante, s'écria-t-il! Elle se plaît à abaisser les hommes qu'elle a « élevés. Où sont ceux qui jouissent tranquillement d'un bonheur « qu'ils tiennent d'elle, et dont les jours sont toujours purs et « sereins? »

Le sultan, ému de compassion de le voir en cet état, le pria très-instamment de lui dire le sujet d'une si grande douleur : « Hélas! seigneur, lui répondit le jeune homme, comment pourrais-je ne pas être ffligé; et le moyen que mes yeux ne soient pas des sources intarissables de larmes? » A ces mots ayant levé sa robe, il fit voir au sultan ju'il n'était homme que depuis la tête jusqu'à la ceinture, et que 'autre moitié de son corps était de marbre noir.....

En cet endroit, Scheherazade interrompit son discours, pour faire remarquer au sultan des Indes que le jour paraissait. Schahriar fut tellement charmé de ce qu'il venait d'entendre, et il se sentit si fort attendri en faveur de Scheherazade, qu'il résolut de la laisser vivre pendant un mois. Il se leva néanmoins à son ordinaire, sans lui parler de sa résolution.

XXIIe NUIT.

Dinarzade avait tant d'impatience d'entendre la suite du conte de la nuit précédente, qu'elle appela sa sœur de fort bonne heure, en la suppliant de continuer le merveilleux conte qu'elle n'avait pu achever la veille. J'y consens, répondit la sultane, écoutez-moi:

Vous jugez bien, poursuivit-elle, que le sultan fut étrangement étonné, quand il vit l'état déplorable où était le jeune homme : « Ce que vous montrez là, lui dit-il, en me donnant de l'horreur, irrite ma curiosité; je brûle d'apprendre votre histoire, qui doit être, sans doute, fort étrange; et je suis persuadé que l'étang et les poissons y ont quelque part: ainsi, je vous conjure de me la raconter; vous y trouverez quelque sorte de consolation, puisqu'il est certain que les malheureux trouvent une espèce de soulagement à conter leurs malheurs. — Je ne veux pas vous refuser cette satisfaction, repartit le jeune homme, quoique je ne puisse vous la donner sans renouveler mes vives douleurs; mais je vous avertis par avance de préparer vos oreilles, votre esprit et vos yeux même à des choses qui surpassent tout ce que l'imagination peut concevoir de plus extraordinaire. »

HISTOIRE

DU JEUNE ROI DES ILES NOIRES.

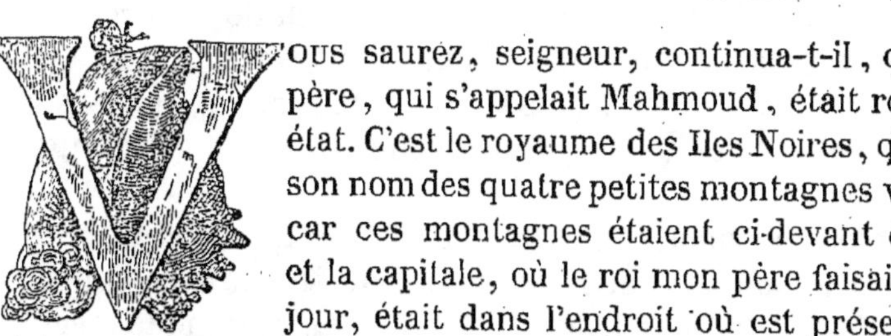

Vous saurez, seigneur, continua-t-il, que mon père, qui s'appelait Mahmoud, était roi de cet état. C'est le royaume des Iles Noires, qui prend son nom des quatre petites montagnes voisines: car ces montagnes étaient ci-devant des îles; et la capitale, où le roi mon père faisait son séjour, était dans l'endroit où est présentement cet étang que vous avez vu. La suite de mon histoire vous instruira de tous ces changements.

« Le roi mon père mourut à l'âge de soixante et dix ans. Je n'eus pas plus tôt pris sa place, que je me mariai; et la personne que je choisis pour partager la dignité royale avec moi, était ma cousine. J'eus tout lieu d'être content des marques d'amour qu'elle me donna; et, de mon côté, je conçus pour elle tant de tendresse, que rien n'était comparable à notre union, qui dura cinq années. Au bout de ce temps-là, je m'aperçus que la reine ma cousine n'avait plus de goût pour moi.

« Un jour qu'elle était au bain l'après-dînée, je me sentis une envie de dormir, et je me jetai sur un sofa. Deux de ses femmes qui se trouvèrent alors dans ma chambre, vinrent s'asseoir, l'une à ma tête, et l'autre à mes pieds, avec un éventail à la main, tant pour modérer la chaleur, que pour me garantir des mouches qui auraient pu troubler mon sommeil. Elles me croyaient endormi, et elles s'entretenaient tout bas; mais j'avais seulement les yeux fermés, et je ne perdis pas une parole de leur conversation.

« Une de ces femmes dit à l'autre: « N'est-il pas vrai que la reine a grand tort de ne pas aimer un prince aussi aimable que le nôtre? — Assurément, répondit la seconde. Pour moi, je n'y comprends rien, et je ne sais pourquoi elle sort toutes les nuits, et le laisse seul. Est-ce qu'il ne s'en aperçoit pas? — Hé! comment voudrais-tu qu'il s'en aperçût? reprit la première : elle mêle tous les soirs dans sa boisson le suc d'une certaine herbe qui le fait dormir toute la nuit d'un sommeil si profond, qu'elle a le temps d'aller où il lui plaît; et à la pointe du jour, elle vient se recoucher auprès de lui; alors elle le réveille, en lui passant sous le nez une certaine odeur. »

« Jugez, seigneur, de ma surprise à ce discours, et des sentiments qu'il m'inspira. Néanmoins, quelque émotion qu'il me pût causer, j'eus assez d'empire sur moi pour dissimuler : je fis semblant de m'éveiller, et de n'avoir rien entendu.

« La reine revint du bain; nous soupâmes ensemble, et, avant que de nous coucher, elle me présenta elle-même la tasse pleine d'eau, que j'avais coutume de boire; mais au lieu de la porter à ma bouche, je m'approchai d'une fenêtre qui était ouverte, et je jetai l'eau si adroitement, qu'elle ne s'en aperçut pas. Je lui remis ensuite la tasse entre les mains, afin qu'elle ne doutât point que je n'eusse bu.

« Nous nous couchâmes ensuite; et bientôt après, croyant que j'étais endormi, quoique je ne le fusse pas, elle se leva avec si peu de précaution, qu'elle dit assez haut: « Dors, et puisses-tu ne te réveiller « jamais! » Elle s'habilla promptement, et sortit de la chambre.... »

En achevant ces mots, Scheherazade, s'étant aperçue qu'il était jour, cessa de parler. Dinarzade avait écouté sa sœur avec beaucoup de plaisir. Schahriar trouvait l'histoire du roi des Iles Noires si digne de sa curiosité, qu'il se leva, fort impatient d'en apprendre la suite la nuit suivante.

XXIIIE NUIT.

Une heure avant le jour, Dinarzade, s'étant réveillée, ne manqua pas de prier la sultane, sa chère sœur, de continuer l'histoire du jeune roi des quatre Iles Noires. Scheherazade, rappelant aussitôt dans sa mémoire l'endroit où elle en était restée, la reprit en ces termes :

« D'abord que la reine ma femme fut sortie, poursuivit le roi des Iles Noires, je me levai et m'habillai à la hâte ; je pris mon sabre, et la suivis de si près, que je l'entendis bientôt marcher devant moi. Alors, réglant mes pas sur les siens, je marchai doucement de peur d'en être entendu. Elle passa par plusieurs portes, qui s'ouvrirent par la vertu de certaines paroles magiques qu'elle prononça ; et la dernière qui s'ouvrit fut celle du jardin où elle entra. Je m'arrêtai à cette porte, afin qu'elle ne pût m'apercevoir pendant qu'elle traversait un parterre ; et, la conduisant des yeux autant que l'obscurité me le permettait, je remarquai qu'elle entra dans un petit bois dont les allées étaient bordées de palissades fort épaisses. Je m'y rendis par un autre chemin ; et, me glissant derrière la palissade d'une allée assez longue, je la vis qui se promenait avec un homme.

« Je ne manquai pas de prêter une oreille attentive à leurs discours, et voici ce que j'entendis : « Je ne mérite pas, disait la reine « à son amant, le reproche que vous me faites de n'être pas assez « diligente : vous savez bien la raison qui m'en empêche. Mais si « toutes les marques d'amour que je vous ai données jusqu'à pré- « sent ne suffisent pas pour vous persuader de ma sincérité, je suis « prête à vous en donner de plus éclatantes : vous n'avez qu'à com- « mander ; vous savez quel est mon pouvoir. Je vais, si vous le « souhaitez, avant que le soleil se lève, changer cette grande ville « et ce beau palais en des ruines affreuses, qui ne seront habitées « que par des loups, des hiboux et des corbeaux. Voulez-vous que « je transporte toutes les pierres de ces murailles, si solidement bâ- « ties, au delà du mont Caucase, et hors des bornes du monde ha- « bitable ? Vous n'avez qu'à dire un mot, et tous ces lieux vont « changer de face. »

« Comme la reine achevait ces paroles, son amant et elle, se trouvant au bout de l'allée, tournèrent pour entrer dans une autre, et passèrent devant moi. J'avais déjà tiré mon sabre, et comme l'amant était de mon côté, je le frappai sur le cou et le renversai par terre. Je crus l'avoir tué ; et, dans cette opinion, je me retirai brusquement sans me faire connaître à la reine, que je voulus épargner, à cause qu'elle était ma parente.

« Cependant le coup que j'avais porté à son amant était mortel ; mais elle lui conserva la vie par la force de ses enchantements ; de manière, toutefois, qu'on peut dire de lui qu'il n'est ni mort ni vivant. Comme je traversais le jardin pour regagner le palais, j'entendis la reine qui poussait de grands cris ; et, jugeant par là de sa douleur, je me sus bon gré de lui avoir laissé la vie.

« Lorsque je fus rentré dans mon appartement, je me recouchai; et, satisfait d'avoir puni le téméraire qui m'avait offensé, je m'endormis. En me réveillant le lendemain, je trouvai la reine couchée auprès de moi.... »

Scheherazade fut obligée de s'arrêter en cet endroit parce qu'elle vit paraître le jour. « Bon Dieu, ma sœur, dit alors Dinarzade, je suis bien fâchée que vous n'en puissiez pas dire davantage. — Ma sœur, répondit la sultane, vous deviez me réveiller de meilleure heure; c'est votre faute. — Je la réparerai, s'il plaît à Dieu, la nuit prochaine, répliqua Dinarzade : car je ne doute pas que le sultan n'ait autant d'envie que moi de savoir la fin de cette histoire; et j'espère qu'il aura la bonté de vous laisser vivre encore jusqu'à demain. »

XXIVE NUIT.

Effectivement, Dinarzade, comme elle se l'était promis, appela de très-bonne heure la sultane, par l'extrême envie de lui entendre achever l'agréable histoire du roi des Iles Noires, et de savoir comment il fut changé en marbre. « Vous allez l'apprendre, répondit Scheherazade, avec la permission du sultan.

« Je trouvai donc la reine couchée auprès de moi, continua le roi des quatre Iles Noires. Je ne vous dirai point si elle dormait ou non; mais je me levai sans faire de bruit, et je passai dans mon cabinet, où j'achevai de m'habiller. J'allai ensuite tenir mon conseil; et, à mon retour, la reine, habillée de deuil, les cheveux épars et en partie arrachés, vint se présenter devant moi : « Sire, me dit-elle, je viens supplier votre majesté de ne pas trouver étrange que je sois dans l'état où je suis : trois nouvelles affligeantes que je viens de recevoir en même temps, sont la juste cause de la vive douleur dont vous ne voyez que les faibles marques. — Et quelles sont ces nouvelles, madame? lui dis-je. — La mort de la reine ma chère mère, me répondit-elle, celle du roi mon père, tué dans une bataille, et celle d'un de mes frères, qui est tombé dans un précipice. »

« Je ne fus pas fâché qu'elle prît ce prétexte pour cacher le véritable sujet de son affliction, et je jugeai qu'elle ne me soupçonnait pas d'avoir tué son amant : « Madame, lui dis-je, loin de blâmer votre douleur, je vous assure que j'y prends toute la part que je dois. Je serais extrêmement surpris que vous fussiez insensible à la perte que vous avez faite. Pleurez : vos larmes sont d'infaillibles marques de votre excellent naturel. J'espère néanmoins que le temps et la raison pourront apporter de la modération à vos déplaisirs. »

« Elle se retira dans son appartement, où, se livrant sans réserve à ses chagrins, elle passa une année entière à pleurer et à s'affliger Au bout de ce temps-là, elle me demanda la permission de faire bâtir le lieu de sa sépulture dans l'enceinte du palais, où elle voulait, disait-elle, demeurer jusqu'à la fin de ses jours. Je le lui permis, et elle fit bâtir un palais superbe, avec un dôme qu'on peut voir d'ici. Elle l'appela le Palais des Larmes.

« Quand il fut achevé, elle y fit porter son amant, qu'elle avait fait transporter où elle avait jugé à propos, la même nuit que je l'avais blessé. Elle l'avait empêché de mourir jusqu'alors par des breuvages qu'elle lui avait fait prendre; et elle continua de lui en donner et de les lui porter elle-même tous les jours, dès qu'il fut au Palais des Larmes.

« Cependant, avec tous ses enchantements, elle ne pouvait guérir ce malheureux : il était non-seulement hors d'état de marcher et de se soutenir, mais il avait encore perdu l'usage de la parole, et il ne donnait aucun signe de vie que par ses regards. Quoique la reine n'eût que la consolation de le voir et de lui dire tout ce que son fol amour pouvait lui inspirer de plus tendre et de plus passionné, elle ne laissait pas de lui rendre chaque jour deux visites assez longues. J'étais bien informé de tout cela, mais je feignais de l'ignorer.

« Un jour j'allai par curiosité au Palais des Larmes, pour savoir quelle y était l'occupation de cette princesse; et, d'un endroit où je ne pouvais être vu, je l'entendis parler dans ces termes à son amant : « Je suis dans la dernière affliction de vous voir en l'état « où vous êtes; je ne sens pas moins vivement que vous-même les « maux cuisants que vous souffrez; mais, chère âme, je vous parle « toujours, et vous ne me répondez pas. Jusques à quand garderez- « vous le silence? Dites un mot seulement. Hélas! les plus doux « moments de ma vie sont ceux que je passe ici à partager vos dou- « leurs. Je ne puis vivre éloignée de vous, et je préfèrerais le plai- « sir de vous voir sans cesse à l'empire de l'univers. »

« A ce discours, qui fut plus d'une fois interrompu par ses soupirs et ses sanglots, je perdis enfin patience : je me montrai; et m'approchant d'elle : « Madame, lui dis-je, c'est assez pleurer; il est temps de mettre fin à une douleur qui nous déshonore tous deux; c'est trop oublier ce que vous me devez et ce que vous vous devez à vous-même. — Sire, me répondit-elle, s'il vous reste encore quelque considération, ou plutôt quelque complaisance pour moi, je vous supplie de ne me pas contraindre. Laissez-moi m'abandonner à mes chagrins mortels; il est impossible que le temps les diminue. »

« Quand je vis que mes discours, au lieu de la faire rentrer en son devoir, ne servaient qu'à irriter sa fureur, je cessai de lui parler, et me retirai. Elle continua de visiter tous les jours son amant; et durant deux années entières elle ne fit que se désespérer.

J'allai une seconde fois au Palais des Larmes pendant qu'elle y était. Je me cachai encore, et j'entendis qu'elle disait à son amant: « Il y a trois ans que vous ne m'avez dit une seule parole, et que « vous ne répondez point aux marques d'amour que je vous donne « par mes discours et mes gémissements; est-ce par insensibilité « ou par mépris? O tombeau! aurais-tu détruit cet excès de tendresse qu'il avait pour moi? Aurais-tu fermé ces yeux qui me « montraient tant d'amour, et qui faisaient toute ma joie? Non, non, « je n'en crois rien. Dis-moi plutôt par quel miracle tu es devenu « le dépositaire du plus rare trésor qui fut jamais. »

« Je vous avoue, seigneur, que je fus indigné de ces paroles: car enfin, cet amant chéri, ce mortel adoré, n'était pas tel que vous pourriez vous l'imaginer: c'était un Indien noir, originaire de ces pays. Je fus, dis-je, tellement indigné de ce discours, que je me montrai brusquement; et apostrophant le même tombeau: « O tombeau! m'écriai-je, que n'engloutis-tu ce monstre, qui fait horreur à la nature; ou plutôt que ne consumes-tu l'amant et la maîtresse? »

« J'eus à peine achevé ces mots, que la reine, qui était assise auprès du noir, se leva comme une furie: « Ah! cruel, me dit-elle, c'est toi qui causes ma douleur. Ne pense pas que je l'ignore, je ne l'ai que trop long-temps dissimulé: c'est ta barbare main qui a mis l'objet de mon amour dans l'état pitoyable où il est; et tu as la dureté de venir insulter une amante au désespoir. — Oui, c'est moi, interrompis-je transporté de colère, c'est moi qui ai châtié ce monstre comme il le méritait; je devais te traiter de la même manière; je me repens de ne l'avoir pas fait, et il y a trop long-temps que tu abuses de ma bonté. » En disant cela je tirai mon sabre et je levai le bras pour la punir. Mais regardant tranquillement mon action: « Modère ton courroux, » me dit-elle avec un souris moqueur. En même temps elle prononça des paroles que je n'entendis point, et puis elle ajouta: « Par la vertu de mes enchantements, je te commande de devenir « tout à l'heure moitié marbre et moitié homme. » Aussitôt, seigneur, je devins tel que vous me voyez, déjà mort parmi les vivants, et vivant parmi les morts.... »

Scheherazade, en cet endroit, ayant remarqué qu'il était jour, cessa de poursuivre son conte.

XXVe NUIT.

Sur la fin de la nuit, Scheherazade, s'étant réveillée à la voix de sa sœur, se prépara à lui donner la satisfaction qu'elle demandait, en achevant l'histoire du roi des Iles Noires. Elle commença de cette sorte : Le roi demi-marbre et demi-homme continua de raconter son histoire au sultan :

« Après, dit-il, que la cruelle magicienne, indigne de porter le nom de reine, m'eut ainsi métamorphosé, et fait passer en cette salle par un autre enchantement, elle détruisit ma capitale, qui était très-florissante et fort peuplée; elle anéantit les maisons, les places publiques et les marchés, et en fit l'étang et la campagne déserte que vous avez pu voir. Les poissons de quatre couleurs, qui sont dans l'étang, sont les quatre sortes d'habitants de différentes religions qui la composaient : les blancs étaient les Musulmans; les rouges, les Perses, adorateurs du feu; les bleus, les Chrétiens; les jaunes, les Juifs : les quatre collines étaient les quatre îles qui donnaient le nom à ce royaume. J'appris tout cela de la magicienne, qui, pour comble d'affliction, m'annonça elle-même ces effets de sa rage. Ce n'est pas tout encore; elle n'a point borné sa fureur à la destruction de mon empire et à ma métamorphose : elle vient chaque jour me donner, sur les épaules nues, cent coups de nerf de bœuf, qui me mettent tout en sang. Quand ce supplice est achevé, elle me couvre d'une grosse étoffe de poil de chèvre, et met par-dessus cette robe de brocard que vous voyez, non pour me faire honneur, mais pour se moquer de moi. »

« En cet endroit de son discours, le jeune roi des Iles Noires ne put retenir ses larmes; et le sultan en eut le cœur si serré, qu'il ne put prononcer une parole pour le consoler. Peu de temps après, le jeune roi, levant les yeux au ciel, s'écria : « Puissant créateur de « toutes choses, je me soumets à vos jugements et aux décrets de « votre Providence! Je souffre patiemment tous mes maux, puisque « telle est votre volonté; mais j'espère que votre bonté infinie m'en « récompensera. »

Le sultan, attendri par le récit d'une histoire si étrange, et animé à la vengeance de ce malheureux prince, lui dit : « Apprenez-moi où se retire cette perfide magicienne, et où peut être cet indigne amant, qui est enseveli avant sa mort. — Seigneur, lui répondit le prince, l'amant, comme je vous l'ai déjà dit, est au Palais des Larmes, dans un tombeau en forme de dôme : et ce palais communique à ce château du côté de la porte. Pour ce qui est de la magicienne, je ne puis vous dire précisément où elle se retire ; mais tous les jours, au lever du soleil, elle va visiter son amant, après avoir fait sur moi la sanglante exécution dont je vous ai parlé ; et vous jugez bien que je ne puis me défendre d'une si grande cruauté. Elle lui porte le breuvage, seul aliment avec quoi, jusqu'à présent, elle l'a empêché de mourir ; et elle ne cesse de lui faire des plaintes sur le silence qu'il a toujours gardé depuis qu'il est blessé.

« — Prince qu'on ne peut assez plaindre, repartit le sultan, on ne saurait être plus vivement touché de votre malheur que je le suis. Jamais rien de si extraordinaire n'est arrivé à personne, et les auteurs qui feront votre histoire auront l'avantage de rapporter un fait qui surpasse tout ce qu'on a jamais écrit de plus surprenant. Il n'y manque qu'une chose : c'est la vengeance qui vous est due ; mais je n'oublierai rien pour vous la procurer. »

En effet, le sultan, en s'entretenant à ce sujet avec le jeune prince, après lui avoir déclaré qui il était et pourquoi il était entré dans ce château, imagina un moyen de le venger, qu'il lui communiqua.

Ils convinrent des mesures qu'il y avait à prendre pour faire réussir ce projet, dont l'exécution fut remise au jour suivant. Cependant, la nuit étant fort avancée, le sultan prit quelque repos. Pour le jeune prince, il la passa à son ordinaire dans une insomnie continuelle (car il ne pouvait dormir depuis qu'il était enchanté), mais avec quelque espérance néanmoins d'être bientôt délivré de ses souffrances.

Le lendemain, le sultan se leva dès qu'il fut jour ; et, pour commencer à exécuter son dessein, il cacha dans un endroit son habillement de dessus, qui l'aurait embarrassé, et s'en alla au Palais des Larmes. Il le trouva éclairé d'une infinité de flambeaux de cire blanche, et il sentit une odeur délicieuse qui sortait de plusieurs cassolettes de fin or, d'un ouvrage admirable, toutes rangées dans un fort bel ordre. D'abord qu'il aperçut le lit où le noir était couché, il tira son sabre et ôta, sans résistance, la vie à ce misérable, dont il traîna le corps dans la cour du château, et le jeta dans un puits. Après cette expédition, il alla se coucher dans le lit du noir, mit son sabre près de lui sous la couverture, et y demeura pour achever ce qu'il avait projeté.

La magicienne arriva bientôt. Son premier soin fut d'aller dans la chambre où était le roi des Iles Noires, son mari. Elle le dépouilla, et commença par lui donner sur les épaules cent coups de nerf de bœuf, avec une barbarie qui n'a point d'exemple. Le pauvre prince avait beau remplir le palais de ses cris, et la conjurer de la manière du monde la plus touchante d'avoir pitié de lui, la cruelle ne cessa de le frapper qu'après lui avoir donné les cent coups : « Tu n'as pas eu compassion de mon amant, lui disait-elle, tu n'en dois point attendre de moi.... »

Scheherazade aperçut le jour en cet endroit, ce qui l'empêcha de continuer son récit : « Mon Dieu, ma sœur, dit Dinarzade, voilà une magicienne bien barbare ! Mais en demeurerons-nous là, et ne nous apprendrez-vous pas si elle reçut le châtiment qu'elle méritait ? — Ma chère sœur, répondit la sultane, je ne demande pas mieux que de vous l'apprendre demain ; mais vous savez que cela dépend de la volonté du sultan. » Après ce que Schahriar venait d'entendre, il était bien éloigné de vouloir faire mourir Scheherazade : « Au contraire, je ne veux pas lui ôter la vie, disait-il en lui-même, qu'elle n'ait achevé cette histoire étonnante, quand le récit en devrait durer deux mois : il sera toujours en mon pouvoir de garder le serment que j'ai fait. »

XXVIe NUIT.

Sire, reprit Scheherazade, après que la magicienne eut donné cent coups de nerf de bœuf au roi son mari, elle le revêtit du gros habillement de poil de chèvre, et de la robe de brocard par-dessus. Elle alla ensuite au Palais des Larmes, et en y entrant elle renouvela ses pleurs, ses cris et ses lamentations ; puis s'approchant du lit où elle croyait que son amant était toujours : « Quelle cruauté, s'écria-t-elle, d'avoir ainsi troublé le contentement d'une amante aussi tendre et aussi passionnée que je le suis ! O toi qui me reproches que je suis trop inhumaine quand je te fais sentir les effets de mon ressentiment, cruel prince, ta barbarie ne surpasse-t-elle pas celle de ma vengeance ? Ah ! traître, en attentant à la vie de l'objet que j'adore, ne m'as-tu pas ravi la mienne ? Hélas ! ajouta-t-elle en adressant la parole au sultan, croyant parler au noir, mon soleil, ma vie, garderez-vous toujours le silence ? Êtes-vous résolu à me laisser mourir sans me donner la consolation de me dire encore que vous m'aimez ? Mon âme, dites-moi au moins un mot, je vous en conjure. »

Alors le sultan, feignant de sortir d'un profond sommeil, et contrefaisant le langage des noirs, répondit à la reine d'un ton grave : « Il n'y a de force et de pouvoir qu'en Dieu seul, qui est tout-puissant. » A ces paroles, la magicienne, qui ne s'y attendait pas, fit un grand cri pour marquer l'excès de sa joie : « Mon cher seigneur, s'écria-t-elle, ne me trompé-je pas? Est-il bien vrai que je vous entends et que vous me parlez? — Malheureuse, reprit le sultan, es-tu digne que je réponde à tes discours? — Et pourquoi, répliqua la reine, me faites-vous ce reproche? — Les cris, repartit-il, les pleurs et les gémissements de ton mari, que tu traites tous les jours avec tant d'indignité et de barbarie, m'empêchent de dormir nuit et jour. Il y a long-temps que je serais guéri, et que j'aurais recouvré l'usage de la parole, si tu l'avais désenchanté. Voilà la cause de ce silence que je garde, et dont tu te plains. — Eh bien! dit la magicienne, pour vous apaiser je suis prête à faire ce que vous me commanderez. Voulez-vous que je lui rende sa première forme? — Oui, répondit le sultan, et hâte-toi de le mettre en liberté, afin que je ne sois plus incommodé de ses cris. »

La magicienne sortit aussitôt du Palais des Larmes. Elle prit une tasse d'eau, et prononça dessus des paroles qui la firent bouillir, comme si elle eût été sur le feu. Elle alla ensuite à la salle où était le jeune roi, son mari; elle jeta de cette eau sur lui, en disant: « Si le créateur de toutes choses t'a formé tel que tu es présente-« ment, ou s'il est en colère contre toi, ne change pas; mais si « tu n'es dans cet état que par la vertu de mon enchantement, re-« prends ta forme naturelle, et redeviens tel que tu étais aupara-« vant. » A peine eut-elle achevé ces mots, que le prince, se retrouvant dans son premier état, se leva librement avec toute la joie qu'on peut s'imaginer, et il en rendit grâce à Dieu. La magicienne reprenant la parole: « Va, lui dit-elle, éloigne-toi de ce château, et n'y reviens jamais, ou bien il t'en coûtera la vie. »

Le jeune roi, cédant à la nécessité, s'éloigna de la magicienne sans répliquer, et se retira dans un lieu écarté, où il attendit impatiemment le succès du dessein dont le sultan venait de commencer l'exécution avec tant de bonheur.

Cependant la magicienne retourna au Palais des Larmes; et en entrant, comme elle croyait toujours parler au noir: « Cher amant, lui dit-elle, j'ai fait ce que vous m'avez ordonné: rien ne vous empêche de vous lever, et de me donner par là une satisfaction dont je suis privée depuis si long-temps. »

Le sultan continua de contrefaire le langage des noirs: « Ce que tu viens de faire, répondit-il d'un ton brusque, ne suffit pas pour me guérir; tu n'as ôté qu'une partie du mal, il en faut couper jusqu'à la racine. — Mon aimable noir, reprit-elle, qu'entendez-vous par la racine? — Malheureuse, repartit le sultan, ne comprends-tu pas que je veux parler de cette ville et de ses habitants, et des quatre îles que tu as détruites par tes enchantements? Tous les jours, à minuit, les poissons ne manquent pas de lever la tête hors de l'étang, et de crier vengeance contre moi et contre toi. Voilà le véritable sujet du retardement de ma guérison. Va promptement rétablir les choses en leur premier état, et à ton retour je te donnerai la main, et tu m'aideras à me lever. »

La magicienne, remplie de l'espérance que ces paroles lui firent concevoir, s'écria transportée de joie : « Mon cœur, mon âme, vous aurez bientôt recouvré votre santé : car je vais faire tout ce que vous me commandez. » En effet, elle partit dans le moment, et lorsqu'elle fut arrivée sur le bord de l'étang, elle prit un peu d'eau dans sa main, et en fit une aspersion dessus....

Scheherazade, en cet endroit, voyant qu'il était jour, n'en voulut pas dire davantage. Dinarzade dit à la sultane : « Ma sœur, j'ai bien de la joie de savoir le jeune roi des quatre Iles Noires désenchanté ; et je regarde déjà la ville et les habitants comme rétablis en leur premier état ; mais je suis en peine d'apprendre ce que deviendra la magicienne. — Donnez-vous un peu de patience, répondit la sultane ; vous aurez demain la satisfaction que vous désirez, si le sultan, mon seigneur, veut bien y consentir. » Schahriar, qui, comme on l'a déjà dit, avait pris son parti là-dessus, se leva pour aller remplir ses devoirs.

XXVIIe NUIT.

Scheherazade se mit à raconter quel fut le sort de la reine magicienne, en ces termes :

La magicienne, ayant fait l'aspersion, n'eut pas plus tôt prononcé quelques paroles sur les poissons et sur l'étang, que la ville reparut à l'heure même. Les poissons redevinrent hommes, femmes ou enfants, mahométans, chrétiens, persans ou juifs, gens libres ou esclaves : chacun reprit sa forme naturelle. Les maisons et les boutiques furent bientôt remplies de leurs habitants, qui y trouvèrent toutes choses dans la même situation et dans le même ordre où elles étaient avant l'enchantement. La suite nombreuse du sultan, qui se trouva campée dans la plus grande place, ne fut pas peu étonnée de se voir en un instant au milieu d'une ville belle, vaste et bien peuplée.

Pour revenir à la magicienne, dès qu'elle eut fait ce changement merveilleux, elle se rendit en diligence au Palais des Larmes, pour en recueillir le fruit : « Mon cher seigneur, s'écria-t-elle en entrant, je viens me réjouir avec vous du retour de votre santé ; j'ai fait tout ce que vous avez exigé de moi : levez-vous donc, et me donnez la main. — Approchez, » lui dit le sultan, en contrefaisant toujours le langage des noirs. Elle s'approcha. « Ce n'est pas assez, reprit-il, approche-toi davantage. » Elle obéit. Alors il se leva, et la saisit par le bras si brusquement, qu'elle n'eut pas le temps de se reconnaître ; et, d'un coup de sabre, il sépara son corps en deux parties, qui tombèrent, l'une d'un côté, et l'autre de l'autre. Cela étant fait, il laissa le cadavre sur la place, et sortant du Palais des Larmes, il alla trouver le jeune prince des Iles Noires, qui l'attendait avec impatience : « Prince, lui dit-il en l'embrassant, réjouissez-vous, vous n'avez plus rien à craindre : votre cruelle ennemie n'est plus. »

Le jeune prince remercia le sultan d'une manière qui marquait que son cœur était pénétré de reconnaissance ; et pour prix de lui avoir rendu un service si important, il lui souhaita une longue vie, avec toutes sortes de prospérités : « Vous pouvez désormais, lui dit le sultan, demeurer paisible dans votre capitale, à moins que vous ne vouliez venir dans la mienne, qui en est si voisine ; je vous y recevrai avec plaisir, et vous n'y serez pas moins honoré et respecté que chez vous. — Puissant monarque à qui je suis si redevable, répondit le roi, vous croyez donc être fort près de votre capitale ? — Oui, répliqua le sultan, je le crois ; il n'y a pas plus de quatre ou cinq heures de chemin. — Il y a une année entière de voyage, reprit le jeune prince. Je veux bien croire que vous êtes venu ici de votre capitale dans le peu de temps que vous dites, parce que la mienne était enchantée ; mais depuis qu'elle ne l'est plus, les choses ont bien changé. Cela ne m'empêchera pas de vous suivre, quand ce serait pour aller aux extrémités de la terre. Vous êtes mon libérateur ; et pour vous donner toute ma vie des marques de ma reconnaissance, je prétends vous accompagner, et j'abandonne sans regret mon royaume. »

Le sultan fut extraordinairement surpris d'apprendre qu'il était si loin de ces états, et il ne comprenait pas comment cela se pouvait faire. Mais le jeune roi des Iles Noires le convainquit si bien de cette possibilité, qu'il n'en douta plus : « Il n'importe, reprit alors le sultan, la peine de m'en retourner dans mes états est suffisamment récompensée par la satisfaction de vous avoir obligé, et d'avoir acquis un fils en votre personne : car, puisque vous voulez bien me faire l'honneur de m'accompagner, et que je n'ai point d'enfants, je vous regarde comme tel, et je vous fais dès à présent mon héritier et mon successeur. »

L'entretien du sultan et du roi des Iles Noires se termina par les plus tendres embrassements. Après quoi, le jeune prince ne songea qu'aux préparatifs de son voyage. Ils furent achevés en trois semaines, au grand regret de toute sa cour et de ses sujets, qui reçurent de sa main un de ses proches parents pour leur roi.

Enfin, le sultan et le jeune prince se mirent en chemin avec cent chameaux chargés de richesses inestimables, tirées des trésors du jeune roi, qui se fit suivre par cinquante cavaliers bien faits, parfaitement montés et équipés. Leur voyage fut heureux; et lorsque le sultan, qui avait envoyé des courriers pour donner avis de son retardement et de l'aventure qui en était la cause, fut près de sa capitale, les principaux officiers qu'il y avait laissés vinrent le recevoir, et l'assurèrent que sa longue absence n'avait apporté aucun changement dans son empire. Les habitants sortirent aussi en foule, le reçurent avec de grandes acclamations, et firent des réjouissances qui durèrent plusieurs jours.

Le lendemain de son arrivée, le sultan fit à tous ses courtisans assemblés un détail fort ample des choses qui, contre son attente, avaient rendu son absence si longue. Il leur déclara ensuite l'adoption qu'il avait faite du roi des quatre Iles Noires, qui avait bien voulu abandonner un grand royaume pour l'accompagner et vivre avec lui. Enfin, pour reconnaître la fidélité qu'ils lui avaient tous gardée, il leur fit des largesses proportionnées au rang que chacun tenait à sa cour.

Pour le pêcheur, comme il était la première cause de la délivrance du jeune prince, le sultan le combla de biens, et le rendit, lui et sa famille, très-heureux le reste de leurs jours.

Scheherazade finit là le conte du pêcheur et du génie. Dinarzade lui marqua qu'elle y avait pris un plaisir infini; et Schahriar lui ayant témoigné la même chose, elle leur dit qu'elle en savait un autre qui était encore plus beau que celui-là, et que si le sultan le lui voulait permettre, elle le raconterait le lendemain, car le jour commençait à paraître. Schahriar, se souvenant du délai d'un mois, qu'il avait accordé à la sultane, et curieux d'ailleurs de savoir si ce nouveau conte serait aussi agréable qu'elle le promettait, se leva dans le dessein de l'entendre la nuit suivante.

XXVIIIE NUIT.

Dinarzade, suivant sa coutume, n'oublia pas d'appeler la sultane lorsqu'il en fut temps. Scheherazade, sans lui répondre, commença un de ses beaux contes :

HISTOIRE

DE TROIS KALENDERS, FILS DE ROIS, ET DE CINQ DAMES DE BAGDAD.

SIRE, dit-elle, en adressant la parole au sultan, sous le règne du kalife [1] Haroun Alraschid [2], il y avait à Bagdad, où il faisait sa résidence, un porteur, qui, malgré sa profession basse et pénible, ne laissait pas d'être homme d'esprit et de bonne humeur. Un matin qu'il était à son ordinaire avec un grand panier à jour près de lui, dans une place où il attendait que quelqu'un eût besoin de son ministère, une jeune dame de belle taille, couverte d'un grand voile de mousseline, l'aborda, et lui dit d'un air gracieux : « Écoutez, « porteur, prenez votre panier, et suivez-moi. » Le porteur, enchanté de ce peu de paroles prononcées si agréablement, prit aussitôt son panier, le mit sur sa tête, et suivit la dame en disant : « O jour heu- « reux ! ô jour de bonne rencontre ! »

D'abord la dame s'arrêta devant une porte fermée, et frappa. Un chrétien, vénérable par une longue barbe blanche, ouvrit, et elle

[1] Ce mot signifie en arabe *successeur*, relativement à Mahomet. Après la mort de ce législateur, en 634, Aboubekre, son beau-père, élu pour lui succéder, prit le titre de kalife, qui servit long-temps à désigner les chefs de la religion mahométane. On distingue trois branches de kalifes : les Rachedis, c'est-à-dire de la ligne droite, ainsi appelés parce que tous étaient parents ou alliés de Mahomet. La plupart résidèrent à Médine en Arabie. Damas, ville de Syrie, fut le siége des kalifes de la seconde branche : ils régnèrent depuis 661 jusqu'en 749. Le trône passa ensuite dans la famille des Abassides, qui donna aux Musulmans trente-sept kalifes. Le siége principal de leur empire fut Bagdad, ville de l'Irak, près de l'ancienne Babylone, sur le bord oriental du Tigre. La puissance des Abassides, d'abord affaiblie par les kalifes particuliers qui s'élevèrent en Espagne, en Afrique, en Arabie, fut entièrement éteinte en 1258. Un prince de cette famille s'étant réfugié en Égypte, les Mamelouks le reconnurent pour leur chef, mais seulement dans ce qui concernait la religion, et lui conservèrent le nom de kalife, que ses descendants portèrent jusqu'à la conquête des Ottomans, en 1517.

[2] Ou Aaeron Raschild, cinquième kalife de la race des Abassides, contemporain de Charlemagne. C'était un prince inconcevable par le mélange de ses bonnes et de ses mauvaises qualités. Brave, pacifique, libéral, il répandit la terreur chez ses ennemis

lui mit de l'argent dans la main sans lui dire un seul mot. Mais le chrétien, qui savait ce qu'elle demandait, rentra, et peu de temps après apporta une grosse cruche d'un vin excellent : « Prenez cette cruche, dit la dame au porteur, et la mettez dans votre panier. » Cela étant fait, elle lui commanda de la suivre ; puis elle continua de marcher, et le porteur continua de dire : « O jour de félicité ! ô jour d'agréable surprise et de joie ! »

La dame s'arrêta à la boutique d'un vendeur de fruits et de fleurs, où elle choisit de plusieurs sortes de pommes, des abricots, des pêches, des coings, des limons, des citrons, des oranges, du myrte, du basilic, des lis, du jasmin ; et de quelques autres sortes de fleurs et de plantes de bonne odeur. Elle dit au porteur de mettre tout cela dans le panier, et de la suivre. En passant devant l'étalage d'un boucher, elle se fit peser vingt-cinq livres de la plus belle viande qu'il eût ; ce que le porteur mit encore dans son panier par son ordre. A une autre boutique, elle prit des câpres, de l'estragon, de petits concombres, de la percepierre et autres herbes, le tout confit dans le vinaigre ; à une autre, des pistaches, des noix, des noisettes, des pignons, des amandes, et d'autres fruits semblables ; à une autre encore, elle acheta toutes sortes de pâtes d'amande. Le porteur, en mettant toutes ces choses dans son panier, remarquant qu'il se remplissait, dit à la dame : « Ma bonne dame, il fallait m'avertir que vous feriez tant de provisions, j'aurais pris un cheval, ou plutôt un chameau pour les porter. J'en aurai beaucoup plus que ma charge pour peu que vous en achetiez d'autres. » La dame rit de cette plaisanterie, et ordonna de nouveau au porteur de la suivre.

Elle entra chez un droguiste, où elle se fournit de toutes sortes d'eaux de senteur, de clous de girofle, de muscade, de poivre, de gingembre, d'un gros morceau d'ambre gris, et de plusieurs autres épiceries des Indes ; ce qui acheva de remplir le panier du porteur, auquel elle dit encore de la suivre. Alors ils marchèrent tous deux jusqu'à ce qu'ils fussent arrivés à un hôtel magnifique, dont la façade était ornée de belles colonnes, et qui avait une porte d'ivoire. Ils s'y arrêtèrent, et la dame frappa un petit coup....

et les bienfaits sur ses peuples ; perfide, capricieux, ingrat, il sacrifia les droits les plus sacrés de la reconnaissance, de la justice et de l'humanité, à ses injustes défiances et à la bizarrerie de ses goûts. Une grande partie de l'Asie, de l'Afrique et de l'Europe, depuis l'Espagne jusqu'aux Indes, plia sous ses armes. Huit victoires remportées en personne, les arts et les sciences ranimés, ont rendu son nom illustre. Il mourut l'an 800 de J.-C., et le vingt-troisième de son règne. On trouvera souvent le nom de ce kalife dans la suite de ces contes

En cet endroit, Scheherazade aperçut qu'il était jour, et cessa de parler : « Franchement, ma sœur, dit Dinarzade, voilà un commencement qui donne beaucoup de curiosité : je crois que le sultan ne voudra pas se priver du plaisir d'entendre la suite. » Effectivement, Schahriar, loin d'ordonner la mort de la sultane, attendit impatiemment la nuit suivante, pour apprendre ce qui se passerait dans l'hôtel dont elle avait parlé.

XXIXe NUIT.

Dinarzade, réveillée avant le jour, adressa ces paroles à la sultane : « Ma sœur, je vous prie de poursuivre l'histoire que vous commençâtes hier. » Scheherazade aussitôt la continua de cette manière :

Pendant que la jeune dame et le porteur attendaient que l'on ouvrît la porte de l'hôtel, le porteur faisait mille réflexions. Il était étonné qu'une dame, faite comme celle qu'il voyait, fît l'office de pourvoyeur : car enfin il jugeait bien que ce n'était pas une esclave : il lui trouvait l'air trop noble pour penser qu'elle ne fût pas libre, et même une personne de distinction. Il lui aurait volontiers fait des questions pour s'éclaircir de sa qualité ; mais dans le temps qu'il se préparait à lui parler, une autre dame, qui vint ouvrir la porte, lui parut si belle, qu'il en demeura tout surpris ; ou plutôt il fut si vivement frappé de l'éclat de ses charmes, qu'il en pensa laisser tomber son panier avec tout ce qui était dedans, tant cet objet le mit hors de lui-même. Il n'avait jamais vu de beauté qui approchât de celle qu'il avait devant les yeux.

La dame qui avait amené le porteur s'aperçut du désordre qui se passait dans son âme, et du sujet qui le causait. Cette découverte la divertit ; et elle prenait tant de plaisir à examiner la contenance du porteur, qu'elle ne songeait pas que la porte était ouverte : « Entrez donc, ma sœur, lui dit la belle portière, qu'attendez-vous ? Ne voyez-vous pas que ce pauvre homme est si chargé, qu'il n'en peut plus ? »

Lorsqu'elle fut entrée avec le porteur, la dame qui avait ouvert la porte la ferma ; et tous trois, après avoir traversé un beau vestibule, passèrent dans une cour très-spacieuse, et environnée d'une galerie à jour, qui communiquait à plusieurs appartements de plain-pied, de la dernière magnificence. Il y avait dans le fond de cette cour un sofa richement garni, avec un trône d'ambre au milieu, soutenu de quatre colonnes d'ébène, enrichies de diamants et de perles d'une grosseur extraordinaire, et garnies d'un satin rouge relevé d'une broderie d'or des Indes, d'un travail admirable. Au milieu de la cour, il y avait un grand bassin bordé de marbre blanc. et plein d'une eau très-claire, qui y tombait abondamment par un mufle de lion de bronze doré.

Le porteur, tout chargé qu'il était, ne laissait pas d'admirer la magnificence de cette maison, et la propreté qui y régnait partout; mais ce qui attira particulièrement son attention fut une troisième dame, qui lui parut encore plus belle que la seconde, et qui était assise sur le trône dont j'ai parlé. Elle en descendit dès qu'elle aperçut les deux premières dames, et s'avança au-devant d'elles. Il jugea par les égards que les autres avaient pour celle-là, que c'était la principale; en quoi il ne se trompait pas. Cette dame se nommait Zobéide; celle qui avait ouvert la porte s'appelait Safie; et Amine était le nom de celle qui avait été aux provisions.

Zobéide dit aux deux dames en les abordant: « Mes sœurs, ne voyez-vous pas que ce bonhomme succombe sous le fardeau qu'il porte? Qu'attendez-vous pour le décharger? » Alors Amine et Safie prirent le panier, l'une par devant, l'autre par derrière. Zobéide y mit aussi la main, et toutes trois le posèrent à terre. Elles commencèrent à le vider; et quand cela fut fait, l'agréable Amine tira de l'argent, paya libéralement le porteur...

Le jour venant à paraître en cet endroit imposa silence à Scheherazade, et laissa non-seulement à Dinarzade, mais encore à Schahriar, un grand desir d'entendre la suite; ce que ce prince remit à la nuit suivante.

XXXE NUIT.

Scheherazade reprit ce conte en ces termes:

Le porteur, très-satisfait de l'argent qu'on lui avait donné, devait prendre son panier et se retirer; mais il ne put s'y résoudre: il se sentait malgré lui arrêter par le plaisir de voir trois beautés si rares, et qui lui paraissaient également charmantes; car Amine avait aussi ôté son voile, et il ne la trouvait pas moins belle que les autres. Ce qu'il ne pouvait comprendre, c'est qu'il ne voyait aucun homme dans cette maison. Néanmoins la plupart des provisions qu'il avait apportées, comme les fruits secs et les différentes sortes de gâteaux et de confitures, ne convenaient proprement qu'à des gens qui voulaient boire et se réjouir.

Zobéide crut d'abord que le porteur s'arrêtait pour prendre hapeine; mais voyant qu'il restait trop long-temps : « Qu'attendez-vous? lui dit-elle; n'êtes-vous pas payé suffisamment? Ma sœur, ajouta-t-elle, en s'adressant à Amine, donnez-lui encore quelque chose: qu'il s'en aille content. — Madame, répondit le porteur, ce n'est pas cela qui me retient; je ne suis que trop payé de ma peine. Je vois bien que j'ai commis une incivilité en demeurant ici plus que je ne devais; mais j'espère que vous aurez la bonté de la pardonner à l'étonnement où je suis de ne voir aucun homme avec trois dames d'une beauté si peu commune. Une compagnie de femmes sans hommes est pourtant une chose aussi triste qu'une compagnie d'hommes sans femmes. » Il ajouta à ce discours plusieurs choses fort plaisantes pour prouver ce qu'il avançait. Il n'oublia pas de citer ce qu'on disait à Bagdad : qu'on n'est pas bien à table, si l'on n'y est quatre; et enfin il finit en concluant que puisqu'elles étaient trois, elles avaient besoin d'un quatrième.

Les dames se prirent à rire du raisonnement du porteur. Après cela, Zobéide lui dit d'un air sérieux : « Mon ami, vous poussez un peu trop loin votre indiscrétion; mais, quoique vous ne méritiez pas que j'entre dans aucun détail avec vous, je veux bien, toutefois, vous dire que nous sommes trois sœurs, qui faisons si secrètement nos affaires, que personne n'en sait rien : nous avons un trop grand sujet de craindre d'en faire part à des indiscrets; et un bon auteur que nous avons lu, dit : « Garde ton secret, et ne le révèle à per-« sonne : qui le révèle n'en est plus maître. Si ton sein ne peut « contenir ton secret, comment le sein de celui à qui tu l'auras « confié pourra-t-il le contenir? »

« Mesdames, reprit le porteur, à votre air seulement, j'ai jugé que vous étiez des personnes d'un mérite très-rare; et je m'aperçois que je ne me suis pas trompé. Quoique la fortune ne m'ait pas donné assez de biens pour m'élever à une profession au-dessus de la mienne, je n'ai pas laissé de cultiver mon esprit autant que je l'ai pu, par la lecture des livres de science et d'histoire; et vous me permettrez, s'il vous plaît, de vous dire que j'ai lu aussi dans un autre auteur une maxime que j'ai toujours heureusement pratiquée : « Nous ne cachons notre secret, dit-il, qu'à des gens reconnus « de tout le monde pour des indiscrets qui abuseraient de notre « confiance; mais nous ne faisons nulle difficulté de le découvrir « aux sages, parce que nous sommes persuadés qu'ils sauront le « garder. » Le secret, chez moi, est dans une aussi grande sûreté que s'il était dans un cabinet dont la clef fût perdue, et la porte bien scellée. »

Zobéide connut que le porteur ne manquait pas d'esprit; mais jugeant qu'il avait envie d'être du régal qu'elles voulaient se donner, elle lui repartit en souriant : « Vous savez que nous nous préparons à nous régaler ; mais vous savez en même temps que nous avons fait une dépense considérable, et il ne serait pas juste que, sans y contribuer, vous fussiez de la partie. » La belle Safie appuya le sentiment de sa sœur : « Mon ami, dit-elle au porteur, n'avez-vous jamais ouï dire ce que l'on dit assez communément : « Si vous apportez quelque chose, vous serez quelque chose avec nous ; si vous « n'apportez rien, retirez-vous avec rien ? »

Le porteur, malgré sa rhétorique, aurait peut-être été obligé de se retirer avec confusion, si Amine, prenant fortement son parti, n'eût dit à Zobéide et à Safie : « Mes chères sœurs, je vous conjure de permettre qu'il demeure avec nous ; il n'est pas besoin de vous dire qu'il nous divertira ; vous voyez bien qu'il en est capable. Je vous assure que sans sa bonne volonté, sa légèreté et son courage à me suivre, je n'aurais pu venir à bout de faire tant d'emplettes en si peu de temps. D'ailleurs, si je vous répétais toutes les douceurs qu'il m'a dites en chemin, vous seriez peu surprises de la protection que je lui donne. »

A ces paroles d'Amine, le porteur, transporté de joie, se laissa tomber sur les genoux, baisa la terre aux pieds de cette charmante personne, et en se relevant : « Mon aimable dame, lui dit-il, vous avez commencé aujourd'hui mon bonheur, vous y mettez le comble par une action si généreuse ; je ne puis assez vous témoigner ma reconnaissance. Au reste, mesdames, ajouta-t-il, en s'adressant aux trois sœurs ensemble, puisque vous me faites un si grand honneur, ne croyez pas que j'en abuse, et que je me considère comme un homme qui le mérite ; non, je me regarderai toujours comme le plus humble de vos esclaves. » En achevant ces mots, il voulut rendre l'argent qu'il avait reçu ; mais la grave Zobéide lui ordonna de le garder : « Ce qui est une fois sorti de nos mains, dit-elle, pour récompenser ceux qui nous ont rendu service, n'y retourne plus.... »

L'aurore qui parut vint en cet endroit imposer silence à Scheherazade.

XXXIE NUIT.

Dinarzade, le lendemain, ne manqua pas d'engager sa sœur à poursuivre le merveilleux conte qu'elle avait commencé. Scheherazade prit alors la parole, et s'adressant au sultan : « Sire, dit-elle, je vais, avec votre permission, contenter la curiosité de ma sœur. »

En même temps elle reprit ainsi l'histoire des trois kalenders[1] :

Zobéide ne voulut donc point reprendre l'argent du porteur : « Mais, mon ami, lui dit-elle, en consentant que vous demeuriez avec nous, je vous avertis que ce n'est pas seulement à condition que vous garderez le secret que nous avons exigé de vous ; nous prétendons encore que vous observiez exactement les règles de la bienséance et de l'honnêteté. » Pendant qu'elle tenait ce discours, la charmante Amine quitta son habillement de ville, attacha sa robe à sa ceinture pour agir avec plus de liberté, et prépara la table : elle servit plusieurs sortes de mets, et mit sur un buffet des bouteilles de vin et des tasses d'or. Après cela, les dames se placèrent, et firent asseoir à leurs côtés le porteur, qui était satisfait, au delà de tout ce qu'on peut dire, de se voir à table avec trois personnes d'une beauté si extraordinaire.

Après les premiers morceaux, Amine, qui s'était placée près du buffet, prit une bouteille et une tasse, se versa à boire, et but la première, suivant la coutume des Arabes. Elle versa ensuite à ses sœurs, qui burent l'une après l'autre ; puis remplissant pour la quatrième fois la même tasse, elle la présenta au porteur, lequel, en la recevant, baisa la main d'Amine, et chanta, avant que de boire, une chanson, dont le sens était que, comme le vent emporte avec lui la bonne odeur des lieux parfumés par où il passe, de même le vin qu'il allait boire, venant de sa main, en recevait un goût plus exquis que celui qu'il avait naturellement. Cette chanson réjouit les dames, qui chantèrent à leur tour. Enfin, la compagnie fut de très-bonne humeur pendant le repas, qui dura fort long-temps, et fut accompagné de tout ce qui pouvait le rendre agréable.

Le jour allait bientôt finir, lorsque Safie, prenant la parole au nom des trois dames, dit au porteur : « Levez-vous, partez : il est temps de vous retirer. » Le porteur, ne pouvant se résoudre à les quitter,

[1] Religieux mahométans, ainsi appelés du nom de leur fondateur, Kalenderi. Ses disciples le représentent comme un excellent médecin et un savant philosophe, qui possédait des vertus surnaturelles, par le moyen desquelles il faisait des miracles. Il allait la tête nue et le corps plein de plaies ; il n'avait point de chemise, ni d'autre habit que la peau d'une bête sauvage sur les épaules. Il avait à la ceinture quelques pierres bien polies, et à ses bras des pierres fausses qui jetaient beaucoup d'éclat. Ses disciples aiment la joie et le plaisir ; ils vivent sans souci, sans embarras d'esprit, et disent d'ordinaire entre eux : « Aujourd'hui est à nous ; demain est à lui : qui sait s'il « en jouira ? » D'après cette maxime, ils passent tout leur temps à manger et à boire. Quand ils sont chez des personnes riches, ils cherchent à se rendre agréables par leurs contes et leurs plaisanteries, afin qu'on leur fasse faire bonne chère. La plupart sont des vagabonds, qui croient la taverne aussi sainte que la mosquée. Ils portent une coiffure d'une forme particulière.

répondit : « Eh ! mesdames, où me commandez-vous d'aller en l'état où je me trouve ? Je suis hors de moi-même, à force de vous voir et de boire : je ne retrouverais jamais le chemin de ma maison. Donnez-moi la nuit pour me reconnaître ; je la passerai où il vous plaira ; mais il ne me faut pas moins de temps pour me remettre dans le même état où j'étais, lorsque je suis entré chez vous ; avec cela, je doute encore si je n'y laisserai pas la meilleure partie de moi-même. »

Amine prit une seconde fois le parti du porteur : « Mes sœurs, dit-elle, il a raison : je lui sais bon gré de la demande qu'il nous fait. Il nous a assez bien diverties ; si vous voulez m'en croire, ou plutôt si vous m'aimez autant que j'en suis persuadée, nous le retiendrons pour passer la soirée avec nous. — Ma sœur, dit Zobéide, nous ne pouvons rien refuser à votre prière. Porteur, continua-t-elle en s'adressant à lui, nous voulons bien encore vous faire cette grâce ; mais nous y mettons une nouvelle condition. Quoi que nous puissions faire en votre présence, par rapport à nous ou à autre chose, gardez-vous bien d'ouvrir seulement la bouche pour nous en demander la raison : car en nous faisant des questions sur des choses qui ne vous regardent nullement, vous pourriez entendre ce qui ne vous plairait pas. Prenez-y garde, et ne vous avisez pas d'être trop curieux, en voulant approfondir les motifs de nos actions.

— Madame, repartit le porteur, je vous promets d'observer cette condition avec tant d'exactitude, que vous n'aurez pas lieu de me reprocher d'y avoir contrevenu, et encore moins de punir mon indiscrétion. Ma langue, en cette occasion, sera immobile, et mes yeux seront comme un miroir, qui ne conserve rien des objets qu'il a reçus. — Pour vous faire voir, reprit Zobéide d'un air très-sérieux, que ce que nous vous demandons n'est pas nouvellement établi parmi nous, levez-vous, et allez lire ce qui est écrit au-dessus de notre porte en dedans. »

Le porteur alla jusque-là, et y lut ces mots qui étaient écrits en gros caractères d'or : « Qui parle des choses qui ne le regardent « point, entend ce qui ne lui plaît pas. » Il revint ensuite trouver les trois sœurs : « Mesdames, leur dit-il, je vous jure que vous ne m'entendrez parler d'aucune chose qui ne me regardera pas, et où vous puissiez avoir intérêt. »

Cette convention faite, Amine apporta le souper ; et quand elle eut éclairé la salle d'un grand nombre de bougies préparées avec le bois d'aloès et l'ambre gris, qui répandirent une odeur agréable et firent une belle illumination, elle s'assit à table avec ses sœurs et le porteur. Ils recommencèrent à manger, à boire, à chanter et à réciter des vers. Les dames prenaient plaisir à enivrer le porteur, sous prétexte de le faire boire à leur santé. Les bons mots ne furent point épargnés. Enfin, ils étaient tous de la meilleure humeur du monde, lorsqu'ils entendirent frapper à la porte....

Scheherazade fut obligée, en cet endroit, d'interrompre son récit, parce qu'elle vit paraître le jour. Le sultan, ne doutant point que la suite de cette histoire ne méritât d'être entendue, la remit au lendemain, et se leva.

XXXIIE NUIT.

Dès que les dames, poursuivit Scheherazade, entendirent frapper à la porte, elles se levèrent toutes trois en même temps pour aller ouvrir; mais Safie, à qui cette fonction appartenait particulièrement, fut la plus diligente; les deux autres, se voyant prévenues, demeurèrent, et attendirent qu'elle vînt leur apprendre qui pouvait avoir affaire chez elles si tard. Safie revint : « Mes sœurs, dit-elle, il se présente une belle occasion de passer une bonne partie de la nuit fort agréablement; et si vous êtes du même sentiment que moi, nous ne la laisserons point échapper. Il y a à notre porte trois kalenders; au moins ils me paraissent tels à leur habillement; mais ce qui va sans doute vous surprendre, ils sont tous trois borgnes de l'œil droit, et ont la tête, la barbe et les sourcils ras. Ils ne font, disent-ils, que d'arriver tout présentement à Bagdad, où ils ne sont jamais venus; et comme il est nuit, et qu'ils ne savent ou aller loger, ils ont frappé par hasard à notre porte, et ils nous prient, pour l'amour de Dieu, d'avoir la charité de les recevoir. Ils se mettent peu en peine du lieu que nous voudrons leur donner, pourvu qu'ils soient à couvert : ils se contenteront d'une écurie. Ils sont jeunes et assez bien faits; ils paraissent même avoir beaucoup d'esprit; mais je ne puis penser, sans rire, à leur figure plaisante et uniforme. » En cet endroit, Safie s'interrompit elle-même, et se mit à rire de si bon cœur, que les deux autres dames et le porteur ne purent s'empêcher de rire aussi : « Mes bonnes sœurs, reprit-elle, ne voulez-vous pas bien que nous les fassions entrer? Il est impossible qu'avec des gens tels que je viens de vous les dépeindre, nous n'achevions la journée encore mieux que nous ne l'avons commencée. Ils nous divertiront fort, et ne nous seront point à charge, puisqu'ils ne nous demandent une retraite que pour cette nuit seulement, et que leur intention est de nous quitter d'abord qu'il sera jour. »

Zobéide et Amine firent difficulté d'accorder à Safie ce qu'elle demandait, et elle en savait bien la raison elle-même; mais elle leur témoigna une si grande envie d'obtenir d'elles cette faveur, qu'elles ne purent la lui refuser : « Allez, lui dit Zobéide, faites-les donc entrer; mais n'oubliez pas de les avertir de ne point parler de ce qui ne les regardera pas, et de leur faire lire ce qui est écrit au-dessus de la porte. » A ces mots, Safie courut ouvrir avec joie; et peu de temps après, elle revint accompagnée des trois kalenders.

Les trois kalenders firent en entrant une profonde révérence aux dames, qui s'étaient levées pour les recevoir, et qui leur dirent obligeamment qu'ils étaient les bienvenus; qu'elles étaient bien aises de trouver l'occasion de les obliger et de contribuer à les remettre de la fatigue de leur voyage; et enfin elles les invitèrent à s'asseoir auprès d'elles. La magnificence du lieu et l'honnêteté des dames firent concevoir aux kalenders une haute idée de ces belles hôtesses; mais avant que de prendre place, ayant par hasard jeté les yeux sur le porteur, et le voyant habillé à peu près comme d'autres kalenders, avec lesquels ils étaient en différend sur plusieurs points de discipline, et qui ne se rasaient pas la barbe et les sourcils, un d'entre eux prit la parole : « Voilà, dit-il, apparemment un de nos frères arabes les révoltés. »

Le porteur, à moitié endormi et la tête échauffée du vin qu'il avait bu, se trouva choqué de ces paroles; et sans se lever de sa place, il répondit aux kalenders, en les regardant fièrement : « Asseyez-vous, et ne vous mêlez pas de ce que vous n'avez que faire. N'avez-vous pas lu au-dessus de la porte l'inscription qui y est? Ne prétendez pas obliger le monde à vivre à votre mode; vivez à la nôtre. »

— Bonhomme, reprit le kalender qui avait parlé, ne vous mettez point en colère; nous serions bien fâchés de vous en avoir donné le moindre sujet, et nous sommes, au contraire, prêts à recevoir vos commandements. » La querelle aurait pu avoir des suites; mais les dames s'en mêlèrent, et pacifièrent toutes choses.

Quand les kalenders se furent assis à table, les dames leur servirent à manger, et l'enjouée Safie particulièrement prit soin de leur verser à boire...

Scheherazade s'arrêta en cet endroit, parce qu'elle remarqua qu'il était jour. Le sultan se leva pour aller remplir ses devoirs, se promettant bien d'entendre la suite de ce conte le lendemain; car il avait grande envie d'apprendre pourquoi les kalenders étaient borgnes, et tous trois du même œil.

XXXIIIe NUIT.

Une heure avant le jour, Scheherazade continua de cette manière à raconter ce qui se passa entre les dames et les kalenders :

Après que les kalenders eurent bu et mangé à discrétion, ils témoignèrent aux dames qu'ils se feraient un grand plaisir de leur donner un concert, si elles avaient des instruments, et qu'elles voulussent leur en faire apporter. Elles acceptèrent l'offre avec joie. La belle Safie se leva pour en aller chercher. Elle revint un moment après, et leur présenta une flûte du pays, une flûte persane et un tambour de basque. Chaque kalender reçut de sa main l'instrument qu'il voulut choisir, et ils commencèrent tous trois à jouer un air. Les dames, qui savaient des paroles sur cet air qui était des plus gais, l'accompagnèrent de leur voix ; mais elles s'interrompaient de temps en temps par de grands éclats de rire que leur faisaient faire les paroles. Au plus fort de ce divertissement, et lorsque la compagnie était le plus en joie, on frappa à la porte : Safie cessa de chanter, et alla voir ce que c'était.

Mais, sire, dit en cet endroit Scheherazade au sultan, il est bon que votre majesté sache pourquoi l'on frappait si tard à la porte des dames ; en voici la raison. Le kalife Haroun Alraschid avait coutume de marcher très-souvent la nuit incognito, pour savoir par lui-même si tout était tranquille dans la ville, et s'il ne s'y commettait pas de désordre.

Cette nuit-là le kalife était sorti de bonne heure, accompagné de Giafar[1], son grand vizir, et de Mesrour, chef des eunuques de son palais, tous trois déguisés en marchands. En passant par la rue des trois dames, ce prince, entendant le son des instruments et des voix, et le bruit des éclats de rire, dit au vizir : « Allez, frappez à la porte de cette maison où l'on fait tant de bruit ; je veux y entrer et en apprendre la cause. » Le vizir eut beau lui représenter que c'étaient des femmes qui régalaient ce soir-là ; que le vin apparemment leur avait échauffé la tête, et qu'il ne devait pas s'exposer à recevoir d'elles quelque insulte ; qu'il n'était pas encore heure indue, et qu'il ne fallait pas troubler leur

[1] Giafar le Barmecide. Haroun Alraschid lui donna en mariage sa sœur Abassa, à condition qu'ils ne goûteraient pas les plaisirs de l'amour. L'ordre fut bientôt oublié. Ils eurent un fils, qu'ils envoyèrent secrètement élever à la Mekke. Le kalife en ayant eu connaissance, Giafar perdit la faveur de son maître, et peu après la vie ; et Abassa, chassée du palais, fut réduite à l'état le plus misérable.

divertissement : « Il n'importe, repartit le kalife ; frappez, je vous l'ordonne. »

C'était donc le grand vizir Giafar qui avait frappé à la porte des dames, par ordre du kalife qui ne voulait pas être connu. Safie ouvrit, et le vizir remarquant, à la clarté d'une bougie qu'elle tenait, que c'était une dame d'une grande beauté, joua parfaitement bien son personnage. Il lui fit une profonde révérence, et lui dit d'un air respectueux : « Madame, nous sommes trois marchands de Moussoul, arrivés depuis environ dix jours, avec de riches marchandises que nous avons en magasin dans un khan[1] où nous avons pris logement. Nous avons été aujourd'hui chez un marchand de cette ville, qui nous avait invités à l'aller voir. Il nous a régalés d'une collation ; et comme le vin nous avait mis de belle humeur, il a fait venir une troupe de danseuses. Il était déjà nuit ; et dans le temps que l'on jouait des instruments, que les danseuses dansaient, et que la compagnie faisait grand bruit, le guet a passé et s'est fait ouvrir. Quelques-uns de la compagnie ont été arrêtés. Pour nous, nous avons été assez heureux pour nous sauver par-dessus une muraille ; mais, ajouta le vizir, comme nous sommes étrangers, et avec cela un peu pris de vin, nous craignons de rencontrer une autre escouade de guet, ou la même, avant que d'arriver à notre khan, qui est éloigné d'ici. Nous y arriverions même inutilement : car la porte est fermée, et ne sera ouverte que demain matin, quelque chose qui puisse arriver : c'est pourquoi, madame, ayant ouï en passant des instruments et des voix, nous avons jugé que l'on n'était pas encore retiré chez vous, et nous avons pris la liberté de frapper, pour vous supplier de nous donner retraite jusqu'au jour. Si nous vous paraissons dignes de prendre part à votre divertissement, nous tâcherons d'y contribuer en ce que nous pourrons, pour réparer l'interruption que nous y avons causée : sinon, faites-nous seulement la grâce de souffrir que nous passions la nuit à couvert sous votre vestibule. »

Pendant ce discours de Giafar, la belle Safie eut le temps d'examiner le vizir et les deux personnes qu'il disait marchands comme lui ; et jugeant à leur physionomie que ce n'étaient pas des gens du commun, elle leur dit qu'elle n'était pas la maîtresse, mais que s'ils voulaient se donner un moment de patience, elle reviendrait leur apporter la réponse.

Safie alla faire ce rapport à ses sœurs, qui balancèrent quelque

[1] Khan ou caravanserai : bâtiment qui, dans l'Orient, sert de magasin ou d'auberge pour les marchands ; les caravanes y sont reçues gratuitement ou pour un prix modique.

temps sur le parti qu'elles devaient prendre. Mais elles étaient naturellement bienfaisantes; et elles avaient déjà fait la même grâce aux trois kalenders. Ainsi, elles résolurent de les laisser entrer....

Scheherazade se préparait à poursuivre son conte; mais s'étant aperçue qu'il était jour, elle interrompit là son récit. La qualité des nouveaux acteurs que la sultane venait d'introduire sur la scène piquant la curiosité de Schahriar, et le laissant dans l'attente de quelque événement singulier, ce prince attendit la nuit suivante avec impatience.

XXXIVe NUIT.

Le kalife, son grand vizir, et le chef de ses eunuques, dit la sultane, ayant été introduits par la belle Safie, saluèrent les dames et les kalenders avec beaucoup de civilité. Les dames les reçurent de même, les croyant marchands; et Zobéide, comme la principale, leur dit d'un air grave et sérieux qui lui convenait : « Vous êtes les bienvenus; mais, avant toutes choses, ne trouvez pas mauvais que nous vous demandions une grâce. — Hé! quelle grâce, madame, répondit le vizir? Peut-on refuser quelque chose à de si belles dames! — C'est, reprit Zobéide, de n'avoir que des yeux et point de langue, de ne nous pas faire de questions sur quoi que vous puissiez voir, pour en apprendre la cause, et de ne point parler de ce qui ne vous regarde pas, de crainte que vous n'entendiez ce qui ne vous serait point agréable. — Vous serez obéie, madame, reprit le vizir. Nous ne sommes ni censeurs, ni curieux indiscrets : c'est bien assez que nous ayons attention à ce qui nous regarde, sans nous mêler de ce qui ne nous regarde pas. » A ces mots, chacun s'assit, la conversation se lia, et l'on recommença à boire en faveur des nouveaux venus.

Pendant que le vizir Giafar entretenait les dames, le kalife ne pouvait cesser d'admirer leur beauté extraordinaire, leur bonne grâce, leur humeur enjouée et leur esprit. D'un autre côté, rien ne lui paraissait plus surprenant que les kalenders, tous trois borgnes de l'œil droit. Il se serait volontiers informé de cette singularité; mais la condition qu'on venait d'imposer à lui et à sa compagnie, l'empêcha d'en parler. Avec cela, quand il faisait réflexion à la richesse des meubles, à leur arrangement bien entendu, et à la propreté de cette maison, il ne pouvait se persuader qu'il n'y eût pas de l'enchantement.

L'entretien étant tombé sur les divertissements et les différentes manières de se réjouir, les kalenders se levèrent et exécutèrent à leur mode une danse, qui augmenta la bonne opinion que les dames avaient déjà conçue d'eux, et qui leur attira l'estime du kalife et de sa compagnie.

Quand les trois kalenders eurent achevé leur danse, Zobéide se leva, et prenant Amine par la main : « Ma sœur, lui dit-elle, levez-vous ; la compagnie ne trouvera pas mauvais que nous ne nous contraignions point ; et leur présence n'empêchera pas que nous ne fassions ce que nous avons coutume de faire. » Amine, qui comprit ce que sa sœur voulait dire, se leva et emporta les plats, la table, les flacons, les tasses et les instruments dont les kalenders avaient joué.

Safie ne demeura pas à rien faire ; elle balaya la salle, mit à sa place tout ce qui était dérangé, moucha les bougies, et y appliqua d'autre bois d'aloès et d'autre ambre gris. Cela étant fait, elle pria les trois kalenders de s'asseoir sur le sofa d'un côté, et le kalife de l'autre avec sa compagnie. A l'égard du porteur, elle lui dit : « Levez-vous et vous préparez à nous prêter la main à ce que nous allons faire ; un homme tel que vous, qui est comme de la maison, ne doit pas demeurer dans l'inaction. »

Le porteur avait un peu cuvé son vin ; il se leva promptement, et après avoir attaché le bas de sa robe à sa ceinture : « Me voilà prêt, dit-il ; que faut-il faire ? — Cela va bien, répondit Safie, attendez que l'on vous parle ; vous ne serez pas long-temps les bras croisés. » Peu de temps après, on vit paraître Amine avec un siége, qu'elle posa au milieu de la salle. Elle alla ensuite à la porte d'un cabinet, et l'ayant ouverte, elle fit signe au porteur de s'approcher : « Venez, lui dit-elle, et m'aidez. » Il obéit ; et y étant entré avec elle, il en sortit un moment après suivi de deux chiennes noires, dont chacune avait un collier attaché à une chaîne qu'il tenait, et qui paraissaient avoir été maltraitées à coups de fouet. Il s'avança avec elles au milieu de la salle.

Alors Zobéide, qui s'était assise entre les kalenders et le kalife, se leva et marcha gravement jusqu'où était le porteur : « Çà, dit-elle en poussant un grand soupir, faisons notre devoir. » Elle se retroussa les bras jusqu'au coude, et après avoir pris un fouet que Safie lui présenta : « Porteur, dit-elle, remettez une de ces deux chiennes à ma sœur Amine, et approchez-vous de moi avec l'autre. »

Le porteur fit ce qu'on lui commandait ; et quand il se fut approché de Zobéide, la chienne qu'il tenait commença à faire des cris, et se tourna vers Zobéide en levant la tête d'une manière suppliante. Mais Zobéide, sans avoir égard à la triste contenance de la chienne qui faisait pitié, ni à ses cris qui remplissaient toute la maison, lui donna des coups de fouet à perte d'haleine; et lorsqu'elle n'eut plus la force de lui en donner davantage, elle jeta le fouet par terre; puis prenant la chaîne de la main du porteur, elle leva la chienne par les pattes; et se mettant toutes deux à se regarder d'un air triste et touchant, elles pleurèrent l'une et l'autre. Enfin, Zobéide tira son mouchoir, essuya les larmes de la chienne, la baisa; et remettant la chaîne au porteur : « Allez, lui dit-elle, remenez-la où vous l'avez prise, et amenez-moi l'autre. »

Le porteur remena la chienne fouettée au cabinet; et en revenant, il prit l'autre des mains d'Amine, et l'alla présenter à Zobéide qui l'attendait : « Tenez-la comme la première » lui dit-elle. Puis, ayant repris le fouet, elle la maltraita de la même manière. Elle pleura ensuite avec elle, essuya ses pleurs, la baisa, et la remit au porteur, à qui l'agréable Amine épargna la peine de la remener au cabinet; car elle s'en chargea elle-même.

Cependant les trois kalenders, le kalife et sa compagnie furent extraordinairement étonnés de cette exécution. Ils ne pouvaient comprendre comment Zobéide, après avoir fouetté avec tant de force les deux chiennes, animaux immondes, selon la religion musulmane, pleurait ensuite avec elles, leur essuyait les larmes, et les baisait. Ils en murmurèrent en eux-mêmes. Le kalife surtout, plus impatient que les autres, mourait d'envie de savoir le sujet d'une action qui paraissait si étrange, et ne cessait de faire signe au vizir de parler pour s'en informer. Mais le vizir tournait la tête d'un autre côté, jusqu'à ce que, pressé par des signes si souvent réitérés, il répondit par d'autres signes que ce n'était pas le temps de satisfaire sa curiosité.

Zobéide demeura quelque temps à la même place au milieu de la salle, comme pour se remettre de la fatigue qu'elle venait de se donner en fouettant les deux chiennes : « Ma chère sœur, lui dit la belle Safie, ne vous plaît-il pas de retourner à votre place, afin qu'à mon tour je fasse aussi mon personnage? — Oui, » répondit Zobéide. En disant cela, elle alla s'asseoir sur le sofa, ayant à sa droite le kalife, Giafar et Mesrour, et à sa gauche, les trois kalenders et le porteur.....

Sire, dit en cet endroit Scheherazade, ce que votre majesté vient d'entendre doit sans doute lui paraître merveilleux; mais ce qui reste à raconter l'est encore bien davantage. Je suis persuadée que vous en conviendrez la nuit prochaine, si vous voulez bien me permettre de vous achever cette histoire. Le sultan y consentit, et se leva, parce qu'il était jour.

XXXVe NUIT.

La sultane ne fut pas plus tôt éveillée, qu'elle parla aussitôt de cette sorte, en adressant la parole au sultan :

Sire, après que Zobéide eut repris sa place, toute la compagnie garda quelque temps le silence. Enfin, Safie, qui s'était assise sur le siége au milieu de la salle, dit à sa sœur Amine : « Ma chère sœur, levez-vous, je vous en conjure; vous comprenez bien ce que je veux dire. » Amine se leva, et alla dans un autre cabinet que celui d'où les deux chiennes avaient été amenées. Elle en revint, tenant un étui garni de satin jaune, relevé d'une riche broderie d'or et de soie verte. Elle s'approcha de Safie, et ouvrit l'étui, d'où elle tira un luth qu'elle lui présenta. Elle le prit; et après avoir mis quelque temps à l'accorder, elle commença à le toucher; et, l'accompagnant de sa voix, elle chanta une chanson sur les tourments de l'absence, avec tant d'agrément, que le kalife et tous les autres en furent charmés. Lorsqu'elle eut achevé, comme elle avait chanté avec beaucoup de passion et d'action en même temps : « Tenez, ma sœur, dit-elle à l'agréable Amine, je n'en puis plus, et la voix me manque; obligez la compagnie, en jouant et en chantant à ma place. — Très-volontiers, » répondit Amine, en s'approchant de Safie, qui lui remit le luth entre les mains, et lui céda sa place.

Amine ayant un peu préludé, pour voir si l'instrument était d'accord, joua et chanta presque aussi long-temps sur le même sujet, mais avec tant de véhémence, et elle était si touchée, ou, pour mieux dire, si pénétrée du sens des paroles qu'elle chantait, que les forces lui manquèrent en achevant.

Zobéide voulut lui marquer sa satisfaction : « Ma sœur, dit-elle, vous avez fait des merveilles : on voit bien que vous sentez le mal que vous exprimez si vivement. » Amine n'eut pas le temps de répondre à cette honnêteté; elle se sentit le cœur si pressé en ce moment, qu'elle ne songea qu'à se donner de l'air, en laissant voir à toute la compagnie une gorge et un sein, non pas blanc, tel qu'une dame comme Amine devait l'avoir, mais tout meurtri de cicatrices; ce qui fit une espèce d'horreur aux spectateurs. Néanmoins cela ne lui donna pas de soulagement, et ne l'empêcha pas de s'évanouir.....

Mais, sire, dit Scheherazade, je ne m'aperçois pas que voilà le jour. A ces mots, elle cessa de parler, et le sultan se leva.

XXXVIᴱ NUIT.

Dinarzade, suivant sa coutume, supplia sa sœur de continuer l'histoire des dames et des kalenders. Scheherazade la reprit ainsi :

Pendant que Zobéide et Safie coururent au secours de leur sœur, un des kalenders ne put s'empêcher de dire : « Nous aurions mieux aimé coucher à l'air que d'entrer ici, si nous avions cru y voir de pareils spectacles. » Le kalife, qui l'entendit, s'approcha de lui et des autres kalenders, et s'adressant à eux : « Que signifie tout ceci ? » dit-il. Celui qui venait de parler lui répondit : « Seigneur, nous ne le savons pas plus que vous. — Quoi, reprit le kalife, vous n'êtes pas de la maison ? Vous ne pouvez rien nous apprendre de ces deux chiennes noires, et de cette dame évanouie et si indignement maltraitée ? — Eh ! seigneur, repartirent les kalenders, de notre vie nous ne sommes venus en cette maison, et nous n'y sommes entrés que quelques moments avant vous. »

Cela augmenta l'étonnement du kalife : « Peut-être, répliqua-t-il, que cet homme qui est avec vous en sait quelque chose. » L'un des kalenders fit signe au porteur de s'approcher, et lui demanda s'il ne savait pas pourquoi les chiennes noires avaient été fouettées, et pourquoi le sein d'Amine paraissait meurtri : « Seigneur, répondit le porteur, je puis jurer par le grand Dieu vivant que si vous ne savez rien de tout cela, nous n'en savons pas plus les uns que les autres. Il est bien vrai que je suis de cette ville, mais je ne suis jamais entré qu'aujourd'hui dans cette maison ; et si vous êtes surpris de m'y voir, je ne le suis pas moins de m'y trouver en votre compagnie. Ce qui redouble ma surprise, ajouta-t-il, c'est de ne voir ici aucun homme avec ces dames. »

Le kalife, sa compagnie et les kalenders avaient cru que le porteur était du logis, et qu'il pourrait les informer de ce qu'ils désiraient savoir. Le kalife, résolu de satisfaire sa curiosité à quelque prix que ce fût, dit aux autres : « Écoutez, puisque nous voilà sept hommes, et que nous n'avons affaire qu'à trois dames, obligeons-les à nous donner les éclaircissements que nous souhaitons. Si elles refusent de nous les donner de bon gré, nous sommes en état de les y contraindre. »

Le grand vizir Giafar s'opposa à cet avis, et en fit voir les conséquences au kalife, sans, toutefois, faire connaître ce prince aux kalenders ; et lui adressant la parole, comme s'il eût été marchand : « Seigneur, dit-il, considérez, je vous prie, que nous avons notre réputation à conserver. Vous savez à quelle condition ces dames ont bien voulu nous recevoir chez elles : nous l'avons acceptée. Que dirait-on de nous si nous y contrevenions? Nous serions encore plus blâmables s'il nous arrivait quelque malheur : il n'y a pas d'apparence qu'elles aient exigé de nous cette promesse, sans être en état de nous faire repentir si nous ne la tenons pas. »

En cet endroit, le vizir tira le kalife à part, et lui parlant tout bas : « Seigneur, poursuivit-il, la nuit ne durera pas encore long-temps; que votre majesté se donne un peu de patience : je viendrai prendre ces dames demain matin; je les amènerai devant votre trône, et vous apprendrez d'elles tout ce que vous voulez savoir. » Quoique ce conseil fût très-judicieux, le kalife le rejeta, imposa silence au vizir, en lui disant qu'il ne pouvait attendre si long-temps, et qu'il prétendait avoir à l'heure même l'éclaircissement qu'il désirait.

Il ne s'agissait plus que de savoir qui porterait la parole. Le kalife tâcha d'engager les kalenders à parler les premiers ; mais ils s'en excusèrent. A la fin, ils convinrent tous ensemble que ce serait le porteur. Il se préparait à faire la question fatale, lorsque Zobéide, après avoir secouru Amine, qui était revenue de son évanouissement, s'approcha d'eux. Comme elle les avait ouïs parler haut et avec chaleur, elle leur dit : « Seigneurs, de quoi parlez-vous? Quelle est votre contestation ? »

Le porteur prit alors la parole : « Madame, lui dit-il, ces seigneurs vous supplient de vouloir bien leur expliquer pourquoi, après avoir maltraité vos deux chiennes, vous avez pleuré avec elles, et d'où vient que la dame qui s'est évanouie a le sein couvert de cicatrices? C'est, madame, ce que je suis chargé de vous demander de leur part. »

Zobéide, à ces mots, prit un air fier ; et se tournant du côté du kalife, de sa compagnie et des kalenders : « Est-il vrai, seigneurs, leur dit-elle, que vous l'avez chargé de me faire cette demande? » Ils répondirent que oui, excepté le vizir Giafar, qui ne dit mot. Sur cet aveu, elle leur dit d'un ton qui marquait combien elle se tenait offensée : « Avant que de vous accorder la grâce que vous nous avez demandée de vous recevoir, afin de prévenir tout sujet d'être mécontentes de vous, parce que nous sommes seules, nous l'avons fait sous la condition que nous vous avons imposée, de ne pas parler de ce qui ne vous regarderait point, de peur d'entendre ce qui ne vous plairait pas. Après vous avoir reçus et régalés du mieux qu'il nous a été possible, vous ne laissez pas, toutefois, de manquer de parole. Il est vrai que cela arrive par la facilité que nous avons eue; mais c'est ce qui ne vous excuse point, et votre procédé n'est pas honnête. » En achevant ces paroles, elle frappa fortement des pieds et des mains par trois fois, et cria : « Venez vite ! » Aussitôt une porte s'ouvrit, et sept esclaves noirs, puissants et robustes, entrèrent le sabre à la main, se saisirent chacun des sept hommes de la compagnie, les jetèrent par terre, les traînèrent au milieu de la salle, et se préparèrent à leur couper la tête.

Il est aisé de se représenter quelle fut la frayeur du kalife. Il se repentit alors, mais trop tard, de n'avoir pas voulu suivre le conseil de son vizir. Cependant, ce malheureux prince, Giafar, Mesrour, le porteur et les kalenders étaient prêts à payer de leur vie leur indiscrète curiosité; mais avant qu'ils reçussent le coup de la mort, un des esclaves dit à Zobéide et à ses sœurs : « Hautes, puissantes et respectables maîtresses, nous commandez-vous de leur couper le cou? — Attendez, lui répondit Zobéide, il faut que je les interroge auparavant. — Madame, interrompit le porteur effrayé, au nom de Dieu, ne me faites pas mourir pour le crime d'autrui. Je suis innocent : ce sont eux qui sont les coupables. Hélas ! continua-t-il en pleurant, nous passions le temps si agréablement ! Ces kalenders borgnes sont la cause de ce malheur : il n'y a pas de ville qui ne tombe en ruine devant des gens de si mauvais augure. Madame, je vous supplie de ne pas confondre le premier avec le dernier; songez qu'il est plus beau de pardonner à un misérable comme moi, dépourvu de tout secours, que de l'accabler de votre pouvoir, et de le sacrifier à votre ressentiment. »

Zobéide, malgré sa colère, ne put s'empêcher de rire en elle-même des lamentations du porteur. Mais sans s'arrêter à lui, elle adressa la parole aux autres une seconde fois : « Répondez-moi, dit-elle, et m'apprenez qui vous êtes; autrement vous n'avez plus qu'un moment à vivre. Je ne puis croire que vous soyez d'honnêtes gens, ni des personnes d'autorité ou de distinction dans votre pays, quel qu'il puisse être. Si cela était, vous auriez eu plus de retenue et plus d'égards pour nous. »

Le kalife, impatient de son naturel, souffrait infiniment plus que les autres de voir que sa vie dépendait du commandement d'une dame offensée et justement irritée; mais il commença à concevoir quelque espérance, quand il vit qu'elle voulait savoir qui ils étaient tous : car il s'imagina qu'elle ne lui ferait pas ôter la vie, lorsqu'elle serait informée de son rang : c'est pourquoi il dit tout bas au vizir, qui était près de lui, de déclarer promptement qui il était. Mais le vizir, prudent et sage, désirait sauver l'honneur de son maître, et ne voulant pas rendre public le grand affront qu'il s'était attiré lui-même, il répondit seulement : « Nous n'avons que ce que nous méritons. » Mais quand, pour obéir au kalife, il aurait voulu parler, Zobéide ne lui en aurait pas donné le temps. Elle s'était déjà adressée aux kalenders, et les voyant tous trois borgnes, elle leur demanda s'ils étaient frères. Un d'entre eux lui répondit pour les autres : « Non, madame, nous ne sommes pas frères par le sang; nous ne le sommes qu'en qualité de kalenders, c'est-à-dire, en observant le même genre de vie. — Vous, reprit-elle en parlant à un seul en particulier, êtes-vous borgne de naissance? — Non, madame, répondit-il, je le suis par une aventure si surprenante qu'il n'y a personne qui n'en profitât, si elle était écrite. Après ce malheur je me fis raser la barbe et les sourcils, et me fis kalender, en prenant l'habit que je porte. »

Zobéide fit la même question aux deux autres kalenders qui lui firent la même réponse que le premier. Mais le dernier qui parla, ajouta : « Pour vous faire connaître, madame, que nous ne sommes pas des personnes du commun, et afin que vous ayez quelque considération pour nous, apprenez que nous sommes tous trois fils de rois. Quoique nous ne nous soyons jamais vus que ce soir, nous avons eu, toutefois, le temps de nous faire connaître les uns aux autres pour ce que nous sommes; et j'ose vous assurer que les rois de qui nous tenons le jour ont fait quelque bruit dans le monde. »

A ce discours, Zobéide modéra son courroux, et dit aux esclaves : « Donnez-leur un peu de liberté; mais demeurez ici. Ceux qui nous raconteront leur histoire, et le sujet qui les a amenés dans cette maison, ne leur faites point de mal : laissez-les aller où il leur plaira; mais n'épargnez pas ceux qui refuseront de nous donner cette satisfaction..... »

A ces mots, Scheherazade se tut; et son silence, aussi bien que le jour qui paraissait, fit connaître à Schahriar qu'il était temps qu'il se levât; ce prince sortit, résolu d'entendre le lendemain Scheherazade, parce qu'il souhaitait de savoir qui étaient les trois kalenders borgnes.

XXXVIIE NUIT.

Sire, continua la sultane, les trois kalenders, le kalife, le grand vizir Giafar, l'eunuque Mesrour et le porteur étaient tous au milieu de la salle, assis sur le tapis de pied, en présence des trois dames, qui étaient sur le sofa, et des esclaves prêts à exécuter tous les ordres qu'elles voudraient leur donner.

Le porteur ayant compris qu'il ne s'agissait que de raconter son histoire pour se délivrer d'un si grand danger, prit la parole le premier, et dit : « Madame, vous connaissez déjà quel est le sujet qui m'a amené chez vous. Ainsi, ce que j'ai à vous raconter sera bientôt achevé. Madame votre sœur, que voilà, m'a pris ce matin à la place, où, en qualité de porteur, j'attendais que quelqu'un m'employât et me fît gagner ma vie. Je l'ai suivie chez un marchand de vin, chez un vendeur d'herbes, chez un vendeur d'oranges, de limons et de citrons; puis chez un vendeur d'amandes, de noix, de noisettes et d'autres fruits; ensuite chez un confiseur et chez un droguiste; de chez le droguiste, mon panier sur la tête et chargé autant que je le pouvais être, je suis venu jusque chez vous, où vous avez eu la bonté de me souffrir jusqu'à présent : c'est une grâce dont je me souviendrai éternellement. Voilà mon histoire. »

Quand le porteur eut achevé, Zobéide, satisfaite, lui dit : « Sauve-toi, marche, que nous ne te voyions plus. — Madame, reprit le porteur, je vous supplie de me permettre encore de demeurer. Il ne serait pas juste qu'après avoir donné aux autres le plaisir d'entendre mon histoire, je n'eusse pas aussi celui d'écouter la leur. » En disant cela, il prit place sur un bout du sofa, fort joyeux de se voir hors d'un péril qui l'avait tant alarmé. Après lui, un des trois kalenders prenant la parole, et s'adressant à Zobéide, comme à la principale des trois dames, et comme à celle qui lui avait commandé de parler, commença ainsi son histoire :

HISTOIRE

DU PREMIER KALENDER, FILS DE ROI.

ADAME, pour vous apprendre pourquoi j'ai perdu mon œil droit, et la raison qui m'a obligé de prendre l'habit de kalender, je vous dirai que je suis né fils de roi. Le roi, mon père, avait un frère, qui régnait comme lui dans un état voisin. Ce frère eut deux enfants, un prince et une princesse; et le prince et moi, nous étions à peu près du même âge.

« Lorsque j'eus fait tous mes exercices et que le roi, mon père, m'eut donné une liberté honnête, j'allais régulièrement chaque année voir le roi, mon oncle, et je demeurais à sa cour un mois ou deux, après quoi je me rendais auprès du roi, mon père. Ces voyages nous donnèrent occasion, au prince, mon cousin, et à moi, de contracter ensemble une amitié très-forte et très-particulière. La dernière fois que je le vis, il me reçut avec de plus grandes démonstrations de tendresse qu'il n'avait fait encore; et voulant un jour me régaler, il fit pour cela des préparatifs extraordinaires. Nous fûmes long-temps à table; et après que nous eûmes bien soupé tous deux : « Mon cousin, me dit-il, vous ne devineriez jamais à quoi je me suis occupé depuis votre dernier voyage. Il y a un an qu'après votre départ, je mis un grand nombre d'ouvriers en besogne pour un dessein que je médite. J'ai fait faire un édifice qui est achevé, et on y peut loger présentement ; vous ne serez pas fâché de le voir ; mais il faut auparavant que vous me fassiez serment de me garder le secret et la fidélité : ce sont deux choses que j'exige de vous.»

« L'amitié et la familiarité qui étaient entre nous ne me permettant pas de lui rien refuser, je fis sans hésiter un serment tel qu'il le souhaitait; alors il me dit : « Attendez-moi ici, je suis à vous dans un moment. » En effet il ne tarda pas à revenir, et je le vis entrer avec une dame d'une beauté singulière et magnifiquement habillée. Il ne me dit pas qui elle était, et je ne crus pas devoir m'en informer. Nous nous remîmes à table avec la dame, et nous y demeurâmes encore quelque temps, en nous entretenant de choses indifférentes, et en buvant des rasades à la santé l'un de l'autre. Après cela, le prince me dit : « Mon cousin, nous n'avons pas de temps à perdre; obligez-moi d'emmener avec vous cette dame et de la conduire d'un tel côté, à un endroit où vous verrez un tombeau en dôme nouvellement bâti. Vous le connaîtrez aisément; la porte est ouverte; entrez-y ensemble, et m'attendez. Je m'y rendrai bientôt. »

« Fidèle à mon serment, je n'en voulus pas savoir davantage. Je présentai la main à la dame; et au moyen des renseignements que le prince, mon cousin, m'avait donnés, je la conduisis heureusement au clair de la lune, sans m'égarer. A peine fûmes-nous arrivés au tombeau, que nous vîmes paraître le prince, qui nous suivait chargé d'une petite cruche pleine d'eau, d'une houe et d'un petit sac où il y avait du plâtre.

« La houe lui servit à démolir le sépulcre vide qui était au milieu du tombeau; il ôta les pierres l'une après l'autre, et les rangea dans un coin. Quand il les eut toutes ôtées, il creusa la terre, et je vis une trappe qui était sous le sépulcre. Il la leva; et au-dessous j'aperçus le haut d'un escalier en limaçon. Alors mon cousin, s'adressant à la dame, lui dit : « Madame, voilà par où l'on se rend au lieu dont je vous ai parlé. » La dame, à ces mots, s'approcha, et descendit, et le prince se mit en devoir de la suivre; mais se retournant auparavant de mon côté : « Mon cousin, me dit-il, je vous suis infiniment obligé de la peine que vous avez prise; je vous en remercie, adieu. — Mon cher cousin, m'écriai-je, qu'est-ce que cela signifie? — Que cela vous suffise, me répondit-il, vous pouvez reprendre le chemin par où vous êtes venu. »

Scheherazade en était là, lorsque le jour, venant à paraître, l'empêcha de poursuivre. Le sultan se leva, fort en peine de savoir le dessein du prince et de la dame, qui semblaient vouloir s'enterrer tout vifs. Il attendit impatiemment la nuit suivante pour en être éclairci.

XXXVIIIe NUIT.

Schahriar ayant témoigné à la sultane qu'elle lui ferait plaisir de continuer le conte du premier kalender, elle en reprit le fil dans ces termes :

« Madame, dit le kalender à Zobéide, je ne pus tirer autre chose du prince, mon cousin, et je fus obligé de prendre congé de lui. En m'en retournant au palais du roi, mon oncle, les vapeurs du vin me montaient à la tête. Je ne laissai pas néanmoins de gagner mon appartement, et de me coucher. Le lendemain à mon réveil, faisant réflexion sur ce qui m'était arrivé la nuit, et après avoir rappelé toutes les circonstances d'une aventure si singulière, il me sembla que c'était un songe. Prévenu de cette pensée, j'envoyai savoir si le prince, mon cousin, était en état d'être vu. Mais lorsqu'on me rapporta qu'il n'avait pas couché chez lui, qu'on ne savait ce qu'il était devenu et qu'on en était fort en peine, je jugeai bien que l'étrange événement du tombeau n'était que trop véritable. J'en fus vivement affligé; et me dérobant à tout le monde, je me rendis secrètement au cimetière public, où il y avait une infinité de tombeaux semblables à celui que j'avais vu. Je passai la journée à les considérer l'un après l'autre; mais je ne pus démêler celui que je cherchais, et je fis, durant quatre jours, la même recherche inutilement.

« Il faut savoir que pendant ce temps-là, le roi, mon oncle, était absent : il y avait plusieurs jours qu'il était à la chasse. Je m'ennuyai de l'attendre; et, après avoir prié ses ministres de lui faire mes excuses à son retour, je partis de son palais pour me rendre à la cour de mon père, dont je n'avais pas coutume d'être éloigné si long-temps. Je laissai les ministres du roi, mon oncle, fort en peine d'apprendre ce qu'était devenu mon cousin. Mais, pour ne pas violer le serment que j'avais fait de lui garder le secret, je n'osai les tirer d'inquiétude, et ne voulus rien leur communiquer de ce que je savais.

« J'arrivai à la capitale où le roi, mon père, faisait sa résidence; et, contre l'ordinaire, je trouvai à la porte de son palais une grosse garde, dont je fus environné en entrant. J'en demandai la raison, et l'officier prenant la parole me répondit : « Prince, l'armée a reconnu le grand vizir à la place du roi, votre père, qui n'est plus, et je vous arrête prisonnier de la part du nouveau roi. » A ces mots, les gardes se saisirent de moi, et me conduisirent devant le tyran. Jugez, madame, de ma surprise et de ma douleur.

« Ce rebelle vizir avait conçu pour moi une forte haine qu'il nourrissait depuis long-temps. En voici le sujet : dans ma plus tendre jeunesse, j'aimais à tirer de l'arbalète ; j'en tenais une un jour au haut du palais sur la terrasse, et je me divertissais à en tirer. Il se présenta un oiseau devant moi, je le mirai, mais je le manquai, et la flèche, par hasard, alla donner droit contre l'œil du vizir qui prenait l'air sur la terrasse de sa maison, et le creva. Lorsque j'appris ce malheur, j'en fis faire des excuses au vizir, et je lui en fis moi-même ; mais il ne laissa pas d'en conserver un vif ressentiment, dont il me donnait des marques quand l'occasion s'en présentait. Il le fit éclater d'une manière barbare quand il me vit en son pouvoir. Il vint à moi comme un furieux d'abord qu'il m'aperçut ; et enfonçant ses doigts dans mon œil droit, il l'arracha lui-même : voilà par quelle aventure je suis borgne.

« Mais l'usurpateur ne borna pas là sa cruauté. Il me fit enfermer dans une caisse, et ordonna au bourreau de me porter en cet état fort loin du palais, et de m'abandonner aux oiseaux de proie, après m'avoir coupé la tête. Le bourreau, accompagné d'un autre homme, monta à cheval, chargé de la caisse, et s'arrêta dans la campagne pour exécuter son ordre. Mais je fis si bien par mes prières et par mes larmes que j'excitai sa compassion : « Allez, me dit-il, sortez promptement du royaume et gardez-vous bien d'y revenir : car vous y rencontreriez votre perte, et vous seriez cause de la mienne. » Je le remerciai de la grâce qu'il me faisait, et ne fus pas plus tôt seul, que je me consolai d'avoir perdu mon œil, en songeant que j'avais évité un plus grand malheur.

« Dans l'état où j'étais, je ne faisais pas beaucoup de chemin : je me retirais en des lieux écartés pendant le jour, et je marchais la nuit autant que mes forces me le pouvaient permettre. J'arrivai enfin dans les états du roi, mon oncle, et je me rendis à sa capitale.

« Je lui fis un long détail de la cause tragique de mon retour et du triste état où il me voyait : « Hélas ! s'écria-t-il, n'était-ce pas assez d'avoir perdu mon fils ? Fallait-il que j'apprisse encore la mort d'un frère qui m'était cher, et que je vous visse dans le déplorable état où vous êtes réduit ! » Il me marqua l'inquiétude où il était de n'avoir reçu aucune nouvelle du prince, son fils, quelques perquisitions qu'il en eût fait faire, et quelque diligence qu'il y eût apportée. Ce malheureux père pleurait à chaudes larmes en me parlant, et il me parut tellement affligé que je ne pus résister à sa douleur. Quelque serment que j'eusse fait au prince, mon cousin, il me fut impossible de le garder. Je racontai au roi, son père, tout ce que je savais. Le roi m'écouta avec quelque sorte de consolation; et quand j'eus achevé : « Mon neveu, me dit-il, le récit que vous venez de me faire me donne quelque espérance. J'ai su que mon fils faisait bâtir ce tombeau, et je sais à peu près en quel endroit : avec l'idée qui vous en est restée, je me flatte que nous le trouverons. Mais puisqu'il l'a fait faire secrètement, et qu'il a exigé de vous le secret, je suis d'avis que nous l'allions chercher tous deux seuls, pour éviter l'éclat. » Il avait une autre raison, qu'il ne me disait pas, d'en vouloir dérober la connaissance à tout le monde. C'était une raison très-importante, comme la suite de mon discours le fera connaître.

« Nous nous déguisâmes l'un et l'autre, et nous sortîmes par une porte du jardin, qui ouvrait sur la campagne. Nous fûmes assez heureux pour trouver bientôt ce que nous cherchions. Je reconnus le tombeau, et j'en eus d'autant plus de joie, que je l'avais en vain cherché long-temps. Nous y entrâmes, et trouvâmes la trappe de fer abattue sur l'entrée de l'escalier. Nous eûmes de la peine à la lever, parce que le prince l'avait scellée en dedans avec le plâtre et l'eau dont j'ai parlé; mais enfin nous la levâmes.

« Le roi, mon oncle, descendit le premier; je le suivis, et nous descendîmes environ cinquante degrés. Quand nous fûmes au bas de l'escalier, nous nous trouvâmes dans une espèce d'antichambre remplie d'une fumée épaisse et de mauvaise odeur, et dont la lumière que rendait un très-beau lustre était obscurcie.

« De cette antichambre, nous passâmes dans une chambre fort grande, soutenue de grosses colonnes, et éclairée de plusieurs autres lustres. Il y avait une citerne au milieu, et l'on voyait plusieurs sortes de provisions de bouche rangées d'un côté. Nous fûmes assez surpris de n'y voir personne. Il y avait en face un sofa assez élevé, où l'on montait par quelques degrés, et au-dessus duquel paraissait un lit fort large, dont les rideaux étaient fermés. Le roi monta, et les ayant ouverts, il aperçut le prince, son fils, et la dame couchés ensemble, mais brûlés et changés en charbon, comme si on les eût jetés dans un grand feu, et qu'on les en eût retirés avant que d'être consumés.

« Ce qui me surprit plus que toute autre chose, c'est qu'à ce spectacle, qui faisait horreur, le roi, mon oncle, au lieu de témoigner de l'affliction en voyant le prince, son fils, dans un état si affreux, lui cracha au visage, en lui disant d'un air indigné : « Voilà quel

« est le châtiment de ce monde; mais celui de l'autre durera éter-
« nellement. » Il ne se contenta pas d'avoir prononcé ces paroles, il se déchaussa, et donna sur la joue de son fils un grand coup de sa pantoufle. »

Mais, sire, dit Scheherazade, il est jour, je suis fâchée que votre majesté n'ait pas le loisir de m'écouter davantage. Comme cette histoire du premier kalender n'était pas encore finie, et qu'elle paraissait étrange au sultan, il se leva dans la résolution d'en entendre la suite la nuit suivante.

XXXIXE NUIT.

Le premier kalender continuant de raconter son histoire à Zobéide :

« Je ne puis vous exprimer, madame, poursuivit-il, quel fut mon étonnement, lorsque je vis le roi, mon oncle, maltraiter ainsi le prince, son fils, après sa mort : « Sire, lui dis-je, quelque douleur qu'un objet si funeste soit capable de me causer, je ne laisse pas de la suspendre pour demander à votre majesté quel crime peut avoir commis le prince, mon cousin, pour mériter que vous traitiez ainsi son cadavre.—Mon neveu, me répondit le roi, je vous dirai que mon fils, indigne de porter ce nom, aima sa sœur dès ses premières années, et que sa sœur l'aima de même. Je ne m'opposai point à leur amitié naissante, parce que je ne prévoyais pas le mal qui en pourrait arriver. Eh! qui aurait pu le prévoir? Cette tendresse augmenta avec l'âge, et parvint à un point, que j'en craignis enfin la suite. J'y apportai alors le remède qui était en mon pouvoir. Je ne me contentai pas de prendre mon fils en particulier, et de lui faire une forte réprimande, en lui présentant l'horreur de la passion dans laquelle il s'engageait, et la honte éternelle dont il allait couvrir ma famille, s'il persistait dans des sentiments si criminels; je représentai les mêmes choses à ma fille, et je la renfermai de sorte qu'elle n'eut plus de communication avec son frère. Mais la malheureuse avait avalé le poison, et tous les obstacles que put mettre ma prudence à leur amour, ne servirent qu'à l'irriter. Mon fils, persuadé que sa sœur était toujours la même pour lui, sous prétexte de se faire bâtir un tombeau, fit préparer cette demeure souterraine, dans l'espérance de trouver un jour l'occasion d'enlever le coupable objet de sa flamme, et de l'amener ici. Il a choisi le temps de mon absence pour forcer la retraite où était sa sœur; et c'est une circonstance que mon honneur ne m'a pas permis de publier. Après une action si condamnable il s'est venu renfermer avec elle dans ce lieu, qu'il a muni, comme vous voyez, de toutes sortes de provisions, afin d'y pouvoir jouir long-temps de ses détestables amours, qui doivent faire horreur à tout le monde. Mais Dieu n'a pas voulu souffrir cette abomination, et les a justement châtiés l'un et l'autre. » Il fondit en pleurs en achevant ces paroles, et je mêlai mes larmes avec les siennes.

« Quelque temps après, il jeta les yeux sur moi : « Mais, mon cher neveu, reprit-il en m'embrassant, si je perds un indigne fils, je retrouve heureusement en vous de quoi mieux remplir la place qu'il occupait. » Les réflexions qu'il fit encore sur la triste fin du prince et de la princesse, sa fille, nous arrachèrent de nouvelles larmes.

« Nous remontâmes par le même escalier, et sortîmes enfin de ce lieu funeste. Nous abaissâmes la trappe de fer, et la couvrîmes de terre et des matériaux dont le sépulcre avait été bâti, afin de cacher, autant qu'il nous était possible, un effet si terrible de la colère de Dieu.

« Il n'y avait pas long-temps que nous étions de retour au palais, sans que personne se fût aperçu de notre absence, lorsque nous entendîmes un bruit confus de trompettes, de timbales, de tambours et d'autres instruments de guerre. Une poussière épaisse dont l'air était obscurci nous apprit bientôt ce que c'était, et nous annonça l'arrivée d'une armée formidable : c'était le même vizir qui avait détrôné mon père et usurpé ses états, qui venait pour s'emparer aussi de ceux du roi, mon oncle, avec des troupes innombrables.

« Ce prince, qui n'avait alors que sa garde ordinaire, ne put résister à tant d'ennemis. Ils investirent la ville ; et comme les portes leur furent ouvertes sans résistance, ils eurent peu de peine à s'en rendre maîtres. Ils n'en eurent pas davantage à pénétrer jusqu'au palais du roi, mon oncle, qui se mit en défense ; mais il fut tué, après avoir vendu chèrement sa vie. De mon côté, je combattis quelque temps ; mais, voyant bien qu'il fallait céder à la force, je songeai à me retirer, et j'eus le bonheur de me sauver par des détours, et de me rendre chez un officier du roi, dont la fidélité m'était connue.

« Accablé de douleur, persécuté par la fortune, j'eus recours à un stratagème qui était la seule ressource qui me restait pour me conserver la vie. Je me fis raser la barbe et les sourcils ; et ayant pris l'habit de kalender, je sortis de la ville sans que personne me reconnût. Après cela il me fut aisé de m'éloigner du royaume du roi, mon oncle, en marchant par des chemins écartés. J'évitai de passer par les villes, jusqu'à ce qu'étant arrivé dans l'empire du puissant Commandeur des croyants[1], le glorieux et renommé kalife Haroun Alraschild, je cessai de craindre. Alors, me consultant sur ce que j'avais à faire, je pris la résolution de venir à Bagdad me jeter aux pieds de ce grand monarque, dont on vante partout la générosité : « Je le toucherai, disais-je, par le récit d'une histoire aussi surprenante que la mienne; il aura pitié sans doute d'un malheureux prince, et je n'implorerai pas vainement son appui. »

« Enfin, après un voyage de plusieurs mois, je suis arrivé aujourd'hui à la porte de cette ville; j'y suis entré sur la fin du jour; et m'étant un peu arrêté pour reprendre mes esprits, et délibérer de quel côté je tournerais mes pas, cet autre kalender que voici près de moi arriva aussi en voyageur. Il me salue, je le salue de même: « A vous voir, lui dis-je, vous êtes étranger comme moi. » Il me répond que je ne me trompe pas. Dans le moment qu'il me fait cette réponse, le troisième kalender que vous voyez, survient. Il nous salue, et fait connaître qu'il est aussi étranger et nouveau venu à Bagdad. Comme frères nous nous joignons ensemble, et nous résolvons de ne nous pas séparer.

« Cependant il était tard, et nous ne savions où aller loger dans une ville où nous n'avions aucune habitude, et où nous n'étions jamais venus. Mais notre bonne fortune nous ayant conduits devant votre porte, nous avons pris la liberté de frapper; vous nous avez reçus avec tant de charité et de bonté, que nous ne pouvons assez vous en remercier : voilà, madame, ajouta-t-il, ce que vous m'avez commandé de vous raconter, pourquoi j'ai perdu mon œil droit, pourquoi j'ai la barbe et les sourcils ras, et pourquoi je suis en ce moment chez vous. »

« C'est assez, dit Zobéide, nous sommes contentes : retirez-vous où il vous plaira. » Le kalender s'en excusa, et supplia la dame de lui permettre de demeurer, pour avoir la satisfaction d'entendre l'histoire de ses deux confrères, qu'il ne pouvait, disait-il, abandonner honnêtement, et celle des trois autres personnes de la compagnie.

Sire, dit en cet endroit Scheherazade, le jour que je vois m'empêche de passer à l'histoire du second kalender; mais si votre majesté veut l'entendre demain, elle n'en sera pas moins satisfaite que de celle du premier. Le sultan y consentit, et se leva pour aller tenir son conseil.

[1] Titre des kalifes.

XLE NUIT.

Scheherazade, adressant la parole au sultan, parla dans ces termes :

Sire, l'histoire du premier kalender parut étrange à toute la compagnie et particulièrement au kalife. La présence des esclaves, avec leurs sabres à la main, ne l'empêcha pas de dire tout bas au vizir : « Depuis que je me connais, j'ai bien entendu des histoires, mais je n'ai jamais rien ouï qui approchât de celle de ce kalender. » Pendant qu'il parlait ainsi, le second kalender prit la parole, et l'adressant à Zobéide :

HISTOIRE

DU SECOND KALENDER FILS DE ROI.

MADAME, dit-il, pour obéir à votre commandement, et vous apprendre par quelle étrange aventure je suis devenu borgne de l'œil droit, il faut que je vous conte toute l'histoire de ma vie.

« J'étais à peine hors de l'enfance, que le roi, mon père (car vous saurez, madame, que je suis né prince), remarquant en moi beaucoup d'esprit, n'épargna rien pour le cultiver. Il appela auprès de moi tout ce qu'il y avait dans ses états de gens qui excellaient dans les sciences et dans les beaux-arts. Je ne sus pas plus tôt lire et écrire, que j'appris par cœur l'Alcoran tout entier, ce livre admirable qui contient le fondement, les préceptes et la règle de notre religion; et afin de m'en instruire à fond, je lus les ouvrages des auteurs les plus approuvés, et qui l'ont éclairci par leurs commentaires. J'ajoutai à cette lecture la connaissance de toutes les traditions recueillies de la bouche de notre prophète par les grands hommes ses contemporains. Je ne me contentai pas de ne rien ignorer de tout ce qui regardait notre religion, je me fis une étude particulière de nos histoires; je me perfectionnai dans les belles-lettres, dans la lecture de nos poëtes, dans la versification; je m'attachai à la géographie, à la chronologie, et à parler purement notre langue, sans, toutefois, négliger aucun des exercices qui conviennent à un prince. Mais une chose que j'aimais beaucoup, et à quoi je réussissais principalement, c'était à former les caractères de notre langue arabe.

J'y fis tant de progrès, que je surpassai tous les maîtres écrivains de notre royaume, qui s'étaient acquis le plus de réputation.

« La renommée me fit plus d'honneur que je ne méritais : elle ne se contenta pas de semer le bruit de mes talents dans les états du roi, mon père; elle le porta jusqu'à la cour des Indes, dont le puissant monarque, curieux de me voir, envoya un ambassadeur avec de riches présents, pour me demander à mon père, qui fut ravi de cette ambassade pour plusieurs raisons. Il était persuadé que rien ne convenait mieux à un prince de mon âge, que de voyager dans les cours étrangères ; et d'ailleurs il était bien aise de s'attirer l'amitié du sultan des Indes. Je partis donc avec l'ambassadeur, mais avec peu d'équipage, à cause de la longueur et de la difficulté des chemins.

« Il y avait un mois que nous étions en marche, lorsque nous découvrîmes de loin un gros nuage de poussière, sous lequel nous vîmes bientôt paraître cinquante cavaliers bien armés : c'étaient des voleurs qui venaient à nous au grand galop.... »

Scheherazade, étant en cet endroit, aperçut le jour, et en avertit le sultan, qui se leva. Mais, voulant savoir ce qui se passerait entre les cinquante cavaliers et l'ambassadeur des Indes, ce prince attendit impatiemment la nuit suivante.

XLIE NUIT.

Il était presque jour lorsque Scheherazade reprit de cette manière l'histoire du second kalender :

« Madame, poursuivit le kalender en parlant toujours à Zobéide, comme nous avions dix chevaux chargés de notre bagage et des présents que je devais faire au sultan des Indes, de la part du roi, mon père, et que nous étions peu de monde, vous jugez bien que ces voleurs ne manquèrent pas de venir à nous hardiment. N'étant pas en état de repousser la force par la force, nous leur dîmes que nous étions des ambassadeurs du sultan des Indes, et que nous espérions qu'ils ne feraient rien contre le respect qu'ils lui devaient. Nous crûmes sauver par là nos équipages et nos vies; mais les voleurs nous répondirent insolemment : « Pourquoi voulez-vous que nous respections le sultan votre maître? nous ne sommes pas ses sujets; nous ne sommes pas même sur ses terres. » En achevant ces paroles, ils nous enveloppèrent et nous attaquèrent. Je me défendis le plus long-temps qu'il me fut possible; mais, me sentant blessé, et voyant que l'ambassadeur, ses gens et les miens avaient tous été jetés par terre, je profitai du reste des forces de mon cheval, qui avait été aussi fort blessé, et je m'éloignai d'eux. Je le poussai tant qu'il me put porter ; mais, venant tout à coup à manquer sous moi, il tomba roide mort de lassitude et du sang qu'il avait perdu. Je me débarrassai de lui assez vite, et remarquant que personne ne me poursuivait, je jugeai que les voleurs n'avaient pas voulu s'écarter du butin qu'ils avaient fait. »

En cet endroit, Scheherazade, s'apercevant qu'il était jour, fut obligée de s'arrêter : « Ah! ma sœur, dit Dinarzade, je suis bien fâchée que vous ne puissiez pas continuer cette histoire. — Si vous n'aviez pas été paresseuse aujourd'hui, répondit la sultane, j'en aurais dit davantage. — Eh bien! reprit Dinarzade, je serai demain plus diligente, et j'espère que vous dédommagerez la curiosité du sultan de ce que ma négligence lui a fait perdre. » Schahriar se leva sans rien dire, et alla à ses occupations ordinaires.

XLIIE NUIT.

Dinarzade ne manqua pas d'appeler la sultane de meilleure heure que le jour précédent, et Scheherazade continua dans ces termes le conte du second kalender :

« Me voilà donc, madame, dit le kalender, seul, blessé, destitué de tout secours, dans un pays qui m'était inconnu. Je n'osai reprendre le grand chemin de peur de retomber entre les mains de ces voleurs. Après avoir bandé ma plaie, qui n'était pas dangereuse, je marchai le reste du jour, et j'arrivai au pied d'une montagne, où j'aperçus à mi-côte l'ouverture d'une grotte; j'y entrai et j'y passai la nuit un peu tranquillement, après avoir mangé quelques fruits que j'avais cueillis en mon chemin.

« Je continuai de marcher le lendemain et les jours suivants, sans trouver d'endroit où m'arrêter. Mais au bout d'un mois je découvris une grande ville, très-peuplée, et située d'autant plus avantageusement, qu'elle était arrosée, aux environs, de plusieurs rivières, et qu'il y régnait un printemps perpétuel. Les objets agréables qui se présentèrent alors à mes yeux me causèrent de la joie, et suspendirent pour quelques moments la tristesse mortelle où j'étais de me voir en l'état où je me trouvais. J'avais le visage, les mains et les pieds d'une couleur basanée, car le soleil me les avait brûlés; à force de marcher, ma chaussure s'était usée, et j'avais été réduit à marcher nu-pieds; outre cela, mes habits étaient tout en lambeaux.

« J'entrai dans la ville pour prendre langue, et m'informer du lieu où j'étais; je m'adressai à un tailleur qui travaillait à sa boutique. A ma jeunesse et à mon air qui marquait autre chose que je ne paraissais, il me fit asseoir près de lui. Il me demanda qui j'étais, d'où je venais, et ce qui m'avait amené. Je ne lui déguisai rien de tout ce qui m'était arrivé, et ne fis pas même difficulté de lui découvrir ma condition. Le tailleur m'écouta avec attention; mais, lorsque j'eus achevé de parler, au lieu de me donner de la consolation, il augmenta mes chagrins : « Gardez-vous bien, me dit-il, de faire confidence à personne de ce que vous venez de m'apprendre : car le prince qui règne en ces lieux est le plus grand ennemi qu'ait le roi, votre père, et il vous ferait sans doute quelque outrage, s'il était informé de votre arrivée en cette ville. » Je ne doutai point de la sincérité du tailleur quand il m'eut nommé le prince. Mais comme l'inimitié qui est entre mon père et lui n'a pas de rapport avec mes aventures, vous trouverez bon, madame, que je la passe sous silence.

« Je remerciai le tailleur de l'avis qu'il me donnait, et lui témoignai que je m'en remettais entièrement à ses bons conseils, et que je n'oublierais jamais le plaisir qu'il me ferait. Comme il jugea que je ne devais pas manquer d'appétit, il me fit apporter à manger, et m'offrit même un logement chez lui; ce que j'acceptai.

« Quelques jours après mon arrivée, remarquant que j'étais assez remis de la fatigue du long et pénible voyage que je venais de faire, et n'ignorant pas que la plupart des princes de notre religion, par précaution contre les revers de la fortune, apprennent quelque art ou quelque métier [1], pour s'en servir en cas de besoin, il me demanda si j'en savais quelqu'un dont je pusse vivre sans être à charge à personne. Je lui répondis que je savais l'un et l'autre droit, que j'étais grammairien, poëte, et surtout que j'écrivais parfaitement bien : « Avec tout ce que vous venez de dire, répliqua-t-il, vous ne gagnerez pas dans ce pays-ci de quoi vous avoir un morceau de pain : rien n'est ici plus inutile que ces sortes de connaissances. Si vous voulez suivre mon conseil, ajouta-t-il, vous prendrez un habit court; et, comme vous me paraissez robuste et d'une bonne

[1] Il est assez curieux que ce soit dans *les Mille et une Nuits* que J.-J. Rousseau ait pris son principe de la nécessité d'apprendre un métier aux princes, aux grands et aux riches. Le tailleur des *Mille et une Nuits* raisonne absolument comme le philosophe de Genève. Il faut observer, toutefois, à l'avantage du premier, que cet usage, bon en soi dans tout pays, n'est pas d'une nécessité aussi grande dans nos sociétés européennes, que dans les gouvernements de l'Orient.

constitution, vous irez dans la forêt prochaine faire du bois à brûler; vous viendrez l'exposer en vente à la place, et je vous assure que vous vous ferez un petit revenu, dont vous vivrez indépendamment de personne. Par ce moyen, vous vous mettrez en état d'attendre que le ciel vous soit favorable, qu'il dissipe le nuage de mauvaise fortune qui traverse le bonheur de votre vie, et vous oblige à cacher votre naissance : je me charge de vous faire trouver une corde et une cognée. »

« La crainte d'être reconnu, et la nécessité de vivre, me déterminèrent à prendre ce parti, malgré la bassesse et la peine qui y étaient attachées. Dès le jour suivant, le tailleur m'acheta une cognée et une corde, avec un habit court; et me recommandant à de pauvres habitants qui gagnaient leur vie de la même manière, il les pria de me mener avec eux. Ils me conduisirent à la forêt; et dès le premier jour, j'en rapportai sur ma tête une grosse charge de bois, que je vendis une demi-pièce de monnaie d'or du pays : car quoique la forêt ne fût pas éloignée, le bois néanmoins ne laissait pas d'être cher en cette ville, à cause du peu de gens qui se donnaient la peine d'en aller couper. En peu de temps je gagnai beaucoup, et je rendis au tailleur l'argent qu'il avait avancé pour moi.

« Il y avait déjà plus d'une année que je vivais de cette sorte, lorsqu'un jour ayant pénétré dans la forêt plus avant que de coutume, j'arrivai dans un endroit fort agréable, où je me mis à couper du bois. En arrachant une racine d'arbre, j'aperçus un anneau de fer attaché à une trappe de même métal. J'ôtai aussitôt la terre qui la couvrait; je la levai, et je vis un escalier par où je descendis avec ma cognée. Quand je fus au bas de l'escalier, je me trouvai dans un vaste palais, qui me causa une grande admiration par la lumière qui l'éclairait, comme s'il eût été sur la terre dans l'endroit le mieux exposé. Je m'avançai par une galerie soutenue de colonnes de jaspe avec des bases et des chapiteaux d'or massif; mais voyant venir au-devant de moi une dame, elle me parut avoir un air si noble, si aisé, et une beauté si extraordinaire, que, détournant mes yeux de tout autre objet, je m'attachai uniquement à la regarder. »

Là, Scheherazade cessa de parler, parce qu'elle vit qu'il était jour.

XLIIIE NUIT.

Dinarzade fut encore très-diligente cette nuit; et la sultane, pour satisfaire à l'empressement de sa sœur, se mit à raconter ce qui se passa dans ce palais souterrain entre la dame et le prince. Le second kalender, continua-t-elle, poursuivant son histoire :

« Pour épargner à la belle dame, dit-il, la peine de venir jusqu'à moi, je me hâtai de la joindre, et dans le temps que je lui faisais une profonde révérence, elle me dit : « Qui êtes-vous? Êtes-vous homme ou génie? — Je suis homme, madame, lui répondis-je en me relevant, et je n'ai point de commerce avec les génies. — Par quelle aventure, reprit-elle, avec un grand soupir, vous trouvez-vous ici? Il y a vingt-cinq ans que j'y demeure, et pendant tout ce temps-là, je n'y ai pas vu d'autre homme que vous. »

« Sa grande beauté, qui m'avait déjà donné dans la vue, sa douceur et l'honnêteté avec laquelle elle me recevait, me donnèrent la hardiesse de lui dire : « Madame, avant que j'aie l'honneur de satisfaire votre curiosité, permettez-moi de vous dire que je me sais un gré infini de cette rencontre imprévue, qui m'offre l'occasion de me consoler dans l'affliction où je suis, et peut-être celle de vous rendre plus heureuse que vous n'êtes. » Je lui racontai fidèlement par quel étrange accident elle voyait en ma personne le fils d'un roi, dans l'état où je paraissais en sa présence, et comment le hasard avait voulu que je découvrisse l'entrée de sa prison magnifique, mais ennuyeuse, selon toutes les apparences.

« Hélas! prince, dit-elle en soupirant encore, vous avez bien raison de croire que cette prison si riche et si pompeuse ne laisse pas d'être un séjour fort ennuyeux. Les lieux les plus charmants ne sauraient plaire, lorsqu'on y est contre sa volonté. Il n'est pas possible que vous n'ayez jamais entendu parler du grand Épitimarus, roi de l'île d'Ébène, ainsi nommée à cause de ce bois précieux, qu'elle produit si abondamment. Je suis la princesse, sa fille. Le roi, mon père, m'avait choisi pour époux un prince qui était mon cousin; mais la première nuit de mes noces, au milieu des réjouissances de la cour et de la capitale du royaume de l'île d'Ébène, avant que je fusse livrée à mon mari, un génie m'enleva. Je m'évanouis en ce moment, je perdis toute connaissance; et lorsque j'eus repris mes esprits, je me trouvai dans ce palais. J'ai été long-temps inconsolable; mais le temps et la nécessité m'ont accoutumée à voir et à souffrir le génie. Il y a vingt-cinq ans, comme je vous l'ai déjà dit, que je suis dans ce lieu, où je puis dire que j'ai à souhait tout ce qui est nécessaire à la vie, et tout ce qui peut contenter une princesse qui n'aimerait que les parures et les ajustements. De dix jours en dix jours, le génie vient coucher une nuit avec moi ; il n'y couche pas plus souvent, et l'excuse qu'il en apporte, est qu'il est marié à une autre femme, qui aurait de la jalousie, si l'infidélité qu'il lui fait venait à sa connaissance. Cependant, si j'ai besoin de lui, soit de jour, soit de nuit, je n'ai pas plus tôt touché un talisman qui est à l'entrée de ma chambre, que le génie paraît. Il y a aujourd'hui quatre jours qu'il est venu ; ainsi je ne l'attends que dans six : c'est pourquoi vous en pourrez demeurer cinq avec moi, pour me tenir compagnie, si vous le voulez bien, et je tâcherai de vous régaler selon votre qualité et votre mérite. »

« Je me serais estimé trop heureux d'obtenir une si grande faveur en la demandant, pour la refuser après une offre si obligeante. La princesse me fit entrer dans un bain le plus propre, le plus commode et le plus somptueux que l'on puisse s'imaginer ; et lorsque j'en sortis, à la place de mon habit j'en trouvai un autre très-riche, que je pris moins pour sa richesse, que pour me rendre plus digne d'être avec elle. Nous nous assîmes sur un sofa garni d'un superbe tapis, et de coussins d'appui, du plus beau brocart des Indes ; et quelque temps après, elle mit sur une table des mets très-délicats. Nous mangeâmes ensemble ; nous passâmes le reste de la journée très-agréablement, et la nuit elle me reçut dans son lit.

« Le lendemain, comme elle cherchait tous les moyens de me faire plaisir, elle me servit au dîner une bouteille de vin vieux, le plus excellent que l'on puisse goûter ; et elle voulut bien, par complaisance, en boire quelques coups avec moi. Quand j'eus la tête échauffée de cette liqueur agréable : « Belle princesse, lui dis-je, il y a trop long-temps que vous êtes enterrée toute vive ; suivez-moi, venez jouir de la clarté du véritable jour dont vous êtes privée depuis tant d'années. Abandonnez la fausse lumière dont vous jouissez ici. »

« Prince, me répondit-elle en souriant, laissez là ce discours. Je compte pour rien le plus beau jour du monde, pourvu que de dix vous m'en donniez neuf, et que vous cédiez le dixième au génie. — Princesse, repris-je, je vois bien que la crainte du génie vous fait tenir ce langage. Pour moi, je le redoute si peu, que je vais mettre son talisman en pièces avec le grimoire qui est écrit dessus. Qu'il vienne alors, je l'attends. Quelque brave, quelque redoutable qu'il puisse être, je lui ferai sentir le poids de mon bras. Je fais serment d'exterminer tout ce qu'il y a de génies au monde, et lui le premier. » La princesse, qui en savait la conséquence, me conjura de ne pas toucher au talisman : « Ce serait le moyen, me dit-elle, de nous perdre vous et moi ; je connais les génies mieux que vous ne les connaissez. » Les vapeurs du vin ne me permirent pas de goûter les raisons de la princesse ; je donnai du pied dans le talisman, et le mis en plusieurs morceaux. »

En achevant ces paroles, Scheherazade, remarquant qu'il était jour, se tut, et le sultan se leva.

XLIVe NUIT.

Scheherazade continua de parler ainsi, sous la personne du second kalender :

« Le talisman ne fut pas sitôt rompu, que le palais s'ébranla, prêt à s'écrouler, avec un bruit effroyable et pareil à celui du tonnerre, accompagné d'éclairs redoublés et d'une grande obscurité. Ce fracas épouvantable dissipa en un moment les fumées du vin, et me fit connaître, mais trop tard, la faute que j'avais faite : « Princesse, m'écriai-je, que signifie ceci ? » Elle me répondit, tout effrayée, et sans penser à son propre malheur : « Hélas ! c'est fait de vous, si vous ne vous sauvez. »

« Je suivis son conseil ; et mon épouvante fut si grande, que j'oubliai ma cognée et mes babouches. J'avais à peine gagné l'escalier par où j'étais descendu, que le palais enchanté s'entr'ouvrit, et fit un passage au génie. Il demanda en colère à la princesse : « Que vous est-il arrivé ; et pourquoi m'appelez-vous ? — Un mal de cœur, lui répondit la princesse, m'a obligée d'aller chercher la bouteille que vous voyez ; j'en ai bu deux ou trois coups ; par malheur j'ai fait un faux pas, et je suis tombée sur le talisman, qui s'est brisé. Il n'y a pas autre chose. »

« A cette réponse, le génie, furieux, lui dit : « Vous êtes une impudente, une menteuse ! La cognée et les babouches que voilà, pourquoi se trouvent-elles ici ? — Je ne les ai jamais vues qu'en ce moment, répondit la princesse. De l'impétuosité dont vous êtes venu, vous les avez peut-être enlevées avec vous, en passant par quelque endroit, et vous les avez apportées sans y prendre garde. »

« Le génie ne repartit que par des injures et par des coups dont j'entendis le bruit. Je n'eus pas la fermeté d'ouïr les pleurs et les cris pitoyables de la princesse maltraitée d'une manière si cruelle. J'avais déjà quitté l'habit qu'elle m'avait fait prendre, et repris le mien, que j'avais porté sur l'escalier, le jour précédent, à la sortie du bain. Ainsi j'achevai de monter, d'autant plus pénétré de douleur et de compassion, que j'étais la cause d'un si grand malheur, et qu'en sacrifiant la plus belle princesse de la terre à la barbarie d'un génie implacable, je m'étais rendu criminel et le plus ingrat de tous les hommes : « Il est vrai, disais-je, qu'elle est prisonnière depuis vingt-cinq ans, mais, la liberté à part, elle n'avait rien à désirer pour être heureuse. Mon emportement met fin à son bonheur, et la soumet à la cruauté d'un démon impitoyable. » J'abaissai la trappe, la recouvris de terre, et retournai à la ville avec une charge de bois, que j'accommodai sans savoir ce que je faisais, tant j'étais troublé et affligé.

« Le tailleur, mon hôte, marqua une grande joie de me revoir : « Votre absence, me dit-il, m'a causé beaucoup d'inquiétude, à cause du secret de votre naissance, que vous m'avez confié. Je ne savais ce que je devais penser, et je craignais que quelqu'un ne vous eût reconnu. Dieu soit loué de votre retour ! » Je le remerciai de son zèle et de son affection ; mais je ne lui communiquai rien de ce qui m'était arrivé, ni de la raison pour laquelle je retournais sans cognée et sans babouches. Je me retirai dans ma chambre, où je me reprochai mille fois l'excès de mon imprudence : « Rien, me disais-je, n'aurait égalé le bonheur de la princesse et le mien, si j'eusse pu me contenir, et que je n'eusse pas brisé le talisman. » Pendant que je m'abandonnais à ces pensées affligeantes, le tailleur entra, et me dit : « Un vieillard, que je ne connais pas, vient d'arriver avec votre cognée et vos babouches, qu'il a trouvées en son chemin, à ce qu'il dit. Il a appris de vos camarades, qui vont au bois avec vous, que vous demeuriez ici : venez lui parler, il veut vous les rendre en main propre. » A ce discours, je changeai de couleur et tout le corps me trembla. Le tailleur m'en demandait le sujet, lorsque le pavé de ma chambre s'entr'ouvrit. Le vieillard, qui n'avait pas eu la patience d'attendre, parut et se présenta à nous avec la cognée et les babouches. C'était le génie, ravisseur de la belle princesse de l'île d'Ébène, qui s'était ainsi déguisé, après l'avoir traitée avec la dernière barbarie : « Je suis génie, nous dit-il, fils de la fille d'Éblis, prince des génies. N'est-ce pas là ta cognée? ajouta-t-il en s'adressant à moi. Ne sont-ce pas là tes babouches? »

Scheherazade, en cet endroit, aperçut le jour et cessa de parler. Le sultan trouvait l'histoire du second kalender trop belle pour ne pas vouloir en entendre davantage : c'est pourquoi il se leva, dans l'intention d'en apprendre la suite le lendemain.

XLVE NUIT.

Le jour suivant, Scheherazade, pour satisfaire sa sœur, fort curieuse de savoir comment le génie traita le prince, se mit à raconter de cette sorte l'histoire du second kalender :

« Madame, dit-il à Zobéide, le génie, m'ayant fait cette question, ne me donna pas le temps de lui répondre, et je ne l'aurais pu faire, tant sa présence affreuse m'avait mis hors de moi-même. Il me prit par le milieu du corps, me traîna hors de la chambre, et, s'élançant dans l'air, m'enleva jusqu'au ciel avec tant de force et de vitesse, que je m'aperçus plutôt que j'étais monté si haut, que du chemin qu'il m'avait fait faire en peu de moments. Il fondit de même vers la terre, et, l'ayant fait entr'ouvrir en frappant du pied, il s'y enfonça, et aussitôt je me trouvai dans le palais enchanté, devant la belle princesse de l'île d'Ébène. Mais, hélas ! quel spectacle ! Je vis une chose qui me perça le cœur : cette princesse était nue et tout en sang, étendue sur la terre, plus morte que vive, et les joues baignées de larmes : « Perfide, lui dit le génie en me montrant à elle, n'est-ce pas là ton amant ? » Elle jeta sur moi ses yeux languissants, et répondit tristement : « Je ne le connais pas ; jamais je ne l'ai vu qu'en ce moment. — Quoi, reprit le génie, il est cause que tu es dans l'état où te voilà si justement, et tu oses dire que tu ne le connais pas ! — Si je ne le connais pas, repartit la princesse, voulez-vous que je fasse un mensonge qui soit la cause de sa perte ? — Eh bien ! dit le génie en tirant un sabre, et le présentant à la princesse, si tu ne l'as jamais vu, prends ce sabre et lui coupe la tête. — Hélas ! dit la princesse, comment pourrais-je exécuter ce que vous exigez de moi ? mes forces sont tellement épuisées, que je ne saurais lever le bras ; et, quand je le pourrais, aurais-je le courage de donner la mort à une personne que je ne connais point, à un innocent ? — Ce refus, dit alors le génie à la princesse, me fait connaître tout ton crime. » Ensuite se tournant de mon côté : « Et toi, me dit-il, ne la connais-tu pas ? »

« J'aurais été le plus ingrat et le plus perfide de tous les hommes, si je n'eusse pas eu pour la princesse la même fidélité qu'elle avait pour moi, qui étais la cause de son malheur :

« C'est pourquoi je répondis au génie : « Comment la connaîtrais-je, moi qui ne l'ai jamais vue que cette seule fois ? — Si cela est, reprit-il, prends donc ce sabre, et coupe-lui la tête. C'est à ce prix que je te mettrai en liberté, et que je serai convaincu que tu ne l'as jamais vue qu'à présent, comme tu le dis. — Très-volontiers, » lui repartis-je. Je pris le sabre de sa main.... »

Mais, sire, dit Scheherazade en s'interrompant en cet endroit, il est jour, et je ne dois point abuser de la patience de votre majesté. — Voilà des événements merveilleux, dit le sultan en luimême, nous verrons demain si le prince eut la cruauté d'obéir au génie.»

XLVIᴱ NUIT.

Sur la fin de la nuit, Scheherazade, pour satisfaire à l'empressement de sa sœur, lui dit : Vous saurez que le second kalender poursuivit ainsi :

« Ne croyez pas, madame, que je m'approchai de la belle princesse de l'île d'Ébène pour être le ministre de la barbarie du génie : je le fis seulement pour lui marquer par des gestes, autant qu'il me l'était permis, que, comme elle avait la fermeté de sacrifier sa vie pour l'amour de moi, je ne refuserais pas d'immoler aussi la mienne pour l'amour d'elle. La princesse comprit mon dessein : malgré ses douleurs et son affliction, elle me le témoigna par un regard obligeant, et me fit entendre qu'elle mourait volontiers, et qu'elle était contente de voir que je voulais aussi mourir pour elle. Je reculai alors, et jetant le sabre par terre : « Je serais, dis-je au génie, éternellement blâmable devant tous les hommes, si j'avais la lâcheté de massacrer, je ne dis pas une personne que je ne connais point, mais même une dame comme celle que je vois, dans l'état où elle est, prête à rendre l'âme. Vous ferez de moi ce qu'il vous plaira, puisque je suis à votre discrétion ; mais je ne puis obéir à votre commandement barbare.

« — Je vois bien, dit le génie, que vous me bravez l'un et l'autre, et que vous insultez à ma jalousie ; mais par le traitement que je vous ferai, vous connaîtrez tous deux de quoi je suis capable. » A ces mots, le monstre reprit le sabre, et coupa une des mains de la princesse, qui n'eut que le temps de me faire un signe de l'autre, pour me dire un éternel adieu : car le sang qu'elle avait déjà perdu, et celui qu'elle perdit alors, ne lui permirent pas de vivre plus d'un moment ou deux après cette dernière cruauté, dont le spectacle me fit évanouir.

« Lorsque je fus revenu à moi, je me plaignis au génie de ce qu'il me faisait languir dans l'attente de la mort : « Frappez, lui dis-je, je suis prêt à recevoir le coup mortel ; je l'attends de vous comme la plus grande grâce que vous me puissiez faire. » Mais au lieu de me l'accorder : « Voilà, me dit-il., de quelle sorte les génies traitent les femmes qu'ils soupçonnent d'infidélité. Elle t'a reçu ici ; si j'étais assuré qu'elle m'eût fait un plus grand outrage, je te ferais périr dans ce moment ; mais je me contenterai de te changer en chien, en âne, en lion, ou en oiseau : choisis un de ces changements ; je veux bien te laisser maître du choix. »

« Ces paroles me donnèrent quelque espérance de le fléchir : « O génie, lui dis-je, modérez votre colère ; et puisque vous ne voulez pas m'ôter la vie, accordez-la-moi généreusement. Je me souviendrai toujours de votre clémence, si vous me pardonnez, de même que le meilleur homme du monde pardonna à un de ses voisins qui lui portait une envie mortelle. » Le génie me demanda ce qui s'était passé entre ces deux voisins, en me disant qu'il voulait bien avoir la patience d'écouter cette histoire : voici de quelle manière je lui en fis le récit. Je crois, madame, que vous ne serez pas fâchée que je vous la raconte aussi.

HISTOIRE

DE L'ENVIEUX ET DE L'ENVIÉ.

DANS une ville assez considérable, deux hommes demeuraient porte à porte. L'un conçut contre l'autre une envie si violente, que celui qui en était l'objet résolut de changer de demeure, et de s'éloigner, persuadé que le voisinage seul lui avait attiré l'animosité de son voisin : car quoiqu'il lui eût rendu de bons offices, il s'était aperçu qu'il n'en était pas moins haï ; c'est pourquoi il vendit sa maison avec le peu de bien qu'il avait ; et se retirant dans la capitale du pays, qui n'était pas éloignée, il acheta une petite terre environ à une demi-lieue de la ville. Il y avait une maison assez commode, un beau jardin et une cour raisonnablement grande, dans laquelle était une citerne profonde, dont on ne se servait plus.

« Le bonhomme ayant fait cette acquisition, prit l'habit de derviche [1], pour mener une vie plus retirée, et fit faire plusieurs cel-

[1] Dervis ou derviche ; ce nom, qui signifie *pauvre*, répond chez les Mahométans à celui de moines chez les Chrétiens. Ils font vœu de pauvreté, de chasteté et d'obéissance. Cependant Mévéléva, leur fondateur, leur a permis de rentrer dans le monde et même de se marier, si leur faiblesse l'exigeait. Ils portent de grosses chemises de serge, et n'ont qu'un manteau de gros drap, dont ils s'enveloppent. Leurs bonnets res-

lules dans la maison, où il établit en peu de temps une communauté nombreuse de derviches. Sa vertu le fit bientôt connaître, et ne manqua pas de lui attirer une infinité de monde, tant du peuple que des principaux de la ville. Enfin, chacun l'honorait et le chérissait extrêmement : on venait aussi, de bien loin, se recommander à ses prières; et tous ceux qui se retiraient d'auprès de lui publiaient les bénédictions qu'ils croyaient avoir reçues du ciel par son moyen.

« La grande réputation du personnage s'étant répandue dans la ville d'où il était sorti, l'Envieux en eut un chagrin si vif, qu'il abandonna sa maison et ses affaires, dans la résolution de l'aller perdre. Pour cet effet, il se rendit au nouveau couvent de derviches, dont le chef, ci-devant son voisin, le reçut avec toutes les marques d'amitié imaginables. L'Envieux lui dit qu'il était venu exprès pour lui communiquer une affaire importante, dont il ne pouvait l'entretenir qu'en particulier : « Afin, ajouta-t-il, que personne ne nous entende, promenons-nous, je vous prie, dans votre cour; et puisque la nuit approche, commandez à vos derviches de se retirer dans leurs cellules. » Le chef des derviches fit ce qu'il souhaitait.

« Lorsque l'Envieux se vit seul avec le bonhomme, il commença à lui raconter ce qu'il lui plut, en marchant l'un à côté de l'autre dans la cour, jusqu'à ce que se trouvant sur le bord de la citerne, il le poussa et le jeta dedans, sans que personne fût témoin d'une si méchante action. Cela étant fait, il s'éloigna promptement, gagna la porte du couvent, d'où il sortit sans être vu, et retourna chez lui fort content de son voyage, et persuadé que l'objet de son envie n'était plus au monde; mais il se trompait fort.... »

Scheherazade n'en put dire davantage, car le jour paraissait.

XLVIIe NUIT.

Dinarzade, à son réveil, conjura sa sœur de lui apprendre si le bon derviche sortit sain et sauf de la citerne. — Oui, répondit Scheherazade. Et le second kalender poursuivant son histoire :

« La vieille citerne, dit-il, était habitée par des fées et par des gé-

semblent assez bien à nos feutres, ou grands chapeaux blancs sans bord, et sont faits de poil de chameau; ils ont les jambes nues et la poitrine découverte; leur ceinture est une lanière de cuir, à laquelle ils attachent des boucles d'ivoire, de porphyre, etc. Outre les jeûnes prescrits par l'Alcoran, ils en observent encore tous les jeudis : il ne leur est permis alors de manger qu'après le coucher du soleil.

nies, qui se trouvèrent si à propos pour secourir le chef des derviches, qu'ils le reçurent et le soutinrent jusqu'au bas, de manière qu'il ne se fit aucun mal. Il s'aperçut bien qu'il y avait quelque chose d'extraordinaire dans une chute dont il devait perdre la vie; mais il ne voyait, ni ne sentait rien. Néanmoins il entendit bientôt une voix qui dit : « Savez-vous qui est ce bonhomme à qui nous venons de rendre ce bon office? » Et d'autres voix ayant répondu que non, la première reprit : « Je vais vous le dire. Cet homme, par la plus grande charité du monde, a abandonné la ville où il demeurait, et est venu s'établir en ce lieu, dans l'espérance de guérir un de ses voisins de l'envie qu'il avait contre lui. Il s'est attiré ici une estime si générale, que l'Envieux, ne pouvant le souffrir, est venu dans le dessein de le faire périr; ce qu'il aurait exécuté sans le secours que nous avons prêté à ce bonhomme, dont la réputation est si grande, que le sultan, qui fait son séjour dans la ville voisine, doit venir demain le visiter, pour recommander la princesse, sa fille, à ses prières. »

« Une autre voix demanda quel besoin la princesse avait des prières du derviche; à quoi la première repartit : « Vous ne savez donc pas qu'elle est possédée du génie Maimoun, fils de Dimdim, qui est devenu amoureux d'elle? Mais je sais bien comment ce bon chef des derviches pourrait la guérir : la chose est très-aisée, et je vais vous la dire. Il a dans son couvent un chat noir, qui a une tache blanche au bout de la queue, environ de la grandeur d'une petite pièce de monnaie d'argent. Il n'a qu'à arracher sept brins de poil de cette tache blanche, les brûler, et parfumer la tête de la princesse de leur fumée : à l'instant elle sera si bien guérie et si bien délivrée de Maimoun, fils de Dimdim, que jamais il ne s'avisera d'approcher d'elle une seconde fois. »

« Le chef des derviches ne perdit pas un mot de cet entretien des fées et des génies qui gardèrent un grand silence toute la nuit, après avoir dit ces paroles. Le lendemain, au commencement du jour, dès qu'il put distinguer les objets, comme la citerne était démolie en plusieurs endroits, il aperçut un trou, par où il sortit sans peine.

« Les derviches, qui le cherchaient, furent ravis de le revoir. Il leur raconta en peu de mots la méchanceté de l'hôte qu'il avait si bien reçu le jour précédent, et se retira dans sa cellule. Le chat noir dont il avait ouï parler la nuit dans l'entretien des fées et des génies, ne fut pas long-temps à venir lui faire des caresses à son ordinaire. Il le prit, lui arracha sept brins de poil de la tache blanche qu'il avait à la queue, et les mit à part, pour s'en servir quand il en aurait besoin.

« Il n'y avait pas long-temps que le soleil était levé, lorsque le sultan, qui ne voulait rien négliger de ce qu'il croyait pouvoir apporter une prompte guérison à la princesse, arriva à la porte du couvent. Il ordonna à sa garde de s'y arrêter, et entra avec les principaux officiers qui l'accompagnaient. Les derviches le reçurent avec un profond respect.

« Le sultan tira leur chef à l'écart : « Bon scheik[1], lui dit-il, vous savez peut-être déjà le sujet qui m'amène. — Oui, sire, répondit modestement le derviche : c'est, si je ne me trompe, la maladie de la princesse qui m'attire cet honneur que je ne mérite pas. — C'est cela même, répliqua le sultan. Vous me rendriez la vie, si, comme je l'espère, vos prières obtenaient la guérison de ma fille. — Sire, repartit le bonhomme, si votre majesté veut bien la faire venir ici, je me flatte, par l'aide et la faveur de Dieu, qu'elle retournera en parfaite santé. »

« Le prince, transporté de joie, envoya sur-le-champ chercher sa fille, qui parut bientôt accompagnée d'une nombreuse suite de femmes et d'eunuques, et voilée de manière qu'on ne lui voyait pas le visage. Le chef des derviches fit tenir une poêle au-dessus de la tête de la princesse; et il n'eut pas sitôt posé les sept brins de poil sur les charbons allumés qu'il avait fait apporter, que le génie Maimoun, fils de Dimdim, fit de grands cris, sans que l'on vît rien, et laissa la princesse libre. Elle porta d'abord la main au voile qui lui couvrait le visage, et le leva pour voir où elle était : « Où suis-je? s'écria-t-elle. Qui m'a amenée ici? » A ces paroles, le sultan ne put cacher l'excès de sa joie : il embrassa sa fille, et la baisa aux yeux; il baisa aussi la main du chef des derviches, et dit aux officiers qui l'accompagnaient : « Dites-moi votre sentiment : quelle récompense mérite celui qui a ainsi guéri ma fille? » Ils répondirent tous qu'il méritait de l'épouser. « C'est ce que j'avais dans la pensée, reprit le sultan, et je le fais mon gendre dès ce moment.

« Peu de temps après le premier vizir mourut. Le sultan mit le derviche à sa place, et le sultan étant mort lui-même sans enfants mâles, les ordres de religion et de milice assemblés, le bonhomme fut déclaré et reconnu sultan d'un commun consentement. »

Le jour, qui survint en ce moment, obligea Scheherazade à s'arrêter. Le derviche parut à Schahriar digne de la couronne qu'il ve-

[1] Mot arabe qui signifie vieillard. On appelle ainsi dans l'Orient les chefs des communautés religieuses et séculières, et les docteurs distingués. Les Mahométans donnent aussi ce nom à leurs prédicateurs.

nait d'obtenir; mais ce prince était en peine de savoir si l'Envieux n'en était pas mort de chagrin; et il se leva dans la résolution de l'apprendre la nuit suivante

XLVIIIE NUIT.

Voici comme le second kalender, dit Scheherazade, poursuivit la fin de l'histoire de l'Envieux et de l'Envié :

« Le bon derviche, dit-il, étant donc monté sur le trône de son beau-père; un jour qu'il était au milieu de sa cour, dans une marche, il aperçut l'Envieux parmi la foule du monde qui était sur son passage. Il fit approcher un des vizirs qui l'accompagnaient, et lui dit tout bas : « Allez, et amenez-moi cet homme que voilà, et prenez bien garde de l'épouvanter. » Le vizir obéit; et quand l'Envieux fut en présence du sultan, le sultan lui dit : « Mon ami, je suis ravi de vous voir. » Et alors s'adressant à un officier : « Qu'on lui compte, dit-il, tout à l'heure mille pièces de monnaie d'or de mon trésor. De plus, qu'on lui livre vingt charges de marchandises les plus précieuses de mes magasins, et qu'une garde suffisante le conduise et l'escorte jusque chez lui. » Après avoir chargé l'officier de cette commission, il dit adieu à l'Envieux et continua sa marche.

« Lorsque j'eus achevé de conter cette histoire au génie, assassin de la princesse de l'île d'Ébène, je lui en fis l'application : « O génie, lui dis-je, vous voyez que ce sultan bienfaisant ne se contenta pas d'oublier qu'il n'avait pas tenu à l'Envieux qu'il n'eût perdu la vie, il le traita encore et le renvoya avec toute la bonté que je viens de vous dire. » Enfin, j'employai toute mon éloquence à le prier d'imiter un si bel exemple, et de me pardonner; mais il ne me fut pas possible de le fléchir : « Tout ce que je puis faire pour toi, me dit-il, c'est de ne te pas ôter la vie; ne te flatte pas que je te renvoie sain et sauf : il faut que je te fasse sentir ce que je puis par mes enchantements. » A ces mots il se saisit de moi avec violence, et m'emportant au travers de la voûte du palais souterrain, qui s'entr'ouvrit pour lui faire un passage, il m'enleva si haut, que la terre ne me parut qu'un petit nuage blanc. De cette hauteur, il se lança vers la terre comme la foudre, et prit pied sur la cime d'une montagne.

« Là il ramassa une poignée de terre, prononça ou plutôt marmotta dessus certaines paroles, auxquelles je ne compris rien; et la jetant sur moi : « Quitte, me dit-il, la figure d'homme, et prends « celle de singe. » Il disparut aussitôt, et je demeurai seul, changé en singe, accablé de douleur, dans un pays inconnu, ne sachant si j'étais près ou éloigné des états du roi, mon père.

« Je descendis du haut de la montagne, j'entrai dans un plat pays, dont je ne trouvai l'extrémité qu'au bout d'un mois, que j'arrivai au bord de la mer. Elle était alors dans un grand calme; et j'aperçus un vaisseau, à une demi-lieue de terre. Pour ne pas perdre une si belle occasion, je rompis une grosse branche d'arbre, je la tirai après moi dans la mer, et me mis dessus, jambe deçà, jambe delà, avec un bâton à chaque main, pour me servir de rames.

« Je voguai dans cet état, et m'avançai vers le vaisseau. Quand j'en fus assez près pour être reconnu, je donnai un spectacle fort extraordinaire aux matelots et aux passagers qui parurent sur le tillac. Ils me regardaient tous avec une grande admiration. Cependant j'arrivai à bord; et me prenant à un cordage, je grimpai jusque sur le tillac. Mais comme je ne pouvais parler, je me trouvai dans un terrible embarras. En effet, le danger que je courus alors ne fut pas moins grand que celui d'avoir été à la discrétion du génie.

« Les marchands superstitieux et scrupuleux crurent que je porterais malheur à leur navigation, si l'on me recevait : c'est pourquoi l'un dit : « Je vais l'assommer d'un coup de maillet. » Un autre : « Je veux lui passer une flèche au travers du corps. » Un autre : « Il faut le jeter à la mer. » Quelqu'un n'aurait pas manqué de faire ce qu'il disait, si, me rangeant du côté du capitaine, je ne m'étais pas prosterné à ses pieds, le prenant par son habit, dans la posture de suppliant; il fut tellement touché de cette action et des larmes qu'il vit couler de mes yeux, qu'il me prit sous sa protection, en menaçant de faire repentir celui qui me ferait le moindre mal. Il me fit même mille caresses. De mon côté, au défaut de la parole, je lui donnai par mes gestes toutes les marques de reconnaissance qu'il me fut possible.

« Le vent, qui succéda au calme, ne fut pas fort; mais il fut favorable : il ne changea point durant cinquante jours, et il nous fit heureusement aborder au port d'une belle ville très-peuplée et d'un grand commerce, où nous jetâmes l'ancre. Elle était d'autant plus considérable, que c'était la capitale d'un puissant état.

« Notre vaisseau fut bientôt environné d'une infinité de petits bateaux, remplis de gens qui venaient pour féliciter leurs amis sur leur arrivée, ou s'informer de ceux qu'ils avaient vus au pays d'où ils arrivaient, ou simplement par la curiosité de voir un vaisseau qui venait de loin. Il arriva entre autres quelques officiers qui demandèrent à parler, de la part du sultan, aux marchands de notre bord. Les marchands se présentèrent à eux; et l'un des officiers, prenant la parole, leur dit : « Le sultan notre maître nous a chargés de vous témoigner qu'il a bien de la joie de votre arrivée, et de vous prier de prendre la peine d'écrire, sur le rouleau de papier que voici, chacun quelques lignes de votre écriture. Pour vous apprendre quel est son dessein, vous saurez qu'il avait un premier vizir, qui, avec une très-grande capacité dans le maniement des affaires, écrivait dans la dernière perfection. Ce ministre est mort depuis peu de jours. Le sultan en est fort affligé; et comme il ne regardait jamais les écritures de sa main sans admiration, il a fait un serment solennel de ne donner sa place qu'à un homme qui écrira aussi bien qu'il écrivait. Beaucoup de gens ont présenté de leur écriture; mais jusqu'à présent il ne s'est trouvé personne, dans l'étendue de cet empire, qui ait été jugé digne d'occuper la place du vizir. »

« Ceux des marchands qui crurent assez bien écrire pour prétendre à cette haute dignité, écrivirent l'un après l'autre ce qu'ils voulurent. Lorsqu'ils eurent achevé, je m'avançai, et enlevai le rouleau de la main de celui qui le tenait. Tout le monde, et particulièrement les marchands qui venaient d'écrire, s'imaginant que je voulais le déchirer, ou le jeter à la mer, firent de grands cris; mais ils se rassurèrent, quand ils virent que je tenais le rouleau fort proprement, et que je faisais signe de vouloir écrire à mon tour. Cela fit changer leur crainte en admiration. Néanmoins, comme ils n'avaient jamais vu de singe qui sût écrire, et qu'ils ne pouvaient se persuader que je fusse plus habile que les autres, ils voulurent m'arracher le rouleau des mains; mais le capitaine prit encore mon parti : « Laissez-le faire, dit-il : qu'il écrive. S'il ne fait que barbouiller le papier, je vous promets que je le punirai sur-le-champ; si, au contraire, il écrit bien, comme je l'espère, car je n'ai vu de ma vie un singe plus adroit et plus ingénieux, ni qui comprît mieux toutes choses, je déclare que je le reconnaîtrai pour mon fils. J'en avais un qui n'avait pas à beaucoup près tant d'esprit que lui. »

« Voyant que personne ne s'opposait plus à mon dessein, je pris la plume et ne la quittai qu'après avoir écrit six sortes d'écritures usitées chez les Arabes; et chaque essai d'écriture contenait un distique ou un quatrain impromptu à la louange du sultan. Mon écriture n'effaçait pas seulement celle des marchands, j'ose dire qu'on n'en avait point vu de si belle jusqu'alors en ce pays-là. Quand j'eus achevé, les officiers prirent le rouleau, et le portèrent au sultan... »

Scheherazade en était là, lorsqu'elle aperçut le jour.

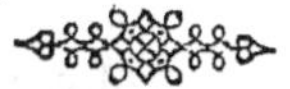

XLIXE NUIT.

Le lendemain, Dinarzade, à son réveil, dit à la sultane : « Je crois, ma sœur, que le sultan, mon seigneur, n'a pas moins de curiosité que moi d'entendre la suite des aventures du singe. — Vous allez être satisfaits l'un et l'autre, répondit Scheherazade ; et pour ne vous pas faire languir, je vous dirai que le second kalender continua ainsi son histoire :

« Le sultan ne fit aucune attention aux autres écritures ; il ne regarda que la mienne, qui lui plut tellement, qu'il dit aux officiers : « Prenez le cheval de mon écurie le plus beau et le plus richement harnaché, et une robe de brocard des plus magnifiques, pour revêtir la personne de qui sont ces six écritures, et amenez-la-moi. »

« A cet ordre du sultan, les officiers se mirent à rire. Ce prince, irrité de leur hardiesse, était prêt à les punir ; mais ils lui dirent : « Sire, nous supplions votre majesté de nous pardonner : ces écritures ne sont pas d'un homme, elles sont d'un singe. — Que dites-vous, s'écria le sultan, ces écritures merveilleuses ne sont pas de la main d'un homme ? — Non, sire, répondit un des officiers, nous assurons votre majesté qu'elles sont d'un singe, qui les a faites devant nous. » Le sultan trouva la chose trop surprenante, pour n'être pas curieux de me voir : « Faites ce que je vous ai commandé, leur dit-il, amenez-moi promptement un singe si rare. »

« Les officiers revinrent au vaisseau, et exposèrent leur ordre au capitaine, qui leur dit que le sultan était le maître. Aussitôt ils me revêtirent d'une robe de brocard très-riche, et me portèrent à terre, où ils me mirent sur le cheval du sultan, qui m'attendait dans son palais avec un grand nombre de personnes de sa cour, qu'il avait assemblées, pour me faire plus d'honneur.

« La marche commença : le port, les rues, les places publiques, les fenêtres, les terrasses des palais et des maisons, tout était rempli d'une multitude innombrable de monde de tout sexe et de tout âge, que la curiosité avait fait venir de tous les endroits de la ville pour me voir : car le bruit s'était répandu en un moment, que le sultan venait de choisir un singe pour son grand vizir. Après avoir donné un spectacle si nouveau à tout ce peuple, qui par des cris redoublés ne cessait de marquer sa surprise, j'arrivai au palais du sultan.

« Je trouvai ce prince assis sur son trône au milieu des grands de sa cour. Je lui fis trois révérences profondes ; et, à la dernière, je me prosternai et baisai la terre devant lui. Je me mis ensuite sur mon séant en posture de singe. Toute l'assemblée ne pouvait se lasser de m'admirer, et ne comprenait pas comment il était possible qu'un singe sût si bien rendre aux sultans le respect qui leur est dû ; et le sultan en était plus étonné que personne. Enfin la cérémonie de l'audience eût été complète, si j'eusse pu ajouter la harangue à mes gestes ; mais les singes ne parlèrent jamais, et l'avantage d'avoir été homme ne me donnait pas ce privilége.

« Le sultan congédia ses courtisans, et il ne resta auprès de lui que le chef de ses eunuques, un petit esclave fort jeune, et moi. Il passa de la salle d'audience dans son appartement, où il se fit apporter à manger. Lorsqu'il fut à table, il me fit signe d'approcher et de manger avec lui. Pour lui marquer mon obéissance, je baisai la terre, je me levai, et me mis à table. Je mangeai avec beaucoup de retenue et de modestie.

« Avant que l'on desservît, j'aperçus une écritoire : je fis signe qu'on me l'approchât ; et quand je l'eus, j'écrivis sur une grosse pêche des vers de ma façon, qui marquaient ma reconnaissance au sultan ; et la lecture qu'il en fit, après que je lui eus présenté la pêche, augmenta son étonnement. La table levée, on lui apporta d'une boisson particulière, dont il me fit présenter un verre. Je bus, et j'écrivis dessus de nouveaux vers, qui expliquaient l'état où je me trouvais après de grandes souffrances. Le sultan les lut encore, et dit : « Un homme qui serait capable d'en faire autant, serait au-dessus des plus grands hommes. »

« Ce prince s'étant fait apporter un jeu d'échecs, me demanda, par signe, si je savais jouer, et si je voulais jouer avec lui. Je baisai la terre ; et en portant la main sur ma tête, je marquai que j'étais prêt à recevoir cet honneur. Il me gagna la première partie ; mais je gagnai la seconde et la troisième ; et m'apercevant que cela lui faisait quelque peine, pour le consoler, je fis un quatrain que je lui présentai. Je lui disais que deux puissantes armées s'étaient battues tout le jour avec beaucoup d'ardeur, mais qu'elles avaient fait la paix sur le soir, et qu'elles avaient passé la nuit ensemble fort tranquillement sur le champ de bataille.

« Tant de choses paraissant au sultan fort au delà de tout ce qu'on avait jamais vu ou entendu de l'adresse et de l'esprit des singes, il ne voulut pas être le seul témoin de ces prodiges. Il avait une fille qu'on appelait Dame de beauté : « Allez, dit-il au chef des eunuques, qui était présent et attaché à cette princesse, allez, faites venir ici votre dame, je suis bien aise qu'elle ait part au plaisir que je prends. »

« Le chef des eunuques partit, et amena bientôt la princesse. Elle avait le visage découvert ; mais elle ne fut pas plutôt dans la chambre, qu'elle se couvrit promptement de son voile, en disant au sultan : « Sire, il faut que votre majesté se soit oubliée. Je suis fort surprise qu'elle me fasse venir pour paraître devant les hommes. — Comment donc, ma fille, répondit le sultan, vous n'y pensez pas vous-même. Il n'y a ici que le petit esclave, l'eunuque votre gouverneur, et moi, qui avons la liberté de vous voir le visage : néanmoins vous baissez votre voile, et vous me faites un crime de vous avoir fait venir ici. — Sire, répliqua la princesse, votre majesté va connaître que je n'ai pas tort. Le singe que vous voyez, quoiqu'il ait la forme d'un singe, est un jeune prince, fils d'un grand roi. Il a été métamorphosé en singe par enchantement. Un génie, fils de la fille d'Éblis, lui a fait cette malice, après avoir cruellement ôté la vie à la princesse de l'île d'Ébène, fille du roi Épitimarus. »

« Le sultan, étonné de ce discours, se tourna de mon côté, et ne me parlant plus par signes, me demanda si ce que sa fille venait de dire était véritable. Comme je ne pouvais parler, je mis la main sur ma tête pour lui témoigner que la princesse avait dit la vérité : « Ma fille, reprit alors le sultan, comment savez-vous que ce prince a été transformé en singe par enchantement? — Sire, répondit la princesse Dame de beauté, votre majesté peut se souvenir qu'au sortir de mon enfance, j'ai eu près de moi une vieille dame. C'était une magicienne très-habile : elle m'a enseigné soixante-dix règles de sa science, par la vertu de laquelle je pourrais, en un clin d'œil, faire transporter votre capitale au milieu de l'Océan, au delà du mont Caucase. Par cette science, je connais toutes les personnes qui sont enchantées, seulement à les voir ; je sais qui elles sont, et par qui elles ont été enchantées : ainsi ne soyez pas surpris si j'ai d'abord démêlé ce prince au travers du charme qui l'empêche de paraître à vos yeux tel qu'il est naturellement. — Ma fille, dit le sultan, je ne vous croyais pas si habile. — Sire, répondit la princesse, ce sont des choses curieuses qu'il est bon de savoir ; mais il m'a semblé que je ne devais pas m'en vanter. — Puisque cela est ainsi, reprit le sultan, vous pourrez donc dissiper l'enchantement du prince? — Oui, sire, repartit la princesse, je puis lui rendre sa première forme. — Rendez-la-lui donc, interrompit le sultan, vous ne sauriez me faire un plus grand plaisir, car je veux qu'il soit mon grand vizir, et qu'il vous épouse. — Sire, dit la princesse, je suis prête à vous obéir en tout ce qu'il vous plaira de m'ordonner.... »

Scheherazade, en achevant ces derniers mots, s'aperçut qu'il était jour, et cessa de poursuivre l'histoire du second kalender. Schahriar, jugeant que la suite ne serait pas moins agréable que ce qu'il avait entendu, résolut de l'écouter le lendemain.

Lᴱ NUIT.

La sultane, voyant l'empressement de sa sœur pour savoir comment Dame de beauté remit le second kalender dans son premier état, lui dit : Voici de quelle manière le kalender reprit son discours :

« La princesse Dame de beauté alla dans son appartement, d'où elle apporta un couteau qui avait des mots hébreux gravés sur la lame. Elle nous fit descendre ensuite, le sultan, le chef des eunuques, le petit esclave et moi, dans une cour secrète du palais; et là, nous laissant sous une galerie qui régnait autour, elle s'avança au milieu de la cour, où elle décrivit un grand cercle, et y traça plusieurs mots en caractères arabes, anciens et autres, qu'on appelle caractères de Cléopâtre.

« Lorsqu'elle eut achevé, et préparé le cercle de la manière qu'elle le souhaitait, elle se plaça et s'arrêta au milieu, où elle fit des abjurations, et récita des versets de l'Alcoran. Insensiblement l'air s'obscurcit, de sorte qu'il semblait qu'il fût nuit, et que la machine du monde allait se dissoudre. Nous nous sentîmes saisir d'une frayeur extrême; et cette frayeur augmenta encore, quand nous vîmes tout à coup paraître le génie, fils de la fille d'Éblis, sous la forme d'un lion d'une grandeur épouvantable.

« Dès que la princesse aperçut ce monstre, elle lui dit : « Chien, au lieu de ramper devant moi, tu oses te présenter sous cette horrible forme, et tu crois m'épouvanter? — Et toi, reprit le lion, tu ne crains pas de contrevenir au traité que nous avons fait et confirmé par un serment solennel, de ne nous nuire, ni faire aucun tort l'un à l'autre? —Ah! maudit, répliqua la princesse, c'est à toi que j'ai ce reproche à faire. — Tu vas, interrompit brusquement le lion, être payée de la peine que tu m'as donnée de venir. » En disant cela, il ouvrit une gueule effroyable, et s'avança sur elle pour la dévorer. Mais elle, qui était sur ses gardes, fit un saut en arrière, eut le temps de s'arracher un cheveu; et en prononçant deux ou trois paroles, elle le changea en un glaive tranchant, dont elle coupa le lion en deux par le milieu du corps. Les deux parties du lion disparurent, et il ne resta que la tête, qui se changea en un gros scorpion. Aussitôt la princesse se changea en serpent, et livra un rude combat au scorpion, qui n'ayant pas l'avantage, prit la forme d'un aigle, et s'envola. Mais le serpent prit alors celle d'un aigle noir plus puissant, et le poursuivit. Nous les perdîmes de vue l'un et l'autre.

« Quelque temps après qu'ils eurent disparu, la terre s'entr'ouvrit devant nous, et il en sortit un chat noir et blanc, dont le poil était tout hérissé, et qui miaulait d'une manière effrayante. Un loup noir le suivit de près, et ne lui donna aucun relâche. Le chat, trop pressé, se changea en un ver, et se trouva près d'une grenade tombée par hasard d'un grenadier qui était planté sur le bord d'un canal d'eau assez profond, mais peu large. Ce ver perça la grenade en un instant, et s'y cacha. La grenade alors s'enfla, et devint grosse comme une citrouille, et s'éleva sur le toit de la galerie, d'où, après avoir fait quelques tours en roulant, elle tomba dans la cour, et se rompit en plusieurs morceaux.

« Le loup, qui pendant ce temps-là s'était transformé en coq, se jeta sur les grains de la grenade, et se mit à les avaler l'un après l'autre. Lorsqu'il n'en vit plus, il vint à nous les ailes étendues, en faisant un grand bruit, comme pour nous demander s'il n'y avait plus de grains. Il en restait un sur le bord du canal, dont il s'aperçut en se retournant. Il y courut vite; mais dans le moment qu'il allait porter le bec dessus, le grain roula dans le canal, et se changea en petit poisson... »

Mais voilà le jour, sire, dit Scheherazade; s'il n'eût pas si tôt paru, je suis persuadée que votre majesté aurait pris beaucoup de plaisir à entendre ce que je lui aurais raconté. A ces mots, elle se tut, et le sultan se leva rempli de tous ces événements inouïs, qui lui inspirèrent une forte envie et une extrême impatience d'apprendre la suite de ce conte.

LIe NUIT.

Sire, dit Scheherazade, le second kalender continua de cette sorte son histoire :

« Le coq se jeta dans le canal, et se changea en un brochet qui poursuivit le petit poisson. Ils furent l'un et l'autre deux heures entières sous l'eau, et nous ne savions ce qu'ils étaient devenus, lorsque nous entendîmes des cris horribles qui nous firent frémir. Peu de temps après, nous vîmes le génie et la princesse tout en feu. Ils se lancèrent l'un contre l'autre des flammes par la bouche jusqu'à ce qu'ils vinrent à se prendre corps à corps. Alors les deux feux s'augmentèrent, et jetèrent une fumée épaisse et enflammée qui s'éleva fort haut. Nous craignîmes, avec raison, qu'elle n'embrasât tout le palais; mais nous eûmes bientôt un sujet de crainte beaucoup plus pressant : car le génie, s'étant débarrassé de la princesse, vint jusqu'à la galerie où nous étions, et nous souffla des tourbillons de feux : c'était fait de nous, si la princesse, accourant à notre secours, ne l'eût obligé, par ses cris, à s'éloigner et à se garder d'elle. Néanmoins, quelque diligence qu'elle fît, elle ne put empêcher que le sultan n'eût la barbe brûlée et le visage gâté; que le chef des eunuques ne fût étouffé et consumé sur-le-champ, et qu'une étincelle n'entrât dans mon œil droit, et ne me rendît borgne. Le sultan et moi, nous nous attendions à périr; mais bientôt nous ouïmes crier : « Victoire, Victoire; » et nous vîmes tout à coup paraître la princesse sous sa forme naturelle et le génie réduit en un monceau de cendres.

« La princesse s'approcha de nous, et pour ne pas perdre de temps, elle demanda une tasse pleine d'eau, qui lui fut apportée par le jeune esclave, à qui le feu n'avait fait aucun mal. Elle la prit, et après quelques paroles prononcées dessus, elle jeta l'eau sur moi en disant : « Si tu es singe par enchantement, change de figure, et prends celle d'homme, que tu avais auparavant. » A peine eut-elle achevé ces mots, que je redevins homme, tel que j'étais avant ma métamorphose, à un œil près.

« Je me préparais à remercier la princesse; mais elle ne m'en donna pas le temps. Elle s'adressa au sultan, son père, et lui dit : « Sire, j'ai remporté la victoire sur le génie, comme votre majesté le peut voir; mais c'est une victoire qui me coûte cher. Il me reste peu de moments à vivre, et vous n'aurez pas la satisfaction de faire le mariage que vous méditiez. Le feu m'a pénétrée dans ce combat terrible, et je sens qu'il me consume peu à peu. Cela ne seroit point arrivé, si je m'étais aperçue du dernier grain de la grenade, et que je l'eusse avalé comme les autres, lorsque j'étais changée en coq. Le génie s'y était réfugié comme en son dernier retranchement; et de là dépendait le succès du combat, qui aurait été heureux et sans danger pour moi. Cette faute m'a obligée de recourir au feu, et de combattre avec ces puissantes armes, comme je l'ai fait entre le ciel et la terre, et en votre présence. Malgré le pouvoir de son art redoutable et son expérience, j'ai fait connaître au génie que j'en savais plus que lui; je l'ai vaincu, et réduit en cendres. Mais je ne puis échapper à la mort qui s'approche »...

Scheherazade interrompit en cet endroit l'histoire du second kalender, et dit au sultan : Sire, le jour qui paraît m'avertit de n'en pas dire davantage.

LIIe NUIT.

La sultane, éveillée, prit aussitôt la parole, et poursuivit ainsi l'histoire du second kalender :

« Madame, dit le kalender à Zobéide, le sultan laissa la princesse Dame de Beauté achever le récit de son combat; et quand elle l'eut fini, il lui dit d'un ton qui marquait la vive douleur dont il était pénétré : « Ma fille, vous voyez en quel état est votre père. Hélas! je m'étonne que je sois encore en vie. L'eunuque votre gouverneur est mort, et le prince que vous venez de délivrer de son enchantement a perdu un œil. » Il n'en put dire davantage : les larmes, les soupirs et les sanglots lui coupèrent la parole. Nous fûmes extrêmement touchés de son affliction, sa fille et moi, et nous pleurâmes avec lui. Pendant que nous nous affligions comme à l'envi l'un de l'autre, la princesse se mit à crier : « Je brûle, je brûle! » Elle sentit que le feu qui la consumait s'était enfin emparé de tout son corps, et elle ne cessa de crier : Je brûle! que la mort n'eût mis fin à ses douleurs insupportables. L'effet de ce feu fut si extraordinaire, qu'en peu de moments elle fut réduite toute en cendres comme le génie.

« Je ne vous dirai pas, madame, jusqu'à quel point je fus touché d'un spectacle si funeste. J'aurais mieux aimé être toute ma vie singe ou chien, que de voir ma bienfaitrice périr si misérablement. De son côté, le sultan, affligé au delà de tout ce qu'on peut s'imaginer, poussa des cris pitoyables, en se donnant de grands coups à la tête et sur la poitrine, jusqu'à ce que, succombant à son désespoir, il s'évanouit et me fit craindre pour sa vie. Cependant les eunuques et les officiers accoururent aux cris du sultan, qu'ils n'eurent pas peu de peine à faire revenir de sa faiblesse. Ce prince et moi n'eûmes pas besoin de leur faire un long récit de cette aventure, pour les persuader de la douleur que nous en avions : les deux monceaux de cendres en quoi la princesse et le génie avaient été réduits, la leur firent assez concevoir. Comme le sultan pouvait à peine se soutenir, il fut obligé de s'appuyer sur ses eunuques, pour gagner son appartement.

« Dès que le bruit d'un événement si tragique se fut répandu dans le palais et dans la ville, tout le monde plaignit le malheur de la princesse Dame de Beauté, et prit part à l'affliction du sultan. Pendant sept jours on fit toutes les cérémonies du plus grand deuil : on jeta au vent les cendres du génie; on recueillit celles de la princesse dans un vase précieux, pour y être conservées; et ce vase fut déposé dans un superbe mausolée que l'on bâtit au même endroit où les cendres avaient été recueillies.

« Le chagrin que conçut le sultan de la perte de sa fille, lui causa une maladie qui l'obligea de garder le lit un mois entier. Il n'avait pas encore entièrement recouvré sa santé, qu'il me fit appeler : « Prince, me dit-il, écoutez l'ordre que j'ai à vous donner : il y va de votre vie si vous ne l'exécutez. » Je l'assurai que j'obéirais exactement. Après quoi, reprenant la parole : « J'avais toujours vécu, poursuivit-il, dans une parfaite félicité, et jamais aucun accident ne l'avait traversée; votre arrivée a fait évanouir le bonheur dont je jouissais. Ma fille est morte, son gouverneur n'est plus, et ce n'est que par un miracle que je suis en vie : vous êtes donc la cause de tous ces malheurs, dont il n'est pas possible que je puisse me consoler. C'est pourquoi retirez-vous en paix; mais retirez-vous incessamment, je périrais moi-même si vous demeuriez ici davantage : car je suis persuadé que votre présence porte malheur : c'est tout ce que j'avais à vous dire. Partez, et prenez garde de paraître jamais dans mes états; aucune considération ne m'empêcherait de vous en faire repentir. » Je voulus parler; mais il me ferma la bouche par des paroles remplies de colère, et je fus obligé de m'éloigner de son palais.

« Rebuté, chassé, abandonné de tout le monde, et ne sachant ce que je deviendrais, avant que de sortir de la ville, j'entrai dans un bain, je me fis raser la barbe et les sourcils, et pris l'habit de kalender. Je me mis en chemin, en pleurant moins ma misère que les belles princesses dont j'avais causé la mort. Je traversai plusieurs pays sans me faire connaître; enfin je résolus de venir à Bagdad, dans l'espérance de me faire présenter au Commandeur des croyants, et d'exciter sa compassion par le récit d'une histoire si étrange. J'y suis arrivé ce soir, et la première personne que j'ai rencontrée en arrivant, c'est le kalender, notre frère qui vient de parler avant moi. Vous savez le reste, madame, et pourquoi j'ai l'honneur de me trouver dans votre hôtel. »

« Quand le second kalender eut achevé son histoire, Zobéide, à qui il avait adressé la parole, lui dit : « Voilà qui est bien; allez, retirez-vous où il vous plaira, je vous en donne la permission. » Mais au lieu de sortir, il supplia aussi la dame de lui faire la même grâce qu'au premier kalender, auprès duquel il alla prendre place.

Mais, sire, dit Scheherazade, en achevant ces derniers mots, il est jour, il ne m'est pas permis de continuer. J'ose assurer que quelqu'agréable que soit l'histoire du second kalender, celle du troisième n'est pas moins belle. Que votre majesté se consulte; qu'elle voie si elle veut avoir la patience de l'entendre. Le sultan, curieux de savoir si elle était aussi merveilleuse que la première, se leva, résolu de prolonger encore la vie de Scheherazade, quoique le délai qu'il avait accordé fût fini depuis plusieurs jours.

LIIIE NUIT.

« Je voudrais bien, dit Schahriar sur la fin de la nuit, entendre l'histoire du troisième kalender. » Sire, répondit Scheherazade, vous allez être obéi. Le troisième kalender, ajouta-t-elle, voyant que c'était à lui de parler, s'adressant comme les autres à Zobéide, commença son histoire de cette manière :

HISTOIRE

DU TROISIÈME KALENDER, FILS DE ROI.

Très-honorable dame, ce que j'ai à vous raconter est bien différent de ce que vous venez d'entendre. Les deux princes qui ont parlé avant moi ont perdu chacun un œil par un effet de leur destinée ; et moi je n'ai perdu le mien que par ma faute, qu'en prévenant moi-même et cherchant mon propre malheur, comme vous l'apprendrez par la suite de mon discours.

« Je m'appelle Agib, et suis fils d'un roi qui se nommait Cassib. Après sa mort, je pris possession de ses états, et établis mon séjour dans la même ville où il avait demeuré. Cette ville est située sur le bord de la mer ; elle a un port des plus beaux et des plus sûrs, avec un arsenal assez grand pour fournir à l'armement de cent cinquante vaisseaux de guerre, toujours prêts à servir dans l'occasion ; pour en équiper cinquante en marchandises, et autant de petites frégates légères pour les promenades et les divertissements sur l'eau. Plusieurs belles provinces composaient mon royaume en terre ferme, avec un grand nombre d'îles considérables, presque toutes situées à la vue de ma capitale.

« Je visitai premièrement les provinces ; je fis ensuite armer et équiper toute ma flotte, et j'allai descendre dans mes îles, pour me concilier, par ma présence, le cœur de mes sujets et les affermir dans le devoir. Quelque temps après que j'en fus revenu, j'y retournai ; et ces voyages, en me donnant quelque teinture de la navigation, m'y firent prendre tant de goût, que je résolus d'aller faire des découvertes au delà de mes îles. Pour cet effet, je fis équiper dix vaisseaux seulement. Je m'embarquai et nous mîmes à la voile. Notre navigation fut heureuse pendant quarante jours de suite; mais, la nuit du quarante-unième, le vent devint contraire, et même si furieux, que nous fûmes battus d'une tempête violente qui pensa nous submerger. Néanmoins, à la pointe du jour, le vent s'apaisa, les nuages se dissipèrent, et le soleil ayant ramené le beau temps, nous abordâmes à une île, où nous nous arrêtâmes deux jours à prendre des rafraîchissements. Cela étant fait, nous nous remîmes en mer. Après dix jours de navigation nous commencions à espérer de voir terre : car la tempête que nous avions essuyée m'avait détourné de mon dessein, et j'avais fait prendre la route de mes états, lorsque je m'aperçus que mon pilote ne savait où nous étions. Effectivement, le dixième jour, un matelot, commandé pour faire la découverte au haut du grand mât, rapporta qu'à la droite et à la gauche il n'avait vu que le ciel et la mer qui bornassent l'horizon; mais que devant lui, du côté où nous avions la proue, il avait remarqué une grande noirceur.

« Le pilote changea de couleur à ce récit, jeta d'une main son turban sur le tillac, et de l'autre se frappant le visage : « Ah! sire, s'écria-t-il, nous sommes perdus! Personne de nous ne peut échapper au danger où nous nous trouvons; et avec toute mon expérience, il n'est pas en mon pouvoir de nous en garantir. » En disant ces paroles, il se mit à pleurer comme un homme qui croyait sa perte inévitable; et son désespoir jeta l'épouvante dans tout le vaisseau. Je lui andai quelle raison il avait de se désespérer ainsi : « Hélas! sire, me répondit-il, la tempête que nous avons essuyée nous a tellement égarés de notre route, que demain à midi nous nous trouverons près de cette noirceur, qui n'est autre chose que la Montagne Noire; et cette Montagne Noire est une mine d'aimant, qui dès à présent attire toute votre flotte, à cause des clous et des ferrements qui entrent dans la structure des vaisseaux. Lorsque nous en serons demain à une certaine distance, la force de l'aimant sera si violente, que les clous se détacheront et iront se coller contre la montagne : vos vaisseaux se dissoudront, et seront submergés. Comme l'aimant a la vertu d'attirer le fer à soi, et de se fortifier par cette attraction, cette montagne, du côté de la mer, est couverte des clous d'une infinité de vaisseaux qu'elle a fait périr; ce qui conserve et augmente en même temps cette vertu. Cette montagne, poursuivit le pilote, est très-escarpée, et au sommet, il y a un dôme de bronze fin, soutenu de colonnes du même métal; au haut du dôme, paraît un cheval aussi de bronze, lequel porte un cavalier qui a la poitrine couverte d'une plaque de plomb, sur laquelle sont gravés des caractères talismaniques. La tradition, sire, ajouta-t-il, est que cette statue est la cause principale de la perte de tant de vaisseaux et de tant d'hommes qui ont été submergés en cet endroit, et qu'elle ne cessera d'être funeste à tous ceux qui auront le malheur d'en approcher, jusqu'à ce qu'elle soit renversée. »

« Le pilote, ayant tenu ce discours, se remit à pleurer, et ses larmes excitèrent celles de tout l'équipage. Je ne doutai pas moi-même que je ne fusse arrivé à la fin de mes jours. Chacun, toutefois, ne laissa pas de songer à sa conservation, et de prendre pour cela toutes les mesures possibles; et, dans l'incertitude de l'événement, ils se firent tous héritiers les uns des autres, par un testament en faveur de ceux qui se sauveraient.

« Le lendemain matin, nous aperçûmes à découvert la Montagne Noire; et l'idée que nous en avions conçue nous la fit paraître plus affreuse qu'elle n'était. Sur le midi, nous nous en trouvâmes si près que nous éprouvâmes ce que le pilote nous avait prédit. Nous vîmes voler les clous et tous les autres ferrements de la flotte vers la montagne, où, par la violence de l'attraction, ils se collèrent avec un bruit horrible. Les vaisseaux s'entr'ouvrirent, et s'abîmèrent dans la mer, qui était si haute en cet endroit, qu'avec la sonde nous n'aurions pu en découvrir la profondeur. Tous mes gens furent noyés; mais Dieu eut pitié de moi, et permit que je me sauvasse, en me saisissant d'une planche qui fut poussée par le vent, droit au pied de la montagne. Je ne me fis pas le moindre mal, mon bonheur m'ayant fait aborder à un endroit où il y avait des degrés pour monter au sommet... »

Scheherazade voulait poursuivre ce conte; mais le jour, qui vint à paraître, lui imposa silence.

LIVe NUIT.

« Au nom de Dieu, ma sœur, s'écria le lendemain Dinarzade, continuez, je vous en conjure, l'histoire du troisième kalender. » Ma chère sœur, répondit Scheherazade, voici comment ce prince la reprit :

« A la vue de ces degrés, dit-il (car il n'y avait pas de terrain ni à droite ni à gauche où l'on pût mettre le pied, et par conséquent se sauver), je remerciai Dieu et invoquai son saint nom en commençant à monter. L'escalier était si étroit, si roide et si difficile, que, pour peu que le vent eût eu de la violence, il m'aurait renversé et précipité dans la mer. Mais, enfin, j'arrivai jusqu'au bout sans accident; j'entrai sous le dôme, et, me prosternant contre terre, je remerciai Dieu de la grâce qu'il m'avait faite.

« Je passai la nuit sous le dôme. Pendant que je dormais, un vénérable vieillard m'apparut, et me dit : « Écoute, Agib : lorsque tu « seras éveillé, creuse la terre sous tes pieds; tu y trouveras un arc « de bronze et trois flèches de plomb, fabriquées sous certaines « constellations, pour délivrer le genre humain de tant de maux « qui le menacent. Tire les trois flèches contre la statue : le cavalier « tombera dans la mer, et le cheval de ton côté, que tu enterrerai « au même endroit d'où tu auras tiré l'arc et les flèches. Cela étant « fait, la mer s'enflera et montera jusqu'au pied du dôme, à la hau- « teur de la montagne; lorsqu'elle y sera montée, tu verras abor- « der une chaloupe, où il n'y aura qu'un seul homme avec une « rame à chaque main. Cet homme sera de bronze, mais différent « de celui que tu auras renversé. Embarque-toi avec lui sans pro- « noncer le nom de Dieu, et te laisse conduire. Il te conduira en « dix jours dans une autre mer, où tu trouveras le moyen de re- « tourner chez toi sain et sauf, pourvu que, comme je te l'ai déjà « dit, tu ne prononces pas le nom de Dieu pendant tout le voyage. »

« Tel fut le discours du vieillard. D'abord que je fus éveillé, je me levai, extrêmement consolé de cette vision, et je ne manquai pas de faire ce que le vieillard m'avait commandé : je déterrai l'arc et les flèches, et les tirai contre le cavalier. A la troisième flèche, je le renversai dans la mer, et le cheval tomba de mon côté. Je l'enterrai à la place de l'arc et des flèches, et, dans cet intervalle, la mer s'enfla et s'éleva peu à peu. Lorsqu'elle fut arrivée au pied du dôme, à la hauteur de la montagne, je vis de loin sur la mer une chaloupe qui venait à moi. Je bénis Dieu, voyant que les choses se succédaient conformément au songe que j'avais eu.

« Enfin la chaloupe aborda, et j'y vis l'homme de bronze tel qu'il m'avait été dépeint. Je m'embarquai, et me gardai bien de prononcer le nom de Dieu; je ne dis pas même un seul autre mot. Je m'assis; et l'homme de bronze recommença de ramer en s'éloignant de la montagne. Il vogua sans discontinuer jusqu'au neuvième jour, que je vis des îles, qui me firent espérer que je serais bientôt hors du danger que j'avais à craindre. L'excès de ma joie me fit oublier la défense qui m'avait été faite : « Dieu soit béni! dis-je alors; Dieu « soit loué! »

« Je n'eus pas achevé ces paroles, que la chaloupe s'enfonça dans la mer avec l'homme de bronze. Je demeurai sur l'eau, et je nageai le reste du jour, du côté de la terre qui me parut la plus voisine.

Une nuit fort obscure succéda ; et, comme je ne savais plus où j'étais, je nageais à l'aventure. Mes forces s'épuisèrent à la fin, et je commençais à désespérer de me sauver, lorsque, le vent venant à se fortifier, une vague plus grosse qu'une montagne me jeta sur une plage, où elle me laissa en se retirant. Je me hâtai aussitôt de prendre terre, de crainte qu'une autre vague ne me reprît ; et la première chose que je fis, fut de me dépouiller, d'exprimer l'eau de mon habit, et de l'étendre pour le faire sécher sur le sable, qui était encore échauffé de la chaleur du jour.

« Le lendemain, le soleil eut bientôt achevé de sécher mon habit : je le repris, et m'avançai pour reconnaître où j'étais. Je n'eus pas marché long-temps, que je connus que j'étais dans une petite île déserte fort agréable, où il y avait plusieurs sortes d'arbres fruitiers et sauvages ; mais je remarquai qu'elle était considérablement éloignée de terre : ce qui diminua fort la joie que j'avais d'être échappé de la mer. Néanmoins, je me remettais à Dieu du soin de disposer de mon sort selon sa volonté, quand j'aperçus un petit bâtiment qui venait de terre ferme à pleines voiles, et avait la proue sur l'île où j'étais.

« Comme je ne doutais pas qu'il n'y vînt mouiller, et que j'ignorais si les gens qui étaient dessus seraient amis ou ennemis, je crus ne devoir pas me montrer d'abord : je montai sur un arbre fort touffu, d'où je pouvais impunément examiner leur contenance. Le bâtiment vint se ranger dans une petite anse, où débarquèrent dix esclaves, qui portaient une pelle et d'autres instruments propres à remuer la terre. Ils marchèrent vers le milieu de l'île, où je les vis s'arrêter et remuer la terre quelque temps ; et, à leur action, il me parut qu'ils levaient une trappe. Ils retournèrent ensuite au bâtiment, débarquèrent plusieurs sortes de provisions et de meubles, et en firent chacun une charge, qu'ils portèrent à l'endroit où ils avaient remué la terre ; ils y descendirent ; ce qui me fit comprendre qu'il y avait là un lieu souterrain. Je les vis encore une fois aller au vaisseau, et en ressortir peu de temps après avec un vieillard, qui menait avec lui un jeune homme de quatorze ou quinze ans, très-bien fait. Ils descendirent tous où la trappe avait été levée ; et, lorsqu'ils furent remontés, qu'ils eurent abaissé la trappe, qu'ils l'eurent recouverte de terre, et qu'ils reprirent le chemin de l'anse où était le navire, je remarquai que le jeune homme n'était pas avec eux : d'où je conclus qu'il était resté dans le lieu souterrain ; circonstance qui me causa un extrême étonnement.

« Le vieillard et les esclaves se rembarquèrent ; et le bâtiment, ayant remis à la voile, reprit la route de la terre ferme. Quand je le vis si éloigné, que je ne pouvais être vu de l'équipage, je descendis de l'arbre et me rendis promptement à l'endroit où j'avais vu remuer la terre. Je la remuai à mon tour, jusqu'à ce que, trouvant une pierre de deux ou trois pieds en carré, je la levai, et je vis qu'elle couvrait l'entrée d'un escalier aussi en pierre. Je le descendis, et me trouvai au bas dans une grande chambre où il y avait un tapis de pied et un sofa garni d'un autre tapis et de coussins d'une riche étoffe, où le jeune homme était assis, avec un éventail à la main. Je distinguai toutes ces choses à la clarté de deux bougies, aussi bien que des fruits et des pots de fleurs qu'il avait près de lui. Le jeune homme fut effrayé de me voir; mais, pour le rassurer, je lui dis en entrant : « Qui que vous soyez, seigneur, ne craignez rien : un roi et un fils de roi, tel que je le suis, n'est pas capable de vous faire la moindre injure. C'est, au contraire, votre bonne destinée qui a voulu apparemment que je me trouvasse ici pour vous tirer de ce tombeau, où il me semble qu'on vous ait enterré tout vivant pour des raisons que j'ignore. Mais, ce qui m'embarrasse, et ce que je ne puis concevoir (car je vous dirai que j'ai été témoin de tout ce qui s'est passé depuis que vous êtes arrivé dans cette île), c'est qu'il m'a paru que vous vous êtes laissé ensevelir dans ce lieu sans résistance.... »

Scheherazade se tut en cet endroit; et le sultan se leva très-impatient d'apprendre pourquoi ce jeune homme avait été ainsi abandonné dans une île déserte : ce qu'il se promit d'entendre la nuit suivante.

LVe NUIT.

Dinarzade, lorsqu'il en fut temps, appela la sultane; et Scheherazade, sans se faire prier, poursuivit de cette sorte l'histoire du troisième kalender :

« Le jeune homme, continua le troisième kalender, se rassura à ces paroles, et me pria d'un air riant de m'asseoir près de lui. Dès que je fus assis : « Prince, me dit-il, je vais vous apprendre une chose qui vous surprendra par sa singularité. Mon père est un marchand joaillier qui a acquis de grands biens par son travail et par son habileté dans sa profession. Il a un grand nombre d'esclaves et de commissionnaires, qui font des voyages par mer sur des vaisseaux qui lui appartiennent, afin d'entretenir les correspondances qu'il a en plusieurs cours où il fournit les pierreries dont on a besoin. Il y avait long-temps qu'il était marié sans avoir eu d'enfants, lorsqu'il rêva qu'il aurait un fils, dont la vie néanmoins ne serait pas de longue durée ; ce qui lui donna beaucoup de chagrin à son réveil. Quelques jours après, ma mère lui annonça qu'elle était grosse ; et le temps qu'elle croyait avoir conçu s'accordait fort avec le jour du songe de mon père. Elle accoucha de moi dans le terme des neuf mois, et ce fut une grande joie dans la famille. Mon père, qui avait exactement observé le moment de ma naissance, consulta les astrologues, qui lui dirent : « Votre fils vivra sans nul « accident jusqu'à l'âge de quinze ans ; mais alors il courra risque « de perdre la vie, et il sera difficile qu'il en échappe. Si néan- « moins son bonheur veut qu'il ne périsse pas, sa vie sera de longue « durée : c'est qu'en ce temps-là, ajoutèrent-ils, la statue équestre « de bronze qui est au haut de la montagne d'aimant aura été « renversée dans la mer par le prince Agib, fils du roi Cassib, « et que les astres marquent que, cinquante jours après, votre fils « doit être tué par ce prince. » Comme cette prédiction s'accordait avec le songe de mon père, il en fut vivement frappé et affligé. Il ne laissa pas pourtant de prendre beaucoup de soin de mon éducation, jusqu'à cette présente année, qui est la quinzième de mon âge. Il apprit hier que, depuis dix jours, le cavalier de bronze avait été jeté dans la mer par le prince que je viens de vous nommer. Cette nouvelle lui a coûté tant de pleurs, et causé tant d'alarmes, qu'il n'est pas reconnaissable dans l'état où il est. Sur la prédiction des astrologues, il a cherché les moyens de tromper mon horoscope et de me conserver la vie. Il y a long-temps qu'il a pris la précaution de faire bâtir cette demeure, pour m'y tenir caché durant cinquante jours, dès qu'il apprendrait que la statue aurait été renversée : c'est pourquoi, comme il a su qu'elle l'était depuis dix jours, il est venu promptement me cacher ici, et il a promis que dans quarante il viendrait me reprendre. Pour moi, ajouta-t-il, j'ai bonne espérance ; et je ne crois pas que le prince Agib vienne me chercher sous terre, au milieu d'une île déserte : voilà, seigneur, ce que j'avais à vous dire. »

« Pendant que le fils du joaillier me racontait son histoire, je me moquais en moi-même des astrologues qui avaient prédit que je lui ôterais la vie ; et je me sentais si éloigné de vérifier la prédiction, qu'à peine eut-il achevé de parler, je lui dis avec transport : « Mon cher seigneur, ayez de la confiance en la bonté de Dieu, et ne craignez rien. Comptez que c'était une dette que vous aviez à payer et que vous en êtes quitte dès à présent. Je suis ravi, après avoir fait naufrage, de me trouver heureusement ici pour vous défendre contre ceux qui voudraient attenter à votre vie. Je ne vous abandonnerai pas, durant ces quarante jours que les vaines conjectures des astrologues vous font appréhender. Je vous rendrai, pendant ce temps-là, tous les services qui dépendront de moi. Après cela, je profiterai de l'occasion de gagner la terre ferme, en m'embarquant avec vous sur votre bâtiment, avec la permission de votre père et la vôtre; et quand je serai de retour en mon royaume, je n'oublierai point l'obligation que je vous aurai, et je tâcherai de vous en témoigner ma reconnaissance, de la manière que je le devrai. »

« Je rassurai par ce discours le fils du joaillier et m'attirai sa confiance. Je me gardai bien, de peur de l'épouvanter, de lui dire que j'étais cet Agib qu'il craignait, et je pris grand soin de ne lui en donner aucun soupçon. Nous nous entretînmes de plusieurs choses jusqu'à la nuit, et je connus que le jeune homme avait beaucoup d'esprit. Nous mangeâmes ensemble de ses provisions. Il en avait une si grande quantité, qu'il en aurait eu de reste au bout de quarante jours, quand il aurait eu d'autres hôtes que moi. Après le souper, nous continuâmes à nous entretenir quelque temps, et ensuite nous nous couchâmes.

« Le lendemain, à son lever, je lui présentai le bassin et l'eau. Il se lava, je préparai le dîner, et le servis quand il fut temps. Après le repas, j'inventai un jeu pour nous désennuyer, non-seulement ce jour-là, mais encore les suivants. Je préparai le souper de la même manière que j'avais apprêté le dîner. Nous soupâmes et nous nous couchâmes, comme le jour précédent. Nous eûmes le temps de contracter amitié ensemble. Je m'aperçus qu'il avait de l'inclination pour moi; et, de mon côté, j'en avais conçu une si forte pour lui, que je me disais souvent à moi-même, que les astrologues, qui avaient prédit au père que son fils serait tué par mes mains, étaient des imposteurs, et qu'il n'était pas possible que je pusse commettre une si méchante action. Enfin, madame, nous passâmes trente-neuf jours le plus agréablement du monde dans ce lieu souterrain.

« Le quarantième arriva. Le matin, le jeune homme, en s'éveillant, me dit avec un transport de joie dont il ne fut pas le maître : « Prince, me voilà aujourd'hui au quarantième jour, et je ne suis pas mort, grâces à Dieu et à votre bonne compagnie. Mon père ne manquera pas tantôt de vous en marquer sa reconnaissance, et de vous fournir tous les moyens et toutes les commodités nécessaires pour vous en retourner dans votre royaume. Mais, en attendant, ajouta-t-il, je vous supplie de vouloir bien faire chauffer de l'eau, pour me laver tout le corps dans le bain portatif : je veux me décrasser et changer d'habit, pour mieux recevoir mon père. » Je mis de l'eau sur le feu; et, lorsqu'elle fut tiède, j'en remplis le bain portatif Le jeune homme se mit dedans ; je le lavai et le frottai moi-même. Il en sortit ensuite, se coucha dans son lit, que j'avais préparé, et je le couvris de sa couverture. Après qu'il se fut reposé et qu'il eut dormi quelque temps : « Mon prince, me dit-il, obligez-moi de m'apporter un melon et du sucre, que j'en mange pour me rafraîchir. »

« De plusieurs melons qui nous restaient, je choisis le meilleur, et le mis dans un plat ; et, comme je ne trouvais pas de couteau pour le couper, je demandai au jeune homme s'il ne savait pas où il y en avait : « Il y en a un, me répondit-il, sur cette corniche au-dessus de ma tête. » Effectivement, j'y en aperçus un ; mais je me pressai si fort pour le prendre, et, dans le temps que je l'avais à la main, mon pied s'embarrassa de sorte dans la couverture, que je glissai, et je tombai si malheureusement sur le jeune homme, que je lui enfonçai le couteau dans le cœur. Il expira dans le moment.

« A ce spectacle, je poussai des cris épouvantables ; je me frappai la tête, le visage et la poitrine ; je déchirai mon habit, et me jetai par terre avec une douleur et des regrets inexprimables : « Hélas ! m'écriai-je, il ne lui restait que quelques heures pour être hors du danger contre lequel il avait cherché un asile ; et, dans le temps que je compte moi-même que le péril est passé, c'est alors que je deviens son assassin, et que je rends la prédiction véritable. Mais, Seigneur, ajoutai-je en levant la tête et les mains au ciel, je vous en demande pardon ; et, si je suis coupable de sa mort, ne me laissez pas vivre plus long-temps.... »

Scheherazade, voyant paraître le jour en cet endroit, fut obligée d'interrompre ce récit funeste. Le sultan des Indes en fut ému ; et, se sentant quelque inquiétude sur ce que deviendrait après cela le kalender, il se garda bien de faire mourir ce jour là Scheherazade, qui seule pouvait le tirer de peine.

LVIe NUIT.

La sultane, engagée par sa sœur à raconter ce qui se passa après la mort du jeune homme, prit la parole, et continua de cette sorte :

« Madame, poursuivit le troisième kalender en s'adressant à Zobéide, après le malheur qui venait de m'arriver, j'aurais reçu la mort sans frayeur, si elle s'était présentée à moi : mais le mal, ainsi que le bien, ne nous arrive pas toujours lorsque nous le souhaitons. Néanmoins, faisant réflexion que mes larmes et ma douleur ne feraient pas revivre le jeune homme, et que, les quarante jours finissant, je pouvais être surpris par son père, je sortis de cette demeure souterraine, et montai au haut de l'escalier : j'abaissai la grosse pierre sur l'entrée, et la couvris de terre.

« J'eus à peine achevé, que, portant la vue sur la mer, du côté de la terre ferme, j'aperçus le bâtiment qui venait reprendre le jeune homme. Alors, me consultant sur ce que j'avais à faire, je dis en moi-même : « Si je me fais voir, le vieillard ne manquera pas de me faire arrêter et massacrer peut-être par ses esclaves, quand il aura vu son fils dans l'état où je l'ai mis. Tout ce que je pourrai alléguer pour me justifier ne le persuadera point de mon innocence : il vaut mieux, puisque j'en ai le moyen, me soustraire à son ressentiment que de m'y exposer. » Il y avait près du lieu souterrain un gros arbre, dont l'épais feuillage me parut propre à me cacher. J'y montai ; et je ne me fus pas plutôt placé de manière que je ne pouvais être aperçu, que je vis aborder le bâtiment au même endroit que la première fois.

« Le vieillard et les esclaves débarquèrent bientôt, et s'avancèrent vers la demeure souterraine, d'un air qui marquait qu'ils avaient quelque espérance ; mais lorsqu'ils virent la terre nouvellement remuée, ils changèrent de visage, et particulièrement le vieillard. Ils levèrent la pierre, et descendirent. Ils appellent le jeune homme par son nom ; il ne répond point : leur crainte redouble ; ils le cherchent, et le trouvent enfin étendu sur son lit, avec le couteau au milieu du cœur : car je n'avais pas eu le courage de l'ôter. A cette vue, ils poussèrent des cris de douleur, qui renouvelèrent la mienne : le vieillard tomba évanoui ; ses esclaves, pour lui donner de l'air, l'apportèrent en haut entre leurs bras, et le posèrent au pied de l'arbre où j'étais. Mais, malgré tous leurs soins, ce malheureux père demeura long-temps en cet état, et leur fit, plus d'une fois, désespérer de sa vie.

« Il revint, toutefois, de ce long évanouissement. Alors les esclaves apportèrent le corps de son fils, revêtu de ses plus beaux habillements, et, dès que la fosse qu'on lui faisait fut achevée, on l'y descendit. Le vieillard, soutenu par deux esclaves, et le visage baigné de larmes, lui jeta le premier un peu de terre ; après quoi les esclaves en comblèrent la fosse.

« Cela étant fait, l'ameublement de la demeure souterraine fut enlevé et embarqué avec le reste des provisions ; ensuite le vieillard, accablé de douleur, ne pouvant se soutenir, fut mis sur une espèce de brancard, et transporté dans le vaisseau, qui remit à la voile. Il s'éloigna de l'île en peu de temps, et je le perdis de vue.... »

Le jour, qui éclairait déjà l'appartement du sultan des Indes, obligea Scheherazade à s'arrêter en cet endroit.

LVIIE NUIT.

Le lendemain, Scheherazade, poursuivant les aventures du troisième kalender, dit : Ma sœur, vous saurez que ce prince continua de les raconter ainsi à Zobéide et à sa compagnie :

« Après le départ, dit-il, du vieillard, de ses esclaves et du navire, je restai seul dans l'île : je passais la nuit dans la demeure souterraine, qui n'avait pas été rebouchée, et le jour je me promenais autour de l'île, et m'arrêtais dans les endroits les plus propres à prendre du repos, quand j'en avais besoin.

« Je menai cette vie ennuyeuse pendant un mois. Au bout de ce temps-là, je m'aperçus que la mer diminuait considérablement, et que l'île devenait plus grande : il semblait que la terre ferme s'approchait. Effectivement, les eaux devinrent si basses, qu'il n'y avait plus qu'un petit trajet de mer entre moi et la terre ferme. Je le traversai, et n'eus de l'eau que jusqu'à mi-jambe. Je marchai si longtemps sur la plage et sur le sable, que j'en fus très-fatigué. A la fin, je gagnai un terrain plus ferme; et j'étais déjà assez éloigné de la mer, lorsque je vis, fort loin devant moi, comme un grand feu; ce qui me donna quelque joie : « Je trouverai quelqu'un, disais-je, et il n'est pas possible que ce feu se soit allumé de lui-même. » Mais, à mesure que je m'en approchais, mon erreur se dissipait, et je reconnus bientôt que ce que j'avais pris pour du feu était un château de cuivre rouge, que les rayons du soleil faisaient paraître de loin comme enflammé.

« Je m'arrêtai près de ce château, et m'assis, autant pour en considérer la structure admirable que pour me remettre un peu de ma lassitude. Je n'avais pas encore donné à cette maison magnifique toute l'attention qu'elle méritait, quand j'aperçus dix jeunes hommes fort bien faits, qui paraissaient venir de la promenade. Mais, ce qui me parut assez surprenant, ils étaient tous borgnes de l'œil droit. Ils accompagnaient un vieillard d'une taille haute, et d'un air vénérable.

« J'étais étrangement étonné de voir tant de borgnes à la fois, et tous privés du même œil. Dans le temps que je cherchais dans mon esprit par quelle aventure ils pouvaient être rassemblés, ils m'abordèrent et me témoignèrent de la joie de me voir. Après les premiers compliments, ils me demandèrent ce qui m'avait amené là. Je leur répondis que mon histoire était un peu longue, et que, s'ils voulaient prendre la peine de s'asseoir. je leur donnerais la satisfaction qu'ils souhaitaient. Ils s'assirent, et je leur racontai ce qui m'était arrivé, depuis que j'étais sorti de mon royaume jusqu'alors; ce qui leur causa une grande surprise.

« Après que j'eus achevé mon discours, ces jeunes seigneurs me prièrent d'entrer avec eux dans le château. J'acceptai leur offre; nous traversâmes une enfilade de salles, d'antichambres, de chambres et de cabinets fort proprement meublés, et nous arrivâmes dans un grand salon où il y avait en rond dix petits sofas bleus et séparés, tant pour s'asseoir et se reposer le jour, que pour dormir la nuit. Au milieu de ce rond était un onzième sofa moins élevé, et de la même couleur, sur lequel se plaça le vieillard dont on a parlé; et les jeunes seigneurs s'assirent sur les dix autres.

« Comme chaque sofa ne pouvait tenir qu'une personne, un de ces jeunes gens me dit: « Camarade, asseyez-vous sur le tapis au milieu de la place, et ne vous informez de quoi que ce soit qui nous regarde, non plus que du sujet pourquoi nous sommes tous borgnes de l'œil droit; contentez-vous de voir, et ne portez pas plus loin votre curiosité. »

« Le vieillard ne demeura pas long-temps assis; il se leva et sortit; mais il revint quelques moments après, apportant le souper des dix seigneurs, auxquels il distribua à chacun sa portion en particulier. Il me servit aussi la mienne, que je mangeai seul, à l'exemple des autres; et, sur la fin du repas, le même vieillard nous présenta une tasse de vin à chacun.

« Mon histoire leur avait paru si extraordinaire, qu'ils me la firent répéter à l'issue du souper, et elle donna lieu à un entretien qui dura une grande partie de la nuit. Un des seigneurs, faisant réflexion qu'il était tard, dit au vieillard: « Vous voyez qu'il est temps de dormir, et vous ne nous apportez pas de quoi nous acquitter de notre devoir. » A ces mots, le vieillard se leva, et entra dans un cabinet, d'où il apporta sur sa tête dix bassins l'un après l'autre, tous couverts d'une étoffe bleue. Il en posa un avec un flambeau devant chaque seigneur.

« Ils découvrirent leurs bassins, dans lesquels il y avait de la cendre, du charbon en poudre, et du noir à noircir. Ils mêlèrent toutes ces choses ensemble, et commencèrent à s'en frotter et barbouiller le visage, de manière qu'ils étaient affreux à voir. Après s'être noircis de la sorte, ils se mirent à pleurer, à se lamenter et à se frapper la tête et la poitrine, et criant sans cesse: « Voilà le fruit de notre oisiveté et de nos débauches! »

« Ils passèrent presque toute la nuit dans cette étrange occupation. Ils la cessèrent enfin; après quoi le vieillard leur apporta de l'eau dont ils se lavèrent le visage et les mains; ils quittèrent aussi leurs habits, qui étaient gâtés, et en prirent d'autres : de sorte qu'il ne paraissait pas qu'ils eussent rien fait des choses étonnantes dont je venais d'être spectateur.

« Jugez, madame, de la contrainte où j'avais été durant tout ce temps-là : j'avais été mille fois tenté de rompre le silence que ces seigneurs m'avaient imposé, pour leur faire des questions; et il me fut impossible de dormir le reste de la nuit.

« Le jour suivant, d'abord que nous fûmes levés, nous sortîmes pour prendre l'air, et alors je leur dis : « Seigneurs, je vous déclare que je renonce à la loi que vous me prescrivîtes hier au soir; je ne puis l'observer. Vous êtes des gens sages, et vous avez tous de l'esprit infiniment; vous me l'avez fait assez connaître : néanmoins, je vous ai vu faire des actions dont toutes autres personnes que des insensés ne peuvent être capables. Quelque malheur qui puisse m'arriver, je ne saurais m'empêcher de vous demander pourquoi vous vous êtes barbouillés le visage de cendre, de charbon et de noir à noircir, et enfin pourquoi vous n'avez tous qu'un œil; il faut que quelque chose de singulier en soit la cause : c'est pourquoi je vous conjure de satisfaire ma curiosité. » A des instances si pressantes, ils ne répondirent rien, sinon que les demandes que je leur faisais ne me regardaient pas, que je n'y avais pas le moindre intérêt, et que je demeurasse en repos.

« Nous passâmes la journée à nous entretenir de choses indifférentes; et, quand la nuit fut venue, après avoir tous soupé séparément, le vieillard apporta encore les bassins bleus; les jeunes seigneurs se barbouillèrent, ils pleurèrent, se frappèrent et crièrent : « Voilà le fruit de notre oisiveté et de nos débauches! » Ils firent le lendemain et les nuits suivantes la même action.

« A la fin, je ne pus résister à ma curiosité, et je les priai très-sérieusement de la contenter, ou de m'enseigner par quel chemin je pourrais retourner dans mon royaume : car je leur dis qu'il ne m'était pas possible de demeurer plus long-temps avec eux, et d'avoir toutes les nuits un spectacle si extraordinaire, sans qu'il me fût permis d'en savoir les motifs.

« Un des seigneurs me répondit pour tous les autres : « Ne vous étonnez pas de notre conduite à votre égard : si, jusqu'à présent, nous n'avons pas cédé à vos prières, ce n'a été que par pure amitié pour vous, et que pour vous épargner le chagrin d'être réduit au même état où vous nous voyez. Si vous voulez bien éprouver notre malheureuse destinée, vous n'avez qu'à parler, nous allons vous donner la satisfaction que vous nous demandez. » Je leur dis que j'étais résolu à tout événement : « Encore une fois, reprit le même seigneur, nous vous conseillons de modérer votre curiosité : il y va de la perte de votre œil droit. — Il n'importe, repartis-je, je vous déclare que si ce malheur m'arrive, je ne vous en tiendrai pas coupables, et que je ne l'imputerai qu'à moi-même. » Il me représenta encore que, quand j'aurais perdu un œil, je ne devais point espérer de demeurer avec eux, supposé que j'eusse cette pensée, parce que leur nombre était complet, et qu'il ne pouvait pas être augmenté. Je leur dis que je me ferais un plaisir de ne me séparer jamais d'aussi honnêtes gens qu'eux ; mais que, si c'était une nécessité, j'étais prêt encore à m'y soumettre, puisque, à quelque prix que ce fût, je souhaitais qu'ils m'accordassent ce que je leur demandais.

« Les dix seigneurs, voyant que j'étais inébranlable dans ma résolution, prirent un mouton qu'ils égorgèrent ; et après lui avoir ôté la peau, ils me présentèrent le couteau dont ils s'étaient servis, et me dirent : « Prenez ce couteau, il vous servira dans l'occasion que nous vous dirons bientôt. Nous allons vous coudre dans cette peau, dont il faut que vous vous enveloppiez ; ensuite nous vous laisserons sur la place, et nous nous retirerons. Alors un oiseau d'une grosseur énorme, qu'on appelle rock[1], paraîtra dans l'air, et, vous prenant pour un mouton, fondra sur vous, et vous enlèvera jusqu'aux nues ; mais que cela ne vous épouvante pas : il reprendra son vol vers la terre, et vous posera sur la cime d'une montagne. D'abord que vous vous sentirez à terre, fendez la peau avec le couteau, et développez-vous. Le rock ne vous aura pas plutôt vu, qu'il s'envolera de peur, et vous laissera libre. Ne vous arrêtez point, marchez jusqu'à ce que vous arriviez à un château d'une grandeur prodigieuse, tout couvert de plaques d'or, de grosses émeraudes et d'autres pierreries fines. Présentez-vous à la porte, qui est toujours ouverte, et entrez. Nous avons été dans ce château tous tant que nous sommes ici. Nous ne vous disons rien de ce que nous y avons vu, ni de ce qui nous y est arrivé ; vous l'apprendrez par vous-même. Ce que nous pouvons vous dire, c'est qu'il nous en coûte à chacun notre œil droit ; et la pénitence dont vous avez été témoin est une chose que nous sommes obligés

[1] Ou rouc : oiseau fabuleux, qui joue un grand rôle dans les contes arabes, et que Buffon a rapporté au condor, mais mal à propos ; car le condor est un oiseau des contrées méridionales de l'Amérique, et qui n'existe point en Arabie. On trouve sur le rock, dans les éditions précédentes des *Mille et une Nuits*, une note remarquable par son absurdité. La voici : « Marc-Paul, dans ses *Voyages*, et le père Martini, dans son « *Histoire de la Chine*, parlent de cet oiseau, et disent qu'il enlève l'éléphant et le « rhinocéros. »

de faire pour y être allé. L'histoire de chacun de nous en particulier est remplie d'aventures extraordinaires, et l'on en ferait un gros livre; mais nous ne pouvons vous en dire davantage.... »

En achevant ces mots, Scheherazade interrompit son conte, et dit au sultan des Indes: Sire, comme ma sœur m'a réveillée aujourd'hui un peu plus tôt que de coutume, je commençais à craindre d'ennuyer votre majesté; mais voilà le jour qui paraît à propos, et m'impose silence.

LVIIIE NUIT.

Scheherazade poursuivit ainsi, en faisant toujours parler le troisième kalender à Zobéide:

« Madame, un des dix seigneurs borgnes m'ayant tenu le discours que je viens de vous rapporter, je m'enveloppai dans la peau de mouton, muni du couteau qui m'avait été donné; et après que les jeunes seigneurs eurent pris la peine de me coudre dedans, ils me laissèrent sur la place, et se retirèrent dans le salon. Le rock dont ils m'avaient parlé ne fut pas long-temps à se faire voir; il fondit sur moi, me prit entre ses griffes, comme un mouton, et me transporta au haut d'une montagne.

« Lorsque je me sentis à terre, je ne manquai pas de me servir du couteau; je fendis la peau, me développai, et parus devant le rock, qui s'envola dès qu'il m'aperçut. Ce rock est un oiseau blanc, d'une grandeur et d'une grosseur monstrueuses; sa force est telle, qu'il enlève les éléphants dans les plaines, et les porte sur le sommet des montagnes, où il en fait sa pâture.

« Dans l'impatience que j'avais d'arriver au château, je ne perdis point de temps, et je pressai si bien le pas, qu'en moins d'une demi-journée, je m'y rendis; et je puis dire que je le trouvai encore plus beau qu'on ne me l'avait dépeint. La porte était ouverte; j'entrai dans une cour carrée et si vaste, qu'il y avait autour quatre-vingt-dix-neuf portes de bois de sandal et d'aloès, et une d'or, sans compter celles de plusieurs escaliers magnifiques, qui conduisaient aux appartements d'en haut, et d'autres encore que je ne voyais pas. Ces cent portes donnaient entrée dans des jardins ou des magasins remplis de richesses, ou enfin dans des lieux qui renfermaient des choses surprenantes à voir.

« J'aperçus en face une porte ouverte, par où j'entrai dans un grand salon, où étaient assises quarante jeunes dames d'une beauté si parfaite, que l'imagination même ne saurait aller au delà. Elles étaient habillées très-magnifiquement. Elles se levèrent toutes ensemble, sitôt qu'elles m'aperçurent, et, sans attendre mon compliment, elles me dirent, avec de grandes démonstrations de joie : « Brave seigneur, soyez le bienvenu, soyez le bienvenu ! » et une d'entre elles prenant la parole pour les autres : « Il y a long-temps, dit-elle, que nous attendions un cavalier comme vous. Votre air nous marque assez que vous avez toutes les bonnes qualités que nous pouvons souhaiter, et nous espérons que vous ne trouverez pas notre compagnie désagréable et indigne de vous. »

« Après beaucoup de résistance de ma part, elles me forcèrent de m'asseoir dans une place un peu élevée au-dessus des leurs ; comme je témoignais que cela me faisait de la peine : « C'est votre place, me dirent-elles ; vous êtes, de ce moment même, notre seigneur, notre maître et notre juge, et nous sommes vos esclaves, prêtes à recevoir vos commandements. »

« Rien au monde, madame, ne m'étonna tant que l'ardeur et l'empressement de ces belles filles à me rendre tous les services imaginables : l'une apporta de l'eau chaude, et me lava les pieds ; une autre me versa de l'eau de senteur sur les mains ; celles-ci apportèrent tout ce qui était nécessaire pour me faire changer d'habillement ; celles-là servirent une collation magnifique ; et d'autres enfin se présentèrent le verre à la main, prêtes à me verser d'un vin délicieux ; et tout cela s'exécutait sans confusion, avec un ordre, une union admirable et des manières dont j'étais charmé. Je bus et mangeai ; après quoi toutes les dames, s'étant placées autour de moi, me demandèrent une relation de mon voyage. Je leur fis le récit de mes aventures, qui dura jusqu'à l'entrée de la nuit... »

Scheherazade s'étant arrêtée en cet endroit, sa sœur lui en demanda la raison : Ne voyez-vous pas bien qu'il est jour? répondit la sultane.

LIXE NUIT.

Scheherazade s'adressant au sultan : Sire, poursuivit-elle, le prince kalender reprit sa narration dans ces termes :

« Lorsque j'eus achevé de raconter mon histoire aux quarante dames, quelques-unes de celles qui étaient assises le plus près de moi demeurèrent pour m'entretenir, pendant que d'autres, voyant qu'il était nuit, se levèrent pour aller chercher des bougies. Elles en apportèrent une prodigieuse quantité, qui répara merveilleusement la clarté du jour ; mais elles les disposèrent avec tant de symétrie, qu'il semblait qu'on n'en pouvait moins souhaiter.

« D'autres dames couvrirent une table de fruits secs, de confitures et d'autres mets qui excitent à boire, elles garnirent un buffet de plusieurs sortes de vins et de liqueurs; et d'autres enfin parurent avec des instruments de musique. Quand tout fut prêt, elles m'invitèrent à me mettre à table. Les dames s'y assirent avec moi, et nous y demeurâmes assez long-temps. Celles qui devaient jouer des instruments, et les accompagner de leurs voix, se levèrent et firent un concert charmant; les autres commencèrent une espèce de bal, et dansèrent deux à deux les unes après les autres, de la meilleure grâce du monde.

« Il était plus de minuit lorsque tous ces divertissements finirent. Alors une des dames, prenant la parole, me dit : « Vous êtes fatigué du chemin que vous avez fait aujourd'hui, il est temps que vous vous reposiez. Votre appartement est préparé; mais avant que de vous y retirer, choisissez, de nous toutes, celle qui vous plaira davantage, et menez-la coucher avec vous. » Je répondis que je me garderais bien de faire le choix qu'elles me proposaient, qu'elles étaient toutes également belles, spirituelles, dignes de mes respects et de mes services, et que je ne commettrais pas l'incivilité d'en préférer une aux autres.

« La même dame qui m'avait parlé, reprit : « Nous sommes très-persuadées de votre honnêteté, et nous voyons bien que la crainte de faire naître de la jalousie entre nous vous retient; mais que cette discrétion ne vous arrête pas; nous vous avertissons que le bonheur de celle que vous choisirez ne fera point de jalouses : car nous sommes convenues que, tous les jours, nous aurons l'une après l'autre le même honneur, et qu'au bout de quarante jours, ce sera à recommencer. Choisissez donc librement, et ne perdez pas un temps que vous devez donner au repos dont vous avez besoin. »

« Il fallut céder à leurs instances; je présentai la main à la dame qui portait la parole pour les autres; elle me donna la sienne, et l'on nous conduisit à un appartement magnifique. On nous y laissa seuls, et les autres dames se retirèrent dans les leurs.... »

Mais il est jour, sire, dit Scheherazade au sultan, et votre majesté voudra bien me permettre de laisser le prince kalender avec sa dame.

LXe NUIT.

Le lendemain, la sultane, à son réveil, dit à Dinarzade : Voici de quelle manière le troisième kalender reprit le fil de sa merveilleuse histoire :

« J'avais, dit-il, à peine achevé de m'habiller le lendemain, que les trente-neuf autres dames vinrent dans mon appartement, toutes parées autrement que le jour précédent. Elles me souhaitèrent le bonjour, et me demandèrent des nouvelles de ma santé. Ensuite elles me conduisirent au bain, où elles me lavèrent elles-mêmes, et me rendirent, malgré moi, tous les services dont on y a besoin; lorsque j'en sortis, elles me firent prendre un autre habit, qui était plus magnifique que le premier.

« Nous passâmes la journée presque toujours à table; et, quand l'heure de se coucher fut venue, elles me prièrent encore de choisir une d'entre elles pour me tenir compagnie. Enfin, madame, pour ne vous point ennuyer en répétant toujours la même chose, je vous dirai que je passai une année entière avec les quarante dames, en les recevant dans mon lit l'une après l'autre, et que, pendant tout ce temps-là, cette vie voluptueuse ne fut point interrompue par le moindre chagrin.

« Au bout de l'année (rien ne pouvait me surprendre davantage), les quarante dames, au lieu de se présenter à moi avec leur gaîté ordinaire, et de me demander comment je me portais, entrèrent un matin dans mon appartement les joues baignées de pleurs. Elles vinrent m'embrasser tendrement l'une après l'autre, en me disant : «Adieu, cher prince, adieu, il faut que nous vous quittions.» Leurs larmes m'attendrirent. Je les suppliai de me dire le sujet de leur affliction et de cette séparation dont elles me parlaient : « Au nom de Dieu, mes belles dames, ajoutai-je, apprenez-moi s'il est en mon pouvoir de vous consoler, ou si mon secours vous est inutile? » Au lieu de me répondre précisément : « Plût à Dieu, dirent-elles, que nous ne vous eussions jamais vu ni connu ! Plusieurs cavaliers, avant vous, nous ont fait l'honneur de nous visiter; mais pas un n'avait cette grâce, cette douceur, cet enjouement et ce mérite que vous avez. Nous ne savons comment nous pourrons vivre sans vous. » En achevant ces paroles, elles recommencèrent à pleurer amèrement : « Mes aimables dames, repris-je, de grâce, ne me faites pas languir davantage : dites-moi la cause de votre douleur. — Hélas ! répondirent-elles, quel autre sujet serait capable de nous affliger, que la nécessité de nous séparer de vous? Peut-être ne nous reverrons-nous jamais! Si pourtant vous le vouliez bien, et si vous aviez assez de pouvoir sur vous pour cela, il ne serait pas impossible de nous rejoindre. — Mesdames, repartis-je, je ne comprends rien à ce que vous dites; je vous prie de me parler plus clairement. — Eh bien! dit une d'elles, pour vous satisfaire, nous vous dirons que nous sommes toutes princesses, filles de rois. Nous vivons ici ensemble avec l'agrément que vous avez vu; mais, au bout de chaque année, nous sommes obligées de nous absenter pendant quarante jours, pour des devoirs indispensables qu'il ne nous est pas permis de révéler: après quoi nous revenons dans ce château. L'année est finie d'hier, il faut que nous vous quittions aujourd'hui : c'est ce qui fait le sujet de notre affliction. Avant que de partir, nous vous laisserons les clefs de toutes choses, particulièrement celles des cent portes, où vous trouverez de quoi contenter votre curiosité, et égayer votre solitude pendant notre absence. Mais, pour votre bien et pour notre intérêt particulier, nous vous recommandons de vous abstenir d'ouvrir la porte d'or : si vous l'ouvrez, nous ne vous reverrons jamais; et la crainte que nous en avons augmente notre douleur. Nous espérons que vous profiterez de l'avis que nous vous donnons: il y va de votre repos et du bonheur de votre vie; prenez-y garde: si vous cédiez à votre indiscrète curiosité, vous vous feriez un tort considérable. Nous vous conjurons donc de ne pas commettre cette faute, et de nous donner la consolation de vous retrouver ici dans quarante jours. Nous emporterions bien la clef de la porte d'or avec nous; mais ce serait faire une offense à un prince tel que vous, que de douter de sa discrétion et de sa retenue.... »

Scheherazade voulait continuer, mais elle vit paraître le jour.

LXIe NUIT.

Scheherazade, s'adressant à Schahriar, lui dit: Sire, votre majesté saura que le kalender poursuivit ainsi son histoire:

« Madame, dit-il, le discours de ces belles princesses me causa une véritable douleur. Je ne manquai pas de leur témoigner que leur absence me causerait beaucoup de peine, et je les remerciai des bons avis qu'elles me donnaient. Je les assurai que j'en profiterais, et que je ferais des choses encore plus difficiles, pour me procurer le bonheur de passer le reste de mes jours avec des dames d'un si rare mérite. Nos adieux furent des plus tendres; je les embrassai toutes l'une après l'autre; elles partirent ensuite, et je restai seul dans le château.

« L'agrément de la compagnie, la bonne chère, les concerts, les plaisirs, m'avaient tellement occupé durant l'année, que je n'avais pas eu le temps ni la moindre envie de voir les merveilles qui pouvaient être dans ce palais enchanté. Je n'avais pas même fait attention à mille objets admirables que j'avais tous les jours devant les yeux, tant j'avais été charmé de la beauté des dames, et du plaisir de les voir uniquement occupées du soin de me plaire! Je fus sensiblement affligé de leur départ; et quoique leur absence ne dût être que de quarante jours, il me parut que j'allais passer un siècle sans elles.

« Je me promettais bien de ne pas oublier l'avis important qu'elles m'avaient donné, de ne pas ouvrir la porte d'or; mais comme, à cela près, il m'était permis de satisfaire ma curiosité, je pris la première des clefs des autres portes, qui étaient rangées par ordre.

« J'ouvris la première porte, et j'entrai dans un jardin fruitier, auquel je crois que dans l'univers il n'y en a point qui soit comparable; je ne pense pas même que celui que notre religion nous promet après la mort puisse le surpasser. La symétrie, la propreté, la disposition admirable des arbres, l'abondance et la diversité des fruits, de mille espèces inconnues, leur fraîcheur, leur beauté, tout ravissait ma vue. Je ne dois pas négliger, madame, de vous faire remarquer que ce jardin délicieux était arrosé d'une manière fort singulière: des rigoles, creusées avec art et proportion, portaient de l'eau abondamment à la racine des arbres qui en avaient besoin pour pousser leurs premières feuilles et leurs fleurs; d'autres en portaient moins à ceux dont les fruits étaient déjà noués; d'autres encore moins à ceux où ils grossissaient; d'autres n'en portaient que ce qu'il en fallait précisément à ceux dont le fruit avait acquis une grosseur convenable, et n'attendait plus que la maturité; mais cette grosseur surpassait de beaucoup celle des fruits ordinaires de nos jardins. Enfin les autres rigoles qui aboutissaient aux arbres dont le fruit était mûr, n'avaient d'humidité que ce qui était nécessaire pour le conserver dans le même état sans le corrompre. Je ne pouvais me lasser d'examiner et d'admirer un si beau lieu, et je n'en serais jamais sorti, si je n'eusse pas conçu dès lors une plus grande idée des autres choses que je n'avais point vues. J'en sortis l'esprit rempli de ces merveilles; je fermai la porte, et j'ouvris celle qui suivait.

« Au lieu d'un jardin de fruits, j'en trouvai un de fleurs, qui n'était pas moins singulier dans son genre: il renfermait un parterre spacieux, arrosé, non pas avec la même profusion que le précédent, mais avec un plus grand ménagement, pour ne pas fournir plus d'eau que chaque fleur n'en avait besoin. La rose, le jasmin, la violette, le narcisse, l'hyacinthe, l'anémone, la tulipe, la renoncule, l'œillet, le lis, et une infinité d'autres fleurs, qui ne fleurissaient ailleurs qu'en différents temps, se trouvaient là fleuries toutes à la fois ; et rien n'était plus doux que l'air qu'on respirait dans ce jardin.

« J'ouvris la troisième porte ; je trouvai une volière très-vaste : elle était pavée de marbre de plusieurs sortes de couleurs, du plus fin, du moins commun ; la cage était de sandal et de bois d'aloès : elle renfermait une infinité de rossignols, de chardonnerets, de serins, d'alouettes, et d'autres oiseaux encore plus harmonieux, dont je n'avais entendu parler de ma vie. Les vases, où étaient leur grain et leur eau, étaient de jaspe ou d'agate la plus précieuse ; d'ailleurs, cette volière était d'une grande propreté : à voir son étendue, je jugeais qu'il ne fallait pas moins de cent personnes pour la tenir aussi nette qu'elle était. Personne, toutefois, n'y paraissait, non plus que dans les jardins où j'avais été, dans lesquels je n'avais pas remarqué une mauvaise herbe, ni la moindre superfluité qui m'eût blessé la vue. Le soleil était déjà couché, et je me retirai charmé du ramage de cette multitude d'oiseaux, qui cherchaient alors à se percher dans l'endroit le plus commode, pour jouir du repos de la nuit. Je me rendis à mon appartement, résolu d'ouvrir les autres portes les jours suivants, à l'exception de la centième.

« Le lendemain, je ne manquai pas d'aller ouvrir la quatrième porte. Si ce que j'avais vu le jour précédent avait été capable de me causer de la surprise, ce que je vis alors me ravit en extase. Je mis le pied dans une grande cour environnée d'un bâtiment d'une architecture merveilleuse, dont je ne vous ferai point la description, pour éviter la prolixité. Ce bâtiment avait quarante portes toutes ouvertes, dont chacune donnait entrée dans un trésor ; et de ces trésors, il y en avait plusieurs qui valaient mieux que les plus grands royaumes. Le premier contenait des monceaux de perles ; et, ce qui passe toute croyance, les plus précieuses, qui étaient grosses comme des œufs de pigeon, surpassaient en nombre les médiocres. Dans le second trésor, il y avait des diamants, des escarboucles et des rubis ; dans le troisième, des émeraudes ; dans le quatrième, de l'or en lingots ; dans le cinquième, de l'or monnayé ; dans le sixième, de l'argent en lingots ; dans les deux suivants, de l'argent monnayé. Les autres contenaient des améthystes, des chrysolites, des topazes, des opales, des turquoises, des hyacinthes, et toutes les autres pierres fines que nous connaissons, sans parler de l'agate, du jaspe, de la cornaline. Ce même trésor contenait un magasin rempli, non-seulement de branches, mais même d'arbres entiers de corail.

« Ravi de surprise et d'admiration, je m'écriai, après avoir vu toutes ces richesses : « Non, quand les trésors de tous les rois de l'univers seraient assemblés en un même lieu, ils n'approcheraient pas de ceux-ci. Quel est mon bonheur de posséder tous ces biens avec tant d'aimables princesses! »

« Je ne m'arrêterai point, madame, à vous faire le détail de toutes les autres choses rares et précieuses que je vis les jours suivants. Je vous dirai seulement qu'il ne me fallut pas moins de trente-neuf jours, pour ouvrir les quatre-vingt-dix-neuf portes, et admirer tout ce qui s'offrit à ma vue. Il ne restait plus que la centième porte, dont l'ouverture m'était défendue.... »

Le jour, qui vint éclairer l'appartement du sultan des Indes, imposa silence à Scheherazade, en cet endroit.

LXIIE NUIT.

Le lendemain, Scheherazade reprit en ces termes, sous le nom du troisième kalender :

« J'étais au quarantième jour depuis le départ des charmantes princesses. Si j'avais pu ce jour-là conserver sur moi le pouvoir que je devais avoir, je serais aujourd'hui le plus heureux de tous les hommes, au lieu que j'en suis le plus malheureux. Elles devaient arriver le lendemain, et le plaisir de les revoir devait servir de frein à ma curiosité; mais, par une faiblesse dont je ne cesserai jamais de me repentir, je succombai à la tentation du démon, qui ne me donna point de repos que je ne me fusse livré moi-même à la peine que j'ai éprouvée.

« J'ouvris la porte fatale que j'avais promis de ne pas ouvrir. Je n'eus pas avancé le pied pour entrer, qu'une odeur assez agréable, mais contraire à mon tempérament, me fit tomber évanoui. Néanmoins je revins à moi; et au lieu de profiter de cet avertissement, de refermer la porte et de perdre pour jamais l'envie de satisfaire ma curiosité, j'entrai. Après avoir attendu quelque temps que le grand air eût modéré cette odeur, je n'en fus plus incommodé.

« Je trouvai un lieu vaste, bien voûté, et dont le pavé était parsemé de safran. Plusieurs flambeaux d'or massif, avec des bougies allumées qui répandaient l'odeur d'aloès et d'ambre gris, y servaient de lumière; et cette illumination était encore augmentée par des lampes d'or et d'argent, remplies d'une huile composée de diverses sortes d'odeur. Parmi un assez grand nombre d'objets qui attirèrent mon attention, j'aperçus un cheval noir, le plus beau et le mieux fait qu'on puisse voir au monde. Je m'approchai de lui pour le considérer de près : je trouvai qu'il avait une selle et une bride d'or massif, d'un ouvrage excellent; que son auge, d'un côté, était remplie d'orge mondé et de sesame[1], et de l'autre, d'eau de rose. Je le pris par la bride, et le tirai dehors pour le voir au jour. Je le montai, et voulus le faire avancer; mais comme il ne branlait pas, je le frappai d'une houssine que j'avais ramassée dans son écurie magnifique. A peine eut-il senti le coup, qu'il se mit à hennir avec un bruit horrible; puis étendant des ailes, dont je ne m'étais point aperçu, il s'éleva dans l'air à perte de vue. Je ne songeai plus qu'à me tenir ferme; et malgré la frayeur dont j'étais saisi, je ne me tenais point mal. Il reprit ensuite son vol vers la terre, et se posa sur le toit en terrasse d'un château, où, sans me donner le temps de mettre pied à terre, il me secoua si violemment, qu'il me fit tomber en arrière; et du bout de sa queue il me creva l'œil droit.

« Voilà de quelle manière je devins borgne. Je me souvins bien alors de ce que m'avaient prédit les dix jeunes seigneurs. Le cheval reprit son vol, et disparut. Je me relevai fort affligé du malheur que j'avais cherché moi-même. Je marchai sur la terrasse, la main sur mon œil, qui me causait beaucoup de douleur. Je descendis, et me trouvai dans un salon, qui me fit connaître, par dix sofas disposés en rond et un autre moins élevé au milieu, que ce château était celui d'où j'avais été enlevé par le rock.

« Les dix jeunes seigneurs borgnes n'étaient pas dans le salon. Je les y attendis, et ils arrivèrent peu de temps après avec le vieillard. Ils ne parurent pas étonnés de me revoir, ni de la perte de mon œil : « Nous sommes bien fâchés, me dirent-ils, de ne pouvoir vous féliciter sur votre retour de la manière que nous le souhaiterions; mais nous ne sommes pas la cause de votre malheur. —J'aurais tort de vous en accuser, leur répondis-je; je me le suis attiré moi-même, et je m'en impute toute la faute.—Si la consolation des malheureux, reprirent-ils, est d'avoir des semblables, notre exemple peut vous en fournir un sujet. Tout ce qui vous est arrivé nous est arrivé aussi : nous avons goûté toutes sortes de plaisirs

[1] Plante dont la tige ressemble à celle du millet. Le SESAME ORIENTAL est originaire de l'Inde; mais, de temps immémorial, on le cultive dans tout l'Orient. On mange ses semences cuites dans du lait, comme le millet; on les mange aussi grillées au four ou en galettes pétries avec du beurre ou de l'huile : c'est un aliment fort nourrissant et assez agréable, que les enfants surtout recherchent beaucoup. On tire aussi de ses semences, par expression, ou par le moyen de l'eau bouillante, une huile presque aussi bonne que celle de l'olive, dont on se sert pour assaisonner les aliments et brûler dans les lampes.

pendant une année entière; et nous aurions continué de jouir du même bonheur, si nous n'eussions pas ouvert la porte d'or, pendant l'absence des princesses. Vous n'avez pas été plus sage que nous, et vous avez éprouvé la même punition. Nous voudrions bien vous recevoir parmi nous pour faire la pénitence que nous faisons, et dont nous ne savons pas de combien sera la durée; mais nous vous avons déjà déclaré les raisons qui nous en empêchent. C'est pourquoi retirez-vous; allez à la cour de Bagdad : vous y trouverez celui qui doit décider de votre destinée. »

« Ils m'enseignèrent la route que je devais tenir, et je me séparai d'eux. Je me fis raser en chemin la barbe et les sourcils, et je pris l'habit de kalender. Il y a long-temps que je marche. Enfin, je suis arrivé aujourd'hui dans cette ville à l'entrée de la nuit. J'ai rencontré à la porte ces kalenders, mes confrères, tous étrangers comme moi. Nous avons été tous trois fort surpris de nous voir borgnes du même œil; mais nous n'avons pas eu le temps de nous entretenir de cette disgrâce qui nous est commune; nous n'avons eu, madame, que celui de venir implorer le secours que vous nous avez généreusement accordé. »

Le troisième kalender ayant achevé de raconter son histoire, Zobéide prit la parole, et s'adressant à lui et à ses confrères : « Allez, leur dit-elle, vous êtes libres tous trois : retirez-vous où il vous plaira. » Mais l'un d'entre eux lui répondit : « Madame, nous vous supplions de nous pardonner notre curiosité, et de nous permettre d'entendre l'histoire de ces seigneurs qui n'ont pas encore parlé. » Alors la dame se tournant du côté du kalife, du vizir Giafar et de Mesrour, qu'elle ne connaissait pas pour ce qu'ils étaient, leur dit : « C'est à vous de me raconter votre histoire, parlez. »

Le grand vizir Giafar, qui avait toujours porté la parole, répondit encore à Zobéide : « Madame, pour vous obéir, nous n'avons qu'à répéter ce que nous avons déjà dit avant que d'entrer chez vous. Nous sommes, poursuivit-il, des marchands de Moussoul, et nous venons à Bagdad négocier nos marchandises, qui sont en magasin dans un khan où nous sommes logés. Nous avons dîné aujourd'hui avec plusieurs autres personnes de notre profession, chez un marchand de cette ville, lequel, après nous avoir régalés de mets délicats et de vins exquis, a fait venir des danseurs et des danseuses, avec des chanteurs et des joueurs d'instruments. Le grand bruit que nous faisions tous ensemble a attiré le guet, qui a arrêté une partie des gens de l'assemblée. Pour nous, par bonheur, nous nous sommes sauvés; mais, comme il était déjà tard, et que la porte de notre khan était fermée, nous ne savions où nous retirer.

Le hasard a voulu que nous ayons passé par votre rue, et que nous ayons entendu qu'on se réjouissait chez vous : cela nous a déterminés à frapper à votre porte. Voilà, madame, le compte que nous avons à vous rendre pour obéir à vos ordres. »

Zobéide, après avoir écouté ce discours, semblait hésiter sur ce qu'elle devait dire. De quoi les kalenders s'apercevant, la supplièrent d'avoir pour les trois marchands de Moussoul la même bonté qu'elle avait eue pour eux : « Hé bien, leur dit-elle, j'y consens. Je veux que vous m'ayez tous la même obligation. Je vous fais grâce ; mais c'est à condition que vous sortirez tous de ce logis présentement, et que vous vous retirerez où il vous plaira. » Zobéide ayant donné cet ordre d'un ton qui marquait qu'elle voulait être obéie, le kalife, le vizir, Mesrour, les trois kalenders et le porteur sortirent sans répliquer : car la présence des sept esclaves armés les tenait en respect. Lorsqu'ils furent hors de la maison, et que la porte fut fermée, le kalife dit aux kalenders, sans leur faire connaître qui il était : « Et vous, seigneurs, qui êtes étrangers et nouvellement arrivés en cette ville, de quel côté allez-vous présentement qu'il n'est pas jour encore? — Seigneur, lui répondirent-ils, c'est là ce qui nous embarrasse. — Suivez-nous, reprit le kalife, nous allons vous tirer d'embarras. » Après avoir achevé ces paroles, il parla bas au vizir, et lui dit : « Conduisez-les chez vous ; et demain matin vous me les amènerez. Je veux faire écrire leurs histoires : elles méritent bien d'avoir place dans les annales de mon règne. »

Le vizir Giafar emmena avec lui les trois kalenders ; le porteur se retira dans sa maison, et le kalife, accompagné de Mesrour, se rendit à son palais. Il se coucha ; mais il ne put fermer l'œil, tant il avait l'esprit agité de toutes les choses extraordinaires qu'il avait vues et entendues. Il était surtout fort en peine de savoir qui était Zobéide, quel sujet elle pouvait avoir de maltraiter les deux chiennes noires, et pourquoi Amine avait le sein meurtri. Le jour parut qu'il était encore occupé de ces pensées. Il se leva, et se rendit dans la chambre où il tenait son conseil et donnait audience ; il s'assit sur son trône.

Le grand vizir arriva peu de temps après, et lui rendit ses respects à son ordinaire : « Vizir, lui dit le kalife, les affaires que nous aurions à régler présentement ne sont pas fort pressantes ; celle des trois dames et des deux chiennes noires l'est davantage : je n'aurai pas l'esprit en repos que je ne sois pleinement instruit de tant de choses qui m'ont surpris. Allez, faites venir ces dames, et amenez en même temps les kalenders. Partez, et souvenez-vous que j'attends impatiemment votre retour. »

Le vizir, qui connaissait l'humeur vive et bouillante de son maître, se hâta de lui obéir. Il arriva chez les dames, et leur exposa, d'une manière très-honnête, l'ordre qu'il avait de les conduire au kalife, sans, toutefois, leur parler de ce qui s'était passé la nuit chez elles. Les dames se couvrirent de leur voile, et partirent avec le vizir, qui prit en passant chez lui les trois kalenders, qui avaient eu le temps d'apprendre qu'ils avaient vu le kalife, et qu'ils lui avaient parlé sans le connaître. Le vizir les mena au palais, et s'acquitta de sa commission avec tant de diligence, que le kalife en fut fort satisfait. Ce prince, pour garder la bienséance devant tous les officiers de sa maison, qui étaient présents, fit placer les trois dames derrière la portière de la salle qui conduisait à son appartement, et retint près de lui les trois kalenders, qui firent assez connaître, par leurs respects, qu'ils n'ignoraient pas devant qui ils avaient l'honneur de paraître.

Lorsque les dames furent placées, le kalife se tourna de leur côté, et leur dit : « Mesdames, en vous apprenant que je me suis introduit chez vous cette nuit, déguisé en marchand, je vais, sans doute, vous alarmer : vous craindrez de m'avoir offensé, et vous croirez peut-être que je ne vous ai fait venir ici que pour vous donner des marques de mon ressentiment ; mais, rassurez-vous : soyez persuadées que j'ai oublié le passé, et que je suis même très-content de votre conduite : je souhaiterais que toutes les dames de Bagdad eussent autant de sagesse que vous m'en avez fait voir. Je me souviendrai toujours de la modération que vous eûtes après l'incivilité que nous avons commise. J'étais alors marchand de Moussoul ; mais je suis à présent Haroun Alraschild, le cinquième kalife de la glorieuse maison d'Abbas, qui tient la place de notre grand Prophète. Je vous ai mandées seulement pour savoir de vous qui vous êtes, et vous demander pour quel sujet l'une de vous, après avoir maltraité les deux chiennes noires, a pleuré avec elles ? Je ne suis pas moins curieux d'apprendre pourquoi une autre a le sein tout couvert de cicatrices ? »

Quoique le kalife eût prononcé ces paroles très-distinctement, et que les trois dames les eussent entendues, le vizir Giafar, par un air de cérémonie, ne laissa pas de les leur répéter....

Mais, sire, dit Scheherazade, il est jour. Si votre majesté veut que je lui raconte la suite, il faut qu'elle ait la bonté de prolonger encore ma vie jusqu'à demain. Le sultan y consentit, jugeant bien que Scheherazade lui conterait l'histoire de Zobéide, qu'il n'avait pas peu d'envie d'entendre.

LXIIIe NUIT.

« Ma chère sœur, s'écria Dinarzade sur la fin de la nuit, dites-nous, je vous en conjure, l'histoire de Zobéide; car cette dame la raconta sans doute au kalife. » Elle n'y manqua pas, répondit Scheherazade. Dès que le prince l'eut rassurée par le discours qu'il venait de faire, elle lui donna de cette sorte la satisfaction qu'il lui demandait :

HISTOIRE DE ZOBÉIDE.

COMMANDEUR des croyants, dit-elle, l'histoire que j'ai à raconter à votre majesté est une des plus surprenantes dont on ait jamais entendu parler. Les deux chiennes noires et moi sommes trois sœurs, nées d'une même mère et d'un même père; et je vous dirai par quel accident étrange elles ont été changées en chiennes. Les deux dames qui demeurent avec moi, et qui sont ici présentes, sont aussi mes sœurs de même père, mais d'une autre mère : celle qui a le sein couvert de cicatrices se nomme Amine, l'autre s'appelle Safie, et moi Zobéide.

« Après la mort de notre père, le bien qu'il nous avait laissé fut partagé entre nous également; et lorsque mes deux dernières sœurs eurent reçu leur portion, elles se séparèrent et allèrent demeurer en particulier avec leur mère. Mes deux autres sœurs et moi restâmes avec la nôtre, qui vivait encore, et qui depuis, en mourant, nous laissa à chacune mille sequins.

« Lorsque nous eûmes touché ce qui nous appartenait, mes deux aînées se marièrent, suivirent leurs maris, et me laissèrent seule. Peu de temps après leur mariage, le mari de la première vendit tout ce qu'il avait de biens et de meubles, et avec l'argent qu'il en put faire, et celui de ma sœur, ils passèrent tous deux en Afrique. Là, le mari dépensa, en bonne chère et en débauches, tout son bien et celui que ma sœur lui avait apporté; ensuite, se voyant réduit à la dernière misère, il trouva un prétexte pour la répudier, et la chassa.

« Elle revint à Bagdad, non sans avoir souffert des maux incroyables dans un si long voyage. Elle vint se réfugier chez moi, dans un état si digne de pitié, qu'elle en aurait inspiré aux cœurs les plus durs. Je la reçus avec toute l'affection qu'elle pouvait attendre de moi. Je lui demandai pourquoi je la voyais dans une si malheureuse situation : elle m'apprit, en pleurant, la mauvaise conduite de son mari, et l'indigne traitement qu'il lui avait fait. Je fus touchée de son malheur, et j'en pleurai avec elle. Je la fis ensuite entrer au bain, je lui donnai de mes propres habits, et je lui dis : « Ma sœur, vous êtes mon aînée, et je vous regarde comme ma mère. Pendant votre absence, Dieu a béni le peu de bien qui m'est tombé en partage, et l'emploi que j'en fais à nourrir et à élever des vers à soie. Comptez que je n'ai rien qui ne soit à vous, et dont vous ne puissiez disposer comme moi-même. »

« Nous demeurâmes toutes deux, et vécûmes ensemble pendant plusieurs mois en bonne intelligence. Comme nous nous entretenions souvent de notre troisième sœur, et que nous étions surprises de ne pas apprendre de ses nouvelles, elle arriva en aussi mauvais état que notre aînée. Son mari l'avait traitée de la même sorte : je la reçus avec la même amitié.

« Quelque temps après, mes deux sœurs, sous prétexte qu'elles m'étaient à charge, me dirent qu'elles étaient dans le dessein de se remarier. Je leur répondis que si elles n'avaient pas d'autres raisons que celle-là, elles pouvaient continuer de demeurer avec moi en toute sûreté; que mon bien suffisait pour nous entretenir toutes trois d'une manière conforme à notre condition : « Mais, ajoutai-je, je crains plutôt que vous n'ayez véritablement envie de vous remarier. Si cela était, je vous avoue que j'en serais fort étonnée. Après l'expérience que vous avez faite du peu de satisfaction qu'on a dans le mariage, y pouvez-vous penser une seconde fois ? Vous savez combien il est rare de trouver un mari parfaitement honnête homme : croyez-moi, continuons de vivre ensemble le plus agréablement qu'il nous sera possible. »

« Tout ce que je leur dis fut inutile : elles avaient pris la résolution de se remarier; elles l'exécutèrent. Mais elles revinrent me trouver au bout de quelques mois, et me firent mille excuses de n'avoir pas suivi mon conseil : « Vous êtes notre cadette, me dirent-elles, mais vous êtes plus sage que nous : si vous voulez bien nous recevoir encore dans votre maison, et nous regarder comme vos esclaves, il ne nous arrivera plus de faire une si grande faute. — Mes chères sœurs, leur répondis-je, je n'ai point changé à votre égard depuis notre dernière séparation, revenez, et jouissez avec moi de ce que j'ai. » Je les embrassai, et nous demeurâmes ensemble comme auparavant.

« Il y avait un an que nous vivions dans une union parfaite; et, voyant que Dieu avait béni mon petit fonds, je formai le dessein de faire un voyage par mer, et de hasarder quelque chose dans le commerce. Pour cet effet, je me rendis avec mes deux sœurs à Bassora, où j'achetai un vaisseau tout équipé; je le chargeai de marchandises que j'avais fait venir de Bagdad. Nous mîmes à la voile avec un vent favorable, et nous sortîmes bientôt du golfe Persique. Quand nous fûmes en pleine mer, nous prîmes la route des Indes; et, après vingt jours de navigation, nous vîmes terre. C'était une montagne fort haute, au pied de laquelle nous aperçûmes une ville de grande apparence. Comme nous avions le vent frais, nous arrivâmes de bonne heure au port, et nous y jetâmes l'ancre.

« Je n'eus pas la patience d'attendre que mes sœurs fussent en état de m'accompagner; je me fis débarquer seule, et j'allai droit à la porte de la ville. J'y vis une garde nombreuse de gens assis, et d'autres qui étaient debout avec un bâton à la main; mais ils avaient tous l'air si hideux, que j'en fus effrayée. Remarquant, toutefois, qu'ils étaient immobiles, et qu'ils ne remuaient pas même les yeux, je me rassurai, et, m'étant approchée d'eux, je reconnus qu'ils étaient pétrifiés.

« J'entrai dans la ville et passai par plusieurs rues où il y avait des hommes, d'espace en espace, dans toutes sortes d'attitudes; mais ils étaient tous sans mouvement et pétrifiés. Au quartier des marchands, je trouvai la plupart des boutiques fermées, et j'aperçus dans celles qui étaient ouvertes des personnes aussi pétrifiées. Je jetai la vue sur les cheminées, et n'en voyant pas sortir de fumée, cela me fit juger que tout ce qui était dans les maisons, de même que ce qui était dehors, était changé en pierre.

« Étant arrivée dans une vaste place, au milieu de la ville, je découvris une grande porte couverte de plaques d'or, et dont les deux battants étaient ouverts; une portière d'étoffe de soie paraissait tirée devant, et l'on voyait une lampe suspendue au-dessus de la porte. Après avoir considéré le bâtiment, je ne doutai pas que ce ne fût le palais du prince qui régnait en ce pays-là. Mais, fort étonnée de n'avoir rencontré aucun être vivant, j'allai jusque-là, dans l'espérance d'en rencontrer quelqu'un. Je levai la portière; et, ce qui augmenta ma surprise, je ne vis sous le vestibule que quelques portiers ou gardes pétrifiés, les uns debout, et les autres assis ou à demi couchés.

« Je traversai une grande cour, où il y avait beaucoup de monde, les uns semblaient aller et les autres venir, et néanmoins ils ne bougeaient pas de leur place, parce qu'ils étaient pétrifiés comme ceux que j'avais déjà vus. Je passai dans une seconde cour, et de celle-là dans une troisième; mais ce n'était partout qu'une solitude, et il y régnait un silence affreux.

« M'étant avancée dans une quatrième cour, je vis en face un très-beau bâtiment dont les fenêtres étaient fermées d'un treillis d'or massif. Je jugeai que c'était l'appartement de la reine : j'y entrai. Il y avait dans une grande salle plusieurs eunuques noirs pétrifiés. Je passai ensuite dans une chambre très-richement meublée, où j'aperçus une dame aussi changée en pierre. Je reconnus que c'était la reine à une couronne d'or qu'elle avait sur la tête, et à un collier de perles très-rondes et plus grosses que des noisettes. Je les examinai de près, et il me parut qu'on ne pouvait rien voir de plus beau.

« Je considérai quelque temps les richesses et la magnificence de cette chambre, et surtout le tapis de pied, les coussins et le sofa garni d'une étoffe des Indes, à fond d'or, avec des figures d'hommes et d'animaux en argent, d'un travail admirable.... »

Scheherazade aurait continué de parler ; mais la clarté du jour vint mettre fin à sa narration. Le sultan fut charmé de ce récit : « Il faut, dit-il en se levant, que je sache à quoi aboutira cette étonnante pétrification d'hommes. »

LXIVE NUIT.

Voici, reprit Scheherazade, comment Zobéide continua de raconter son histoire au kalife :

« Sire, dit-elle, de la chambre de la reine pétrifiée, je passai dans plusieurs autres appartements et cabinets propres et magnifiques, qui me conduisirent dans une chambre d'une grandeur extraordinaire, où il y avait un trône d'or massif, élevé de quelques degrés et enrichis de grosses émeraudes enchâssées, et sur le trône, un lit d'une riche étoffe, sur laquelle éclatait une broderie de perles. Ce qui me surprit plus que tout le reste, ce fut une lumière brillante qui partait de dessus ce lit. Curieuse de savoir ce qui la rendait, je montai, et, avançant la tête, je vis sur un petit tabouret un diamant gros comme un œuf d'autruche, et si parfait, que je n'y remarquai nul défaut : il brillait tellement, que je ne pouvais en soutenir l'éclat en le regardant au jour.

« Il y avait au chevet du lit, de l'un et de l'autre côté, un flambeau allumé, dont je ne compris pas l'usage. Cette circonstance, néanmoins, me fit juger qu'il y avait quelqu'un de vivant dans ce superbe palais ; car je ne pouvais croire que ces flambeaux pussent s'entretenir allumés d'eux-mêmes. Plusieurs autres singularités m'arrêtèrent dans cette chambre, que le seul diamant dont je viens de parler rendait inestimable.

« Comme toutes les portes étaient ouvertes ou poussées seulement, je parcourus encore d'autres appartements aussi beaux que ceux que j'avais déjà vus; j'allai jusqu'aux offices et aux garde-meubles, qui étaient remplis de richesses infinies; et je m'occupai si fort de toutes ces merveilles, que je m'oubliai moi-même : je ne pensais plus ni à mon vaisseau ni à mes sœurs, je ne songeais qu'à satisfaire ma curiosité. Cependant la nuit s'avançait, et son approche m'avertissant qu'il était temps de me retirer, je voulus reprendre le chemin des cours par où j'étais venue; mais il ne me fut pas aisé de le retrouver : je m'égarai dans les appartements; et me trouvant dans la grande chambre où étaient le trône, le lit, le gros diamant et les flambeaux allumés, je résolus d'y passer la nuit, et de remettre au lendemain de grand matin à regagner mon vaisseau. Je me jetai sur le lit, non sans quelque frayeur de me voir seule dans un lieu si désert; et ce fut sans doute cette crainte qui m'empêcha de dormir.

« Il était environ minuit, lorsque j'entendis la voix comme d'un homme qui lisait l'Alcoran, de la même manière et du ton que nous avons coutume de le lire dans nos temples. Cela me donna beaucoup de joie. Je me levai aussitôt, et prenant un flambeau pour me conduire, j'allai de chambre en chambre du côté où j'entendais la voix; je m'arrêtai à la porte d'un cabinet d'où je ne pouvais douter qu'elle ne partît. Je posai le flambeau à terre, et regardant par une fente, il me parut que c'était un oratoire : en effet, il y avait, comme dans nos temples, une niche qui marquait où il fallait se tourner pour faire la prière, des lampes suspendues et allumées, et deux chandeliers avec de gros cierges de cire blanche, allumés de même.

« Je vis aussi un petit tapis étendu, de la forme de ceux qu'on étend chez nous, pour se poser dessus et faire sa prière : un jeune homme de bonne mine, assis sur ce tapis, récitait avec grande attention l'Alcoran qui était posé devant lui sur un petit pupitre. A cette vue, ravie d'admiration, je cherchais en mon esprit comment il se pouvait faire qu'il fût le seul vivant dans une ville où tout le monde était pétrifié, et je ne doutais pas qu'il n'y eût en cela quelque chose de très-merveilleux.

« Comme la porte n'était que poussée, je l'ouvris; j'entrai, et me tenant debout devant la niche, je fis cette prière à haute voix : « Louange à Dieu, qui nous a favorisés d'une heureuse navigation ! « Qu'il nous fasse la grâce de nous protéger de même, jusqu'à notre

« arrivée en notre pays ! Écoutez-moi, Seigneur, et exaucez ma « prière. »

« Le jeune homme leva les yeux sur moi, et me dit : « Ma bonne dame, je vous prie de me dire qui vous êtes, et ce qui vous a amenée en cette ville désolée : en récompense, je vous apprendrai qui je suis, ce qui m'est arrivé, pour quel sujet les habitants de cette ville sont réduits en l'état où vous les avez vus, et pourquoi moi seul je suis sain et sauf dans un désastre si épouvantable. »

« Je lui racontai en peu de mots d'où je venais, ce qui m'avait engagée à faire ce voyage, et de quelle manière j'avais heureusement pris port après une navigation de vingt jours. En achevant, je le suppliai de s'acquitter à son tour de la promesse qu'il m'avait faite, et je lui témoignai combien j'étais frappée de la désolation affreuse que j'avais remarquée dans tous les endroits où j'avais passé.

« Ma chère dame, dit alors le jeune homme, donnez-vous un moment de patience. » A ces mots, il ferma l'Alcoran, le mit dans un étui précieux, et le posa dans la niche. Je pris ce temps-là pour le considérer attentivement, et je lui trouvai tant de grâce et de beauté, que je sentis des mouvements que je n'avais jamais éprouvés jusqu'alors. Il me fit asseoir près de lui ; et avant qu'il commençât son discours, je ne pus m'empêcher de lui dire, d'un air qui lui fit connaître les sentiments qu'il m'avait inspirés : « Aimable seigneur, cher objet de mon âme, on ne peut attendre avec plus d'impatience que je l'attends l'éclaircissement de tant de choses surprenantes qui ont frappé ma vue, depuis le premier pas que j'ai fait pour entrer en cette ville ; et ma curiosité ne saurait être assez tôt satisfaite. Parlez, je vous en conjure ; apprenez-moi par quel miracle vous êtes seul en vie, parmi tant de personnes mortes d'une manière inouïe. »

Scheherazade s'interrompit en cet endroit, et dit à Schahriar : Sire, votre majesté ne s'aperçoit peut-être pas qu'il est jour. Si je continuais de parler, j'abuserais de votre attention. Le sultan se leva, résolu d'entendre, la nuit suivante, la suite de cette merveilleuse histoire.

LXVe NUIT.

Dinarzade pria sa sœur, le lendemain avant le jour, de reprendre l'histoire de Zobéide, et de raconter ce qui se passa entre elle et le jeune homme vivant qu'elle rencontra dans ce palais, dont elle avait fait une si belle description. Je vais vous satisfaire, répondit la sultane : Zobéide poursuivit son histoire en ces termes :

« Madame, me dit le jeune homme, vous m'avez fait assez voir que vous avez la connaissance du vrai Dieu, par la prière que vous venez de lui adresser : vous allez entendre un effet très-remarquable de sa grandeur et de sa puissance. Je vous dirai que cette ville était la capitale d'un puissant royaume, dont le roi, mon père, portait le nom. Ce prince, toute sa cour, les habitants de la ville, et tous ses autres sujets, étaient mages, adorateurs du feu et de Nardoun, ancien roi des géans rebelles à Dieu.

« Quoique né d'un père et d'une mère idolâtres, j'ai eu le bonheur d'avoir pour gouvernante, dans mon enfance, une bonne dame musulmane, qui savait l'Alcoran par cœur et l'expliquait parfaitement bien : « Mon prince, me disait-elle souvent, il n'y a qu'un vrai Dieu. Prenez garde d'en reconnaître et d'en adorer d'autres. » Elle m'apprit à lire en arabe ; et le livre qu'elle me donna, pour m'exercer, fut l'Alcoran. Dès que je fus capable de raison, elle m'expliqua tous les points de cet excellent livre, et elle m'en inspirait tout l'esprit à l'insu de mon père et de tout le monde. Elle mourut ; mais ce fut après m'avoir donné toutes les instructions dont j'avais besoin, pour être pleinement convaincu des vérités de la religion musulmane. Depuis sa mort, j'ai persisté constamment dans les sentiments qu'elle m'avait fait prendre, et j'ai en horreur le faux dieu Nardoun et l'adoration du feu.

« Il y a trois ans et quelques mois qu'une voix bruyante se fit tout à coup entendre par toute la ville, si distinctement, que personne ne perdit une de ces paroles qu'elle dit :

« HABITANTS, ABANDONNEZ LE CULTE DE NARDOUN ET DU FEU :
« ADOREZ LE DIEU UNIQUE, QUI FAIT MISÉRICORDE. »

« La même voix se fit entendre trois années de suite ; mais, personne ne s'étant converti, le dernier jour de la troisième, à trois ou quatre heures du matin, tous les habitants généralement furent changés en pierres en un instant, chacun dans l'état et la posture où il se trouva. Le roi, mon père, éprouva le même sort : il fut métamorphosé en une pierre noire, tel qu'on le voit dans un endroit de ce palais; et la reine, ma mère, eut une pareille destinée.

« Je suis le seul sur qui Dieu n'ait pas fait tomber ce châtiment terrible. Depuis ce temps-là, je continue de le servir avec plus de ferveur que jamais; et je suis persuadé, ma belle dame, qu'il vous envoie pour ma consolation : je lui en rends des grâces infinies; car je vous avoue que cette solitude m'est bien ennuyeuse. »

« Tout ce récit, et particulièrement ces derniers mots, achevèrent de m'enflammer pour lui : « Prince, lui dis-je, il n'en faut pas douter, c'est la Providence qui m'a attirée dans votre port, pour vous présenter l'occasion de vous éloigner d'un lieu si funeste. Le vaisseau sur lequel je suis venue peut vous persuader que je suis en quelque considération à Bagdad, où j'ai laissé d'autres biens assez considérables; j'ose vous y offrir une retraite jusqu'à ce que le puissant Commandeur des croyants, le vicaire du grand Prophète que vous reconnaissez, vous ait rendu tous les honneurs que vous méritez : ce célèbre prince demeure à Bagdad; il ne sera pas plus tôt informé de votre arrivée en sa capitale, qu'il vous fera connaître qu'on n'implore pas en vain son appui. Il n'est pas possible que vous demeuriez davantage dans une ville où tous les objets doivent vous être insupportables : mon vaisseau est à votre service, et vous en pouvez disposer absolument. » Il accepta l'offre, et nous passâmes le reste de la nuit à nous entretenir de notre embarquement.

« Dès que le jour parut, nous sortîmes du palais, et nous nous rendîmes au port, où nous trouvâmes mes sœurs, le capitaine et mes esclaves fort en peine de moi. Après avoir présenté mes sœurs au prince, je leur racontai ce qui m'avait empêchée de revenir au vaisseau le jour précédent, la rencontre du jeune prince, son histoire et le sujet de la désolation d'une si belle ville.

« Les matelots employèrent plusieurs jours à débarquer les marchandises que j'avais apportées, et à embarquer à leur place tout ce qu'il y avait de plus précieux dans le palais, en pierreries, en or et en argent. Nous laissâmes les meubles et une infinité de pièces d'orfèvrerie, parce que nous ne pouvions les emporter : il nous aurait fallu plusieurs vaisseaux pour transporter à Bagdad toutes les richesses que nous avions devant les yeux.

« Après que nous eûmes chargé le vaisseau des choses que nous y voulûmes mettre, nous prîmes les provisions et l'eau dont nous jugeâmes avoir besoin pour notre voyage; à l'égard des provisions, il nous en restait encore beaucoup de celles que nous avions embarquées à Balsora. Enfin nous mîmes à la voile avec un vent tel que nous pouvions le souhaiter.... »

En achevant ces paroles, Scheherazade vit qu'il était jour. Elle cessa de parler, et le sultan se leva sans rien dire; mais il se proposa d'entendre jusqu'à la fin l'histoire de Zobéide et de ce jeune prince, conservé si miraculeusement.

LXVIe NUIT.

Sur la fin de la nuit suivante, Scheherazade, réveillée par sa sœur, continua en ces termes : Zobéide reprit ainsi son histoire, en s'adressant toujours au kalife :

« Sire, dit-elle, le jeune prince, mes sœurs et moi, nous nous entretenions tous les jours agréablement ensemble; mais, hélas! notre union ne dura pas long-temps; mes sœurs devinrent jalouses de l'intelligence qu'elles remarquèrent entre le jeune prince et moi, et me demandèrent un jour malicieusement ce que nous ferions de lui, lorsque nous serions arrivées à Bagdad. Je m'aperçus bien qu'elles ne me faisaient cette question que pour découvrir mes sentiments. C'est pourquoi, faisant semblant de tourner la chose en plaisanterie, je leur répondis que je le prendrais pour mon époux; ensuite, me tournant vers le prince, je lui dis : « Mon prince, je vous supplie d'y consentir. D'abord que nous serons à Bagdad, mon dessein est de vous offrir ma personne pour être votre très-humble esclave, pour vous rendre mes services, et vous reconnaître pour le maître absolu de mes volontés. »

« Madame, répondit le prince, je ne sais si vous plaisantez; mais pour moi, je vous déclare fort sérieusement, devant mesdames vos sœurs, que dès ce moment j'accepte de bon cœur l'offre que vous me faites, non pas pour vous regarder comme une esclave, mais comme ma dame et ma maîtresse, et je ne prétends avoir aucun empire sur vos actions. » Mes sœurs changèrent de couleur à ce discours, et je remarquai depuis ce temps-là qu'elles n'avaient plus pour moi les mêmes sentiments qu'auparavant.

« Nous étions dans le golfe Persique, et nous approchions de Balsora, où, avec le bon vent que nous avions toujours, j'espérais que nous arriverions le lendemain. Mais la nuit, pendant que je dormais, mes sœurs prirent leur temps, et me jetèrent à la mer; elles traitèrent de la même sorte le prince, qui fut noyé. Je me soutins quelques moments sur l'eau; et par bonheur, ou plutôt par miracle, je trouvai fond. Je m'avançai vers une noirceur qui me paraissait être la terre, autant que l'obscurité me permettait de la distinguer. Effectivement je gagnai une plage; et le jour me fit connaître que j'étais dans une petite île déserte, située environ à vingt milles de Balsora. J'eus bientôt fait sécher mes habits au soleil; et en marchant, je remarquai plusieurs sortes de fruits et même de l'eau douce; ce qui me donna quelque espérance que je pourrais conserver ma vie.

« Je me reposais à l'ombre, lorsque je vis un serpent ailé fort gros et fort long, qui s'avançait vers moi en se démenant à droite et à gauche, et tirant la langue; cela me fit juger que quelque mal le pressait. Je me levai, et m'apercevant qu'il était suivi d'un autre serpent plus gros, qui le tenait par la queue, et faisait ses efforts pour le dévorer, j'en eus pitié : au lieu de fuir, j'eus la hardiesse et le courage de prendre une pierre qui se trouva par hasard auprès de moi; je la jetai de toute ma force contre le plus gros serpent; je le frappai à la tête, et l'écrasai. L'autre, se sentant en liberté, ouvrit aussitôt ses ailes et s'envola; je le regardai long-temps en l'air comme une chose extraordinaire; mais, l'ayant perdu de vue, je me rassis à l'ombre dans un autre endroit, et je m'endormis.

« A mon réveil, imaginez-vous quelle fut ma surprise de voir près de moi une femme noire, qui avait des traits vifs et agréables, et qui tenait à l'attache deux chiennes de la même couleur. Je me mis sur mon séant, et lui demandai qui elle était : « Je suis, me répondit-elle, le serpent que vous avez délivré de son cruel ennemi, il n'y a pas long-temps. J'ai cru ne pouvoir mieux reconnaître le service important que vous m'avez rendu, qu'en faisant l'action que je viens de faire. J'ai su la trahison de vos sœurs; et pour vous en venger, d'abord que j'ai été libre par votre généreux secours, j'ai appelé plusieurs de mes compagnes, qui sont fées comme moi; nous avons transporté toute la charge de votre vaisseau dans vos magasins de Bagdad, après quoi nous l'avons submergé. Ces deux chiennes noires sont vos deux sœurs, à qui j'ai donné cette forme. Ce châtiment ne suffit pas, et je veux que vous les traitiez encore de la manière que je vous dirai. »

« A ces mots, la fée m'embrassa étroitement d'un de ses bras; elle tenait les deux chiennes de l'autre, et nous transporta chez moi, à Bagdad, où je vis dans mon magasin toutes les richesses dont mon vaisseau avait été chargé. Avant que de me quitter, elle me livra les deux chiennes, et me dit : « Sous peine d'être changée « comme elles en chienne, je vous ordonne, de la part de celui qui « confond les mers, de donner toutes les nuits cent coups de fouet « à chacune de vos sœurs, pour les punir du crime qu'elles ont com- « mis contre votre personne et contre le jeune prince qu'elles ont « noyé. » Je fus obligée de lui promettre que j'exécuterais son ordre.

« Depuis ce temps-là, je les ai traitées chaque nuit à regret, de la même manière dont votre majesté a été témoin. Je leur exprime par mes pleurs avec combien de douleurs et de répugnance je m'acquitte d'un si cruel devoir ; et vous voyez bien qu'en cela je suis plus à plaindre qu'à blâmer. S'il y a quelque chose qui me regarde, dont vous puissiez souhaiter d'être informé, ma sœur Amine vous en donnera l'éclaircissement par le récit de son histoire. »

Après avoir écouté Zobéide avec admiration, le kalife fit prier, par son grand vizir, l'agréable Amine de vouloir bien lui expliquer pourquoi elle était marquée de cicatrices....

Mais, sire, dit Scheherazade en cet endroit, il est jour, et je ne dois pas arrêter davantage votre majesté. Schahriar, persuadé que l'histoire que Scheherazade avait à raconter serait le dénoûment des précédentes, dit en lui-même : « Il faut que je me donne le plaisir tout entier. » Il se leva, et résolut de laisser vivre encore la sultane ce jour-là.

LXVIIe NUIT.

Sire, dit Scheherazade au sultan des Indes, Amine, s'adressant au kalife, commença son histoire en ces termes :

HISTOIRE D'AMINE.

Pour ne pas répéter les choses dont votre majesté a déjà été instruite par l'histoire de ma sœur, je vous dirai que ma mère, ayant pris une maison pour passer son veuvage en particulier, me donna en mariage, avec le bien que mon père m'avait laissé, à un des plus riches héritiers de cette ville.

« La première année de notre mariage n'était pas écoulée, que je demeurai veuve et en possession de tout le bien de mon mari, qui montait à quatre-vingt-dix mille sequins. Le revenu seul de cette somme suffisait de reste pour me faire passer ma vie fort honnêtement. Cependant, dès que les premiers six mois de mon deuil furent passés, je me fis faire dix habits différents, d'une si grande magnificence, qu'ils revenaient à mille sequins chacun, et je commençai au bout de l'année à les porter [1]

[1] **Tout ce qui est dit ici sur le deuil est non-seulement contraire aux usages des**

« Un jour que j'étais seule, occupée à mes affaires domestiques, on me vint dire qu'une dame demandait à me parler. J'ordonnai qu'on la fît entrer. C'était une personne fort avancée en âge. Elle me salua en baisant la terre, et me dit, en demeurant sur ses genoux : « Ma bonne dame, je vous supplie d'excuser la liberté que je prends de vous venir importuner : la confiance que j'ai en votre charité me donne cette hardiesse. Je vous dirai, mon honorable dame, que j'ai une fille orpheline qui doit se marier aujourd'hui, qu'elle et moi sommes étrangères, et que nous n'avons pas la moindre connaissance en cette ville. Cela nous donne de la confusion : car nous voudrions faire connaître à la famille nombreuse avec laquelle nous allons faire alliance, que nous ne sommes pas des inconnues, et que nous avons quelque crédit. C'est pourquoi, ma charitable dame, si vous avez pour agréable d'honorer ces noces de votre présence, nous vous aurons d'autant plus d'obligation, que les dames de notre pays reconnaîtront que nous ne sommes pas regardées ici comme des misérables, quand elles apprendront qu'une personne de votre rang n'aura pas dédaigné de nous faire un si grand honneur. Mais, hélas! si vous rejetez ma prière, quelle mortification pour nous! Nous ne savons à qui nous adresser. »

« Ce discours, que la pauvre dame entremêla de larmes, me toucha de compassion : « Ma bonne mère, lui dis-je, ne vous affligez pas ; je veux bien vous faire le plaisir que vous me demandez : dites-moi où il faut que j'aille ; je ne veux que le temps de m'habiller un peu proprement. » La vieille dame, transportée de joie à cette réponse, fut plus prompte à me baiser les pieds que je ne le fus à l'en empêcher : « Ma charitable dame, reprit-elle en se relevant, Dieu vous récompensera de la bonté que vous avez pour vos servantes, et comblera votre cœur de satisfaction, de même que vous en comblez le nôtre. Il n'est pas encore besoin que vous preniez cette peine ; il suffira que vous veniez avec moi sur le soir, à l'heure que

mahométans, mais même aux préceptes de l'Alcoran. En général, on ne connaît point de deuil parmi les sectateurs de Mahomet : les défenses de l'Alcoran sont là-dessus expresses ; et pour punir une personne qui s'arracherait les cheveux en signe de deuil : « Le grand Dieu, disent-ils, lui bâtirait autant de maisons dans l'enfer, qu'elle se serait arraché de poils sur la tête. » Ils croient encore que Dieu rétrécira le tombeau de tous ceux qui auront porté des habits noirs pendant leur vie, et qu'ils ressusciteront aveugles. Cette opinion tient à celle de la parfaite résignation aux volontés de Dieu, qui est un des dogmes fondamentaux du mahométisme, et que l'on a souvent, mais mal à propos, confondu avec le fatalisme. Cependant les Persans, sectateurs d'Ali, ont un deuil de quarante jours : ils portent pendant neuf jours seulement des vêtements d'une couleur foncée ; mais ils ont pour l'habillement noir la même aversion que les autres mahométans.

je viendrai vous prendre. Adieu, madame, ajouta-t-elle, jusqu'à l'honneur de vous voir. »

« Aussitôt qu'elle m eut quittée, je pris celui de mes habits qui me plaisait davantage, avec un collier de grosses perles, des bracelets, des bagues et des pendants d'oreilles de diamants les plus fins et les plus brillants. J'eus un pressentiment de ce qui me devait arriver.

« La nuit commençait à paraître, lorsque la vieille dame revint chez moi, d'un air qui marquait beaucoup de joie. Elle me baisa la main, et me dit : « Ma chère dame, les parentes de mon gendre, qui sont les premières dames de la ville, sont assemblées. Vous viendrez quand il vous plaira : me voilà prête à vous servir de guide. » Nous partîmes aussitôt; elle marcha devant moi, et je la suivis avec un grand nombre de mes femmes esclaves proprement habillées. Nous nous arrêtâmes dans une rue fort large, nouvellement balayée et arrosée, à une grande porte éclairée par un fanal, dont la lumière me fit lire cette inscription, qui était au-dessus de la porte, en lettres d'or : « C'EST ICI LA DEMEURE ÉTERNELLE DES PLAISIRS ET DE LA JOIE. » La vieille dame frappa, et l'on ouvrit à l'instant.

« On me conduisit au fond de la cour, dans une grande salle, où je fus reçue par une jeune dame d'une beauté sans pareille. Elle vint au-devant de moi; et après m'avoir embrassée et fait asseoir près d'elle dans un sofa, où il y avait un trône d'un bois précieux, rehaussé de diamants : « Madame, me dit-elle, on vous a fait venir ici pour assister à des noces; mais j'espère que ces noces seront autres que celles que vous vous imaginez. J'ai un frère, qui est le mieux fait et le plus accompli de tous les hommes : il est si charmé du portrait qu'il a entendu faire de votre beauté, que son sort dépend de vous, et qu'il sera très-malheureux si vous n'avez pitié de lui. Il sait le rang que vous tenez dans le monde; et je puis vous assurer que le sien n'est pas indigne de votre alliance. Si mes prières, madame, peuvent quelque chose sur vous, je les joins aux siennes, et vous supplie de ne pas rejeter l'offre qu'il vous fait de vous recevoir pour femme. »

« Depuis la mort de mon mari, je n'avais pas encore eu la pensée de me remarier; mais je n'eus pas la force de refuser une si belle personne. D'abord que j'eus consenti à la chose par un silence accompagné d'une rougeur qui parut sur mon visage, la jeune femme frappa des mains : un cabinet s'ouvrit aussitôt, et il en sortit un jeune homme d'un air si majestueux, et qui avait tant de grâce, que je m'estimai heureuse d'avoir fait une si belle conquête. Il prit place auprès de moi; et je connus, par l'entretien que nous eûmes, que son mérite était encore au-dessus de ce que sa sœur m'en avait dit.

« Lorsqu'elle vit que nous étions contents l'un de l'autre, elle frappa des mains une seconde fois, et un cadi [1] entra, qui dressa notre contrat de mariage, le signa, et le fit signer aussi par quatre témoins qu'il avait amenés avec lui. La seule chose que mon nouvel époux exigea de moi, fut que je ne me ferais point voir, ni ne parlerais à aucun homme qu'à lui; et il me jura qu'à cette condition, j'aurais tout sujet d'être contente de lui. Notre mariage fut conclu et achevé de cette manière : ainsi je fus la principale actrice des noces auxquelles j'avais été invitee seulement.

« Un mois après notre mariage, ayant besoin de quelque étoffe, je demandai à mon mari la permission de sortir pour aller faire cette emplette. Il me l'accorda, et je pris pour m'accompagner la vieille dame dont j'ai déjà parlé, qui était de la maison, et deux de mes femmes esclaves. Quand nous fûmes dans la rue des marchands, la vieille dame me dit : « Ma bonne maîtresse, puisque vous cherchez une étoffe de soie, il faut que je vous mène chez un jeune marchand que je connais ici; il en a de toutes sortes; et sans vous fatiguer à courir de boutique en boutique, je puis vous assurer que vous trouverez chez lui ce que vous ne trouveriez pas ailleurs. » Je me laissai conduire, et nous entrâmes dans la boutique d'un jeune marchand assez bien fait. Je m'assis, et lui fis dire par la vieille dame de me montrer les plus belles étoffes de soie qu'il eût. La vieille dame voulait que je lui fisse la demande moi-même; mais je lui dis qu'une des conditions de mon mariage était de ne parler à aucun homme qu'à mon mari, et que je ne devais pas y contrevenir.

« Le marchand me montra plusieurs étoffes, dont l'une m'ayant agréé plus que les autres, je lui fis demander combien il l'estimait. Il répondit à la vieille : « Je ne la lui vendrai ni pour or ni pour argent; mais je lui en ferai un présent, si elle veut bien me permettre de la baiser à la joue. J'ordonnai à la vieille de lui dire qu'il était bien hardi de me faire cette proposition; mais au lieu de m'obéir, elle me représenta que ce que le marchand demandait n'était pas une chose fort importante, qu'il ne s'agissait point de parler, mais seulement de présenter la joue, et que ce serait une affaire bientôt faite. J'avais tant d'envie d'avoir l'étoffe, que je fus assez

[1] Ce mot vient du mot arabe *kadi*, juge. C'est le nom qu'on donne aux juges des causes civiles, dans presque tout l'Orient; ils font aussi les fonctions de notaire.

simple pour suivre ce conseil. La vieille dame et mes femmes se mirent devant, afin qu'on ne me vît pas, et je me dévoilai; mais, au lieu de me baiser, le marchand me mordit jusqu'au sang. La douleur et la surprise furent telles, que j'en tombai évanouie, et je demeurai assez long-temps en cet état, pour donner au marchand celui de fermer sa boutique et de prendre la fuite. Lorsque je fus revenue à moi, je me sentis la joue toute ensanglantée. La vieille dame et mes femmes avaient eu soin de la couvrir d'abord de mon voile, afin que le monde qui accourut ne s'aperçût de rien, et crût que ce n'était qu'une faiblesse qui m'avait prise..... »

En achevant ces mots, Scheherazade aperçut le jour, et se tut.

LXVIIIE NUIT.

La sultane des Indes, adressant dès le matin la parole à Dinarzade: Voici, ma sœur, lui dit-elle, comment Amine reprit son histoire:

« La vieille qui m'accompagnait, poursuivit-elle, extrêmement mortifiée de l'accident qui m'était arrivé, tâcha de me rassurer: « Ma bonne maîtresse, me dit-elle, je vous demande pardon; je suis cause de ce malheur: je vous ai amenée chez ce marchand, parce qu'il est de mon pays; et je ne l'aurais jamais cru capable d'une si grande méchanceté. Mais ne vous affligez pas; ne perdons point de temps, retournons au logis; je vous donnerai un remède qui vous guérira en trois jours si parfaitement, qu'il n'y paraîtra pas la moindre marque. » Mon évanouissement m'avait rendue si faible, qu'à peine pouvais-je marcher. J'arrivai néanmoins au logis; mais je tombai une seconde fois en faiblesse, en entrant dans ma chambre. Cependant la vieille m'appliqua son remède; je revins à moi, et me mis au lit.

« La nuit venue, mon mari arriva: il s'aperçut que j'avais la tête enveloppée; il me demanda ce que j'avais. Je répondis que c'était un mal de tête, et j'espérais qu'il en demeurerait là; mais il prit une bougie, et voyant que j'étais blessée à la joue:

« D'où vient cette blessure? » me dit-il. Quoique je ne fusse pas fort criminelle, je ne pouvais me résoudre à lui avouer la chose: faire cet aveu à un mari, me paraissait choquer la bienséance. Je lui dis que comme j'allais acheter une étoffe de soie, avec la permission qu'il m'en avait donnée, un porteur chargé de bois avait passé si près de moi dans une rue fort étroite, qu'un bâton m'avait fait une égratignure au visage, mais que c'était peu de chose.

« Cette raison mit mon mari en colère : « Cette action, me dit-il, ne demeurera pas impunie : je donnerai demain ordre au lieutenant de police d'arrêter tous ces brutaux de porteurs, et de les faire tous pendre. » Dans la crainte que j'eus d'être cause de la mort de tant d'innocents, je lui dis :

« Seigneur, je serais fâchée qu'on fît une si grande injustice ; gardez-vous bien de la commettre : je me croirais indigne de pardon, si j'avais causé ce malheur. — Dites-moi donc sincèrement, reprit-il, ce que je dois penser de votre blessure. »

« Je lui repartis qu'elle m'avait été faite par l'inadvertance d'un vendeur de balais monté sur son âne ; qu'il venait derrière moi, la tête tournée d'un autre côté ; que son âne m'avait poussée si rudement, que j'étais tombée, et que j'avais donné de la joue contre du verre : « Cela étant, dit alors mon mari, le soleil ne se lèvera pas demain, que le grand vizir Giafar ne soit averti de cette insolence. Il fera mourir tous ces marchands de balais. — Au nom de Dieu, seigneur, interrompis-je, je vous supplie de leur pardonner ; ils ne sont pas coupables. — Comment donc, madame? dit-il ; que faut-il que je croie? Parlez, je veux absolument apprendre de votre bouche la vérité. — Seigneur, lui répondis-je, il m'a pris un étourdissement, et je suis tombée : voilà le fait. »

« A ces dernières paroles, mon époux perdit patience : « Ah, s'écria-t-il, c'est trop long-temps écouter des mensonges. » En disant cela, il frappa des mains, et trois esclaves entrèrent : « Tirez-la hors du lit, leur dit-il, étendez-la au milieu de la chambre. » Les esclaves exécutèrent son ordre ; et comme l'un me tenait par la tête, et l'autre par les pieds, il commanda au troisième d'aller prendre un sabre ; et quand il l'eut apporté : « Frappe, lui dit-il, coupe-lui le corps en deux, et va le jeter dans le Tigre. Qu'il serve de pâture aux poissons : c'est le châtiment que je fais aux personnes à qui j'ai donné mon cœur, et qui me manquent de foi. » Comme il vit que l'esclave ne se hâtait pas d'obéir : « Frappe donc, continua-t-il. Qui t'arrête? Qu'attends-tu? — Madame, me dit alors l'esclave, vous touchez au dernier moment de votre vie : voyez s'il y a quelque chose dont vous vouliez disposer avant votre mort. »

« Je demandai la liberté de dire un mot. Elle me fut accordée. Je soulevai la tête, et regardant mon époux bien tendrement : Hélas, lui dis-je, en quel état me voilà réduite! Il faut donc que je meure dans mes plus beaux jours. » Je voulais poursuivre ; mais mes larmes et mes soupirs m'en empêchèrent. Cela ne toucha pas mon époux ; au contraire, il me fit des reproches, auxquels il eût été inutile de répondre. J'eus recours aux prières; mais il ne les écouta pas, et il ordonna à l'esclave de faire son devoir. En ce moment la vieille dame, qui avait été nourrice de mon époux, entra; et se jetant à ses pieds pour tâcher de l'apaiser: « Mon fils, lui dit-elle, pour prix de vous avoir nourri et élevé, je vous conjure de m'accorder sa grâce. Considérez que l'on tue celui qui tue, et que vous allez flétrir votre réputation, et perdre l'estime des hommes. Que ne diront-ils point d'une colère si sanglante? » Elle prononça ces paroles d'un air si touchant, et elle les accompagna de tant de larmes, qu'elles firent une forte impression sur mon époux: « Hé bien! dit-il à sa nourrice, pour l'amour de vous je lui donne la vie. Mais je veux qu'elle porte des marques qui la fassent souvenir de son crime. »

« A ces mots, un esclave, par son ordre, me donna de toute sa force, sur les côtes et sur la poitrine, tant de coups d'une petite canne pliante qui enlevait la peau et la chair, que j'en perdis connaissance. Après cela, il me fit porter par les mêmes esclaves, ministres de sa fureur, dans une maison où la vieille eut grand soin de moi. Je gardai le lit quatre mois. Enfin je guéris; mais les cicatrices que vous vîtes hier, contre mon intention, me sont restées depuis. Dès que je fus en état de marcher et de sortir, je voulus retourner à la maison que j'avais eue de mon premier mari; mais je n'y trouvai que la place: mon second époux, dans l'excès de la colère, ne s'était pas contenté de la faire abattre, il avait fait même raser toute la rue où elle était située. Cette violence était sans doute inouïe; mais contre qui aurais-je fait ma plainte? L'auteur avait pris des mesures pour se cacher, et je n'ai pu le connaître. D'ailleurs, quand je l'aurais connu, ne voyais-je pas bien que le traitement qu'on me faisait partait d'un pouvoir absolu? Aurais-je osé m'en plaindre?

« Désolée, dépourvue de toutes choses, j'eus recours à ma chère sœur Zobéide, qui vient de raconter son histoire à votre majesté, et je lui fis le récit de ma disgrâce. Elle me reçut avec sa bonté ordinaire, et m'exhorta à la supporter patiemment: « Voilà quel est le monde, dit-elle, il nous ôte ordinairement nos biens ou nos amis, ou nos amants, et souvent le tout ensemble. » En même temps, pour me prouver ce qu'elle me disait, elle me raconta la perte du jeune prince, causée par la jalousie de ses deux sœurs. Elle m'apprit ensuite de quelle manière elles avaient été changées en chiennes. Enfin, après m'avoir donné mille marques d'amitié, elle me présenta ma sœur cadette, qui s'était retirée chez elle après la mort de notre mère.

« Ainsi, remerciant Dieu de nous avoir toutes trois réunies, nous résolûmes de vivre libres sans nous séparer jamais. Il y a longtemps que nous menons cette vie tranquille ; et comme je suis chargée de la dépense de la maison, je me fais un plaisir d'aller moi-même faire les provisions dont nous avons besoin. J'en allai acheter hier, et les fis apporter par un porteur, homme d'esprit et d'humeur agréable, que nous retînmes pour nous divertir. Trois kalenders survinrent au commencement de la nuit, et nous prièrent de leur donner retraite jusqu'à ce matin. Nous les reçûmes à une condition qu'ils acceptèrent ; et après les avoir fait asseoir à notre table, ils nous régalaient d'un concert à leur mode, lorsque nous entendîmes frapper à notre porte. C'étaient trois marchands de Moussoul de fort bonne mine, qui nous demandèrent la même grâce que les kalenders ; nous la leur accordâmes à la même condition. Mais ils ne l'observèrent ni les uns ni les autres : néanmoins, quoique nous fussions en état aussi bien qu'en droit de les punir, nous nous contentâmes d'exiger d'eux le récit de leur histoire ; et nous bornâmes notre vengeance à les renvoyer ensuite, et à les priver de la retraite qu'ils nous avaient demandée. »

Le kalife Haroun Alraschid fut très-content d'avoir appris ce qu'il voulait savoir, et témoigna publiquement l'admiration que lui causait tout ce qu'il venait d'entendre.....

Mais, sire, dit en cet endroit Scheherazade, le jour, qui commence à paraître, ne me permet pas de raconter à votre majesté ce que fit le kalife, pour mettre fin à l'enchantement des deux chiennes noires. » Schahriar, jugeant que la sultane achèverait la nuit suivante l'histoire des cinq dames et des trois kalenders, se leva, et lui laissa encore la vie jusqu'au lendemain.

LXIXe NUIT.

« Au nom de Dieu, ma sœur, s'écria Dinarzade avant le jour, je vous prie de nous raconter comment les deux chiennes noires reprirent leur première forme, et ce que devinrent les trois kalenders. — Je vais contenter votre curiosité, » répondit Scheherazade. Alors, s'adressant à Schahriar, elle poursuivit dans ces termes :

Sire, le kalife ayant satisfait sa curiosité, voulut donner des marques de sa grandeur et de sa générosité aux kalenders princes, et faire sentir aussi aux trois dames des effets de sa bonté. Sans se servir du ministère de son grand vizir, il dit lui-même à Zobéide : « Madame, cette fée qui se fit voir d'abord à vous en serpent, et qui vous a imposé une si rigoureuse loi, cette fée ne vous a-t-elle point parlé de sa demeure, ou plutôt ne vous promit-elle pas de vous revoir et de rétablir les deux chiennes en leur premier état? »

« Commandeur des croyants, répondit Zobéide, j'ai oublié de dire à votre majesté, que la fée me mit entre les mains un petit paquet de cheveux, en me disant qu'un jour j'aurais besoin de sa présence, et qu'alors si je voulais seulement brûler deux brins de ces cheveux, elle serait à moi dans le moment, quand elle serait au delà du mont Caucase.—Madame, reprit le kalife, où est ce paquet de cheveux? » Elle repartit que, depuis ce temps-là, elle avait eu grand soin de le porter toujours avec elle. En effet, elle le tira; et ouvrant un peu la portière qui la cachait, elle le lui montra. « Hé bien! répliqua le kalife, faites venir la fée; vous ne sauriez l'appeler plus à propos, puisque je le souhaite. »

Zobéide y ayant consenti, on apporta du feu, et Zobéide mit dessus tout le paquet de cheveux. A l'instant même le palais s'ébranla, et la fée parut devant le kalife, sous la figure d'une dame habillée très-magnifiquement. « Commandeur des croyants, dit-elle à ce prince, vous me voyez prête à recevoir vos commandements. La dame qui vient de m'appeler par votre ordre, m'a rendu un service important. Pour lui en marquer ma reconnaissance, je l'ai vengée de la perfidie de ses sœurs, en les changeant en chiennes; mais, si votre majesté le désire, je vais leur rendre leur figure naturelle. »

« Belle fée, lui répondit le kalife, vous ne pouvez me faire un plus grand plaisir : faites-leur cette grâce; après cela, je chercherai les moyens de les consoler d'une si rude pénitence; mais auparavant, j'ai encore une prière à vous faire en faveur de la dame qui a été si cruellement maltraitée par un mari inconnu. Comme vous savez une infinité de choses, il est à croire que vous n'ignorez pas celle-ci : obligez-moi de me nommer le barbare qui ne s'est pas contenté d'exercer sur elle une si grande cruauté, mais qui lui a même enlevé très-injustement tout le bien qui lui appartenait. Je m'étonne qu'une action si injuste, si inhumaine, et qui fait tort à mon autorité, ne soit pas venue jusqu'à moi. »

« Pour faire plaisir à votre majesté, répliqua la fée, je remettrai les deux chiennes en leur premier état; je guérirai la dame de ses cicatrices, de manière qu'il ne paraîtra pas que jamais elle ait été frappée; et ensuite je vous nommerai celui qui l'a fait maltraiter ainsi. »

Le kalife envoya prendre les deux chiennes chez Zobéide; et

lorsqu'on les eut amenées, on présenta une tasse pleine d'eau à la fée, qui l'avait demandée. Elle prononça dessus des paroles que personne n'entendit, et elle en jeta sur Amine et sur les deux chiennes. Elles furent changées en deux dames d'une beauté surprenante, et les cicatrices d'Amine disparurent. Alors la fée dit au kalife : « Commandeur des croyants, il faut vous découvrir présentement qui est l'époux inconnu que vous cherchez. Il vous appartient de fort près, puisque c'est le prince Amin, votre fils aîné. Étant devenu passionnément amoureux de cette dame, sur le récit qu'on lui avait fait de sa beauté, il trouva un prétexte pour l'attirer chez lui, et il l'épousa. A l'égard des coups qu'il lui a fait donner, il est excusable en quelque façon : son épouse avait eu un peu trop de facilité; et les excuses qu'elle lui avait apportées étaient capables de faire croire qu'elle avait fait plus de mal qu'il n'y en avait. C'est tout ce que je puis dire pour satisfaire votre curiosité. » En achevant ces paroles, elle salua le kalife et disparut.

Ce prince, rempli d'admiration, et content des changements qui venaient d'arriver par son moyen, fit des actions dont il sera parlé éternellement : il fit premièrement appeler le prince Amin, son fils, lui dit qu'il savait son mariage secret, et lui apprit la cause de la blessure d'Amine. Le prince n'attendit pas que son père lui parlât de la reprendre, il la reprit à l'heure même.

Le kalife déclara ensuite qu'il donnait son cœur et sa main à Zobéide, et proposa les trois autres sœurs aux trois kalenders, fils de rois, qui les acceptèrent pour femmes avec beaucoup de reconnaissance. Le kalife leur assigna à chacun un palais magnifique dans la ville de Bagdad ; il les éleva aux premières charges de son empire, et les admit dans ses conseils. Le premier cadi de Bagdad, appelé avec des témoins, dressa les contrats de mariage ; et le fameux kalife Haroun Alraschid, en faisant le bonheur de tant de personnes qui avaient éprouvé des disgrâces incroyables, s'attira mille bénédictions.

Il n'était pas jour encore lorsque Scheherazade acheva cette histoire, qui avait été tant de fois interrompue et continuée. Cela lui donna lieu d'en commencer une autre. Ainsi, adressant la parole au sultan, elle lui dit :

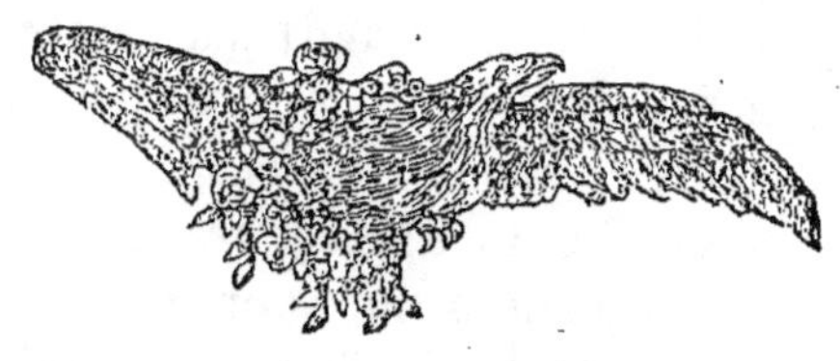

HISTOIRE

DE SINDBAD LE MARIN.

HAROUN ALRASCHID, dont je viens de parler, étant kalife, il y avait à Bagdad un pauvre porteur qui se nommait Hindbad. Un jour qu'il faisait une chaleur excessive, il portait une charge très-pesante d'une extrémité de la ville à une autre. Comme il était très fatigué du chemin qu'il avait déjà fait, et qu'il lui en restait encore beaucoup à faire, il arriva dans une rue où régnait un doux zéphyr, et dont le pavé était arrosé d'eau de rose. Ne pouvant désirer un vent plus favorable pour se reposer et reprendre de nouvelles forces, il posa sa charge à terre et s'assit dessus auprès d'une grande maison.

Il se sut bon gré de s'être arrêté en cet endroit : car son odorat fut agréablement frappé d'un parfum exquis de bois d'aloès et de pastilles, qui sortait par les fenêtres de cet hôtel, et qui, se mêlant avec l'odeur de l'eau de rose, achevait d'embaumer l'air. Outre cela, il ouït en dedans un concert de divers instruments, accompagnés du ramage harmonieux d'un grand nombre de rossignols et d'autres oiseaux particuliers au climat de Bagdad. Cette gracieuse mélodie, et la fumée de plusieurs sortes de viandes qui se faisaient sentir, lui firent juger qu'il y avait là quelque festin, et qu'on s'y réjouissait. Il voulut savoir qui demeurait en cette maison qu'il ne connaissait pas bien, parce qu'il n'avait pas eu occasion de passer souvent par cette rue. Pour satisfaire sa curiosité, il s'approcha de quelques domestiques magnifiquement habillés, qu'il vit à la porte, et demanda à l'un d'entre eux comment s'appelait le maître de cet hôtel : « Hé quoi ! lui répondit le domestique, vous demeurez à Bagdad, et vous ignorez que c'est ici la demeure du seigneur Sindbad le marin, de ce fameux voyageur qui a parcouru toutes les mers que le soleil éclaire ! » Le porteur, qui avait entendu parler des richesses de Sindbad, ne put s'empêcher de porter envie à un homme dont la condition lui paraissait aussi heureuse qu'il trouvait la sienne déplorable. L'esprit aigri par ses réflexions, il leva les yeux au ciel, et dit assez haut pour être entendu : « Puissant créateur de toutes choses, considérez la différence qu'il y a entre Sindbad et moi : je souffre tous les jours mille fatigues et mille maux ; et j'ai bien de la peine à me nourrir, moi et ma famille, de mauvais pain d'orge, pendant que l'heureux Sindbad dépense avec profusion d'immenses richesses, et mène une vie pleine de délices : qu'a-t-il fait pour obtenir de vous une destinée si agréable? Qu'ai-je fait pour en mériter une si rigoureuse? » En achevant ces paroles, il frappa du pied contre terre, comme un homme entièrement possédé de sa douleur et de son désespoir.

Il était encore occupé de ses tristes pensées, lorsqu'il vit sortir de l'hôtel un valet qui vint à lui, et qui, le prenant par le bras, lui dit : « Venez, suivez-moi, le seigneur Sindbad, mon maître, veut vous parler. »

Le jour, qui parut en cet endroit, empêcha Scheherazade de continuer cette histoire; mais elle la reprit ainsi le lendemain :

LXXe NUIT.

Sire, votre majesté peut aisément s'imaginer qu'Hindbad ne fut pas peu surpris du compliment qu'on lui faisait. Après le discours qu'il venait de tenir, il avait sujet de craindre que Sindbad ne l'envoyât chercher pour lui faire quelque mauvais traitement : c'est pourquoi il voulut s'excuser sur ce qu'il ne pouvait abandonner sa charge au milieu de la rue; mais le valet de Sindbad l'assura qu'on y prendrait garde, et le pressa tellement sur l'ordre dont il était chargé, que le porteur fut obligé de se rendre à ses instances.

Le valet l'introduisit dans une grande salle, où il y avait un bon nombre de personnes autour d'une table couverte de toutes sortes de mets délicats. On voyait à la place d'honneur un personnage grave, bien fait et vénérable par une longue barbe blanche; et derrière lui, étaient debout une foule d'officiers et de domestiques fort empressés à le servir : ce personnage était Sindbad. Le porteur, dont le trouble s'augmenta à la vue de tant de monde et d'un festin si splendide, salua la compagnie en tremblant. Sindbad lui dit de s'approcher; et après l'avoir fait asseoir à sa droite, il lui servit à manger lui-même, et lui fit donner à boire d'un excellent vin, dont le buffet était abondamment garni.

Sur la fin du repas, Sindbad, remarquant que ses convives ne mangeaient plus, prit la parole; et s'adressant à Hindbad, qu'il traita de frère, selon la coutume des Arabes lorsqu'ils se parlent familièrement, lui demanda comment il se nommait, et quelle était sa profession : « Seigneur, lui répondit-il, je m'appelle Hindbad, et je suis porteur. — Je suis bien aise de vous voir, reprit Sindbad, et je vous réponds que la compagnie vous voit aussi avec plaisir ; mais je souhaiterais apprendre de vous-même ce que vous disiez tantôt dans la rue. » Sindbad, avant que de se mettre à table, avait entendu tout son discours par la fenêtre ; et c'était ce qui l'avait engagé à le faire appeler.

A cette demande, Hindbad, plein de confusion, baissa la tête, et repartit : « Seigneur, je vous avoue que ma lassitude m'avait mis en mauvaise humeur, et il m'est échappé quelques paroles indiscrètes que je vous supplie de me pardonner. — Oh ! ne croyez pas, reprit Sindbad, que je sois assez injuste pour en conserver du ressentiment : j'entre dans votre situation ; au lieu de vous reprocher vos murmures, je vous plains ; mais il faut que je vous tire d'une erreur où vous me paraissez être à mon égard. Vous vous imaginez, sans doute, que j'ai acquis sans peine et sans travail toutes les commodités et le repos dont vous voyez que je jouis ; désabusez-vous. Je ne suis parvenu à un état si heureux, qu'après avoir souffert durant plusieurs années tous les travaux du corps et de l'esprit que l'imagination peut concevoir : oui, seigneurs, ajouta-t-il en s'adressant à toute la compagnie, je puis vous assurer que ces travaux sont si extraordinaires, qu'ils sont capables d'ôter aux hommes les plus avides de richesses l'envie fatale de traverser les mers pour en acquérir. Vous n'avez peut-être entendu parler que confusément de mes étranges aventures, et des dangers que j'ai courus sur mer, dans les sept voyages que j'ai faits ; puisque l'occasion s'en présente, je vais vous en faire un rapport fidèle : je crois que vous ne serez pas fâchés de l'entendre. »

Comme Sindbad voulait raconter son histoire, particulièrement à cause du porteur, avant que de la commencer, il ordonna qu'on fît porter la charge qu'il avait laissée dans la rue, au lieu où Hindbad désira qu'elle fût portée. Après cela, il parla dans ces termes :

PREMIER VOYAGE

DE SINDBAD LE MARIN.

J'AVAIS hérité de ma famille des biens considérables, j'en dissipai la meilleure partie dans les débauches de ma jeunesse; mais je revins de mon aveuglement, et rentrant en moi-même, je reconnus que les richesses étaient périssables, et qu'on en voyait bientôt la fin, quand on les ménageait aussi mal que je faisais. Je pensai de plus que je consumais malheureusement dans une vie déréglée le temps, qui est la chose du monde la plus précieuse. Je considérai encore que c'était la dernière et la plus déplorable de toutes les misères, que d'être pauvre dans la vieillesse. Je me souvins de ces paroles du grand Salomon, que j'avais autrefois ouï dire à mon père : « Il est moins fâcheux d'être dans le tombeau que dans « la pauvreté. »

« Frappé de toutes ces réflexions, je ramassai les débris de mon patrimoine; je vendis à l'encan, en plein marché, tout ce que j'avais de meubles. Je me liai ensuite avec quelques marchands qui négociaient par mer, et consultai ceux qui me parurent capables de me donner de bons conseils. Enfin, je résolus de faire profiter le peu d'argent qui me restait; et dès que j'eus pris cette résolution je ne tardai guère à l'exécuter. Je me rendis à Balsora [1], où je m'embarquai avec plusieurs marchands sur un vaisseau que nous avions équipé à frais communs.

« Nous mîmes à la voile, et prîmes la route des Indes orientales par le golfe Persique, qui est formé par les côtes de l'Arabie heureuse, à la droite, par celles de Perse, à la gauche, et dont la plus grande largeur est de soixante et dix lieues, selon la commune opinion. Hors de ce golfe, la mer du Levant, la même que celle des Indes, est très-spacieuse : elle a d'un côté pour bornes les côtes d'Abyssinie, et quatre mille cinq cents lieues de longueur jusqu'aux îles de Vakvak [2]. Je fus d'abord incommodé de ce qu'on appelle le mal de mer; mais ma santé se rétablit bientôt, et depuis ce temps-là, je n'ai point été sujet à cette maladie.

[1] Ou Bassora, grande ville d'Asie, au-dessous du confluent du Tigre et de l'Euphrate, dans l'Irak arabique, fondée par les ordres d'Omar, troisième kalife, en 636 Les Turcs en sont les maîtres depuis 1663. Il s'y fait un très-grand commerce.

[2] Ces îles, situées, selon les Arabes, au delà de la Chine, sont ainsi appelées d'un arbre qui porte un fruit de ce nom. Ce sont probablement les îles du Japon.

« Dans le cours de notre navigation, nous abordâmes à plusieurs îles, et nous y vendîmes ou échangeâmes nos marchandises. Un jour que nous étions à la voile, le calme nous prit vis-à-vis d'une petite île presque à fleur d'eau, qui ressemblait à une prairie par sa verdure. Le capitaine fit plier les voiles, et permit de prendre terre aux personnes de l'équipage qui voulurent y descendre : je fus du nombre de ceux qui y débarquèrent. Mais dans le temps que nous nous divertissions à boire et à manger, et à nous délasser de la fatigue de la mer, l'île trembla tout à coup, et nous donna une secousse....

A ces mots, Scheherazade s'arrêta, parce que le jour commençait à paraître. Elle reprit ainsi son discours sur la fin de la nuit suivante :

LXXIe NUIT.

Sire, Sindbad poursuivant son histoire : « On s'aperçut, dit-il, du tremblement de l'île dans le vaisseau, d'où l'on nous cria de nous rembarquer promptement ; que nous allions tous périr ; que ce que nous prenions pour une île était le dos d'une baleine. Les plus diligents se sauvèrent dans la chaloupe, d'autres se jetèrent à la nage : pour moi, j'étais encore sur l'île, ou plutôt sur la baleine, lorsqu'elle se plongea dans la mer, et je n'eus que le temps de me prendre à une pièce de bois qu'on avait apportée du vaisseau pour faire du feu. Cependant le capitaine, après avoir reçu sur son bord les gens qui étaient dans la chaloupe, et recueilli quelques-uns de ceux qui nageaient, voulut profiter d'un vent frais et favorable qui s'était élevé ; il fit hisser les voiles, et m'ôta par là l'espérance de gagner le vaisseau.

« Je demeurai donc à la merci des flots, poussé tantôt d'un côté, et tantôt d'un autre ; je luttai contre eux tout le reste du jour et de la nuit suivante. Je n'avais plus de force le lendemain, et je désespérais d'éviter la mort, lorsqu'une vague me jeta heureusement contre une île. Le rivage en était haut et escarpé, et j'aurais eu beaucoup de peine à y monter, si quelques racines d'arbres, que la fortune semblait avoir conservées en cet endroit pour mon salut, ne m'en eussent donné le moyen. Je m'étendis sur la terre, où je demeurai à demi mort, jusqu'à ce qu'il fût grand jour et que le soleil parût.

« Alors, quoique je fusse très-faible, à cause du travail de la mer, et parce que je n'avais pris aucune nourriture depuis le jour précédent, je ne laissai pas de me traîner en cherchant des herbes bonnes à manger. J'en trouvai quelques-unes, et j'eus le bonheur de rencontrer une source d'eau excellente, qui ne contribua pas peu à me rétablir. Les forces m'étant revenues, je m'avançai dans l'île, marchant sans tenir de route assurée. J'entrai dans une belle plaine, où j'aperçus de loin un cheval qui paissait. Je portai mes pas de ce côté-là, flottant entre la crainte et la joie : car j'ignorais si je n'allais pas chercher ma perte plutôt qu'une occasion de mettre ma vie en sûreté. Je remarquai en approchant que c'était une cavale attachée à un piquet : sa beauté attira mon attention ; mais pendant que je la regardais, j'entendis la voix d'un homme qui parlait sous terre. Un moment après, cet homme parut, vint à moi, et me demanda qui j'étais. Je lui racontai mon aventure ; après quoi, me prenant par la main, il me fit entrer dans une grotte, où il y avait d'autres personnes, qui ne furent pas moins étonnées de me voir que je l'étais de les trouver là.

« Je mangeai de quelques mets qu'ils me présentèrent ; puis leur ayant demandé ce qu'ils faisaient dans un lieu qui me paraissait si désert, ils répondirent qu'ils étaient palefreniers du roi Mihrage, souverain de cette île ; que chaque année, dans la même saison ; ils avaient coutume d'y amener les cavales du roi, qu'ils attachaient de la manière que je l'avais vu, pour les faire couvrir par un cheval marin qui sortait de la mer ; que le cheval marin, après les avoir couvertes, se mettait en état de les dévorer ; mais qu'ils l'en empêchaient par leurs cris, et l'obligeaient à rentrer dans la mer ; que les cavales étant pleines, ils les ramenaient, et que les chevaux qui en naissaient étaient destinés pour le roi, et appelés chevaux marins. Ils ajoutèrent qu'ils devaient partir le lendemain, et que si je fusse arrivé un jour plus tard, j'aurais infailliblement péri, parce que les habitations étant éloignées, il m'eût été impossible d'y arriver sans guide.

« Tandis qu'ils m'entretenaient ainsi, le cheval marin sortit de la mer, comme ils me l'avaient dit, se jeta sur la cavale, la couvrit et voulut ensuite la dévorer ; mais au grand bruit que firent les palefreniers, il lâcha prise, et alla se replonger dans la mer.

« Le lendemain, ils reprirent le chemin de la capitale de l'île avec les cavales, et je les accompagnai. A notre arrivée, le roi Mihrage, à qui je fus présenté, me demanda qui j'étais, et par quelle aventure je me trouvais dans ses états. Dès que j'eus pleinement satisfait sa curiosité, il me témoigna qu'il prenait beaucoup de part à mon malheur. En même temps, il ordonna qu'on eût soin de moi, et que l'on me fournît toutes les choses dont j'aurais besoin : cela fut exécuté de manière que j'eus sujet de me louer de sa générosité et de l'exactitude de ses officiers.

« Comme j'étais marchand, je fréquentai les gens de ma profession. Je recherchais particulièrement ceux qui étaient étrangers, tant pour apprendre d'eux des nouvelles de Bagdad, que pour en trouver quelqu'un avec qui je pusse y retourner. La capitale du roi Mihrage est située sur le bord de la mer; elle a un beau port où il aborde tous les jours des vaisseaux des différents endroits du monde. Je cherchais aussi la compagnie des savants des Indes, et je prenais plaisir à les entendre parler; mais cela ne m'empêchait pas de faire ma cour au roi très-régulièrement, ni de m'entretenir avec des gouverneurs et de petits rois, ses tributaires, qui étaient auprès de sa personne. Ils me faisaient mille questions sur mon pays; et de mon côté, voulant m'instruire des mœurs et des lois de leurs états, je leur demandais tout ce qui me semblait mériter ma curiosité.

« Il y a sous la domination du roi Mihrage une île qui porte le nom de Cacel. On m'avait assuré qu'on y entendait toutes les nuits un son de timbales; ce qui a donné lieu à l'opinion qu'ont les matelots que Dedjâl y fait sa demeure[1]. Il me prit envie d'être témoin de cette merveille, et je vis dans mon voyage des poissons longs de cent et de deux cents coudées, qui font plus de peur que de mal: ils sont si timides, qu'on les fait fuir en frappant sur des ais. Je remarquai d'autres poissons qui n'étaient que d'une coudée, et qui ressemblaient par la tête à des hiboux.

« A mon retour, comme j'étais un jour sur le port, un navire y vint aborder. Dès qu'il fut à l'ancre, on commença à décharger les marchandises; et les marchands à qui elles appartenaient les faisaient transporter dans les magasins. En jetant les yeux sur quelques ballots, et sur l'écriture qui marquait à qui ils étaient, je vis mon nom dessus. Après les avoir attentivement examinés, je ne doutai pas que ce ne fussent ceux que j'avais fait charger sur le vaisseau où je m'étais embarqué à Balsora. Je reconnus même le capitaine; mais comme j'étais persuadé qu'il me croyait mort, je l'abordai, et lui demandai à qui appartenaient les ballots que je

[1] Dedjâl ou l'Antechrist. Les mahométans croient, comme les chrétiens, que l'Antechrist viendra pervertir les hommes à la fin du monde; mais ils croient de plus qu'il n'aura qu'un œil et qu'un sourcil; qu'il conquerra toute la terre, excepté la Mekke, Médine, Tarse et Jérusalem, qui seront préservées par des anges, qu'il verra à l'entour; enfin, ils ajoutent qu'il sera vaincu par Jésus-Christ, qui viendra le combattre.

voyais : « J'avais sur mon bord, me répondit-il, un marchand de Bagdad, qui se nommait Sindbad. Un jour que nous étions près d'une île, à ce qu'il nous paraissait, il mit pied à terre avec plusieurs passagers dans cette île prétendue, qui n'était autre chose qu'une baleine d'une grosseur énorme, qui s'était endormie à fleur d'eau. Elle ne se sentit pas plus tôt échauffée par le feu qu'on avait allumé sur son dos pour faire la cuisine, qu'elle commença à se mouvoir et à s'enfoncer dans la mer. La plupart des personnes qui étaient dessus se noyèrent, et le malheureux Sindbad fut de ce nombre. Ces ballots étaient à lui, et j'ai résolu de les négocier, jusqu'à ce que je rencontre quelqu'un de sa famille à qui je puisse rendre le profit que j'aurai fait avec le principal. — Capitaine, lui dis-je alors, je suis ce Sindbad que vous croyez mort, et qui ne l'est pas : ces ballots sont mon bien et ma marchandise.... »

Scheherazade n'en dit pas davantage cette nuit ; mais elle continua le lendemain de cette sorte :

LXXIIe NUIT.

Sindbad, poursuivant son histoire, dit à la compagnie :

« Quand le capitaine du vaisseau m'entendit parler ainsi : « Grand Dieu ! s'écria-t-il, à qui se fier aujourd'hui ? Il n'y a plus de bonne foi parmi les hommes : j'ai vu de mes propres yeux périr Sindbad ; les passagers qui étaient sur mon bord l'ont vu comme moi ; et vous osez dire que vous êtes ce Sindbad ! Quelle audace ! A vous voir, il semble que vous soyez un homme de probité ; cependant vous dites une horrible fausseté, pour vous emparer d'un bien qui ne vous appartient pas. — Donnez-vous patience, repartis-je au capitaine, et me faites la grâce d'écouter ce que j'ai à vous dire : — Eh bien ! reprit-il, que direz-vous ? Parlez, je vous écoute. » Je lui racontai alors de quelle manière je m'étais sauvé, et par quelle aventure j'avais rencontré les palefreniers du roi Mihrage, qui m'avaient amené à sa cour.

« Il se sentit ébranlé de mon discours ; mais il fut bientôt persuadé que je n'étais pas un imposteur : car il arriva des gens de son navire, qui me reconnurent et me firent de grands compliments, en me témoignant la joie qu'ils avaient de me revoir. Enfin, il me reconnut aussi lui-même ; et se jetant à mon cou : « Dieu soit loué, me dit-il, de ce que vous êtes heureusement échappé d'un si grand danger ! je ne puis assez vous marquer le plaisir que j'en ressens. Voilà votre bien, prenez-le, il est à vous ; faites-en ce qu'il vous plaira. » Je le remerciai, je louai sa probité ; et pour la reconnaître, je le priai d'accepter quelques marchandises que je lui présentai ; mais il les refusa.

« Je choisis ce qu'il y avait de plus précieux dans mes ballots, et j'en fis présent au roi Mihrage. Comme ce prince savait la disgrâce qui m'était arrivée, il me demanda où j'avais pris des choses si rares. Je lui contai par quel hasard je venais de les recouvrer ; il eut la bonté de m'en témoigner de la joie ; il accepta mon présent et m'en fit de beaucoup plus considérables. Après cela, je pris congé de lui, et me rembarquai sur le même vaisseau. Mais avant mon embarquement, j'échangeai les marchandises qui me restaient contre d'autres du pays : j'emportai avec moi du bois d'aloès, de sandal, du camphre, de la muscade, du clou de girofle, du poivre, et du gingembre. Nous passâmes par plusieurs îles, et nous abordâmes enfin à Balsora, d'où j'arrivai en cette ville avec la valeur d'environ cent mille sequins. Ma famille me reçut, et je la revis avec tous les transports que peut causer une amitié vive et sincère. J'achetai des esclaves de l'un et de l'autre sexe, de belles terres, et je fis une grosse maison. Ce fut ainsi que je m'établis, résolu d'oublier les maux que j'avais soufferts, et de jouir des plaisirs de la vie.

Sindbad, s'étant arrêté en cet endroit, ordonna aux joueurs d'instruments de recommencer leurs concerts, qu'il avait interrompus par le récit de son histoire. On continua jusqu'au soir de boire et de manger ; et lorsqu'il fut temps de se retirer, Sindbad se fit apporter une bourse de cent sequins, et la donnant au porteur : « Prenez, Hindbad, lui dit-il, retournez chez vous, et revenez demain entendre la suite de mes aventures. » Le porteur se retira fort confus de l'honneur et du présent qu'il venait de recevoir. Le récit qu'il en fit à son logis fut très-agréable à sa femme et à ses enfants, qui ne manquèrent pas de remercier Dieu du bien que la Providence leur faisait par l'entremise de Sindbad.

Hindbad s'habilla le lendemain plus proprement que le jour précédent, et retourna chez le voyageur libéral, qui le reçut d'un air riant, et lui fit mille caresses. D'abord que les conviés furent tous arrivés, on servit et l'on tint table fort long-temps. Le repas fini, Sindbad prit la parole, et s'adressant à la compagnie : « Seigneurs, dit-il, je vous prie de m'accorder un peu de silence, et de vouloir bien écouter les aventures de mon second voyage ; elles sont plus dignes de votre attention que celles du premier. » Tout le monde se tut, et Sindbad parla en ces termes :

SECOND VOYAGE

DE SINDBAD LE MARIN.

J'avais résolu, après mon premier voyage, de passer tranquillement le reste de mes jours à Bagdad, comme j'eus l'honneur de vous le dire hier. Mais je ne fus pas long-temps sans m'ennuyer d'une vie oisive; l'envie de voyager et de négocier par mer me reprit : j'achetai des marchandises propres à faire le trafic que je méditais, et je partis une seconde fois avec d'autres marchands dont la probité m'était connue. Nous nous embarquâmes sur un bon navire; et après nous être recommandés à Dieu, nous commençâmes notre navigation.

« Nous allions d'îles en îles, et nous y faisions des échanges fort avantageux. Un jour nous descendîmes dans une de ces îles, couverte de plusieurs sortes d'arbres fruitiers, mais si déserte, que nous n'y découvrîmes aucune habitation, ni même aucune personne. Nous allâmes prendre l'air dans les prairies et le long des ruisseaux qui les arrosaient.

« Pendant que les uns se divertissaient à cueillir des fleurs, et les autres des fruits, je pris mes provisions et du vin que j'avais apportés, et je m'assis près d'une eau coulante entre de grands arbres qui formaient un bel ombrage. Je fis un assez bon repas de ce que j'avais; après quoi le sommeil vint s'emparer de mes sens. Je ne vous dirai pas si je dormis long-temps; mais, quand je me réveillai, je ne vis plus le navire à l'ancre.... »

Là, Scheherazade fut obligée d'interrompre son récit, parce qu'elle vit que le jour paraissait; mais la nuit suivante elle continua de raconter de cette manière le second voyage de Sindbad :

LXXIIIE NUIT.

« Je fus bien étonné, dit Sindbad, de ne plus voir le vaisseau à l'ancre; je me levai, je regardai de toutes parts, je ne vis pas un des marchands qui étaient descendus dans l'île avec moi. J'aperçus seulement le navire à la voile, mais si éloigné que je le perdis de vue peu de temps après.

« Je vous laisse à imaginer les réflexions que je fis dans un état si triste. Je pensai mourir de douleur; je poussai des cris épouvantables; je me frappai la tête et me jetai par terre, où je demeurai long-temps abîmé dans une confusion mortelle de pensées toutes plus affligeantes les unes que les autres. Je me reprochai cent fois de ne m'être pas contenté de mon premier voyage, qui devait m'avoir fait perdre pour jamais l'envie d'en faire d'autres. Mais tous mes regrets étaient inutiles, et mon repentir hors de saison.

« A la fin, je me résignai à la volonté de Dieu; et sans savoir ce que je deviendrais, je montai au haut d'un grand arbre, d'où je regardai de tous côtés, pour voir si je ne découvrirais rien qui pût me donner quelque espérance. En jetant les yeux sur la mer, je ne vis que de l'eau et le ciel; mais ayant aperçu du côté de la terre quelque chose de blanc, je descendis de l'arbre; et avec ce qui me restait de vivres, je marchai vers cette blancheur, qui était si éloignée que je ne pouvais pas bien distinguer ce que c'était.

« Lorsque j'en fus à une distance raisonnable, je remarquai que c'était une boule blanche, d'une hauteur et d'une grosseur prodigieuse. Dès que j'en fus près, je la touchai, et la trouvai fort douce. Je tournai à l'entour, pour voir s'il n'y avait point d'ouverture; je n'en pus découvrir aucune, et il me parut qu'il était impossible de monter dessus, tant elle était unie : elle pouvait avoir cinquante pas en rondeur.

« Le soleil alors était prêt à se coucher. L'air s'obscurcit tout à coup, comme s'il eût été couvert d'un nuage épais. Mais si je fus étonné de cette obscurité, je le fus bien davantage, quand je m'aperçus que ce qui la causait était un oiseau d'une grandeur et d'une grosseur extraordinaires, qui s'avançait de mon côté en volant. Je me souvins d'un oiseau appelé rock [1], dont j'avais souvent entendu parler aux matelots, et je conçus que la grosse boule que j'avais tant admirée devait être un œuf de cet oiseau. En effet, il s'abattit et se posa dessus, comme pour le couver. En le voyant venir, je m'étais serré fort près de l'œuf, de sorte que j'eus devant moi un des pieds de l'oiseau; et ce pied était aussi gros qu'un gros tronc d'arbre. Je m'y attachai fortement avec la toile dont mon turban était environné, dans l'espérance que le rock, lorsqu'il reprendrait son vol le lendemain, m'emporterait hors de cette île déserte. Effectivement, après avoir passé la nuit en cet état, d'abord qu'il fut jour, l'oiseau

[1] Cet oiseau n'existe plus, ou peut-être n'a-t-il jamais existé. Il n'est pas impossible, néanmoins, qu'il ait été vu dans quelque partie de la terre, et que la race s'en soit éteinte, comme celle de beaucoup d'autres animaux d'une grosseur prodigieuse, dont chaque jour encore on retrouve les ossements pétrifiés. Marco Polo et le père Martini en font mention dans la relation de leurs voyages en Orient.

s'envola, et m'enleva si haut que je ne voyais plus la terre; puis il descendit tout à coup avec tant de rapidité, que je ne me sentais pas. Lorsque le rock fut posé, et que je me vis à terre, je déliai promptement le nœud qui me tenait attaché à son pied. J'avais à peine achevé de me détacher, qu'il donna du bec sur un serpent d'une longueur inouïe. Il le prit, et s'envola aussitôt.

« Le lieu où il me laissa était une vallée très-profonde, environnée de toutes parts de montagnes si hautes, qu'elles se perdaient dans la nue, et tellement escarpées, qu'il n'y avait aucun chemin par où l'on y pût monter. Ce fut un nouvel embarras pour moi; et comparant cet endroit à l'île déserte que je venais de quitter, je trouvai que je n'avais rien gagné au change.

« En marchant par cette vallée, je remarquai qu'elle était parsemée de diamants, dont il y en avait d'une grosseur surprenante; je pris beaucoup de plaisir à les regarder; mais j'aperçus bientôt de loin des objets qui diminuèrent fort ce plaisir, et que je ne pus voir sans effroi : c'étaient un grand nombre de serpents si gros et si longs qu'il n'y en avait pas un qui n'eût englouti un éléphant. Ils se retiraient pendant le jour dans leurs antres, où ils se cachaient à cause du rock, leur ennemi, et ils n'en sortaient que la nuit.

« Je passai la journée à me promener dans la vallée, et à me reposer de temps en temps dans les endroits les plus commodes. Cependant le soleil se coucha; et à l'entrée de la nuit je me retirai dans une grotte où je jugeai que je serais en sûreté. J'en bouchai l'entrée, qui était basse et étroite, avec une pierre assez grosse pour me garantir des serpents, mais qui fermait de manière à y laisser pénétrer un peu de lumière. Je soupai d'une partie de mes provisions, au bruit des serpents qui commencèrent à paraître. Leurs affreux sifflements me causèrent une frayeur extrême, et ne me permirent pas, comme vous pouvez croire, de passer la nuit fort tranquillement. Le jour étant venu, les serpents se retirèrent. Alors je sortis de ma grotte en tremblant, et je puis dire que je marchai longtemps sur des diamants sans en avoir la moindre envie. A la fin je m'assis, et malgré l'inquiétude dont j'étais agité, comme je n'avais pas fermé l'œil pendant toute la nuit, je m'endormis après avoir fait encore un repas de mes provisions. Mais j'étais à peine assoupi que quelque chose qui tomba près de moi avec grand bruit me réveilla : c'était une grosse pièce de viande fraîche; et dans le moment j'en vis rouler plusieurs autres du haut des rochers en différents endroits.

« J'avais toujours tenu pour un conte fait à plaisir, ce que j'avais ouï dire plusieurs fois à des matelots et à d'autres personnes, touchant la vallée des diamants, et l'adresse dont se servaient quelques marchands pour en tirer ces pierres précieuses : je connus bien qu'ils m'avaient dit la vérité. En effet, ces marchands se rendent auprès de cette vallée dans le temps que les aigles ont des petits. Ils découpent de la viande et la jettent par grosses pièces dans la vallée ; les diamants sur la pointe desquels elles tombent s'y attachent. Les aigles, qui sont en ce pays-là plus forts qu'ailleurs, vont fondre sur ces pièces de viande, et les emportent dans leur nid au haut des rochers, pour servir de pâture à leurs aiglons. Alors les marchands, courant au nid, obligent, par leurs cris, les aigles à s'éloigner, et prennent les diamants qu'ils trouvent attachés aux pièces de viande. Ils se servent de cette ruse, parce qu'il n'y a pas d'autre moyen de tirer les diamants de cette vallée, qui est un précipice dans lequel on ne saurait descendre[1].

« J'avais cru jusque-là qu'il ne me serait pas possible de sortir de cet abîme, que je regardais comme mon tombeau ; mais je changeai de sentiment, et ce que je venais de voir me donna lieu d'imaginer le moyen de conserver ma vie.... »

Le jour, qui parut en cet endroit, imposa silence à Scheherazade ; mais elle poursuivit cette histoire le lendemain :

LXXIVE NUIT.

Sire, dit-elle, en s'adressant toujours au sultan des Indes, Sindbad continua de raconter les aventures de son second voyage à la compagnie qui l'écoutait : « Je commençai, dit-il, par amasser les plus gros diamants qui se présentèrent à mes yeux, et j'en remplis le sac de cuir[2] qui m'avait servi à mettre mes provisions de bouche. Je pris ensuite la pièce de viande qui me parut la plus longue ; je l'attachai fortement autour de moi avec la toile de mon turban, et en cet état je me couchai le ventre contre terre, la bourse de cuir attachée à ma ceinture, de manière qu'elle ne pouvait tomber.

« Je ne fus pas plus tôt en cette situation, que les aigles vinrent chacun se saisir d'une pièce de viande qu'ils emportèrent ; et un des plus puissants m'ayant enlevé de même avec le morceau de viande dont j'étais enveloppé, me porta au haut de la montagne

[1] Marco Polo, et d'autres voyageurs du douzième siècle, rapportent qu'en Scythie on recueille les hyacinthes de la même manière.

[2] Les Orientaux qui voyagent mettent leurs provisions dans un sac de cuir.

jusque dans son nid. Les marchands ne manquèrent point alors de crier pour épouvanter les aigles; et lorsqu'ils les eurent obligés à quitter leur proie, un d'entre eux s'approcha de moi; mais il fut saisi de crainte quand il m'aperçut. Il se rassura pourtant; et au lieu de s'informer par quelle aventure je me trouvais là, il commença à me quereller, en me demandant pourquoi je lui ravissais son bien : « Vous me parlerez, lui dis-je, avec plus d'humanité, lorsque vous m'aurez mieux connu. Consolez-vous, ajoutai-je, j'ai des diamants pour vous et pour moi plus que n'en peuvent avoir tous les autres marchands ensemble : s'ils en ont, ce n'est que par hasard; mais j'ai choisi moi-même au fond de la vallée ceux que j'apporte dans cette bourse que vous voyez. » En disant cela, je la lui montrai. Je n'avais pas achevé de parler, que les autres marchands qui m'aperçurent s'attroupèrent autour de moi, fort étonnés de me voir, et j'augmentai leur surprise par le récit de mon histoire. Ils n'admirèrent pas tant le stratagème que j'avais imaginé pour me sauver, que ma hardiesse à le tenter.

Ils m'emmenèrent au logement où ils demeuraient tous ensemble; et là, ayant ouvert ma bourse en leur présence, la grosseur de mes diamants les surprit, et ils m'avouèrent que dans toutes les cours où ils avaient été, ils n'en avaient pas vu un qui en approchât. Je priai le marchand à qui appartenait le nid où j'avais été transporté, car chaque marchand avait le sien, je le priai, dis-je, d'en choisir pour sa part autant qu'il en voudrait. Il se contenta d'en prendre un seul, encore le prit-il des moins gros; et comme je le pressais d'en recevoir d'autres sans craindre de me faire tort : « Non, me dit-il, je suis fort satisfait de celui-ci, qui est assez précieux pour m'épargner la peine de faire désormais d'autres voyages, pour l'établissement de ma petite fortune. »

« Je passai la nuit avec ces marchands, à qui je racontai une seconde fois mon histoire pour la satisfaction de ceux qui ne l'avaient pas entendue. Je ne pouvais modérer ma joie, quand je faisais réflexion que j'étais hors des périls dont je vous ai parlé : il me semblait que l'état où je me trouvais était un songe, et je ne pouvais croire que je n'eusse plus rien à craindre.

« Il y avait déjà plusieurs jours que les marchands jetaient des pièces de viande dans la vallée; et comme chacun paraissait content des diamants qui lui étaient échus, nous partîmes le lendemain tous ensemble, et nous marchâmes par de hautes montagnes où il y avait des serpents d'une longueur prodigieuse, que nous eûmes le bonheur d'éviter. Nous gagnâmes le premier port, d'où nous passâmes à l'île de Roha, où croît l'arbre dont on tire le camphre, et qui est si gros et si touffu, que cent hommes y peuvent être à l'ombre aisément. Le suc dont se forme le camphre coule par une ouverture que l'on fait au haut de l'arbre, et se reçoit dans un vase où il prend consistance, et devient ce qu'on appelle camphre. Le suc ainsi tiré, l'arbre sèche et meurt.

« Il y a dans la même île des rhinocéros, qui sont des animaux plus petits que l'éléphant, et plus grands que le buffle : ils ont une corne sur le nez, longue environ d'une coudée : cette corne est solide et coupée par le milieu d'une extrémité à l'autre; on voit dessus des traits blancs qui représentent la figure d'un homme. Le rhinocéros se bat avec l'éléphant, le perce de sa corne par-dessous le ventre, l'enlève, et le porte sur sa tête; mais comme le sang et la graisse de l'éléphant lui coulent sur les yeux, et l'aveuglent, il tombe par terre; et ce qui va vous étonner, le rock vient qui les enlève tous deux entre ses griffes, et les emporte pour nourrir ses petits.

« Je passe sous silence plusieurs autres particularités de cette île, de peur de vous ennuyer. J'y échangeai quelques-uns de mes diamants contre de bonnes marchandises. De là nous allâmes à d'autres îles; et enfin, après avoir touché à plusieurs villes marchandes de terre ferme, nous abordâmes à Balsora, d'où je me rendis à Bagdad. J'y fis d'abord de grandes aumônes aux pauvres, et je jouis honorablement du reste des richesses immenses que j'avais apportées et gagnées avec tant de fatigues. »

Ce fut ainsi que Sindbad raconta son second voyage. Il fit donner encore cent sequins à Hindbad, qu'il invita à venir le lendemain entendre le récit du troisième. Les conviés retournèrent chez eux, et revinrent le jour suivant à la même heure, de même que le porteur, qui avait déjà presque oublié sa misère passée. On se mit à table; et après le repas, Sindbad, ayant demandé un moment d'attention, fit de cette sorte le détail de son troisième voyage :

TROISIÈME VOYAGE

DE SINDBAD LE MARIN.

DANS les douceurs de la vie que je menais, j'eus bientôt perdu, dit-il, le souvenir des dangers que j'avais courus dans mes deux voyages; mais comme j'étais à la fleur de mon âge, je m'ennuyai de vivre dans le repos; et m'étourdissant sur les nouveaux périls que je voulais affronter, je partis de Bagdad avec de riches marchandises du pays, que je fis transporter à Balsora. Là je m'embarquai encore avec d'autres marchands. Nous eûmes une longue navigation, et nous abordâmes à plusieurs ports, où nous fîmes un commerce considérable.

« Un jour que nous étions en pleine mer, nous fûmes battus d'une tempête horrible qui nous fit perdre notre route. Elle continua plusieurs jours, et nous poussa devant le port d'une île, où le capitaine aurait fort souhaité de se dispenser d'entrer; mais nous fûmes bien obligés d'y aller mouiller. Lorsqu'on eut plié les voiles, le capitaine nous dit: « Cette île, et quelques autres voisines, sont habitées par des sauvages tout velus qui vont venir nous assaillir. Quoique ce soit des nains, notre malheur veut que nous ne fassions pas la moindre résistance, parce qu'ils sont en plus grand nombre que les sauterelles, et que s'il nous arrivait d'en tuer quelqu'un, ils se jetteraient tous sur nous et nous assommeraient. »

Le jour, qui vint éclairer l'appartement de Schahriar, empêcha Scheherazade d'en dire davantage. La nuit suivante elle reprit la parole en ces termes:

LXXVE NUIT.

« Le discours du capitaine, dit Sindbad, mit tout l'équipage dans une grande consternation, et nous connûmes bientôt que ce qu'il venait de nous dire n'était que trop véritable. Nous vîmes paraître une multitude innombrable de sauvages hideux, couverts par tout le corps d'un poil roux, et hauts seulement de deux pieds. Ils se jetèrent à la nage, et environnèrent en peu de temps notre vaisseau. Ils nous parlaient en approchant; mais nous n'entendions pas leur langage. Ils se prirent aux bords et aux cordages du navire, et grimpèrent de tous côtés jusqu'au tillac avec une si grande agilité et avec tant de vitesse, qu'il ne paraissait pas qu'ils posassent leurs pieds.

Nous les vîmes faire cette manœuvre avec la frayeur que vous pouvez vous imaginer, sans oser nous mettre en défense, ni leur dire un seul mot, pour tâcher de les détourner de leur dessein, que nous soupçonnions d'être funeste. Effectivement, ils déplièrent les voiles, coupèrent le câble de l'ancre, sans se donner la peine de la retirer; et après avoir fait approcher de terre le vaisseau, ils nous firent tous débarquer. Ils emmenèrent ensuite le navire dans une autre île d'où ils étaient venus. Tous les voyageurs évitaient avec soin celle où nous étions alors; et il était très-dangereux de s'y arrêter pour la raison que vous allez connaître; mais il nous fallut prendre notre mal en patience.

« Nous nous éloignâmes du rivage, et en nous avançant dans l'île, nous trouvâmes quelques fruits et des herbes dont nous mangeâmes, pour prolonger le dernier moment de notre vie le plus qu'il nous était possible; car nous nous attendions tous à une mort certaine. En marchant, nous aperçûmes assez loin de nous un grand édifice, vers lequel nous tournâmes nos pas: c'était un palais bien bâti et fort élevé, qui avait une porte d'ébène à deux battants, que nous ouvrîmes en la poussant. Nous entrâmes dans la cour, et nous vîmes en face un vaste appartement avec un vestibule où il y avait, d'un côté, un monceau d'ossements humains, et de l'autre, une infinité de broches à rôtir. Nous tremblâmes à ce spectacle; et comme nous étions fatigués d'avoir marché, les jambes nous manquèrent: nous tombâmes par terre, saisis d'une frayeur mortelle, et nous y demeurâmes très-long-temps immobiles.

« Le soleil se couchait; et tandis que nous étions dans l'état pitoyable que je viens de vous dire, la porte de l'appartement s'ouvrit avec beaucoup de bruit, et aussitôt nous en vîmes sortir une horrible figure d'homme noir, de la hauteur d'un grand palmier: il avait au milieu du front un seul œil rouge et ardent comme un charbon allumé; les dents de devant, qu'il avait fort longues et fort aiguës, lui sortaient de la bouche, qui n'était pas moins fendue que celle d'un cheval; et la lèvre inférieure lui descendait sur la poitrine; ses oreilles ressemblaient à celles d'un éléphant, et lui couvraient les épaules. Il avait les ongles crochus et longs comme les griffes des plus grands oiseaux. A la vue d'un géant si effroyable, nous perdîmes tous connaissance, et demeurâmes comme morts.

« A la fin, nous revînmes à nous, et nous le vîmes assis sous le vestibule, qui nous examinait de tout son œil. Quand il nous eut bien considérés, il s'avança vers nous; et s'étant approché, il étendit la main sur moi, me prit par la nuque du cou, et me tourna de tous côtés, comme un boucher qui manie une tête de mouton. Après m'avoir bien regardé, voyant que j'étais si maigre, que je n'avais que la peau et les os, il me lâcha. Il prit les autres tour à tour, les examina de la même manière; et comme le capitaine était le plus gras de tout l'équipage, il le tint d'une main, ainsi que j'aurais tenu un moineau, et lui passa une broche au travers du corps; ayant ensuite allumé un grand feu, il le fit rôtir, et le mangea à son souper dans l'appartement où il s'était retiré. Ce repas achevé, il revint sous le vestibule, où il se coucha, et s'endormit en ronflant d'une manière plus bruyante que le tonnerre : son sommeil dura jusqu'au lendemain matin. Pour nous, il ne nous fut pas possible de goûter la douceur du repos, et nous passâmes la nuit dans la plus cruelle inquiétude dont on puisse être agité. Le jour étant venu, le géant se réveilla, se leva, sortit, et nous laissa dans le palais.

« Lorsque nous le crûmes éloigné, nous rompîmes le triste silence que nous avions gardé toute la nuit, et nous affligeant tous comme à l'envi l'un de l'autre, nous fîmes retentir le palais de plaintes et de gémissements. Quoique nous fussions en assez grand nombre, et que nous n'eussions qu'un seul ennemi, nous n'eûmes pas d'abord la pensée de nous délivrer de lui par sa mort. Cette entreprise, bien que fort difficile à exécuter, était pourtant celle que nous devions naturellement former.

« Nous délibérâmes sur plusieurs autres partis, mais nous ne nous déterminâmes à aucun; et nous soumettant à ce qu'il plairait à Dieu d'ordonner de notre sort, nous passâmes la journée à parcourir l'île, en nous nourrissant de fruits et de plantes, comme le jour précédent. Sur le soir, nous cherchâmes quelque endroit à nous mettre à couvert; mais nous n'en trouvâmes point, et nous fûmes obligés malgré nous de retourner au palais.

« Le géant ne manqua pas d'y revenir et de souper encore d'un de nos compagnons; après quoi il s'endormit et ronfla jusqu'au jour, qu'il sortit et nous laissa comme il avait déjà fait. Notre condition nous parut si affreuse, que plusieurs de nos camarades furent sur le point d'aller se précipiter dans la mer, plutôt que d'attendre une mort si étrange; et ceux-là excitaient les autres à suivre leur conseil. Mais un de la compagnie prenant alors la parole : « Il nous est défendu, dit-il, de nous donner nous-mêmes la mort; et quand cela serait permis, n'est-il pas plus raisonnable que nous songions au moyen de nous défaire du barbare qui nous destine un trépas si funeste? »

« Comme il m'était venu dans l'esprit un projet sur cela, je le communiquai à mes camarades, qui l'approuvèrent : « Mes frères, leur dis-je alors, vous savez qu'il y a beaucoup de bois le long de la mer ; si vous m'en croyez, construisons plusieurs radeaux qui puissent nous porter, et lorsqu'ils seront achevés, nous les laisserons sur le côte, jusqu'à ce que nous jugions à propos de nous en servir. Cependant, nous exécuterons le dessein que je vous ai proposé pour nous délivrer du géant : s'il réussit, nous pourrons attendre ici avec patience qu'il passe quelque vaisseau qui nous retire de cette île fatale ; si, au contraire, nous manquons notre coup, nous gagnerons promptement nos radeaux, et nous nous mettrons en mer. J'avoue qu'en nous exposant à la fureur des flots sur de si fragiles bâtiments, nous courons risque de perdre la vie ; mais quand nous devrions périr, n'est-il pas plus doux de nous laisser ensevelir dans la mer que dans les entrailles de ce monstre, qui a déjà dévoré deux de nos compagnons ? » Mon avis fut goûté de tout le monde, et nous construisîmes des radeaux capables de porter trois personnes.

« Nous retournâmes au palais vers la fin du jour, et le géant y arriva peu de temps après nous. Il fallut encore nous résoudre à voir rôtir un de nos camarades. Mais enfin, voici de quelle manière nous nous vengeâmes de la cruauté du géant. Après qu'il eut achevé son détestable souper, il se coucha sur le dos et s'endormit. D'abord que nous l'entendîmes ronfler selon sa coutume, neuf des plus hardis d'entre nous, et moi, nous prîmes chacun une broche, nous en mîmes la pointe dans le feu pour la faire rougir, et ensuite nous la lui enfonçâmes dans l'œil en même temps, et nous le lui crevâmes.

« La douleur que sentit le géant lui fit pousser un cri effroyable. Il se leva brusquement, et étendit les mains de tous côtés pour se saisir de quelqu'un de nous, afin de le sacrifier à sa rage ; mais nous eûmes le temps de nous éloigner de lui et de nous jeter contre terre, dans des endroits où il ne pouvait pas nous rencontrer sous ses pieds. Après nous avoir cherchés vainement, il trouva la porte à tâtons, et sortit avec des hurlements épouvantables.... »

Scheherazade n'en dit pas davantage cette nuit ; mais la nuit suivante, elle reprit ainsi cette histoire :

LXXVIE NUIT.

« Nous sortîmes du palais après le géant, poursuivit Sindbad, et nous nous rendîmes au bord de la mer, dans l'endroit où étaient nos radeaux. Nous les mîmes d'abord à l'eau, et nous attendîmes qu'il fît jour pour nous jeter dessus, supposé que nous vissions le géant venir à nous avec quelques guides de son espèce ; mais nous nous flattions que s'il ne paraissait pas, lorsque le soleil serait levé, et que nous n'entendissions plus ses hurlements, que nous ne cessions pas d'entendre, ce serait une marque qu'il aurait perdu la vie ; et, dans ce cas, nous nous proposions de rester dans l'île, et de ne pas nous risquer sur nos radeaux. Mais à peine fut-il jour, que nous aperçûmes notre cruel ennemi, accompagné de deux géants, à peu près de sa grandeur, qui le conduisaient, et d'un assez grand nombre d'autres encore qui marchaient devant lui à pas précipités.

« A cet objet, nous ne balançâmes point à nous jeter sur nos radeaux, et nous commençâmes à nous éloigner du rivage à force de rames. Les géants, qui s'en aperçurent, se munirent de grosses pierres, accoururent sur la rive, entrèrent même dans l'eau jusqu'à la moitié du corps, et nous les jetèrent si adroitement, qu'à la réserve du radeau sur lequel j'étais, tous les autres en furent brisés, et les hommes qui étaient dessus se noyèrent [1]. Pour moi et mes deux compagnons, comme nous ramions de toutes nos forces, nous nous trouvâmes les plus avancés dans la mer, et hors de la portée des pierres.

« Quand nous fûmes en pleine mer, nous devînmes le jouet du vent et des flots, qui nous jetaient tantôt d'un côté et tantôt d'un autre, et nous passâmes ce jour-là et la nuit suivante dans une cruelle incertitude de notre destinée ; mais, le lendemain, nous eûmes le bonheur d'être poussés contre une île, où nous nous sauvâmes avec bien de la joie. Nous y trouvâmes d'excellents fruits, qui nous furent d'un grand secours, pour réparer les forces que nous avions perdues.

« Sur le soir, nous nous endormîmes sur le bord de la mer ; mais nous fûmes réveillés par le bruit qu'un serpent, long comme un palmier, faisait de ses écailles en rampant sur la terre. Il se trouva

[1] Ce conte est une imitation évidente de l'épisode de Polyphème. Voy. l'*Odyssée*, chant IX.

si près de nous, qu'il engloutit un de mes deux camarades, malgré les cris et les efforts qu'il put faire pour se débarrasser du serpent, qui, le secouant à plusieurs reprises, l'écrasa contre terre, et acheva de l'avaler. Nous prîmes aussitôt la fuite, mon autre camarade et moi; et quoique nous fussions assez éloignés, nous entendîmes quelque temps après un bruit, qui nous fit juger que le serpent rendait les os du malheureux qu'il avait surpris. En effet, nous les vîmes le lendemain avec horreur : « O Dieu, m'écriai-je, à quoi sommes-nous exposés! Nous nous réjouissions hier d'avoir dérobé nos vies à la cruauté d'un géant et à la fureur des eaux, et nous voilà tombés dans un péril qui n'est pas moins terrible. »

« Nous remarquâmes, en nous promenant, un gros arbre fort haut, sur lequel nous projetâmes de passer la nuit suivante pour nous mettre en sûreté. Nous mangeâmes encore des fruits, comme le jour précédent; et à la fin du jour nous montâmes sur l'arbre. Nous entendîmes bientôt le serpent, qui vint en sifflant jusqu'au pied de l'arbre où nous étions. Il s'éleva contre le tronc, et rencontrant mon camarade, qui était plus bas que moi, il l'engloutit tout d'un coup, et se retira.

« Je demeurai sur l'arbre jusqu'au jour, et alors j'en descendis plus mort que vif. Effectivement, je ne pouvais attendre un autre sort que celui de mes deux compagnons; et cette pensée me faisant frémir d'horreur, je fis quelques pas pour m'aller jeter dans la mer; mais, comme il est doux de vivre le plus long-temps qu'on peut, je résistai à ce mouvement de désespoir, et me soumis à la volonté de Dieu, qui dispose à son gré de notre vie.

« Je ne laissai pas, toutefois, d'amasser une grande quantité de menu bois, de ronces et d'épines sèches. J'en fis plusieurs fagots que je liai ensemble, après en avoir fait un grand cercle autour de l'arbre, et j'en liai quelques-uns en travers par-dessus pour me couvrir la tête. Cela étant fait, je m'enfermai dans ce cercle à l'entrée de la nuit, avec la triste consolation de n'avoir rien négligé pour me garantir du cruel sort qui me menaçait. Le serpent ne manqua pas de revenir et de tourner autour de l'arbre, cherchant à me dévorer; mais il n'y put réussir, à cause du rempart que je m'étais fabriqué, et il fit en vain jusqu'au jour le manége d'un chat qui assiége une souris dans un asile qu'il ne peut forcer. Enfin, le jour étant venu, il se retira; mais je n'osai sortir de mon fort que le soleil ne parût.

« Je me trouvai si fatigué du travail qu'il m'avait donné, j'avais tant souffert de son haleine empestée, que la mort me paraissant préférable à cette horreur, je m'éloignai de l'arbre; et sans me souvenir de la résignation où j'étais le jour précédent, je courus vers la mer, dans le dessein de m'y précipiter la tête la première.... »

A ces mots, Scheherazade, voyant qu'il était jour, cessa de parler. Le lendemain, elle continua cette histoire, et dit au sultan :

LXXVIIE NUIT.

Sire, Sindbad, poursuivant son troisième voyage : « Dieu, dit-il, fut touché de mon désespoir : au moment où j'allais me jeter dans la mer, j'aperçus un navire assez éloigné du rivage. Je criai de toute ma force pour me faire entendre, et je dépliai la toile de mon turban pour qu'on me remarquât. Cela ne fut pas inutile : tout l'équipage m'aperçut, et le capitaine m'envoya la chaloupe. Quand je fus à bord, les marchands et les matelots me demandèrent avec beaucoup d'empressement par quelle aventure je m'étais trouvé dans cette île déserte ; et après que je leur eus raconté tout ce qui m'était arrivé, les plus anciens me dirent qu'ils avaient plusieurs fois entendu parler des géants qui demeuraient dans cette île ; qu'on leur avait assuré que c'étaient des anthropophages, et qu'ils mangeaient les hommes crus aussi bien que rôtis. A l'égard des serpents, ils ajoutèrent qu'il y en avait en abondance dans cette île ; qu'ils se cachaient le jour, et se montraient la nuit. Après qu'ils m'eurent témoigné qu'ils avaient bien de la joie de me voir échappé à tant de périls, comme ils ne doutaient pas que je n'eusse besoin de manger, ils s'empressèrent de me régaler de ce qu'ils avaient de meilleur ; et le capitaine, remarquant que mon habit était tout en lambeaux, eut la générosité de m'en faire donner un des siens.

« Nous courûmes la mer quelque temps ; nous touchâmes à plusieurs îles, et nous abordâmes enfin à celle de Salahat, d'où l'on tire le sandal, qui est un bois de grand usage dans la médecine. Nous entrâmes dans le port et nous y mouillâmes. Les marchands commencèrent à faire débarquer leurs marchandises pour les vendre ou les échanger. Pendant ce temps-là, le capitaine m'appela et me dit : « Frère, j'ai en dépôt des marchandises qui appartenaient à un marchand qui a navigué quelque temps sur mon navire : comme ce marchand est mort, je les fais valoir pour en rendre compte à ses héritiers lorsque j'en rencontrerai quelqu'un. » Les ballots dont il entendait parler étaient déjà sur le tillac ; il me les montra en me disant : « Voilà les marchandises en question ; j'espère que vous voudrez bien vous charger d'en faire commerce, sous la condition du droit dû à la peine que vous prendrez. » J'y consentis, en le remerciant de ce qu'il me donnait occasion de ne pas demeurer oisif.

« L'écrivain du navire enregistrait tous les ballots avec les noms des marchands à qui ils appartenaient : comme il eut demandé au capitaine sous quel nom il voulait qu'il enregistrât ceux dont il venait de me charger : « Écrivez, lui répondit le capitaine, sous le nom de Sindbad le marin. » Je ne pus m'entendre nommer sans émotion ; et envisageant le capitaine, je le reconnus pour celui qui, dans mon second voyage, m'avait abandonné dans l'île où je m'étais endormi au bord d'un ruisseau, et qui avait remis à la voile sans m'attendre ou me faire chercher : je ne me l'étais pas remis d'abord, à cause du changement qui s'était fait en sa personne, depuis le temps que je ne l'avais vu.

« Pour lui, qui me croyait mort, il ne faut pas s'étonner s'il ne me reconnut pas : « Capitaine, lui dis-je, est-ce que le marchand à qui étaient ces ballots s'appelait Sindbad ? — Oui, me répondit-il, il se nommait de la sorte ; il était de Bagdad, et s'était embarqué sur mon vaisseau à Balsora. Un jour que nous descendîmes dans une île, pour y faire de l'eau et prendre quelques rafraîchissements, je ne sais par quelle méprise je remis à la voile, sans prendre garde qu'il ne s'était pas embarqué avec les autres ; nous ne nous en aperçûmes, les marchands et moi, que quatre heures après. Nous avions le vent en poupe, et si frais, qu'il ne nous fut pas possible de revirer de bord pour aller le reprendre. — Vous le croyez donc mort ? repris-je. — Assurément, repartit-il. — Eh bien ! capitaine, lui répliquai-je, ouvrez les yeux, et connaissez ce Sindbad, que vous laissâtes dans cette île déserte : je m'endormis au bord d'un ruisseau, et, quand je me réveillai, je ne vis plus personne de l'équipage. » A ces mots, le capitaine s'attacha à me regarder.... »

Scheherazade, en cet endroit, s'apercevant qu'il était jour, fut obligée de garder le silence. Le lendemain, elle reprit ainsi le fil de sa narration :

LXXVIIIE NUIT.

« Le capitaine, dit Sindbad, après m'avoir fort attentivement considéré, me reconnut enfin : « Dieu soit loué ! s'écria-t-il en m'embrassant; je suis ravi que la fortune ait réparé ma faute. Voilà vos marchandises, que j'ai toujours pris soin de conserver et de faire valoir dans tous les ports où j'ai abordé : je vous les rends avec le profit que j'en ai tiré. » Je les pris, en témoignant au capitaine toute la reconnaissance que je lui devais.

« De l'île de Salahat, nous allâmes à une autre, où je me fournis de clous de girofle, de cannelle et d'autres épiceries. Quand nous nous fûmes éloignés, nous vîmes une tortue qui avait vingt coudées en longueur et en largeur; nous remarquâmes aussi un poisson qui tenait de la vache : il avait du lait, et sa peau est d'une si grande dureté, qu'on en fait ordinairement des boucliers. J'en vis un autre qui avait la figure et la couleur d'un chameau. Enfin, après une longue navigation, j'arrivai à Balsora, et de là je revins en cette ville de Bagdad avec tant de richesses, que j'en ignorais la quantité. J'en donnai encore aux pauvres une partie considérable, et j'ajoutai d'autres grandes terres à celles que j'avais déjà acquises. »

Sindbad acheva ainsi l'histoire de son troisième voyage. Il fit ensuite donner cent autres sequins à Hindbad, en l'invitant au repas du lendemain et au récit du quatrième voyage. Hindbad et la compagnie se retirèrent; et le jour suivant étant revenu, Sindbad prit la parole sur la fin du dîner, et continua de raconter ses aventures :

QUATRIÈME VOYAGE

DE SINDBAD LE MARIN.

LES plaisirs, dit-il, et les divertissements que je pris après mon troisième voyage, n'eurent pas des charmes assez puissants pour me déterminer à ne pas voyager davantage : je me laissai encore entraîner à la passion de trafiquer et de voir des choses nouvelles. Je mis donc ordre à mes affaires; et ayant fait un fonds de marchandises de débit dans les lieux où j'avais dessein d'aller, je partis. Je pris la route de Perse, dont je traversai plusieurs provinces, et j'arrivai à un port de mer où je m'embarquai. Nous mîmes à la voile, et nous avions déjà touché à plusieurs ports de terre ferme et à quelques îles orientales, lorsque faisant un jour un grand trajet, nous fûmes surpris d'un coup de vent, qui obligea le capitaine à faire amener les voiles et à donner tous les ordres nécessaires pour prévenir le danger dont nous étions menacés. Mais toutes nos précautions furent inutiles : la manœuvre ne réussit pas bien, les voiles furent déchirées en mille pièces; et le vaisseau, ne pouvant plus être gouverné, donna sur des récifs, et se brisa, de manière qu'un grand nombre de marchands et de matelots se noya, et que la charge périt.... »

Scheherazade en était là quand elle vit paraître le jour. La nuit suivante, elle reprit en ces termes :

LXXIXe NUIT.

« J'eus le bonheur, continua Sindbad, de même que plusieurs autres marchands et matelots, de me prendre à une planche. Nous fûmes tous emportés par un courant vers une île qui était devant nous. Nous y trouvâmes des fruits et de l'eau de source, qui servirent à rétablir nos forces. Nous nous reposâmes la nuit dans l'endroit même où la mer nous avait jetés, sans avoir pris aucun parti sur ce que nous devions faire : l'abattement où nous étions de notre disgrâce nous en avait empêchés.

« Le jour suivant, dès que le soleil fut levé, nous nous éloignâmes du rivage; et avançant dans l'île, nous y aperçûmes des habitations, où nous nous rendîmes. A notre arrivée, des noirs vinrent à nous en très-grand nombre : ils nous environnèrent, se saisirent de nos personnes, en firent une espèce de partage, et nous conduisirent ensuite dans leurs maisons.

« Nous fûmes menés, cinq de mes camarades et moi, dans un même lieu. D'abord on nous fit asseoir, et l'on nous servit d'une certaine herbe, en nous invitant par signes à en manger. Mes camarades, sans faire réflexion que ceux qui la servaient n'en mangeaient pas, ne consultèrent que la faim qui les pressait, et se jetèrent sur ces mets avec avidité. Pour moi, par un pressentiment de quelque supercherie, je ne voulus pas seulement en goûter, et je m'en trouvai bien : car peu de temps après, je m'aperçus que l'esprit avait tourné à mes compagnons, et qu'en me parlant ils ne savaient ce qu'ils disaient.

« On me servit ensuite du riz préparé avec de l'huile de coco, et mes camarades, qui n'avaient plus de raison, en mangèrent extraordinairement. J'en mangeai aussi, mais fort peu. Les noirs avaient d'abord présenté de cette herbe, pour nous troubler l'esprit, et nous ôter par là le chagrin que la triste connaissance de notre sort nous devait causer; et ils nous donnaient du riz pour nous engraisser. Comme ils étaient anthropophages, leur intention était de nous manger quand nous serions devenus gras : c'est ce qui arriva à mes camarades qui ignoraient leur destinée, parce qu'ils avaient perdu leur bon sens. Puisque j'avais conservé le mien, vous jugez bien, seigneurs, qu'au lieu d'engraisser comme les autres, je devins encore plus maigre que je n'étais : la crainte de la mort, dont j'étais incessamment frappé, tournait en poison tous les aliments que je prenais. Je tombai dans une langueur qui me fut fort salutaire : car les noirs, ayant assommé et mangé mes compagnons, en demeurèrent là; et me voyant sec, décharné, malade, ils remirent ma mort à un autre temps.

« Cependant j'avais beaucoup de liberté, et l'on ne prenait presque pas garde à mes actions. Cela me donna lieu de m'éloigner un jour des habitations des noirs, et de me sauver. Un vieillard qui m'aperçut, et qui se douta de mon dessein, me cria de toute sa force de revenir; mais au lieu de lui obéir, je redoublai mes pas, et je fus bientôt hors de sa vue. Il n'y avait alors que ce vieillard dans les habitations; tous les autres noirs s'étaient absentés, et ne devaient revenir que sur la fin du jour, ce qu'ils avaient coutume de faire assez souvent : c'est pourquoi, étant assuré qu'ils ne seraient plus à temps de courir après moi lorsqu'ils apprendraient ma fuite, je marchai jusqu'à la nuit. Alors je m'arrêtai pour prendre un peu de repos, et manger de quelques vivres dont j'avais fait provision. Mais je repris bientôt mon chemin, et continuai de marcher pendant sept jours, en évitant les endroits qui me paraissaient habités. Je vivais de cocos[1], qui me fournissaient en même temps de quoi boire et de quoi manger.

« Le huitième jour j'arrivai près de la mer; j'aperçus tout à coup des gens blancs comme moi, occupés à cueillir du poivre, dont il y avait là grande abondance. Leur occupation me fut de bon augure, et je ne fis nulle difficulté de m'approcher d'eux.... »

Scheherazade n'en dit pas davantage cette nuit; et la suivante, elle poursuivit en ces termes :

[1] Fruit du cocotier. Ce fruit est gros comme un melon, et quelquefois davantage. Les Indiens tirent du fil de la première écorce du coco, et en font de la toile. La chair du coco est agréable : il y a dans le coco, frais cueilli, une liqueur bonne à boire.

LXXXE NUIT.

« Les gens qui cueillaient du poivre, continua Sindbad, vinrent au-devant de moi. Dès qu'ils me virent, ils me demandèrent en arabe qui j'étais et d'où je venais. Ravi de les entendre parler comme moi, je satisfis volontiers leur curiosité, en leur racontant de quelle manière j'avais fait naufrage et j'avais été jeté dans cette île, où j'étais tombé entre les mains des noirs : « Mais ces noirs, me dirent-ils, mangent les hommes ! Par quel miracle êtes-vous échappé à leur cruauté ? » Je leur fis le même récit que vous venez d'entendre, et ils furent merveilleusement étonnés.

« Je demeurai avec eux jusqu'à ce qu'ils eussent amassé la quantité de poivre qu'ils voulurent ; après quoi ils me firent embarquer sur le bâtiment qui les avait amenés, et nous nous rendîmes dans une autre île d'où ils étaient venus. Ils me présentèrent à leur roi, qui était un bon prince : il eut la patience d'écouter le récit de mon aventure, qui le surprit. Il me fit donner ensuite des habits, et commanda qu'on eût soin de moi.

« L'île où je me trouvais était fort peuplée et abondante en toutes sortes de choses, et l'on faisait un grand commerce dans la ville où le roi demeurait. Cet agréable asile commença à me consoler de mon malheur ; et les bontés que ce généreux prince avait pour moi achevèrent de me rendre content. En effet, il n'y avait personne qui fût mieux que moi dans son esprit, et par conséquent, il n'y avait aucun dans sa cour ni dans la ville qui ne cherchât l'occasion de me faire plaisir. Ainsi, je fus bientôt regardé comme un homme né dans cette île, plutôt que comme un étranger.

« Je remarquai une chose qui me parut bien extraordinaire : tout le monde, le roi même, montait à cheval sans bride et sans étriers. Cela me fit prendre la liberté de lui demander un jour pourquoi sa majesté ne se servait pas de ces commodités. Il me répondit que je lui parlais de choses dont on ignorait l'usage dans ses états.

« J'allai aussitôt chez un ouvrier, et je lui fis dresser le bois d'une selle sur le modèle que je lui donnai. Le bois de la selle achevé, je le garnis moi-même de bourre et de cuir, et l'ornai d'une broderie d'or. Je m'adressai ensuite à un serrurier, qui me fit un mors de la forme que je lui montrai, et je lui fis faire aussi des étriers.

« Quand ces choses furent dans un état parfait, j'allai les présenter au roi, je les essayai sur un de ses chevaux. Ce prince monta dessus, et fut si satisfait de cette invention, qu'il m'en témoigna sa joie par de grandes largesses. Je ne pus me défendre de faire plusieurs selles pour ses ministres et pour les principaux officiers de sa maison, qui me firent tous des présents qui m'enrichirent en peu de temps. J'en fis aussi pour les personnes les plus qualifiées de la ville; ce qui me mit dans une grande réputation, et me fit considérer de tout le monde.

« Comme je faisais ma cour au roi très-exactement, il me dit un jour : « Sindbad, je t'aime, et je sais que tous mes sujets qui te connaissent te chérissent à mon exemple. J'ai une prière à te faire, et il faut que tu m'accordes ce que je vais te demander. — Sire, lui répondis-je, il n'y a rien que je ne sois prêt à faire pour marquer mon obéissance à votre majesté; elle a sur moi un pouvoir absolu. — Je veux te marier, répliqua le roi, afin que le mariage t'arrête dans mes états, et que tu ne songes plus à ta patrie. » Comme je n'osais résister à la volonté du prince, il me donna pour femme une dame de sa cour, noble, belle, sage et riche. Après les cérémonies des noces, je m'établis chez la dame, avec laquelle je vécus quelque temps dans une union parfaite. Néanmoins je n'étais pas trop content de mon état. Mon dessein était de m'échapper à la première occasion, et de retourner à Bagdad, dont mon établissement, tout avantageux qu'il était, ne pouvait me faire perdre le souvenir.

« J'étais dans ces sentiments, lorsque la femme d'un de mes voisins, avec lequel j'avais contracté une amitié fort étroite, tomba malade et mourut. J'allai chez lui pour le consoler; et le trouvant plongé dans la plus vive affliction : « Dieu vous conserve, lui dis-je en l'abordant, et vous donne une longue vie! — Hélas! me répondit-il, comment voulez-vous que j'obtienne la grâce que vous me souhaitez? Je n'ai plus qu'une heure à vivre. — Oh! repris-je, ne vous mettez pas dans l'esprit une pensée si funeste; j'espère que cela n'arrivera pas, et que j'aurai le plaisir de vous posséder encore long-temps. — Je souhaite, répliqua-t-il, que votre vie soit de longue durée; pour ce qui est de moi, mes affaires sont faites, et je vous apprends que l'on m'enterre aujourd'hui avec ma femme. Telle est la coutume que nos ancêtres ont établie dans cette île, et qu'ils ont inviolablement gardée : le mari vivant est enterré avec la femme morte, et la femme vivante avec le mari mort. Rien ne peut me sauver : tout le monde subit cette loi [1].

[1] Suivant saint Jérôme, les Scythes enterraient les maris avec leurs femmes.

« Dans le temps qu'il m'entretenait de cette étrange barbarie, dont la nouvelle m'effraya cruellement, les parents, les amis et les voisins arrivèrent en corps pour assister aux funérailles. On revêtit le cadavre de la femme de ses habits les plus riches, comme au jour de ses noces, et on la para de tous ses joyaux.

« On l'enleva ensuite dans une bière découverte, et le convoi se mit en marche. Le mari était à la tête du deuil, et suivait le corps de sa femme. On prit le chemin d'une haute montagne; et lorsqu'on y fut arrivé, on leva une grosse pierre qui couvrait l'ouverture d'un puits profond, et l'on y descendit le cadavre, sans lui rien ôter de ses habillements et de ses joyaux. Après cela, le mari embrassa ses parents et ses amis, et se laissa mettre sans résistance dans une bière, avec un pot d'eau et sept petits pains auprès de lui; puis on le descendit de la même manière qu'on avait descendu sa femme. La montagne s'étendait en longueur et servait de bornes à la mer, et le puits était très-profond. La cérémonie achevée, on remit la pierre sur l'ouverture.

« Il n'est pas besoin, seigneurs, de vous dire que je fus un fort triste témoin de ces funérailles. Toutes les autres personnes qui y assistèrent n'en parurent presque pas touchées, par l'habitude de voir souvent la même chose. Je ne pus m'empêcher de dire au roi ce que je pensais là-dessus : « Sire, lui dis-je, je ne saurais assez m'étonner de l'étrange coutume qu'on a dans vos états d'enterrer les vivants et les morts! J'ai bien voyagé, j'ai fréquenté des gens d'une infinité de nations, et je n'ai jamais ouï parler d'une loi si cruelle. — Que veux-tu, Sindbad? me répondit le roi; c'est une loi commune, et j'y suis soumis moi-même : je serai enterré vivant avec la reine mon épouse, si elle meurt la première. — Mais, sire, lui dis-je, oserais-je demander à votre majesté si les étrangers sont obligés d'observer cette coutume? — Sans doute, repartit le roi, en souriant du motif de ma question; ils n'en sont pas exceptés lorsqu'ils sont mariés dans cette île. »

« Je m'en retournai tristement au logis avec cette réponse. La crainte que ma femme ne mourût la première, et qu'on ne m'enterràt tout vivant avec elle, me faisait faire des réflexions très-mortifiantes. Cependant, quel remède apporter à ce mal? Il fallut prendre patience et m'en remettre à la volonté de Dieu. Néanmoins je tremblais à la moindre indisposition que je voyais à ma femme; mais, hélas! j'eus bientôt la frayeur tout entière! Elle tomba véritablement malade, et mourut en peu de jours.... »

Scheherazade, à ces mots, mit fin à son récit pour cette nuit. Le lendemain, elle en reprit la suite de cette manière :

LXXXIe NUIT.

« Jugez de ma douleur, poursuivit Sindbad : être enterré tout vif ne me paraissait pas une fin moins déplorable que celle d'être dévoré par des anthropophages; il fallait pourtant en passer par là. Le roi, accompagné de toute sa cour, voulut honorer le convoi de sa présence; et les personnes les plus considérables de la ville me firent aussi l'honneur d'assister à mon enterrement.

« Lorsque tout fut prêt pour la cérémonie, on posa le corps de ma femme dans une bière avec tous ses joyaux et ses plus magni fiques habits. On commença la marche. Comme second acteur de cette pitoyable tragédie, je suivais immédiatement la bière de ma femme, les yeux baignés de larmes, et déplorant mon malheureux destin. Avant que d'arriver à la montagne, je voulus faire une tentative sur l'esprit des spectateurs. Je m'adressai au roi premièrement, ensuite à ceux qui se trouvèrent autour de moi; et m'inclinant devant eux jusqu'à terre, pour baiser le bord de leur habit, je les suppliais d'avoir compassion de moi : « Considérez, disais-je, que je suis un étranger, qui ne doit pas être soumis à une loi si rigoureuse; et que j'ai une autre femme et des enfants dans mon pays. » J'eus beau prononcer ces paroles d'un air touchant, personne n'en fut attendri; au contraire, on se hâta de descendre le corps de ma femme dans le puits, et l'on m'y descendit un moment après dans une autre bière découverte, avec un vase rempli d'eau et sept pains. Enfin, cette cérémonie si funeste pour moi étant achevée, on remit la pierre sur l'ouverture du puits, sans avoir égard à l'excès de ma douleur et à mes cris pitoyables.

« A mesure que j'approchais du fond, je découvrais, à la faveur du peu de lumière qui venait d'en haut, la disposition de ce lieu souterrain : c'était une grotte fort vaste, et qui pouvait bien avoir cinquante coudées de profondeur. Je sentis bientôt une puanteur insupportable, qui sortait d'une infinité de cadavres que je voyais à droite et à gauche; je crus même entendre quelques-uns des derniers qu'on y avait descendus vifs pousser les derniers soupirs. Néanmoins, lorsque je fus en bas, je sortis promptement de la bière, et m'éloignai des cadavres en me bouchant le nez. Je me jetai par terre, où je demeurai long-temps plongé dans les pleurs. Alors, faisant réflexion sur mon triste sort : « Il est vrai, disais-je, que Dieu dispose de nous, selon les décrets de sa providence; mais, pauvre Sindbad, n'est-ce pas par ta faute que tu te vois réduit à mourir d'une mort si étrange? Plût à Dieu que tu eusses péri dans quelqu'un des naufrages dont tu es échappé! tu n'aurais pas à mourir d'un trépas si lent et si terrible ; mais tu te l'es attiré par ta maudite avarice. Ah! malheureux, ne devais-tu pas plutôt demeurer chez toi, et jouir tranquillement du fruit de tes travaux? »

« Telles étaient les inutiles plaintes dont je faisais retentir la grotte, en me frappant la tête et l'estomac de rage et de désespoir, et m'abandonnant tout entier aux pensées les plus désolantes. Néanmoins (vous le dirai-je?), au lieu d'appeler la mort à mon secours, quelque misérable que je fusse, l'amour de la vie se fit encore sentir en moi, et me porta à prolonger mes jours : j'allai à tâtons, et en me bouchant le nez, prendre le pain et l'eau qui étaient dans ma bière, et j'en mangeai.

« Quoique l'obscurité qui régnait dans la grotte fût si épaisse que l'on ne distinguait pas le jour d'avec la nuit, je ne laissai pas, toutefois, de retrouver ma bière, et il me sembla que la grotte était plus spacieuse et plus remplie de cadavres qu'elle ne m'avait paru d'abord. Je vécus quelques jours de mon pain et de mon eau ; mais enfin, n'en ayant plus, je me préparai à mourir.... »

Scheherazade cessa de parler à ces derniers mots. La nuit suivante elle reprit la parole en ces termes :

LXXXIIe NUIT.

« Je n'attendais plus que la mort, continua Sindbad, lorsque j'entendis lever la pierre : on descendit un cadavre et une personne vivante. Le mort était un homme. Il est naturel de prendre des résolutions extrêmes dans les dernières extrémités : dans le temps qu'on descendait la femme, je m'approchai de l'endroit où sa bière devait être posée ; et quand je m'aperçus que l'on recouvrait l'ouverture du puits, je donnai sur la tête de la malheureuse deux ou trois grands coups d'un gros os dont je m'étais saisi. Elle en fut étourdie, ou plutôt je l'assommai ; et comme je ne faisais cette action inhumaine que pour profiter du pain et de l'eau qui étaient dans la bière, j'eus des provisions pour quelques jours. Au bout de ce temps-là, on descendit encore une femme morte et un homme vivant. Je tuai l'homme de la même manière, et comme par bonheur pour moi il y eut alors une espèce de mortalité dans la ville, je ne manquai pas de vivres, en mettant toujours en œuvre la même industrie.

« Un jour que je venais d'expédier encore une femme, j'entendis souffler et marcher. J'avançai du côté d'où partait le bruit; j'ouïs souffler plus fort à mon approche, et il me parut entrevoir quelque chose qui prenait la fuite. Je suivis cette espèce d'ombre qui s'arrêtait par reprises, et soufflait toujours en fuyant, à mesure que j'en approchais. Je la poursuivis si long-temps, et j'allai si loin, que j'aperçus enfin une lumière qui ressemblait à une étoile. Je continuai de marcher vers cette lumière, la perdant quelquefois, selon les obstacles qui me la cachaient, mais je la retrouvais toujours; et à la fin, je découvris qu'elle venait par une ouverture du rocher, assez large pour que l'on pût y passer.

« A cette découverte, je m'arrêtai quelque temps pour me remettre de l'émotion violente avec laquelle je venais de marcher; puis, m'étant avancé jusqu'à l'ouverture, j'y passai, et me trouvai sur le bord de la mer. Imaginez-vous l'excès de ma joie : il fut tel, que j'eus de la peine à me persuader que ce n'était pas un songe. Lorsque je fus convaincu que c'était une chose réelle, et que mes sens furent rétablis en leur assiette ordinaire, je compris que la chose que j'avais entendue souffler et que j'avais suivie, était un animal sorti de la mer, qui avait coutume d'entrer dans la grotte pour s'y repaître de corps morts.

« J'examinai la montagne, et remarquai qu'elle était située entre la ville et la mer, sans communication par aucun chemin, parce qu'elle était tellement escarpée, que la nature ne l'avait pas rendue praticable. Je me prosternai sur le rivage pour remercier Dieu de la grâce qu'il venait de me faire; je rentrai ensuite dans la grotte pour aller prendre du pain, que je revins manger à la clarté du jour, de meilleur appétit que je n'avais fait, depuis que l'on m'avait enterré dans ce lieu ténébreux.

« J'y retournai encore, et j'allai ramasser à tâtons dans les bières tous les diamants, les rubis, les perles, les bracelets d'or, et enfin toutes les riches étoffes que je trouvai sous ma main; je portai tout cela sur le bord de la mer; j'en fis plusieurs ballots que je liai proprement avec des cordes qui avaient servi à descendre les bières, et dont il y avait une grande quantité. Je les laissai sur le rivage en attendant une bonne occasion, sans craindre que la pluie les gâtât; car alors ce n'en était pas la saison.

« Au bout de deux ou trois jours, j'aperçus un navire qui ne faisait que de sortir du port, et qui vint passer près de l'endroit où j'étais. Je fis signe avec la toile de mon turban, et je criai de toute ma force pour me faire entendre. On m'entendit, et l'on détacha la chaloupe pour me venir chercher. A la demande que les matelots me firent, par quelle disgrâce je me trouvais en ce lieu, je répondis que je m'étais sauvé depuis deux jours d'un naufrage, avec les marchandises qu'ils voyaient. Heureusement pour moi, ces gens, sans examiner le lieu où j'étais, et si ce que je leur disais était vraisemblable, se contentèrent de ma réponse, et m'emmenèrent avec mes ballots.

« Quand nous fûmes arrivés à bord, le capitaine, satisfait en lui-même du plaisir qu'il me faisait, et occupé du commandement du navire, eut aussi la bonté de se payer du prétendu naufrage que je lui dis avoir fait. Je lui présentai quelques-unes de mes pierreries; mais il ne voulut pas les accepter.

« Nous passâmes devant plusieurs îles, et entre autres devant l'île des Cloches, éloignée de dix journées de celle de Serendib [1], par un vent ordinaire et réglé, et de six journées de l'île de Kela, où nous abordâmes. Il y a des mines de plomb, des cannes d'Inde, et du camphre très-excellent.

« Le roi de l'île de Kela est très-riche, très-puissant, et son autorité s'étend sur toute l'île des Cloches, qui a deux journées d'étendue, et dont les habitants sont encore si barbares, qu'ils mangent la chair humaine. Après que nous eûmes fait un grand commerce dans cette île, nous remîmes à la voile, et abordâmes à plusieurs autres ports. Enfin, j'arrivai heureusement à Bagdad avec des richesses infinies, dont il est inutile de vous faire le détail. Pour rendre grâces à Dieu des faveurs qu'il m'avait faites, je fis de grandes aumônes, tant pour l'entretien de plusieurs mosquées que pour la subsistance des pauvres, et me donnai tout entier à mes parents et à mes amis, en me divertissant, et en faisant bonne chère avec eux. »

Sindbad finit en cet endroit le récit de son quatrième voyage, qui causa encore plus d'admiration à ses auditeurs que les trois récits précédents. Il fit un nouveau présent de cent sequins à Hindbad, qu'il pria comme les autres de revenir le jour suivant, à la même heure, pour dîner chez lui, et entendre le détail de son cinquième voyage. Hindbad et les conviés prirent congé de Sindbad et se retirèrent. Le lendemain, lorsqu'ils furent tous rassemblés, ils se mirent à table; et à la fin du repas, qui ne dura pas moins que les autres, Sindbad commença de cette sorte le récit de son cinquième voyage

[1] Nom arabe de l'île de Ceylan.

CINQUIÈME VOYAGE

DE SINDBAD LE MARIN.

ES plaisirs, dit-il, eurent encore assez de charmes pour effacer de ma mémoire toutes les peines et les maux que j'avais soufferts, sans pouvoir m'ôter l'envie de faire de nouveaux voyages : c'est pourquoi j'achetai des marchandises ; je les fis emballer et charger sur des voitures, et je partis avec elles pour me rendre au premier port de mer. Là, pour ne pas dépendre d'un capitaine, et pour avoir un navire à mon commandement, je me donnai le loisir d'en faire construire et équiper un à mes frais. Dès qu'il fut achevé, je le fis charger ; je m'embarquai dessus ; et comme je n'avais pas de quoi faire une charge entière, je reçus plusieurs marchands de différentes nations, avec leurs marchandises.

« Nous fîmes voile au premier bon vent, et prîmes le large. Après une longue navigation, le premier endroit où nous abordâmes fut une île déserte, où nous trouvâmes l'œuf d'un rock, d'une grosseur pareille à celui dont vous m'avez entendu parler ; il renfermait un petit rock près d'éclore, dont le bec commençait à paraître.... »

A ces mots, Scheherazade se tut, parce que le jour se faisait déjà voir dans l'appartement du sultan des Indes. La nuit suivante, elle reprit son discours :

LXXXIIIE NUIT.

Sindbad le marin, dit-elle, continuant de raconter son cinquième voyage :

« Les marchands, poursuivit-il, qui s'étaient embarqués sur mon navire, et qui avaient pris terre avec moi, cassèrent l'œuf à grands coups de hache, et firent une ouverture par où ils tirèrent le petit rock par morceaux, et le firent rôtir. Je les avais avertis sérieusement de ne pas toucher à l'œuf ; mais ils ne voulurent pas m'écouter.

« Ils eurent à peine achevé le régal qu'ils venaient de se donner, qu'il parut en l'air, assez loin de nous, deux gros nuages. Le capitaine que j'avais pris à gage pour conduire mon vaisseau, sachant par expérience ce que cela signifiait, s'écria que c'étaient le père et la mère du petit rock ; et il nous pressa tous de nous rembarquer au plus vite, pour éviter le malheur qu'il prévoyait. Nous suivîmes son conseil avec empressement, et nous remîmes à la voile en diligence.

« Cependant les deux rocks approchèrent, en poussant des cris effroyables, qu'ils redoublèrent quand ils eurent vu l'état où l'on avait mis l'œuf, et que leur petit n'y était plus. Dans le dessein de se venger, ils reprirent leur vol du côté d'où ils étaient venus, et disparurent quelque temps, pendant que nous fîmes force de voiles pour nous éloigner, et prévenir ce qui ne manqua pas de nous arriver.

« Ils revinrent, et nous remarquâmes qu'ils tenaient chacun, entre leurs griffes, un morceau de rocher d'une grosseur énorme. Lorsqu'ils furent précisément au-dessus de mon vaisseau, ils s'arrêtèrent, et, se soutenant en l'air, l'un d'eux lâcha la pièce de rocher qu'il tenait ; mais, par l'adresse du timonier, qui détourna le navire d'un coup de timon, elle ne tomba pas dessus, elle tomba à côté dans la mer, qui s'entr'ouvrit d'une manière que nous en vîmes presque le fond. L'autre oiseau, pour notre malheur, laissa tomber sa roche si justement au milieu du vaisseau, qu'elle le rompit et le brisa en mille pièces. Les matelots et les passagers furent tous écrasés du coup, ou submergés. Je fus submergé moi-même ; mais, en revenant au-dessus de l'eau, j'eus le bonheur de me prendre à une pièce du débris : ainsi, en m'aidant tantôt d'une main, tantôt de l'autre, sans me dessaisir de ce que je tenais, avec le vent et le courant, qui m'étaient favorables, j'arrivai enfin à une île dont le rivage était fort escarpé. Je surmontai néanmoins cette difficulté, et me sauvai.

« Je m'assis sur l'herbe, pour me remettre un peu de ma fatigue ; après quoi je me levai et m'avançai dans l'île pour reconnaître le terrain. Il me sembla que j'étais dans un jardin délicieux : je voyais partout des arbres chargés de fruits, les uns verts, les autres mûrs, et des ruisseaux d'une eau douce et claire, qui faisaient d'agréables détours. Je mangeai de ces fruits, que je trouvai excellents, et je bus de cette eau, qui m'invitait à boire.

« La nuit venue, je me couchai sur l'herbe dans un endroit assez commode ; mais je ne dormis pas une heure entière, et mon sommeil fut souvent interrompu par la frayeur de me voir seul dans un lieu si désert : ainsi j'employai la meilleure partie de la nuit à me chagriner et à me reprocher l'imprudence que j'avais eue de n'être pas demeuré chez moi plutôt que d'avoir entrepris ce dernier voyage. Ces réflexions me menèrent si loin, que je commençai à former un dessein contre ma propre vie ; mais le jour, par sa lumière, dissipa mon désespoir. Je me levai et marchai entre les arbres, non sans quelque appréhension.

« Lorsque je fus un peu avant dans l'île, j'aperçus un vieillard qui me parut fort cassé : il était assis sur le bord d'un ruisseau. Je m'imaginai d'abord que c'était quelqu'un qui avait fait naufrage comme moi : je m'approchai de lui, je le saluai, et il me fit seulement une inclination de tête. Je lui demandai ce qu'il faisait là; mais, au lieu de me répondre, il me fit signe de le charger sur mes épaules, et de le passer au delà du ruisseau, en me faisant comprendre que c'était pour aller cueillir des fruits.

« Je crus qu'il avait besoin que je lui rendisse service; c'est pourquoi, l'ayant chargé sur mon dos, je passai le ruisseau : « Descendez, » lui dis-je alors, en me baissant pour faciliter sa descente. Mais au lieu de se laisser aller à terre (j'en ris encore toutes les fois que j'y pense), ce vieillard, qui m'avait paru décrépit, passa légèrement autour de mon cou ses deux jambes, dont je vis que la peau ressemblait à celle d'une vache, et se mit à califourchon sur mes épaules, en me serrant si fortement la gorge, qu'il semblait vouloir m'étrangler. La frayeur me saisit en ce moment, et je tombai évanoui.... »

Scheherazade fut obligée de s'arrêter à ces paroles, à cause du jour qui paraissait. Elle poursuivit ainsi cette histoire sur la fin de la nuit suivante :

LXXXIVe NUIT.

« Nonobstant mon évanouissement, dit Sindbad, l'incommodé vieillard demeura toujours attaché à mon cou; il écarta seulement un peu les jambes pour me donner lieu de revenir à moi. Lorsque j'eus repris mes esprits, il m'appuya fortement contre l'estomac un de ses pieds, et de l'autre, me frappant rudement le côté, il m'obligea de me relever malgré moi. Étant debout, il me fit marcher sous des arbres; il me forçait de m'arrêter pour cueillir et manger les fruits que nous rencontrions. Il ne quittait point prise pendant le jour; et quand je voulais me reposer la nuit, il s'étendait par terre avec moi, toujours attaché à mon cou. Tous les matins il ne manquait pas de me pousser pour m'éveiller; ensuite il me faisait lever et marcher en me pressant de ses pieds. Représentez-vous, seigneurs, la peine que j'avais de me voir chargé de ce fardeau, sans pouvoir m'en défaire.

« Un jour que je trouvai en mon chemin plusieurs calebasses sèches, qui étaient tombées d'un arbre qui en portait, j'en pris une assez grosse ; et après l'avoir bien nettoyée, j'exprimai dedans le jus de plusieurs grappes de raisin, fruit que l'île produisait en abondance, et que nous rencontrions à chaque pas. Lorsque j'en eus rempli la calebasse, je la posai dans un endroit où j'eus l'adresse de me faire conduire par le vieillard plusieurs jours après : là, je pris la calebasse, et la portant à ma bouche, je bus d'un excellent vin, qui me fit oublier pour quelque temps le chagrin mortel dont j'étais accablé. Cela me donna de la vigueur ; j'en fus même si réjoui, que je me mis à chanter et à sauter en marchant.

« Le vieillard, qui s'aperçut de l'effet que cette boisson avait produit en moi, et que je le portais plus légèrement que de coutume, me fit signe de lui en donner à boire : je lui présentai la calebasse ; il la prit, et comme la liqueur lui parut agréable, il l'avala jusqu'à la dernière goutte. Il y en avait assez pour l'enivrer : aussi s'enivra-t-il ; et bientôt, la fumée du vin lui montant à la tête, il commença à chanter à sa manière, et à se trémousser sur mes épaules. Les secousses qu'il se donnait lui firent rendre ce qu'il avait dans l'estomac, et ses jambes se relâchèrent peu à peu ; de sorte que, voyant qu'il ne me serrait plus, je le jetai par terre, où il demeura sans mouvement. Alors je pris une très-grosse pierre, et lui en écrasai la tête.

« Je sentis une grande joie de m'être délivré pour jamais de ce maudit vieillard, et je marchai vers le bord de la mer, où je rencontrai des gens d'un navire qui venait de mouiller là, pour faire de l'eau et prendre en passant quelques rafraîchissements. Ils furent extrêmement étonnés de me voir et d'entendre le détail de mon aventure : « Vous étiez tombé, me dirent-ils, entre les mains du vieillard de la mer, et vous êtes le premier qu'il n'ait pas étranglé : il n'a jamais abandonné ceux dont il s'était rendu maître, qu'après les avoir étouffés ; et il a rendu cette île fameuse par le nombre de personnes qu'il a tuées : les matelots et les marchands qui y descendaient, n'osaient s'y avancer qu'en bonne compagnie. »

« Après m'avoir informé de ces choses, ils m'emmenèrent avec eux dans leur navire, dont le capitaine se fit un plaisir de me recevoir, lorsqu'il apprit tout ce qui m'était arrivé. Il remit à la voile ; et après quelques jours de navigation, nous abordâmes au port d'une grande ville, dont les maisons étaient bâties de bonnes pierres.

« Un des marchands du vaisseau, qui m'avait pris en amitié, m'obligea de l'accompagner, et me conduisit dans un logement destiné pour servir de retraite aux marchands étrangers. Il me donna un grand sac; ensuite, m'ayant recommandé à quelques gens de la ville qui avaient un sac comme moi, et les ayant priés de me mener avec eux amasser du coco : « Allez, me dit-il, suivez-les, faites comme vous les verrez faire, et ne vous écartez pas d'eux, car vous mettriez votre vie en danger. » Il me donna des vivres pour la journée, et je partis avec ces gens.

« Nous arrivâmes à une grande forêt d'arbres extrêmement hauts et fort droits, et dont le tronc était si lisse, qu'il n'était pas possible de s'y prendre pour monter jusques aux branches où étaient les fruits. Tous les arbres étaient des cocotiers, dont nous voulions abattre le fruit et en remplir nos sacs. En entrant dans la forêt, nous vîmes un grand nombre de gros et de petits singes, qui prirent la fuite devant nous dès qu'ils nous aperçurent, et qui montèrent jusqu'au haut des arbres avec une agilité surprenante.... »

Scheherazade voulait poursuivre, mais le jour, qui paraissait, l'en empêcha. La nuit suivante, elle reprit son discours de cette sorte :

LXXXVe NUIT.

« Les marchands avec qui j'étais, continua Sindbad, ramassèrent des pierres, et les jetèrent de toute leur force au haut des arbres contre les singes. Je suivis leur exemple, et je vis que les singes, instruits de notre dessein, cueillaient les cocos avec ardeur, et nous les jetaient avec des gestes qui marquaient leur colère et leur animosité. Nous ramassions les cocos, et nous jetions de temps en temps des pierres pour irriter les singes. Par cette ruse, nous remplissions nos sacs de ce fruit, qu'il nous eût été impossible d'avoir autrement.

« Lorsque nous en eûmes assez recueilli, nous nous en retournâmes à la ville, où le marchand qui m'avait envoyé à la forêt me donna la valeur du sac de cocos que j'avais apporté : « Continuez, me dit-il, et allez tous les jours faire la même chose, jusqu'à ce que vous ayez gagné de quoi vous reconduire chez vous. » Je le remerciai du bon conseil qu'il me donnait; et insensiblement je fis un si grand amas de cocos, que j'en avais pour une somme considérable.

« Le vaisseau sur lequel j'étais venu avait fait voile avec des marchands qui l'avaient chargé de cocos qu'ils avaient achetés. J'attendis l'arrivée d'un autre, qui aborda bientôt au port de la ville, pour faire un pareil chargement; je fis embarquer dessus tout le coco qui m'appartenait et lorsqu'il fut prêt à partir, j'allai prendre congé du marchand à qui j'avais tant d'obligation. Il ne put s'embarquer avec moi, parce qu'il n'avait pas encore achevé ses affaires.

« Nous mîmes à la voile, et prîmes la route de l'île où le poivre croît en plus grande abondance. De là, nous gagnâmes l'île de Comari [1], qui porte la meilleure espèce de bois d'aloès, et dont les habitants se sont fait une loi inviolable de ne pas boire de vin, ni de souffrir aucun lieu de débauche. J'échangeai mon coco, dans ces deux îles, contre du poivre et du bois d'aloès, et me rendis, avec d'autres marchands, à la pêche des perles, où je pris des plongeurs à gage pour mon compte : ils m'en pêchèrent un grand nombre de très-grosses et de très-parfaites. Je me remis en mer avec joie sur un vaisseau qui arriva heureusement à Balsora ; de là je revins à Bagdad, où je fis de très-grosses sommes d'argent du poivre, du bois d'aloès et des perles que j'avais apportés. Je distribuai en aumônes la dixième partie de mon gain, comme j'avais fait au retour de mes autres voyages, et je cherchai à me délasser de mes fatigues dans toutes sortes de divertissements. »

Ayant achevé ces paroles, Sindbad fit donner cent sequins à Hindbad, qui se retira avec tous les autres convives. Le lendemain, la même compagnie se trouva chez le riche marin, qui, après l'avoir régalée comme les jours précédents, fit le récit de son sixième voyage, de la manière que je vais vous le raconter :

SIXIÈME VOYAGE

DE SINDBAD LE MARIN.

Vous êtes sans doute en peine de savoir comment, après avoir fait cinq naufrages, et avoir essuyé tant de périls, je pus me résoudre encore à tenter la fortune et à chercher de nouvelles disgrâces : j'en suis étonné moi-même quand j'y fais réflexion ; et il fallait assurément que j'y fusse entraîné par mon étoile. Quoi qu'il en soit, au bout d'une année de repos, je me préparai à faire un sixième voyage, malgré les prières de mes parents et de mes amis, qui firent tout ce qui leur était possible pour me retenir.

« Au lieu de prendre ma route par le golfe Persique, je passai

[1] C'est la presqu'île en deçà du Gange, qui se termine par le cap Comorin.

encore une fois par plusieurs provinces de la Perse et des Indes, et j'arrivai à un port de mer où je m'embarquai sur un bon navire, dont le capitaine était résolu à faire une longue navigation. Elle fut très-longue, à la vérité, mais en même temps si malheureuse, que le capitaine et le pilote perdirent leur route, de manière qu'ils ignoraient où nous étions. Ils la reconnurent enfin ; mais nous n'eûmes pas sujet de nous en réjouir, tout ce que nous étions de passagers ; et nous fûmes un jour dans un étonnement extrême de voir le capitaine quitter son poste en poussant des cris. Il jeta son turban par terre, s'arracha la barbe, et se frappa la tête comme un homme à qui le désespoir a troublé l'esprit. Nous lui demandâmes pourquoi il s'affligeait ainsi : « Je vous annonce, nous répondit-il, que nous sommes dans l'endroit de toute la mer le plus dangereux : un courant très-rapide emporte le navire, et nous allons tous périr dans moins d'un quart d'heure. Priez Dieu qu'il nous délivre de ce danger : nous ne saurions en échapper, s'il n'a pitié de nous. » A ces mots, il ordonna de faire ranger les voiles ; mais les cordages se rompirent dans la manœuvre, et le navire, sans qu'il fût possible d'y remédier, fut emporté par le courant au pied d'une montagne inaccessible, où il échoua et se brisa, de manière pourtant qu'en sauvant nos personnes, nous eûmes encore le temps de débarquer nos vivres et nos plus précieuses marchandises.

« Cela étant fait, le capitaine nous dit : « Dieu vient de faire ce qui lui a plu. Nous pouvons nous creuser ici chacun notre fosse, et nous dire le dernier adieu : car nous sommes dans un lieu si funeste, que personne de ceux qui y ont été jetés avant nous ne s'en est retourné chez soi. » Ce discours nous jeta tous dans une affliction mortelle, et nous nous embrassâmes les uns les autres les larmes aux yeux, en déplorant notre malheureux sort.

« La montagne au pied de laquelle nous étions, faisait la côte d'une île fort longue et très-vaste : cette côte était toute couverte de débris de vaisseaux qui y avaient fait naufrage ; et par une infinité d'ossements qu'on y rencontrait d'espace en espace, et qui nous faisaient horreur, nous jugeâmes qu'il s'y était perdu bien du monde. C'est aussi une chose presque incroyable que la quantité de marchandises et de richesses qui se présentaient à nos yeux de toutes parts : tous ces objets ne servirent qu'à augmenter la désolation où nous étions. Au lieu que partout ailleurs les rivières sortent de leur lit pour se jeter dans la mer, tout au contraire, une grosse rivière d'eau douce s'éloigne de la mer, et pénètre dans la côte au travers d'une grotte obscure, dont l'ouverture est extrêmement haute et large. Ce qu'il y a de remarquable dans ce lieu, c'est que les pierres de la montagne sont de cristal, de rubis, ou d'autres pierres précieuses. On y voit aussi la source d'une espèce de poix ou de bitume qui coule dans la mer, que les poissons avalent, et rendent ensuite changé en ambre gris, que les vagues rejettent sur la grève, qui en est couverte. Il y croît aussi des arbres, dont la plupart sont des aloès, qui ne le cèdent point en bonté à ceux de Comari.

« Pour achever la description de cet endroit, qu'on peut appeler un gouffre, puisque jamais rien n'en revient, il n'est pas possible que les navires puissent s'en écarter, lorsqu'une fois ils s'en sont approchés à une certaine distance : s'ils y sont poussés par un vent de mer, le vent et le courant les perdent ; et s'ils s'y trouvent lorsque le vent de terre souffle, ce qui pourrait favoriser leur éloignement, la hauteur de la montagne l'arrête, et cause un calme qui laisse agir le courant, qui les emporte contre la côte où ils se brisent comme le nôtre y fut brisé : pour surcroît de disgrâce, il n'est pas possible de gagner le sommet de la montagne, ni de se sauver par aucun endroit.

« Nous demeurâmes sur le rivage comme des gens qui ont perdu l'esprit, et nous attendions la mort de jour en jour. D'abord nous avions partagé nos vivres également : ainsi chacun vécut plus ou moins long-temps que les autres, selon son tempérament, et suivant l'usage qu'il fit de ses provisions.... »

Scheherazade cessa de parler, voyant que le jour commençait à paraître. Le lendemain elle continua de cette sorte le récit du sixième voyage de Sindbad :

LXXXVIe NUIT.

« Ceux qui moururent les premiers, poursuivit Sindbad, furent enterrés par les autres ; pour moi, je rendis les derniers devoirs à tous mes compagnons ; et il ne faut pas s'en étonner : car, outre que j'avais mieux ménagé qu'eux les provisions qui m'étaient tombées en partage, j'en avais encore en particulier d'autres dont je m'étais bien gardé de faire part à mes camarades. Néanmoins, lorsque j'enterrai le dernier, il me restait bien peu de vivres, et je jugeai que je ne pourrais pas aller loin : de sorte que je creusai moi-même mon tombeau, résolu à me jeter dedans, puisqu'il ne restait plus personne pour m'enterrer. Je vous avouerai qu'en m'occupant de ce travail, je ne pus m'empêcher de me représenter que j'étais la cause de ma perte, et de me repentir de m'être engagé dans ce dernier voyage ; je n'en demeurai pas même aux réflexions, je m'ensanglantai les mains à belles dents, et peu s'en fallut que je ne hâtasse ma mort.

« Mais Dieu eut encore pitié de moi, et m'inspira la pensée d'aller jusqu'à la rivière qui se perdait sous la voûte de la grotte. Là, après l'avoir examinée avec beaucoup d'attention, je dis en moi-même : « Cette rivière, qui se cache ainsi sous la terre, en doit sortir par quelque endroit ; en construisant un radeau, et m'abandonnant dessus au courant de l'eau, j'arriverai à une terre habitée, ou je périrai : si je péris, je n'aurai fait que changer de genre de mort ; si je sors, au contraire, de ce lieu fatal, non-seulement j'éviterai la triste destinée de mes camarades, mais je trouverai peut-être une nouvelle occasion de m'enrichir. Que sait-on si la fortune ne m'attend pas au sortir de cet affreux écueil, pour me dédommager de mon naufrage avec usure ? »

« Je n'hésitai pas à travailler au radeau après ce raisonnement : je le fis de bonnes pièces de bois et de gros câbles, car j'en avais à choisir ; je les liai ensemble si fortement, que j'en fis un petit bâtiment assez solide. Quand il fut achevé, je le chargeai de quelques ballots de rubis, d'émeraudes, d'ambre gris, de cristal de roche et d'étoffes précieuses. Ayant mis toutes ces choses en équilibre, et les ayant bien attachées, je m'embarquai sur le radeau, avec deux petites rames que je n'avais pas oublié de faire ; et me laissant aller au cours de la rivière, je m'abandonnai à la volonté de Dieu.

« Sitôt que je fus sous la voûte, je ne vis plus de lumière, et le fil de l'eau m'entraîna sans que je pusse remarquer où il m'emportait. Je voguai quelques jours dans cette obscurité, sans jamais apercevoir le moindre rayon de lumière. Je trouvai une fois la voûte si basse, qu'elle faillit me blesser la tête, ce qui me rendit fort attentif à éviter un pareil danger. Pendant ce temps-là, je ne mangeais des vivres qui me restaient, qu'autant qu'il en fallait naturellement pour soutenir ma vie : mais avec quelque frugalité que je pusse vivre, j'achevai de consommer mes provisions ; alors, sans que je pusse m'en défendre, un doux sommeil vint saisir mes sens. Je ne puis vous dire si je dormis long-temps ; mais en me réveillant, je me vis avec surprise dans une vaste campagne, au bord d'une rivière où mon radeau était attaché, et au milieu d'un grand nombre de noirs. Je me levai dès que je les aperçus, et je les saluai : ils me parlèrent, mais je n'entendais pas leur langage.

« En ce moment je me sentis si transporté de joie, que je ne savais si je devais me croire éveillé. Étant persuadé que je ne dormais pas, je m'écriai, et récitai ces vers arabes :

« Invoque la Toute-Puissance, elle viendra à ton secours : il n'est « pas besoin que tu t'embarrasses d'autre chose. Ferme l'œil, et « pendant que tu dormiras, Dieu changera ta fortune de mal en « bien. »

« Un des noirs, qui entendait l'arabe, m'ayant ouï parler ainsi, s'avança et prit la parole : « Mon frère, me dit-il, ne soyez pas surpris de nous voir : nous habitons la campagne que vous voyez, et nous sommes venus arroser aujourd'hui nos champs de l'eau de ce fleuve qui sort de la montagne voisine, en la détournant par de petits canaux. Nous avons remarqué que l'eau emportait quelque chose, nous sommes vite accourus pour voir ce que c'était, et nous avons trouvé que c'était ce radeau ; aussitôt l'un de nous s'est jeté à la nage, et l'a amené. Nous l'avons arrêté et attaché comme vous le voyez, et nous attendions que vous vous éveillassiez. Nous vous supplions de nous raconter votre histoire, qui doit être fort extraordinaire : dites-nous comment vous vous êtes hasardé sur cette eau, et d'où vous venez. » Je leur répondis qu'ils me donnassent premièrement à manger, et qu'après cela je satisferais leur curiosité.

« Ils me présentèrent plusieurs sortes de mets ; et quand j'eus contenté ma faim, je leur fis un rapport fidèle de tout ce qui m'était arrivé ; ce qu'ils parurent écouter avec admiration. Sitôt que j'eus fini mon discours : « Voilà, me dirent-ils par la bouche de l'interprète qui leur avait expliqué ce que je venais de dire, voilà une histoire des plus surprenantes : il faut que vous veniez en informer le roi vous-même ; la chose est trop extraordinaire pour lui être rapportée par un autre que par celui à qui elle est arrivée. » Je leur repartis que j'étais prêt à faire ce qu'ils voudraient.

« Les noirs envoyèrent aussitôt chercher un cheval, que l'on amena peu de temps après. Ils me firent monter dessus, et pendant qu'une partie marcha devant moi, pour me montrer le chemin, les autres, qui étaient les plus robustes, chargèrent sur leurs épaules le radeau tel qu'il était avec les ballots, et commencèrent à me suivre.... »

Scheherazade, à ces paroles, fut obligee d'en demeurer là, parce que le jour parut. Sur la fin de la nuit suivante, elle reprit le fil de sa narration, et parla dans ces termes :

LXXXVIIE NUIT.

« Nous marchâmes tous ensemble, poursuivit Sindbad, jusqu'à la ville de Serendib[1]; car c'était dans cette île que je me trouvais. Les noirs me présentèrent à leur roi. Je m'approchai de son trône où il était assis, et le saluai, comme on a coutume de saluer les rois des Indes, c'est-à-dire que je me prosternai à ses pieds et baisai la terre. Ce prince me fit relever, et me recevant d'un air très-obligeant, il me fit avancer et prendre place auprès de lui. Il me demanda premièrement comment je m'appelais : lui ayant répondu que je me nommais Sindbad, surnommé le Marin, à cause de plusieurs voyages que j'avais faits par mer, j'ajoutai que j'étais habitant de la ville de Bagdad : « Mais, reprit-il, comment vous trouvez-vous dans mes états, et par où y êtes-vous venu? »

« Je ne cachai rien au roi, je lui fis le même récit que vous venez d'entendre; il en fut si surpris et si charmé, qu'il commanda qu'on écrivît mon aventure en lettres d'or, pour être conservée dans les archives de son royaume. On apporta ensuite le radeau, et l'on ouvrit les ballots en sa présence. Il admira la quantité de bois d'aloès et d'ambre gris, mais surtout les rubis et les émeraudes; car il n'en avait point dans son trésor qui en approchassent.

« Remarquant qu'il considérait mes pierreries avec plaisir, et qu'il en examinait les plus singulières les unes après les autres, je me prosternai, et pris la liberté de lui dire : « Sire, ma personne n'est pas seulement au service de votre majesté, la charge du radeau est aussi à elle, et je la supplie d'en disposer comme d'un bien qui lui appartient. » Il me dit en souriant : « Sindbad, je me garderai bien d'en avoir la moindre envie, ni de vous ôter rien de ce que Dieu vous a donné : loin de diminuer vos richesses, je prétends les augmenter, et ne veux point que vous sortiez de mes états, sans emporter avec vous des marques de ma libéralité. » Je ne répondis à ces paroles qu'en faisant des vœux pour la prospérité du prince, et

[1] Ceylan. Ce que rapporte Sindbad de l'île de Ceylan est confirmé par les récits de tous les voyageurs qui l'ont visitée. Davy assure que cette île est extrêmement riche en toutes sortes de pierres précieuses. On y trouve aussi, suivant le même voyageur, quelques sources qui donnent du bitume en assez grande quantité. Les naturels appellent leur île Lanka. La capitale est Kandy. L'île de Ceylan est la Taprobane des Anciens.

qu'en louant sa bonté et sa générosité. Il chargea un de ses officiers d'avoir soin de moi, et me fit donner des gens pour me servir à ses dépens. Cet officier exécuta fidèlement les ordres de son maître, et fit transporter dans le logement où il me conduisit tous les ballots dont le radeau avait été chargé.

« J'allais tous les jours, à certaines heures, faire ma cour au roi, et j'employais le reste du temps à voir la ville et ce qu'il y avait de plus digne de ma curiosité.

« L'île [1] de Serendib est située justement sous la ligne équinoxiale : ainsi les jours et les nuits y sont toujours de douze heures, et elle a quatre-vingts parasanges [2] de longueur et autant de largeur. La ville capitale est située à l'extrémité d'une belle vallée, formée par une montagne qui est au milieu de l'île, et qui est bien la plus haute qu'il y ait au monde : en effet, on la découvre en mer de trois journées de navigation. On y trouve le rubis, plusieurs sortes de minéraux, et tous les rochers sont, pour la plupart, d'émeri, pierre métallique dont on se sert pour tailler les pierreries. On y voit toutes sortes d'arbres et de plantes rares, surtout le cèdre et le coco. On pêche aussi des perles le long de ses rivages et aux embouchures de ses rivières ; et quelques-unes de ses vallées fournissent des diamants. Je fis aussi, par dévotion, un voyage à la montagne, à l'endroit où Adam fut relégué, après avoir été banni du paradis terrestre, et j'eus la curiosité de monter jusqu'au sommet.

« Lorsque je fus de retour dans la ville, je suppliai le roi de me permettre de retourner dans mon pays ; ce qu'il m'accorda d'une manière très-gracieuse et très-honorable : il m'obligea à recevoir un riche présent qu'il fit tirer de son trésor ; et lorsque j'allai prendre congé de lui, il me chargea d'un autre présent bien plus considérable, et en même temps d'une lettre pour le Commandeur des croyants, notre souverain seigneur, en me disant : « Je vous prie de présenter de ma part ce régal et cette lettre au kalife Haroun Alraschid, et de l'assurer de mon amitié. » Je pris le présent et la lettre avec respect, en promettant à sa majesté d'exécuter ponctuellement les ordres dont elle me faisait l'honneur de me charger. Avant que je m'embarquasse, ce prince envoya chercher le capitaine et les marchands qui devaient s'embarquer avec moi, et leur ordonna d'avoir pour moi tous les égards imaginables.

[1] L'île de Ceylan est située à 5 d. 55 m. 10 s. E. S.

[2] La parasange est une mesure itinéraire des anciens Perses, qui vaut un peu plus d'une de nos lieues. L'île de Ceylan a, en effet, à peu près cent lieues de long ; mais elle n'en a que cinquante et quelques de largeur.

« La lettre du roi de Serendib était écrite sur la peau d'un certain animal fort précieux, à cause de sa rareté, et dont la couleur tire sur le jaune; les caractères de cette lettre étaient d'azur, et voici ce qu'elle contenait en langue indienne :

LE ROI DES INDES, DEVANT QUI MARCHENT MILLE ÉLÉPHANTS, QUI DEMEURE DANS UN PALAIS DONT LE TOIT BRILLE DE L'ÉCLAT DE CENT MILLE RUBIS, ET QUI POSSÈDE EN SON TRÉSOR VINGT MILLE COURONNES ENRICHIES DE DIAMANTS; AU KALIFE HAROUN ALRASCHID.

« Quoique le présent que nous vous envoyons soit peu considé-
« rable, ne laissez pas néanmoins de le recevoir en frère et en ami,
« en considération de l'amitié que nous conservons pour vous dans
« notre cœur, et dont nous sommes bien aises de vous donner un
« témoignage. Nous vous demandons la même part dans le vôtre,
« attendu que nous croyons le mériter, étant d'un rang égal à ce-
« lui que vous tenez. Nous vous en conjurons en qualité de frère.
« Adieu. »

« Le présent consistait premièrement en un vase d'un seul rubis, creusé et travaillé en coupe, d'un demi-pied de hauteur et d'un doigt d'épaisseur, rempli de perles très-rondes et toutes du poids d'une demi-drachme; secondement, en une peau de serpent, qui avait des écailles grandes comme une pièce ordinaire de monnaie d'or, et dont la propriété était de préserver de maladie ceux qui couchaient dessus; troisièmement, en cinquante mille drachmes de bois d'aloès le plus exquis, avec trente grains de camphre de la grosseur d'une pistache; et enfin tout cela était accompagné d'une esclave d'une beauté ravissante, et dont les habillements étaient couverts de pierreries.

« Le navire mit à la voile; et après une longue et très-heureuse navigation, nous abordâmes à Balsora, d'où je me rendis à Bagdad. La première chose que je fis après mon arrivée, fut de m'acquitter de la commission dont j'étais chargé.... »

Scheherazade n'en dit pas davantage, à cause du jour qui se faisait voir. Le lendemain elle reprit ainsi son discours.

LXXXVIIIE NUIT.

« Je pris la lettre du roi de Serendib, continua Sindbad, et j'allai me présenter à la porte du Commandeur des croyants, suivi de la belle esclave et des personnes de ma famille, qui portaient les présents dont j'étais chargé. Je dis le sujet qui m'amenait, et aussitôt l'on me conduisit devant le trône du kalife. Je lui fis la révérence en me prosternant; et après lui avoir fait une harangue très-concise, je lui présentai la lettre et le présent. Lorsqu'il eut lu ce que lui mandait le roi de Serendib, il me demanda s'il était vrai que ce prince fût aussi puissant et aussi riche qu'il le marquait par sa lettre. Je me prosternai une seconde fois; et après m'être relevé: « Commandeur des croyants, lui répondis-je, je puis assurer votre majesté qu'il n'exagère pas ses richesses et sa grandeur; j'en suis témoin. Rien n'est plus capable de causer de l'admiration que la magnificence de son palais. Lorsque ce prince veut paraître en public, on lui dresse un trône sur un éléphant, sur lequel il s'assied, et il marche au milieu de deux files composées de ses ministres, de ses favoris et d'autres gens de sa cour. Devant lui, sur le même éléphant, un officier tient une lance d'or à la main, et derrière le trône, un autre est debout, qui porte une colonne d'or, au haut de laquelle est une émeraude longue d'environ un demi-pied et grosse d'un pouce. Il est précédé d'une garde de mille hommes habillés de drap d'or et de soie, et montés sur des éléphants richement caparaçonnés. Pendant que le roi est en marche, l'officier qui est devant lui, sur le même éléphant, crie de temps en temps à haute voix:

« Voici le grand monarque, le puissant et redoutable sultan des « Indes, dont le palais est couvert de cent mille rubis, et qui pos- « sède vingt mille couronnes de diamants! Voici le monarque cou- « ronné, plus grand que ne furent jamais le grand Solima [1] et le « grand Mihrage! [2] »

« Après qu'il a prononcé ces paroles, l'officier qui est derrière le trône crie à son tour:

« Ce monarque si grand et si puissant doit mourir, doit mourir, « doit mourir. »

[1] Salomon.

[2] Ancien roi, très-renommé chez les Arabes par sa puissance et sa sagesse.

« L'officier de devant reprend, et crie ensuite :

« Louange à celui qui vit et ne meurt pas ! »

« D'ailleurs le roi de Serendib est si juste qu'il n'y a pas de juges dans sa capitale, non plus que dans le reste de ses états : ses peuples n'en ont pas besoin. Ils savent et ils observent d'eux-mêmes exactement la justice, et ne s'écartent jamais de leur devoir : ainsi les tribunaux et les magistrats sont inutiles chez eux. » Le kalife fut fort satisfait de mon discours. « La sagesse de ce roi, dit-il, paraît en sa lettre ; et après ce que vous venez de me dire, il faut avouer que sa sagesse est digne de ses peuples, et ses peuples dignes d'elle. » A ces mots, il me congédia et me renvoya avec un riche présent. »

Sindbad acheva de parler en cet endroit, et ses auditeurs se retirèrent ; mais Hindbad reçut auparavant cent sequins. Ils revinrent encore le jour suivant chez Sindbad, qui leur raconta son septième et dernier voyage en ces termes :

SEPTIÈME ET DERNIER VOYAGE

DE SINDBAD LE MARIN.

Au retour de mon sixième voyage, j'abandonnai absolument la pensée d'en faire jamais d'autres. Outre que j'étais dans un âge qui ne demandait que du repos, je m'étais bien promis de ne plus m'exposer aux périls que j'avais tant de fois courus : ainsi je ne songeais qu'à passer doucement le reste de ma vie. Un jour que je régalais un nombre d'amis, un de mes gens me vint avertir qu'un officier du kalife me demandait. Je sortis de table et allai au-devant de lui : « Le kalife, me dit-il, m'a chargé de venir vous dire qu'il veut vous parler. » Je suivis au palais l'officier, qui me présenta à ce prince, que je saluai en me prosternant à ses pieds. « Sindbad, me dit-il, j'ai besoin de vous : il faut que vous me rendiez un service ; que vous alliez porter ma réponse et mes présents au roi de Serendib : il est juste que je lui rende la civilité qu'il m'a faite. »

« Le commandement du kalife fut un coup de foudre pour moi : « Commandeur des croyants, lui dis-je, je suis prêt à exécuter tout ce que m'ordonnera votre majesté ; mais je la supplie très-humblement de songer que je suis rebuté des fatigues incroyables que j'ai souffertes. J'ai même fait vœu de ne sortir jamais de Bagdad. » De là je pris occasion de lui faire un long détail de toutes mes aventures, qu'il eut la patience d'écouter jusqu'à la fin. D'abord que j'eus cessé de parler :

« J'avoue, dit-il, que voilà des événements bien extraordinaires; mais pourtant il ne faut pas qu'ils vous empêchent de faire, pour l'amour de moi, le voyage que je vous propose. Il ne s'agit que d'aller à l'île de Serendib, vous acquitter de la commission que je vous donne : après cela il vous sera libre de vous en revenir. Mais il y faut aller : car vous voyez bien qu'il ne serait pas de la bienséance et de ma dignité d'être redevable au roi de cette île. » Comme je vis que le kalife exigeait absolument cela de moi, je lui témoignai que j'étais prêt à lui obéir. Il en eut beaucoup de joie, et me fit donner mille sequins pour les frais de mon voyage.

« Je me préparai en peu de jours à mon départ; et sitôt qu'on m'eut livré les présents du kalife, avec une lettre de sa propre main, je partis et je pris la route de Balsora, où je m'embarquai. Ma navigation fut très-heureuse : j'arrivai à l'île de Serendib. Là, j'exposai aux ministres la commission dont j'étais chargé, et les priai de me faire donner incessamment audience. Ils n'y manquèrent pas. On me conduisit au palais avec honneur. J'y saluai le roi, en me prosternant selon la coutume.

« Ce prince me reconnut d'abord, et me témoigna une joie toute particulière de me revoir : « Ah! Sindbad, me dit-il, soyez le bienvenu! Je vous jure que j'ai songé à vous très-souvent depuis votre départ. Je bénis ce jour, puisque nous nous voyons encore une fois. » Je lui fis mon compliment; et après l'avoir remercié de la bonté qu'il avait pour moi, je lui présentai la lettre et le présent du kalife, qu'il reçut avec toutes les marques d'une grande satisfaction.

« Le kalife lui envoyait un lit complet de drap d'or, estimé mille sequins, cinquante robes d'une très-riche étoffe, cent autres de toile blanche, la plus fine du Caire, de Suez, d'Alexandrie et de Cufa [1]; un autre lit cramoisi, et un autre encore d'une autre façon; un vase d'agate plus large que profond, épais d'un doigt et ouvert d'un demi-pied, dont le fond représentait en bas-relief un homme un genou en terre, qui tenait un arc avec une flèche, prêt à tirer contre un lion; il lui envoyait enfin une riche table, que l'on croyait par tradition venir du grand Salomon. La lettre du kalife était conçue en ces termes :

[1] Ile de l'Irak-arabique, sur le bras le plus occidental de l'Euphrate, à cinquante lieues de Bagdad.

SALUT AU NOM DU SOUVERAIN GUIDE DU DROIT CHEMIN, AU PUISSANT ET HEUREUX SULTAN, DE LA PART D'ABDALLA HAROUN ALRASCHILD, QUE DIEU A PLACÉ DANS LE LIEU D'HONNEUR APRÈS SES ANCÊTRES D'HEUREUSE MÉMOIRE.

« Nous avons reçu votre lettre avec joie, et nous vous envoyons « celle-ci, émanée du conseil de notre Porte, le jardin des esprits « supérieurs. Nous espérons qu'en jetant les yeux dessus, vous con« naîtrez notre bonne intention, et que vous l'aurez pour agréable. « Adieu. »

« Le roi de Serendib eut un grand plaisir de voir que le kalife répondait à l'amitié qu'il lui avait témoignée. Peu de temps après cette audience, je sollicitai celle de mon congé, que je n'eus pas peu de peine à obtenir. Je l'obtins enfin ; et le roi, en me congédiant, me fit un présent très-considérable. Je me rembarquai aussitôt dans le dessein de m'en retourner à Bagdad, mais je n'eus pas le bonheur d'y arriver, comme je l'espérais, et Dieu en disposa autrement.

« Trois ou quatre jours après notre départ, nous fûmes attaqués par des corsaires, qui eurent d'autant moins de peine à s'emparer de notre vaisseau, qu'on n'y était nullement en état de se défendre. Quelques personnes de l'équipage voulurent faire résistance; mais il leur en coûta la vie : pour moi et tous ceux qui eurent la prudence de ne pas s'opposer au dessein des corsaires, nous fûmes faits esclaves.... »

Le jour qui paraissait imposa silence à Scheherazade. Le lendemain elle reprit la suite de cette histoire :

LXXXIXe NUIT.

Sire, dit-elle au sultan des Indes, Sindbad, continuant de raconter les aventures de son dernier voyage :

« Après que les corsaires, poursuivit-il, nous eurent tous dépouillés, et qu'ils nous eurent donné de méchants habits au lieu des nôtres, ils nous emmenèrent dans une grande île fort éloignée, où ils nous vendirent.

« Je tombai entre les mains d'un riche marchand, qui ne m'eut pas plus tôt acheté, qu'il me mena chez lui, où il me fit bien manger et habiller proprement en esclave. Quelques jours après, comme il ne s'était pas encore bien informé qui j'étais, il me demanda si je ne savais pas quelque métier? Je lui répondis, sans me faire mieux connaître, que je n'étais pas un artisan, mais un marchand de profession, et que les corsaires qui m'avaient vendu m'avaient enlevé tout ce que j'avais : « Mais, dites-moi, reprit-il, ne pourriez-vous pas tirer de l'arc? » Je lui repartis que c'était un des exercices de ma jeunesse, et que je ne l'avais pas oublié depuis. Alors il me donna un arc et des flèches, et m'ayant fait monter derrière lui sur un éléphant, il me mena dans une forêt éloignée de la ville de quelques heures de chemin, et dont l'étendue était très-vaste. Nous y entrâmes fort avant, et lorsqu'il jugea à propos de s'arrêter, il me fit descendre; ensuite, me montrant un grand arbre : « Montez sur cet arbre, me dit-il, et tirez sur les éléphants que vous verrez passer; car il y en a une quantité prodigieuse dans cette forêt : s'il en tombe quelqu'un, venez m'en donner avis. » Après m'avoir dit cela, il me laissa des vivres, reprit le chemin de la ville, et je demeurai sur l'arbre à l'affût pendant toute la nuit.

« Je n'en aperçus aucun pendant tout ce temps-là; mais le lendemain, d'abord que le soleil fut levé, j'en vis paraître un grand nombre. Je tirai dessus plusieurs flèches, et enfin il en tomba un par terre; les autres se retirèrent aussitôt, et me laissèrent la liberté d'aller avertir mon patron de la chasse que je venais de faire. En faveur de cette nouvelle, il me régala d'un bon repas, loua mon adresse, et me caressa fort; puis nous allâmes ensemble à la forêt, où nous creusâmes une fosse dans laquelle nous enterrâmes l'éléphant que j'avais tué : mon patron se proposait de revenir lorsque l'animal serait pourri, et d'enlever les dents pour en faire commerce.

« Je continuai cette chasse pendant deux mois, et il ne se passait pas de jour que je ne tuasse un éléphant. Je ne me mettais pas toujours à l'affût sur le même arbre, je me plaçais tantôt sur l'un, tantôt sur l'autre : un matin que j'attendais l'arrivée des éléphants, je m'aperçus, avec un extrême étonnement, qu'au lieu de passer devant moi, en traversant la forêt comme à l'ordinaire, ils s'arrêtèrent, et vinrent à moi avec un horrible bruit, et en si grand nombre, que la terre en était couverte et tremblait sous leurs pas. Ils s'approchèrent de l'arbre où j'étais monté, et l'environnèrent tous, la trompe étendue et les yeux attachés sur moi. A ce spectacle étonnant, je restai immobile et saisi d'une telle frayeur, que mon arc et mes flèches me tombèrent des mains.

« Je n'étais pas agité d'une crainte vaine : après que les éléphants m'eurent regardé quelque temps, un des plus gros embrassa l'arbre par le bas avec sa trompe, et fit un si puissant effort, qu'il le déracina et le renversa par terre. Je tombai avec l'arbre; mais l'animal me prit avec sa trompe et me chargea sur son dos, où je m'assis plus mort que vif, avec le carquois attaché à mes épaules; il se mit ensuite à la tête de tous les autres, qui le suivaient en troupe, et me porta jusqu'à un endroit où, m'ayant posé à terre, il se retira avec tous ceux qui l'accompagnaient. Concevez, s'il est possible, l'état où j'étais : je croyais plutôt dormir que veiller. Enfin, après avoir été quelque temps étendu sur la place, ne voyant plus d'éléphants, je me levai, et je remarquai que j'étais sur une colline assez longue et assez large, toute couverte d'ossements et de dents d'éléphants. Je vous avoue que cet objet me fit faire une infinité de réflexions. J'admirai l'instinct de ces animaux : je ne doutai point que ce ne fût là leur cimetière, et qu'ils ne m'y eussent apporté exprès pour me l'enseigner, afin que je cessasse de les persécuter, puisque je le faisais dans la vue seule d'avoir leurs dents. Je ne m'arrêtai pas sur la colline, je tournai mes pas vers la ville, et après avoir marché un jour et une nuit, j'arrivai chez mon patron. Je ne rencontrai aucun éléphant sur ma route; ce qui me fit connaître qu'ils s'étaient éloignés plus avant dans la forêt, pour me laisser la liberté d'aller sans obstacle à la colline.

« Dès que mon patron m'aperçut : « Ah! pauvre Sindbad, me dit-il, j'étais dans une grande peine de savoir ce que tu pouvais être devenu. J'ai été à la forêt, j'y ai trouvé un arbre nouvellement déraciné, un arc et des flèches par terre; et après t'avoir inutilement cherché, je désespérais de te revoir jamais : raconte-moi, je te prie, ce qui t'est arrivé. Par quel bonheur es-tu encore en vie? » Je satisfis sa curiosité; et le lendemain, étant allés tous deux à la colline, il reconnut, avec une extrême joie, la vérité de ce que je lui avais dit. Nous chargeâmes l'éléphant sur lequel nous étions venus, de tout ce qu'il pouvait porter de dents; et lorsque nous fûmes de retour : « Mon frère, me dit-il (car je ne veux plus vous traiter en esclave, après le plaisir que vous venez de me faire par une découverte qui va m'enrichir), que Dieu vous comble de toutes sortes de biens et de prospérités! Je déclare devant lui que je vous donne la liberté. Je vous avais dissimulé ce que vous allez entendre : les éléphants de notre forêt nous font périr chaque année une infinité d'esclaves que nous envoyons chercher de l'ivoire : quelques conseils que nous leur donnions, ils perdent tôt ou tard la vie par les ruses de ces animaux. Dieu vous a délivré de leur furie, et n'a fait cette grâce qu'à vous seul : c'est une marque qu'il vous chérit, et qu'il a besoin de vous dans le monde, pour le bien que vous y devez faire. Vous me procurez un avantage incroyable : nous n'avons pu avoir d'ivoire, jusqu'à présent, qu'en exposant la vie de nos esclaves, et voilà toute notre ville enrichie par votre moyen. Ne croyez pas que je prétende vous avoir assez récompensé par la liberté que vous venez de recevoir; je veux ajouter à ce don des biens considérables : je pourrais engager toute la ville à faire votre fortune; mais c'est une gloire que je veux avoir à moi seul. »

« A ce discours obligeant, je répondis : « Patron, Dieu vous conserve! la liberté que vous m'accordez suffit pour vous acquitter envers moi, et pour toute récompense du service que j'ai eu le bonheur de vous rendre, à vous et à votre ville, je ne vous demande que la permission de retourner en mon pays. — Eh bien! répliqua-t-il, Moçon [1] nous amènera bientôt des navires qui viendront charger de l'ivoire : je vous renverrai alors, et vous donnerai de quoi vous conduire chez vous. » Je le remerciai de nouveau de la liberté qu'il venait de me donner, et des bonnes intentions qu'il avait pour moi. Je demeurai chez lui en attendant le Moçon; et pendant ce temps-là, nous fîmes tant de voyages à la colline, que nous remplîmes ses magasins d'ivoire. Tous les marchands de la ville, qui en négociaient, firent la même chose; car cela ne leur fut pas longtemps caché. »

A ces paroles, Scheherazade, apercevant la pointe du jour, cessa de poursuivre son discours. Elle le reprit la nuit suivante, et dit au sultan des Indes :

XC^E NUIT.

Sire, Sindbad, continuant le récit de son septième voyage :

« Les navires, dit-il, arrivèrent enfin; et mon patron ayant choisi lui-même celui sur lequel je devais m'embarquer, le chargea d'ivoire à demi pour mon compte; il n'oublia pas d'y faire mettre aussi des provisions en abondance pour mon passage; et de plus, il m'obligea d'accepter des régals de grand prix, des curiosités du pays. Après que je l'eus remercié, autant qu'il me fut possible, de tous les bienfaits que j'avais reçus de lui, je m'embarquai. Nous mîmes à la voile; et comme l'aventure qui m'avait procuré la liberté était fort extraordinaire, j'en avais toujours l'esprit occupé.

[1] Moussons, vents périodiques qui, dans la mer des Indes, soufflent régulièrement, alternativement et pendant plusieurs mois, du couchant au levant, et du levant au couchant. On appelle aussi la Mousson, la saison pendant laquelle règnent ces vents.

« Nous nous arrêtâmes dans quelques îles pour y prendre des rafraîchissements. Notre vaisseau étant parti d'un port de terre ferme des Indes, nous y allâmes aborder, et là, pour éviter les dangers de la mer jusqu'à Balsora, je fis débarquer l'ivoire qui m'appartenait, résolu de continuer mon voyage par terre. Je tirai de mon ivoire une grosse somme d'argent; j'en achetai plusieurs choses rares pour en faire des présents; et quand mon équipage fut prêt, je me joignis à une grosse caravane de marchands. Je demeurai long-temps en chemin, et je souffris beaucoup: mais je souffrais avec patience, en faisant réflexion que je n'avais plus à craindre ni les tempêtes, ni les corsaires, ni les serpents, ni tous les autres périls que j'avais courus.

« Toutes ces fatigues finirent enfin : j'arrivai heureusement à Bagdad. J'allai d'abord me présenter au kalife, et lui rendre compte de mon ambassade. Ce prince me dit que la longueur de mon voyage lui avait causé de l'inquiétude, mais qu'il avait pourtant toujours espéré que Dieu ne m'abandonnerait point. Quand je lui appris l'aventure des éléphants, il en parut fort surpris, et il aurait refusé d'y ajouter foi, si ma sincérité ne lui eût pas été connue. Il trouva cette histoire et les autres que je lui racontai, si curieuses, qu'il chargea un de ses secrétaires de les écrire en caractères d'or, pour être conservées dans son trésor. Je me retirai très-content de l'honneur et des présents qu'il me fit; puis je me donnai tout entier à ma famille, à mes parents et à mes amis. »

Ce fut ainsi que Sindbad acheva le récit de son septième et dernier voyage; et s'adressant ensuite à Hindbad : « Eh bien! mon ami, ajouta-t-il, avez-vous jamais ouï dire que quelqu'un ait souffert autant que moi, ou qu'aucun mortel se soit trouvé dans des embarras si pressants? N'est-il pas juste qu'après tant de travaux je jouisse d'une vie agréable et tranquille? » Comme il achevait ces mots, Hindbad s'approcha de lui, et lui dit, en lui baisant la main: « Il faut avouer, seigneur, que vous avez essuyé d'effroyables périls : mes peines ne sont pas comparables aux vôtres; si elles m'affligent dans le temps que je les souffre, je m'en console par le peu de profit que j'en tire. Vous méritez non-seulement une vie tranquille, vous êtes digne encore de tous les biens que vous possédez, puisque vous en faites un si bon usage, et que vous êtes si généreux. Continuez donc de vivre dans la joie jusqu'à l'heure de votre mort. »

Sindbad lui fit donner encore cent sequins, le reçut au nombre de ses amis, lui dit de quitter sa profession de porteur, et de continuer à venir manger chez lui; qu'il aurait lieu de se souvenir toute sa vie de Sindbad le Marin.

Scheherazade, voyant qu'il n'était pas encore jour, continua de parler, et commença une autre histoire :

LES TROIS POMMES.

DÉJA j'ai eu l'honneur d'entretenir votre majesté d'une sortie que le kalife Haroun Alraschid fit une nuit de son palais ; il faut que je vous en raconte une autre :

Un jour ce prince avertit le grand vizir Giafar de se trouver au palais la nuit prochaine. « Vizir, lui dit-il, je veux faire le tour de la ville, et m'informer de ce qu'on y dit, et particulièrement si on est content de mes officiers de justice : s'il y en a dont on ait raison de se plaindre, nous les déposerons pour en mettre d'autres à leurs places, qui s'acquitteront mieux de leur devoir ; si, au contraire, il y en a dont on se loue, nous aurons pour eux les égards qu'ils méritent. » Le grand vizir s'étant rendu au palais à l'heure marquée, le kalife, lui et Mesrour, chef des eunuques, se déguisèrent pour n'être pas connus, et sortirent tous trois ensemble.

« Ils passèrent par plusieurs places et par plusieurs marchés ; et en entrant dans une petite rue, ils virent au clair de la lune un bon homme à barbe blanche, qui avait la taille haute, et qui portait des filets sur sa tête. Il avait au bras un panier pliant de feuilles de palmier, et un bâton à la main : « A voir ce vieillard, dit le kalife, il n'est pas riche : abordons-le, et lui demandons l'état de sa fortune. — Bon homme, lui dit le vizir, qui es-tu ? — Seigneur, lui répondit le vieillard, je suis pêcheur, mais le plus pauvre et le plus misérable de ma profession. Je suis sorti de chez moi, tantôt sur le midi, pour aller pêcher, et depuis ce temps-là jusqu'à présent, je n'ai pas pris le moindre poisson. Cependant j'ai une femme et de petits enfants, et je n'ai pas de quoi les nourrir. »

Le kalife, touché de compassion, dit au pêcheur : « Aurais-tu le courage de retourner sur tes pas, et de jeter tes filets encore une fois seulement? Nous te donnerons cent sequins de ce que tu amèneras. » Le pêcheur, à cette proposition, oubliant toute la peine de la journée, prit le kalife au mot, et retourna vers le Tigre avec lui, Giafar et Mesrour, en disant en lui-même : « Ces seigneurs paraissent trop honnêtes et trop raisonnables pour ne pas me récompenser de ma peine ; et quand ils ne me donneraient que la centième partie de ce qu'ils me promettent, ce serait encore beaucoup pour moi. »

Ils arrivèrent au bord du Tigre : le pêcheur y jeta ses filets, puis les ayant tirés, il amena un coffre bien fermé et fort pesant, qui s'y trouva. Le kalife lui fit compter aussitôt cent sequins par le grand vizir, et le renvoya. Mesrour chargea le coffre sur ses épaules par l'ordre de son maître, qui, dans l'empressement de savoir ce qu'il y avait dedans, retourna au palais en diligence. Là, le coffre ayant été ouvert, on y trouva un grand panier pliant de feuilles de palmier, fermé et cousu par l'ouverture avec un fil de laine rouge. Pour satisfaire l'impatience du kalife, on ne se donna pas la peine de le découdre; on coupa promptement le fil avec un couteau, et l'on tira du panier un paquet enveloppé dans un méchant tapis, et lié avec de la corde. La corde déliée et le paquet défait, on vit avec horreur le corps d'une jeune dame, plus blanc que la neige, et coupé par morceaux....

Scheherazade, en cet endroit, remarquant qu'il était jour, cessa de parler. Le lendemain, elle reprit la parole de cette manière :

XCI^{E} NUIT.

Sire, votre majesté s'imaginera mieux elle-même, que je ne le puis faire comprendre par mes paroles, quel fut l'étonnement du kalife à cet affreux spectacle; mais de la surprise il passa en un instant à la colère; et lançant au vizir un regard furieux : « Ah! malheureux, lui dit-il, est-ce donc ainsi que tu veilles sur les actions de mes peuples? On commet impunément sous ton ministère des assassinats dans ma capitale, et l'on jette mes sujets dans le Tigre, afin qu'ils crient vengeance contre moi au jour du jugement! Si tu ne venges promptement le meurtre de cette femme par la mort de son meurtrier, je jure, par le saint nom de Dieu, que je te ferai pendre toi et quarante de ta parenté. — Commandeur des croyants, lui dit le grand vizir, je supplie votre majesté de m'accorder du temps pour faire des perquisitions. — Je ne te donne que trois jours pour cela, repartit le kalife : c'est à toi d'y songer. »

Le vizir Giafar se retira chez lui dans une grande confusion de sentiments : « Hélas! disait-il, comment, dans une ville aussi vaste et aussi peuplée que Bagdad, pourrai-je déterrer un meurtrier, qui sans doute a commis ce crime sans témoin, et qui est peut-être déjà sorti de cette ville? Un autre que moi tirerait de prison un misérable, et le ferait mourir pour contenter le kalife; mais je ne veux pas charger ma conscience de ce forfait, et j'aime mieux mourir que de me sauver à ce prix-là. »

Il ordonna aux officiers de police et de justice, qui lui obéissaient, de faire une exacte recherche du criminel. Ils mirent leurs gens en campagne, et s'y mirent eux-mêmes, ne se croyant guère moins intéressés que le vizir en cette affaire. Mais tous leurs soins furent inutiles : quelque diligence qu'ils y apportèrent, ils ne purent découvrir l'auteur de l'assassinat; et le vizir jugea bien que, sans un coup du ciel, c'était fait de sa vie.

Effectivement, le troisième jour étant venu, un huissier arriva chez ce malheureux ministre, et le somma de le suivre. Le vizir obéit; et le kalife lui ayant demandé où était le meurtrier : « Commandeur des croyants, lui répondit-il les larmes aux yeux, je n'ai trouvé personne qui ait pu m'en donner la moindre nouvelle. » Le kalife lui fit des reproches remplis d'emportement et de fureur, et commanda qu'on le pendît devant la porte du palais, lui et quarante des Barmecides [1].

Pendant que l'on travaillait à dresser les potences, et qu'on se saisissait des quarante Barmecides dans leurs maisons, un crieur public alla, par ordre du kalife, faire ce cri dans tous les quartiers de la ville :

« Qui veut avoir la satisfaction de voir pendre le grand vizir
« Giafar et quarante des Barmecides, ses parents, qu'il vienne à la
« place qui est devant le palais. »

Lorsque tout fut prêt, le juge criminel et un grand nombre d'huissiers du palais amenèrent le grand vizir avec les quarante Barmecides, les firent disposer chacun au pied de la potence qui lui était destinée, et on leur passa autour du cou la corde avec laquelle ils devaient être levés en l'air. Le peuple, dont toute la place était remplie, ne put voir ce triste spectacle sans douleur et sans verser

[1] Les Barmecides, nom d'une des familles les plus illustres, après les maisons souveraines de l'Asie. Quelques auteurs la font descendre des anciens rois de Perse. Le premier qui ait illustré cette famille se nommait Abu-Ali-Iahia-Ben-Khaled-Ben-Barmek. Doué de toutes les vertus civiles et militaires, il fut choisi par le kalife Mahadi pour gouverneur d'Haroun Alraschild, son fils. Il eut quatre enfants nommés Fadhel, Giafar (c'est celui dont il est ici question), Mohammed et Mussa, qui, ne dégénérant point de la vertu de leur père, portèrent la réputation des Barmecides jusqu'au plus haut degré où le mérite et la faveur peuvent élever une famille qui n'est pas sur le trône. Les Barmecides ont cela de particulier que la fortune les ayant abandonnés, et les ayant fait tomber dans la disgrâce du kalife Haroun Alraschild, la mémoire que les peuples conservèrent du mérite et des qualités de ces grands hommes, survécut à leur malheur : de sorte qu'ils ont trouvé presque autant d'historiens qui ont écrit leurs vies, que les plus grands princes de l'Orient.

des larmes : car le grand vizir Giafar et les Barmecides étaient chéris et honorés pour leur probité, leur libéralité et leur désintéressement, non-seulement à Bagdad, mais même par tout l'empire du kalife.

Rien n'empêchait qu'on n'exécutât l'ordre irrévocable de ce prince trop sévère; et on allait ôter la vie aux plus honnêtes gens de la ville, lorsqu'un jeune homme très-bien fait et fort proprement vêtu fendit la presse, pénétra jusqu'au grand vizir, et après lui avoir baisé la main : « Souverain vizir, lui dit-il, chef des émirs de cette cour, refuge des pauvres, vous n'êtes pas coupable du crime pour lequel vous êtes ici; retirez-vous, et me laissez expier la mort de la dame qui a été jetée dans le Tibre : c'est moi qui suis son meurtrier, et je mérite d'en être puni. »

Quoique ce discours causât beaucoup de joie au vizir, il ne laissa pas d'avoir pitié du jeune homme, dont la physionomie, au lieu de paraître sinistre, avait quelque chose d'engageant; et il allait lui répondre, lorsqu'un grand homme, d'un âge déjà fort avancé, ayant aussi fendu la presse, arriva, et dit au vizir :

« Seigneur, ne croyez rien de ce que vous dit ce jeune homme : nul autre que moi n'a tué la dame qu'on a trouvée dans le coffre : c'est sur moi seul que doit tomber le châtiment. Au nom de Dieu, je vous conjure de ne pas punir l'innocent pour le coupable. — Seigneur, reprit le jeune homme, en s'adressant au vizir, je vous jure que c'est moi qui ai commis cette méchante action, et que personne au monde n'en est complice. — Mon fils, interrompit le vieillard, c'est le désespoir qui vous a conduit ici, et vous voulez prévenir votre destinée; pour moi, il y a long-temps que je suis au monde, je dois en être détaché : laissez-moi donc sacrifier ma vie pour la vôtre. Seigneur, ajouta-t-il, en s'adressant au grand vizir, je vous le répète encore, c'est moi qui suis l'assassin : faites-moi mourir, et ne différez pas. »

La contestation du vieillard et du jeune homme obligea le vizir Giafar à les mener tous deux devant le kalife, avec la permission de l'officier chargé de présider à cette terrible exécution, qui se faisait un plaisir de le favoriser. Lorsqu'il fut en présence de ce prince, il baisa la terre par sept fois, et parla de cette manière : « Commandeur des croyants, j'amène à votre majesté ce vieillard et ce jeune homme, qui se disent, tous deux séparément, meurtriers de la dame. » Alors le kalife demanda aux accusés, qui des deux avait massacré la dame si cruellement, et l'avait jetée dans le Tigre. Le jeune homme assura que c'était lui; mais le vieillard, de son côté, soutenant le contraire : « Allez, dit le kalife au grand vizir, faites-les pendre tous deux. »

« Mais, sire, dit Giafar, s'il n'y en a qu'un de criminel, il y aurait de l'injustice à faire mourir l'autre. »

A ces mots, le jeune homme reprit : « Je jure, par le grand Dieu qui a élevé les cieux à la hauteur où ils sont, que c'est moi qui ai tué la dame, qui l'ai coupée par quartiers et jetée dans le Tigre il y a quatre jours. Je ne veux point avoir de part avec les autres au jour du jugement, si ce que je dis n'est pas véritable : ainsi je suis celui qui doit être puni. » Le kalife fut surpris de ce serment et y ajouta foi, d'autant plus que le vieillard n'y répliqua rien. C'est pourquoi se tournant vers le jeune homme : « Malheureux, lui dit-il, pour quel sujet as-tu commis un crime si détestable ; et quelle raison peux-tu avoir d'être venu t'offrir toi-même à la mort ? — Commandeur des croyants, répondit-il, si l'on mettait par écrit tout ce qui s'est passé entre cette dame et moi, ce serait une histoire qui pourrait être très-utile aux hommes. — Raconte-nous-la donc, répliqua le kalife, je te l'ordonne. » Le jeune homme obéit, et commença son récit de cette sorte.

Scheherazade voulait continuer ; mais elle fut obligée de remettre cette histoire à la nuit suivante.

XCII^E NUIT.

Schahriar prévint la sultane, et lui demanda ce que le jeune homme avait raconté au kalife Haroun Alraschild. Sire, répondit Scheherazade, il prit la parole, et parla dans ces termes :

HISTOIRE

DE LA DAME MASSACRÉE ET DU JEUNE HOMME SON MARI.

COMMANDEUR des croyants, votre majesté saura que la dame massacrée était ma femme, fille de ce vieillard que vous voyez, qui est mon oncle paternel. Elle n'avait que douze ans quand il me la donna en mariage, et il y en a onze d'écoulés depuis ce temps-là. J'ai eu d'elle trois enfants mâles, qui sont vivants ; et je dois lui rendre cette justice, qu'elle ne m'a jamais donné le moindre sujet de déplaisir. Elle était sage, de bonnes mœurs, et mettait toute son attention à me plaire. De mon côté je l'aimais parfaitement, et je prévenais tous ses désirs, bien loin de m'y opposer.

« Il y a environ deux mois qu'elle tomba malade. J'en eus tout le soin imaginable, et je n'épargnai rien pour lui procurer une prompte guérison. Au bout d'un mois, elle commença à se mieux porter, et voulut aller au bain. Avant que de sortir du logis, elle me dit : « Mon cousin (elle m'appelait ainsi par familiarité), j'ai envie de manger des pommes, vous me feriez un extrême plaisir si vous pouviez m'en trouver : il y a long-temps que cette envie me tient, et je vous avoue qu'elle s'est augmentée à un point, que si elle n'est bientôt satisfaite, je crains qu'il ne m'arrive quelque disgrâce. — Très-volontiers, lui répondis-je, je vais faire tout mon possible pour vous contenter. »

« J'allai aussitôt chercher des pommes dans tous les marchés et dans toutes les boutiques ; mais je n'en pus trouver une, quoique j'offrisse d'en donner un sequin. Je revins au logis, très-fâché de la peine que j'avais prise inutilement. Pour ma femme, quand elle fut revenue du bain, et qu'elle ne vit point de pommes, elle en eut un chagrin qui ne lui permit pas de dormir la nuit. Je me levai de grand matin, et allai dans tous les jardins ; mais je ne réussis pas mieux que le jour précédent. Je rencontrai seulement un vieux jardinier qui me dit que, quelque peine que je me donnasse, je n'en trouverais point ailleurs qu'au jardin de votre majesté à Balsora.

« Comme j'aimais passionnément ma femme, et que je ne voulais pas avoir à me reprocher d'avoir négligé de la satisfaire, je pris un habit de voyageur ; et après l'avoir instruite de mon dessein, je partis pour Balsora. Je fis une si grande diligence, que je fus de retour au bout de quinze jours. Je rapportai trois pommes qui m'avaient coûté un sequin la pièce : il n'y en avait pas davantage dans le jardin, et le jardinier n'avait pas voulu me les donner à meilleur marché. En arrivant, je les présentai à ma femme ; mais il se trouva que l'envie lui en était passée. Ainsi elle se contenta de les recevoir, et les posa à côté d'elle. Cependant elle était toujours malade, et je ne savais quel remède apporter à son mal.

« Peu de jours après mon voyage, étant assis dans ma boutique au lieu public où l'on vend toutes sortes d'étoffes fines, je vis entrer un grand esclave noir, de fort méchante mine, qui tenait à la main une pomme, que je reconnus pour une de celles que j'avais apportées de Balsora : je n'en pouvais douter, puisque je savais qu'il n'y en avait pas une dans Bagdad ni dans tous les jardins aux environs. J'appelai l'esclave : « Bon esclave, lui dis-je, apprends-moi, je te prie, où tu as pris cette pomme ? — C'est me répondit-il en souriant, un présent que m'a fait mon amoureuse : j'ai été la voir aujourd'hui, et je l'ai trouvée un peu malade : j'ai vu trois pommes auprès d'elle, et je lui ai demandé d'où elle les avait eues ; elle m'a répondu que son bonhomme de mari avait fait un voyage de quinze jours exprès pour les lui aller chercher, et qu'il les lui avait apportées. Nous avons fait collation ensemble, et en la quittant, j'en ai pris et emporté une que voici. »

« Ce discours me mit hors de moi-même. Je me levai de ma place ; et après avoir fermé ma boutique, je courus chez moi avec empressement, et montai à la chambre de ma femme. Je regardai d'abord où étaient les pommes, et n'en voyant que deux, je demandai où était la troisième. Alors ma femme ayant tourné la tête du côté des pommes, et n'en ayant aperçu que deux, me répondit froidement : « Mon cousin, je ne sais ce qu'elle est devenue. » A cette réponse, je ne fis pas difficulté de croire que ce que m'avait dit l'esclave ne fût véritable. En même temps je me laissai emporter à une fureur jalouse ; et tirant un couteau qui était attaché à ma ceinture, je le plongeai dans la gorge de cette misérable. Ensuite je lui coupai la tête et mis son corps par quartiers ; j'en fis un paquet que je cachai dans un panier pliant ; et après avoir cousu l'ouverture du panier avec un fil de laine rouge, je l'enfermai dans un coffre, que je chargeai sur mes épaules dès qu'il fut nuit, et que j'allai jeter dans le Tigre.

« Les deux plus petits de mes enfants étaient déjà couchés et endormis, et le troisième était hors de la maison ; je le trouvai à mon retour assis près de la porte, et pleurant à chaudes larmes. Je lui demandai le sujet de ses pleurs : « Mon père, me dit-il, j'ai pris ce matin à ma mère, sans qu'elle en ait rien vu, une des trois pommes que vous lui avez apportées ; je l'ai gardée long-temps ; mais, comme je jouais tantôt dans la rue avec mes petits frères, un grand esclave qui passait me l'a arrachée de la main, et l'a emportée ; j'ai couru après lui en la lui redemandant ; mais j'ai eu beau lui dire qu'elle appartenait à ma mère, qui était malade ; que vous aviez fait un voyage de quinze jours pour l'aller chercher ; tout cela a été inutile : il n'a pas voulu me la rendre ; et comme je le suivais en criant après lui, il s'est retourné, m'a battu, et puis s'est mis à courir de toute sa force par plusieurs rues détournées, de manière que je l'ai perdu de vue. Depuis ce temps-là, j'ai été me promener hors de la ville, en attendant que vous revinssiez ; et je vous attendais, mon père, pour vous prier de n'en rien dire à ma mère, de peur que cela ne la rende plus malade. » En achevant ces mots, il redoubla ses larmes.

« Le discours de mon fils me jeta dans une affliction inconcevable : je reconnus alors l'énormité de mon crime, et je me repentis, mais trop tard, d'avoir ajouté foi aux impostures du malheureux esclave, qui, sur ce qu'il avait appris de mon fils, avait composé la funeste fable que j'avais prise pour une vérité. Mon oncle, qui est ici présent, arriva sur ces entrefaites; il venait pour voir sa fille; mais, au lieu de la trouver vivante, il apprit par moi-même qu'elle n'était plus : car je ne lui déguisai rien, et sans attendre qu'il me condamnât, je me déclarai moi-même le plus criminel de tous les hommes. Néanmoins, au lieu de m'accabler de justes reproches, il joignit ses pleurs aux miens, et nous pleurâmes ensemble trois jours sans relâche, lui, la perte d'une fille qu'il avait toujours tendrement aimée, et moi, celle d'une femme qui m'était chère, et dont je m'étais privé d'une manière si cruelle, et pour avoir trop légèrement cru le rapport d'un esclave menteur. Voilà, commandeur des croyants, l'aveu sincère que votre majesté a exigé de moi. Vous savez à présent toutes les circonstances de mon crime, et je vous supplie très-humblement d'en ordonner la punition : quelque rigoureuse qu'elle puisse être, je n'en murmurerai point, et je la trouverai trop légère. »

Le kalife fut dans un grand étonnement.

Scheherazade, en prononçant ces derniers mots, s'aperçut qu'il était jour : elle cessa de parler; mais la nuit suivante elle reprit ainsi son discours :

XCIIIe NUIT.

Sire, dit-elle, le kalife fut extrêmement étonné de ce que le jeune homme venait de lui raconter. Mais ce prince équitable, trouvant qu'il était plus à plaindre qu'il n'était criminel, entra dans ses intérêts. « L'action de ce jeune homme, dit-il, est pardonnable devant Dieu et excusable auprès des hommes. Le méchant esclave est la cause unique de ce meurtre : c'est lui seul qu'il faut punir. C'est pourquoi, continua-t-il en s'adressant au vizir, je te donne trois jours pour le trouver. Si tu ne me l'amènes dans ce terme, je te ferai mourir à sa place. »

Le malheureux Giafar, qui s'était cru hors de danger, fut accablé de ce nouvel ordre du kalife; mais comme il n'osait rien répliquer à ce prince, dont il connaissait l'humeur, il s'éloigna de sa présence, et se retira chez lui les larmes aux yeux, persuadé qu'il n'avait plus que trois jours à vivre. Il était tellement convaincu qu'il ne trouverait point l'esclave, qu'il n'en fit pas la moindre recherche. « Il n'est pas possible, disait-il, que dans une ville telle que Bagdad, où il y a une infinité d'esclaves noirs, je démêle celui dont il s'agit : à moins que Dieu ne me le fasse connaître, comme il m'a déjà fait découvrir l'assassin, rien ne peut me sauver. »

Il passa les deux premiers jours à s'affliger avec sa famille, qui gémissait autour de lui, en se plaignant de la rigueur du kalife. Le troisième étant venu, il se disposa à mourir avec fermeté, comme un ministre intègre, et qui n'avait rien à se reprocher. Il fit venir des cadis et des témoins, qui signèrent le testament qu'il fit en leur présence. Après cela, il embrassa sa femme et ses enfants, et leur dit le dernier adieu. Toute sa famille fondait en larmes. Jamais spectacle ne fut plus touchant. Enfin un huissier du palais arriva, qui lui dit que le kalife s'impatientait de n'avoir ni de ses nouvelles, ni de celles de l'esclave noir qu'il lui avait commandé de chercher. J'ai ordre, ajouta-t-il, de vous mener devant son trône. L'affligé vizir se mit en état de suivre l'huissier. Mais comme il allait sortir, on lui amena la plus petite de ses filles, qui pouvait avoir cinq ou six ans. Les femmes qui avaient soin d'elle la venaient présenter à son père, afin qu'il la vît pour la dernière fois.

Comme il avait pour elle une tendresse particulière, il pria l'huissier de lui permettre de s'arrêter un moment. Alors il s'approcha de sa fille, la prit entre ses bras et la baisa plusieurs fois. En la baisant, il s'aperçut qu'elle avait dans le sein quelque chose de gros et qui avait de l'odeur. « Ma chère petite, lui dit-il, qu'avez-vous dans le sein? — Mon cher père, lui répondit-elle, c'est une pomme, sur laquelle est écrit le nom du kalife notre seigneur et maître; Rihan [1] notre esclave me l'a vendue deux sequins. »

Aux mots de pomme et d'esclave, le grand vizir Giafar fit un cri de surprise mêlé de joie, et mettant aussitôt la main dans le sein de sa fille, il en tira la pomme. Il fit appeler l'esclave qui n'était pas loin; et lorsqu'il fut devant lui : « Maraud, lui dit-il, où as-tu pris cette pomme? — Seigneur, répondit l'esclave, je vous jure que je ne l'ai dérobée ni chez vous, ni dans le jardin du commandeur des croyants. L'autre jour, comme je passais dans une rue auprès de trois ou quatre petits enfants qui jouaient, et dont l'un la tenait à la main, je la lui arrachai, et l'emportai. L'enfant courut après moi, en me disant que la pomme n'était pas à lui, mais à sa mère, qui était malade; que son père, pour contenter l'envie qu'elle en avait, avait

[1] Ce mot signifie, en arabe, du basilic, plante odoriférante. Les Arabes donnent ce nom à leurs esclaves, comme on donne en France celui de Jasmin à un laquais.

fait un long voyage, d'où il en avait apporté trois; que celle-là en était une qu'il avait prise sans que sa mère en sût rien. Il eut beau me prier de la lui rendre, je n'en voulus rien faire; je l'apportai au logis, et la vendis deux sequins à la petite dame votre fille : voilà tout ce que j'ai à vous dire. »

Giafar ne put assez admirer comment la friponnerie d'un esclave avait été cause de la mort d'une femme innocente, et presque de la sienne. Il mena l'esclave avec lui; et quand il fut devant le kalife, il fit à ce prince un détail exact de tout ce que lui avait dit l'esclave, et du hasard par lequel il avait découvert son crime.

Jamais surprise n'égala celle du kalife. Il ne put se contenir ni s'empêcher de faire de grands éclats de rire. A la fin il reprit un air sérieux, et dit au vizir que puisque son esclave avait causé un si étrange désordre, il méritait une punition exemplaire. « Je ne puis en disconvenir, sire, répondit le vizir; mais son crime n'est pas irrémissible. Je sais une histoire plus surprenante d'un vizir du Caire, nommé Noureddin [1] Ali, et de Bedreddin [2] Hassan de Balsora. Comme votre majesté prend plaisir à en entendre de semblables, je suis prêt à vous la raconter, à condition que si vous la trouvez plus étonnante que celle qui me donne occasion de vous la dire, vous ferez grâce à mon esclave. — Je le veux bien, repartit le kalife; mais vous vous engagez dans une grande entreprise, et je ne crois pas que vous puissiez sauver votre esclave; car l'histoire des pommes est fort singulière. »

Giafar, prenant alors la parole, commença son récit dans ces termes :

HISTOIRE

DE NOUREDDIN ALI ET DE BEDREDDIN HASSAN.

En Égypte il y avait autrefois un sultan, grand observateur de la justice, bienfaisant, miséricordieux, libéral. Sa valeur le rendait redoutable à ses voisins. Il aimait les pauvres, et protégeait les savants, qu'il élevait aux premières charges. Le vizir de ce sultan était un homme prudent, sage, pénétrant, consommé dans les belles-lettres et dans toutes les sciences. Ce ministre avait deux fils très

[1] Noureddin signifie, en arabe, la lumière de la religion.
[2] Bedreddin, la pleine lune de la religion.

bien faits, et qui marchaient l'un et l'autre sur ses traces : l'aîné se nommait Schemseddin[1] Mohammed, et le cadet Noureddin Ali. Ce dernier principalement avait tout le mérite qu'on peut avoir. Le vizir, leur père, étant mort, le sultan les envoya chercher, et les ayant fait revêtir tous deux d'une robe de vizir ordinaire : « J'ai bien du regret, leur dit-il, de la perte que vous venez de faire : je n'en suis pas moins touché que vous-mêmes. Je veux vous le témoigner ; et comme je sais que vous demeurez ensemble, et que vous êtes parfaitement unis, je vous gratifie l'un et l'autre de la même dignité : allez, et imitez votre père. »

Les deux nouveaux vizirs remercièrent le sultan de sa bonté, et se retirèrent chez eux, où ils prirent soin des funérailles de leur père. Au bout d'un mois ils firent leur première sortie ; ils allèrent pour la première fois au conseil du sultan, et depuis ils continuèrent d'y assister régulièrement les jours qu'il s'assemblait. Toutes les fois que le sultan allait à la chasse, un des deux frères l'accompagnait, et ils avaient alternativement cet honneur. Un jour qu'ils s'entretenaient après le souper de choses indifférentes, c'était la veille d'une chasse où l'aîné devait suivre le sultan, ce jeune homme dit à son cadet : « Mon frère, puisque nous ne sommes pas encore mariés, ni vous, ni moi, et que nous vivons dans une si bonne union, il me vient une pensée : épousons tous deux en un même jour deux sœurs, que nous choisirons dans quelque famille qui nous conviendra : que dites-vous de cette idée? — Je dis, mon frère, répondit Noureddin Ali, qu'elle est bien digne de l'amitié qui nous unit ; on ne peut pas mieux penser, et pour moi, je suis prêt à faire tout ce qu'il vous plaira. — Oh ! ce n'est pas tout encore, reprit Schemseddin Mohammed ; mon imagination va plus loin : supposé que nos femmes conçoivent la première nuit de nos noces, et qu'ensuite elles accouchent en un même jour, la vôtre d'un fils, et la mienne d'une fille, nous les marierons ensemble, quand ils seront en âge. — Ah ! pour cela, s'écria Noureddin Ali, il faut avouer que ce projet est admirable ! Ce mariage couronnera notre union, et j'y donne volontiers mon consentement. Mais, mon frère, ajouta-t-il, s'il arrivait que nous fissions ce mariage, prétendriez-vous que mon fils donnât une dot à votre fille? — Cela ne souffre pas de difficulté, repartit l'aîné, et je suis persuadé qu'outre les conventions ordinaires du contrat de mariage, vous ne manqueriez pas d'accorder en son nom au moins trois mille sequins, trois bonnes terres et

[1] Schemseddin signifie le soleil de la religion ; Mohammed est le même nom que Mahomet.

trois esclaves. — C'est de quoi je ne demeure pas d'accord, dit le cadet. Ne sommes-nous pas frères et collègues, revêtus tous deux du même titre d'honneur? D'ailleurs, ne savons-nous pas bien vous et moi ce qui est juste? Le mâle étant plus noble que la femelle, ne serait-ce pas à vous à donner une grosse dot à votre fille? A ce que je vois, vous êtes homme à faire vos affaires aux dépens d'autrui. »

« Quoique Noureddin Ali dît ces paroles en riant, son frère, qui n'avait pas l'esprit bien fait, en fut offensé : « Malheur à votre fils, dit-il avec emportement, puisque vous l'osez préférer à ma fille ! Je m'étonne que vous ayez été assez hardi pour le croire seulement digne d'elle. Il faut que vous ayez perdu le jugement pour vouloir aller de pair avec moi, en disant que nous sommes collègues. Apprenez, téméraire, qu'après votre imprudence, je ne voudrais pas marier ma fille avec votre fils, quand vous lui donneriez plus de richesses que vous n'en avez. » Cette plaisante querelle de deux frères, sur le mariage de leurs enfants qui n'étaient pas encore nés, ne laissa pas d'aller fort loin. Schemseddin Mohammed s'emporta jusqu'aux menaces : « Si je ne devais pas, dit-il, accompagner demain le sultan, je vous traiterais comme vous le méritez ; mais, à mon retour, je vous ferai connaître s'il appartient à un cadet de parler à son aîné aussi insolemment que vous venez de faire. » A ces mots, il se retira dans son appartement, et son frère alla se coucher dans le sien.

« Schemseddin Mohammed se leva le lendemain de grand matin, et se rendit au palais, d'où il sortit avec le sultan, qui prit son chemin au-dessus du Caire, du côté des pyramides. Pour Noureddin Ali, il avait passé la nuit dans de grandes inquiétudes ; et après avoir bien considéré qu'il n'était pas possible qu'il demeurât plus longtemps avec un frère qui le traitait avec tant de hauteur, il forma sur-le-champ une résolution : il fit préparer une bonne mule, se munit d'argent, de pierreries et de quelques vivres ; et ayant dit à ses gens qu'il allait faire un voyage de deux ou trois jours, et qu'il voulait être seul, il partit.

« Quand il fut hors du Caire, il marcha par le désert vers l'Arabie ; mais, sa mule venant à succomber sur la route, il fut obligé de continuer son chemin à pied. Par bonheur, un courrier qui allait à Balsora, l'ayant rencontré, le prit en croupe derrière lui. Lorsque le courrier fut arrivé à Balsora, Noureddin Ali mit pied à terre, et le remercia du plaisir qu'il lui avait fait. Comme il allait par les rues cherchant où il pourrait se loger, il vit venir un seigneur accompagné d'une nombreuse suite, et à qui tous les habitants rendaient de grands honneurs, en s'arrêtant par respect jusqu'à ce qu'il fût passé. Noureddin Ali s'arrêta comme les autres : c'était le grand vizir du sultan de Balsora, qui se montrait dans la ville, pour y maintenir par sa présence le bon ordre et la paix.

« Ce ministre ayant jeté les yeux par hasard sur le jeune homme, lui trouva la physionomie engageante; il le regarda avec complaisance; et comme il passait près de lui, et qu'il le voyait en habit de voyageur, il s'arrêta pour lui demander qui il était et d'où il venait. — Seigneur, lui répondit Noureddin Ali, je suis d'Égypte, né au Caire, et j'ai quitté ma patrie par un si juste dépit contre un de mes parents, que j'ai résolu de voyager par tout le monde, et de mourir plutôt que d'y retourner. » Le grand vizir, qui était un vénérable vieillard, ayant entendu ces paroles, lui dit : « Mon fils, gardez-vous bien d'exécuter votre dessein : il n'y a dans le monde que de la misère; et vous ignorez les peines qu'il vous faudra souffrir. Venez, suivez-moi plutôt; je vous ferai peut-être oublier le sujet qui vous a contraint d'abandonner votre pays. »

« Noureddin Ali suivit le grand vizir de Balsora, qui, ayant bientôt connu ses belles qualités, le prit en affection, de manière qu'un jour l'entretenant en particulier, il lui dit : « Mon fils, je suis, comme vous voyez, dans un âge si avancé qu'il n'y a pas d'apparence que je vive encore long-temps. Le ciel m'a donné une fille unique, qui n'est pas moins belle que vous êtes bien fait, et qui est présentement en âge d'être mariée. Plusieurs des plus puissants seigneurs de cette cour me l'ont déjà demandée pour leurs fils; mais je n'ai pu me résoudre à la leur accorder. Pour vous, je vous aime, et vous trouve si digne de mon alliance, que, vous préférant à tous ceux qui l'ont recherchée, je suis prêt à vous accepter pour gendre. Si vous recevez avec plaisir l'offre que je vous fais, je déclarerai au sultan, mon maître, que je vous ai adopté par ce mariage, et je le supplierai de m'accorder pour vous la survivance de ma dignité de grand vizir dans le royaume de Balsora. En même temps, comme je n'ai plus besoin que de repos dans l'extrême vieillesse où je suis, je ne vous abandonnerai pas seulement la disposition de tous mes biens, mais même l'administration des affaires de l'état. »

« Le grand vizir de Balsora n'eut pas achevé ce discours rempli de bonté et de générosité, que Noureddin Ali se jeta à ses pieds; et dans des termes qui marquaient la joie et la reconnaissance dont son cœur était pénétré, il témoigna qu'il était disposé à faire tout ce qu'il lui plairait. Alors le grand vizir appela les principaux officiers de sa maison, leur ordonna de faire orner la grande salle de son hôtel, et préparer un grand repas. Ensuite il envoya prier tous les seigneurs de la cour et de la ville de vouloir bien prendre la peine de se rendre chez lui. Lorsqu'ils y furent tous assemblés, comme Noureddin Ali l'avait informé de sa qualité, il dit à ces seigneurs, car il jugea à propos de parler ainsi, pour satisfaire ceux dont il avait refusé l'alliance : « Je suis bien aise, seigneurs, de vous apprendre une chose que j'ai tenue secrète jusqu'à ce jour : j'ai un frère qui est grand vizir du sultan d'Égypte, comme j'ai l'honneur de l'être du sultan de ce royaume. Ce frère n'a qu'un fils, qu'il n'a pas voulu marier à la cour d'Égypte ; et il me l'a envoyé pour épouser ma fille, afin de réunir par là nos deux branches. Ce fils, que j'ai reconnu pour mon neveu à son arrivée, et que je fais mon gendre, est ce jeune seigneur que vous voyez ici et que je vous présente. Je me flatte que vous voudrez bien lui faire l'honneur d'assister à ses noces, que j'ai résolu de célébrer aujourd'hui. » Nul de ces seigneurs ne pouvant trouver mauvais qu'il eût préféré son neveu à tous les grands partis qui lui avaient été proposés, ils répondirent tous qu'il avait raison de faire ce mariage ; qu'ils seraient volontiers témoins de la cérémonie, et qu'ils souhaitaient que Dieu lui donnât encore de longues années pour voir les fruits de cette heureuse union. »

En cet endroit, Scheherazade, voyant paraître le jour, interrompit sa narration, qu'elle reprit ainsi la nuit suivante :

XCIVe NUIT.

Sire, dit-elle, le grand vizir Giafar, continuant l'histoire qu'il racontait au kalife :

« Les seigneurs, poursuivit-il, qui s'étaient assemblés chez le grand vizir de Balsora, n'eurent pas plus tôt témoigné à ce ministre la joie qu'ils avaient du mariage de sa fille avec Noureddin Ali, qu'on se mit à table. On y demeura très-long-temps. Sur la fin du repas, on servit des confitures, dont chacun, selon la coutume, ayant pris ce qu'il put emporter, les cadis entrèrent avec le contrat de mariage à la main. Les principaux seigneurs le signèrent ; après quoi toute la compagnie se retira.

« Lorsqu'il n'y eut plus personne que les gens de la maison, le grand vizir chargea ceux qui avaient soin du bain qu'il avait commandé de tenir prêt, d'y conduire Noureddin Ali, qui y trouva du linge qui n'avait point encore servi, d'une finesse et d'une propreté qui faisait plaisir à voir, aussi bien que toutes les autres choses nécessaires. Quand on eut lavé et frotté l'époux, il voulut reprendre l'habit qu'il venait de quitter; mais on lui en présenta un autre de la dernière magnificence. Dans cet état, et parfumé d'odeurs les plus exquises, il alla retrouver le grand vizir, son beau-père, qui fut charmé de sa bonne mine, et qui l'ayant fait asseoir auprès de lui: « Mon fils, lui dit-il, vous m'avez déclaré qui vous êtes, et le rang que vous teniez à la cour d'Egypte; vous m'avez dit même que vous avez eu un démêlé avec votre frère, et que c'est pour cela que vous vous êtes éloigné de votre pays; je vous prie de me faire la confidence entière, et de m'apprendre le sujet de votre querelle : vous devez présentement avoir une parfaite confiance en moi, et ne me rien cacher. »

« Noureddin Ali lui raconta toutes les circonstances de son différend avec son frère. Le grand vizir ne put entendre ce récit sans éclater de rire : « Voilà, dit-il, la chose du monde la plus singulière! Est-il possible, mon fils, que votre querelle soit allée jusqu'au point que vous dites, pour un mariage imaginaire? Je suis fâché que vous vous soyez brouillé pour une bagatelle avec votre frère aîné : je vois pourtant que c'est lui qui a eu tort de s'offenser de ce que vous ne lui avez dit que par plaisanterie, et je dois rendre grâces au ciel d'un différend qui me procure un gendre tel que vous. Mais, ajouta le vieillard, la nuit est déjà avancée, et il est temps de vous retirer: allez, mon fils, votre épouse, vous attend. Demain je vous présenterai au sultan : j'espère qu'il vous recevra d'une manière dont nous aurons lieu d'être tous deux satisfaits. » Noureddin Ali quitta son beau-père pour se rendre à l'appartement de sa femme.

« Ce qu'il y a de remarquable, continua le grand vizir Giafar, c'est que le même jour que ces noces se faisaient à Balsora, Schemseddin Mohammed se mariait aussi au Caire; et voici le détail de son mariage :

« Après que Noureddin Ali se fut éloigné du Caire, dans l'intention de n'y plus retourner, Schemseddin Mohammed, son aîné, qui était allé à la chasse avec le sultan d'Égypte, étant de retour au bout d'un mois (le sultan s'était laissé emporter à l'ardeur de la chasse, et avait été absent durant tout ce temps-là), il courut à l'appartement de Noureddin Ali; mais il fut fort étonné d'apprendre que, sous prétexte d'aller faire un voyage de deux ou trois journées, il était parti sur une mule le jour même de la chasse du sultan, et que, depuis ce temps-là, il n'avait point paru. Il en fut d'autant plus fâché, qu'il ne douta pas que les duretés qu'il lui avait dites ne fussent la cause de son éloignement. Il dépêcha un courrier, qui passa par Damas et alla jusqu'à Alep; mais Noureddin était alors à

Balsora. Quand le courrier eut rapporté à son retour qu'il n'en avait appris aucune nouvelle, Schemseddin Mohammed se proposa de l'envoyer chercher ailleurs, et, en attendant, il prit la résolution de se marier : il épousa la fille d'un des premiers et des plus puissants seigneurs du Caire, le même jour que son frère se maria avec la fille du grand vizir de Balsora.

« Ce n'est pas tout, Commandeur des croyants, poursuivit Giafar ; voici ce qui arriva encore : au bout de neuf mois, la femme de Schemseddin Mohammed accoucha d'une fille, au Caire ; et le même jour, celle de Noureddin Ali mit au monde, à Balsora, un garçon, qui fut nommé Bedreddin Hassan. Le grand vizir de Balsora donna des marques de sa joie par de grandes largesses, et par les réjouissances publiques qu'il fit faire pour la naissance de son petit-fils. Ensuite, pour marquer à son gendre combien il était content de lui, il alla au palais supplier très-humblement le sultan d'accorder à Noureddin Ali la survivance de sa charge, afin, dit-il, qu'avant sa mort il eût la consolation de voir son gendre grand vizir à sa place.

« Le sultan, qui avait vu Noureddin Ali avec bien du plaisir, lorsqu'il lui avait été présenté après son mariage, et qui, depuis ce temps-là, en avait toujours entendu parler fort avantageusement, accorda la grâce qu'on demandait pour lui, avec tout l'agrément qu'on pouvait souhaiter : il le fit revêtir en sa présence de la robe de grand vizir.

« La joie du beau-père fut comblée le lendemain lorsqu'il vit son gendre présider au conseil en sa place, et faire toutes les fonctions de grand vizir. Noureddin Ali s'en acquitta si bien, qu'il semblait avoir toute sa vie exercé cette charge. Il continua dans la suite d'assister au conseil toutes les fois que les infirmités de la vieillesse ne permirent pas à son beau-père de s'y trouver. Ce bon vieillard mourut quatre ans après ce mariage, avec la satisfaction de voir un rejeton de sa famille, qui promettait de la soutenir long-temps avec éclat.

« Noureddin Ali lui rendit les derniers devoirs avec toute l'amitié et la reconnaissance possible ; et sitôt que Bedreddin Hassan, son fils, eut atteint l'âge de sept ans, il le mit entre les mains d'un excellent maître, qui commença à l'élever d'une manière digne de sa naissance. Il est vrai qu'il trouva dans cet enfant un esprit vif, pénétrant, et capable de profiter de tous les bons enseignements qu'il lui donnait.... »

Scheherazade allait continuer ; mais, s'apercevant qu'il était jour, elle mit fin à son récit. Elle le reprit la nuit suivante en ces termes :

XCV^E NUIT.

Sire, le grand vizir Giafar poursuivant l'histoire qu'il racontait au kalife :

« Deux ans après, dit-il, que Bedreddin Hassan eut été mis entre les mains de ce maître, qui lui enseigna parfaitement bien à lire, il lui apprit l'Alcoran par cœur. Noureddin Ali, son père, lui donna d'autres maîtres, qui cultivèrent son esprit de telle sorte, qu'à l'âge de douze ans il n'avait plus besoin de leur secours. Alors, comme tous les traits de son visage étaient formés, il faisait l'admiration de tous ceux qui le regardaient.

« Jusque-là, Noureddin Ali n'avait songé qu'à le faire étudier, et ne l'avait point encore montré dans le monde : il le mena au palais, pour lui procurer l'honneur de faire sa révérence au sultan, qui le reçut très-favorablement. Les premiers qui le virent dans les rues furent si charmés de sa beauté, qu'ils en firent des exclamations de surprise, et qu'ils lui donnèrent mille bénédictions.

« Comme son père se proposait de le rendre capable de remplir un jour sa place, il n'épargna rien pour cela, et il le fit entrer dans les affaires les plus difficiles, afin de l'y accoutumer de bonne heure. Enfin il ne négligeait aucune chose pour l'avancement d'un fils qui lui était si cher ; et il commençait à jouir déjà du fruit de ses peines, lorsqu'il fut attaqué tout à coup d'une maladie dont la violence fut telle, qu'il sentit fort bien qu'il n'était pas éloigné du dernier de ses jours : aussi ne se flatta-t-il pas, et il se disposa d'abord à mourir en vrai musulman. Dans ce moment précieux, il n'oublia pas son cher fils Bedreddin ; il le fit appeler, et lui dit : « Mon fils, vous voyez que le monde est périssable : il n'y a que celui où je vais bientôt passer qui soit véritablement durable. Il faut que vous commenciez dès à présent à vous mettre dans les mêmes dispositions que moi : préparez-vous à ce passage sans regret, et sans que votre conscience puisse rien vous reprocher sur les devoirs d'un musulman, ni sur ceux d'un parfait honnête homme. Pour votre religion, vous en êtes suffisamment instruit, et par ce que vous en ont appris vos maîtres et par vos lectures. A l'égard de l'honnête homme, je vais vous donner quelques instructions que vous tâcherez de mettre à profit. Comme il est nécessaire de se connaître soi-même, et que vous ne pouvez bien avoir cette connaissance que vous ne sachiez qui je suis, je vais vous l'apprendre :

« J'ai pris naissance en Égypte, poursuivit-il; mon père, votre aïeul, était premier ministre du sultan de ce royaume; j'ai moi-même eu l'honneur d'être un des vizirs de ce même sultan avec mon frère, votre oncle, qui, je crois, vit encore, et qui se nomme Schemseddin Mohammed. Je fus obligé de me séparer de lui, et je vins en ce pays, où je suis parvenu au rang que j'ai tenu jusqu'à présent. Mais vous apprendrez toutes ces choses plus amplement dans un cahier que j'ai à vous donner. »

« En même temps, Noureddin Ali tira ce cahier, qu'il avait écrit de sa propre main, et qu'il portait toujours sur lui, et le donnant à Bedreddin Hassan : « Prenez, lui dit-il, vous le lirez à votre loisir; vous y trouverez, entre autres choses, le jour de mon mariage et celui de votre naissance : ce sont des circonstances dont vous aurez peut-être besoin dans la suite, et qui doivent vous obliger à le garder avec soin. » Bedreddin Hassan, sensiblement affligé de voir son père dans l'état où il était, touché de ses discours, reçut le cahier les larmes aux yeux, en lui promettant de ne s'en dessaisir jamais.

« En ce moment, il prit à Noureddin Ali une faiblesse qui fit croire qu'il allait expirer; mais il revint à lui, et reprenant la parole : « Mon fils, lui dit-il, la première maxime que j'ai à vous enseigner, « c'est de ne pas fréquenter toutes sortes de personnes : le moyen « de vivre en sûreté, c'est de se donner entièrement à soi-même, et « de ne se pas communiquer facilement.

« La seconde, de ne faire violence à qui que ce soit : car, en ce « cas, tout le monde se révolterait contre vous; et vous devez re- « garder le monde comme un créancier à qui vous devez de la mo- « dération, de la compassion et de la tolérance.

« La troisième, de ne dire mot quand on vous chargera d'injures : « on est hors de danger (dit le proverbe) lorsque l'on garde le si- « lence : c'est particulièrement en cette occasion que vous devez le « pratiquer. Vous savez aussi à ce sujet qu'un de nos poëtes dit que « le silence est l'ornement et la sauvegarde de la vie; qu'il ne faut « pas, en parlant, ressembler à une pluie d'orage qui gâte tout : on « ne s'est jamais repenti de s'être tu, au lieu que l'on a souvent « été fâché d'avoir parlé.

« La quatrième, de ne pas boire de vin; car c'est la source de « tous les vices.

« La cinquième, de bien ménager vos biens : si vous ne les dissi- « pez pas, ils vous serviront à vous préserver de la nécessité. Il ne « faut pas pourtant en avoir trop, ni être avare : pour peu que vous « en ayez et que vous le dépensiez à propos, vous aurez beaucoup « d'amis; mais si, au contraire, vous avez de grandes richesses, et

« que vous en fassiez un mauvais usage, tout le monde s'éloignera « de vous et vous abandonnera. »

« Enfin, Noureddin Ali continua, jusqu'au dernier moment de sa vie, à donner de bons conseils à son fils; et quand il fut mort, on lui fit des obsèques magnifiques.... »

Scheherazade, à ces paroles, apercevant le jour, cessa de parler, et remit au lendemain la suite de cette histoire.

XCVIe NUIT.

La sultane des Indes ayant été réveillée par sa sœur Dinarzade, à l'heure ordinaire, elle reprit la parole, et l'adressant à Schahriar : Sire, dit-elle, le kalife ne s'ennuyait pas d'écouter le grand vizir Giafar, qui poursuivit ainsi son histoire :

« On enterra donc, dit-il, Noureddin Ali avec tous les honneurs dus à sa dignité. Bedreddin Hassan de Balsora, c'est ainsi qu'on le surnomma, à cause qu'il était né dans cette ville, eut une douleur inconcevable de la mort de son père : au lieu de passer un mois, selon la coutume, il en passa deux dans les pleurs et dans la retraite, sans voir personne, et sans sortir même pour rendre ses devoirs au sultan de Balsora, lequel, irrité de cette négligence, et la regardant comme une marque de mépris pour sa cour et pour sa personne, se laissa transporter de colère. Dans sa fureur, il fit appeler le nouveau grand vizir, car il en avait nommé un dès qu'il avait appris la mort de Noureddin Ali; il lui ordonna de se transporter à la maison du défunt, et de la confisquer avec toutes ses autres maisons, terres et effets, sans rien laisser à Bedreddin Hassan, dont il commanda même qu'on se saisît.

« Le nouveau grand vizir, accompagné d'un grand nombre d'huissiers du palais, de gens de justice et d'autres officiers, ne différa pas de se mettre en chemin pour aller exécuter sa commission. Un des esclaves de Bedreddin Hassan, qui était par hasard parmi la foule, n'eut pas plus tôt appris le dessein du vizir, qu'il prit les devants et courut en avertir son maître. Il le trouva assis sous le vestibule de sa maison, aussi affligé que si son père n'eût fait que de mourir; il se jeta à ses pieds tout hors d'haleine, et après lui avoir baisé le bas de la robe : « Sauvez-vous, seigneur, lui dit-il, sauvez-vous promptement. — Qu'y a-t-il? lui demanda Bedreddin en levant la tête; quelle nouvelle m'apportes-tu? — Seigneur, répondit-il, il n'y a pas de temps à perdre : le sultan est dans une horrible colère contre vous, et on vient de sa part confisquer tout ce que vous avez, et même se saisir de votre personne. »

« Le discours de cet esclave fidèle et affectionné mit l'esprit de Bedreddin Hassan dans une grande perplexité : « Mais ne puis-je, dit-il, avoir le temps de rentrer et de prendre au moins quelque argent et des pierreries ? — Seigneur, répliqua l'esclave, le grand vizir sera dans un moment ici : partez tout à l'heure, sauvez-vous. » Bedreddin Hassan se leva vite du sofa où il était, mit les pieds dans ses babouches, et après s'être couvert la tête d'un bout de sa robe pour se cacher le visage, s'enfuit sans savoir de quel côté il devait tourner ses pas, pour échapper au danger qui le menaçait. La première pensée qui lui vint fut de gagner en diligence la plus prochaine porte de la ville : il courut sans s'arrêter jusqu'au cimetière public ; et comme la nuit s'approchait, il résolut de l'aller passer au tombeau de son père : c'était un édifice d'assez grande apparence, en forme de dôme, que Noureddin Ali avait fait bâtir de son vivant. Mais il rencontra en chemin un juif fort riche, qui était banquier et marchand de profession : il revenait d'un lieu où quelque affaire l'avait appelé, et il s'en retournait dans la ville. Ce juif, ayant reconnu Bedreddin, s'arrêta et le salua fort respectueusement.... »

En cet endroit, le jour, venant à paraître, imposa silence à Scheherazade, qui reprit son discours la nuit suivante.

XCVII^e NUIT.

« Le juif, poursuivit Giafar, qui se nommait Isaac, après avoir salué Bedreddin Hassan et lui avoir baisé la main, lui dit : « Seigneur, oserais-je prendre la liberté de vous demander où vous allez à l'heure qu'il est, seul et, en apparence, un peu agité ? Y a-t-il quelque chose qui vous fasse de la peine ? — Oui, répondit Bedreddin : je me suis endormi tantôt, et, dans mon sommeil, mon père m'est apparu. Il avait le regard terrible, comme s'il eût été dans une grande colère contre moi. Je me suis réveillé en sursaut et plein d'effroi, et je suis parti aussitôt pour venir faire ma prière sur son tombeau. — Seigneur, reprit le juif, qui ne pouvait pas savoir pourquoi Bedreddin Hassan était sorti de la ville, comme le feu grand vizir, votre père et mon seigneur, d'heureuse mémoire, avait chargé en marchandises plusieurs vaisseaux qui sont encore en mer et qui vous appartiennent, je vous supplie de m'accorder la préférence sur tout autre marchand : je suis en état d'acheter argent comptant la charge de tous vos vaisseaux ; et pour commencer, si vous voulez bien m'abandonner celle du premier qui arrivera à bon port, je vais vous compter mille sequins. Je les ai ici dans ma bourse, et je suis prêt à vous les livrer d'avance. » En disant cela, il tira une grande bourse qu'il avait sous son bras par-dessous sa robe, et la lui montra fermée et portant l'empreinte de son cachet.

« Bedreddin Hassan, dans l'état où il était, chassé de chez lui et dépouillé de tout ce qu'il avait au monde, regarda la proposition du juif comme une faveur du ciel ; il ne manqua pas de l'accepter avec beaucoup de joie : « Seigneur, lui dit alors le juif, vous me donnez donc pour mille sequins le chargement du premier de vos vaisseaux qui arrivera dans ce port ? — Oui, je vous le vends mille sequins, répondit Bedreddin Hassan, et c'est une chose faite. » Le juif aussitôt lui remit entre les mains la bourse de mille sequins, en s'offrant de les compter. Bedreddin lui en épargna la peine, en lui disant qu'il s'en fiait bien à lui : « Puisque cela est ainsi, reprit le juif, ayez la bonté, seigneur, de me donner un mot d'écrit du marché que nous venons de faire. » En disant cela, il tira son écritoire, qu'il avait à la ceinture ; et après en avoir pris une petite canne, bien taillée pour écrire, il la lui présenta avec un morceau de papier, qu'il trouva dans son portefeuille, et pendant qu'il tenait le cornet, Bedreddin Hassan écrivit ces paroles :

« Cet écrit est pour rendre témoignage que Bedreddin Hassan de « Balsora a vendu au juif Isaac, pour la somme de mille sequins « qu'il a reçus, le chargement du premier de ses navires qui abor- « dera dans ce port.

« Bedreddin Hassan de Balsora. »

« Après avoir fait cet écrit, il le donna au juif, qui le mit dans son portefeuille, et qui prit ensuite congé de lui. Pendant qu'Isaac poursuivait son chemin vers la ville, Bedreddin Hassan continua le sien vers le tombeau de son père Noureddin Ali. En y arrivant, il se prosterna la face contre terre ; et, les yeux baignés de larmes, il se mit à déplorer sa misère : « Hélas, disait-il, infortuné Bedreddin, que vas-tu devenir ? Où iras-tu chercher un asile contre l'injuste prince qui te persécute ? N'était-ce pas assez d'être affligé de la mort d'un père si chéri ? Fallait-il que la fortune ajoutât un nouveau malheur à mes justes regrets ? » Il demeura long-temps dans cet état ; mais enfin il se releva ; et ayant appuyé sa tête sur le sépulcre de son père, ses douleurs se renouvelèrent avec plus de violence qu'auparavant ; il ne cessa de soupirer et de se plaindre, jusqu'à ce que succombant au sommeil, il leva la tête de dessus le sépulcre, et s'étendit tout de son long sur le pavé où il s'endormit.

« Il goûtait à peine la douceur du repos, lorsqu'un génie qui avait établi sa retraite dans ce cimetière pendant le jour, se disposant à courir le monde cette nuit, selon sa coutume, aperçut ce jeune homme dans le tombeau de Noureddin Ali. Il y entra : et comme Bedreddin était couché sur le dos, il fut frappé, ébloui de l'éclat de sa beauté..... »

Le jour qui paraissait ne permit pas à Scheherazade de poursuivre cette histoire ; mais le lendemain, à l'heure ordinaire, elle continua de cette sorte :

XCVIIIE NUIT.

« Quand le génie, reprit le grand vizir Giafar, eut attentivement considéré Bedreddin, il dit en lui-même : « A juger de cette créature par sa bonne mine, ce ne peut être qu'un ange du paradis terrestre, que Dieu envoie pour mettre le monde en combustion par sa beauté. » Enfin, après l'avoir bien regardé, il s'éleva fort haut dans l'air, où il rencontra par hasard une fée. Ils se saluèrent l'un et l'autre ; ensuite le génie dit à la fée : « Je vous prie de descendre avec moi jusqu'au cimetière où je demeure, et je vous ferai voir un prodige de beauté, qui n'est pas moins digne de votre admiration que de la mienne. » La fée y consentit : ils descendirent tous deux en un instant, et lorsqu'ils furent dans le tombeau : « Eh bien ! dit le génie à la fée, en lui montrant Bedreddin Hassan, avez-vous jamais vu un jeune homme mieux fait et plus beau que celui-ci ? »

« La fée examina Bedreddin avec attention ; puis se tournant vers le génie : « Je vous avoue, lui répondit-elle, qu'il est très-bien fait ; mais je viens de voir au Caire, tout à l'heure, un objet encore plus merveilleux, dont je vais vous entretenir si vous voulez m'écouter. — Vous me ferez un très-grand plaisir, » répliqua le génie. « Il faut donc que vous sachiez, reprit la fée (car je vais prendre la chose de loin), que le sultan d'Égypte a un vizir nommé Schemseddin Mohammed, qui a une fille âgée d'environ vingt ans : c'est la plus belle et la plus parfaite personne dont on ait jamais ouï parler. Le sultan, informé par la voix publique de la beauté de cette jeune demoiselle, fit appeler le vizir, son père, un de ces derniers jours, et lui dit : « J'ai appris que vous avez une fille à marier ; j'ai envie de l'épouser : ne voulez-vous pas bien me l'accorder ? » Le vizir, qui ne s'attendait pas à cette proposition, en fut un peu troublé ; mais il n'en fut pas ébloui ; et au lieu de l'accepter avec joie, ce que d'autres à sa place n'auraient pas manqué de faire, il répondit au sultan : « Sire, je ne suis pas digne de l'honneur que votre majesté veut me faire, et je la supplie très-humblement de ne pas trouver mauvais que je m'oppose à son dessein. Vous savez que j'avais un frère nommé Noureddin Ali, qui avait comme moi l'honneur d'être un de vos vizirs ; nous eûmes ensemble une querelle qui fut cause qu'il disparut tout à coup, et je n'ai point eu de ses nouvelles depuis ce temps-là, si ce n'est que j'ai appris, il y a quatre jours, qu'il est mort à Balsora, dans la dignité de grand vizir du sultan de ce royaume. Il a laissé un fils ; et comme nous nous engageâmes autrefois tous deux à marier nos enfants ensemble, supposé que nous en eussions, je suis persuadé qu'il est mort dans l'intention de faire ce mariage : c'est pourquoi, de mon côté, je voudrais accomplir ma promesse, et je conjure votre majesté de me le permettre. Il y a dans cette cour beaucoup d'autres seigneurs qui ont des filles comme moi, et que vous pouvez honorer de votre alliance. »

« Le sultan d'Égypte fut irrité au dernier point contre Schemseddin Mohammed.... »

Scheherazade se tut en cet endroit, parce qu'elle vit paraître le jour. La nuit suivante, elle reprit le fil de sa narration, et dit au sultan des Indes, en faisant toujours parler le vizir Giafar au kalife Haroun Alraschild :

XCIX^E NUIT.

« Le sultan d'Égypte, choqué du refus et de la hardiesse de Schemseddin Mohammed, lui dit avec un transport de colère qu'il ne put contenir : « Est-ce donc ainsi que vous répondez à la bonté que j'ai de vouloir bien m'abaisser jusqu'à faire alliance avec vous ? Je saurai me venger de la préférence que vous osez donner sur moi à un autre ; et je jure que votre fille n'aura pas d'autre mari que le plus vil et le plus mal fait de tous mes esclaves. » En achevant ces mots, il renvoya brusquement le vizir, qui se retira chez lui plein de confusion et cruellement mortifié. Aujourd'hui le sultan a fait venir un de ses palefreniers, qui est bossu par devant et par derrière, et laid à faire peur ; et après avoir ordonné à Schemseddin Mohammed de consentir au mariage de sa fille avec cet esclave, il a fait dresser et signer le contrat par des témoins en sa présence. Les préparatifs de ces noces bizarres sont achevés, et à l'heure que je vous parle, tous les esclaves des seigneurs de la cour d'Égypte sont à la porte d'un bain, chacun avec un flambeau à la main : ils attendent que le palefrenier bossu, qui y est et qui s'y lave, en sorte, pour le mener chez son épouse, qui, de son côté, est déjà coiffée et habillée. Dans le moment que je suis partie du Caire, les dames assemblées se disposaient à la conduire, avec tous ses ornements nuptiaux, dans la salle où elle doit recevoir le bossu, et où elle l'attend présentement : je l'ai vue, et je vous assure qu'on ne peut la regarder sans admiration. »

« Quand la fée eut cessé de parler, le génie lui dit : « Quoi que vous puissiez dire, je ne puis me persuader que la beauté de cette fille surpasse celle de ce jeune homme. — Je ne veux pas disputer contre vous, répliqua la fée; je confesse qu'il mériterait d'épouser la charmante personne qu'on destine au bossu, et il me semble que nous ferions une action digne de nous, si, nous opposant à l'injustice du sultan d'Égypte, nous pouvions substituer ce jeune homme à la place de l'esclave. — Vous avez raison, repartit le génie; vous ne sauriez croire combien je vous sais bon gré de la pensée qui vous est venue. Trompons, j'y consens, la vengeance du sultan d'Égypte ; consolons un père affligé, et rendons sa fille aussi heureuse qu'elle se croit misérable. Je n'oublierai rien pour faire réussir ce projet, et je suis persuadé que vous ne vous y épargnerez pas. Je me charge de le porter au Caire sans qu'il se réveille, et je vous laisse le soin de le porter ailleurs, quand nous aurons exécuté notre entreprise. »

« Après que la fée et le génie eurent concerté ensemble tout ce qu'ils voulaient faire, le génie enleva doucement Bedreddin, et le transportant par l'air, d'une vitesse inconcevable, il alla le poser à la porte d'un logement public, et voisin du bain d'où le bossu était près de sortir avec la suite des esclaves qui l'attendaient.

« Bedreddin Hassan, s'étant réveillé en ce moment, fut très-surpris de se voir au milieu d'une ville qui lui était inconnue ; il voulut crier pour demander où il était ; mais le génie lui donna un petit coup sur l'épaule, et l'avertit de ne dire mot ; ensuite, lui mettant un flambeau à la main : « Allez, lui dit-il, mêlez-vous parmi ces gens que vous voyez à la porte de ce bain, et marchez avec eux, jusqu'à ce que vous entriez dans une salle où l'on va célébrer des noces. Le nouveau marié est un bossu que vous reconnaîtrez aisément ; mettez-vous à sa droite en entrant, et dès à présent, ouvrez la bourse de sequins que vous avez dans votre sein, pour les distribuer aux joueurs d'instruments, aux danseurs et aux danseuses dans la marche. Lorsque vous serez dans la salle, ne manquez pas d'en donner aussi aux femmes esclaves que vous verrez autour de la mariée, quand elles s'approcheront de vous; mais, toutes les fois que vous mettrez la main dans la bourse, retirez-la pleine de sequins, et gardez-vous de les épargner. Faites exactement tout ce que je vous dis avec une grande présence d'esprit; ne vous étonnez de rien; ne craignez personne, et vous reposez du reste sur une puissance supérieure qui en dispose à son gré. »

« Le jeune Bedreddin, bien instruit de tout ce qu'il avait à faire, s'avança vers la porte du bain. La première chose qu'il fit fut d'allumer son flambeau à celui d'un esclave; puis se mêlant parmi les autres, comme s'il eût appartenu à quelque seigneur du Caire, il se mit en marche avec eux, et accompagna le bossu, qui sortit du bain et monta sur un cheval de l'écurie du sultan.... »

Le jour qui parut imposa silence à Scheherazade, qui remit la suite de cette histoire au lendemain.

C^E^ NUIT.

Sire, dit-elle, le vizir Giafar continuant de parler au kalife :

« Bedreddin Hassan, poursuivit-il, se trouvant près des joueurs d'instruments, des danseurs et des danseuses qui marchaient immédiatement devant le bossu, tirait de temps en temps de sa bourse des poignées de sequins qu'il leur distribuait. Comme il faisait ses largesses avec une grâce sans pareille et un air très-obligeant, tous ceux qui les recevaient jetaient les yeux sur lui; et dès qu'ils l'avaient envisagé, ils le trouvaient si bien fait et si beau, qu'ils ne pouvaient plus en détourner leurs regards.

« On arriva enfin à la porte du vizir Schemseddin Hassan, qui était bien éloigné de s'imaginer que son neveu fût si près de lui. Des huissiers, pour empêcher la confusion, arrêtèrent tous les esclaves qui portaient des flambeaux, et ne voulurent pas les laisser entrer. Ils repoussèrent même Bedreddin Hassan; mais les joueurs d'instruments, pour qui la porte était ouverte, s'arrêtèrent en protestant qu'ils n'entreraient pas, si on ne le laissait entrer avec eux : « Il n'est pas du nombre des esclaves, disaient-ils; il n'y a qu'à le regarder pour en être persuadé. C'est sans doute un jeune étranger, qui veut voir par curiosité les cérémonies que l'on observe aux noces en cette ville. » En disant cela, ils le mirent au milieu d'eux, et le firent entrer malgré les huissiers. Ils lui ôtèrent son flambeau, qu'ils donnèrent au premier qui se présenta; et après l'avoir introduit dans la salle, ils le placèrent à la droite du bossu, qui s'assit sur un trône magnifiquement orné, près de la fille du vizir.

« On la voyait parée de tous ses atours ; mais il paraissait sur son visage une langueur, ou plutôt une tristesse mortelle, dont il n'était pas difficile de deviner la cause, en voyant à côté d'elle un mari si difforme et si peu digne de son amour. Le trône de ces époux si mal assortis était au milieu d'un sofa. Les femmes des émirs, des vizirs, des officiers de la chambre du sultan, et plusieurs autres dames de la cour et de la ville, étaient assises de chaque côté un peu plus bas, chacune selon son rang, et toutes habillées d'une manière si avantageuse et si riche, que c'était un spectacle très-agréable à voir. Elles tenaient de grandes bougies allumées.

« Lorsqu'elles virent entrer Bedreddin Hassan, elles jetèrent les yeux sur lui ; et admirant sa taille, son air et la beauté de son visage, elles ne pouvaient se lasser de le regarder. Quand il fut assis, il n'y en eut pas une qui ne quittât sa place pour s'approcher de lui et le considérer de plus près ; et il n'y en eut guère qui, en se retirant pour aller reprendre leurs places, ne se sentissent agitées d'un tendre mouvement.

« La différence qu'il y avait entre Bedreddin Hassan et le palefrenier bossu, dont la figure faisait horreur, excita des murmures dans l'assemblée : « C'est à ce beau jeune homme, s'écrièrent les dames, qu'il faut donner notre épousée, et non pas à ce vilain bossu. » Elles n'en demeurèrent pas là : elles osèrent faire des imprécations contre le sultan, qui, abusant de son pouvoir absolu, unissait la laideur avec la beauté. Elles chargèrent aussi d'injures le bossu, et lui firent perdre contenance, au grand plaisir des spectateurs, dont les huées interrompirent pour quelque temps la symphonie qui se faisait entendre dans la salle. A la fin les joueurs d'instruments recommencèrent leurs concerts, et les femmes qui avaient habillé la mariée s'approchèrent d'elle.... »

En prononçant ces dernières paroles, Scheherazade remarqua qu'il était jour. Elle garda aussitôt le silence ; et la nuit suivante elle reprit ainsi son discours :

NOTE DU TRADUCTEUR. La cent et unième et la cent deuxième Nuit sont employées dans l'original à la description de sept robes et de sept parures différentes, dont la fille du vizir Schemseddin Mohammed changea au son des instruments. Comme cette description ne m'a point paru agréable, et que d'ailleurs elle est accompagnée de vers, qui ont, à la vérité, leur beauté en arabe, mais que les Français ne pourraient goûter, je n'ai pas jugé à propos de traduire ces deux Nuits.

CIIIe NUIT.

Sire, dit Scheherazade au sultan des Indes, votre majesté n'a pas oublié que c'est le grand vizir Giafar qui parle au kalife Haroun Alraschild.

« A chaque fois, poursuivit-il, que la nouvelle mariée changeait d'habits, elle se levait de sa place, et suivie de ses femmes passait devant le bossu sans daigner le regarder, et allait se présenter devant Bedreddin Hassan, pour se montrer à lui dans ses nouveaux atours. Alors Bedreddin Hassan, suivant l'instruction qu'il avait reçue du génie, ne manquait pas de mettre la main dans sa bourse, et d'en tirer des poignées de sequins, qu'il distribuait aux femmes qui accompagnaient la mariée. Il n'oubliait pas les joueurs et les danseurs; il leur en jetait aussi. C'était un plaisir de voir comme ils se poussaient les uns les autres pour en ramasser; ils lui en témoignèrent de la reconnaissance, en lui marquant par signes qu'ils voudraient que la jeune épouse fût pour lui, et non pas pour le bossu. Les femmes qui étaient autour d'elle lui disaient la même chose, et ne se souciaient guère d'être entendues du bossu, à qui elles faisaient mille niches; ce qui divertissait fort tous les spectateurs.

« Lorsque la cérémonie de changer d'habits tant de fois fut achevée, les joueurs d'instruments cessèrent de jouer, et se retirèrent, en faisant signe à Bedreddin Hassan de demeurer. Les dames firent la même chose en se retirant après eux, avec tous ceux qui n'étaient pas de la maison. La mariée entra dans un cabinet, où ses femmes la suivirent pour la déshabiller, et il ne resta plus dans la salle que le palefrenier bossu, Bedreddin Hassan et quelques domestiques. Le bossu, qui en voulait furieusement à Bedreddin qui lui faisait ombrage, le regarda de travers, et lui dit : « Et toi, qu'attends-tu? Pourquoi ne te retires-tu pas comme les autres? Marche. » Comme Bedreddin n'avait aucun prétexte pour demeurer là, il sortit assez embarrassé de sa personne; mais il n'était pas hors du vestibule, que le génie et la fée se présentèrent à lui et l'arrêtèrent : « Où allez-vous? lui dit le génie. Demeurez : le bossu n'est plus dans la salle : il en est sorti pour quelque besoin; vous n'avez qu'à y rentrer et vous introduire dans la chambre de la mariée. Lorsque vous y serez seul avec elle, dites-lui hardiment que vous êtes son mari; que l'intention du sultan a été de se divertir du bossu; et que pour apaiser ce mari prétendu, vous lui avez fait apprêter un bon plat de crême dans son écurie. Dites-lui là-dessus tout ce qui vous viendra dans l'esprit pour la persuader : étant fait comme vous êtes, cela ne sera pas difficile, et elle sera ravie d'avoir été trompée si agréablement. Cependant nous allons donner ordre que le bossu ne rentre pas, et ne vous empêche point de passer la nuit avec votre épouse; car c'est la vôtre, et non pas la sienne. »

« Pendant que le génie encourageait ainsi Bedreddin, et l'instruisait de ce qu'il devait faire, le bossu était véritablement sorti de la salle. Le génie s'introduisit où il était, prit la figure d'un gros chat noir, et se mit à miauler d'une manière épouvantable. Le bossu cria après le chat, et frappa des mains pour le faire fuir; mais le chat, au lieu de se retirer, se roidit sur ses pattes, fit briller des yeux enflammés, et regarda fièrement le bossu en miaulant plus fort qu'auparavant, et en grandissant de manière qu'il parut bientôt gros comme un ânon. Le bossu, à cet objet, voulut crier au secours; mais la frayeur l'avait tellement saisi, qu'il demeura la bouche ouverte sans pouvoir proférer une parole. Pour ne pas lui donner de relâche, le génie se changea à l'instant en un puissant buffle, et sous cette forme, lui cria d'une voix qui redoubla sa peur : « VILAIN BOSSU ! » A ces mots, l'effrayé palefrenier se laissa tomber sur le pavé, et se couvrant la tête de sa robe, pour ne pas voir cette bête effroyable, il lui répondit en tremblant : « Prince souverain des buffles, que demandez-vous de moi ? — Malheur à toi ! lui repartit le génie : tu as la témérité d'oser te marier avec ma maîtresse ! — Eh ! seigneur, dit le bossu, je vous supplie de me pardonner : si je suis criminel, ce n'est que par ignorance; je ne savais pas que cette dame eût un buffle pour amant. Commandez-moi ce qu'il vous plaira, je vous jure que je suis prêt à vous obéir. — Par la mort ! répliqua le génie, si tu sors d'ici, ou que tu ne gardes pas le silence jusqu'à ce que le soleil se lève, si tu dis le moindre mot, je t'écraserai la tête. Alors je te permets de sortir de cette maison; mais je t'ordonne de te retirer bien vite sans regarder derrière toi; et si tu as l'audace d'y revenir, il t'en coûtera la vie. » En achevant ces mots, le génie se transforma en homme, prit le bossu par les pieds, et après l'avoir levé, la tête en bas, contre le mur : « Si tu branles, ajouta-t-il, avant que le soleil soit levé, comme je te l'ai déjà dit, je te prendrai par les pieds, et je te casserai la tête en mille pièces contre la muraille. »

« Pour revenir à Bedreddin Hassan, encouragé par le génie et par la présence de la fée, il était rentré dans la salle et s'était coulé dans la chambre nuptiale, où il s'assit en attendant le succès de son aventure. Au bout de quelque temps la mariée arriva, conduite par une bonne vieille, qui s'arrêta à la porte, exhortant le mari à bien faire son devoir, sans regarder si c'était le bossu ou un autre; après quoi elle ferma la porte et se retira.

« La jeune épouse fut extrêmement surprise de voir, au lieu du bossu, Bedreddin Hassan, qui se présenta à elle de la meilleure grâce du monde : « Eh quoi! mon cher ami, lui dit-elle, vous êtes ici à l'heure qu'il est? Il faut donc que vous soyez camarade de mon mari? — Non, madame, répondit Bedreddin, je suis d'une autre condition que ce vilain bossu. — Mais, reprit-elle, vous ne prenez pas garde que vous parlez mal de mon époux. — Lui, votre époux, madame! repartit-il; pouvez-vous conserver si long-temps cette pensée? Sortez de votre erreur : tant de beautés ne seront pas sacrifiées au plus misérable de tous les hommes : c'est moi, madame, qui suis l'heureux mortel à qui elles sont réservées. Le sultan a voulu se divertir en faisant cette supercherie au vizir, votre père, et il m'a choisi pour votre véritable époux. Vous avez pu remarquer combien les dames, les joueurs d'instruments, les danseurs, vos femmes et tous les gens de votre maison se sont réjouis de cette comédie. Nous avons renvoyé le malheureux bossu, qui mange, à l'heure qu'il est, un plat de crême dans son écurie, et vous pouvez compter que jamais il ne paraîtra devant vos beaux yeux. »

« A ce discours, la fille du vizir, qui était entrée plus morte que vive dans la chambre nuptiale, changea de visage, prit un air gai qui la rendit si belle, que Bedreddin en fut charmé : « Je ne m'attendais pas, lui dit-elle, à une surprise si agréable, et je m'étais déjà condamnée à être malheureuse tout le reste de ma vie. Mais mon bonheur est d'autant plus grand, que je vais posséder en vous un homme digne de ma tendresse. » En disant cela, elle acheva de se déshabiller et se mit au lit. De son côté, Bedreddin Hassan, ravi de se voir possesseur de tant de charmes, se déshabilla promptement. Il mit son habit sur un siége et sur la bourse que le juif lui avait donnée, laquelle était encore pleine, malgré tout ce qu'il en avait tiré; il ôta son turban pour en prendre un de nuit, qu'on avait préparé pour le bossu, et il alla se coucher en chemise et en caleçon [1]. Le caleçon était de satin bleu, et attaché avec un cordon tissu d'or.... »

L'aurore, qui se faisait voir, obligea Scheherazade à s'arrêter. La nuit suivante, ayant été réveillée à l'heure ordinaire, elle reprit le fil de cette histoire en ces termes :

[1] Tous les Orientaux couchent en caleçon : cette circonstance est nécessaire pour l'intelligence de la suite du conte.

CIV^e NUIT.

« Lorsque les deux amants se furent endormis, poursuivit le grand vizir Giafar, le génie, qui avait rejoint la fée, lui dit qu'il était temps d'achever ce qu'ils avaient si bien commencé et conduit jusqu'alors: « Ne nous laissons pas surprendre, ajouta-t-il, par le jour qui paraîtra bientôt; allez, et enlevez le jeune homme sans l'éveiller. »

« La fée se rendit dans la chambre des amants, qui dormaient profondément, enleva Bedreddin Hassan dans l'état où il était, c'est-à-dire en chemise et en caleçon; et volant avec le génie, d'une vitesse merveilleuse, jusqu'à la porte de Damas, en Syrie, ils y arrivèrent précisément dans le même temps que les ministres des mosquées, préposés pour cette fonction, appelaient le peuple à haute voix à la prière de la pointe du jour. La fée posa doucement à terre Bedreddin, et, le laissant près de la porte, s'éloigna avec le génie.

« On ouvrit la porte de la ville, et les gens qui s'étaient déjà assemblés en grand nombre pour sortir furent extrêmement surpris de voir Bedreddin Hassan étendu par terre, en chemise et en caleçon. L'un disait: « Il a tellement été pressé de sortir de chez sa maîtresse, qu'il n'a pas eu le temps de s'habiller. — Voyez un peu, disait l'autre, à quels accidents on est exposé! il aura passé une bonne partie de la nuit à boire avec ses amis; il se sera enivré, sera sorti ensuite pour quelque nécessité, et au lieu de rentrer, il sera venu jusqu'ici sans savoir ce qu'il faisait, et le sommeil l'y aura surpris. » D'autres en parlaient autrement, et personne ne pouvait deviner par quelle aventure il se trouvait là. Un petit vent, qui commençait à souffler, leva sa chemise, et laissa voir sa poitrine qui était plus blanche que la neige. Ils furent tous tellement étonnés de cette blancheur, qu'ils firent un cri d'admiration qui réveilla le jeune homme. Sa surprise ne fut pas moins grande que la leur, de se voir à la porte d'une ville où il n'était jamais venu, et environné d'une foule de gens qui le considéraient avec attention: « Messieurs, leur dit-il, apprenez-moi de grâce où je suis, et ce que vous souhaitez de moi? » L'un d'eux prit la parole et lui répondit: « Jeune homme, on vient d'ouvrir la porte de cette ville, et en sortant, nous vous avons trouvé couché ici dans l'état où vous voilà; nous nous sommes arrêtés à vous regarder. Est-ce que vous avez passé ici la nuit? Et savez-vous bien que vous êtes à une des portes de Damas? — A une des portes de Damas! répliqua Bedreddin; vous vous moquez de moi: en me couchant, cette nuit, j'étais au Caire. » A ces mots, quelques-uns, touchés de compassion, dirent que c'était dommage qu'un jeune homme si bien fait eût perdu l'esprit, et ils passèrent leur chemin.

« Mon fils, lui dit un bon vieillard, vous n'y pensez pas : puisque vous êtes ce matin à Damas, comment pouviez-vous être hier au soir au Caire? Cela ne peut pas être. — Cela est pourtant très-vrai, repartit Bedreddin; et je vous jure même que je passai toute la journée d'hier à Balsora. » A peine eut-il achevé ces paroles, que tout le monde fit un grand éclat de rire, et se mit à crier : « C'est un fou! c'est un fou! » Quelques-uns, néanmoins, le plaignaient à cause de sa jeunesse; et un homme de la compagnie lui dit : « Mon fils, il faut que vous ayez perdu la raison; vous ne songez pas à ce que vous dites : est-il possible qu'un homme soit le jour à Balsora, la nuit au Caire, et le matin à Damas? Vous n'êtes pas sans doute bien éveillé; reprenez vos esprits. — Ce que je dis, reprit Bedreddin Hassan, est si véritable, qu'hier au soir j'ai été marié dans la ville du Caire. » Tous ceux qui avaient ri auparavant redoublèrent leurs ris à ce discours : « Prenez-y bien garde, lui dit la même personne qui venait de lui parler, il faut que vous ayez rêvé tout cela, et que cette illusion vous soit restée dans l'esprit. — Je sais bien ce que je dis, répondit le jeune homme. Dites-moi vous-même comment il est possible que je sois allé en songe au Caire, où je suis persuadé que j'ai été effectivement; où l'on a, par sept fois, amené devant moi mon épouse, parée d'un nouvel habillement chaque fois; et où enfin j'ai vu un affreux bossu qu'on prétendait lui donner pour mari? Apprenez-moi encore ce que sont devenus ma robe, mon turban et la bourse de sequins que j'avais au Caire? »

« Quoiqu'il assurât que toutes ces choses étaient réelles, les personnes qui l'écoutaient n'en firent que rire; ce qui le troubla de sorte qu'il ne savait plus lui-même ce qu'il devait penser de tout ce qui lui était arrivé.... »

Le jour, qui commençait à éclairer l'appartement de Schahriar, imposa silence à Scheherazade, qui continua ainsi son récit le lendemain :

CV^e NUIT.

« Sire, continua le vizir Giafar, après que Bedreddin Hassan se fut opiniâtré à soutenir que tout ce qu'il avait dit était véritable, il se leva pour entrer dans la ville, et tout le monde le suivit en criant : « C'est un fou ! c'est un fou ! » A ces cris, les uns mirent la tête aux fenêtres, les autres se présentèrent à leurs portes ; et d'autres, se joignant à ceux qui environnaient Bedreddin, criaient comme eux : « C'est un fou ! » sans savoir de quoi il s'agissait. Dans l'embarras où était ce jeune homme, il arriva devant la maison d'un pâtissier qui ouvrait sa boutique, et il entra dedans, pour se dérober aux huées du peuple qui le suivait.

« Ce pâtissier avait été autrefois chef d'une troupe d'Arabes vagabonds qui détroussaient les caravanes ; et quoiqu'il fût venu s'établir à Damas, où il ne donnait aucun sujet de plainte contre lui, il ne laissait pas d'être craint de tous ceux qui le connaissaient : c'est pourquoi, dès le premier regard qu'il jeta sur la populace qui suivait Bedreddin, il la dissipa. Le pâtissier, voyant qu'il n'y avait plus personne, fit plusieurs questions au jeune homme ; il lui demanda qui il était, et ce qui l'avait amené à Damas. Bedreddin Hassan ne lui cacha ni sa naissance ni la mort du grand vizir, son père ; il lui conta ensuite de quelle manière il était sorti de Balsora, et comment, après s'être endormi la nuit précédente sur le tombeau de son père, il s'était trouvé à son réveil au Caire, où il avait épousé une dame ; enfin il lui marqua la surprise où il était de se voir à Damas, sans pouvoir comprendre toutes ces merveilles.

« Votre histoire est des plus surprenantes, lui dit le pâtissier ; mais si vous voulez suivre mon conseil, vous ne ferez confidence à personne de toutes les choses que vous venez de me dire, et vous attendrez patiemment que le ciel daigne finir les disgrâces dont il permet que vous soyez affligé. Vous n'avez qu'à demeurer avec moi jusqu'à ce temps-là ; et comme je n'ai pas d'enfants, je suis prêt à vous reconnaître pour mon fils, si vous y consentez. Après que je vous aurai adopté, vous irez librement par la ville, et vous ne serez plus exposé aux insultes de la populace. »

« Quoique cette adoption ne fît pas honneur au fils d'un grand vizir, Bedreddin ne laissa pas d'accepter la proposition du pâtissier, jugeant bien que c'était le meilleur parti qu'il devait prendre dans la situation où était sa fortune. Le pâtissier le fit habiller, prit des témoins, et alla déclarer devant un cadi qu'il le reconnaissait pour son fils ; après quoi Bedreddin demeura chez lui sous le simple nom de Hassan, et apprit la pâtisserie.

« Pendant que cela se passait à Damas, la fille de Schemseddin Mohammed se réveilla, et ne trouvant pas Bedreddin auprès d'elle, crut qu'il s'était levé sans vouloir interrompre son sommeil, et qu'il reviendrait bientôt. Elle attendait son retour, lorsque le vizir Schemseddin Mohammed, son père, vivement touché de l'affront qu'il croyait avoir reçu du sultan d'Égypte, vint frapper à la porte de son appartement, résolu de pleurer avec elle sa triste destinée. Il l'appela par son nom, et elle n'eut pas plus tôt entendu sa voix, qu'elle se leva pour lui aller ouvrir la porte. Elle lui baisa la main, et le reçut d'un air si satisfait, que le vizir, qui s'attendait à la trouver baignée de pleurs et aussi affligée que lui, en fut extrêmement surpris : « Malheureuse, lui dit-il en colère, est-ce ainsi que tu paraîs devant moi ? Après l'affreux sacrifice que tu viens de consommer, peux-tu m'offrir un visage si content ?.... »

Scheherazade cessa de parler en cet endroit, parce que le jour parut. La nuit suivante elle reprit son discours, et dit au sultan des Indes :

CVI^E NUIT.

Sire, le grand vizir Giafar, continuant de raconter l'histoire de Bedreddin Hassan :

« Quand la nouvelle mariée, poursuivit-il, vit que son père lui reprochait la joie qu'elle faisait paraître, elle lui dit : « Seigneur, ne me faites point, de grâce, un reproche si injuste : ce n'est pas le bossu, que je déteste plus que la mort, ce n'est pas ce monstre que j'ai épousé : tout le monde lui a fait tant de confusion, qu'il a été contraint de s'aller cacher, et de faire place à un jeune homme charmant, qui est mon véritable mari. — Quelle fable me contez-vous? interrompit brusquement Schemseddin Mohammed ; quoi, le bossu n'a pas couché cette nuit avec vous? — Non, seigneur, répondit-elle, je n'ai point couché avec d'autre personne qu'avec le jeune homme dont je vous parle, qui a de grands yeux et de grands sourcils noirs. » A ces paroles, le vizir perdit patience, et se mit dans une furieuse colère contre sa fille : « Ah ! méchante, lui dit-il, voulez-vous me faire perdre l'esprit par le discours que vous me tenez ? — C'est vous, mon père, repartit-elle, qui me faites perdre l'esprit à moi-même par votre incrédulité — Il n'est donc pas vrai, répliqua le vizir, que le bossu.... — Eh! laissons là le bossu, interrompit-elle avec précipitation. Maudit soit le bossu! Entendrai-je toujours parler du bossu? Je vous le répète encore, mon père, ajouta-t-elle, je n'ai point passé la nuit avec lui, mais avec le cher époux que je vous dis, et qui ne doit pas être loin d'ici. »

« Schemseddin Mohammed sortit pour l'aller chercher; mais, au lieu de le trouver, il fut dans une surprise extrême de rencontrer le bossu, qui avait la tête en bas, les pieds en haut, dans la même situation où l'avait mis le génie: « Que veut dire cela? lui dit-il; qui vous a mis en cet état? » Le bossu, reconnaissant le vizir, lui répondit: « Ah, ah! c'est donc vous qui vouliez me donner en mariage la maîtresse d'un buffle, l'amoureuse d'un vilain génie? Je ne serai pas votre dupe, et vous ne m'y attraperez pas. »

Scheherazade en était là, lorsqu'elle aperçut la première lumière du jour: quoiqu'il n'y eût pas long-temps qu'elle parlât, elle n'en dit pas davantage cette nuit. Le lendemain elle reprit ainsi la suite de sa narration, et dit au sultan des Indes:

CVII^E NUIT.

Sire, le grand vizir Giafar poursuivant son histoire:

« Schemseddin Mohammed, continua-t-il, crut que le bossu extravaguait quand il l'entendit parler de cette sorte, et il lui dit: « Otez-vous de là; mettez-vous sur vos pieds. — Je m'en garderai bien, repartit le bossu, à moins que le soleil ne soit levé. Sachez qu'étant venu ici hier au soir, il parut tout à coup devant moi un chat noir, qui devint insensiblement gros comme un buffle; je n'ai pas oublié ce qu'il me dit: c'est pourquoi allez à vos affaires, et me laissez ici. » Le vizir, au lieu de se retirer, prit le bossu par les pieds, et l'obligea à se relever. Cela étant fait, le bossu sortit en courant de toute sa force, sans regarder derrière lui; il se rendit au palais, se fit présenter au sultan d'Égypte, et le divertit fort, en lui racontant le traitement que lui avait fait le génie.

« Schemseddin Mohammed retourna dans la chambre de sa fille, plus étonné et plus incertain qu'auparavant de ce qu'il voulait savoir: « Eh bien! fille abusée, lui dit-il, ne pouvez-vous m'éclairer davantage sur une aventure qui me rend interdit et confus? — Seigneur, répondit-elle, je ne puis vous apprendre autre chose que ce que j'ai déjà eu l'honneur de vous dire. Mais voici, ajouta-t-elle, l'habillement de mon époux, qu'il a laissé sur cette chaise; il vous donnera peut-être l'éclaircissement que vous cherchez. » En disant ces paroles, elle présenta le turban de Bedreddin au vizir, qui le prit, et qui, après l'avoir bien examiné de tous côtés : « Je le prendrais, dit-il, pour un turban de vizir, s'il n'était à la mode de Moussoul. » Puis, s'apercevant qu'il y avait quelque chose de cousu entre l'étoffe et la doublure, il demanda des ciseaux. Ayant décousu, il trouva un papier plié : c'était le cahier que Noureddin Ali avait donné en mourant à Bedreddin, son fils, qui l'avait caché en cet endroit pour le mieux conserver. Schemseddin Mohammed, ayant ouvert le cahier, reconnut le caractère de son frère Noureddin Ali, et lut ce titre : POUR MON FILS BEDREDDIN HASSAN. Avant qu'il pût faire ses réflexions, sa fille lui mit entre les mains la bourse qu'elle avait trouvée sous l'habit. Il l'ouvrit aussi, et elle était remplie de sequins, comme je l'ai déjà dit : car malgré les largesses que Bedreddin Hassan avait faites, elle était toujours demeurée pleine par les soins du génie et de la fée. Il lut ces mots sur l'étiquette de la bourse : MILLE SEQUINS APPARTENANT AU JUIF ISAAC ; et ceux-ci au-dessus, que le juif avait écrits avant que de se séparer de Bedreddin Hassan : LIVRÉ A BEDREDDIN HASSAN, POUR LE CHARGEMENT QU'IL M'A VENDU DU PREMIER DES VAISSEAUX QUI ONT CI-DEVANT APPARTENU A NOUREDDIN ALI, SON PÈRE, D'HEUREUSE MÉMOIRE, LORSQU'IL AURA ABORDÉ DANS CE PORT. Il n'eut pas achevé cette lecture, qu'il fit un cri et s'évanouit.... »

Scheherazade voulait continuer, mais le jour parut, et le sultan des Indes se leva, résolu d'entendre la suite de cette histoire.

CVIII^E NUIT.

Le lendemain, Scheherazade, ayant repris la parole, dit à Schahriar, en continuant à faire parler le vizir Giafar :

« Sire, Schemseddin Mohammed étant revenu de son évanouissement, par le secours de sa fille et des femmes qu'elle avait appelées : « Ma fille, dit-il, ne vous étonnez pas de l'accident qui vient de m'arriver : la cause en est telle, qu'à peine y pourrez-vous ajouter foi. Cet époux, qui a passé la nuit avec vous, est votre cousin, le fils de Noureddin Ali. Les mille sequins qui sont dans cette bourse me font souvenir de la querelle que j'eus avec ce cher frère : c'est sans doute le présent de noce qu'il vous fait. Dieu soit loué de toutes choses, et particulièrement de cette aventure merveilleuse, qui montre si bien sa puissance ! » Il regarda ensuite l'écriture de son frère, et la baisa plusieurs fois, en versant une grande abondance de larmes : « Que ne puis-je, disait-il, aussi bien que je vois ces traits qui me causent tant de joie, voir ici Noureddin lui-même, et me réconcilier avec lui ! »

« Il lut le cahier d'un bout à l'autre : il y trouva les dates de l'arrivée de son frère à Balsora, de son mariage, de la naissance de Bedreddin Hassan ; et lorsqu'après avoir confronté à ces dates celles de son mariage et de la naissance de sa fille au Caire, il eut admiré le rapport qu'il y avait entre elles, et fait enfin réflexion que son neveu était son gendre, il se livra tout entier à la joie. Il prit le cahier et l'étiquette de la bourse, les alla montrer au sultan, qui lui pardonna le passé, et qui fut tellement charmé du récit de cette histoire, qu'il la fit mettre par écrit avec ses circonstances, pour la transmettre à la postérité.

« Cependant le vizir Schemseddin Mohammed ne pouvait comprendre pourquoi son neveu avait disparu ; il espérait néanmoins le voir arriver à tous moments, et il l'attendait avec la dernière impatience pour l'embrasser. Après l'avoir inutilement attendu pendant sept jours, il le fit chercher par tout Le Caire ; mais il n'en apprit aucune nouvelle, quelques perquisitions qu'il en pût faire. Cela lui causa beaucoup d'inquiétude : « Voilà, disait-il, une aventure fort singulière ; jamais personne n'en a éprouvé une pareille. »

« Dans l'incertitude de ce qui pouvait arriver dans la suite, il crut devoir mettre lui-même par écrit l'état où était alors sa maison ; de quelle manière les noces s'étaient passées ; comment la salle et la chambre de sa fille étaient meublées. Il fit aussi un paquet du turban, de la bourse et du reste de l'habillement de Bedreddin, et l'enferma sous la clef.... »

La sultane Scheherazade fut obligée d'en demeurer là, parce qu'elle vit que le jour paraissait. Sur la fin de la nuit suivante, elle poursuivit cette histoire en ces termes :

CIXe NUIT.

Sire, le grand vizir Giafar continuant de parler au kalife :

« Au bout de quelques jours, dit-il, la fille du vizir Schemseddin Mohammed s'aperçut qu'elle était grosse ; et en effet elle accoucha d'un fils dans le terme de neuf mois. On donna une nourrice à l'enfant, avec d'autres femmes et des esclaves pour le servir, et son aïeul le nomma Agib [1].

« Lorsque le jeune Agib eut atteint l'âge de sept ans, le vizir Schemseddin Mohammed, au lieu de lui faire apprendre à lire au logis, l'envoya à l'école chez un maître qui avait une grande réputation, et deux esclaves avaient soin de le conduire et de le ramener tous les jours. Agib jouait avec ses camarades : comme ils étaient tous d'une condition au-dessous de la sienne, ils avaient beaucoup de déférence pour lui ; et en cela, ils se réglaient sur le maître d'école, qui lui passait bien des choses qu'il ne leur pardonnait pas à eux. La complaisance aveugle qu'on avait pour Agib le perdit : il devint fier, insolent ; il voulait que ses compagnons souffrissent tout de lui, sans vouloir rien souffrir d'eux. Il dominait partout ; et si quelqu'un avait la hardiesse de s'opposer à ses volontés, il lui disait mille injures, et allait souvent jusqu'aux coups. Enfin il se rendit insupportable à tous les écoliers, qui se plaignirent de lui au maître d'école. Il les exhorta d'abord à prendre patience ; mais quand il vit qu'ils ne faisaient qu'irriter par là l'insolence d'Agib, et fatigué lui-même des peines qu'il lui donnait : « Mes enfants, dit-il à ses écoliers, je vois bien qu'Agib est un petit insolent : je veux vous enseigner un moyen de le mortifier de manière qu'il ne vous tourmentera plus ; je crois même qu'il ne reviendra plus à l'école. Demain, lorsqu'il sera venu et que vous voudrez jouer ensemble, rangez-vous autour de lui, et que quelqu'un dise tout haut :

« Nous voulons jouer, mais c'est à condition que ceux qui joue-
« ront diront leur nom, celui de leur mère et de leur père. Nous
« regarderons comme des bâtards ceux qui refuseront de le faire,
« et nous ne souffrirons pas qu'ils jouent avec nous. »

« Le maître d'école leur fit comprendre l'embarras où ils jetteraient Agib par ce moyen, et ils se retirèrent chez eux pleins de joie.

[1] Ce mot signifie, en arabe, merveilleux.

« Le lendemain, dès qu'ils furent tous assemblés, ils ne manquèrent pas de faire ce que leur maître leur avait enseigné ; ils environnèrent Agib, et l'un d'entre eux prenant la parole : « Jouons, dit-il, à un jeu ; mais à condition que celui qui ne pourra pas dire son nom, le nom de sa mère et de son père, n'y jouera pas. » Ils répondirent tous, et Agib lui-même, qu'ils y consentaient. Alors celui qui avait parlé les interrogea l'un après l'autre, et ils satisfirent tous à la condition, excepté Agib, qui répondit : « Je me nomme Agib ; ma mère s'appelle Dame de beauté, et mon père Schemseddin Mohammed, vizir du sultan. »

« A ces mots, tous les enfants s'écrièrent : « Agib, que dites-vous ? Ce n'est point là le nom de votre père : c'est celui de votre grand-père. — Que Dieu vous confonde ! répliqua-t-il en colère. Quoi ! vous osez dire que le vizir Schemseddin Mohammed n'est pas mon père ! » Les écoliers lui repartirent avec de grands éclats de rire : « Non, non ; il n'est que votre aïeul, et vous ne jouerez pas avec nous ; nous nous garderons bien même de nous approcher de vous. » En disant cela, ils s'éloignèrent de lui en le raillant, et ils continuèrent de rire entre eux. Agib fut mortifié de leurs railleries, et se mit à pleurer.

« Le maître d'école, qui était aux écoutes, et qui avait tout entendu, entra sur ces entrefaites, et s'adressant à Agib : « Agib, lui dit-il, ne savez-vous pas encore que le vizir Schemseddin Mohammed n'est pas votre père ? Il est votre aïeul, le père de votre mère Dame de beauté. Nous ignorons, comme vous, le nom de votre père ; nous savons seulement que le sultan avait voulu marier votre mère avec un de ses palefreniers, qui était bossu, mais qu'un génie coucha avec elle. Cela est fâcheux pour vous, et doit vous apprendre à traiter vos camarades avec moins de fierté que vous n'avez fait jusqu'à présent.... »

Scheherazade en cet endroit, remarquant qu'il était jour, mit fin à son discours. Elle en reprit le fil la nuit suivante, et dit au sultan des Indes :

CX^E NUIT.

Sire, le petit Agib, piqué des plaisanteries de ses compagnons, sortit brusquement de l'école, et retourna au logis en pleurant. Il alla d'abord à l'appartement de sa mère Dame de beauté, laquelle, alarmée de le voir si affligé, lui en demanda le sujet avec empressement. Il ne put répondre que par des paroles entrecoupées de sanglots, tant il était pressé de sa douleur; et ce ne fut qu'à plusieurs reprises qu'il put raconter la cause mortifiante de son affliction. Quand il eut achevé : « Au nom de Dieu, ma mère, ajouta-t-il, dites-moi, s'il vous plaît, qui est mon père? — Mon fils, répondit-elle, votre père est le vizir Schemseddin Mohammed, qui vous embrasse tous les jours. — Vous ne me dites pas la vérité, reprit-il : ce n'est pas mon père; c'est le vôtre. Mais moi, de quel père suis-je fils? » A cette demande, Dame de beauté rappelant dans sa mémoire la nuit de ses noces, suivie d'un si long veuvage, commença à répandre des larmes, en regrettant amèrement la perte d'un époux aussi aimable que Bedreddin.

« Dans le temps que Dame de beauté pleurait d'un côté et Agib de l'autre, le vizir Schemseddin Mohammed entra, et voulut savoir la cause de leur affliction Dame de beauté la lui apprit, et lui raconta la mortification qu'Agib avait reçue à l'école. Ce récit toucha vivement le vizir, qui joignit ses pleurs à leurs larmes, et qui, jugeant par là que tout le monde tenait des discours contre l'honneur de sa fille, en fut au désespoir. Frappé de cette cruelle pensée, il alla au palais du sultan; et après s'être prosterné à ses pieds, il le supplia très-humblement de lui accorder la permission de faire un voyage dans les provinces du levant, et particulièrement à Balsora, pour aller chercher son neveu Bedreddin Hassan, disant qu'il ne pouvait souffrir qu'on pensât dans la ville qu'un génie eût couché avec sa fille Dame de beauté. Le sultan entra dans les peines du vizir, approuva sa résolution, et lui permit de l'exécuter; il lui fit même expédier une patente, par laquelle il priait, dans les termes les plus obligeants, les princes et les seigneurs des lieux où pourrait être Bedreddin, de consentir que le vizir l'emmenât avec lui.

« Schemseddin Mohammed ne trouva pas de paroles assez fortes pour remercier dignement le sultan de la bonté qu'il avait pour lui. Il se contenta de se prosterner devant ce prince une seconde fois; mais les larmes qui coulaient de ses yeux marquèrent assez sa reconnaissance. Enfin il prit congé du sultan, après lui avoir souhaité toutes sortes de prospérités. Lorsqu'il fut de retour au logis, il ne songea qu'à disposer toutes choses pour son départ. Les préparatifs en furent faits avec tant de diligence, qu'au bout de quatre jours il partit, accompagné de sa fille Dame de beauté, et d'Agib, son petit-fils.... »

Scheherazade, s'apercevant que le jour commençait à paraître, cessa de parler en cet endroit. Le sultan des Indes se leva fort satisfait du récit de la sultane, et résolut d'entendre la suite de cette histoire. Scheherazade contenta sa curiosité la nuit suivante, et reprit la parole dans ces termes :

CXIᴱ NUIT.

Sire, le grand vizir Giafar adressant toujours la parole au kalife Haroun Alraschild :

« Schemseddin Mohammed, dit-il, prit la route de Damas avec sa fille Dame de beauté, et Agib, son petit-fils. Ils marchèrent dix-neuf jours de suite sans s'arrêter en nul endroit ; mais le vingtième, étant arrivés dans une fort belle prairie peu éloignée des portes de Damas, ils mirent pied à terre, et firent dresser leurs tentes sur le bord d'une rivière qui passe au travers de la ville, et rend ses environs très-agréables.

« Le vizir Schemseddin Mohammed déclara qu'il voulait séjourner deux jours dans ce beau lieu, et que le troisième il continuerait son voyage. Cependant il permit aux gens de sa suite d'aller à Damas. Ils profitèrent presque tous de cette permission, les uns poussés par la curiosité de voir une ville dont ils avaient entendu parler si avantageusement, les autres pour y vendre des marchandises d'Égypte, qu'ils avaient apportées, ou pour y acheter des étoffes et des raretés du pays. Dame de beauté, souhaitant que son fils Agib eût aussi la satisfaction de se promener dans cette célèbre ville, ordonna à l'eunuque noir qui servait de gouverneur à cet enfant, de l'y conduire et de bien prendre garde qu'il ne lui arrivât quelque accident.

« Agib magnifiquement habillé se mit en marche avec l'eunuque, qui avait à la main une grosse canne. Ils ne furent pas plus tôt entrés dans la ville, qu'Agib, qui était beau comme le jour, attira sur lui les yeux de tout le monde : les uns sortaient de leurs maisons pour le voir de plus près ; les autres mettaient la tête aux fenêtres ; et ceux qui passaient dans les rues ne se contentaient pas de s'arrêter pour le regarder; ils l'accompagnaient pour avoir le plaisir de le considérer plus long-temps. Enfin il n'y avait personne qui ne l'admirât et qui ne donnât mille bénédictions au père et à la mère qui avaient mis au monde un si bel enfant. L'eunuque et lui arrivèrent par hasard devant la boutique où était Bedreddin Hassan; et là ils se virent entourés d'une si grande foule de peuple, qu'ils furent obligés de s'arrêter.

« Le pâtissier qui avait adopté Bedreddin Hassan était mort depuis quelques années, et lui avait laissé, comme à son héritier, sa boutique avec tous ses autres biens. Bedreddin en était donc alors le maître, et il exerçait la profession de pâtissier si habilement, qu'il était en grande réputation dans Damas. Voyant que tant de monde assemblé devant sa boutique regardait avec beaucoup d'attention Agib et l'eunuque noir, il se mit à les regarder aussi.... »

Scheherazade, à ces mots, voyant paraître le jour, se tut. La sultane, sur la fin de la nuit suivante, reprit ainsi la parole :

CXII^e NUIT.

« Bedreddin Hassan, poursuivit le vizir Giafar, ayant jeté les yeux particulièrement sur Agib, se sentit aussitôt tout ému sans savoir pourquoi. Il n'était pas frappé, comme le peuple, de l'éclatante beauté de ce jeune garçon; son trouble et son émotion avaient une autre cause qui lui était inconnue : c'était la force du sang qui agissait dans ce tendre père, lequel, interrompant ses occupations, s'approcha d'Agib, et lui dit d'un air engageant : « Petit seigneur, qui m'avez gagné l'âme, faites-moi la grâce d'entrer dans ma boutique et de manger quelque chose de ma façon, afin que, pendant ce temps-là, j'aie le plaisir de vous admirer à mon aise. » Il prononça ces paroles avec tant de tendresse, que les larmes lui en vinrent aux yeux. Le petit Agib en fut touché, et se tournant vers l'eunuque : « Ce bon homme, lui dit-il, a une physionomie qui me plaît, et il me parle d'une manière si affectueuse, que je ne puis me défendre de faire ce qu'il souhaite. Entrons chez lui, et mangeons de sa pâtisserie. — Ah! vraiment, lui dit l'esclave, il ferait beau voir qu'un fils de vizir, comme vous, entrât dans la boutique d'un pâtissier pour y manger. Ne croyez pas que je le souffre. — Hélas! mon petit seigneur, s'écria alors Bedreddin Hassan, on est bien cruel de confier votre conduite à un homme qui vous traite avec tant de dureté. »

Puis, s'adressant à l'eunuque : « Mon bon ami, ajouta-t-il, n'empêchez pas ce jeune seigneur de m'accorder la grâce que je lui demande ; ne me donnez pas cette mortification ; faites-moi plutôt l'honneur d'entrer avec lui chez moi ; et par là vous ferez connaître que si vous êtes brun au dehors comme la châtaigne, vous êtes blanc aussi au dedans comme elle. Savez-vous bien, poursuivit-il, que je sais le secret de vous rendre blanc, de noir que vous êtes ? » L'eunuque se mit à rire à ce discours, et demanda à Bedreddin ce que c'était que ce secret : « Je vais vous l'apprendre, » répondit-il. Aussitôt il lui récita des vers à la louange des eunuques noirs, disant que c'était par leur ministère que l'honneur des sultans, des princes et de tous les grands était en sûreté. L'eunuque fut charmé de ces vers, et, cessant de résister aux prières de Bedreddin, laissa entrer Agib dans sa boutique, et y entra aussi lui-même.

« Bedreddin Hassan sentit une extrême joie d'avoir obtenu ce qu'il avait désiré avec tant d'ardeur ; et se remettant au travail qu'il avait interrompu : « Je faisais, dit-il, des tartes à la crême ; il faut, s'il vous plaît, que vous en mangiez ; je suis persuadé que vous les trouverez excellentes : car ma mère, qui les fait admirablement bien, m'a appris à les faire, et l'on vient en prendre chez moi de tous les endroits de cette ville. » En achevant ces mots, il tira du four une tarte à la crême, et après avoir mis dessus des grains de grenade et du sucre, il la servit devant Agib, qui la trouva délicieuse. L'eunuque, à qui Bedreddin en présenta aussi, en porta le même jugement.

« Pendant qu'ils mangeaient tous deux, Bedreddin Hassan examinait Agib avec une grande attention ; et se représentant en le regardant qu'il avait peut-être un semblable fils de la charmante épouse dont il avait été si tôt et si cruellement séparé, cette pensée fit couler de ses yeux quelques larmes. Il se préparait à faire des questions au petit Agib, sur le sujet de son voyage à Damas ; mais cet enfant n'eut pas le temps de satisfaire sa curiosité, parce que l'eunuque, qui le pressait de s'en retourner sous les tentes de son aïeul, l'emmena dès qu'il eut mangé. Bedreddin Hassan ne se contenta pas de les suivre de l'œil, il ferma sa boutique promptement, et marcha sur leurs pas.... »

Scheherazade, en cet endroit, remarquant qu'il était jour, cessa de poursuivre cette histoire. Schahriar se leva, résolu de l'entendre tout entière, et de laisser vivre la sultane jusqu'à ce temps-là.

CXIII^E NUIT.

Le lendemain, avant le jour, Dinarzade réveilla sa sœur, qui reprit ainsi son discours :

« Bedreddin Hassan, continua le vizir Giafar, courut donc après Agib et l'eunuque, et les joignit avant qu'ils fussent arrivés à la porte de la ville. L'eunuque s'étant aperçu qu'il les suivait, en fut extrêmement surpris : « Importun que vous êtes, lui dit-il en colère, que demandez-vous ? — Mon bon ami, lui répondit Bedreddin, ne vous fâchez pas ; j'ai hors de la ville une petite affaire, dont je me suis souvenu, et à laquelle il faut que j'aille donner ordre. » Cette réponse n'apaisa point l'eunuque, qui, se tournant vers Agib, lui dit : « Voilà ce que vous m'avez attiré : je l'avais bien prévu que je me repentirais de ma complaisance ; vous avez voulu entrer dans la boutique de cet homme, je ne suis pas sage de vous l'avoir permis. — Peut-être, dit Agib, a-t-il effectivement affaire hors de la ville ; et les chemins sont libres pour tout le monde. » En disant cela, ils continuèrent de marcher l'un et l'autre, sans regarder derrière eux, jusqu'à ce qu'étant arrivés près des tentes du vizir, ils se retournèrent pour voir si Bedreddin les suivait toujours ; alors Agib, remarquant qu'il était à deux pas de lui, rougit et pâlit successivement, selon les divers mouvements qui l'agitaient : il craignait que le vizir, son aïeul, ne vînt à savoir qu'il était entré dans la boutique d'un pâtissier, et qu'il y avait mangé. Dans cette crainte, ramassant une assez grosse pierre qui se trouva à ses pieds, il la lui jeta, le frappa au milieu du front et lui couvrit le visage de sang ; après quoi, se mettant à courir de toute sa force, il se sauva sous les tentes avec l'eunuque, qui dit à Bedreddin Hassan qu'il ne devait pas se plaindre de ce malheur, qu'il avait mérité et qu'il s'était attiré lui-même.

« Bedreddin reprit le chemin de la ville en étanchant le sang de sa plaie avec son tablier, qu'il n'avait pas ôté : « J'ai tort, disait-il en lui-même, d'avoir abandonné ma maison pour faire tant de peine à cet enfant : car il ne m'a traité de cette manière, que parce qu'il a cru sans doute que je méditais quelque dessein funeste contre lui. » Étant arrivé chez lui, il se fit panser, et se consola de cet accident, en faisant réflexion qu'il y avait sur la terre une infinité de gens encore plus malheureux que lui.... »

Le jour, qui paraissait, imposa silence à la sultane des Indes.

CXIV[e] NUIT.

Sur la fin de la nuit suivante, Scheherazade, adressant la parole au sultan des Indes : Sire, dit-elle, le grand vizir Giafar poursuivit ainsi l'histoire de Bedreddin Hassan :

« Bedreddin, dit-il, continua d'exercer sa profession de pâtissier à Damas, et son oncle Schemseddin Mohammed en partit trois jours après son arrivée. Il prit la route d'Émèse, d'où il se rendit à Hamach [1], et de là à Alep, où il s'arrêta deux jours. D'Alep, il alla passer l'Euphrate, entra dans la Mésopotamie, et après avoir traversé Mardin, Moussoul, Sengira, Diarbekir [2] et plusieurs autres villes, arriva enfin à Balsora, où d'abord il fit demander audience au sultan, qui ne fut pas plus tôt informé du rang de Schemseddin Mohammed, qu'il la lui donna. Il le reçut même très-favorablement, et lui demanda le sujet de son voyage à Balsora : « Sire, répondit le vizir Schemseddin Mohammed, je suis venu pour apprendre des nouvelles du fils de Noureddin Ali, mon frère, qui a eu l'honneur de servir votre majesté. — Il y a long-temps que Noureddin Ali est mort, reprit le sultan. A l'égard de son fils, tout ce qu'on vous en pourra dire, c'est qu'environ deux mois après la mort de son père, il disparut tout à coup, et que personne ne l'a vu depuis ce temps-là, quelque soin que j'aie pris de le faire chercher. Mais sa mère, qui est fille d'un de mes vizirs, vit encore. » Schemseddin Mohammed lui demanda la permission de la voir et de l'emmener en Égypte. Le sultan y ayant consenti, il ne voulut pas différer au lendemain à se donner cette satisfaction ; il se fit enseigner où demeurait cette dame, et se rendit chez elle à l'heure même, accompagné de sa fille et de son petit-fils.

« La veuve de Noureddin Ali demeurait toujours dans l'hôtel où avait demeuré son mari jusqu'à sa mort : c'était une très-belle mai-

[1] Émèse ou Hems, Hamach ou Ham, sont deux villes de Syrie, situées sur l'Oronte, aujourd'hui dans le gouvernement du pacha de Damas.

[2] Quatre villes de la Mésopotamie, aujourd'hui le Diarbeck. Moussoul, ou Mosul, est sur la rive droite du Tigre. Elle est commerçante ; on en tire des maroquins jaunes. C'est de cette ville que sont venues les mousselines. Elle est située vis-à-vis de l'emplacement où était Ninive. — Diarbekir est l'ancienne Amide : elle est aujourd'hui la capitale du Diarbeck ; elle est située sur le Tigre. Les chrétiens y sont au nombre de plus de vingt mille. Il s'y fait un grand commerce de toile rouge, de coton et maroquin de la même couleur, qui s'exportent en Europe.

son, superbement bâtie et ornée de colonnes de marbre; mais Schemseddin Mohammed ne s'arrêta pas à l'admirer. En arrivant, il baisa la porte et un marbre sur lequel était écrit en lettres d'or le nom de son frère. Il demanda à parler à sa belle-sœur; les domestiques lui dirent qu'elle était dans un petit édifice en forme de dôme, qu'ils lui montrèrent au milieu d'une cour très-spacieuse. En effet, cette tendre mère avait coutume d'aller passer la meilleure partie du jour et de la nuit dans cet édifice, qu'elle avait fait bâtir pour représenter le tombeau de Bedreddin Hassan, qu'elle croyait mort, après l'avoir si long-temps attendu en vain. Elle y était alors occupée à pleurer ce cher fils, et Schemseddin Mohammed la trouva ensevelie dans une affliction mortelle.

« Il lui fit son compliment; et après l'avoir suppliée de suspendre ses larmes et ses gémissements, il lui apprit qu'il avait l'honneur d'être son beau-frère, et lui dit la raison qui l'avait obligé de partir du Caire, et de venir à Balsora.... »

En achevant ces mots, Scheherazade, voyant paraître le jour, cessa de poursuivre son récit; mais elle en reprit le fil de cette sorte sur la fin de la nuit suivante:

CXVe NUIT.

« Schemseddin Mohammed, continua le vizir Giafar, après avoir instruit sa belle-sœur de tout ce qui s'était passé au Caire la nuit des noces de sa fille, après lui avoir conté la surprise que lui avait causée la découverte du cahier cousu dans le turban de Bedreddin, lui présenta Agib et Dame de Beauté.

« Quand la veuve de Noureddin Ali, qui était demeurée assise, comme une femme qui ne prenait plus de part aux choses du monde, eut compris, par le discours qu'elle venait d'entendre, que le cher fils qu'elle regrettait tant pouvait vivre encore, elle se leva, embrassa très-étroitement Dame de Beauté et son petit-fils Agib; et reconnaissant dans ce dernier les traits de Bedreddin, elle versa des larmes d'une nature bien différente de celles qu'elle répandait depuis si long-temps. Elle ne pouvait se lasser de baiser ce jeune homme, qui, de son côté, recevait ses embrassements avec toutes les démonstrations de joie dont il était capable. « Madame, dit Schemseddin Mohammed, il est temps de finir vos regrets et d'essuyer vos larmes : il faut vous disposer à venir en Égypte avec nous; le sultan de Balsora me permet de vous emmener, et je ne doute pas que vous n'y consentiez. J'espère que nous rencontrerons enfin votre fils, mon neveu ; et si cela arrive, son histoire, la vôtre, celle de ma fille et la mienne, mériteront d'être écrites pour être transmises à la postérité. »

« La veuve de Noureddin Ali écouta cette proposition avec plaisir, et fit travailler dès ce moment aux préparatifs de son départ. Pendant ce temps-là, Schemseddin Mohammed demanda une seconde audience ; et ayant pris congé du sultan, qui le renvoya comblé d'honneurs, avec un présent considérable pour le sultan d'Égypte, il partit de Balsora, et reprit le chemin de Damas.

« Lorsqu'il fut près de cette ville, il fit dresser ses tentes hors de la porte par laquelle il devait entrer, et dit qu'il y séjournerait trois jours, pour faire reposer son équipage, et pour acheter ce qu'il trouverait de plus curieux et de plus digne d'être présenté au sultan d'Égypte.

« Pendant qu'il était occupé à choisir lui-même les plus belles étoffes que les principaux marchands avaient apportées sous ses tentes, Agib pria l'eunuque noir, son conducteur, de le mener promener dans la ville, disant qu'il souhaitait voir les choses qu'il n'avait pas eu le temps de voir en passant, et qu'il serait bien aise aussi d'apprendre des nouvelles du pâtissier à qui il avait donné un coup de pierre. L'eunuque y consentit, marcha vers la ville avec lui, après en avoir obtenu la permission de sa mère, Dame de Beauté.

« Ils entrèrent dans Damas par la porte du Palais, qui était la plus proche des tentes du vizir Schemseddin Mohammed. Ils parcoururent les grandes places, les lieux publics et couverts où se vendaient les marchandises les plus riches, et virent l'ancienne mosquée des Ommiades [1], dans le temps qu'on s'y assemblait pour faire la prière d'entre le midi et le coucher du soleil ; ils passèrent ensuite devant la boutique de Bedreddin Hassan, qu'ils trouvèrent encore occupé à faire des tartes à la crême : « Je vous salue, lui dit Agib, regardez-moi : vous souvenez-vous de m'avoir vu ? » A ces mots, Bedreddin jeta les yeux sur lui ; et le reconnaissant (ô surprenant effet de l'amour paternel !), il sentit la même émotion que la première fois ; il se troubla, et au lieu de lui répondre, il demeura long-temps sans pouvoir proférer une seule parole ; néanmoins ayant rappelé ses esprits : « Mon petit seigneur, lui dit-il, faites-moi la grâce d'entrer encore une fois chez moi avec votre gouverneur ; venez goûter d'une tarte à la crême. Je vous supplie de me pardonner la peine que je

[1] Nom des kalifes de Damas, qui leur vint d'Ommiah, un de leurs ancêtres. *Voy.* la note, p. 77 de ce vol.

vous fis en vous suivant hors de la ville; je ne me possédais pas, je ne savais ce que je faisais; vous m'entraîniez après vous sans que je pusse résister à une si douce violence.... »

Scheherazade cessa de parler en cet endroit, parce qu'elle vit paraître le jour. Le lendemain elle reprit de cette manière la suite de son discours :

CXVIe NUIT.

« Commandeur des croyants, poursuivit le vizir Giafar, Agib, étonné d'entendre ce que lui disait Bedreddin, répondit : « Il y a de l'excès dans l'amitié que vous me témoignez, et je ne veux point entrer chez vous que vous ne vous soyez engagé par serment à ne me pas suivre quand j'en serai sorti. Si vous me le promettez et que vous soyez homme de parole, je vous reviendrai voir encore demain, pendant que le vizir, mon aïeul, achètera de quoi faire présent au sultan d'Égypte. — Mon petit seigneur, reprit Bedreddin Hassan, je ferai tout ce que vous m'ordonnerez. » A ces mots, Agib et l'eunuque entrèrent dans la boutique.

« Bedreddin leur servit aussitôt une tarte à la crême, qui n'était pas moins délicate que celle qu'il leur avait présentée la première fois : « Venez, lui dit Agib, asseyez-vous auprès de moi et mangez avec nous. » Bedreddin, s'étant assis, voulut embrasser Agib, pour lui marquer la joie qu'il avait de se voir à ses côtés; mais Agib le repoussa en lui disant : « Tenez-vous en repos; votre amitié est trop vive : contentez-vous de me regarder et de m'entretenir. » Bedreddin obéit, et se mit à chanter une chanson dont il composa sur-le-champ les paroles à la louange d'Agib. Il ne mangea point, et ne fit autre chose que servir ses hôtes. Lorsqu'ils eurent achevé de manger, il leur présenta à laver [1] et une serviette très-blanche pour s'essuyer les mains; il prit ensuite un vase de sorbet, et leur en prépara plein une grande porcelaine, où il mit de la neige [2] fort propre; puis, présentant la porcelaine au petit Agib : « Prenez, lui dit-il, c'est un sorbet de rose, le plus délicieux qu'on puisse trouver dans toute cette ville; jamais vous n'en avez goûté de meilleur. »

[1] Comme les mahométans se lavent les mains cinq fois le jour lorsqu'ils vont faire leur prière, ils ne croient pas avoir besoin de se laver avant que de manger; mais ils se lavent après, parce qu'ils mangent sans fourchette.

[2] C'est ainsi que l'on rafraîchit la boisson promptement dans tout le Levant, où l'on a l'usage de la neige.

Agib en ayant bu avec plaisir, Bedreddin Hassan reprit la porcelaine et la présenta aussi à l'eunuque, qui but à longs traits toute la liqueur jusqu'à la dernière goutte.

« Enfin Agib et son gouverneur, rassasiés, remercièrent le pâtissier de la bonne chère qu'il leur avait faite, et se retirèrent en diligence, parce qu'il était déjà un peu tard. Ils arrivèrent sous les tentes de Schemseddin Mohammed, et allèrent d'abord à celle des dames. La grand' mère d'Agib fut ravie de le revoir, et comme elle avait toujours son fils Bedreddin dans l'esprit, elle ne put retenir ses larmes en embrassant Agib : « Ah ! mon fils, lui dit-elle, ma joie serait parfaite si j'avais le plaisir d'embrasser votre père Bedreddin Hassan comme je vous embrasse. » Elle se mettait alors à table pour souper : elle le fit asseoir auprès d'elle, lui fit plusieurs questions sur sa promenade, et en lui disant qu'il ne devait pas manquer d'appétit, elle lui servit un morceau d'une tarte à la crême qu'elle avait elle-même faite, et qui était excellente : car on a déjà dit qu'elle les savait mieux faire que les meilleurs pâtissiers. Elle en présenta aussi à l'eunuque ; mais ils en avaient tellement mangé l'un et l'autre chez Bedreddin, qu'ils n'en pouvaient pas seulement goûter.... »

Le jour, qui paraissait, empêcha Scheherazade d'en dire davantage cette nuit ; mais, sur la fin de la nuit suivante, elle continua son récit dans ces termes :

CXVII[e] NUIT.

« Agib eut à peine touché au morceau de tarte à la crême qu'on lui avait servi, que, feignant de ne le pas trouver à son goût, il le laissa tout entier, et Schaban [1] (c'est le nom de l'eunuque) fit la même chose. La veuve de Noureddin Ali s'aperçut du peu de cas que son petit-fils faisait de sa tarte : « Eh quoi ! mon fils, lui dit-elle, est-il possible que vous méprisiez ainsi l'ouvrage de mes propres mains? Apprenez que personne au monde n'est capable de faire de si bonnes tartes à la crême, excepté votre père Bedreddin Hassan, à qui j'ai enseigné le grand art d'en faire de pareilles. — Ah ! ma bonne grand' mère, s'écria Agib, permettez-moi de vous dire que, si vous n'en savez pas faire de meilleures, il y a un pâ-

[1] Les Orientaux donnent ordinairement ce nom aux eunuques noirs.

tissier dans cette ville qui vous surpasse dans ce grand art : nous venons d'en manger chez lui une qui vaut beaucoup mieux que celle-ci. »

« A ces paroles, la grand'mère, regardant l'eunuque de travers : « Comment, Schaban, lui dit-elle avec colère, vous a-t-on commis la garde de mon petit-fils pour le mener manger chez des pâtissiers comme un gueux ? — Madame, répondit l'eunuque, il est bien vrai que nous nous sommes entretenus quelque temps avec un pâtissier, mais nous n'avons pas mangé chez lui. — Pardonnez-moi, interrompit Agib, nous sommes entrés dans sa boutique, et nous y avons mangé d'une tarte à la crême. » La dame, plus irritée qu'auparavant contre l'eunuque, se leva de table assez brusquement, courut à la tente de Schemseddin Mohammed, qu'elle informa du délit de l'eunuque, dans des termes plus propres à animer le vizir contre le délinquant qu'à lui faire excuser sa faute.

« Schemseddin Mohammed, qui était naturellement emporté, ne perdit pas une si belle occasion de se mettre en colère ; il se rendit à l'instant sous la tente de sa belle-sœur, et dit à l'eunuque : « Quoi, malheureux, tu as la hardiesse d'abuser de la confiance que j'ai en toi ! » Schaban, quoique suffisamment convaincu par le témoignage d'Agib, prit le parti de nier encore le fait ; mais l'enfant, soutenant toujours le contraire : « Mon grand-père, dit-il à Schemseddin Mohammed, je vous assure que nous avons si bien mangé l'un et l'autre, que nous n'avons pas besoin de souper : le pâtissier nous a même régalés d'une grande porcelaine de sorbet. — Eh bien ! méchant esclave, s'écria le vizir en se tournant vers l'eunuque, après cela, ne veux-tu pas convenir que vous êtes entrés tous deux chez un pâtissier, et que vous y avez mangé ? » Schaban eut encore l'effronterie de jurer que cela n'était pas vrai : « Tu es un menteur ! lui dit alors le vizir : je crois plutôt mon petit-fils que toi. Néanmoins, si tu peux manger toute cette tarte à la crême qui est sur la table, je serai persuadé que tu dis la vérité. »

« Schaban, quoiqu'il en eût jusqu'à la gorge, se soumit à cette épreuve et prit un morceau de la tarte à la crême ; mais il fut obligé de le retirer de sa bouche, car le cœur lui souleva. Il ne laissa pas pourtant de mentir encore, en disant qu'il avait tant mangé le jour précédent, que l'appétit ne lui était pas encore revenu. Le vizir, irrité de tous les mensonges de l'eunuque, et convaincu qu'il était coupable, le fit coucher par terre, et commanda qu'on lui donnât la bastonnade. Le malheureux poussa de grands cris en souffrant ce châtiment, et confessa la vérité : « Il est vrai, s'écria-t-il, que nous avons mangé une tarte à la crême chez un pâtissier, et elle était cent fois meilleure que celle qui est sur cette table. »

« La veuve de Noureddin Ali crut que c'était par dépit contre elle et pour la mortifier, que Schaban louait la tarte du pâtissier; c'est pourquoi s'adressant à lui : « Je ne puis croire, dit-elle, que les tartes à la crême de ce pâtissier soient plus excellentes que les miennes; je veux m'en éclaircir; tu sais où il demeure : va chez lui et apporte-moi une tarte à la crême tout à l'heure. » En parlant ainsi, elle fit donner de l'argent à l'eunuque pour acheter la tarte, et il partit. Étant arrivé à la boutique de Bedreddin : « Bon pâtissier, lui dit-il, tenez, voilà de l'argent, donnez-moi une tarte à la crême; une de nos dames souhaite d'en goûter. » Il y en avait alors de toutes chaudes; Bedreddin choisit la meilleure, et la donnant à l'eunuque : « Prenez celle-ci, dit-il, je vous la garantis excellente, et je puis vous assurer que personne au monde n'est capable d'en faire de semblables, si ce n'est ma mère, qui vit peut-être encore. »

« Schaban revint en diligence sous les tentes avec sa tarte à la crême. Il la présenta à la veuve de Noureddin Ali, qui la prit avec empressement. Elle en rompit un morceau pour le manger; mais elle ne l'eut pas plus tôt porté à sa bouche, qu'elle fit un grand cri et qu'elle tomba évanouie. Schemseddin Mohammed, qui était présent, fut extrêmement étonné de cet accident; il jeta de l'eau lui-même au visage de sa belle-sœur, et s'empressa fort à la secourir. Dès qu'elle fut revenue de sa faiblesse : « O Dieu ! s'écria-t-elle, il faut que ce soit mon fils, mon cher fils Bedreddin qui ait fait cette tarte.... »

La clarté du jour, en cet endroit, vint imposer silence à Scheherazade. Le sultan des Indes se leva pour faire sa prière et aller tenir son conseil; et la nuit suivante la sultane poursuivit ainsi l'histoire de Bedreddin Hassan :

CXVIIIe NUIT.

« Quand le vizir Schemseddin Mohammed eut entendu dire à sa belle-sœur qu'il fallait que ce fût Bedreddin Hassan qui eût fait la tarte à la crême que l'eunuque venait d'apporter, il sentit une joie inconcevable; mais venant à faire réflexion que cette joie était sans fondement, et que, selon toutes les apparences, la conjecture de la veuve de Noureddin devait être fausse, il lui dit : « Mais, madame, pourquoi avez-vous cette opinion? Ne se peut-il pas trouver un pâtissier au monde qui sache aussi bien faire des tartes à la crême que votre fils? — Je conviens, répondit-elle, qu'il y a peut-être des pâtissiers capables d'en faire d'aussi bonnes; mais comme je les fais d'une manière toute singulière, et que nul autre que mon fils n'a ce secret, il faut absolument que ce soit lui qui ait fait celle-ci. Réjouissons-nous, mon frère, ajouta-t-elle avec transport; nous avons enfin trouvé ce que nous cherchons et désirons depuis si long-temps. — Madame, répliqua le vizir, modérez, je vous prie, votre impatience; nous saurons bientôt ce que nous en devons penser. Il n'y a qu'à faire venir ici le pâtissier : si c'est Bedreddin Hassan, vous le reconnaîtrez bien, ma fille et vous. Mais il faut que vous vous cachiez toutes deux, et que vous le voyiez sans qu'il vous voie; car je ne veux pas que notre reconnaissance se fasse à Damas : j'ai dessein de la prolonger jusqu'à ce que nous soyons de retour au Caire, où je me propose de vous donner un divertissement très-agréable. »

« En achevant ces paroles, il laissa les dames sous leur tente, et se rendit sous la sienne. Là, il fit venir cinquante de ses gens, et leur dit : « Prenez chacun un bâton, et suivez Schaban, qui va vous conduire chez un pâtissier de cette ville. Lorsque vous y serez arrivés, rompez, brisez tout ce que vous trouverez dans sa boutique. S'il vous demande pourquoi vous faites ce désordre, demandez-lui seulement si ce n'est pas lui qui a fait la tarte à la crême qu'on a été prendre chez lui. S'il vous répond que oui, saisissez-vous de sa personne, liez-le bien et me l'amenez; mais gardez-vous de le frapper, ni de lui faire le moindre mal. Allez, et ne perdez pas de temps. »

« Le vizir fut promptement obéi : ses gens, armés de bâtons et conduits par l'eunuque noir, se rendirent en diligence chez Bedreddin Hassan, où ils mirent en pièces les plats, les chaudrons, les casseroles, les tables, et tous les autres meubles et ustensiles qu'ils trouvèrent, et inondèrent sa boutique de sorbet, de crême et de confitures. A ce spectacle, Bedreddin Hassan fort étonné leur dit d'un ton de voix pitoyable : « Hé! bonnes gens, pourquoi me traitez-vous de la sorte? De quoi s'agit-il? Qu'ai-je fait? — N'est-ce pas vous, dirent-ils, qui avez fait la tarte à la crême que vous avez vendue à l'eunuque que vous voyez? — Oui, c'est moi-même, répondit-il; qu'y trouve-t-on à dire? Je défie qui que ce soit d'en faire une meilleure. » Au lieu de lui repartir, ils continuèrent de briser tout, et le four même ne fut pas épargné.

« Cependant les voisins étant accourus au bruit, et fort surpris de voir cinquante hommes armés commettre un pareil désordre, demandaient le sujet d'une si grande violence; et Bedreddin encore une fois dit à ceux qui la lui faisaient : « Apprenez-moi de grâce quel crime je puis avoir commis, pour rompre et briser ainsi tout ce qu'il y a chez moi? — N'est-ce pas vous, répondirent-ils, qui avez fait la tarte à la crême que vous avez vendue à cet eunuque? — Oui, oui, c'est moi, repartit-il; je soutiens qu'elle est bonne, et je ne mérite pas le traitement injuste que vous me faites. » Ils se saisirent de sa personne sans l'écouter; et après lui avoir arraché la toile de son turban, ils s'en servirent pour lui lier les mains derrière le dos; puis le tirant par force de sa boutique, ils commencèrent à l'emmener.

« La populace, qui s'était assemblée là, touchée de compassion pour Bedreddin, prit son parti et voulut s'opposer au dessein des gens de Schemseddin Mohammed; mais il survint en ce moment des officiers du gouverneur de la ville, qui écartèrent le peuple et favorisèrent l'enlèvement de Bedreddin, parce que Schemseddin Mohammed était allé chez le gouverneur de Damas pour l'informer de l'ordre qu'il avait donné, et pour lui demander main-forte; et ce gouverneur, qui commandait sur toute la Syrie, au nom du sultan d'Égypte, n'avait eu garde de rien refuser au vizir de son maître. On entraînait donc Bedreddin, malgré ses cris et ses larmes.... »

Scheherazade n'en put dire davantage, à cause du jour qu'elle vit paraître; mais le lendemain elle reprit sa narration, et dit au sultan des Indes :

CXIXᴱ NUIT.

Sire, le vizir Giafar continuant de parler au kalife :

« Bedreddin Hassan, dit-il, avait beau demander en chemin aux personnes qui l'emmenaient, ce que l'on avait trouvé dans sa tarte à la crême, on ne lui répondait rien. Enfin il arriva sous les tentes, où on le fit attendre jusqu'à ce que Schemseddin Mohammed fût revenu de chez le gouverneur de Damas.

« Le vizir, étant de retour, demanda des nouvelles du pâtissier ; on le lui amena. Seigneur, lui dit Bedreddin les larmes aux yeux, faites-moi la grâce de me dire en quoi je vous ai offensé. — Ah ! malheureux, répondit le vizir, n'est-ce pas toi qui as fait la tarte à la crême que tu m'as envoyée ? — J'avoue que c'est moi, repartit Bedreddin. Quel crime ai-je commis en cela ? — Je te châtierai comme tu le mérites, répliqua Schemseddin Mohammed, et il t'en coûtera la vie pour avoir fait une si méchante tarte. — Hé ! bon Dieu, s'écria Bedreddin, qu'est-ce que j'entends ? Est-ce un crime digne de mort d'avoir fait une méchante tarte à la crême ? — Oui, dit le vizir, et tu ne dois pas attendre de moi un autre traitement. »

« Pendant qu'ils s'entretenaient ainsi tous deux, les dames, qui s'étaient cachées, observaient avec attention Bedreddin, qu'elles n'eurent pas de peine à reconnaître, malgré le temps écoulé depuis qu'elles ne l'avaient vu. La joie qu'elles en eurent, fut telle qu'elles en tombèrent évanouies. Quand elles furent revenues de leur évanouissement, elles voulaient s'aller jeter au cou de Bedreddin ; mais la parole qu'elles avaient donnée au vizir de ne se point montrer l'emporta sur les plus tendres mouvements de l'amour et de la nature.

« Comme Schemseddin Mohammed avait résolu de partir cette même nuit, il fit plier les tentes et préparer les voitures pour se mettre en marche ; et à l'égard de Bedreddin, il ordonna qu'on le mît dans une caisse bien fermée, et qu'on le chargeât sur un chameau. Dès que tout fut prêt pour le départ, le vizir et les gens de sa suite se mirent en chemin. Ils marchèrent le reste de la nuit et le jour suivant sans se reposer ; ils ne s'arrêtèrent qu'à l'entrée de la nuit. Alors on tira Bedreddin Hassan de sa caisse pour lui faire prendre de la nourriture ; mais on eut soin de le tenir éloigné de sa mère et de sa femme ; et pendant vingt jours que dura le voyage, on le traita de la même manière.

« En arrivant au Caire, on campa aux environs de la ville par ordre du vizir Schemseddin Mohammed, qui se fit amener Bedreddin, devant lequel il dit à un charpentier qu'il avait fait venir: « Va chercher du bois, et dresse promptement un poteau. — Hé! seigneur, dit Bedreddin, que prétendez-vous faire de ce poteau? — T'y attacher, repartit le vizir, et te faire ensuite promener par tous les quartiers de la ville, afin qu'on voie en ta personne un indigne pâtissier, qui fait des tartes à la crême sans y mettre de poivre. » A ces mots, Bedreddin Hassan s'écria d'une manière si plaisante, que Schemseddin Mohammed eut bien de la peine à garder son sérieux : « Grand Dieu, c'est donc pour n'avoir pas mis de poivre dans une tarte à la crême qu'on veut me faire souffrir une mort aussi cruelle qu'ignominieuse! »

En achevant ces mots, Scheherazade remarquant qu'il était jour, se tut, et Schahriar se leva en riant de tout son cœur de la frayeur de Bedreddin, et fort curieux d'entendre la suite de cette histoire, que la sultane reprit de cette sorte le lendemain avant le jour :

CXXe NUIT.

Sire, le kalife Haroun Alraschild, malgré sa gravité, ne put s'empêcher de rire, quand le vizir Giafar lui dit que Schemseddin Mohammed menaçait de faire mourir Bedreddin, pour n'avoir pas mis du poivre dans la tarte à la crême qu'il avait vendue à Schaban.

« Hé quoi! disait Bedreddin, faut-il qu'on ait tout rompu et brisé dans ma maison, qu'on m'ait emprisonné dans une caisse, et qu'enfin on s'apprête à m'attacher à un poteau; et tout cela parce que je ne mets pas de poivre dans une tarte à la crême! Hé! grand Dieu, qui a jamais ouï parler d'une pareille chose? Sont-ce là des actions de musulmans, de personnes qui font profession de probité, de justice, et qui pratiquent toutes sortes de bonnes œuvres? » En disant cela, il fondait en larmes; puis recommençant ses plaintes : « Non, reprenait-il, jamais personne n'a été traité si injustement ni si rigoureusement : est-il possible qu'on soit capable d'ôter la vie à un homme pour n'avoir pas mis de poivre dans une tarte à la crême? Que maudites soient toutes les tartes à la crême, aussi bien que l'heure où je suis né! Plût à Dieu que je fusse mort en ce moment! »

« Le désolé Bedreddin ne cessa de se lamenter; et lorsqu'on apporta le poteau et les clous pour l'y clouer, il poussa de grands cris à ce spectacle terrible : « O ciel! dit-il, pouvez-vous souffrir que je meure d'un trépas infâme et douloureux? Et cela pour quel crime! Ce n'est point pour avoir volé, ni pour avoir tué, ni pour avoir renié ma religion : c'est pour n'avoir pas mis de poivre dans une tarte à la crême! »

« Comme la nuit était alors déjà assez avancée, le vizir Schemseddin Mohammed fit remettre Bedreddin dans sa caisse, et lui dit: « Demeure là jusqu'à demain; le jour ne se passera pas que je ne te fasse mourir. » On emporta la caisse, et l'on en chargea le chameau qui l'avait apportée depuis Damas. On rechargea en même temps tous les autres chameaux; et le vizir, étant monté à cheval, fit marcher devant lui le chameau qui portait son neveu, et entra dans la ville, suivi de tout son équipage. Après avoir passé par plusieurs rues où personne ne parut, parce que tout le monde s'était retiré, il se rendit à son hôtel, où il fit décharger la caisse, avec défense de ne l'ouvrir que lorsqu'il l'ordonnerait.

« Tandis qu'on déchargeait les autres chameaux, il prit en particulier la mère de Bedreddin Hassan et sa fille, et s'adressant à la dernière : « Dieu soit loué, lui dit-il, ma fille, de ce qu'il nous a fait si heureusement rencontrer votre cousin et votre mari! Vous vous souvenez bien apparemment de l'état où était votre chambre la première nuit de vos noces : allez; faites-y mettre toutes choses comme elles étaient alors. Si pourtant vous ne vous en souveniez pas, je pourrais y suppléer par l'écrit que j'en ai fait faire. De mon côté, je vais donner ordre au reste. »

« Dame de Beauté alla exécuter avec joie ce que venait de lui ordonner son père, qui commença aussi à disposer toutes choses dans la salle de la même manière qu'elles étaient, lorsque Bedreddin Hassan s'y était trouvé avec le palefrenier bossu du sultan d'Égypte. A mesure qu'il lisait l'écrit, ses domestiques mettaient chaque meuble à sa place. Le trône ne fut pas oublié, non plus que les bougies allumées. Quand tout fut préparé dans la salle, le vizir entra dans la chambre de sa fille, où il posa l'habillement de Bedreddin avec la bourse de sequins. Cela étant fait, il dit à Dame de Beauté : « Déshabillez-vous, ma fille, et vous couchez. Dès que Bedreddin sera entré dans cette chambre, plaignez-vous de ce qu'il a été dehors trop long-temps, et dites-lui que vous avez été bien étonnée en vous réveillant de ne pas le trouver auprès de vous. Pressez-le de se remettre au lit, et demain matin vous nous divertirez, votre belle-mère et moi, en nous rendant compte de ce qui se sera passé entre vous et lui cette nuit. » A ces mots, il sortit de l'appartement de sa fille, et lui laissa la liberté de se coucher.... »

Scheherazade voulait poursuivre; mais le jour qui commença à paraître l'en empêcha.

CXXI^e NUIT.

Sur la fin de la nuit suivante, le sultan des Indes, qui avait une extrême impatience d'apprendre comment se dénouerait l'histoire de Bedreddin, réveilla lui-même Scheherazade, et l'avertit de la continuer; ce qu'elle fit en ces termes :

« Schemseddin Mohammed, dit le vizir Giafar au kalife, fit sortir de la salle tous les domestiques qui y étaient, et leur ordonna de s'éloigner, à la réserve de deux ou trois qu'il fit demeurer. Il les chargea d'aller tirer Bedreddin hors de la caisse, de le mettre en chemise et en caleçon, de le conduire en cet état dans la salle, de l'y laisser tout seul, et d'en fermer la porte.

« Bedreddin Hassan, quoique accablé de douleur, s'était endormi pendant tout ce temps-là, si bien que les domestiques du vizir l'eurent plus tôt tiré de la caisse, mis en chemise et en caleçon, qu'il ne fût réveillé; et ils le transportèrent dans la salle si brusquement, qu'ils ne lui donnèrent pas le loisir de se reconnaître. Quand il se vit seul dans la salle, il promena sa vue de toutes parts; et les choses qu'il voyait rappelant dans sa mémoire le souvenir de ses noces, il s'aperçut avec étonnement que c'était la même salle où il avait vu le palefrenier bossu. Sa surprise augmenta encore, lorsque s'étant approché doucement de la porte d'une chambre qu'il trouva ouverte, il vit dedans son habillement au même endroit où il se souvenait de l'avoir mis la nuit de ses noces. « Bon Dieu, dit-il en se frottant les yeux, suis-je endormi, suis-je éveillé? »

« Dame de Beauté, qui l'observait, après s'être divertie de son étonnement, ouvrit tout à coup les rideaux de son lit, et avançant la tête : « Mon cher seigneur, lui dit-elle d'un ton assez tendre, que faites-vous à la porte? Venez vous recoucher. Vous avez demeuré dehors bien long-temps : j'ai été fort surprise en me réveillant de ne vous pas trouver à mes côtés. » Bedreddin Hassan changea de visage lorsqu'il reconnut que la dame qui lui parlait était cette charmante personne avec laquelle il se souvenait d'avoir couché. Il entra dans la chambre; mais au lieu d'aller au lit, comme il était plein des idées de tout ce qui lui était arrivé depuis dix ans, et qu'il ne pouvait se persuader que tous ces événements se fussent passés en une seule nuit, il s'approcha de la chaise où étaient ses habits et la bourse de sequins, et après les avoir examinés avec beaucoup d'attention : « Par le grand Dieu vivant ! s'écria-t-il, voilà des choses que je ne puis comprendre. » La dame, qui prenait plaisir à voir son embarras, lui répondit : « Encore une fois, seigneur, venez vous remettre au lit. A quoi vous amusez-vous ? » A ces paroles, il s'avança vers Dame de Beauté : « Je vous supplie, madame, lui dit-il, de m'apprendre s'il y a long-temps que je suis auprès de vous ? — La question me surprend, répondit-elle : est-ce que vous ne vous êtes pas levé d'auprès de moi tout à l'heure ? Il faut que vous ayez l'esprit bien préoccupé. — Madame, reprit Bedreddin, je me souviens, il est vrai, d'avoir été près de vous ; mais je me souviens aussi d'avoir depuis demeuré dix ans à Damas : si j'ai en effet couché cette nuit avec vous, je ne puis en avoir été éloigné si long-temps. Ces deux choses sont opposées : dites-moi, de grâce, ce que j'en dois penser ; si mon mariage avec vous est une illusion, ou si c'est un songe que mon absence ? — Oui, seigneur, repartit Dame de Beauté, vous avez rêvé, sans doute, que vous avez été à Damas. — Il n'y a donc rien de si plaisant, s'écria Bedreddin en faisant un éclat de rire. Je suis assuré, madame, que ce songe va vous paraître très-réjouissant. Imaginez-vous, s'il vous plaît, que je me suis trouvé à la porte de Damas en chemise et en caleçon, comme je suis en ce moment ; que je suis entré dans la ville aux huées d'une populace qui me suivait en m'insultant ; que je me suis sauvé chez un pâtissier, qui m'a adopté, m'a appris son métier, et m'a laissé tous ses biens en mourant ; qu'après sa mort j'ai tenu sa boutique. Enfin, madame, il m'est arrivé une infinité d'autres aventures qui seraient trop longues à vous raconter ; et tout ce que je puis vous dire, c'est que je n'ai pas mal fait de m'éveiller : sans cela on m'allait clouer à un poteau. — Et pour quel sujet, dit Dame de Beauté en faisant l'étonnée, voulait-on vous traiter si cruellement ? Il fallait donc que vous eussiez commis un crime énorme ? — Point du tout, répondit Bedreddin, c'était pour la chose du monde la plus bizarre et la plus ridicule : tout mon crime était d'avoir vendu une tarte à la crême où je n'avais pas mis de poivre. — Ah ! pour cela, dit Dame de Beauté en riant de toute sa force, il faut avouer qu'on vous faisait une horrible injustice. — Oh ! madame, répliqua-t-il, ce n'est pas tout encore : pour cette maudite tarte à la crême, où l'on me reprochait de n'avoir pas mis de poivre, on avait tout rompu et tout brisé dans ma boutique ; on m'avait lié avec des cordes et enfermé dans une caisse, où j'étais si étroitement, qu'il me semble que je m'en sens encore. Enfin, on avait fait venir un charpentier, et on lui avait commandé de dresser un poteau pour me pendre ! Mais Dieu soit béni de ce que tout cela n'est que l'ouvrage du sommeil ! »

Scheherazade, en cet endroit, apercevant le jour, cessa de parler. Schahriar ne put s'empêcher de rire de ce que Bedreddin Hassan avait pris une réalité pour un songe : « Il faut convenir, dit-il, que cela est très-plaisant, et je suis persuadé que le lendemain le vizir Schemseddin Mohammed et sa belle-sœur s'en divertirent extrêmement. » Sire, répondit la sultane, c'est ce que j'aurai l'honneur de vous raconter la nuit prochaine, si votre majesté veut bien me laisser vivre jusqu'à ce temps-là. Le sultan des Indes se leva sans rien répliquer à ces paroles; mais il était fort éloigné d'avoir une autre pensée.

CXXII^{E} NUIT.

Scheherazade, réveillée avant le jour, reprit ainsi la parole :

« Sire, Bedreddin ne passa pas tranquillement la nuit : il se réveillait de temps en temps, et se demandait à lui-même s'il rêvait ou s'il était éveillé; il se défiait de son bonheur; et cherchant à s'en assurer, il ouvrait les rideaux et parcourait des yeux toute la chambre : « Je ne me trompe pas, disait-il : voilà la même chambre où je suis entré à la place du bossu, et je suis couché avec la belle dame qui lui était destinée. » Le jour, qui paraissait, n'avait pas encore dissipé son inquiétude, lorsque le vizir Schemseddin Mohammed, son oncle, frappa à la porte et entra presque en même temps pour lui donner le bonjour.

« Bedreddin Hassan fut dans une surprise extrême de voir paraître subitement un homme qu'il connaissait si bien, mais qui n'avait plus l'air de ce juge terrible qui avait prononcé l'arrêt de sa mort : « Ah ! c'est donc vous, s'écria-t-il, qui m'avez traité si indignement et condamné à une mort qui me fait encore horreur, pour une tarte à la crême où je n'avais pas mis de poivre? » Le vizir se prit à rire, et pour le tirer de la peine, lui conta comment, par le ministère d'un génie (car le récit du bossu lui avait fait soupçonner l'aventure), il s'était trouvé chez lui, et avait épousé sa fille à la place du palefrenier du sultan. Il lui apprit ensuite que c'était par le cahier écrit de la main de Noureddin Ali, qu'il avait découvert qu'il était son neveu ; et enfin il lui dit qu'en conséquence de cette découverte, il était parti du Caire, et était allé jusqu'à Balsora pour le chercher et apprendre de ses nouvelles : « Mon cher neveu, ajouta-t-il en l'embrassant avec beaucoup de tendresse, je vous demande pardon de tout ce que je vous ai fait souffrir depuis que je vous ai reconnu;

j'ai voulu vous ramener chez moi avant que de vous apprendre votre bonheur, que vous devez trouver d'autant plus charmant, qu'il vous a coûté plus de peine. Consolez-vous de toutes vos afflictions par la joie de vous voir rendu aux personnes qui vous doivent être les plus chères. Pendant que vous vous habillerez, je vais avertir votre mère, qui est dans une grande impatience de vous embrasser, et je vous amènerai votre fils, que vous avez vu à Damas, et pour qui vous vous êtes senti tant d'inclination sans le connaître. »

« Il n'y a pas de paroles assez énergiques pour bien exprimer quelle fut la joie de Bedreddin lorsqu'il vit sa mère et son fils Agib ; ces trois personnes ne cessaient de s'embrasser et de faire paraître tous les transports que le sang et la plus vive tendresse peuvent inspirer. La mère dit les choses du monde les plus touchantes à Bedreddin ; elle lui parla de la douleur que lui avait causée une si longue absence, et des pleurs qu'elle avait versés. Le petit Agib, au lieu de fuir comme à Damas les embrassements de son père, ne se lassait point de les recevoir ; et Bedreddin Hassan, partagé entre deux objets si dignes de son amour, ne croyait pas leur pouvoir donner assez de marques de son affection.

« Pendant que ces choses se passaient chez Schemseddin Mohammed, ce vizir était allé au palais rendre compte au sultan de l'heureux succès de son voyage. Le sultan fut si charmé du récit de cette merveilleuse histoire, qu'il la fit écrire pour être conservée soigneusement dans les archives du royaume. Aussitôt que Schemseddin Mohammed fut de retour au logis, comme il avait fait préparer un superbe festin, il se mit à table avec sa famille, et toute sa maison passa la journée dans de grandes réjouissances. »

Le vizir Giafar, ayant ainsi achevé l'histoire de Bedreddin Hassan, dit au kalife Haroun Alraschild : « Commandeur des croyants, voilà ce que j'avais à raconter à votre majesté. » Le kalife trouva cette histoire si surprenante, qu'il accorda sans hésiter la grâce de l'esclave Rihan ; et pour consoler le jeune homme de la douleur qu'il avait de s'être privé lui-même malheureusement d'une femme qu'il aimait beaucoup, ce prince le maria avec une de ses esclaves, le combla de biens, et le chérit jusqu'à sa mort.

Mais, sire, ajouta Scheherazade, remarquant que le jour commençait à paraître, quelque agréable que soit l'histoire que je viens de raconter, j'en sais une autre qui l'est encore davantage ; si votre majesté souhaite de l'entendre la nuit prochaine, je suis assurée qu'elle en demeurera d'accord. Schahriar se leva sans rien dire, et fort incertain de ce qu'il avait à faire : « La bonne sultane, dit-il en lui-même, raconte de fort longues histoires, et quand une fois elle en a commencé une, il n'y a pas moyen de refuser de l'écouter tout entière. Je ne sais si je ne devrais pas la faire mourir aujourd'hui ; mais non, ne précipitons rien : l'histoire dont elle me fait fête est peut-être plus divertissante que toutes celles qu'elle m'a racontées jusqu'ici ; il ne faut pas que je me prive du plaisir de l'entendre ; après qu'elle m'en aura fait le récit, j'ordonnerai sa mort. »

CXXIIIe NUIT.

Dinarzade ne manqua pas de réveiller avant le jour la sultane des Indes, laquelle, après avoir demandé à Schahriar la permission de commencer l'histoire qu'elle avait promis de raconter, prit ainsi la parole :

HISTOIRE DU PETIT BOSSU.

Il y avait autrefois à Casgar [1], aux extrémités de la Grande Tartarie, un tailleur qui avait une très-belle femme qu'il aimait beaucoup et dont il était aimé également. Un jour qu'il travaillait, un petit bossu vint s'asseoir à l'entrée de sa boutique, et se mit à chanter en jouant du tambour de basque. Le tailleur prit plaisir à l'entendre, et résolut de l'emmener dans sa maison pour réjouir sa femme ; il se dit à lui-même : « Avec ses chansons il nous divertira tous deux ce soir. » Il lui en fit la proposition, et le bossu l'ayant acceptée, il ferma sa boutique et le mena chez lui.

Dès qu'ils y furent arrivés, la femme du tailleur, qui avait déjà mis le couvert, parce qu'il était temps de souper, servit un bon plat de poisson qu'elle avait préparé. Ils se mirent tous trois à table ; mais, en mangeant, le bossu avala par malheur une grosse arête ou un os, dont il mourut en peu de moments, sans que le tailleur et sa femme y pussent remédier. Ils furent l'un et l'autre d'autant plus effrayés de cet accident, qu'il était arrivé chez eux, et qu'ils avaient

[1] Casgar ou Cashgar, royaume d'Asie, dans la Tartarie : il a environ cent soixante lieues de long sur cent de large. Ce sont aujourd'hui les Kalmoucks qui en sont seigneurs, sous l'autorité de l'empereur de la Chine, qui en a fait la conquête en 1759. La capitale porte le même nom que le royaume

sujet de craindre que, si la justice venait à le savoir, on ne les punît comme des assassins. Le mari, néanmoins, trouva un expédient pour se défaire du corps mort : il fit réflexion qu'il demeurait dans le voisinage un médecin juif; et là-dessus ayant formé un projet, pour commencer à l'exécuter, sa femme et lui prirent le bossu, l'un par les pieds, l'autre par la tête, et le portèrent jusqu'au logis du médecin. Ils frappèrent à sa porte, où aboutissait un escalier très-roide par où l'on montait à sa chambre. Une servante descend aussitôt, sans lumière, ouvre, et demande ce qu'ils souhaitaient : « Remontez, s'il vous plaît, répondit le tailleur, et dites à votre maître que nous lui amenons un homme bien malade pour qu'il lui ordonne quelque remède. Tenez, ajouta-t-il en lui mettant en main une pièce d'argent, donnez-lui cela par avance, afin qu'il soit persuadé que nous n'avons pas dessein de lui faire perdre sa peine. » Pendant que la servante remonta pour faire part au médecin juif d'une si bonne nouvelle, le tailleur et sa femme portèrent promptement le corps du bossu au haut de l'escalier, le laissèrent là, et retournèrent chez eux en diligence.

Cependant la servante ayant dit au médecin qu'un homme et une femme l'attendaient à la porte, et le priaient de descendre pour voir un malade qu'ils avaient amené; et lui ayant remis entre les mains l'argent qu'elle avait reçu, il se laissa transporter de joie : se voyant payé d'avance, il crut que c'était une bonne pratique qu'on lui amenait, et qu'il ne fallait pas négliger : « Prends vite de la lumière, dit-il à sa servante, et suis-moi. » En disant cela, il s'avança vers l'escalier avec tant de précipitation, qu'il n'attendit point qu'on l'éclairât; et venant à rencontrer le bossu, il lui donna du pied dans les côtes si rudement, qu'il le fit rouler jusqu'au bas de l'escalier; peu s'en fallut qu'il ne tombât et ne roulât avec lui : « Apporte donc vite de la lumière! » cria-t-il à sa servante. Enfin elle arriva; il descendit avec elle, et trouvant que ce qui avait roulé était un homme mort, il fut tellement effrayé de ce spectacle, qu'il invoqua Moïse, Aaron, Josué, Esdras, et tous les autres prophètes de sa loi : « Malheureux que je suis! disait-il, pourquoi ai-je voulu descendre sans lumière? J'ai achevé de tuer ce malade qu'on m'avait amené; je suis cause de sa mort, et si le bon âne d'Esdras [1] ne vient à mon secours, je suis perdu : hélas! on va bientôt me tirer de chez moi comme un meurtrier. »

Malgré le trouble qui l'agitait, il ne laissa pas d'avoir la précau-

[1] Cet âne est celui qui, selon les Mahométans, servit de monture à Esdras, quand il vint de la captivité de Babylone à Jérusalem.

tion de fermer sa porte, de peur que, par hasard, quelqu'un venant à passer par la rue ne s'aperçût du malheur dont il se croyait la cause. Il prit ensuite le cadavre, le porta dans la chambre de sa femme, qui faillit s'évanouir quand elle le vit entrer avec cette fatale charge : « Ah! c'est fait de nous, s'écria-t-elle, si nous ne trouvons moyen de mettre cette nuit hors de chez nous ce corps mort ; nous perdrons indubitablement la vie si nous le gardons jusqu'au jour. Quel malheur! Comment avez-vous donc fait pour tuer cet homme? — Il ne s'agit point de cela, repartit le juif, il s'agit de trouver un remède à un mal si pressant.... »

Mais, sire, dit Scheherazade en s'interrompant en cet endroit, je ne fais pas reflexion qu'il est jour. A ces mots, elle se tut, et la nuit suivante, elle poursuivit de cette sorte l'histoire du petit bossu :

CXXIVe NUIT.

Le médecin et sa femme délibérèrent ensemble sur le moyen de se délivrer du corps mort pendant la nuit. Le médecin eut beau rêver, il ne trouva nul stratagème pour sortir d'embarras ; mais sa femme, plus fertile en expédients, dit : « Il me vient une pensée : portons ce cadavre sur la terrasse de notre logis, et le jetons par la cheminée dans la maison du musulman, notre voisin. »

Ce musulman était un des pourvoyeurs du sultan ; il était chargé du soin de fournir l'huile, le beurre et toutes sortes de graisses. Il avait chez lui son magasin, où les rats et les souris faisaient un grand dégât.

Le médecin juif ayant approuvé l'expédient proposé, sa femme et lui prirent le bossu, le portèrent sur le toit de leur maison, et après lui avoir passé des cordes sous les aisselles, ils le descendirent par la cheminée dans la chambre du pourvoyeur, si doucement, qu'il demeura planté sur ses pieds, contre le mur, comme s'il eût été vivant. Lorsqu'ils le sentirent en bas, ils retirèrent les cordes et le laissèrent dans l'attitude que je viens de dire. Ils étaient à peine descendus et rentrés dans leur chambre, quand le pourvoyeur entra dans la sienne : il revenait d'un festin de noces auquel il avait été invité ce soir-là, et il avait une lanterne à la main. Il fut assez surpris de voir, à la faveur de sa lumière, un homme debout dans sa cheminée ; mais comme il était naturellement courageux, et qu'il s'imagina que c'était un voleur, il se saisit d'un gros bâton, avec quoi courant droit au bossu : « Ah! ah! lui dit-il, je m'imaginais que c'étaient les rats et les souris qui mangeaient mon beurre et mes graisses, et c'est toi qui descends par la cheminée pour me voler! Je ne crois pas qu'il te reprenne jamais envie d'y revenir. » En achevant ces mots, il frappa le bossu et lui donna plusieurs coups de bâton. Le cadavre tomba le nez contre terre; le pourvoyeur redouble ses coups; mais, remarquant enfin que le corps qu'il frappe est sans mouvement, il s'arrête pour le considérer. Alors, voyant que c'était un cadavre, la crainte commença de succéder à la colère : « Qu'ai-je fait, misérable? dit-il; je viens d'assommer un homme : ah! j'ai porté trop loin ma vengeance. Grand Dieu! si vous n'avez pitié de moi, c'est fait de ma vie. Maudites soient mille fois les graisses et les huiles, qui sont cause que j'ai commis une action si criminelle! » Il demeura pâle et défait; il croyait déjà voir les ministres de la justice qui le traînaient au supplice; il ne savait quelle résolution il devait prendre....

L'aurore, qui paraissait, obligea Scheherazade à mettre fin à son discours; mais elle en reprit le fil sur la fin de la nuit suivante, et dit au sultan des Indes :

CXXV^E NUIT

Sire, le pourvoyeur du sultan de Casgar, en frappant le bossu, n'avait pas pris garde à sa bosse; lorsqu'il s'en aperçut, il fit des imprécations contre lui : « Maudit bossu, s'écria-t-il, chien de bossu, plût à Dieu que tu m'eusses volé toutes mes graisses et que je ne t'eusse point trouvé ici! je ne serais pas dans l'embarras où je suis, pour l'amour de toi et de ta vilaine bosse. Étoiles qui brillez aux cieux, ajouta-t-il, n'ayez de la lumière que pour moi dans un danger si évident! » En disant ces paroles, il chargea le bossu sur ses épaules, sortit de sa chambre, alla jusqu'au bout de la rue, où l'ayant posé debout et appuyé contre une boutique, il reprit le chemin de sa maison sans regarder derrière lui.

Quelques moments avant le jour, un marchand chrétien, qui était fort riche et qui fournissait au palais du sultan la plupart des choses dont on y avait besoin, après avoir passé la nuit en débauche, s'avisa de sortir de chez lui pour aller au bain. Quoiqu'il fût ivre, il ne laissa pas de remarquer que la nuit était fort avancée, et qu'on allait bientôt appeler à la prière de la pointe du jour : c'est pourquoi, précipitant ses pas, il se hâtait d'arriver au bain, de peur que quelque musulman, en allant à la mosquée, ne le rencontrât, et ne le menât en prison comme un ivrogne. Néanmoins, quand il fut au bout de la rue, il s'arrêta pour quelque besoin contre la boutique où le pourvoyeur du sultan avait mis le corps du bossu, lequel, venant à être ébranlé, tomba sur le dos du marchand, qui, dans la pensée que c'était un voleur qui l'attaquait, le renversa par terre d'un coup de poing qu'il lui déchargea sur la tête; il lui en donna beaucoup d'autres ensuite, et se mit à crier au voleur.

Le garde du quartier vint à ses cris, et voyant que c'était un chrétien qui maltraitait un musulman (car le bossu était de notre religion) : « Quel sujet avez-vous, lui dit-il, de maltraiter ainsi un musulman? — Il a voulu me voler, répondit le marchand, et il s'est jeté sur moi pour me prendre à la gorge. — Vous vous êtes assez vengé, répliqua le garde en le tirant par le bras, ôtez-vous de là. » En même temps il tendit la main au bossu pour l'aider à se relever; mais remarquant qu'il était mort : « Oh! oh! poursuivit-il, c'est donc ainsi qu'un chrétien a la hardiesse d'assassiner un musulman! » En achevant ces mots, il arrêta le chrétien et le mena chez le lieutenant de police, où on le mit en prison jusqu'à ce que le juge fût levé et en état d'interroger l'accusé. Cependant le marchand chrétien revint de son ivresse, et plus il faisait de réflexions sur son aventure, moins il pouvait comprendre comment de simples coups de poing avaient été capables d'ôter la vie à un homme.

Le lieutenant de police, sur le rapport du garde, et ayant vu le cadavre qu'on avait apporté chez lui, interrogea le marchand chrétien, qui ne put nier un crime qu'il n'avait pas commis. Comme le bossu appartenait au sultan, car c'était un de ses bouffons, le lieutenant de police ne voulut pas faire mourir le chrétien, sans avoir auparavant appris la volonté du prince. Il alla au palais, pour cet effet, rendre compte de ce qui se passait au sultan, qui lui dit : « Je n'ai point de grâce à accorder à un chrétien qui tue un musulman : allez, faites votre charge. » A ces paroles, le juge de police fit dresser une potence, envoya des crieurs par la ville, pour publier qu'on allait pendre un chrétien qui avait tué un musulman.

Enfin on tira le marchand de prison, on l'amena au pied de la potence, et le bourreau, après lui avoir attaché la corde au cou, allait l'élever en l'air, lorsque le pourvoyeur du sultan, fendant la presse, s'avança en criant au bourreau : « Attendez! attendez! ne vous pressez pas : ce n'est pas lui qui a commis le meurtre, c'est moi. » Le lieutenant de police, qui assistait à l'exécution, se mit à interroger le pourvoyeur, qui lui raconta de point en point de quelle manière il avait tué le bossu, et il acheva en disant qu'il avait porté son corps à l'endroit où le marchand chrétien l'avait trouvé : « Vous alliez, ajouta-t-il, faire mourir un innocent, puisqu'il ne peut pas avoir tué un homme qui n'était plus en vie : c'est bien assez pour moi d'avoir assassiné un musulman, sans charger encore ma conscience de la mort d'un chrétien qui n'est pas criminel.... »

Le jour, qui commençait à paraître, empêcha Scheherazade de poursuivre son discours; mais elle en reprit la suite sur la fin de la nuit suivante :

CXXVI[e] NUIT.

Sire, dit-elle, le pourvoyeur du sultan de Casgar s'étant accusé lui-même publiquement d'être l'auteur de la mort du bossu, le lieutenant de police ne put se dispenser de rendre justice au marchand : « Laisse, dit-il au bourreau, laisse aller le chrétien et pends cet homme à sa place, puisqu'il est évident, par sa propre confession, qu'il est le coupable. » Le bourreau lâcha le marchand, mit aussitôt la corde au cou du pourvoyeur, et dans le temps qu'il allait l'expédier, il entendit la voix du médecin juif, qui le priait instamment de suspendre l'exécution, et qui se faisait faire place pour se rendre au pied de la potence.

Quand il fut devant le juge de police : « Seigneur, lui dit-il, ce musulman, que vous voulez faire pendre, n'a pas mérité la mort : c'est moi seul qui suis criminel. Hier, pendant la nuit, un homme et une femme, que je ne connais pas, vinrent frapper à ma porte, avec un malade qu'ils m'amenaient. Ma servante alla ouvrir sans lumière, reçut d'eux une pièce d'argent, pour me venir dire de leur part de prendre la peine de descendre pour voir le malade. Pendant qu'elle me parlait, ils apportèrent le malade au haut de l'escalier, et puis disparurent. Je descendis sans attendre que ma servante eût allumé une chandelle; et dans l'obscurité, venant à donner du pied contre le malade, je le fis rouler jusqu'au bas de l'escalier. Enfin je vis qu'il était mort et que c'était le musulman bossu dont on veut aujourd'hui venger le trépas. Nous prîmes le cadavre, ma femme et moi, nous le portâmes sur notre toit, d'où nous le passâmes sur celui du pourvoyeur, notre voisin, que vous alliez faire mourir injustement, et nous le descendîmes dans sa chambre par sa cheminée. Le pourvoyeur, l'ayant trouvé chez lui, l'a traité comme un voleur, l'a frappé et a cru l'avoir tué; mais cela n'est pas, comme vous le voyez par ma déposition. Je suis donc le seul auteur du meurtre, et quoique je le sois contre mon intention, j'ai résolu d'expier mon crime, pour n'avoir pas à me reprocher la mort de deux musulmans, en souffrant que vous ôtiez la vie au pourvoyeur du sultan, dont je viens vous révéler l'innocence : renvoyez-le donc, s'il vous plaît, et me mettez à sa place, puisque personne que moi n'est cause de la mort du bossu.... »

La sultane Scheherazade fut obligée d'interrompre son récit en cet endroit, parce qu'elle remarqua qu'il était jour. La nuit suivante, elle reprit en ces termes :

CXXVII[e] NUIT.

Sire, dit-elle, dès que le juge de police fut persuadé que le médecin juif était le meurtrier, il ordonna au bourreau de se saisir de sa personne, et de mettre en liberté le pourvoyeur du sultan. Le médecin avait déjà la corde au cou, et allait cesser de vivre, quand on entendit la voix du tailleur, qui priait le bourreau de ne pas passer plus avant, et qui faisait ranger le peuple pour s'avancer vers le lieutenant de police, devant lequel étant arrivé : « Seigneur, lui dit-il, peu s'en est fallu que vous n'ayez fait perdre la vie à trois personnes innocentes ; mais si vous voulez bien avoir la patience de m'entendre, vous allez connaître le véritable assassin du bossu : si sa mort doit être expiée par une autre, c'est par la mienne. Hier vers la fin du jour, comme je travaillais dans ma boutique, et que j'étais en humeur de me réjouir, le bossu à demi ivre arriva et s'assit. Il chanta quelque temps, et je lui proposai de venir passer la soirée chez moi. Il y consentit, et je l'emmenai. Nous nous mîmes à table, et je servis un morceau de poisson ; en le mangeant, une arête ou un os s'arrêta dans son gosier, et quelque chose que nous pûmes faire, ma femme et moi, pour le soulager, il mourut en peu de temps. Nous fûmes fort affligés de sa mort ; et de peur d'en être repris, nous portâmes le cadavre à la porte du médecin juif. Je frappai, et je dis à la servante qui vint ouvrir de remonter promptement, et de prier son maître de notre part de descendre pour voir un malade que nous lui amenions ; et afin qu'il ne refusât pas de venir, je la chargeai de lui remettre une pièce d'argent que je lui donnai. Dès qu'elle fut remontée, je portai le bossu au haut de l'escalier, sur la première marche, et nous sortîmes aussitôt, ma femme et moi, pour nous retirer chez nous. Le médecin, en voulant descendre, fit rouler le bossu ; ce qui lui a fait croire qu'il était cause de sa mort. « Puisque cela est ainsi. ajouta-t-il laissez aller le médecin, et faites-moi mourir. »

Le lieutenant de police et tous les spectateurs ne pouvaient assez admirer les étranges événements dont la mort du bossu avait été suivie : « Lâche donc le médecin juif, dit le juge au bourreau, et pends le tailleur, puisqu'il confesse son crime. Il faut avouer que cette histoire est bien extraordinaire, et qu'elle mérite d'être écrite en lettres d'or. » Le bourreau, ayant mis en liberté le médecin, passa une corde au cou du tailleur....

Mais, sire, dit Scheherazade en s'interrompant en cet endroit, je vois qu'il est déjà jour : il faut, s'il vous plaît, remettre la suite de cette histoire à demain. » Le sultan des Indes y consentit, et se leva pour aller à ses fonctions ordinaires.

CXXVIII[e] NUIT.

La sultane, ayant été réveillée par sa sœur, reprit ainsi la parole:

Sire, pendant que le bourreau se préparait à pendre le tailleur, le sultan de Casgar, qui ne pouvait se passer long-temps du bossu, son bouffon, ayant demandé à le voir, un de ses officiers lui dit : « Sire, le bossu dont votre majesté est en peine, après s'être enivré hier, s'échappa du palais contre sa coutume, pour aller courir par la ville, et il a été trouvé mort ce matin. On a conduit devant le juge de police un homme accusé de l'avoir tué, et aussitôt le juge a fait dresser une potence. Comme on allait pendre l'accusé, un homme est arrivé, et après cela un autre, qui s'accusent eux-mêmes, et se déchargent l'un l'autre. Il y a long-temps que cela dure, et le lieutenant de police est actuellement occupé à interroger un troisième homme, qui se dit le véritable assassin. »

A ce discours, le sultan de Casgar envoya un huissier au lieu du supplice : « Allez, lui dit-il, en toute diligence dire au juge de police qu'il m'amène incessamment les accusés, et qu'on m'apporte aussi le corps du pauvre bossu, que je veux voir encore une fois. » L'huissier partit, et arrivant dans le temps que le bourreau commençait à tirer la corde pour pendre le tailleur, il cria de toute sa force que l'on eût à suspendre l'exécution. Le bourreau, ayant reconnu l'huissier, n'osa passer outre et lâcha le tailleur. Après cela, l'huissier, ayant joint le lieutenant de police, déclara la volonté du sultan. Le juge obéit, prit le chemin du palais avec le tailleur, le médecin juif, le pourvoyeur et le marchand chrétien, et fit porter par quatre de ses gens le corps du bossu.

Lorsqu'ils furent tous devant le sultan, le juge de police se prosterna aux pieds de ce prince, et quand il fut relevé, lui raconta fidèlement tout ce qu'il savait de l'histoire du bossu. Le sultan la trouva si singulière, qu'il ordonna à son historiographe particulier de l'écrire avec toutes ses circonstances; puis s'adressant à toutes les personnes qui étaient présentes : « Avez-vous jamais, leur dit-il, rien entendu de plus surprenant que ce qui vient d'arriver à l'occasion du bossu, mon bouffon? » Le marchand chrétien, après s'être prosterné jusqu'à toucher la terre de son front, prit alors la parole : « Puissant monarque, dit-il, je sais une histoire plus étonnante que celle dont on vient de vous faire le récit; je vais vous la raconter, si votre majesté veut m'en donner la permission. Les circonstances en sont telles, qu'il n'y a personne qui puisse les entendre sans en être touché. » Le sultan lui permit de la dire; ce qu'il fit en ces termes :

HISTOIRE

QUE RACONTA LE MARCHAND CHRÉTIEN.

JE suis étranger, natif du Caire en Égypte, Cophte de nation [1], et chrétien de religion. Mon père était courtier, et il avait amassé des biens assez considérables, qu'il me laissa en mourant. Je suivis son exemple, et embrassai sa profession. Comme j'étais un jour au Caire, dans le logement public des marchands de toutes sortes de grains, un jeune marchand très-bien fait et proprement vêtu, monté sur un âne, vint m'aborder. Il me salua, et ouvrant un mouchoir où il y avait une montre de sésame : « Combien vaut, me dit-il, la grande mesure de sésame de la qualité de celui que vous voyez? »

Scheherazade, apercevant le jour, se tut en cet endroit : mais elle reprit son discours la nuit suivante, et dit au sultan des Indes :

[1] Cophte ou Copte, nom qu'on donne aux chrétiens originaires d'Égypte, et qui sont de la secte des Jacobites ou des Eutichéens.

CXXIXᴱ NUIT.

Sire, le marchand chrétien continuant de raconter au sultan de Casgar l'histoire qu'il venait de commencer :

« J'examinai, dit-il, le sésame que le jeune marchand me montrait, et je lui répondis qu'il valait, au prix courant, cent drachmes d'argent[1] la grande mesure : « Voyez, me dit-il, les marchands qui en voudront pour ce prix-là, et venez jusqu'à la porte de la Victoire, où vous verrez un khan séparé de toute autre habitation : je vous attendrai là. » En disant ces paroles, il partit, et me laissa la montre de sésame, que je fis voir à plusieurs marchands de la place, qui me dirent tous qu'ils en prendraient tant que je leur en voudrais donner à cent dix drachmes d'argent la mesure : à ce compte, je trouvais à gagner avec eux dix drachmes par mesure. Flatté de ce profit, je me rendis à la porte de la Victoire, où le jeune marchand m'attendait. Il me mena dans son magasin, qui était plein de sésame : il y en avait cent cinquante grandes mesures, que je fis mesurer et charger sur des ânes, et je les vendis cinq mille drachmes d'argent : « De cette somme, me dit le jeune homme, il y a cinq cents drachmes pour votre droit, à dix par mesure; je vous les accorde; et pour ce qui est du reste qui m'appartient, comme je n'en ai pas besoin présentement, retirez-le de vos marchands, et me le gardez, jusqu'à ce que j'aille vous le demander. » Je lui répondis qu'il serait prêt toutes les fois qu'il voudrait le venir prendre, ou me l'envoyer demander. Je lui baisai la main en le quittant, et me retirai fort satisfait de sa générosité.

« Je fus un mois sans le revoir; au bout de ce temps-là je le vis reparaître : « Où sont, me dit-il, les quatre mille cinq cents drachmes que vous me devez? — Elles sont toutes prêtes, lui répondis-je, et je vais les compter tout à l'heure. » Comme il était monté sur son âne, je le priai de mettre pied à terre, et de me faire l'honneur de manger un morceau avec moi avant que de les recevoir. « Non, me dit-il, je ne puis descendre à présent : j'ai une affaire pressante, qui m'appelle ici près; mais je vais revenir, et, en repassant, je prendrai mon argent, que je vous prie de tenir prêt. » Il disparut en achevant ces paroles. Je l'attendis; mais ce fut inutilement, et il ne revint encore qu'un mois après : « Voilà, dis-je en moi-même,

[1] 90 francs. La drachme, monnaie d'argent de l'ancienne Grèce, pesait la huitième partie de l'once et valait 18 sous de notre monnaie.

un jeune marchand qui a bien de la confiance en moi, de me laisser entre les mains, sans me connaître, une somme de quatre mille cinq cents drachmes d'argent! Un autre que lui n'en userait pas ainsi, et craindrait que je ne la lui emportasse. » Il revint à la fin du troisième mois : il était encore monté sur son âne, mais plus magnifiquement habillé que les autres fois.... »

Scheherazade, voyant que le jour commençait à paraître, n'en dit pas davantage cette nuit. Sur la fin de la suivante, elle poursuivit de cette manière, en faisant toujours parler le marchand chrétien au sultan de Casgar :

CXXX[e] NUIT.

« Dès que j'aperçus le jeune marchand, j'allai au devant de lui, je le conjurai de descendre, et lui demandai s'il ne voulait donc pas que je lui comptasse l'argent que j'avais à lui : « Cela ne presse pas, me répondit-il d'un air gai et content. Je sais qu'il est en bonnes mains; je viendrai le prendre, quand j'aurai dépensé tout ce que j'ai, et qu'il ne me restera plus autre chose. Adieu, ajouta-t-il; attendez-moi à la fin de la semaine. » A ces mots, il donna un coup de fouet à son âne, et je l'eus bientôt perdu de vue : « Bon! dis-je en moi-même, il me dit de l'attendre à la fin de la semaine, et selon son discours, je ne le reverrai peut-être de long-temps. Je vais cependant faire valoir son argent; ce sera un revenant-bon pour moi. »

« Je ne me trompai pas dans ma conjecture : l'année se passa avant que j'entendisse parler du jeune homme. Au bout de l'an, il parut aussi richement vêtu que la dernière fois; mais il me semblait avoir quelque chose dans l'esprit. Je le suppliai de me faire l'honneur d'entrer chez moi : « Je le veux bien pour cette fois, me répondit-il, mais à condition que vous ne ferez pas de dépense extraordinaire pour moi. — Je ne ferai que ce qui vous plaira, repris-je; descendez donc de grâce. » Il mit pied à terre, et entra chez moi. Je donnai des ordres pour le régal que je voulais lui faire; et en attendant qu'on servît, nous commençâmes à nous entretenir. Quand le repas fut prêt, nous nous assîmes à table. Dès le premier morceau, je remarquai qu'il le prit de la main gauche, et je fus étonné de voir qu'il ne se servait nullement de la droite. Je ne savais ce que j'en devais penser : « Depuis que je connais ce marchand, disais-je en moi-même, il m'a toujours paru très-poli; serait-il possible qu'il en usât ainsi par mépris pour moi? Par quelle raison ne se sert-il pas de sa main droite? »

Le jour, qui éclairait l'appartement du sultan des Indes, ne permit pas à Scheherazade de continuer cette histoire ; mais elle reprit la suite le lendemain, et dit à Schahriar :

CXXXI^E NUIT.

Sire, le marchand chrétien était fort en peine de savoir pourquoi son hôte ne mangeait que de la main gauche : « Après le repas, dit-il, lorsque mes gens eurent desservi et se furent retirés, nous nous assîmes tous deux sur un sofa. Je présentai au jeune homme d'une tablette excellente pour la bonne bouche, et il la prit encore de la main gauche : « Seigneur, lui dis-je alors, je vous supplie de me pardonner la liberté que je prends de vous demander d'où vient que vous ne vous servez pas de votre main droite ; vous y avez mal apparemment ? » Il fit un grand soupir au lieu de me répondre ; et tirant son bras droit qu'il avait tenu caché jusqu'alors sous sa robe, il me montra qu'il avait la main coupée, de quoi je fus extrêmement étonné : « Vous avez été choqué sans doute, me dit-il, de me voir manger de la main gauche ; mais jugez si j'ai pu faire autrement.— Peut-on vous demander, repris-je, par quel malheur vous avez perdu votre main droite ? » Il versa des larmes à cette demande ; et après les avoir essuyées, il me conta son histoire, comme je vais vous la raconter :

« Vous saurez, me dit-il, que je suis natif de Bagdad, fils d'un père riche et des plus distingués de la ville par sa qualité et par son rang. A peine étais-je entré dans le monde, que, fréquentant des personnes qui avaient voyagé et qui disaient des merveilles de l'Égypte, et particulièrement du Grand Caire, je fus frappé de leurs discours, et j'eus envie d'y faire un voyage ; mais mon père vivait encore, et il ne m'en aurait pas donné la permission. Il mourut enfin, et sa mort me laissant maître de mes actions, je résolus d'aller au Caire. J'employai une très-grosse somme d'argent en plusieurs sortes d'étoffes fines de Bagdad et de Moussoul, et je me mis en chemin.

« En arrivant au Caire, j'allai descendre au khan qu'on appelle le khan de Mesrour : j'y pris un logement avec un magasin, dans lequel je fis mettre les ballots que j'avais apportés avec moi sur des chameaux. Cela fait, j'entrai dans ma chambre pour me reposer et me remettre de la fatigue du chemin, pendant que mes gens, à qui j'avais donné de l'argent, allèrent acheter des vivres et firent la cuisine. Après le repas, j'allai voir le château, quelques mosquées, les places publiques et d'autres endroits qui méritaient d'être vus.

« Le lendemain, je m'habillai proprement, et après avoir fait tirer de quelques-uns de mes ballots de très-belles et très-riches étoffes, dans l'intention de les porter à un bezestin [1], pour voir ce qu'on en offrirait, j'en chargeai quelques-uns de mes esclaves, et me rendis au bezestin des Circassiens. J'y fus bientôt environné d'une foule de courtiers et de crieurs qui avaient été avertis de mon arrivée. Je partageai des échantillons d'étoffes entre plusieurs crieurs, qui les allèrent crier et faire voir dans tout le bezestin ; mais tous les marchands en offrirent beaucoup moins que ce qu'elles me coûtaient d'achat et de frais de voiture. Cela me fâcha, et comme j'en marquais mon ressentiment aux crieurs : « Si vous voulez nous en croire, me dirent-ils, nous vous enseignerons un moyen de ne rien perdre sur vos étoffes.... »

En cet endroit, Scheherazade s'arrêta, parce qu'elle vit paraître le jour. La nuit suivante, elle reprit son discours de cette manière :

CXXXIIe NUIT.

Le marchand chrétien parlant toujours au sultan de Casgar :

« Les courtiers et les crieurs, me dit le jeune homme, m'ayant promis de m'enseigner le moyen de ne pas perdre sur mes marchandises, je leur demandai ce qu'il fallait faire pour cela : « Les distribuer à plusieurs marchands, repartirent-ils : ils les vendront en détail ; et deux fois la semaine, le lundi et le jeudi, vous irez recevoir l'argent qu'ils en auront fait ; par là, vous gagnerez au lieu de perdre, et les marchands gagneront aussi quelque chose. Cependant vous aurez la liberté de vous divertir et de vous promener dans la ville et sur le Nil.

« Je suivis leur conseil ; je les menai avec moi à mon magasin, d'où je tirai toutes mes marchandises, et, retournant au bezestin, je les distribuai à différents marchands qu'ils m'avaient indiqués comme les plus solvables, et qui me donnèrent un reçu en bonne forme, signé par des témoins, sous la condition que je ne leur demanderais rien le premier mois.

« Mes affaires ainsi disposées, je n'eus plus l'esprit occupé que de plaisirs. Je contractai amitié avec diverses personnes à peu près de

[1] Lieu public où se vendent des étoffes de soie et autres marchandises précieuses.

mon âge, qui avaient soin de me bien faire passer mon temps. Le premier mois s'étant écoulé, je commençai à voir mes marchands deux fois la semaine, accompagné d'un officier public, pour examiner leurs livres de vente, et d'un changeur, pour régler la bonté et la valeur des espèces qu'ils me comptaient : ainsi, les jours de recette, quand je me retirais au khan de Mesrour, où j'étais logé, j'emportais une bonne somme d'argent. Cela n'empêchait pas que les autres jours de la semaine je n'allasse passer la matinée tantôt chez un marchand et tantôt chez un autre; je me divertissais à m'entretenir avec eux, et à voir ce qui se passait dans le bezestin.

« Un lundi que j'étais assis dans la boutique d'un de ces marchands, qui se nommait Bedreddin, une dame de condition, comme il était aisé de le connaître à son air, à son habillement, et par une esclave fort proprement mise qui la suivait, entra dans la boutique et s'assit près de moi. Cet extérieur, joint à une grâce naturelle qui paraissait en tout ce qu'elle faisait, me prévint en sa faveur, et me donna une grande envie de la mieux connaître . Je ne sais si elle ne s'aperçut pas que je prenais plaisir à la regarder, et si mon attention ne lui plaisait point; mais elle haussa le crépon qui lui descendait sur le visage par-dessus la mousseline qui le cachait, et me laissa voir de grands yeux noirs dont je fus charmé. Enfin elle acheva de me rendre très-amoureux d'elle par le son agréable de sa voix et par ses manières honnêtes et gracieuses, lorsque, en saluant le marchand, elle lui demanda des nouvelles de sa santé depuis le temps qu'elle ne l'avait vu.

« Après s'être entretenue quelque temps avec lui de choses indifférentes, elle lui dit qu'elle cherchait une certaine étoffe à fond d'or; qu'elle venait à sa boutique, comme à celle qui était la mieux assortie de tout le bezestin, et que, s'il en avait, il lui ferait un grand plaisir de lui en montrer. Bedreddin lui en montra plusieurs pièces, à l'une desquelles s'étant arrêtée et lui en ayant demandé le prix, il la lui laissa à onze cents drachmes d'argent : « Je consens à vous en donner cette somme, lui dit-elle; je n'ai pas d'argent sur moi, mais j'espère que vous voudrez bien me faire crédit jusqu'à demain et me permettre d'emporter l'étoffe : je ne manquerai pas de vous envoyer demain les onze cents drachmes dont nous convenons pour elle. — Madame, lui répondit Bedreddin, je vous ferais crédit avec plaisir, et vous laisserais emporter l'étoffe si elle m'appartenait; mais elle appartient à cet honnête jeune homme que vous voyez, et c'est aujourd'hui que je dois lui en compter l'argent. — Et d'où vient, reprit la dame fort étonnée, que vous en usez de cette sorte avec moi? N'ai-je pas coutume de venir à votre boutique? Et toutes les fois que j'ai acheté des étoffes et que vous avez bien voulu que je les aie emportées sans les payer à l'instant, ai-je jamais manqué de vous envoyer de l'argent dès le lendemain? » Le marchand en demeura d'accord : « Il est vrai, madame, repartit-il ; mais j'ai besoin d'argent aujourd'hui. — Eh bien ! voilà votre étoffe, dit-elle en la lui jetant. Que Dieu vous confonde, vous et tout ce qu'il y a de marchands ! Vous êtes tous faits les uns comme les autres ; vous n'avez aucun égard pour personne. » En achevant ces paroles, elle se leva brusquement et sortit fort irritée contre Bedreddin.... »

Là, Scheherazade, voyant que le jour paraissait, cessa de parler. La nuit suivante, elle continua de cette manière :

CXXXIII[e] NUIT.

Le marchand chrétien poursuivant son histoire :

« Quand je vis, me dit le jeune homme, que la dame se retirait, je sentis bien que mon cœur s'intéressait pour elle ; je la rappelai : « Madame, lui dis-je, faites-moi la grâce de revenir ; peut-être trouverai-je moyen de vous contenter l'un et l'autre. » Elle revint en me disant que c'était pour l'amour de moi : « Seigneur Bedreddin, dis-je alors au marchand, combien dites-vous que vous voulez vendre cette étoffe qui m'appartient? — Onze cents drachmes d'argent, répondit-il, je ne puis la donner à moins. — Livrez-la donc à cette dame, repris-je, et qu'elle l'emporte. Je vous donne cent drachmes de profit, et je vais vous faire un billet de la somme, à prendre sur les autres marchandises que vous avez. » Effectivement je fis le billet, le signai et le mis entre les mains de Bedreddin ; ensuite, présentant l'étoffe à la dame, je lui dis : « Vous pouvez l'emporter, madame ; et quant à l'argent, vous me l'enverrez demain ou un autre jour, ou bien je vous fais présent de l'étoffe, si vous voulez. — Ce n'est pas comme je l'entends, reprit-elle ; vous en usez avec moi d'une manière si honnête et si obligeante, que je serais indigne de paraître devant les hommes si je ne vous en témoignais pas de la reconnaissance. Que Dieu, pour vous en récompenser, augmente vos biens, vous fasse vivre long-temps après moi, vous ouvre la porte des cieux à votre mort, et que toute la ville publie votre générosité ! »

« Ces paroles me donnèrent de la hardiesse : « Madame, lui dis-je, laissez-moi voir votre visage pour prix de vous avoir fait plaisir ; ce sera me payer avec usure. » A ces mots, elle se tourna de mon côté, ôta la mousseline qui lui couvrait le visage, et offrit à mes yeux une beauté surprenante : j'en fus tellement frappé, que je ne pus lui rien dire pour lui exprimer ce que j'en pensais. Je ne me serais jamais lassé de la regarder ; mais elle se recouvrit promptement le visage, de peur qu'on ne l'aperçût ; et après avoir abaissé le crêpon, elle prit la pièce d'étoffe et s'éloigna de la boutique, où elle me laissa dans un état bien différent de celui où j'étais en y arrivant. Je demeurai longtemps dans un trouble et dans un désordre étrange. Avant de quitter le marchand, je lui demandai s'il connaissait la dame : « Oui, me répondit-il, elle est fille d'un émir qui lui a laissé en mourant des biens immenses. »

« Quand je fus de retour au khan de Mesrour, mes gens me servirent à souper ; mais il me fut impossible de manger : je ne pus même fermer l'œil de toute la nuit, qui me parut la plus longue de ma vie. Dès qu'il fut jour, je me levai dans l'espérance de revoir l'objet qui troublait mon repos ; et, dans le dessein de lui plaire, je m'habillai plus proprement encore que le jour précédent. Je retournai à la boutique de Bedreddin.... »

Mais, sire, dit Scheherazade, le jour, que je vois paraître, m'empêche de continuer mon récit. Après avoir dit ces paroles, elle se tut, et la nuit suivante elle reprit sa narration en ces termes :

CXXXIV^E NUIT.

Sire, le jeune homme de Bagdad racontant ses aventures au marchand chrétien : « Il n'y avait pas long-temps, dit-il, que j'étais arrivé à la boutique de Bedreddin, lorsque je vis venir la dame suivie de son esclave, et plus magnifiquement vêtue que le jour d'auparavant. Elle ne regarda pas le marchand, et s'adressant à moi seul : « Seigneur, me dit-elle, vous voyez que je suis exacte à tenir la parole que je vous donnai hier. Je viens exprès pour vous apporter la somme dont vous voulûtes bien répondre pour moi sans me connaître, par une générosité que je n'oublierai jamais. — Madame, lui répondis-je, il n'était pas besoin de vous presser si fort : j'étais sans inquiétude sur mon argent, et je suis fâché de la peine que vous avez prise. — Il n'était pas juste, reprit-elle, que j'abusasse de votre honnêteté. » En disant cela, elle me mit l'argent entre les mains, et s'assit près de moi.

Alors, profitant de l'occasion que j'avais de l'entretenir, je lui parlai de l'amour que je sentais pour elle ; mais elle se leva et me quitta brusquement, comme si elle eût été fort offensée de la déclaration que je venais de lui faire. Je la suivis des yeux tant que je la pus voir; et dès que je ne la vis plus, je pris congé du marchand, et je sortis du bezestin sans savoir où j'allais. Je rêvais à cette aventure, lorsque je sentis qu'on me tirait par derrière. Je me tournai aussitôt pour voir ce que ce pouvait être, et je reconnus avec plaisir l'esclave de la dame dont j'avais l'esprit occupé : « Ma maîtresse, me dit-elle, qui est cette jeune personne à qui vous venez de parler dans la boutique d'un marchand, voudrait bien vous dire un mot; prenez, s'il vous plaît, la peine de me suivre. » Je la suivis; et je trouvai en effet sa maîtresse qui m'attendait dans la boutique d'un changeur, où elle était assise.

« Elle me fit asseoir auprès d'elle, et prenant la parole : « Mon cher seigneur, me dit-elle, ne soyez pas surpris que je vous aie quitté un peu brusquement; je n'ai pas jugé à propos devant ce marchand de répondre favorablement à l'aveu que vous m'avez fait des sentiments que je vous ai inspirés. Mais bien loin de m'en offenser, je confesse que je prenais plaisir à vous entendre, et je m'estimais infiniment heureuse d'avoir pour amant un homme de votre mérite. Je ne sais quelle impression ma vue a pu faire d'abord sur vous; mais, pour moi, je puis vous assurer qu'en vous voyant je me suis senti de l'inclination pour vous. Depuis hier je n'ai fait que penser aux choses que vous me dîtes, et mon empressement à vous venir chercher si matin doit bien vous prouver que vous ne me déplaisez pas. — Madame, repris-je, transporté d'amour et de joie, je ne pouvais rien entendre de plus agréable que ce que vous avez la bonté de me dire. On ne saurait aimer avec plus de passion que je vous aime depuis l'heureux moment que vous parûtes à mes yeux; ils furent éblouis de tant de charmes, et mon cœur se rendit sans résistance. — Ne perdons pas le temps en discours inutiles, interrompit-elle : je ne doute pas de votre sincérité, et vous serez bientôt persuadé de la mienne. Voulez-vous me faire l'honneur de venir chez moi, ou si vous souhaitez que j'aille chez vous? — Madame, lui répondis-je, je suis un étranger logé dans un khan, qui n'est pas un lieu propre à recevoir une dame de votre rang et de votre mérite. »

Scheherazade allait poursuivre; mais elle fut obligée d'interrompre son discours, parce que le jour paraissait. Le lendemain, elle continua de cette sorte, en faisant toujours parler le jeune homme de Bagdad :

CXXXV^E NUIT.

« Il est plus à propos, madame, poursuivit-il, que vous ayez la bonté de m'enseigner votre demeure : j'aurai l'honneur de vous aller voir chez vous. La dame y consentit : « Il est, dit-elle, vendredi après-demain ; venez ce jour-là, après la prière du midi. Je demeure dans la rue de la Dévotion. Vous n'avez qu'à demander la maison d'Abou Schamma, surnommé Bercour, autrefois chef des émirs ; vous me trouverez là. » A ces mots nous nous séparâmes, et je passai le lendemain dans une grande impatience.

« Le vendredi je me levai de bon matin ; je pris le plus bel habit que j'eusse, avec une bourse, où je mis cinquante pièces d'or, et monté sur un âne, que j'avais retenu dès le jour précédent, je partis accompagné de l'homme qui me l'avait loué. Quand nous fûmes arrivés dans la rue de la Dévotion, je dis au maître de l'âne de demander où était la maison que je cherchais ; on la lui enseigna, et il m'y mena. Je descendis à la porte ; je le payai bien et le renvoyai, en lui recommandant de bien remarquer la maison où il me laissait, et de ne pas manquer de m'y venir prendre le lendemain matin, pour me remener au khan de Mesrour.

« Je frappai à la porte, et aussitôt deux petites esclaves, blanches comme la neige et très-proprement habillées, vinrent ouvrir : « Entrez, s'il vous plaît, me dirent-elles ; notre maîtresse vous attend impatiemment. Il y a deux jours qu'elle ne cesse de parler de vous. » J'entrai dans la cour, et je vis un grand pavillon élevé sur sept marches, entouré d'une grille qui le séparait d'un jardin d'une beauté admirable : outre les arbres qui ne servaient qu'à l'embellir et qu'à former de l'ombre, il y en avait une infinité d'autres chargés de toutes sortes de fruits. Je fus charmé du ramage d'un grand nombre d'oiseaux, qui mêlaient leurs chants au murmure d'un jet d'eau d'une hauteur prodigieuse, qu'on voyait au milieu d'un parterre émaillé de fleurs. D'ailleurs, ce jet d'eau était très-agréable à voir : quatre dragons dorés paraissaient aux angles du bassin, qui était carré ; et ces dragons jetaient de l'eau en abondance, mais de l'eau plus claire que le cristal de roche. Ce lieu plein de délices me donna une haute idée de la conquête que j'avais faite. Les deux petites esclaves me firent entrer dans un salon magnifiquement meublé ; et pendant que l'une courut avertir sa maîtresse de mon arrivée, l'autre demeura avec moi et me fit remarquer toutes les beautés du salon... »

En achevant ces derniers mots, Scheherazade cessa de parler, parce qu'elle vit paraître le jour. La nuit suivante, elle reprit en ces termes :

CXXXVI^{E} NUIT.

Sire, le marchand chrétien, continuant de parler au sultan de Casgar, poursuivit de cette manière :

« Je n'attendis pas long-temps dans le salon, me dit le jeune homme ; la dame que j'aimais y arriva bientôt, fort parée de perles et de diamants, mais plus brillante encore par l'éclat de ses yeux que par celui de ses pierreries : sa taille, qui n'était plus cachée par son habillement de ville, me parut la plus fine et la plus avantageuse du monde. Je ne vous parlerai point de la joie que nous eûmes de nous revoir ; car c'est une chose que je ne pourrais que faiblement exprimer. Je vous dirai seulement qu'après les premiers compliments, nous nous assîmes tous deux sur un sofa, où nous nous entretînmes avec toute la satisfaction imaginable. On nous servit ensuite les mets les plus délicats et les plus exquis. Nous nous mîmes à table ; et après le repas, nous recommençâmes à nous entretenir jusqu'à la nuit. Alors on nous apporta d'excellent vin et des fruits propres à exciter à boire, et nous bûmes au son des instruments que les esclaves accompagnèrent de leurs voix. La dame du logis chanta elle-même, et acheva par ses chansons de m'attendrir et de me rendre le plus passionné de tous les amants. Enfin je passai la nuit à goûter toutes sortes de plaisirs.

« Le lendemain matin, après avoir mis adroitement sous le chevet du lit la bourse et les cinquante pièces d'or que j'avais apportées, je dis adieu à la dame, qui me demanda quand je la reverrais : « Madame, lui répondis-je, je vous promets de revenir ce soir. » Elle parut ravie de ma réponse, me conduisit jusqu'à la porte ; et en nous séparant, elle me conjura de tenir ma promesse.

« Le même homme qui m'avait amené m'attendait avec son âne. Je montai dessus et revins au khan de Mesrour. En renvoyant l'homme, je lui dis que je ne le payais pas, afin qu'il me vînt reprendre l'après-dîner à l'heure que je lui marquai.

« D'abord que je fus de retour dans mon logement, mon premier soin fut de faire acheter un bon agneau et plusieurs sortes de gâteaux, que j'envoyai à la dame par un porteur. Je m'occupai ensuite d'affaires sérieuses, jusqu'à ce que le maître de l'âne fût arrivé. Alors je partis avec lui, et me rendis chez la dame, qui me reçut avec autant de joie que le jour précédent, et me fit un régal aussi magnifique que le premier.

« En la quittant le lendemain, je lui laissai encore une bourse de cinquante pièces d'or, et je revins au khan de Mesrour.... »

A ces mots, Scheherazade ayant aperçu le jour en avertit le sultan des Indes, qui se leva sans lui rien dire. Sur la fin de la nuit suivante, elle reprit ainsi la suite de l'histoire commencée :

CXXXVII[e] NUIT.

Le marchand chrétien, parlant toujours au sultan de Casgar :

« Le jeune homme de Bagdad, dit-il, poursuivit son histoire dans ces termes : « Je continuai de voir la dame tous les jours, et de lui laisser chaque fois une bourse de cinquante pièces d'or; et cela dura jusqu'à ce que les marchands à qui j'avais donné mes marchandises à vendre, et que je voyais régulièrement deux fois la semaine, ne me dûrent plus rien. Enfin je me trouvai sans argent et sans espérance d'en avoir.

« Dans cet état affreux, et prêt à m'abandonner à mon désespoir, je sortis du khan sans savoir ce que je faisais, et m'en allai du côté du château, où il y avait un grand nombre de peuple assemblé pour voir un spectacle que donnait le sultan d'Égypte. Lorsque je fus arrivé dans le lieu où était tout ce monde, je me mêlai parmi la foule, et me trouvai par hasard près d'un cavalier bien monté et fort proprement habillé, qui avait à l'arçon de sa selle un sac à demi ouvert, d'où sortait un cordon de soie verte. En mettant la main sur le sac, je jugeai que le cordon devait être celui d'une bourse qui était dedans. Pendant que je faisais ce jugement, il passa de l'autre côté du cavalier un porteur chargé de bois, et il passa si près, que le cavalier fut obligé de se tourner vers lui pour empêcher que le bois ne touchât et ne déchirât son habit. En ce moment, le démon me tenta; je pris le cordon d'une main, et m'aidant de l'autre à élargir le sac, je tirai la bourse sans que personne s'en aperçût. Elle était pesante, et je ne doutai point qu'il n'y eût dedans de l'or ou de l'argent.

« Quand le porteur fut passé, le cavalier, qui avait apparemment quelque soupçon de ce que j'avais fait pendant qu'il avait eu la tête tournée, mit aussitôt la main dans son sac, et n'y trouvant pas sa bourse, me donna un si grand coup de sa hache d'armes, qu'il me renversa par terre. Tous ceux qui furent témoins de cette violence en furent touchés, et quelques-uns mirent la main sur la bride du cheval pour arrêter le cavalier, et lui demander pour quel sujet il m'avait frappé, s'il lui était permis de maltraiter ainsi un musulman : « De quoi vous mêlez-vous? leur répondit-il d'un ton brusque. Je ne l'ai pas fait sans raison : c'est un voleur. » A ces paroles, je me relevai, et, à mon air, chacun prenant mon parti, s'écria qu'il était un menteur, qu'il n'était pas croyable qu'un jeune homme tel que moi eût commis la méchante action qu'il m'imputait; enfin ils soutenaient que j'étais innocent, et tandis qu'ils retenaient son cheval pour favoriser mon évasion, par malheur pour moi, le lieutenant de police, suivi de ses gens, passa par là. Voyant tant de monde assemblé autour du cavalier et de moi, il s'approcha et demanda ce qui était arrivé. Il n'y eut personne qui n'accusât le cavalier de m'avoir maltraité injustement, sous le prétexte de l'avoir volé.

« Le lieutenant de police ne s'arrêta pas à tout ce qu'on lui disait : il demanda au cavalier s'il ne soupçonnait pas quelque autre que moi de l'avoir volé. Le cavalier répondit que non, et lui dit les raisons qu'il avait de croire qu'il ne se trompait pas dans ses soupçons. Le lieutenant de police, après l'avoir écouté, ordonna à ses gens de m'arrêter et de me fouiller; ce qu'ils se mirent en devoir d'exécuter aussitôt, et l'un d'entre eux m'ayant ôté la bourse, la montra publiquement. Je ne pus soutenir cette honte, j'en tombai évanoui. Le lieutenant de police se fit apporter la bourse.... »

Mais, sire, voilà le jour, dit Scheherazade en se reprenant. Si votre majesté veut bien encore me laisser vivre jusqu'à demain, elle entendra la suite de l'histoire. Schahriar, qui n'avait pas un autre dessein, se leva sans lui répondre, et alla remplir ses devoirs

CXXXVIII[e] NUIT.

Sur la fin de la nuit suivante, la sultane adressa ainsi la parole à Schahriar : Sire, le jeune homme de Bagdad, poursuivant son histoire :

« Lorsque le lieutenant de police, dit-il, eut la bourse entre les mains, il demanda au cavalier si elle était à lui, et combien il y avait mis d'argent. Le cavalier la reconnut pour celle qui lui avait été prise, et assura qu'il y avait dedans vingt sequins. Le juge l'ouvrit, et après y avoir effectivement trouvé vingt sequins, il la lui rendit Aussitôt il me fit venir devant lui : « Jeune homme, me dit-il, avouez-moi la vérité : est-ce vous qui avez pris la bourse de ce cavalier? N'attendez pas que j'emploie les tourments pour vous le faire confesser. » Alors, baissant les yeux, je dis en moi-même: « Si je nie le fait, la bourse dont on m'a trouvé saisi me fera passer pour un menteur. » Ainsi, pour éviter un double châtiment, je levai la tête et confessai que c'était moi. Je n'eus pas plus tôt fait cet aveu, que le lieutenant de police, après avoir pris des témoins, commanda qu'on me coupât la main. La sentence fut exécutée sur-le-champ, ce qui excita la pitié de tous les spectateurs; je remarquai même sur le visage du cavalier qu'il n'en était pas moins touché que les autres. Le lieutenant de police voulait encore me faire couper un pied; mais je suppliai le cavalier de demander ma grâce; il la demanda et l'obtint.

« Lorsque le juge eut passé son chemin, le cavalier s'approcha de moi: « Je vois bien, me dit-il en me présentant la bourse, que c'est la nécessité qui vous a fait faire une action si honteuse et si indigne d'un jeune homme aussi bien fait que vous; mais tenez, voilà cette bourse fatale, je vous la donne, et je suis très-fâché du malheur qui vous est arrivé. » En achevant ces paroles, il me quitta; et comme j'étais très-faible à cause du sang que j'avais perdu, quelques honnêtes gens du quartier eurent la charité de me faire entrer chez eux, et de me faire boire un verre de vin; ils pansèrent aussi mon bras, et mirent ma main dans un linge, que j'emportai avec moi attachée à ma ceinture.

« Quand je serais retourné au khan de Mesrour dans ce triste état, je n'y aurais pas trouvé le secours dont j'avais besoin; c'était aussi hasarder beaucoup que d'aller me présenter à la jeune dame: « Elle ne voudra peut-être plus me voir, dis-je, lorsqu'elle aura appris mon infamie. » Je ne laissai pas néanmoins de prendre ce parti, et afin que le monde qui me suivait se lassât de m'accompagner, je marchai par plusieurs rues détournées, et me rendis enfin chez la dame, où j'arrivai si faible et si fatigué, que je me jetai sur le sofa, le bras droit sous ma robe; car je me gardai bien de le faire voir.

« Cependant la dame, avertie de mon arrivée et du mal que je souffrais, vint avec empressement, et me voyant pâle et défait: « Ma chère âme, me dit-elle, qu'avez-vous donc? » Je dissimulai: « Madame, lui répondis-je, c'est un grand mal de tête qui me tourmente. » Elle en parut très-affligée: « Asseyez-vous, reprit-elle (car je m'étais levé pour la recevoir); dites-moi comment cela vous est venu; vous vous portiez si bien la dernière fois que j'eus le plaisir de vous voir! Il y a quelque autre chose que vous me cachez; apprenez-moi ce que c'est. » Comme je gardais le silence, et qu'au lieu de répondre les larmes coulaient de mes yeux: « Je ne comprends pas, dit-elle, ce qui peut vous affliger; vous en aurai-je donné quelque sujet sans y penser? Et venez-vous ici exprès pour m'annoncer que vous ne m'aimez plus? — Ce n'est point cela, madame, lui repartis-je en soupirant, et un soupçon si injuste augmente encore mon mal. »

« Je ne pouvais me résoudre à lui en déclarer la véritable cause. La nuit étant venue, on servit le souper : elle me pria de manger; mais, ne pouvant me servir que de la main gauche, je la suppliai de m'en dispenser, m'excusant sur ce que je n'avais nul appétit : « Vous en aurez, me dit-elle, quand vous m'aurez découvert ce que vous me cachez avec tant d'opiniâtreté : votre dégoût, sans doute, ne vient que de la peine que vous avez à vous y déterminer. — Hélas! madame, repris-je, il faudra bien que je m'y détermine. » Je n'eus pas prononcé ces paroles, qu'elle me versa à boire, et me présentant la tasse : « Prenez, dit-elle, et buvez, cela vous donnera du courage. » J'avançai donc la main gauche et pris la tasse.... »

A ces mots, Scheherazade, apercevant le jour, cessa de parler; mais la nuit suivante elle poursuivit son discours de cette manière :

CXXXIX^e NUIT.

« Lorsque j'eus la tasse à la main, dit le jeune homme, je redoublai mes pleurs et poussai de nouveaux soupirs : « Qu'avez-vous donc à soupirer et à pleurer si amèrement, me dit alors la dame, et pourquoi prenez-vous la tasse de la main gauche plutôt que de la droite? — Ah! madame, lui répondis-je, excusez-moi, je vous en conjure; c'est que j'ai une tumeur à la main droite. — Montrez-moi cette tumeur, répliqua-t-elle, je la veux percer. » Je m'en excusai en disant qu'elle n'était pas encore en état de l'être, et je vidai toute la tasse qui était très-grande. Les vapeurs du vin, ma lassitude et l'abattement où j'étais, m'eurent bientôt assoupi, et je dormis d'un profond sommeil, qui dura jusqu'au lendemain.

« Pendant ce temps-là, la dame voulant savoir quel mal j'avais à la main droite, leva ma robe qui la cachait, et vit avec tout l'étonnement que vous pouvez penser qu'elle était coupée, et que je l'avais apportée dans un linge. Elle comprit d'abord sans peine pourquoi j'avais tant résisté aux pressantes instances qu'elle m'avait faites, et elle passa la nuit à s'affliger de ma disgrâce, ne doutant pas qu'elle ne me fût arrivée pour l'amour d'elle.

« A mon réveil, je remarquai fort bien sur son visage qu'elle était saisie d'une vive douleur. Néanmoins, pour ne me pas chagriner, elle ne me parla de rien. Elle me fit servir un consommé de volaille, qu'on m'avait préparé par son ordre, me fit manger et boire pour me donner, disait-elle, les forces dont j'avais besoin. Après cela, je voulus prendre congé d'elle; mais me retenant par ma robe: « Je ne souffrirai pas, dit-elle, que vous sortiez d'ici. Quoique vous ne m'en disiez rien, je suis persuadée que je suis la cause du malheur que vous vous êtes attiré. La douleur que j'en ai ne me laissera pas vivre longtemps; mais avant que je meure, il faut que j'exécute un dessein que je médite en votre faveur. » En disant cela, elle fit appeler un officier de justice et des témoins, et me fit dresser une donation de tous ses biens. Après qu'elle eut renvoyé tous ses gens satisfaits de leurs peines, elle ouvrit un grand coffre où étaient toutes les bourses dont je lui avais fait présent depuis le commencement de nos amours : « Elles sont toutes entières, me dit-elle; je n'ai pas touché à une seule : tenez, voilà la clef du coffre; vous en êtes le maître. » Je la remerciai de sa générosité et de sa bonté. « Je compte pour rien, reprit-elle, ce que je viens de faire pour vous, et je ne serai pas contente que je ne meure encore, pour vous témoigner combien je vous aime. » Je la conjurai par tout ce que l'amour a de plus puissant d'abandonner une résolution si funeste; mais je ne pus l'en détourner; et le chagrin de me voir manchot lui causa une maladie de cinq ou six semaines, dont elle mourut.

« Après avoir regretté sa mort autant que je le devais, je me mis en possession de tous ses biens qu'elle m'avait fait connaître; et le sésame que vous avez pris la peine de vendre pour moi en faisait une partie.... »

Scheherazade voulait continuer sa narration; mais le jour qui paraissait l'en empêcha. La nuit suivante, elle reprit ainsi le fil de son discours :

CXL^E NUIT.

Le jeune homme de Bagdad acheva de raconter son histoire de cette sorte au marchand chrétien :

« Ce que vous venez d'entendre, poursuivit-il, doit m'excuser auprès de vous d'avoir mangé de la main gauche ; je vous suis fort obligé de la peine que vous vous êtes donnée pour moi. Je ne puis assez reconnaître votre fidélité ; et comme j'ai, Dieu merci, assez de bien, quoique j'en aie dépensé beaucoup, je vous prie de vouloir accepter le présent que je vous fais de la somme que vous me devez. Outre cela, j'ai une proposition à vous faire. Ne pouvant plus demeurer davantage au Caire, après l'affaire que je viens de vous conter, je suis résolu d'en partir pour n'y revenir jamais ; si vous voulez me tenir compagnie, nous négocierons ensemble et nous partagerons également le gain que nous ferons. »

« Quand le jeune homme de Bagdad eut achevé son histoire, dit le marchand chrétien, je le remerciai le mieux qu'il me fut possible du présent qu'il me faisait ; et quant à sa proposition de voyager avec lui, je lui dis que je l'acceptais très-volontiers, en l'assurant que ses intérêts me seraient toujours aussi chers que les miens.

« Nous prîmes jour pour notre départ, et lorsqu'il fut arrivé, nous nous mîmes en chemin. Nous avons passé par la Syrie et par la Mésopotamie, traversé toute la Perse, où, après nous être arrêtés dans plusieurs villes, nous sommes enfin venus, sire, jusqu'à votre capitale. Au bout de quelque temps, le jeune homme m'ayant témoigné qu'il avait dessein de repasser dans la Perse, et de s'y établir, nous fîmes nos comptes et nous nous séparâmes très-satisfaits l'un de l'autre. Il partit, et moi, sire, je suis resté dans cette ville, où j'ai l'honneur d'être au service de votre majesté. Voilà l'histoire que j'avais à vous conter ; ne la trouvez-vous pas plus surprenante que celle du bossu ? »

Le sultan de Casgar se mit en colère contre le marchand chrétien : « Tu es bien hardi, me dit-il, d'oser me faire le récit d'une histoire si peu digne de mon attention, et de la comparer à celle du bossu. Peux-tu te flatter de me persuader que les fades aventures d'un jeune débauché sont plus admirables que celles de mon bouffon ? Je vais vous faire pendre tous quatre pour venger sa mort. »

A ces paroles, le pourvoyeur effrayé se jeta aux pieds du sultan : « Sire, dit-il, je supplie votre majesté de suspendre sa juste colère, de m'écouter et de nous faire grâce à tous quatre, si l'histoire que je vais raconter à votre majesté est plus belle que celle du bossu. — Je t'accorde ce que tu me demandes, répondit le sultan : parle. » Le pourvoyeur prit alors la parole, et dit :

HISTOIRE

RACONTEE PAR LE POURVOYEUR DU SULTAN DE CASGAR.

UNE personne de considération m'invita hier aux noces d'une de ses filles. Je ne manquai pas de me rendre chez elle sur le soir, à l'heure marquée, et je me trouvai dans une assemblée de docteurs, d'officiers de justice et d'autres personnes les plus distinguées de cette ville. Après les cérémonies, on servit un festin magnifique ; on se mit à table, et chacun mangea de ce qu'il trouva le plus à son goût. Il y avait, entre autres choses, une entrée accommodée avec de l'ail, qui était excellente, et dont tout le monde voulait avoir ; et comme nous remarquâmes qu'un des convives ne s'empressait pas d'en manger, quoiqu'elle fût devant lui, nous l'invitâmes à mettre la main au plat et à nous imiter. Il nous conjura de ne le point presser là-dessus : « Je me garderai bien, nous dit-il, de toucher à un ragoût où il y aura de l'ail ; je n'ai point oublié ce qu'il m'en coûte pour en avoir goûté autrefois. » Nous le priâmes de nous raconter ce qui lui avait causé une si grande aversion pour l'ail. Mais sans lui donner le temps de nous répondre : « Est-ce ainsi, lui dit le maître de la maison, que vous faites honneur à ma table? Ce ragoût est délicieux, ne prétendez pas vous exempter d'en manger ; il faut que vous me fassiez cette grâce comme les autres. — Seigneur, lui repartit le convive, qui était un marchand de Bagdad, ne croyez pas que j'en use ainsi par une fausse délicatesse ; je veux bien vous obéir si vous le voulez absolument ; mais ce sera à condition qu'après en avoir mangé, je me laverai, s'il vous plaît, les mains quarante fois avec du kali [1], quarante autres fois avec de la cendre de la même plante, et autant de fois avec du savon. Vous ne trouverez pas mauvais que j'en use ainsi, pour ne pas contrevenir au serment que j'ai fait de ne manger jamais de ragoût à l'ail qu'à cette condition. »

[1] Plante qui croît au bord de la mer, qu'on recueille et qu'on brûle verte. Ses cendres sont ce qu'on nomme la soude. On appelle aussi cette plante soude.

En achevant ces paroles, Scheherazade, voyant paraître le jour, se tut, et Schahriar se leva, fort curieux de savoir pourquoi ce marchand avait juré de se laver six-vingts fois, après avoir mangé d'un ragoût à l'ail. La sultane contenta sa curiosité de cette sorte, sur la fin de la nuit suivante :

CXLI[e] NUIT.

Le pourvoyeur parlant au sultan de Casgar :

« Le maître du logis, poursuivit-il, ne voulant pas dispenser le marchand de manger du ragoût à l'ail, commanda à ses gens de tenir prêts un bassin et de l'eau avec du kali, de la cendre de la même plante, et du savon, afin que le marchand se lavât autant de fois qu'il lui plairait. Après avoir donné cet ordre, il s'adressa au marchand : « Faites donc comme nous, lui dit-il, et mangez. Le kali, la cendre de la même plante et le savon ne vous manqueront pas. »

« Le marchand, comme en colère de la violence qu'on lui faisait, avança la main, prit un morceau qu'il porta en tremblant à sa bouche, et le mangea avec une répugnance dont nous fûmes tous fort étonnés. Mais ce qui nous surprit davantage, nous remarquâmes qu'il n'avait que quatre doigts et point de pouce ; et personne jusque-là ne s'en était encore aperçu, quoiqu'il eût déjà mangé d'autres mets. Le maître de la maison prit aussitôt la parole : « Vous n'avez point de pouce, lui dit-il ; par quel accident l'avez-vous perdu? Il faut que ce soit à quelque occasion dont vous ferez plaisir à la compagnie de l'entretenir. — Seigneur, répondit-il, ce n'est pas seulement à la main droite que je n'ai point de pouce ; je n'en ai point non plus à la gauche. » En même temps il avança la main gauche, et nous fit voir que ce qu'il nous disait était véritable. « Ce n'est pas tout encore, ajouta-t-il : le pouce me manque de même à l'un et à l'autre pied ; et vous pouvez m'en croire. Je suis estropié de cette manière par une aventure inouïe, que je ne refuse pas de vous raconter, si vous voulez bien avoir la patience de l'entendre ; elle ne vous causera pas moins d'étonnement qu'elle vous fera de pitié. Mais permettez-moi de me laver les mains auparavant. » A ces mots, il se leva de table ; et après s'être lavé les mains six-vingts fois, il revint prendre sa place, et nous fit le récit de son histoire en ces termes :

« Vous saurez, seigneurs, que sous le règne du kalife Haroun Alraschild, mon père vivait à Bagdad, où je suis né, et passait pour un des plus riches marchands de la ville. Mais comme c'était un homme adonné aux plaisirs, qui aimait la débauche et négligeait le soin de ses affaires, au lieu de recueillir de grands biens à sa mort, j'eus besoin de toute l'économie imaginable pour acquitter les dettes qu'il avait laissées. Je vins pourtant à bout de les payer toutes; et, par mes soins, ma petite fortune commença à prendre une face assez riante.

« Un matin que j'ouvrais ma boutique, une dame montée sur une mule, accompagnée d'un eunuque, et suivie de deux esclaves, passa près de ma porte et s'arrêta. Elle mit pied à terre à l'aide de l'eunuque, qui lui prêta la main, et lui dit : « Madame, je vous l'avais bien dit, que vous veniez de trop bonne heure : vous voyez qu'il n'y a encore personne au bezestin; si vous aviez voulu me croire, vous vous seriez épargné la peine que vous aurez d'attendre. » Elle regarda de toutes parts, et voyant en effet qu'il n'y avait pas d'autres boutiques ouvertes que la mienne, elle s'en approcha en me saluant, et me pria de lui permettre qu'elle s'y reposât en attendant que les autres marchands arrivassent. Je répondis à son compliment comme je devais.... »

Le jour paraissant, Scheherazade cessa de parler. La nuit suivante, elle reprit en ces termes :

CXLII^E NUIT.

« La dame s'assit dans ma boutique, poursuivit le marchand, et remarquant qu'il n'y avait personne que l'eunuque et moi dans tout le bezestin, elle se découvrit le visage pour prendre l'air. Je n'avais jamais rien vu de si beau : la voir et l'aimer passionnément, ce fut la même chose pour moi; j'eus toujours les yeux attachés sur elle. Il me parut que mon attention ne lui était pas désagréable : car elle me donna tout le temps de la regarder à mon aise; et elle ne se couvrit le visage que lorsque la crainte d'être aperçue l'y obligea.

« Après qu'elle se fut remise dans le même état qu'auparavant, elle me dit qu'elle cherchait plusieurs sortes d'étoffes des plus belles et des plus riches qu'elle me nomma, et elle me demanda si j'en avais : « Hélas! madame, lui répondis-je, je suis un jeune marchand, je ne fais que commencer à m'établir : je ne suis pas encore assez riche pour faire un si grand négoce, et c'est une mortification pour moi de n'avoir rien à vous présenter de ce qui vous a fait venir au bezestin; mais pour vous épargner la peine d'aller de boutique en boutique, d'abord que les marchands seront venus, j'irai, si vous le trouvez bon, prendre chez eux tout ce que vous souhaitez : ils m'en diront le prix au juste; et, sans aller plus loin, vous ferez ici vos emplettes. » Elle y consentit, et j'eus avec elle un entretien qui dura d'autant plus long-temps que je lui faisais accroire que les marchands qui avaient les étoffes qu'elle demandait n'étaient pas encore arrivés.

« Je ne fus pas moins charmé de son esprit que je l'avais été de la beauté de son visage; mais il fallut enfin me priver du plaisir de sa conversation : je courus chercher les étoffes qu'elle désirait; et quand elle eut choisi celles qui lui plurent, nous en arrêtâmes le prix à cinq mille drachmes d'argent monnayé. J'en fis un paquet, que je donnai à l'eunuque, qui le mit sous son bras. Elle se leva ensuite, et partit après avoir pris congé de moi. Je la conduisis des yeux jusqu'à la porte du bezestin, et je ne cessai de la regarder qu'elle ne fût remontée sur sa mule.

« La dame n'eut pas plus tôt disparu, que je m'aperçus que l'amour m'avait fait faire une grande faute : il m'avait tellement troublé l'esprit, que je n'avais pas pris garde qu'elle s'en allait sans payer, et que je ne lui avais pas seulement demandé qui elle était, ni où elle demeurait. Je fis réflexion pourtant que j'étais redevable d'une somme considérable à plusieurs marchands, qui n'auraient peut-être pas la patience d'attendre. J'allai m'excuser auprès d'eux le mieux qu'il me fut possible, en leur disant que je connaissais la dame. Enfin je revins chez moi aussi amoureux qu'embarrasé d'une si grosse dette.... »

Scheherazàde, en cet endroit, vit paraître le jour et cessa de parler. La nuit suivante, elle continua de cette manière :

CXLIII[e] NUIT.

« J'avais prié mes créanciers, poursuivit le marchand, de vouloir bien attendre huit jours pour recevoir leur paiement : la huitaine échue, ils ne manquèrent pas de me presser de les satisfaire. Je les suppliai de m'accorder le même délai : ils y consentirent; mais dès le lendemain je vis arriver la dame, montée sur sa mule, avec la même suite et à la même heure que la première fois. Elle vint droit à ma boutique : « Je vous ai fait un peu attendre, me dit-elle; mais enfin je vous apporte l'argent des étoffes que je pris l'autre jour; portez-le chez un changeur; qu'il voie s'il est de bon aloi, et si le compte y est. » L'eunuque, qui avait l'argent, vint avec moi chez le changeur, et la somme se trouva juste et toute de bon argent. Je revins, et j'eus encore le bonheur d'entretenir la dame jusqu'à ce que toutes les boutiques du bezestin fussent ouvertes. Quoique nous ne parlassions que de choses très-communes, elle leur donnait néanmoins un tour qui les faisait paraître nouvelles, et qui me fit voir que je ne m'étais pas trompé, quand, dès la première conversation, j'avais jugé qu'elle avait beaucoup d'esprit.

« Lorsque les marchands furent arrivés, et qu'ils eurent ouvert leurs boutiques, je portai ce que je devais à ceux chez qui j'avais pris des étoffes à crédit, et je n'eus pas de peine à obtenir d'eux qu'ils m'en confiassent d'autres que la dame m'avait demandées. J'en levai pour mille pièces d'or, et la dame emporta encore la marchandise sans la payer, sans me rien dire, et sans se faire connaître. Ce qui m'étonnait, c'est qu'elle ne hasardait rien, et que je demeurais sans caution et sans certitude d'être dédommagé, en cas que je ne la revisse plus : « Elle me paie une somme assez considérable, me disais-je en moi-même; mais elle me laisse redevable d'une autre qui l'est encore davantage. Serait-ce une trompeuse, et serait-il possible qu'elle m'eût leurré d'abord pour me mieux ruiner? Les marchands ne la connaissent pas; et c'est à moi qu'ils s'adresseront. » Mon amour ne fut pas assez puissant pour m'empêcher de faire là-dessus des réflexions chagrinantes. Mes alarmes augmentèrent même de jour en jour pendant un mois entier, qui s'écoula sans que j'eusse aucune nouvelle de la dame. Enfin les marchands s'impatientèrent; et pour les satisfaire, j'étais prêt à vendre tout ce que j'avais, lorsque je la vis revenir un matin dans le même équipage que les autres fois :

« Prenez votre trébuchet, me dit-elle, pour peser l'or que je vous apporte. » Ces paroles achevèrent de dissiper ma frayeur et redoublèrent mon amour. Avant que de compter les pièces d'or, elle me fit plusieurs questions; entre autres, elle me demanda si j'étais marié. Je lui répondis que non, et que je ne l'avais jamais été. Alors, en donnant l'or à l'eunuque, elle lui dit : « Prêtez-nous votre entremise pour terminer notre affaire. » L'eunuque se mit à rire, et, m'ayant tiré à l'écart, me fit peser l'or. Pendant que je le pesais, l'eunuque me dit à l'oreille : « A vous voir, je connais parfaitement que vous aimez ma maîtresse, et je suis surpris que vous n'ayez pas la hardiesse de lui découvrir votre amour : elle vous aime encore plus que vous ne l'aimez. Ne croyez pas qu'elle ait besoin de vos étoffes; elle ne vient ici uniquement que parce que vous lui avez inspiré une passion violente : c'est à cause de cela qu'elle vous a demandé si vous étiez marié. Vous n'avez qu'à parler, il ne tiendra qu'à vous de l'épouser, si vous voulez. — Il est vrai, lui répondis-je, que j'ai senti naître de l'amour pour elle dès le premier moment que je l'ai vue; mais je n'osais aspirer au bonheur de lui plaire. Je suis tout à elle, et je ne manquerai pas de reconnaître le bon office que vous me rendez. »

« Enfin j'achevai de peser les pièces d'or, et pendant que je les remettais dans le sac, l'eunuque se tourna du côté de la dame, et lui dit que j'étais très-content; c'était le mot dont ils étaient convenus entre eux. Aussitôt la dame, qui était assise, se leva et partit en me disant qu'elle m'enverrait l'eunuque, et que je n'aurais qu'à faire ce qu'il me dirait de sa part.

« Je portai à chaque marchand l'argent qui lui était dû, et j'attendis impatiemment l'eunuque durant quelques jours. Il arriva enfin. »

Mais, sire, dit Scheherazade au sultan des Indes, voilà le jour qui paraît. A ces mots, elle garda le silence. Le lendemain, elle reprit ainsi le fil de son discours :

CXLIV[e] NUIT.

« Je fis bien des amitiés à l'eunuque, dit le marchand de Bagdad, et je lui demandai des nouvelles de la santé de sa maîtresse : « Vous êtes, me répondit-il, l'amant du monde le plus heureux : elle est malade d'amour; on ne peut avoir plus d'envie de vous voir qu'elle en a, et, si elle disposait de ses actions, elle viendrait vous chercher, et passerait volontiers avec vous tous les moments de sa vie. — A son air noble et à ses manières honnêtes, lui dis-je, j'ai jugé que c'était quelque dame de considération. — Vous ne vous êtes pas trompé dans ce jugement, répliqua l'eunuque; elle est favorite de Zobéide, épouse du kalife, qui l'aime d'autant plus chèrement, qu'elle l'a élevée dès son enfance, et qu'elle se repose sur elle de toutes les emplettes qu'elle a à faire. Dans le dessein qu'elle a de se marier, elle a déclaré à l'épouse du Commandeur des croyants qu'elle avait jeté les yeux sur vous, et lui a demandé son consentement. Zobéide lui a dit qu'elle y consentait, mais qu'elle voulait vous voir auparavant, afin de juger si elle avait fait un bon choix, et qu'en ce cas-là, elle ferait les frais de noces : c'est pourquoi vous voyez que votre bonheur est certain : si vous avez plu à la favorite, vous ne plairez pas moins à la maîtresse, qui ne cherche qu'à lui faire plaisir, et qui ne voudrait pas contraindre son inclination. Il ne s'agit donc plus que de venir au palais, et c'est pour cela que vous me voyez ici : c'est à vous de prendre votre résolution. — Elle est toute prise, lui repartis-je, et je suis prêt à vous suivre partout où vous voudrez me conduire. — Voilà qui est bien, reprit l'eunuque; mais vous savez que les hommes n'entrent pas dans les appartements des dames du palais, et qu'on ne peut vous y introduire qu'en prenant des mesures qui demandent un grand secret : la favorite en a pris de justes; de votre côté, faites tout ce qui dépendra de vous; mais surtout soyez discret, car il y va de votre vie. »

« Je l'assurai que je ferais exactement tout ce qui me serait ordonné : « Il faut donc, me dit-il, que ce soir, à l'entrée de la nuit, vous vous rendiez à la mosquée que Zobéide, épouse du kalife, a fait bâtir sur le bord du Tigre, et que là vous attendiez qu'on vous vienne chercher. » Je consentis à tout ce qu'il voulut. J'attendis la fin du jour avec impatience, et, quand elle fut venue, je partis. J'assistai à la prière d'une heure et demie après le soleil couché, dans la mosquée, où je demeurai le dernier.

« Je vis bientôt aborder un bateau dont tous les rameurs étaient eunuques; ils débarquèrent et apportèrent dans la mosquée plusieurs grands coffres, après quoi ils se retirèrent; il n'en resta qu'un seul, que je reconnus pour celui qui avait toujours accompagné la dame, et qui m'avait parlé le matin. Je vis entrer aussi la dame: j'allai au-devant d'elle, en lui témoignant que j'étais prêt à exécuter ses ordres: « Nous n'avons pas de temps à perdre, » me dit-elle. En disant cela, elle ouvrit un des coffres et m'ordonna de me mettre dedans : « C'est une chose, ajouta-t-elle, nécessaire pour votre sûreté et pour la mienne; ne craignez rien, et laissez-moi disposer du reste. » J'en avais trop fait pour reculer; je fis ce qu'elle désirait, et aussitôt elle referma le coffre à la clef. Ensuite l'eunuque, qui était dans sa confidence, appela les autres eunuques qui avaient apporté les coffres, et les fit tous reporter dans le bateau; puis la dame et son eunuque s'étant rembarqués, on commença à ramer pour me mener à l'appartement de Zobéide.

« Pendant ce temps-là, je faisais de sérieuses réflexions, et considérant le danger où j'étais, je me repentis de m'y être exposé : je fis des vœux et des prières qui n'étaient guère de saison.

« Le bateau aborda devant la porte du palais du kalife; on déchargea les coffres, qui furent portés à l'appartement de l'officier des eunuques qui garde la clef de celui des dames, et n'y laisse rien entrer sans l'avoir bien visité auparavant. Cet officier était couché; il fallut l'éveiller et le faire lever. »

Mais, sire, dit Scheherazade en cet endroit, je vois le jour qui commence à paraître. Schahriar se leva pour aller tenir son conseil, et dans la résolution d'entendre le lendemain la suite d'une histoire qu'il avait écoutée jusque-là avec plaisir.

CXLVE NUIT.

Quelques moments avant le jour, la sultane des Indes, s'étant réveillée, poursuivit de cette manière l'histoire du marchand de Bagdad :

« L'officier des eunuques, continua-t-il, fâché de ce qu'on avait interrompu son sommeil, querella fort la favorite de ce qu'elle revenait si tard : « Vous n'en serez pas quitte à si bon marché que vous vous l'imaginez, lui dit-il ; pas un de ces coffres ne passera que je ne l'aie fait ouvrir et que je ne l'aie exactement visité. » En même temps il commanda aux eunuques de les apporter devant lui l'un après l'autre, et de les ouvrir. Ils commencèrent par celui où j'étais enfermé ; ils le prirent et le portèrent. Alors je fus saisi d'une frayeur que je ne puis exprimer ; je me crus au dernier moment de ma vie.

« La favorite, qui avait la clef, protesta qu'elle ne la donnerait pas, et ne souffrirait jamais qu'on ouvrît ce coffre-là : « Vous savez bien, dit-elle, que je ne fais rien venir qui ne soit pour le service de Zobéide, votre maîtresse et la mienne ; ce coffre particulièrement est rempli de marchandises précieuses, que des marchands nouvellement arrivés m'ont confiées ; il y a de plus un nombre de bouteilles d'eau de la fontaine de Zemzem [1], envoyées de La Mekke : si quelqu'une venait à se casser, les marchandises en seraient gâtées, et vous en répondriez ; la femme du Commandeur des croyants saurait bien se venger de votre insolence. » Enfin elle parla avec tant de fermeté, que l'officier n'eut pas la hardiesse de s'opiniâtrer à vouloir faire la visite ni du coffre où j'étais, ni des autres : « Passez donc, dit-il en colère, marchez ! » On ouvrit l'appartement des dames, et l'on y porta tous les coffres.

« A peine y furent-ils, que j'entendis crier tout à coup : « Voilà le kalife ! voilà le kalife ! » Ces paroles augmentèrent ma frayeur à un point, que je ne sais comment je n'en mourus pas sur-le-champ.

[1] Cette fontaine est à La Mekke ; et, selon les Mahométans, c'est la source que Dieu fit paraître en faveur d'Agar, après qu'Abraham eut été obligé de la chasser. On boit de son eau par dévotion, et l'on en envoie en présent aux princes et aux princesses.

C'était effectivement le kalife : « Qu'apportez-vous donc dans ces coffres? » dit-il à la favorite. « Commandeur des croyants, répondit-elle, ce sont des étoffes nouvellement arrivées, que l'épouse de votre majesté a souhaité qu'on lui montrât. — Ouvrez, ouvrez, reprit le kalife, je les veux voir aussi. » Elle voulut s'en excuser en lui représentant que ces étoffes n'étaient propres que pour des dames, et que ce serait ôter à son épouse le plaisir qu'elle se faisait de les voir la première : « Ouvrez, vous dis-je, répliqua-t-il, je vous l'ordonne. » Elle lui remontra encore que sa majesté, en l'obligeant à manquer à sa maîtresse, l'exposait à sa colère : « Non, non, repartit-il, je vous promets qu'elle ne vous en fera aucun reproche; ouvrez, seulement, et ne me faites pas attendre plus longtemps. »

« Il fallut obéir, et je sentis alors de si vives alarmes, que j'en frémis encore toutes les fois que j'y pense. Le kalife s'assit, et la favorite fit porter devant lui tous les coffres l'un après l'autre, et les ouvrit. Pour tirer les choses en longueur, elle lui faisait remarquer toutes les beautés de chaque étoffe en particulier; elle voulait mettre sa patience à bout, mais elle n'y réussit pas. Comme elle n'était pas moins intéressée que moi à ne pas ouvrir le coffre où j'étais, elle ne s'empressait point à le faire apporter, et il ne restait plus que celui-là à visiter : « Achevons, dit le kalife, voyons encore ce qu'il y a dans ce coffre. » Je ne puis dire si j'étais vif ou mort en ce moment; mais je ne croyais pas échapper à un si grand danger.... »

Scheherazade, à ces derniers mots, vit paraître le jour : elle interrompit sa narration; mais sur la fin de la nuit suivante elle continua ainsi :

CXLVI[E] NUIT.

« Lorsque la favorite de Zobéide, poursuivit le marchand de Bagdad, vit que le kalife voulait absolument qu'elle ouvrît le coffre où j'étais : « Pour celui-ci, dit-elle, votre majesté me fera, s'il lui plaît, la grâce de me dispenser de lui faire voir ce qu'il y a dedans : ce sont des choses que je ne puis lui montrer qu'en présence de son épouse. — Voilà qui est bien, dit le kalife, je suis content, faites emporter vos coffres. » Elle les fit enlever aussitôt et porter dans sa chambre, où je commençai à respirer.

« Dès que les eunuques qui les avaient apportés se furent retirés, elle ouvrit promptement celui où j'étais prisonnier : « Sortez, me dit-elle en me montrant la porte d'un escalier qui conduisait à une chambre au-dessus, montez, et allez m'attendre. » Elle n'eut pas fermé la porte sur moi, que le kalife entra et s'assit sur le coffre d'où je venais de sortir. Le motif de cette visite était un mouvement de curiosité qui ne me regardait pas : ce prince voulait faire des questions sur ce qu'elle avait vu ou entendu dans la ville. Ils s'entretinrent tous deux assez long-temps; après quoi il la quitta enfin, et se retira dans son appartement.

« Lorsqu'elle se vit libre, elle me vint trouver dans la chambre où j'étais monté, et me fit bien des excuses de toutes les alarmes qu'elle m'avait causées : « Ma peine, me dit-elle, n'a pas été moins grande que la vôtre ; vous n'en devez pas douter, puisque j'ai souffert pour l'amour de vous et pour moi, qui courais le même péril. Une autre à ma place n'aurait peut-être pas eu le courage de se tirer si bien d'une occasion si délicate; il ne fallait pas moins de hardiesse ni de présence d'esprit, ou plutôt il fallait avoir tout l'amour que j'ai pour vous, pour sortir de cet embarras. Mais, rassurez-vous, il n'y a plus rien à craindre. » Après nous être entretenus quelque temps avec beaucoup de tendresse : « Il est temps, me dit-elle, de vous reposer; couchez-vous. Je ne manquerai pas de vous présenter demain à Zobéide, ma maîtresse, à quelque heure du jour; et c'est une chose facile, car le kalife ne la voit que la nuit. » Rassuré par ces discours, je dormis assez tranquillement; ou si mon sommeil fut quelquefois interrompu par des inquiétudes, ce furent des inquiétudes agréables, causées par l'espérance de posséder une dame qui avait tant d'esprit et de beauté.

« Le lendemain, la favorite de Zobéide, avant que de me faire paraître devant sa maîtresse, m'instruisit de la manière dont je devais soutenir sa présence, me dit à peu près les questions que cette princesse me ferait, et me dicta les réponses que j'y devais faire. Après cela, elle me conduisit dans une salle où tout était d'une propreté, d'une richesse et d'une magnificence surprenantes. Je n'y étais pas entré, que vingt dames esclaves, d'un âge déjà avancé, toutes vêtues d'habits riches et uniformes, sortirent du cabinet de Zobéide, et vinrent se ranger devant un trône, en deux files égales, avec une grande modestie. Elles furent suivies de vingt autres dames, toutes jeunes, et habillées de la même sorte que les premières, avec cette différence, pourtant, que leurs habits avaient quelque chose de plus galant. Zobéide parut au milieu de celles-ci, avec un air majestueux, et si chargée de pierreries et de toutes sortes de joyaux, qu'à peine pouvait-elle marcher : elle alla s'asseoir sur le trône. J'oubliais de vous dire que sa dame favorite l'accompagnait, et qu'elle demeura debout à sa droite, pendant que les dames esclaves, un peu plus éloignées, étaient en foule des deux côtés du trône.

« D'abord que la femme du kalife fut assise, les esclaves qui étaient entrées les premières me firent signe d'approcher. Je m'avançai au milieu des deux rangs qu'elles formaient, et me prosternai la tête contre le tapis qui était sous les pieds de la princesse. Elle m'ordonna de me relever, et me fit l'honneur de s'informer de mon nom, de ma famille et de l'état de ma fortune; à quoi je satisfis assez à son gré. Je m'en aperçus, non-seulement à son air, elle me le fit même connaître par les choses qu'elle eut la bonté de me dire: « J'ai bien de la joie, me dit-elle, que ma fille (c'est ainsi qu'elle appelait sa dame favorite), car je la regarde comme telle, après le soin que j'ai pris de son éducation, ait fait un choix dont je suis contente; je l'approuve et je consens que vous vous mariiez tous deux. J'ordonnerai moi-même les apprêts de vos noces; mais auparavant j'ai besoin de ma fille pour dix jours; pendant ce temps-là, je parlerai au kalife et obtiendrai son consentement, et vous demeurerez ici: on aura soin de vous.... »

En achevant ces paroles, Scheherazade aperçut le jour et cessa de parler. Le lendemain, elle reprit la parole de cette manière:

CXLVII[e] NUIT.

« Je demeurai donc dix jours dans l'appartement des dames du kalife, continua le marchand de Bagdad. Durant tout ce temps-là, je fus privé du plaisir de voir la dame favorite; mais on me traita si bien, par son ordre, que j'eus sujet d'ailleurs d'être très-satisfait.

« Zobéide entretint le kalife de la résolution qu'elle avait prise de marier sa favorite; et ce prince, en lui laissant la liberté de faire là-dessus tout ce qui lui plairait, accorda une somme considérable à la favorite, pour contribuer de sa part à son établissement. Les dix jours écoulés, Zobéide fit dresser le contrat de mariage, qui lui fut apporté en bonne forme. Les préparatifs des noces se firent; on appela les musiciens, les danseurs et les danseuses, et il y eut pendant neuf jours de grandes réjouissances dans le palais. Le dixième jour étant destiné pour la dernière cérémonie du mariage, la dame favorite fut conduite au bain d'un côté, et moi d'un autre; et sur le soir, m'étant mis à table, on me servit toutes sortes de mets et de ragoûts: entre autres un ragoût à l'ail, comme celui dont on vient de me forcer de manger. Je le trouvai si bon, que je ne touchai presque point aux autres plats. Mais, pour mon malheur, m'étant levé de table, je me contentai de m'essuyer les mains au lieu de les bien laver ; et c'était une négligence qui ne m'était jamais arrivée jusqu'alors.

« Comme il était nuit, on suppléa à la clarté du jour par une grande illumination dans l'appartement des dames ; les instruments se firent entendre, on dansa, on fit mille jeux ; tout le palais retentissait de cris de joie. On nous introduisit, ma femme et moi, dans une grande salle, où l'on nous fit asseoir sur deux trônes. Les femmes qui la servaient lui firent changer plusieurs fois d'habits, et lui peignirent le visage de différentes manières, selon la coutume pratiquée au jour des noces ; et chaque fois qu'on lui changeait d'habillement, on me la faisait voir.

« Enfin toutes ces cérémonies finirent, et l'on nous conduisit dans la chambre nuptiale. D'abord qu'on nous y eut laissés seuls, je m'approchai de mon épouse pour l'embrasser ; mais, au lieu de répondre à mes transports, elle me repoussa fortement, et se mit à faire des cris épouvantables, qui attirèrent bientôt dans la chambre toutes les dames de l'appartement, qui voulurent savoir le sujet de ses cris. Pour moi, saisi d'un long étonnement, j'étais demeuré immobile, sans avoir eu seulement la force de lui en demander la cause : « Notre chère sœur, lui dirent-elles, que vous est-il donc arrivé depuis le peu de temps que nous vous avons quittée ? Apprenez-le-nous, afin que nous vous secourions. — Otez, s'écria-t-elle, ôtez-moi de devant les yeux ce vilain homme que voilà. — Hé ! madame, lui dis-je, en quoi puis-je avoir eu le malheur de mériter votre colère ? — Vous êtes un vilain, me répondit-elle en furie, vous avez mangé de l'ail, et vous ne vous êtes pas lavé les mains ! Croyez-vous que je veuille souffrir qu'un homme si malpropre s'approche de moi pour m'empester ? Couchez-le par terre, ajouta-t-elle en s'adressant aux dames, et qu'on m'apporte un nerf de bœuf. » Elles me renversèrent aussitôt, et tandis que les unes me tenaient par les bras et les autres par les pieds, ma femme, qui avait été servie en diligence, me frappa impitoyablement jusqu'à ce que les forces lui manquèrent. Alors elle dit aux dames : « Prenez-le ; qu'on l'envoie au lieutenant de police, et qu'on lui fasse couper la main dont il a mangé du ragoût à l'ail. » A ces paroles, je m'écriai : « Grand Dieu ! je suis rompu et brisé de coups, et pour surcroît d'affliction, on me condamne encore à avoir la main coupée ! Et pourquoi ? pour avoir mangé d'un ragoût à l'ail, et pour avoir oublié de me laver les mains ! Quelle colère pour un si petit sujet ! Peste soit du ragoût à l'ail ! Maudit soit le cuisinier qui l'a apprêté, et celui qui l'a servi ! »

La sultane Scheherazade, remarquant qu'il était jour, s'arrêta en cet endroit. Schahriar se leva en riant de toute sa force de la colère de la dame favorite, et fort curieux d'apprendre le dénouement de cette histoire.

CXLVIIIᴱ NUIT.

Le lendemain, Scheherazade, réveillée avant le jour, reprit ainsi le fil de son discours de la nuit précédente :

« Toutes les dames, dit le marchand de Bagdad, qui m'avaient vu recevoir mille coups de nerf de bœuf, eurent pitié de moi lorsqu'elles entendirent parler de me faire couper la main : « Notre chère sœur et notre bonne dame, dirent-elles à la favorite, vous poussez trop loin votre ressentiment : c'est un homme, à la vérité, qui ne sait pas vivre, qui ignore votre rang et les égards que vous méritez ; mais nous vous supplions de ne pas prendre garde à la faute qu'il a commise, et de la lui pardonner. — Je ne suis pas satisfaite, reprit-elle, je veux qu'il apprenne à vivre, et qu'il porte des marques si sensibles de sa malpropreté, qu'il ne s'avisera de sa vie de manger d'un ragoût à l'ail sans se souvenir ensuite de se laver les mains. » Elles ne se rebutèrent pas de son refus ; elles se jetèrent à ses pieds, et lui baisant la main : « Notre bonne dame, lui dirent-elles, au nom de Dieu, modérez votre colère, et accordez-nous la grâce que nous vous demandons. » Elle ne leur répondit rien, mais elle se leva, et après m'avoir dit mille injures, elle sortit de la chambre. Toutes les dames la suivirent et me laissèrent seul dans une affliction inconcevable.

« Je demeurai dix jours sans voir personne qu'une vieille esclave qui venait m'apporter à manger. Je lui demandai des nouvelles de la dame favorite : « Elle est malade, me dit la vieille esclave, de l'odeur empoisonnée que vous lui avez fait respirer. Pourquoi aussi n'avez-vous pas eu soin de vous laver les mains après avoir mangé de ce maudit ragoût à l'ail ? — Est-il possible, dis-je alors en moi-même, que la délicatesse de ces dames soit si grande, et qu'elles soient si vindicatives pour une faute si légère ? » J'aimais cependant ma femme, malgré sa cruauté, et je ne laissai pas de la plaindre.

« Un jour l'esclave me dit : « Votre épouse est guérie, elle est allée au bain, et elle m'a dit qu'elle vous viendrait voir demain. Ainsi ayez encore patience, et tâchez de vous accommoder à son humeur : c'est d'ailleurs une personne très-sage, très-raisonnable et très-chérie de toutes les dames qui sont auprès de Zobéide, notre respectable maîtresse. »

« Véritablement ma femme vint le lendemain, et me dit d'abord : « Il faut que je sois bien bonne de venir vous revoir après l'offense que vous m'avez faite; mais je ne puis me résoudre à me réconcilier avec vous que je ne vous aie puni comme vous le méritez, pour ne vous être pas lavé les mains après avoir mangé d'un ragoût à l'ail. » En achevant ces mots, elle appela des dames, qui me couchèrent par terre par son ordre; et, après qu'elles m'eurent lié, elle prit un rasoir, et eut la barbarie de me couper elle-même les quatre pouces. Une des dames appliqua d'une certaine racine pour arrêter le sang; mais cela n'empêcha pas que je ne m'évanouisse par la quantité que j'en avais perdu, et par le mal que j'avais souffert.

« Je revins de mon évanouissement, et l'on me donna du vin à boire pour me faire reprendre des forces : « Ah! madame, dis-je alors à mon épouse, si jamais il m'arrive de manger d'un ragoût à l'ail, je vous jure qu'au lieu d'une fois, je me laverai les mains six-vingts fois avec du kali, de la cendre de la même plante, et du savon. — Eh bien! dit ma femme, à cette condition, je veux bien oublier le passé, et vivre avec vous comme avec mon mari. »

« Voilà, seigneurs, ajouta le marchand de Bagdad en s'adressant à la compagnie, la raison pourquoi vous avez vu que j'ai refusé de manger du ragoût à l'ail qui était devant moi.... »

Le jour, qui commençait à paraître, ne permit pas à Scheherazade d'en dire davantage cette nuit; mais le lendemain elle reprit la parole en ces termes :

CXLIX[e] NUIT.

Sire, le marchand de Bagdad acheva de raconter ainsi son histoire : « Les dames n'appliquèrent pas seulement sur mes plaies de la racine que j'ai dite pour étancher le sang, elles y mirent aussi du baume de La Mekke, qu'on ne pouvait pas soupçonner d'être falsifié, puisqu'elles l'avaient pris dans l'apothicairerie du kalife. Par la vertu de ce baume admirable, je fus parfaitement guéri en peu de jours, et nous demeurâmes ensemble, ma femme et moi, dans la même union que si je n'eusse jamais mangé de ragoût à l'ail. Mais comme j'avais toujours joui de ma liberté, je m'ennuyais fort d'être enfermé dans le palais du kalife; néanmoins je n'en voulais rien témoigner à mon épouse, de peur de lui déplaire. Elle s'en aperçut;

elle ne demandait pas mieux elle-même que d'en sortir : la reconnaissance seule la retenait auprès de Zobéide. Mais elle avait de l'esprit, et elle représenta si bien à sa maîtresse la contrainte où j'étais de ne pas vivre dans la ville avec les gens de ma condition, comme j'avais toujours fait, que cette bonne princesse aima mieux se priver du plaisir d'avoir auprès d'elle sa favorite, que de ne pas lui accorder ce que nous souhaitions tous deux également.

« C'est pourquoi, un mois après notre mariage, je vis paraître mon épouse avec plusieurs eunuques qui portaient chacun un sac d'argent. Quand ils se furent retirés : « Vous ne m'avez rien marqué, dit-elle, de l'ennui que vous cause le séjour de la cour ; mais je m'en suis fort bien aperçue, et j'ai heureusement trouvé moyen de vous rendre content : Zobéide, ma maîtresse, nous permet de nous retirer du palais, et voilà cinquante mille sequins dont elle nous fait présent, pour nous mettre en état de vivre commodément dans la ville. Prenez-en dix mille, et allez nous acheter une maison. »

« J'en eus bientôt trouvé une pour cette somme, et l'ayant fait meubler magnifiquement, nous y allâmes loger. Nous prîmes un grand nombre d'esclaves de l'un et de l'autre sexe, et nous nous donnâmes un fort bel équipage ; enfin nous commençâmes à mener une vie fort agréable ; mais elle ne fut pas de longue durée : au bout d'un an, ma femme tomba malade, et mourut en peu de jours.

« J'aurais pu me remarier et continuer de vivre honorablement à Bagdad ; mais l'envie de voir le monde m'inspira un autre dessein. Je vendis ma maison, et après avoir acheté plusieurs sortes de marchandises, je me joignis à une caravane, et passai en Perse. De là, je pris la route de Samarcande [1], d'où je suis venu m'établir en cette ville. »

« Voilà, sire, dit le pourvoyeur qui parlait au sultan de Casgar, l'histoire que raconta hier ce marchand de Bagdad à la compagnie où je me trouvai. — Cette histoire, dit le sultan, a quelque chose d'extraordinaire ; mais elle n'est pas comparable à celle du petit bossu. » Alors le médecin juif, s'étant avancé, se prosterna devant le trône de ce prince, et lui dit en se relevant : « Sire, si votre majesté veut avoir aussi la bonté de m'écouter, je me flatte qu'elle sera satisfaite de l'histoire que j'ai à lui conter. — Eh bien ! parle, lui

[1] Samarcande, ancienne et grande ville d'Asie, au pays des Usbecks, capitale du royaume du même nom, avec une académie célèbre, et un château où Tamerlan faisait sa résidence ordinaire. On y fait un grand commerce, surtout des fruits exquis qui viennent dans son terrain. Elle est dans une belle situation sur la rivière de Sogde, assez près des frontières de Perse

dit le sultan ; mais si elle n'est pas plus surprenante que celle du bossu, n'espère pas que je te donne la vie... »

La sultane Scheherazade s'arrêta en cet endroit, parce qu'il était jour. La nuit suivante, elle reprit ainsi son histoire :

CL^{E} NUIT.

Sire, dit Scheherazade, le médecin juif, voyant le sultan de Casgar disposé à l'entendre, prit ainsi la parole :

HISTOIRE

RACONTÉE PAR LE MÉDECIN JUIF.

« PENDANT que j'étudiais la médecine à Damas, et que je commençais à y exercer ce bel art avec quelque réputation, un esclave me vint chercher pour aller voir un malade chez le gouverneur de la ville. Je m'y rendis, et l'on me fit entrer dans une chambre où je trouvai un jeune homme très-bien fait, fort abattu du mal qu'il souffrait. Je le saluai en m'asseyant près de lui ; il ne répondit point à mon compliment ; mais il me fit signe des yeux pour me marquer qu'il m'entendait, et qu'il me remerciait : « Seigneur, lui dis-je, je vous prie de me donner la main, que je vous tâte le pouls. » Au lieu de tendre la main droite, il me présenta la gauche ; de quoi je fus extrêmement surpris : « Voilà, dis-je en moi-même, une grande ignorance, de ne savoir pas que l'on présente la main droite à un médecin, et non pas la gauche. » Je ne laissai pas de lui tâter le pouls ; et après avoir écrit une ordonnance, je me retirai.

« Je continuai mes visites pendant neuf jours ; et toutes les fois que je lui voulus tâter le pouls, il me tendit la main gauche. Le dixième jour, il me parut se bien porter, et je lui dis qu'il n'avait plus besoin que d'aller au bain. Le gouverneur de Damas, qui était présent, pour me marquer combien il était content de moi, me fit revêtir en sa présence d'une robe très-riche, en me disant qu'il me faisait médecin de l'hôpital de la ville, et médecin ordinaire de sa maison, où je pouvais aller librement manger à sa table, quand il me plairait.

« Le jeune homme me fit aussi de grandes amitiés, et me pria de l'accompagner au bain : nous y entrâmes; et quand ses gens l'eurent déshabillé, je vis que la main droite lui manquait. Je remarquai même qu'il n'y avait pas long-temps qu'on la lui avait coupée : c'était aussi la cause de sa maladie que l'on m'avait cachée ; et tandis qu'on y appliquait des médicaments propres à le guérir promptement, on m'avait appelé pour empêcher que la fièvre qui l'avait pris n'eût de mauvaises suites. Je fus assez surpris et fort affligé de le voir en cet état ; il le remarqua bien sur mon visage : « Médecin, me dit-il, ne vous étonnez pas de me voir la main coupée; je vous en dirai quelque jour le sujet, et vous entendrez une histoire des plus surprenantes. »

« Après que nous fûmes sortis du bain, nous nous mîmes à table, nous nous entretînmes ensuite, et il me demanda s'il pouvait, sans altérer sa santé, s'aller promener hors de la ville, au jardin du gouverneur. Je lui répondis que non-seulement il le pouvait, mais qu'il lui était même très-salutaire de prendre l'air : « Si cela est, répliqua-t-il, et que vous vouliez bien me tenir compagnie, je vous conterai là mon histoire. » Je repartis que j'étais tout à lui le reste de la journée. Aussitôt il commanda à ses gens d'apporter de quoi faire la collation ; puis nous partîmes et nous nous rendîmes au jardin du gouverneur. Nous y fîmes deux ou trois tours de promenade; et après nous être assis sur un tapis, que ses gens étendirent sous un arbre qui faisait un bel ombrage, le jeune homme me fit de cette sorte le récit de son histoire :

« Je suis né à Moussoul, et ma famille est une des plus considérables de la ville. Mon père était l'aîné de dix enfants que mon aïeul laissa en mourant, tous en vie et mariés. Mais, de ce grand nombre de frères, mon père fut le seul qui eut des enfants, encore n'eut-il que moi. Il prit un très-grand soin de mon éducation, et me fit apprendre tout ce qu'un enfant de ma condition ne devait pas ignorer.... »

Mais, sire, dit Scheherazade en s'arrêtant en cet endroit, l'aurore qui paraît m'impose silence. A ces mots, elle se tut, et le sultan se leva.

CLI[e] NUIT.

Le lendemain, Scheherazade reprit la suite de son discours : Le médecin juif, dit-elle, continuant de parler au sultan de Casgar :

« Le jeune homme de Moussoul poursuivit ainsi son histoire :

« J'étais déjà grand, et je commençais à fréquenter le monde, lorsqu'un vendredi je me trouvai à la prière du midi avec mon père et mes oncles, dans la grande mosquée de Moussoul. Après la prière, tout le monde se retira, hors mon père et mes oncles, qui s'assirent sur le tapis qui était étendu par toute la mosquée; je m'assis aussi avec eux, et s'entretenant de plusieurs choses, la conversation tomba insensiblement sur les voyages. Ils vantèrent les beautés et les singularités de quelques royaumes et de leurs villes principales; mais un de mes oncles dit que, si l'on en voulait croire le rapport uniforme d'une infinité de voyageurs, il n'y avait pas au monde un plus beau pays que l'Égypte, et un plus beau fleuve que le Nil; et ce qu'il en raconta m'en donna une si grande idée, que dès ce moment je conçus le désir d'y voyager. Ce que mes autres oncles purent dire pour donner la préférence à Bagdad et au Tigre, en appelant Bagdad le véritable séjour de la religion musulmane, et la métropole de toutes les villes de la terre, ne fit pas la même impression sur moi. Mon père appuya le sentiment de celui de ses frères qui avait parlé en faveur de l'Égypte, ce qui me causa beaucoup de joie : « Quoi qu'on en veuille dire, s'écria-t-il, qui n'a pas vu l'Égypte n'a pas vu ce qu'il y a de plus singulier au monde : la terre y est toute d'or, c'est-à-dire si fertile, qu'elle enrichit ses habitants; toutes les femmes y charment, ou par leur beauté, ou par leurs manières agréables. Si vous me parlez du Nil, y a-t-il un fleuve plus admirable? Quelle eau fut jamais plus légère et plus délicieuse? Le limon, même qu'il entraîne avec lui dans son débordement, n'engraisse-t-il pas les campagnes, qui produisent sans travail mille fois plus que les autres terres, avec toute la peine que l'on prend à les cultiver? Écoutez ce qu'un poëte, obligé d'abandonner l'Égypte, disait aux Égyptiens :

« Votre Nil vous comble tous les jours de biens; c'est pour vous
« uniquement qu'il vient de si loin. Hélas! en m'éloignant de vous,
« mes larmes vont couler aussi abondamment que ses eaux! Vous
« allez continuer de jouïr de ses douceurs, tandis que je suis con-
« damné à m'en priver malgré moi. »

« Si vous regardez, ajouta mon père, du côté de l'île que forment les deux branches du Nil les plus grandes, quelle variété de verdure, quel émail de toutes sortes de fleurs, quelle quantité prodigieuse de villes, de bourgades, de canaux et de mille autres objets agréables ! Si vous tournez les yeux de l'autre côté, en remontant vers l'Éthiopie, combien d'autres sujets d'admiration ! Je ne puis mieux comparer la verdure de tant de campagnes arrosées par les différents canaux du Nil, qu'à des émeraudes brillantes enchâssées dans de l'argent. N'est-ce pas la ville de l'univers la plus vaste, la plus peuplée et la plus riche, que le Grand Caire? Que d'édifices magnifiques, tant publics que particuliers ! Si vous allez jusqu'aux Pyramides, vous serez saisis d'étonnement ; vous demeurerez immobiles à l'aspect de ces masses de pierres d'une grosseur énorme qui s'élèvent jusqu'aux cieux ; vous serez obligés d'avouer qu'il faut que les Pharaons, qui ont employé à les construire tant de richesses et tant d'hommes, aient surpassé tous les monarques qui sont venus après eux, non-seulement en Égypte, mais sur la terre même, en magnificence et en invention, pour avoir laissé des monuments si dignes de leur mémoire. Ces monuments, si anciens que les savants ne sauraient convenir entre eux du temps qu'on les a élevés, subsistent encore aujourd'hui, et dureront autant que les siècles. Je passe sous silence les villes maritimes du royaume d'Égypte, comme Damiette, Rosette, Alexandrie, où je ne sais combien de nations vont chercher mille sortes de grains et de toiles, et mille autres choses pour la commodité et les délices des hommes. Je vous en parle avec connaissance ; j'y ai passé quelques années de ma jeunesse, que je compterai, tant que je vivrai, pour les plus agréables de ma vie. »

Scheherazade parlait ainsi lorsque la lumière du jour, qui commençait à naître, vint lui imposer silence ; mais, sur la fin de la nuit suivante, elle reprit le fil de son discours en ces termes :

CLII^E NUIT.

« Mes oncles n'eurent rien à répliquer à mon père, poursuivit le jeune homme de Moussoul, et demeurèrent d'accord de tout ce qu'il venait de dire du Nil, du Caire et de tout le royaume d'Égypte : pour moi, j'en eus l'imagination si remplie, que je n'en dormis pas de la nuit. Peu de temps après, mes oncles firent bien connaître eux-mêmes combien ils avaient été frappés du discours de mon père : ils lui proposèrent de faire tous ensemble le voyage d'Égypte. Il accepta la proposition, et comme ils étaient de riches marchands, ils résolurent de porter avec eux des marchandises qu'ils y pussent débiter. J'appris qu'ils faisaient les préparatifs de leur départ ; j'allai trouver mon père ; je le suppliai, les larmes aux yeux, de me permettre de l'accompagner, et de m'accorder un fonds de marchandises pour en faire le débit moi-même : « Vous êtes encore trop jeune, me dit-il, pour entreprendre le voyage d'Égypte ; la fatigue en est trop grande, et de plus, je suis persuadé que vous vous y perdriez. » Ces paroles ne m'ôtèrent pas l'envie de voyager ; j'employai le crédit de mes oncles auprès de mon père : ils obtinrent enfin que j'irais seulement jusqu'à Damas, où ils me laisseraient pendant qu'ils continueraient leur voyage jusqu'en Égypte : « La ville de Damas, dit mon père, a aussi ses beautés, et il faut qu'il se contente de la permission que je lui donne d'aller jusque-là. » Quelque désir que j'eusse de voir l'Égypte, après ce que je lui en avais ouï dire, il était mon père, je me soumis à sa volonté.

« Je partis donc de Moussoul avec mes oncles et lui ; nous traversâmes la Mésopotamie ; nous passâmes l'Euphrate ; nous arrivâmes à Alep, où nous séjournâmes peu de jours ; et de là nous nous rendîmes à Damas, dont l'abord me surprit très-agréablement. Nous logeâmes tous dans un même khan. Je vis une ville grande, peuplée, remplie de beau monde et très-bien fortifiée. Nous employâmes quelques jours à nous promener dans tous ces jardins délicieux qui sont aux environs, comme nous le pouvons voir d'ici ; et nous convînmes que l'on avait raison de dire que Damas était au milieu d'un paradis. Mes oncles, enfin, songèrent à continuer leur route. Ils prirent soin auparavant de vendre mes marchandises ; ce qu'ils firent si avantageusement pour moi, que j'y gagnai cinq cents pour cent. Cette vente produisit une somme considérable, dont je fus ravi de me voir possesseur.

« Mon père et mes oncles me laissèrent donc à Damas, et poursuivirent leur voyage. Après leur départ, j'eus une grande attention à ne pas dépenser mon argent inutilement ; je louai néanmoins une maison magnifique : elle était toute de marbre, ornée de peintures à feuillage d'or et d'azur ; elle avait un jardin où l'on voyait de très-beaux jets d'eau. Je la meublai, non pas à la vérité aussi richement que la magnificence du lieu le demandait, mais du moins assez proprement pour un jeune homme de ma condition. Elle avait autrefois appartenu à un des principaux seigneurs de la ville, nommé Modoun Abdalraham, et elle appartenait alors à un riche marchand joaillier, à qui je n'en payais que deux scherifs[1] par mois. J'avais un assez grand nombre de domestiques ; je vivais honorablement ; je donnais quelquefois à manger aux gens avec qui j'avais fait connaissance, et quelquefois j'allais manger chez eux : c'est ainsi que je passais le temps à Damas, en attendant le retour de mon père. Aucune passion ne troublait mon repos, et le commerce des honnêtes gens faisait mon unique occupation.

« Un jour que j'étais assis à la porte de ma maison, et que je prenais le frais, une dame fort proprement habillée, et qui paraissait fort bien faite, vint à moi, et me demanda si je ne vendais pas des étoffes. En disant cela, elle entra dans le logis.... »

En cet endroit, Scheherazade, voyant qu'il était jour, se tut, et la nuit suivante elle reprit la parole en ces termes :

CLIIIe NUIT.

« Quand je vis, dit le jeune homme de Moussoul, que la dame était entrée dans ma maison, je me levai, je fermai la porte, et je la fis entrer dans une salle, où je la priai de s'asseoir : « Madame, lui dis-je, j'ai eu des étoffes qui étaient dignes de vous être montrées ; mais je n'en ai plus présentement, et j'en suis très-fâché. » Elle ôta le voile qui lui couvrait le visage, et fit briller à mes yeux une beauté dont la vue me fit sentir des mouvements que je n'avais point encore éprouvés : « Je n'ai pas besoin d'étoffes, me répondit-elle, je viens seulement pour vous voir et passer la soirée avec vous, si vous l'avez pour agréable : je ne vous demande qu'une légère collation. »

« Ravi d'une si bonne fortune, je donnai ordre à mes gens de nous

[1] Un scherif est la même chose qu'un sequin. Ce mot est dans nos anciens auteurs.

apporter plusieurs sortes de fruits et des bouteilles de vin. Nous fûmes servis promptement; nous mangeâmes, nous bûmes, nous nous réjouîmes jusqu'à minuit; enfin je n'avais point encore passé de nuit si agréablement que je passai celle-là. Le lendemain matin, je voulus mettre dix scherifs dans la main de la dame; mais elle la retira brusquement: « Je ne suis pas venue vous voir dans un esprit d'intérêt, et vous me faites une injure: bien loin de recevoir de l'argent de vous, je veux que vous en receviez de moi; autrement je ne vous reverrai plus. » En même temps elle tira dix scherifs de sa bourse, et me força de les prendre: « Attendez-moi dans trois jours, me dit-elle, après le coucher du soleil. » A ces mots, elle prit congé de moi, et je sentis qu'en partant elle emportait mon cœur avec elle.

« Au bout de trois jours elle ne manqua pas de venir à l'heure marquée, et je la reçus aussi avec toute la joie d'un homme qui l'attendait impatiemment. Nous passâmes la soirée et la nuit comme la première fois; et le lendemain, en me quittant, elle promit de revenir me voir encore dans trois jours; mais elle ne voulut point partir que je n'eusse reçu dix nouveaux scherifs.

« Étant revenue pour la troisième fois, et lorsque le vin nous eut échauffés tous deux, elle me dit: « Mon cher cœur, que pensez-vous de moi, ne suis-je pas belle et amusante? — Madame, lui répondis-je, cette question, ce me semble, est assez inutile; toutes les marques d'amour que je vous donne doivent vous persuader que je vous aime: je suis charmé de vous voir et de vous posséder; vous êtes ma reine, ma sultane; vous faites tout le bonheur de ma vie! — Ah! je suis assurée, me dit-elle, que vous cesseriez de tenir ce langage, si vous aviez vu une dame de mes amies, qui est plus jeune et plus belle que moi: elle a l'humeur si enjouée, qu'elle ferait rire les gens les plus mélancoliques. Il faut que je vous l'amène ici: je lui ai parlé de vous, et, sur ce que je lui en ai dit, elle meurt d'envie de vous voir. Elle m'a priée de lui procurer ce plaisir; mais je n'ai pas osé la satisfaire sans vous en avoir parlé auparavant. — Madame, repris-je, vous ferez ce qu'il vous plaira; mais, quelque chose que vous me puissiez dire de votre amie, je défie tous ses attraits de vous ravir mon cœur, qui est si fortement attaché à vous, que rien n'est capable de l'en détacher. — Prenez-y bien garde, répliqua-t-elle, je vous avertis que je vais mettre votre amour à une étrange épreuve. »

« Nous en demeurâmes là, et le lendemain, en me quittant, au lieu de dix scherifs, elle m'en donna quinze, que je fus obligé d'accepter: « Souvenez-vous, me dit-elle, que vous aurez dans deux jours une nouvelle hôtesse ; songez à la bien recevoir : nous viendrons à l'heure accoutumée, après le coucher du soleil. » Je fis orner la salle, et préparer une belle collation pour le jour qu'elles devaient venir.... »

Scheherazade s'interrompit en cet endroit, parce qu'elle remarqua qu'il était jour. La nuit suivante, elle reprit la parole en ces termes :

CLIVE NUIT.

Sire, le jeune homme de Moussoul continuant de raconter son histoire au médecin juif :

« J'attendis, dit-il, les deux dames avec impatience, et elles arrivèrent enfin à l'entrée de la nuit. Elles se dévoilèrent l'une et l'autre ; et si j'avais été surpris de la beauté de la première, j'eus sujet de l'être bien davantage lorsque je vis son amie. Elle avait des traits réguliers, un visage parfait, un teint vif, et des yeux si brillants, que je pouvais à peine en soutenir l'éclat. Je la remerciai de l'honneur qu'elle me faisait, et la suppliai de m'excuser si je ne la recevais pas comme elle le méritait : « Laissons là les compliments, me dit-elle, ce serait à moi à vous en faire sur ce que vous avez permis que mon amie m'amenât ici ; mais, puisque vous voulez bien me souffrir, quittons les cérémonies, et ne songeons qu'à nous réjouir. »

« Comme j'avais donné ordre qu'on nous servît la collation dès que les dames seraient arrivées, nous nous mîmes bientôt à table. J'étais vis-à-vis de la nouvelle venue, qui ne cessait de me regarder en souriant : je ne pus résister à ses regards vainqueurs, et elle se rendit maîtresse de mon cœur sans que je pusse m'en défendre ; mais elle prit aussi de l'amour en m'en inspirant, et, loin de se contraindre, elle me dit des choses assez vives.

« L'autre dame, qui nous observait, n'en fit d'abord que rire : « Je vous l'avais bien dit, s'écria-t-elle en m'adressant la parole, que vous trouveriez mon amie charmante, et je m'aperçois que vous avez déjà violé le serment que vous m'avez fait de m'être fidèle. — Madame, lui répondis-je en riant aussi comme elle, vous auriez sujet de vous plaindre de moi si je manquais de civilité pour une dame que vous m'avez amenée et que vous chérissez ; vous pourriez me reprocher l'une et l'autre que je ne saurais pas faire les honneurs de ma maison. »

« Nous continuâmes de boire ; mais, à mesure que le vin nous échauffait, la nouvelle dame et moi, nous nous agacions avec si peu de retenue, que son amie en conçut une jalousie violente, dont elle nous donna bientôt une marque bien funeste. Elle se leva, et sortit en nous disant qu'elle allait revenir ; mais, peu de moments après, la dame qui était restée avec moi changea de visage : il lui prit de grandes convulsions, et enfin elle rendit l'âme entre mes bras, tandis que j'appelais du monde pour m'aider à la secourir. Je sors aussitôt, je demande l'autre dame ; mes gens me dirent qu'elle avait ouvert la porte de la rue, et qu'elle s'en était allée. Je soupçonnai alors, et rien n'était plus véritable, que c'était elle qui avait causé la mort de son amie. Effectivement, elle avait eu l'adresse et la malice de mettre une pincée d'un poison très-violent dans la dernière tasse qu'elle lui avait présentée elle-même.

« Je fus vivement affligé de cet accident : « Que ferai-je? dis-je alors en moi-même ; que vais-je devenir ? » Comme je crus qu'il n'y avait pas de temps à perdre, je fis lever par mes gens, à la clarté de la lune et sans bruit, une des grandes pièces de marbre dont la cour de ma maison était pavée, et fis creuser en diligence une fosse où ils enterrèrent le corps de la jeune dame. Après qu'on eut remis la pièce de marbre, je pris un habit de voyage, avec tout ce que j'avais d'argent, et je fermai tout, jusqu'à la porte de ma maison, que je scellai et cachetai de mon sceau. J'allai trouver le marchand joaillier qui en était le propriétaire ; je lui payai ce que je lui devais de loyer, avec une année d'avance ; et lui donnant la clef, je le priai de me la garder : « Une affaire pressante, lui dis-je, m'oblige à m'absenter pour quelque temps ; il faut que j'aille trouver mes oncles au Caire. » Enfin je pris congé de lui, et dans le moment, je montai à cheval et partis avec mes gens, qui m'attendaient.... »

Le jour, qui commençait à paraître, imposa silence à Scheherazade en cet endroit. La nuit suivante, elle reprit son discours de cette sorte :

CLV^E NUIT.

« Mon voyage fut heureux, poursuivit le jeune homme de Moussoul : j'arrivai au Caire sans avoir fait aucune mauvaise rencontre. J'y trouvai mes oncles, qui furent fort étonnés de me voir. Je leur dis pour excuse que je m'étais ennuyé de les attendre, et que, ne recevant d'eux aucunes nouvelles, mon inquiétude m'avait fait entreprendre ce voyage. Ils me reçurent fort bien, et promirent de faire en sorte que mon père ne me sût pas mauvais gré d'avoir quitté Damas sans sa permission. Je logeai avec eux dans le même khan, et vis tout ce qu'il y avait de beau à voir au Caire.

« Comme ils avaient achevé de vendre leurs marchandises, ils parlaient de s'en retourner à Moussoul, et ils commençaient déjà à faire leurs préparatifs de départ; mais n'ayant pas vu tout ce que j'avais envie de voir en Égypte, je quittai mes oncles, et allai me loger dans un quartier fort éloigné de leur khan, et je ne parus point qu'ils ne fussent partis. Ils me cherchèrent long-temps par toute la ville; mais, ne me trouvant point, ils jugèrent que le remords d'être venu en Égypte contre la volonté de mon père m'avait obligé de retourner à Damas sans leur en rien dire, et ils partirent dans l'espérance de m'y rencontrer, et de me prendre en passant.

« Je restai donc au Caire après leur départ, et j'y demeurai trois ans, pour satisfaire pleinement la curiosité que j'avais de voir toutes les merveilles de l'Égypte. Pendant ce temps-là, j'eus soin d'envoyer de l'argent au marchand joaillier, en lui mandant de me conserver sa maison; car j'avais dessein de retourner à Damas, et de m'y arrêter encore quelques années. Il ne m'arriva point d'aventure au Caire qui mérite de vous être racontée; mais vous allez sans doute être fort surpris de celle que j'éprouvai quand je fus de retour à Damas.

« En arrivant en cette ville, j'allai descendre chez le marchand joaillier, qui me reçut avec joie, et qui voulut m'accompagner lui-même jusque dans ma maison, pour me faire voir que personne n'y était entré pendant mon absence : en effet, le sceau était encore en entier sur la serrure. J'entrai, et trouvai toutes choses dans le même état où je les avais laissées.

« En nettoyant et en balayant la salle où j'avais mangé avec les dames, un de mes gens trouva un collier d'or en forme de chaîne, où il y avait d'espace en espace dix perles très-grosses et très-parfaites. Il me l'apporta, et je le reconnus pour celui que j'avais vu au cou de la jeune dame qui avait été empoisonnée. Je compris qu'il s'était détaché, et qu'il était tombé sans que je m'en fusse aperçu. Je ne pus le regarder sans verser des larmes, en me souvenant d'une personne si aimable, et que j'avais vue mourir d'une manière si funeste : je l'enveloppai et le mis précieusement dans mon sein.

« Je passai quelques jours à me remettre de la fatigue de mon voyage ; après quoi je commençai à voir les gens avec qui j'avais fait autrefois connaissance ; je m'abandonnai à toutes sortes de plaisirs, et insensiblement je dépensai tout mon argent. Dans cette situation, au lieu de vendre mes meubles, je résolus de me défaire du collier ; mais je me connaissais si peu en perles, que je m'y pris fort mal, comme vous l'allez entendre.

« Je me rendis au bezestin, où, tirant à part un crieur, et lui montrant le collier, je lui dis que je le voulais vendre, et que je le priais de le faire voir aux principaux joailliers. Le crieur fut surpris de voir ce bijou : « Ah ! la belle chose ! s'écria-t-il, après l'avoir regardé long-temps avec admiration ; jamais nos marchands n'ont rien vu de si riche. Je vais leur faire un grand plaisir, et vous ne devez pas douter qu'ils ne le mettent à un haut prix, à l'envi l'un de l'autre. » Il me mena à une boutique, et il se trouva que c'était celle du propriétaire de ma maison : « Attendez-moi ici, me dit le crieur, je reviendrai bientôt vous apporter la réponse. »

« Tandis qu'avec beaucoup de secret il alla de marchand en marchand montrer le collier, je m'assis près du joaillier, qui fut bien aise de me voir, et nous commençâmes à nous entretenir de choses indifférentes. Le crieur revint, et, me prenant en particulier, au lieu de me dire qu'on estimait le collier pour le moins deux mille scherifs, il m'assura qu'on n'en voulait donner que cinquante : « C'est qu'on m'a dit, ajouta-t-il, que les perles étaient fausses : voyez si vous voulez le donner à ce prix-là. » Comme je le crus sur sa parole, et que j'avais besoin d'argent : « Allez, lui dis-je, je m'en rapporte à ce que vous me dites et à ceux qui s'y connaissent mieux que moi : livrez-le, et m'en apportez l'argent tout à l'heure. »

« Le crieur m'était venu offrir cinquante scherifs de la part du plus riche joaillier du bezestin, qui n'avait fait cette offre que pour me sonder et savoir si je connaissais bien la valeur de ce que je mettais en vente : aussi, il n'eut pas plus tôt appris ma réponse, qu'il mena le crieur avec lui chez le lieutenant de police, à qui montrant le collier : « Seigneur, dit-il, voilà un collier qu'on m'a volé, et le voleur, déguisé en marchand, a eu la hardiesse de venir l'exposer en vente, et il est actuellement dans le bezestin. Il se contente, poursuivit-il, de cinquante scherifs pour un joyau qui en vaut deux mille : rien ne saurait mieux prouver que c'est un voleur. »

« Le lieutenant de police m'envoya arrêter sur-le-champ, et lorsque je fus devant lui, il me demanda si le collier qu'il tenait à la main n'était pas celui que je venais de mettre en vente au bezestin. Je lui répondis que oui : « Et est-il vrai, reprit-il, que vous le voulez livrer pour cinquante scherifs ? » J'en demeurai d'accord : « Eh bien ! dit-il alors d'un ton moqueur, qu'on lui donne la bastonnade; il nous dira bientôt, avec son bel habit de marchand, qu'il n'est qu'un franc voleur : qu'on le batte jusqu'à ce qu'il l'avoue. » La violence des coups de bâton me fit faire un mensonge : je confessai, contre la vérité, que j'avais volé le collier, et aussitôt le lieutenant de police me fit couper la main.

« Cela causa un grand bruit dans le bezestin, et je fus à peine de retour chez moi, que je vis arriver le propriétaire de la maison : « Mon fils, me dit-il, vous paraissez un jeune homme si sage et si bien élevé, comment est-il possible que vous ayez commis une action aussi indigne que celle dont je viens d'entendre parler ? Vous m'avez instruit vous-même de votre bien, et je ne doute pas qu'il ne soit tel que vous me l'avez dit. Que ne m'avez-vous demandé de l'argent ? Je vous en aurais prêté ; mais, après ce qui vient d'arriver, je ne puis souffrir que vous logiez plus long-temps dans ma maison : prenez votre parti ; allez chercher un autre logement. » Je fus extrêmement mortifié de ces paroles ; je priai le joaillier, les larmes aux yeux, de me permettre de rester encore trois jours dans sa maison ; ce qu'il m'accorda.

« Hélas ! m'écriai-je, quel malheur et quel affront ! Oserai-je retourner à Moussoul ? Tout ce que je pourrai dire à mon père sera-t-il capable de lui persuader que je suis innocent ? »

Scheherazade s'arrêta en cet endroit, parce qu'elle vit paraître le jour. Le lendemain, elle continua cette histoire en ces termes :

CLVI^e NUIT.

« Trois jours après que ce malheur me fut arrivé, dit le jeune homme de Moussoul, je vis avec étonnement entrer chez moi une troupe de gens du lieutenant de police, avec le propriétaire de ma maison, et le marchand qui m'avait accusé faussement de lui avoir volé le collier de perles. Je leur demandai ce qui les amenait; mais, au lieu de me répondre, ils me lièrent et me garrottèrent en m'accablant d'injures, en me disant que le collier appartenait au gouverneur de Damas, qui l'avait perdu depuis plus de trois ans, et qu'en même temps une de ses filles avait disparu. Jugez de l'état où je me trouvai en apprenant cette nouvelle! Je pris néanmoins ma résolution : « Je dirai la vérité au gouverneur, disais-je en moi-même, ce sera à lui de me pardonner ou de me faire mourir. »

« Lorsqu'on m'eut conduit devant lui, je remarquai qu'il me regarda d'un œil de compassion, et j'en tirai un bon augure. Il me fit délier, et puis s'adressant au marchand joaillier, mon accusateur, et au propriétaire de ma maison : « Est-ce là, leur dit-il, l'homme qui a exposé en vente le collier de perles? » Ils ne lui eurent pas plus tôt répondu que oui, qu'il dit : « Je suis assuré qu'il n'a pas volé le collier, et je suis fort étonné qu'on lui ait fait une si grande injustice. » Rassuré par ces paroles : « Seigneur, m'écriai-je, je suis en effet très-innocent. Je suis persuadé même que le collier n'a jamais appartenu à mon accusateur, que je n'ai jamais vu, et dont l'horrible perfidie est cause qu'on m'a traité si indignement. Il est vrai que j'ai confessé que j'avais fait le vol; mais j'ai fait cet aveu contre ma conscience, pressé par les tourments, et pour une raison que je suis prêt à vous dire, si vous avez la bonté de vouloir m'écouter. — J'en sais déjà assez, répliqua le gouverneur, pour vous rendre tout à l'heure une partie de la justice qui vous est due. Qu'on ôte d'ici, continua-t-il, le faux accusateur, et qu'il souffre le même supplice qu'il a fait souffrir à ce jeune homme, dont l'innocence m'est connue. »

« On exécuta sur-le-champ l'ordre du gouverneur : le marchand joaillier fut emmené et puni comme il le méritait. Après cela, le gouverneur, ayant fait sortir tout le monde, me dit : « Mon fils, racontez-moi sans crainte de quelle manière ce collier est tombé entre vos mains, et ne me déguisez rien. » Alors je lui découvris tout ce qui s'était passé, et lui avouai que j'avais mieux aimé passer pour un voleur, que de révéler cette tragique aventure : « Grand Dieu ! s'écria le gouverneur dès que j'eus achevé de parler, vos jugements sont incompréhensibles, et nous devons nous y soumettre sans murmurer ! Je reçois avec une soumission entière le coup dont il vous a plu de me frapper. » Ensuite, m'adressant la parole : « Mon fils, me dit-il, après avoir écouté la cause de votre disgrâce, dont je suis très-affligé, je veux vous faire aussi le récit de la mienne. Apprenez que je suis père de ces deux dames dont vous venez de m'entretenir.... »

En achevant ces derniers mots, Scheherazade vit paraître le jour; elle interrompit sa narration, et, sur la fin de la nuit suivante, elle continua de cette manière :

CLVII[e] NUIT.

Sire, dit-elle, voici le discours que le gouverneur de Damas tint au jeune homme de Moussoul :

« Mon fils, dit-il, sachez donc que la première dame, qui a eu l'effronterie de vous aller chercher jusque chez vous, était l'aînée de toutes mes filles. Je l'avais mariée au Caire à un de ses cousins, au fils de mon frère. Son mari mourut : elle revint chez moi corrompue par mille méchancetés qu'elle avait apprises en Égypte. Avant son arrivée, sa cadette, qui est morte d'une manière si déplorable entre vos bras, était fort sage, et ne m'avait jamais donné aucun sujet de me plaindre de ses mœurs. Son aînée fit avec elle une liaison étroite, et la rendit insensiblement aussi méchante qu'elle. Le jour qui suivit la mort de sa cadette, comme je ne la vis pas en me mettant à table, j'en demandai des nouvelles à son aînée, qui était revenue au logis; mais, au lieu de me répondre, elle se mit à pleurer si amèrement, que j'en conçus un présage funeste. Je la pressai de m'instruire de ce que je voulais savoir : « Mon père, me répon dit-elle en sanglotant, je ne puis vous dire autre chose, sinon que ma sœur prit hier son plus bel habit, son beau collier de perles, sortit, et n'a point paru depuis. » Je fis chercher ma fille par toute la ville; mais je ne pus rien apprendre de son malheureux destin. Cependant l'aînée, qui se repentait sans doute de sa fureur jalouse, ne cessa de s'affliger et de pleurer la mort de sa sœur ; elle se priva même de toute nourriture, et par là mit fin à ses déplorables jours : voilà, continua le gouverneur, quelle est la condition des hommes; tels sont les malheurs auxquels ils sont exposés ! Mais, mon fils, ajouta-t-il, comme nous sommes tous deux également infortunés, unissons nos déplaisirs, ne nous abandonnons point l'un l'autre. Je vous donne en mariage une troisième fille que j'ai : elle est plus jeune que ses sœurs, et ne leur ressemble nullement par sa conduite. Elle a même plus de beauté qu'elles n'en ont eue; et je puis vous assurer qu'elle est d'humeur propre à vous rendre heureux. Vous n'aurez pas d'autre maison que la mienne, et, après ma mort, vous serez vous et elle mes seuls héritiers. »

« Seigneur, lui dis-je, je suis confus de toutes vos bontés, et je ne pourrai jamais vous en marquer assez de reconnaissance. — Brisons là, interrompit-il, ne consumons pas le temps en vains discours. » En disant cela, il fit appeler des témoins; ensuite j'épousai sa fille sans cérémonie.

« Il ne se contenta pas d'avoir fait punir le marchand joaillier qui m'avait faussement accusé; il fit confisquer à mon profit tous ses biens, qui sont très-considérables. Enfin, depuis que vous venez chez le gouverneur, vous avez pu voir en quelle considération je suis auprès de lui. Je vous dirai de plus qu'un homme envoyé par mes oncles en Égypte, exprès pour m'y chercher, ayant en passant découvert que j'étais en cette ville, me rendit hier une lettre de leur part. Ils me mandent la mort de mon père, et m'invitent à aller recueillir sa succession à Moussoul; mais comme l'alliance et l'amitié du gouverneur m'attachent à lui, et ne me permettent pas de m'en éloigner, j'ai renvoyé l'exprès avec une procuration, pour me faire tenir tout ce qui m'appartient. Après ce que vous venez d'entendre, j'espère que vous me pardonnerez l'incivilité que je vous ai faite, durant le cours de ma maladie, en vous présentant la main gauche au lieu de la droite. »

« Voilà, dit le médecin juif au sultan de Casgar, ce que me raconta le jeune homme de Moussoul. Je demeurai à Damas tant que le gouverneur vécut; après sa mort, comme j'étais à la fleur de mon âge, j'eus la curiosité de voyager : je parcourus toute la Perse, et allai dans les Indes; et enfin je suis venu m'établir dans votre capitale, où j'exerce avec honneur la profession de médecin. »

Le sultan de Casgar trouva cette dernière histoire assez agréable : « J'avoue, dit-il au juif, que ce que tu viens de raconter est extraordinaire; mais, franchement, l'histoire du bossu l'est encore davantage et bien plus réjouissante; ainsi n'espère pas que je te donne la vie, non plus qu'aux autres : je vais vous faire pendre tous quatre. — Attendez de grâce, sire, s'écria le tailleur en s'avançant et se prosternant aux pieds du sultan; puisque votre majesté aime les histoires plaisantes, celle que j'ai à lui conter ne lui déplaira pas.

— Je veux bien t'écouter aussi, lui dit le sultan; mais ne te flatte pas que je te laisse vivre, à moins que tu ne me dises quelque aventure plus divertissante que celle du bossu. » Alors le tailleur, comme s'il eût été sûr de son fait, prit la parole avec confiance, et commença son récit en ces termes :

HISTOIRE

QUE RACONTA LE TAILLEUR.

N bourgeois de cette ville me fit l'honneur, il y a deux jours, de m'inviter à un festin qu'il donnait hier matin à ses amis : je me rendis chez lui de très-bonne heure, et j'y trouvai environ vingt personnes.

« Nous n'attendions plus que le maître de la maison, qui était sorti pour quelque affaire, lorsque nous le vîmes arriver accompagné d'un jeune étranger très-proprement habillé, fort bien fait, mais boiteux. Nous nous levâmes tous, et pour faire honneur au maître du logis, nous priâmes le jeune homme de s'asseoir avec nous sur le sofa. Il était prêt à le faire, lorsque, apercevant un barbier qui était de notre compagnie, il se retira brusquement en arrière, et voulut sortir. Le maître de la maison, surpris de son action, l'arrêta : « Où allez-vous, lui dit-il? Je vous amène avec moi pour me faire l'honneur d'être d'un festin que je donne à mes amis, et à peine êtes-vous entré que vous voulez sortir! — Seigneur, répondit le jeune homme, au nom de Dieu, je vous supplie de ne me pas retenir, et de permettre que je m'en aille : je ne puis voir sans horreur cet abominable barbier que voilà : quoiqu'il soit né dans un pays où tout le monde est blanc, il ne laisse pas de ressembler à un Éthiopien; mais il a l'âme encore plus noire et plus horrible que le visage.... »

Le jour, qui parut en cet endroit, empêcha Scheherazade d'en dire davantage cette nuit; mais la nuit suivante elle reprit ainsi sa narration :

CLVIIIe NUIT.

« Nous demeurâmes tous fort surpris de ce discours, continua le tailleur, et nous commençâmes à concevoir une très-mauvaise opinion du barbier, sans savoir si le jeune étranger avait raison de parler de lui dans ces termes. Nous protestâmes même que nous ne souffririons point à notre table un homme dont on nous faisait un si horrible portrait. Le maître de la maison pria l'étranger de nous apprendre le sujet qu'il avait de haïr le barbier.

« Seigneurs, nous dit alors le jeune homme, vous saurez que ce maudit barbier est cause que je suis boiteux, et qu'il m'est arrivé la plus cruelle affaire qu'on puisse imaginer : c'est pourquoi j'ai fait serment d'abandonner tous les lieux où il serait, et de ne pas demeurer même dans une ville où il demeurerait; c'est pour cela que je suis sorti de Bagdad, où je le laissai, et que j'ai fait un si long voyage pour venir m'établir en cette ville au milieu de la Grande-Tartarie, comme en un endroit où je me flattais de ne le voir jamais. Cependant, contre mon attente, je le trouve ici : cela m'oblige, seigneurs, à me priver malgré moi de l'honneur de me divertir avec vous. Je veux m'éloigner de votre ville dès aujourd'hui, et m'aller cacher, si je puis, dans des lieux où il ne vienne pas s'offrir à ma vue. »

« En achevant ces paroles, il voulut nous quitter; mais le maître du logis le retint encore, le supplia de demeurer avec nous, et de nous raconter la cause de l'aversion qu'il avait pour le barbier, qui pendant tout ce temps-là avait les yeux baissés et gardait le silence. Nous joignîmes nos prières à celles du maître de la maison; et enfin le jeune homme, cédant à nos instances, s'assit sur le sofa, et après avoir tourné le dos au barbier, de peur de le voir, nous raconta ainsi son histoire :

« Mon père tenait dans la ville de Bagdad un rang à pouvoir aspirer aux premières charges; mais il préféra toujours une vie tranquille à tous les honneurs qu'il pouvait mériter. Il n'eut que moi d'enfant; et quand il mourut, j'avais déjà l'esprit formé, et j'étais en âge de disposer des grands biens qu'il m'avait laissés. Je ne les dissipai point follement; j'en fis un usage qui m'attira l'estime de tout le monde.

« Je n'avais point encore eu de passion, et loin d'être sensible à l'amour, j'avouerai, peut-être à ma honte, que j'évitais avec soin le commerce des femmes. Un jour que j'étais dans une rue, je vis venir devant moi une grande troupe de dames; pour ne les pas rencontrer, j'entrai dans une petite rue devant laquelle je me trouvais, et je m'assis sur un banc près d'une porte. J'étais vis-à-vis d'une fenêtre où il y avait un vase de très-belles fleurs, et j'avais les yeux attachés dessus, lorsque la fenêtre s'ouvrit : je vis paraître une jeune dame, dont la beauté m'éblouit. Elle jeta d'abord les yeux sur moi; et en arrosant le vase de fleurs d'une main plus blanche que l'albâtre, elle me regarda avec un souris qui m'inspira autant d'amour pour elle que j'avais eu d'aversion jusque-là pour toutes les femmes. Après avoir arrosé ses fleurs, et m'avoir lancé un regard plein de charmes, qui acheva de me percer le cœur, elle referma sa fenêtre, et me laissa dans un trouble et dans un désordre inconcevables.

« J'y serais demeuré bien long-temps, si le bruit que j'entendis dans la rue ne m'eût pas fait rentrer en moi-même. Je tournai la tête en me levant, et je vis que c'était le premier cadi de la ville, monté sur une mule, et accompagné de cinq ou six de ses gens : il mit pied à terre à la porte de la maison dont la jeune dame avait ouvert une fenêtre; il y entra : ce qui me fit juger qu'il était son père.

« J'étais sorti ce jour-là de chez moi le cœur parfaitement tranquille, j'y revins dans un état bien différent : agité d'une passion d'autant plus violente, que je n'en avais jamais senti l'atteinte, je me mis au lit avec une grosse fièvre, qui répandit une grande affliction dans ma maison. Mes parents, qui m'aimaient, alarmés d'une maladie si prompte, accoururent en diligence, et m'importunèrent fort pour en apprendre la cause, que je me gardais bien de leur dire. Mon silence leur causa une inquiétude que les médecins ne purent dissiper, parce qu'ils ne connaissaient rien à mon mal, qui ne fit qu'augmenter par leurs remèdes, au lieu de diminuer.

« Mes parents commençaient à désespérer de ma vie, lorsqu'une vieille dame de leur connaissance, informée de ma maladie, arriva : elle me considéra avec beaucoup d'attention; et après m'avoir examiné, elle connut, je ne sais par quel hasard, le sujet de ma maladie. Elle les prit en particulier, les pria de la laisser seule avec moi, et de faire retirer tous mes gens.

« Tout le monde étant sorti de la chambre, elle s'assit au chevet de mon lit : « Mon fils, me dit-elle, vous vous êtes obstiné jusqu'à présent à cacher la cause de votre mal; mais je n'ai pas besoin que vous me la déclariez : j'ai assez d'expérience pour pénétrer ce secret, et vous ne me désavouerez pas, quand je vous aurai dit que c'est l'amour qui vous rend malade. Je puis vous procurer votre guérison, pourvu que vous me fassiez connaître quelle est l'heureuse dame qui a su toucher un cœur aussi insensible que le vôtre : car vous avez la réputation de ne pas aimer les dames, et je n'ai pas été la dernière à m'en apercevoir ; mais enfin ce que j'avais prévu est arrivé ; et je suis ravie de trouver l'occasion d'employer mes talents à vous tirer de peine.... »

Mais, sire, dit la sultane Scheherazade en cet endroit, je vois qu'il est jour. Schahriar se leva aussitôt, fort impatient d'entendre la suite d'une histoire dont il avait écouté le commencement avec plaisir.

CLIX[e] NUIT.

Sire, dit le lendemain Scheherazade, le jeune homme boiteux poursuivant son histoire :

« La vieille dame, dit-il, m'ayant tenu ce discours, s'arrêta pour entendre ma réponse ; mais, quoiqu'il eût fait sur moi beaucoup d'impression, je n'osais découvrir le fond de mon cœur ; je me tournai seulement du côté de la dame, et poussai un profond soupir, sans lui rien dire : « Est-ce la honte, reprit-elle, qui vous empêche de me parler, ou si c'est manque de confiance en moi ? Doutez-vous de l'effet de ma promesse ? Je pourrais vous citer une infinité de jeunes gens de votre connaissance qui ont été dans la même peine que vous, et que j'ai soulagés. »

« Enfin, la bonne dame me dit tant d'autres choses encore, que je rompis le silence : je lui déclarai mon mal ; je lui appris l'endroit où j'avais vu l'objet qui le causait, et lui expliquai toutes les circonstances de mon aventure : « Si vous réussissez, lui dis-je, et que vous me procuriez le bonheur de voir cette beauté charmante, et de l'entretenir de la passion dont je brûle pour elle, vous pouvez compter sur ma reconnaissance. — Mon fils, me répondit la vieille dame, je connais la personne dont vous me parlez ; elle est, comme vous l'avez fort bien jugé, fille du premier cadi de cette ville. Je ne suis point étonnée que vous l'aimiez : c'est la plus belle et la plus aimable dame de Bagdad ; mais, ce qui me chagrine, elle est très-fière et d'un très-difficile accès. Vous savez combien nos gens de justice sont exacts à faire observer les dures lois qui retiennent les femmes dans une contrainte si gênante ; ils le sont encore davantage à les observer eux-mêmes dans leurs familles, et le cadi que vous avez vu est lui seul plus rigide en cela que tous les autres ensemble. Comme ils ne font que prêcher à leurs filles que c'est un grand crime de se montrer aux hommes, elles en sont si fortement prévenues, pour la plupart, qu'elles n'ont des yeux dans les rues que pour se conduire, lorsque la nécessité les oblige à sortir. Je ne dis pas absolument que la fille du premier cadi soit de cette humeur; mais cela n'empêche pas que je ne craigne de trouver d'aussi grands obstacles à vaincre de son côté que de celui du père. Plût à Dieu que vous aimassiez quelque autre dame, je n'aurais pas tant de difficultés à surmonter que j'en prévois! J'y emploierai néanmoins tout mon savoir-faire; mais il faudra du temps pour y réussir. Cependant ne laissez pas de prendre courage, et ayez de la confiance en moi. »

« La vieille me quitta, et comme je me représentai vivement tous les obstacles dont elle venait de me parler, la crainte que j'eus qu'elle ne réussît pas dans son entreprise augmenta mon mal. Elle revint le lendemain, et je lus sur son visage qu'elle n'avait rien de favorable à m'annoncer. En effet, elle me dit : « Mon fils, je ne m'étais pas trompée, j'ai à surmonter autre chose que la vigilance d'un père : vous aimez un objet insensible qui se plaît à faire brûler d'amour pour elle tous ceux qui s'en laissent charmer; elle ne veut pas leur donner le moindre soulagement. Elle m'a écoutée avec plaisir tant que je ne lui ai parlé que du mal qu'elle vous fait souffrir; mais d'abord que j'ai seulement ouvert la bouche pour l'engager à vous permettre de la voir et de l'entretenir, elle m'a dit en me jetant un regard terrible : « Vous êtes bien hardie de me faire cette proposition; je vous défends de me revoir jamais, si vous voulez me tenir de pareils discours. »

« Que cela ne vous afflige pas, poursuivit la vieille, je ne suis pas aisée à rebuter, et, pourvu que la patience ne vous manque pas, j'espère que je viendrai à bout de mon dessein. »

« Pour abréger ma narration, dit le jeune homme, je vous dirai que cette bonne messagère fit encore inutilement plusieurs tentatives en ma faveur auprès de la fière ennemie de mon repos. Le chagrin que j'en eus irrita mon mal à un point, que les médecins m'abandonnèrent absolument : j'étais donc regardé comme un homme qui n'attendait que la mort, lorsque la vieille me vint donner la vie.

« Afin que personne ne l'entendît, elle me dit à l'oreille : « Songez au présent que vous avez à me faire pour la bonne nouvelle que je vous apporte. » Ces paroles produisirent un effet merveilleux; je me levai sur mon séant, et lui répondis avec transport : « Le présent ne vous manquera pas; qu'avez-vous à me dire? — Mon cher seigneur, reprit-elle, vous n'en mourrez pas, et j'aurai bientôt le plaisir de vous voir en parfaite santé et fort content de moi. Hier lundi j'allai chez la dame que vous aimez, et je la trouvai en bonne humeur; je pris d'abord un visage triste, je poussai de profonds soupirs en abondance, et laissai couler quelques larmes : « Ma bonne mère, me dit-elle, qu'avez-vous? Pourquoi paraissez-vous si affligée? — Hélas! ma chère et honorable dame, lui répondis-je, je viens de chez le jeune seigneur de qui je vous parlais l'autre jour; c'en est fait, il va perdre la vie pour l'amour de vous : c'est un grand dommage, je vous assure, et il y a bien de la cruauté de votre part. — Je ne sais, répliqua-t-elle, pourquoi vous voulez que je sois cause de sa mort? Comment puis-je y avoir contribué? » — Comment! lui repartis-je. Eh! ne vous disais-je pas l'autre jour qu'il était assis devant votre fenêtre lorsque vous l'ouvrîtes pour arroser votre vase de fleurs? Il vit ce prodige de beauté, ces charmes que votre miroir vous représente tous les jours; depuis ce moment, il languit, et son mal s'est tellement augmenté, qu'il est enfin réduit au pitoyable état que j'ai eu l'honneur de vous dire.... »

Scheherazade cessa de parler en cet endroit, parce qu'elle vit paraître le jour. La nuit suivante, elle poursuivit dans ces termes l'histoire du jeune boiteux de Bagdad.

CLXe NUIT.

Sire, la vieille dame continuant de rapporter au jeune homme, malade d'amour, l'entretien qu'elle avait eu avec la fille du cadi :

« Vous vous souvenez bien, madame, ajoutai-je, avec quelle rigueur vous me traitâtes dernièrement, lorsque je voulus vous parler de sa maladie, et vous proposer un moyen de le délivrer du danger où il était : je retournai chez lui après vous avoir quittée, et il ne connut pas plus tôt, en me voyant, que je ne lui apportais pas une réponse favorable, que son mal redoubla. Depuis ce temps-là, madame, il est prêt à perdre la vie, et je ne sais si vous pourriez la lui sauver, quand vous auriez pitié de lui. »

« Voilà ce que je lui dis, ajouta la vieille : la crainte de votre mort l'ébranla, et je vis son visage changer de couleur : « Ce que vous me racontez, dit-elle, est-il bien vrai? Et n'est-il effectivement malade que pour l'amour de moi? — Ah! madame, repartis-je, cela n'est que trop véritable. Plût à Dieu que cela fût faux! — Et croyez-vous, reprit-elle, que l'espérance de me voir et de me parler pût contribuer à le tirer du péril où il est? — Peut-être bien, lui dis-je, et, si vous me l'ordonnez, j'essaierai ce remède. — Eh bien! répliqua-t-elle en soupirant, faites-lui donc espérer qu'il me verra; mais il ne faut pas qu'il s'attende à d'autres faveurs, à moins qu'il n'aspire à m'épouser, et que mon père ne consente à notre mariage. — Madame, m'écriai-je, vous avez bien de la bonté : je vais trouver ce jeune seigneur, et lui annoncer qu'il aura le plaisir de vous entretenir. — Je ne vois pas un temps plus commode à lui faire cette grâce, dit-elle, que vendredi prochain, pendant que l'on fera la prière du midi. Qu'il observe quand mon père sera sorti pour y aller, et qu'il vienne aussitôt se présenter devant la maison, s'il se porte assez bien pour cela. Je le verrai arriver par ma fenêtre, et je descendrai pour lui ouvrir; nous nous entretiendrons durant le temps de la prière, et il se retirera avant le retour de mon père. »

« Nous sommes au mardi, continua la vieille : vous pouvez jusqu'à vendredi reprendre vos forces, et vous disposer à cette entrevue. » A mesure que la bonne dame parlait, je sentais diminuer mon mal, ou plutôt je me trouvai guéri à la fin de son discours.

« Prenez, lui dis-je, en lui donnant ma bourse, qui était toute pleine; c'est à vous seule que je dois ma guérison; je tiens cet argent mieux employé que celui que j'ai donné aux médecins, qui n'ont fait que me tourmenter pendant ma maladie. »

« La dame m'ayant quitté, je me sentis assez de force pour me lever. Mes parents, ravis de me voir en si bon état, me firent des compliments, et se retirèrent chez eux.

« Le vendredi matin, la vieille arriva dans le temps que je commençais à m'habiller, et que je choisissais l'habit le plus propre de ma garde-robe : « Je ne vous demande pas, me dit-elle, comment vous vous portez : l'occupation où je vous vois me fait assez connaître ce que je dois penser là-dessus; mais ne vous baignerez-vous pas avant que d'aller chez le premier cadi? — Cela consumerait trop de temps, lui répondis-je; je me contenterai de faire venir un barbier, et de me faire raser la tête et la barbe. » Aussitôt j'ordonnai à un de mes esclaves d'en chercher un qui fût habile dans sa profession, et fort expéditif.

« L'esclave m'amena ce malheureux barbier que vous voyez, qui me dit, après m'avoir salué : « Seigneur, il me paraît à votre visage que vous ne vous portez pas bien. » Je lui répondis que je sortais d'une maladie : « Je souhaite, reprit-il, que Dieu vous délivre de toutes sortes de maux, et que sa grâce vous accompagne toujours. — J'espère, lui répliquai-je, qu'il exaucera ce souhait, dont je vous suis fort obligé. — Puisque vous sortez d'une maladie, dit-il, je prie Dieu qu'il vous conserve la santé Dites-moi présentement de quoi il s'agit; j'ai apporté mes rasoirs et mes lancettes : souhaitez-vous que je vous rase ou que je vous tire du sang? — Je viens de vous dire, repris-je, que je sors de maladie, et vous devez bien juger que je ne vous ai fait venir que pour me raser : dépêchez-vous, et ne perdons pas le temps à discourir, car je suis pressé, et l'on m'attend à midi précis.... »

Scheherazade se tut en achevant ces paroles, à cause du jour qui paraissait. Le lendemain, elle reprit son discours de cette manière :

CLXI[e] NUIT.

« Le barbier, dit le jeune boiteux de Bagdad, employa beaucoup de temps à déplier sa trousse et à préparer ses rasoirs : au lieu de mettre de l'eau dans son bassin, il tira de sa trousse un astrolabe fort propre, sortit de ma chambre, et alla au milieu de la cour d'un pas grave prendre la hauteur du soleil. Il revint avec la même gravité, et en rentrant : « Vous serez bien aise, seigneur, me dit-il, d'apprendre que nous sommes aujourd'hui au vendredi dix-huitième jour de la lune de safar, de l'an 653 [1] depuis la retraite de notre grand prophète de La Mekke à Médine, et de l'an 7320 [2] de l'époque du grand Iskender aux deux cornes, et que la conjonction de Mars et de Mercure signifie que vous ne pouvez pas choisir un meilleur temps qu'aujourd'hui, à l'heure qu'il est, pour vous faire raser. Mais, d'un autre côté, cette même conjonction est d'un mauvais présage pour vous : elle m'apprend que vous courez en ce jour un grand danger, non pas véritablement de perdre la vie, mais d'une incommodité qui vous durera le reste de vos jours. Vous devez m'être obligé de l'avis que je vous donne de prendre garde à ce malheur : je serais fâché qu'il vous arrivât. »

« Jugez, seigneur, du dépit que j'eus d'être tombé entre les mains d'un barbier si babillard et si extravagant! Quel fâcheux contretemps pour un amant qui se préparait à un rendez-vous! J'en fus choqué : « Je me mets peu en peine, lui dis-je en colère, de vos

[1] Cette année 653 de l'hégire, époque commune à tous les mahométans, répond à l'an 1255 depuis la naissance de J.-C. On peut conjecturer de là que ces contes ont été composés, en arabe, vers ce temps.

[2] Pour ce qui est de l'an 7320, l'auteur s'est trompé dans cette supposition : l'an 653 de l'hégire et 1255 de J.-C. ne tombe qu'en l'an 1557 de l'ère ou époque des Séleucides, la même que celle d'Alexandre-le-Grand, qui est ici appelé Iskender aux deux cornes, selon l'expression des Arabes.

avis et de vos prédictions. Je ne vous ai point appelé pour vous consulter sur l'astrologie; vous êtes venu ici pour me raser: ainsi rasez-moi, ou vous retirez, que je fasse venir un autre barbier. »

« Seigneur, me répondit-il avec un flegme à me faire perdre patience, quel sujet avez-vous de vous mettre en colère? Savez-vous bien que tous les barbiers ne me ressemblent pas, et que vous n'en trouveriez pas un pareil, quand vous le feriez faire exprès? Vous n'avez demandé qu'un barbier; et vous avez en ma personne le meilleur barbier de Bagdad, un médecin expérimenté, un chimiste très-profond, un astrologue qui ne se trompe point, un grammairien achevé, un parfait rhétoricien, un logicien subtil, un mathématicien accompli dans la géométrie, dans l'arithmétique, dans l'astronomie et dans tous les raffinements de l'algèbre; un historien qui sait l'histoire de tous les royaumes de l'univers. Outre cela, je possède toutes les parties de la philosophie: j'ai dans ma mémoire toutes nos lois et toutes nos traditions. Je suis poëte, architecte: mais que ne suis-je pas! Il n'y a rien de caché pour moi dans la nature. Feu monsieur votre père, à qui je rends un juste tribut de larmes toutes les fois que je pense à lui, était bien persuadé de mon mérite: il me chérissait, me caressait, et ne cessait de me citer dans toutes les compagnies où il se trouvait, comme le premier homme du monde. Je veux, par reconnaissance et par amitié pour lui, m'attacher à vous, vous prendre sous ma protection, et vous garantir de tous les malheurs dont les astres pourront vous menacer. »

« A ce discours, malgré ma colère, je ne pus m'empêcher de rire: « Aurez-vous donc bientôt achevé, babillard importun, et voulez-vous commencer à me raser? »

En cet endroit, Scheherazade cessa de poursuivre l'histoire du boiteux de Bagdad, parce qu'elle aperçut le jour; mais la nuit suivante elle en reprit ainsi la suite:

CLXII[e] NUIT.

Le jeune boiteux continuant son histoire:

« Seigneur, me répliqua le barbier, vous me faites une injure en m'appelant babillard: tout le monde, au contraire, me donne l'honorable titre de silencieux. J'avais six frères, que vous auriez pu avec raison appeler babillards; et afin que vous les connaissiez, l'aîné se nommait Bacbouc, le second Bakbarah, le troisième Bakhac, le quatrième Alcouz, le cinquième Alnaschar, et le sixième Schacabac.

C'étaient des discoureurs importuns; mais moi qui suis leur cadet, je suis grave et concis dans mes discours. »

« De grâce, seigneur, mettez-vous à ma place : quel parti pouvais-je prendre en me voyant si cruellement assassiné? « Donnez-lui trois pièces d'or, dis-je à celui de mes esclaves qui faisait la dépense de ma maison, qu'il s'en aille et me laisse en repos ; je ne veux plus me faire raser aujourd'hui. — Seigneur, me dit alors le barbier, qu'entendez-vous, s'il vous plaît, par ce discours? Ce n'est pas moi qui suis venu vous chercher; c'est vous qui m'avez fait venir; et cela étant ainsi, je jure, foi de musulman, que je ne sortirai point de chez vous que je ne vous aie rasé: si vous ne connaissez pas ce que je vaux, ce n'est pas ma faute. Feu monsieur votre père me rendait plus de justice : toutes les fois qu'il m'envoyait querir pour lui tirer du sang, il me faisait asseoir auprès de lui; et alors c'était un charme d'entendre les belles choses dont je l'entretenais. Je le tenais dans une admiration continuelle; je l'enlevais; et quand j'avais achevé : « Ah! s'écriait-il, vous êtes une source inépuisable de science! Personne n'approche de la profondeur de votre savoir! — Mon cher seigneur, lui répondais-je, vous me faites plus d'honneur que je ne mérite. Si je dis quelque chose de beau, j'en suis redevable à l'audience favorable que vous avez la bonté de me donner : ce sont vos libéralités qui m'inspirent toutes ces pensées sublimes qui ont le bonheur de vous plaire. » Un jour qu'il était charmé d'un discours admirable que je venais de lui faire : « Qu'on lui donne, dit-il, cent pièces d'or, et qu'on le revête d'une de mes plus riches robes. » Je reçus ce présent sur-le-champ : aussitôt je tirai son horoscope, et je le trouvai le plus heureux du monde. Je poussai même encore plus loin la reconnaissance, car je lui tirai du sang avec les ventouses. »

Le barbier n'en demeura pas là : il enfila un autre discours qui dura une grosse demi-heure. Fatigué de l'entendre, et chagrin de voir que le temps s'écoulait sans que j'en fusse plus avancé, je ne savais plus que lui dire : « Non, m'écriai-je, il n'est pas possible qu'il y ait au monde un autre homme qui se fasse comme vous un plaisir de faire enrager les gens.... »

La clarté du jour, qui se faisait voir dans l'appartement de Schahriar, obligea Scheherazade à s'arrêter en cet endroit. Le lendemain, elle continua son récit de cette manière :

CLXIII[e] NUIT.

« Je crus, dit le jeune boiteux de Bagdad, que je réussirais mieux en prenant le barbier par la douceur : « Au nom de Dieu, lui dis-je, laissez là tous vos beaux discours, et m'expédiez promptement; une affaire de la dernière importance m'appelle hors de chez moi, comme je vous l'ai déjà dit. » A ces mots, il se mit à rire : « Ce serait une chose bien louable, dit-il, si notre esprit demeurait toujours dans la même situation, si nous étions toujours sages et prudents; je veux croire néanmoins que si vous vous êtes mis en colère contre moi, c'est votre maladie qui a causé ce changement dans votre humeur : c'est pourquoi vous avez besoin de quelques instructions, et vous ne pouvez mieux faire que de suivre l'exemple de votre père et de votre aïeul : ils venaient me consulter dans toutes leurs affaires; et je puis dire sans vanité qu'ils se louaient fort de mes conseils. Voyez-vous, seigneur, on ne réussit presque jamais dans ce qu'on entreprend, si l'on n'a recours aux avis des personnes éclairées : on ne devient point habile homme, dit le proverbe, qu'on ne prenne conseil d'un habile homme. Je vous suis tout acquis, et vous n'avez qu'à me commander. »

« Je ne puis donc gagner sur vous, interrompis-je, que vous abandonniez tous ces longs discours qui n'aboutissent à rien qu'à me rompre la tête et qu'à m'empêcher de me trouver où j'ai affaire : rasez-moi donc, ou retirez-vous. » En disant cela, je me levai de dépit en frappant du pied contre terre.

« Quand il vit que j'étais fâché tout de bon : « Seigneur, me dit-il, ne vous fâchez pas; nous allons commencer. » Effectivement il me lava la tête et se mit à me raser; mais il ne m'eut pas donné quatre coups de rasoir, qu'il s'arrêta pour me dire : « Seigneur, vous êtes prompt; vous devriez vous abstenir de ces emportements, qui ne viennent que du démon. Je mérite d'ailleurs que vous ayez de la considération pour moi, à cause de mon âge, de ma science et de mes vertus éclatantes.... »

« Continuez de me raser, lui dis-je en l'interrompant encore, et ne parlez plus. — C'est-à-dire, reprit-il, que vous avez quelque affaire qui vous presse : je vais parier que je ne me trompe pas. — Hé! il y a deux heures, lui repartis-je, que je vous le dis; vous devriez déjà m'avoir rasé. — Modérez votre ardeur, répliqua-t-il, vous n'avez peut-être pas bien pensé à ce que vous allez faire :

quand on fait les choses avec précipitation, on s'en repent presque toujours. Je voudrais que vous me dissiez quelle est cette affaire qui vous presse si fort; je vous en dirais mon sentiment. Vous avez du temps de reste, puisque l'on ne vous attend qu'à midi, et qu'il ne sera midi que dans trois heures. — Je ne m'arrête point à cela, lui dis-je : les gens d'honneur et de parole préviennent le temps qu'on leur a donné; mais je ne m'aperçois pas qu'en m'amusant à raisonner avec vous, je tombe dans les défauts des barbiers babillards : achevez vite de me raser. »

« Plus je témoignais d'empressement, et moins il en avait à m'obéir. Il quitta son rasoir pour prendre son astrolabe; puis, laissant son astrolabe, il reprit son rasoir.... »

Scheherazade, voyant paraître le jour, garda le silence. La nuit suivante, elle poursuivit ainsi l'histoire commencée :

CLXIV^E NUIT.

« Le barbier, continua le jeune boiteux, quitta encore son rasoir, prit une seconde fois son astrolabe, et me laissa à demi rasé, pour aller voir quelle heure il était précisément. Il revint : « Seigneur, me dit-il, je savais bien que je ne me trompais pas; il y a encore trois heures jusqu'à midi, j'en suis assuré, ou toutes les règles de l'astronomie sont fausses. — Juste Ciel! m'écriai-je, ma patience est à bout; je n'y puis plus tenir. Maudit barbier! barbier de malheur! peu s'en faut que je ne me jette sur toi, et que je ne t'étrangle! — Doucement, monsieur, me dit-il d'un air froid, sans s'émouvoir de mon emportement, vous ne craignez donc pas de retomber malade? Ne vous emportez pas, vous allez être servi dans un moment. » En disant ces paroles, il remit son astrolabe dans sa trousse, reprit son rasoir, qu'il repassa sur le cuir qu'il avait attaché à sa ceinture, et recommença de me raser; mais, en me rasant, il ne put s'empêcher de parler : « Si vous vouliez, seigneur, me dit-il, m'apprendre quelle est cette affaire que vous avez à midi, je vous donnerais quelque conseil dont vous pourriez vous trouver bien. » Pour le contenter, je lui dis que des amis m'attendaient à midi pour me régaler et se réjouir avec moi du retour de ma santé.

« Quand le barbier entendit parler de régal : « Dieu vous bénisse en ce jour comme en tous les autres! s'écria-t-il; vous me faites souvenir que j'invitai hier quatre ou cinq amis à venir manger aujourd'hui chez moi; je l'avais oublié, et je n'ai encore fait aucuns préparatifs. — Que cela ne vous embarrasse pas, lui dis-je, quoique j'aille manger dehors, mon garde-manger ne laisse pas d'être toujours bien garni ; je vous fais présent de tout ce qui s'y trouvera ; je vous ferai même donner du vin tant que vous en voudrez : car j'en ai d'excellent dans ma cave ; mais il faut que vous acheviez promptement de me raser, et souvenez-vous qu'au lieu que mon père vous faisait des présents pour vous entendre parler, je vous en fais, moi, pour vous faire taire. »

« Il ne se contenta pas de la parole que je lui donnais : « Dieu vous récompense, s'écria-t-il, de la grâce que vous me faites ! Mais montrez-moi tout à l'heure ces provisions, afin que je voie s'il y aura de quoi bien régaler mes amis ; je veux qu'ils soient contents de la bonne chère que je leur ferai. — J'ai, lui dis-je, un agneau, six chapons, une douzaine de poulets, et de quoi faire quatre entrées. » Je donnai ordre à un esclave d'apporter tout cela sur-le-champ avec quatre grandes cruches de vin : « Voilà qui est bien, reprit le barbier ; mais il faudrait des fruits et de quoi assaisonner la viande. » Je lui fis encore donner ce qu'il demandait. Il cessa de me raser pour examiner chaque chose l'une après l'autre, et comme cet examen dura près d'une demi-heure, je pestais, j'enrageais ; mais j'avais beau pester et enrager, le bourreau ne s'en pressait pas davantage. Il reprit pourtant le rasoir, et me rasa quelques moments ; puis, s'arrêtant tout à coup : « Je n'aurais jamais cru, seigneur, me dit-il, que vous fussiez si libéral ; je commence à connaître que feu votre père revit en vous. Certes, je ne méritais pas les grâces dont vous me comblez, et je vous assure que j'en conserverai une éternelle reconnaissance : car, seigneur, afin que vous le sachiez, je n'ai rien que ce qui me vient de la générosité des honnêtes gens comme vous ; en quoi je ressemble à Zantout, qui frotte le monde au bain ; à Sali, qui vend des pois chiches grillés par les rues ; à Salouz, qui vend des fèves ; à Akerscha, qui vend des herbes ; à Abou-Mekarès, qui arrose les rues pour abattre la poussière ; et à Cassem, de la garde du kalife : tous ces gens-là n'engendrent point de mélancolie ; ils ne sont ni fâcheux ni querelleurs : plus contents de leur sort que le kalife au milieu de toute sa cour, ils sont toujours gais, prêts à chanter et à danser, et ils ont chacun leur chanson et leur danse particulière, dont ils divertissent toute la ville de Bagdad ; mais, ce que j'estime le plus en eux, c'est qu'ils ne sont pas grands parleurs, non plus que votre esclave, qui a l'honneur de vous parler. Tenez, seigneur, voici la chanson et la danse de Zantout, qui frotte le monde au bain : regardez-moi, et voyez si je sais bien l'imiter.... »

Scheherazade n'en dit pas davantage, parce qu'elle remarqua

qu'il était jour. Le lendemain, elle poursuivit sa narration dans ces termes :

CLXV[e] NUIT

« Le barbier chanta la chanson et dansa la danse de Zantout, continua le jeune boiteux, et quoi que je pusse dire pour l'obliger a finir ses bouffonneries, il ne cessa pas qu'il n'eût contrefait de même tous ceux qu'il avait nommés. Après cela, s'adressant à moi : « Seigneur, me dit-il, je vais faire venir chez moi tous ces honnêtes gens; si vous m'en croyez, vous serez des nôtres, et vous laisserez là vos amis, qui sont peut-être de grands parleurs, qui ne feront que vous étourdir par leurs ennuyeux discours, et vous faire retomber dans une maladie pire que celle dont vous sortez ; au lieu que chez moi vous n'aurez que du plaisir. »

« Malgré ma colère, je ne pus m'empêcher de rire de ses folies : « Je voudrais, lui dis-je, n'avoir pas affaire, j'accepterais votre proposition; j'irais de bon cœur me réjouir avec vous, mais je vous prie de m'en dispenser, je suis trop engagé aujourd'hui ; je serai plus libre un autre jour, et nous ferons cette partie. Achevez de me raser, et hâtez-vous de vous en retourner : vos amis sont déjà peut-être dans votre maison. — Seigneur, reprit-il, ne me refusez pas la grâce que je vous demande ; venez vous réjouir avec la bonne compagnie que je dois avoir. Si vous vous étiez trouvé une fois avec ces gens-là, vous en seriez si content, que vous renonceriez pour eux à vos amis. — Ne parlons plus de cela, lui répondis-je, je ne puis être de votre festin. »

« Je ne gagnai rien par la douceur : « Puisque vous ne voulez pas venir chez moi, répliqua le barbier, il faut donc que vous trouviez bon que j'aille avec vous. Je vais porter chez moi ce que vous m'avez donné ; mes amis mangeront, si bon leur semble, je reviendrai aussitôt : je ne veux pas commettre l'incivilité de vous laisser aller seul ; vous méritez bien que j'aie pour vous cette complaisance. — Ciel ! m'écriai-je alors, je ne pourrai donc pas me délivrer d'un homme aussi fâcheux? Au nom du grand Dieu vivant ! lui dis-je, finissez vos discours importuns : allez trouver vos amis ; buvez, mangez, réjouissez-vous, et laissez-moi la liberté d'aller avec les miens. Je veux partir seul, je n'ai besoin de personne pour m'accompagner : aussi bien, il faut que je vous l'avoue, le lieu où je vais n'est pas un lieu où vous puissiez être reçu : on n'y veut que moi. — Vous vous moquez, seigneur, repartit-il ; si vos amis vous ont convié à un festin, quelle raison peut vous empêcher de me permettre de vous accompagner? Vous leur ferez plaisir, j'en suis sûr, de leur mener un homme qui a comme moi le mot pour rire, et qui sait divertir agréablement une compagnie. Quoi que vous me puissiez dire, la chose est résolue, je vous accompagnerai malgré vous. »

« Ces paroles, seigneurs, me jetèrent dans un grand embarras : « Comment me déferai-je de ce maudit barbier? disais-je en moi-même; si je m'obstine à le contredire, nous ne finirons point notre conversation. » D'ailleurs, j'entendais qu'on appelait déjà pour la première fois à la prière du midi, et qu'il était temps de partir : ainsi je pris le parti de ne dire mot, et de faire semblant de consentir qu'il vînt avec moi. Alors il acheva de me raser, et cela étant fait je lui dis : Prenez quelques-uns de mes gens pour emporter avec vous ces provisions, et revenez, je vous attends; je ne partirai pas sans vous. »

« Il sortit enfin, et j'achevai promptement de m'habiller. J'entendis appeler à la prière du midi pour la dernière fois : je me hâtai de me mettre en chemin; mais le malicieux barbier, qui avait jugé de mon intention, s'était contenté d'aller avec mes gens, sans perdre de vue ma maison, et de les voir entrer chez lui; il s'était caché à un coin de la rue pour m'observer et me suivre. En effet, quand je fus arrivé à la porte du cadi, je me retournai et l'aperçus à l'entrée de la rue : j'en eus un chagrin mortel.

« La porte du cadi était à demi ouverte, et, en entrant, je vis la vieille dame qui m'attendait, et qui, après avoir fermé la porte, me conduisit à la chambre de la jeune dame dont j'étais amoureux; mais à peine commençais-je à l'entretenir, que nous entendîmes du bruit dans la rue. La jeune dame mit la tête à la fenêtre, et vit au travers de la jalousie que c'était le cadi, son père, qui revenait de la prière. Je regardai aussi en même temps, et j'aperçus le barbier assis vis-à-vis, au même endroit d'où j'avais vu la dame.

« J'eus alors deux sujets de crainte, l'arrivée du cadi et la présence du barbier. La jeune dame me rassura sur le premier, en me disant que son père ne montait à sa chambre que très-rarement; et que comme elle avait prévu que ce contre-temps pourrait arriver, elle avait songé au moyen de me faire sortir sûrement; mais l'indiscrétion du malheureux barbier me causait une grande inquiétude, et vous allez voir que cette inquiétude n'était pas sans fondement.

« Dès que le cadi fut rentré chez lui, il donna lui-même la bastonnade à un esclave qui l'avait méritée. L'esclave poussait de grands cris, qu'on entendait de la rue. Le barbier crut que c'était moi qui criais et qu'on maltraitait. Prévenu de cette pensée, il fait des cris épouvantables, déchire ses habits, jette de la poussière sur sa tête, appelle au secours tout le voisinage, qui vient à lui aussitôt. On lui demande ce qu'il a, et quel secours on peut lui donner : « Hélas! s'écrie-t-il, on assassine mon maître, mon cher patron! » Et, sans rien dire davantage, il court jusque chez moi, en criant toujours de même, et revient suivi de tous mes domestiques armés de bâtons. Ils frappent avec une fureur qui n'est pas concevable à la porte du cadi, qui envoya un esclave pour voir ce que c'était; mais l'esclave tout effrayé retourne vers son maître : « Seigneur, dit-il, plus de dix mille hommes veulent entrer chez vous par force, et commencent à enfoncer la porte. »

« Le cadi courut aussitôt lui-même ouvrir la porte, et demanda ce qu'on lui voulait. Sa présence vénérable ne put inspirer du respect à mes gens, qui lui dirent insolemment : « Maudit cadi, chien de cadi, quel sujet avez-vous d'assassiner notre maître? Que vous a-t-il fait? — Bonnes gens, leur répondit le cadi, pourquoi aurais-je assassiné votre maître, que je ne connais pas, et qui ne m'a point offensé? Voilà ma maison ouverte : entrez, voyez, cherchez. — Vous lui avez donné la bastonnade, dit le barbier; j'ai entendu ses cris il n'y a qu'un moment. — Mais encore, répliqua le cadi, quelle offense m'a pu faire votre maître, pour m'avoir obligé à le maltraiter, comme vous le dites? Est-ce qu'il est dans ma maison? Et s'il y est, comment y est-il entré, ou qui peut l'y avoir introduit? — Vous ne m'en ferez pas accroire avec votre grande barbe, méchant cadi, repartit le barbier; je sais bien ce que je dis. Votre fille aime notre maître, et lui a donné rendez-vous dans votre maison pendant la prière du midi; vous en avez sans doute été averti; vous êtes revenu chez vous, vous l'y avez surpris, et lui avez fait donner la bastonnade par vos esclaves; mais vous n'aurez pas fait cette méchante action impunément : le kalife en sera informé, et en fera bonne et briève justice. Laissez-le sortir, et nous le rendez tout à l'heure; sinon nous allons entrer et vous l'arracher, à votre honte. — Il n'est pas besoin de tant parler, reprit le cadi, ni de faire un si grand éclat : si ce que vous dites est vrai, vous n'avez qu'à entrer et le chercher; je vous en donne la permission. » Le cadi n'eut pas achevé ces mots, que le barbier et mes gens se jetèrent dans la maison comme des furieux, et se mirent à me chercher partout.... »

Scheherazade en cet endroit, ayant aperçu le jour, cessa de parler. Schahriar se leva en riant du zèle indiscret du barbier, et fort curieux de savoir ce qui s'était passé dans la maison du cadi, et par quel accident le jeune homme pouvait être devenu boiteux. La sultane satisfit sa curiosité le lendemain, et reprit la parole en ces termes :

CLXVIe NUIT.

Sire, dit-elle, le jeune boiteux poursuivit ainsi :

« Comme j'avais entendu tout ce que le barbier avait dit au cadi, je cherchai un endroit pour me cacher. Je n'en trouvai point d'autre qu'un grand coffre vide, où je me jetai et que je fermai sur moi. Le barbier, après avoir fureté partout, ne manqua pas de venir dans la chambre où j'étais. Il s'approcha du coffre, l'ouvrit, et dès qu'il m'eut aperçu, le prit, le chargea sur sa tête et l'emporta ; il descendit d'un escalier assez haut dans une cour qu'il traversa promptement, et enfin il gagna la porte de la rue. Pendant qu'il me portait, le coffre vint à s'ouvrir par malheur ; et alors ne pouvant souffrir la honte d'être exposé aux regards et aux huées de la populace qui nous suivait, je me lançai dans la rue avec tant de précipitation, que je me blessai à la jambe de manière que je suis demeuré boiteux depuis ce temps-là. Je ne sentis pas d'abord tout mon mal, et ne laissai pas de me relever pour me dérober à la risée du peuple par une prompte fuite. Je lui jetai même des poignées d'or et d'argent, dont ma bourse était pleine ; et tandis qu'il s'occupait à les ramasser, je m'échappai en enfilant des rues détournées. Mais le maudit barbier, profitant de la ruse dont je m'étais servi pour me débarrasser de la foule, me suivit sans me perdre de vue, en me criant de toute sa force : « Arrêtez, seigneur ; pourquoi courez-vous si vite ? Si vous saviez combien j'ai été affligé du mauvais traitement que le cadi vous a fait, à vous qui êtes si généreux et à qui nous avons tant d'obligations, mes amis et moi ! Ne vous l'avais-je pas bien dit, que vous exposiez votre vie par votre obstination à ne vouloir pas que je vous accompagnasse ? Voilà ce qui vous est arrivé par votre faute ; et si de mon côté je ne m'étais pas obstiné à vous suivre pour voir où vous alliez, que seriez-vous devenu ? Où allez-vous donc, seigneur ? Attendez-moi.

« C'est ainsi que le malheureux barbier parlait tout haut dans la rue : il ne se contentait pas d'avoir causé un si grand scandale dans le quartier du cadi, il voulait encore que toute la ville en eût connaissance. Dans la rage où j'étais, j'avais envie de l'attendre pour l'étrangler ; mais je n'aurais fait par là que rendre ma confusion plus éclatante. Je pris un autre parti : comme je m'aperçus que sa voix me livrait en spectacle à une infinité de gens qui paraissaient aux portes ou aux fenêtres, ou qui s'arrêtaient dans les rues pour me regarder, j'entrai dans un khan, dont le concierge m'était connu. Je le trouvai à la porte, où le bruit l'avait attiré : « Au nom de Dieu, lui dis-je, faites-moi la grâce d'empêcher que ce furieux n'entre ici après moi. » Il me le promit et me tint parole ; mais ce ne fut pas sans peine, car l'obstiné barbier voulait entrer malgré lui, et ne se retira qu'après lui avoir dit mille injures ; et jusqu'à ce qu'il fût rentré dans sa maison, il ne cessa d'exagérer à tous ceux qu'il rencontrait le grand service qu'il prétendait m'avoir rendu.

« Voilà comme je me délivrai d'un homme si fatigant. Après cela, le concierge me pria de lui apprendre mon aventure. Je la lui racontai. Ensuite je le priai à mon tour de me prêter un appartement jusqu'à ce que je fusse guéri : « Seigneur, me dit-il, ne seriez-vous pas plus commodément chez vous ? — Je ne veux point y retourner, lui répondis-je : ce détestable barbier ne manquerait pas de m'y venir trouver ; j'en serais tous les jours obsédé, et je mourrais à la fin de chagrin de l'avoir incessamment devant les yeux ; d'ailleurs, après ce qui m'est arrivé aujourd'hui, je ne puis me résoudre à demeurer davantage en cette ville : je prétends aller où ma mauvaise fortune me voudra conduire. Effectivement, dès que je fus guéri, je pris tout l'argent dont je crus avoir besoin pour voyager ; et du reste de mon bien, j'en fis une donation à mes parents.

« Je partis donc de Bagdad, seigneurs, et je suis venu jusqu'ici. J'avais lieu d'espérer que je ne rencontrerais point ce pernicieux barbier dans un pays si éloigné du mien, et cependant je le trouve parmi vous ! Ne soyez donc point surpris de l'empressement que j'ai à me retirer ; vous jugez bien de la peine que me doit faire la vue d'un homme qui est cause que je suis boiteux, et réduit à la triste nécessité de vivre éloigné de mes parents, de mes amis et de ma patrie. » En achevant ces paroles, le jeune boiteux se leva et sortit. Le maître de la maison le conduisit jusqu'à la porte, en lui témoignant le déplaisir qu'il avait de lui avoir donné, quoique innocemment, un si grand sujet de mortification.

« Quand le jeune homme fut parti, continua le tailleur, nous demeurâmes tous fort étonnés de son histoire ; nous jetâmes les yeux sur le barbier, et dîmes qu'il avait tort, si ce que nous venions d'entendre était véritable : « Messieurs, nous répondit-il en levant la tête, qu'il avait toujours tenue baissée jusqu'alors, le silence que j'ai gardé pendant que ce jeune homme vous a entretenus, vous doit être un témoignage qu'il ne vous a rien avancé dont je ne demeure d'accord ; mais, quoi qu'il ait pu vous dire, je soutiens que j'ai dû faire ce que j'ai fait ; je vous en rends juges vous-mêmes : ne s'était-il pas jeté dans le péril, et, sans mon secours, en serait-il sorti si heureusement? Il est bien heureux d'en être quitte pour une jambe incommodée. Ne me suis-je pas exposé à un plus grand danger pour le tirer d'une maison où je m'imaginais qu'on le maltraitait? A-t-il raison de se plaindre de moi, et de me dire des injures si atroces? Voilà ce que l'on gagne à servir des gens ingrats. Il m'accuse d'être un babillard; c'est une pure calomnie : de sept frères que nous étions, je suis celui qui parle le moins et qui ai le plus d'esprit en partage. Pour vous en faire convenir, seigneurs, je n'ai qu'à vous conter mon histoire et la leur : honorez-moi, je vous prie, de votre attention :

HISTOIRE DU BARBIER.

MOSTANSER Billah [1] fut un prince fameux par ses immenses libéralités envers les pauvres; sous son règne dix voleurs obsédaient les chemins des environs de Bagdad, et faisaient depuis longtemps des vols et des cruautés inouïes. Le kalife, averti d'un si grand désordre, fit venir le juge de police quelques jours avant la fête du baïram, et lui ordonna, sous peine de la vie, de les lui amener tous dix... »

Scheherazade cessa de parler en cet endroit, pour avertir le sultan des Indes que le jour commençait à paraître. Ce prince se leva, et, la nuit suivante, la sultane reprit son discours de cette manière :

CLXVII[e] NUIT.

« Le juge de police, continua le barbier, fit ses diligences et mit tant de monde en campagne, que les dix voleurs furent pris le propre jour du baïram. Je me promenais alors sur le bord du Tigre; je vis dix hommes assez richement habillés, qui s'embarquaient dans un bateau. J'aurais connu que c'étaient des voleurs, pour peu que j'eusse fait attention aux gardes qui les accompagnaient; mais je ne regar-

[1] Le kalife Mostanser Billah fut élevé à cette dignité l'an 623 de l'hégire, c'est-à-dire l'an 1226 de Jésus-Christ. Il fut le trente-sixième kalife de la race des Abassides.

dai qu'eux, et, prévenu que c'étaient des gens qui allaient se réjouir et passer la fête en festin, j'entrai dans le bateau pêle-mêle avec eux, sans dire mot, dans l'espérance qu'ils voudraient bien me souffrir dans leur compagnie. Nous descendîmes le Tigre, et l'on nous fit aborder devant le palais du kalife. J'eus le temps de rentrer en moi-même et de m'apercevoir que j'avais mal jugé d'eux. Au sortir du bateau, nous fûmes environnés d'une nouvelle troupe de gardes du juge de police, qui nous lièrent et nous menèrent devant le kalife. Je me laissai lier comme les autres sans rien dire : que m'eût-il servi de parler et de faire quelque résistance? C'eût été le moyen de me faire maltraiter par les gardes, qui ne m'auraient pas écouté; car ce sont des brutaux qui n'entendent point raison : j'étais avec des voleurs, c'était assez pour leur faire croire que j'en étais un.

« Dès que nous fûmes devant le kalife, il ordonna le châtiment de ces dix scélérats : « Qu'on coupe, dit-il, la tête à ces dix voleurs. » Aussitôt le bourreau nous rangea sur une file, à la portée de sa main, et par bonheur je me trouvai le dernier. Il coupa la tête aux dix voleurs, en commençant par le premier, et quand il vint à moi il s'arrêta. Le kalife, voyant que le bourreau ne me frappait pas, se mit en colère : « Ne t'ai-je pas commandé, lui dit-il, de couper la tête à dix voleurs? Pourquoi ne la coupes-tu qu'à neuf? — Commandeur des croyants, répondit le bourreau, Dieu me garde de n'avoir pas exécuté l'ordre de votre majesté : voilà dix corps par terre et autant de têtes que j'ai coupées; elle peut les compter. » Lorsque le kalife eut vu lui-même que le bourreau disait vrai, il me regarda avec étonnement, et ne me trouvant pas la physionomie d'un voleur : « Bon vieillard, me dit-il, par quelle aventure vous trouvez-vous mêlé avec des misérables qui ont mérité mille morts? » Je lui répondis : « Commandeur des croyants, je vais vous faire un aveu véritable. J'ai vu ce matin entrer dans un bateau ces dix personnes, dont le châtiment vient de faire éclater la justice de votre majesté; je me suis embarqué avec elles, persuadé que c'étaient des gens qui allaient se régaler ensemble, pour fêter ce jour qui est le plus célèbre de notre religion. »

« Le kalife ne put s'empêcher de rire de mon aventure, et, tout au contraire de ce jeune boiteux qui me traite de babillard, il admira ma discrétion et ma constance à garder le silence : « Commandeur des croyants, lui dis-je, que votre majesté ne s'étonne pas si je me suis tu dans une occasion qui aurait excité la démangeaison de parler à un autre : je fais une profession particulière de me taire, et c'est par cette vertu que je me suis acquis le titre glorieux de silencieux; c'est ainsi qu'on m'appelle pour me distinguer de six frères que j'eus : c'est le fruit que j'ai tiré de ma philosophie ; enfin cette vertu fait toute ma gloire et mon bonheur. — J'ai bien de la joie, me dit le kalife en souriant, qu'on vous ait donné un titre dont vous faites un si bel usage. Mais apprenez-moi quelle sorte de gens étaient vos frères ; vous ressemblaient-ils ? — En aucune manière, lui repartis-je ; ils étaient tous plus babillards les uns que les autres, et, quant à la figure, il y avait encore grande différence entre eux et moi : le premier était bossu, le second brèche-dent, le troisième borgne, le quatrième aveugle, le cinquième avait les oreilles coupées, et le sixième les lèvres fendues. Il leur est arrivé des aventures qui vous feraient juger de leurs caractères, si j'avais l'honneur de les raconter à votre majesté. » Comme il me parut que le kalife ne demandait pas mieux que de les entendre, je poursuivis sans attendre son ordre :

HISTOIRE

DU PREMIER FRÈRE DU BARBIER.

Bacbouc le Bossu était le nom de mon frère aîné : il était tailleur de profession. Au sortir de son apprentissage, il loua une boutique vis-à-vis d'un moulin, et comme il n'avait point encore fait de pratiques, il avait bien de la peine à vivre de son travail ; le meunier, au contraire, était fort à son aise, et possédait une très-belle femme. Un jour, mon frère, en travaillant dans sa boutique, leva la tête et aperçut, à une fenêtre du moulin, la meunière qui regardait dans la rue. Il la trouva si belle, qu'il en fut enchanté. Pour la meunière, elle ne fit nulle attention à lui ; elle ferma sa fenêtre et ne parut plus de tout le jour. Cependant le pauvre tailleur ne fit autre chose que lever les yeux vers le moulin en travaillant ; il se piqua les doigts plus d'une fois, et son travail de ce jour-là ne fut pas trop régulier. Sur le soir, lorsqu'il fallut fermer sa boutique, il eut de la peine à s'y résoudre, parce qu'il espérait toujours que la meunière se ferait voir encore ; mais enfin il fut obligé de la fermer et de se retirer à sa petite maison, où il passa une fort mauvaise nuit. Il est vrai qu'il s'en leva plus matin, et qu'impatient de revoir sa maîtresse, il vola vers sa boutique. Il ne fut pas plus heureux que le jour précédent : la meunière ne parut qu'un moment de toute la journée ; mais ce moment acheva de le rendre le plus amoureux de tous les hommes. Le troisième jour, il eut sujet d'être plus content que les deux autres : la meunière jeta les yeux sur lui, par hasard, et le surprit dans une attention à la considérer qui lui fit connaître ce qui se passait dans son cœur.... »

Le jour, qui paraissait, obligea Scheherazade d'interrompre son récit en cet endroit. Elle en reprit le fil la nuit suivante, et dit au sultan des Indes :

CLXVIII[e] NUIT.

Sire, le barbier continuant l'histoire de son frère aîné

« Commandeur des croyants, poursuivit-il, en parlant toujours au kalife Mostanser Billah, vous saurez que la meunière n'eut pas plus tôt pénétré les sentiments de mon frère, qu'au lieu de s'en fâcher, elle résolut de s'en divertir. Elle le regarda d'un air riant ; mon frère la regarda de même, mais d'une manière si plaisante, que la meunière referma la fenêtre au plus vite, de peur de faire un éclat de rire qui fît connaître à mon frère qu'elle le trouvait ridicule. L'innocent Bacbouc interpréta cette action à son avantage, et ne manqua pas de se flatter qu'on l'avait vu avec plaisir.

« La meunière prit donc la résolution de se réjouir de mon frère : elle avait une pièce d'une assez belle étoffe, dont il y avait déjà longtemps qu'elle voulait se faire un habit. Elle l'enveloppa dans un beau mouchoir de broderie de soie, et la lui envoya par une jeune esclave qu'elle avait. L'esclave bien instruite vint à la boutique du tailleur : « Ma maîtresse vous salue, lui dit-elle, et vous prie de lui faire un habit de la pièce d'étoffe que je vous apporte, sur le modèle de celui qu'elle vous envoie en même temps ; elle change souvent d'habit, et c'est une pratique dont vous serez très-content. » Mon frère ne douta plus que la meunière ne fût amoureuse de lui. Il crut qu'elle ne lui envoyait du travail, immédiatement après ce qui s'était passé entre elle et lui, qu'afin de lui marquer qu'elle avait lu dans le fond de son cœur, et de l'assurer du progrès qu'il avait fait dans le sien. Prévenu de cette bonne opinion, il chargea l'esclave de dire à sa maîtresse qu'il allait tout quitter pour elle, et que l'habit serait prêt pour le lendemain matin : en effet il y travailla avec tant de diligence, qu'il l'acheva le même jour.

« Le lendemain, la jeune esclave vint voir si l'habit était fait. Bacbouc le lui donna bien plié, en lui disant : « J'ai trop d'intérêt de contenter votre maîtresse, pour avoir négligé son habit ; je veux l'engager par ma diligence à ne se servir désormais que de moi. » La jeune esclave fit quelques pas pour s'en aller; puis, se retournant, elle dit tout bas à mon frère : « A propos, j'oubliais de m'acquitter d'une commission qu'on m'a donnée : ma maîtresse m'a chargée de vous faire ses compliments, et de vous demander comment vous avez passé la nuit; pour elle, la pauvre femme, elle vous aime si fort qu'elle n'en a pas dormi. — Dites-lui, répondit avec transport mon benêt de frère, que j'ai pour elle une passion si violente, qu'il y a quatre nuits que je n'ai fermé l'œil. » Après ce compliment de la part de la meunière, il crut devoir se flatter qu'elle ne le laisserait pas languir dans l'attente de ses faveurs.

« Il n'y avait pas un quart d'heure que l'esclave avait quitté mon frère, lorsqu'il la vit revenir avec une pièce de satin : « Ma maîtresse, lui dit-elle, est très-satisfaite de son habit; il lui va le mieux du monde; mais comme il est très-beau, et qu'elle ne le veut porter qu'avec un caleçon neuf, elle vous prie de lui en faire un au plus tôt de cette pièce de satin. — Cela suffit, répondit Bacbouc; il sera fait aujourd'hui avant que je sorte de ma boutique; vous n'avez qu'à le venir prendre sur la fin du jour. » La meunière se montra souvent à sa fenêtre, et prodigua ses charmes à mon frère pour lui donner du courage. Il faisait beau le voir travailler: le caleçon fut bientôt fait. L'esclave le vint prendre; mais elle n'apporta ni l'argent qu'il avait déboursé pour les accompagnements de l'habit et du caleçon, ni de quoi lui payer la façon de l'un et de l'autre. Cependant ce malheureux amant qu'on amusait, et qui ne s'en apercevait pas, n'avait rien mangé de tout ce jour-là, et fut obligé d'emprunter quelques pièces de monnaie pour acheter de quoi souper. Le jour suivant, dès qu'il fut arrivé à sa boutique, la jeune esclave vint lui dire que le meunier souhaitait de lui parler : « Ma maîtresse, ajouta-t-elle, lui a dit tant de bien de vous en lui montrant votre ouvrage, qu'il veut aussi que vous travailliez pour lui : elle l'a fait exprès, afin que la liaison qu'elle veut former entre lui et vous serve à faire réussir ce que vous désirez également l'un et l'autre. » Mon frère se laissa persuader, et alla au moulin avec l'esclave. Le meunier le reçut fort bien, et lui présentant une pièce de toile : « J'ai besoin de chemises, lui dit-il; voilà de la toile; je voudrais bien que vous m'en fissiez vingt : s'il y a du reste, vous me le rendrez.... »

Scheherazade, frappée tout à coup de la clarté du jour, qui commençait à éclairer l'appartement de Schahriar, se tut en achevant ces dernières paroles. La nuit suivante, elle poursuivit ainsi l'histoire de Bacbouc :

CLXIXe NUIT.

« Mon frère, continua le barbier, eut du travail pour cinq ou six jours à faire vingt chemises pour le meunier, qui lui donna ensuite une autre pièce de toile pour en faire autant de caleçons. Lorsqu'ils furent achevés, Bacbouc les porta au meunier, qui lui demanda ce qu'il lui fallait pour sa peine. Sur quoi mon frère dit qu'il se contenterait de vingt drachmes d'argent. Le meunier appela aussitôt la jeune esclave, et lui dit d'apporter le trébuchet, pour voir si la monnaie qu'il allait donner était de poids. L'esclave, qui avait le mot, regarda mon frère en colère, pour lui marquer qu'il allait tout gâter, s'il recevait de l'argent. Il se le tint pour dit : il refusa d'en prendre, quoiqu'il en eût besoin et qu'il en eût emprunté pour acheter le fil dont il avait cousu les chemises et les caleçons. Au sortir de chez le meunier, il vint me prier de lui prêter de quoi vivre, en me disant qu'on ne le payait pas. Je lui donnai quelques pièces de monnaie, que j'avais dans ma bourse, et cela le fit subsister durant quelques jours : il est vrai qu'il ne vivait que de bouillie, et encore n'en mangeait-il pas tout son soûl.

« Un jour il entra chez le meunier, qui était occupé à faire aller son moulin, et qui, croyant qu'il venait demander de l'argent, lui en offrit ; mais la jeune esclave, qui était présente, lui fit encore un signe qui l'empêcha d'en accepter, et le fit répondre au meunier qu'il ne venait pas pour cela, mais seulement pour s'informer de sa santé. Le meunier l'en remercia, et lui donna une robe de dessus à faire. Bacbouc la lui rapporta le lendemain. Le meunier tira sa bourse ; la jeune esclave ne fit en ce moment que regarder mon frère : « Voisin, dit-il au meunier, rien ne presse ; nous compterons une autre fois. » Ainsi cette pauvre dupe se retira dans sa boutique avec trois grandes maladies, c'est-à-dire l'amour, la faim et la pauvreté.

« La meunière était avare et méchante : elle ne se contenta pas d'avoir frustré mon frère de ce qui lui était dû, elle excita son mari à tirer vengeance de l'amour qu'il avait pour elle, et voici comment ils s'y prirent : le meunier invita Bacbouc un soir à souper, et, après l'avoir assez mal régalé, il lui dit : « Frère, il est trop tard pour vous retirer chez vous, demeurez ici. » En parlant de cette sorte, il le mena dans un endroit où il y avait un lit ; il le laissa là, et se retira avec sa femme dans le lieu où ils avaient coutume de coucher. Au milieu de la nuit, le meunier vint trouver mon frère : « Voisin, lui dit-il, dormez-vous? Ma mule est malade, et j'ai bien du blé à moudre; vous me feriez beaucoup de plaisir si vous vouliez tourner le moulin à sa place. » Bacbouc, pour lui marquer qu'il était homme de bonne volonté, lui répondit qu'il était prêt à lui rendre ce service; qu'on n'avait seulement qu'à lui montrer comment il fallait faire. Alors le meunier l'attacha par le milieu du corps, de même qu'une mule, pour faire tourner le moulin, et lui donnant ensuite un grand coup de fouet sur les reins : « Marchez, voisin, lui dit-il. — Eh! pourquoi me frappez-vous? lui dit mon frère. — C'est pour vous encourager, répondit le meunier; car, sans cela, ma mule ne marche pas. » Bacbouc fut étonné de ce traitement; néanmoins il n'osa s'en plaindre. Quand il eut fait cinq ou six tours, il voulut se reposer; mais le meunier lui donna une douzaine de coups de fouet bien appliqués, en lui disant : « Courage, voisin, ne vous arrêtez pas, je vous prie; il faut marcher sans prendre haleine, autrement vous gâteriez ma farine. »

Scheherazade cessa de parler en cet endroit, parce qu'elle vit qu'il était jour. Le lendemain, elle reprit son discours de cette sorte :

CLXXe NUIT.

« Le meunier obligea mon frère à tourner ainsi le moulin pendant le reste de la nuit, continua le barbier. A la pointe du jour il le laissa sans le détacher, et se retira à la chambre de sa femme. Bacbouc demeura quelque temps en cet état. A la fin la jeune esclave vint, qui le détacha : « Ah! que nous vous avons plaint, ma bonne maîtresse et moi! s'écria la perfide. Nous n'avons pris aucune part au mauvais tour que son mari vous a joué. » Le malheureux Bacbouc ne lui répondit rien, tant il était fatigué et moulu de coups; mais il regagna sa maison, en prenant la ferme résolution de ne plus songer à la meunière.

« Le récit de cette histoire, poursuivit le barbier, fit rire le kalife : « Allez, me dit-il, retournez chez vous : on va vous donner quelque chose de ma part, pour vous consoler d'avoir manqué le régal auquel vous vous attendiez. —Commandeur des croyants, repris-je, je supplie votre majesté de trouver bon que je ne reçoive rien qu'après lui avoir raconté l'histoire de mes autres frères. » Le kalife m'ayant témoigné par son silence qu'il était disposé à m'écouter, je continuai en ces termes :

HISTOIRE

DU SECOND FRÈRE DU BARBIER.

Mon second frère, qui s'appelait Bakbarah le Brèche-dent, marchant un jour par la ville, rencontra une vieille dans une rue écartée. Elle l'aborda : « J'ai, lui dit-elle, un mot à vous dire ; je vous prie de vous arrêter un moment. » Il s'arrêta, en lui demandant ce qu'elle lui voulait : « Si vous avez le temps de venir avec moi, reprit-elle, je vous mènerai dans un palais magnifique, où vous verrez une dame plus belle que le jour ; elle vous recevra avec beaucoup de plaisir, et vous présentera la collation avec d'excellent vin : il n'est pas besoin de vous en dire davantage. — Ce que vous me dites est-il bien vrai ? répliqua mon frère. — Je ne suis pas une menteuse, repartit la vieille ; je ne vous propose rien qui ne soit véritable ; mais écoutez ce que j'exige de vous : il faut que vous soyez sage, que vous parliez peu, et que vous ayez une complaisance infinie. » Bakbarah ayant accepté la condition, elle marcha devant, et il la suivit. Ils arrivèrent à la porte d'un grand palais, où il y avait beaucoup d'officiers et de domestiques. Quelques-uns voulurent arrêter mon frère ; mais la vieille ne leur eut pas plus tôt parlé, qu'ils le laissèrent passer. Alors elle se retourna vers mon frère, et lui dit : « Souvenez-vous au moins que la jeune dame chez qui je vous amène aime la douceur et la retenue : elle ne veut pas qu'on la contredise : si vous la contentez en cela, vous pouvez compter que vous obtiendrez d'elle ce que vous voudrez. » Bakbarah la remercia de cet avis, et promit d'en profiter.

« Elle le fit entrer dans un bel appartement : c'était un grand bâtiment en carré, qui répondait à la magnificence du palais ; une galerie régnait à l'entour, et l'on voyait au milieu un très-beau jardin. La vieille le fit asseoir sur un sofa bien garni, et lui dit d'attendre un moment, qu'elle allait avertir de son arrivée la jeune dame.

« Mon frère, qui n'était jamais entré dans un lieu si superbe, se mit à considérer toutes les beautés qui s'offraient à sa vue ; et jugeant de sa bonne fortune par la magnificence qu'il voyait, il avait de la peine à contenir sa joie. Il entendit bientôt un grand bruit, qui était causé par une troupe d'esclaves enjouées, qui vinrent à lui en faisant des éclats de rire, et il aperçut au milieu d'elles une jeune dame d'une beauté extraordinaire, qui se faisait aisément reconnaître pour leur maîtresse par les égards qu'on avait pour elle. Bakbarah, qui s'était attendu à un entretien particulier avec la dame, fut extrêmement surpris de la voir arriver en si bonne compagnie. Cependant les esclaves prirent un air sérieux en s'approchant de lui; et lorsque la jeune dame fut près du sofa, mon frère, qui s'était levé, lui fit une profonde révérence. Elle prit la place d'honneur; et puis l'ayant prié de se remettre à la sienne, elle lui dit d'un ton riant : « Je suis ravie de vous voir, et je vous souhaite tout le bien que vous pouvez désirer. — Madame, répondit Bakbarah, je ne puis en souhaiter un plus grand que l'honneur que j'ai de paraître devant vous. — Il me semble que vous êtes de bonne humeur, répliqua-t-elle, et que vous voudrez bien que nous passions le temps agréablement ensemble. »

« Elle commanda aussitôt que l'on servît la collation. En même temps on couvrit une table de plusieurs corbeilles de fruits et de confitures. Elle se mit à table avec les esclaves et mon frère. Comme il était placé vis-à-vis d'elle, quand il ouvrait la bouche pour manger, elle s'apercevait qu'il était brèche-dent, et elle le faisait remarquer aux esclaves, qui en riaient de tout leur cœur avec elle. Bakbarah, qui de temps en temps levait la tête pour la regarder, et qui la voyait rire, s'imagina que c'était de la joie qu'elle avait de sa venue, et se flatta que bientôt elle écarterait ses esclaves pour rester avec lui sans témoins. Elle jugea bien qu'il avait cette pensée; et prenant plaisir à l'entretenir dans une erreur si agréable, elle lui dit des douceurs, et lui présenta de sa propre main de tout ce qu'il y avait de meilleur.

« La collation achevée, on se leva de table. Dix esclaves prirent des instruments, et commencèrent à jouer et à chanter; d'autres se mirent à danser. Mon frère, pour faire l'agréable, dansa aussi, et la jeune dame même s'en mêla. Après qu'on eut dansé quelque temps, on s'assit pour prendre haleine. La jeune dame se fit donner un verre de vin, et regarda mon frère en souriant, pour lui marquer qu'elle allait boire à sa santé. Il se leva et demeura debout pendant qu'elle but. Lorsqu'elle eut bu, au lieu de rendre le verre, elle le fit remplir, et le présenta à mon frère, afin qu'il lui fît raison.... »

Scheherazade voulait poursuivre son récit; mais remarquant qu'il était jour, elle cessa de parler. La nuit suivante, elle reprit la parole, et dit au sultan des Indes

CLXXI[e] NUIT.

Sire, le barbier continuant l'histoire de Bakbarah :

« Mon frère, dit-il, prit le verre de la main de la jeune dame, en la lui baisant, et but debout en reconnaissance de la faveur qu'elle lui avait faite. Ensuite la jeune dame le fit asseoir auprès d'elle, et commença de le caresser ; elle lui passa la main derrière la tête, en lui donnant de temps en temps de petits soufflets. Ravi de ces faveurs, il s'estimait le plus heureux homme du monde ; il était tenté de badiner aussi avec cette charmante personne ; mais il n'osait prendre cette liberté devant tant d'esclaves qui avaient les yeux sur lui, et qui ne cessaient de rire de ce badinage. La jeune dame continua de lui donner de petits soufflets, et à la fin lui en appliqua un si rudement qu'il en fut scandalisé ; il en rougit, et se leva pour s'éloigner d'une si rude joueuse. Alors la vieille qui l'avait amené le regarda d'une manière à lui faire connaître qu'il avait tort, et qu'il ne se souvenait pas de l'avis qu'elle lui avait donné d'avoir de la complaisance. Il reconnut sa faute, et pour la réparer, il se rapprocha de la jeune dame, en feignant qu'il ne s'en était pas éloigné par mauvaise humeur. Elle le tira par le bras, le fit encore asseoir près d'elle, et continua de lui faire mille caresses malicieuses ; ses esclaves, qui ne cherchaient qu'à la divertir, se mirent de la partie : l'une donnait au pauvre Bakbarah des nasardes de toute sa force, l'autre lui tirait les oreilles à les lui arracher, et d'autres enfin lui appliquaient des soufflets qui passaient la raillerie. Mon frère souffrait tout cela avec une patience admirable ; il affectait même un air gai, et regardant la vieille avec un souris forcé : « Vous l'avez bien dit, disait-il, que je trouverais une dame toute bonne, toute agréable, toute charmante. Que je vous ai d'obligations ! — Ce n'est rien encore que cela, lui répondit la vieille : laissez faire, vous verrez bien autre chose. » La jeune dame prit alors la parole, et dit à mon frère : « Vous êtes un brave homme ; je suis ravie de trouver en vous tant de douceur et tant de complaisance pour mes petits caprices, et une humeur si conforme à la mienne. — Madame, repartit Bakbarah, charmé de ces discours, je ne suis plus à moi, je suis tout à vous, et vous pouvez à votre gré disposer de moi. — Que vous me faites de plaisir, répliqua la dame, en me marquant tant de soumission ! Je suis contente de vous, et je veux que vous le soyez aussi de moi. Qu'on lui apporte, ajouta-t-elle, le parfum et l'eau de rose. » A ces mots, deux esclaves se détachèrent et revinrent bientôt après, l'une avec une cassolette d'argent où il y avait du bois d'aloès le plus exquis, dont elle le parfuma, et l'autre avec de l'eau de rose, qu'elle lui jeta au visage et dans les mains. Mon frère ne se possédait pas, tant il était aise de se voir traiter si honorablement.

« Après cette cérémonie, la jeune dame commanda aux esclaves qui avaient déjà joué des instruments et chanté, de recommencer leurs concerts. Elles obéirent, et pendant ce temps-là la dame appela une autre esclave, et lui ordonna d'emmener mon frère avec elle, en lui disant : « Faites-lui ce que vous savez, et, quand vous aurez achevé, ramenez-le moi. » Bakbarah, qui entendit cet ordre, se leva promptement, et s'approchant de la vieille, qui s'était aussi levée pour accompagner l'esclave et lui, il la pria de lui dire ce qu'on lui voulait faire : « C'est que notre maîtresse est curieuse, lui répondit tout bas la vieille ; elle souhaite de voir comment vous seriez fait déguisé en femme, et cette esclave, qui a ordre de vous mener avec elle, va vous peindre les sourcils, vous raser la moustache, et vous habiller en femme. — On peut me peindre les sourcils tant qu'on voudra, répliqua mon frère, j'y consens, parce que je pourrai me laver ensuite ; mais pour me faire raser, vous voyez bien que je ne le dois pas souffrir : comment oserais-je paraître après cela sans moustache ? — Gardez-vous de vous opposer à ce que l'on exige de vous, reprit la vieille, vous gâteriez vos affaires, qui vont le mieux du monde : on vous aime, on veut vous rendre heureux ; faut-il, pour une vilaine moustache, renoncer aux plus délicieuses faveurs qu'un homme puisse obtenir ? » Bakbarah se rendit aux raisons de la vieille, et, sans dire un seul mot, il se laissa conduire par l'esclave dans une chambre où on lui peignit les sourcils de rouge ; on lui rasa la moustache, et l'on se mit en devoir de lui raser aussi la barbe. La docilité de mon frère ne put aller jusque-là : « Oh ! pour ce qui est de ma barbe, s'écria-t-il, je ne souffrirai point absolument qu'on me la coupe. » L'esclave lui représenta qu'il était inutile de lui avoir ôté sa moustache, s'il ne voulait pas consentir qu'on lui rasât la barbe ; qu'un visage barbu ne convenait pas avec un habillement de femme, et qu'elle s'étonnait qu'un homme qui était sur le point de posséder la plus belle personne de Bagdad fît quelque attention à sa barbe. La vieille ajouta au discours de l'esclave de nouvelles raisons ; elle menaça mon frère de la disgrâce de la jeune dame ; enfin elle lui dit tant de choses, qu'il se laissa faire tout ce qu'on voulut.

« Lorsqu'il fut habillé en femme, on le ramena devant la jeune dame, qui se prit si fort à rire en le voyant, qu'elle se renversa sur le sofa où elle était assise ; les esclaves en firent autant en frappant des mains, si bien que mon frère demeura fort embarrassé de sa contenance. La jeune dame se releva, et, sans cesser de rire, lui dit : « Après la complaisance que vous avez eue pour moi, j'aurais tort de ne pas vous aimer de tout mon cœur ; mais il faut que vous fassiez encore une chose, pour l'amour de moi : c'est de danser comme vous voilà. » Il obéit, et la jeune dame et ses esclaves dansèrent avec lui en riant comme des folles. Après qu'elles eurent dansé quelque temps, elles se jetèrent toutes sur le misérable, et lui donnèrent tant de soufflets, tant de coups de poings et de coups de pieds, qu'il en tomba par terre presque hors de lui-même. La vieille lui aida à se relever, pour ne pas lui donner le temps de se fâcher du mauvais traitement qu'on venait de lui faire : « Consolez-vous, lui dit-elle à l'oreille, vous êtes enfin arrivé au bout des souffrances, et vous allez en recevoir le prix.... »

Le jour, qui paraissait déjà, imposa silence à la sultane Scheherazade. Elle poursuivit ainsi, la nuit suivante :

CLXXII[e] NUIT.

« La vieille, dit le barbier, continua de parler à Bakbarah : « Il ne vous reste plus, ajouta-t-elle, qu'une seule chose à faire, et ce n'est qu'une bagatelle. Vous saurez que ma maîtresse a coutume, lorsqu'elle a un peu bu, comme aujourd'hui, de ne se pas laisser approcher par ceux qu'elle aime, qu'ils ne soient nus en chemise ; quand ils sont en cet état, elle prend un peu d'avantage et se met à courir devant eux par la galerie, et de chambre en chambre, jusqu'à ce qu'ils l'aient attrapée : c'est encore une de ses bizarreries. Quelque avantage qu'elle puisse prendre, léger et dispos comme vous êtes, vous aurez bientôt mis la main sur elle. Mettez-vous donc vite en chemise ; déshabillez-vous sans faire de façons. »

« Mon bon frère en avait trop fait pour reculer ; il se déshabilla, et cependant la jeune dame se fit ôter sa robe, et demeura en jupon pour courir plus légèrement. Lorsqu'ils furent tous deux en état de commencer la course, la jeune dame prit un avantage d'environ vingt pas, et se mit à courir d'une vitesse surprenante ; mon frère la suivit de toute sa force, non sans exciter les ris de toutes les esclaves qui frappaient des mains ; la jeune dame, au lieu de perdre quelque chose de l'avantage qu'elle avait pris d'abord, en gagnait encore sur mon frère. Elle lui fit faire deux ou trois tours de galerie, et puis enfila une longue allée obscure, où elle se sauva par un détour qui lui était connu. Bakbarah, qui la suivait toujours, l'ayant perdue de vue dans l'allée, fut obligé de courir moins vite, à cause de l'obscurité. Il aperçut enfin une lumière, vers laquelle ayant repris sa course, il sortit par une porte, qui fut fermée sur lui aussitôt. Imaginez-vous s'il eut lieu d'être surpris de se trouver au milieu d'une rue de corroyeurs. Ils ne le furent pas moins de le voir en chemise, les yeux peints de rouge, sans barbe et sans moustache. Ils commencèrent à frapper des mains, à le huer, et quelques-uns coururent après lui, et lui cinglèrent les fesses avec des peaux; ils l'arrêtèrent même, le mirent sur un âne qu'ils rencontrèrent par hasard, et le promenèrent par la ville, exposé à la risée de toute la populace.

« Pour comble de malheur, en passant devant la maison du juge de police, ce magistrat voulut savoir la cause de ce tumulte; les corroyeurs lui dirent qu'ils avaient vu sortir mon frère, dans l'état où il était, par une porte de l'appartement des femmes du grand vizir, qui donnait sur leur rue. Là-dessus, le juge fit donner au malheureux Bakbarah cent coups de bâton sur la plante des pieds, et le fit conduire hors de la ville, avec défense d'y rentrer jamais.

« Voilà, Commandeur des croyants, dis-je au kalife Mostanser Billah, l'aventure de mon second frère, que je voulais raconter à votre majesté. Il ne savait pas que les dames de nos seigneurs les plus puissants se divertissent quelquefois à jouer de semblables tours aux jeunes gens qui sont assez sots pour donner dans de semblables piéges.... »

Scheherazade fut obligée de s'arrêter en cet endroit, à cause du jour qu'elle vit paraître. La nuit suivante, elle reprit sa narration, et dit au sultan des Indes:

CLXXIII^E NUIT.

Sire, le barbier, sans interrompre son discours, passa à l'histoire de son troisième frère :

HISTOIRE

DU TROISIÈME FRÈRE DU BARBIER.

OMMANDEUR des croyants, dit-il au kalife, mon troisième frère, qui se nommait Bakbac, était aveugle, et sa mauvaise destinée l'ayant réduit à la mendicité, il allait de porte en porte demander l'aumône : il avait une si longue habitude de marcher seul dans les rues, qu'il n'avait pas besoin de conducteur. Il avait coutume de frapper aux portes, et de ne pas répondre qu'on ne lui eût ouvert. Un jour il frappa à la porte d'une maison; le maître du logis, qui était seul, s'écria : « Qui est là? » Mon frère ne répondit rien à ces paroles, et frappa une seconde fois. Le maître de la maison eut beau demander encore qui était à sa porte; personne ne lui répondit. Il descend, ouvre et demande à mon frère ce qu'il veut : « Que vous me donniez quelque chose, pour l'amour de Dieu, lui dit Bakbac. — Vous êtes aveugle, ce me semble? reprit le maître de la maison. — Hélas! oui! repartit mon frère. — Tendez la main, » lui dit le maître. Mon frère la lui présenta, croyant recevoir l'aumône; mais le maître la lui prit seulement pour l'aider à monter jusqu'à sa chambre. Bakbac s'imagina que c'était pour le faire manger avec lui, comme cela lui arrivait ailleurs assez souvent. Quand ils furent tous deux dans la chambre, le maître lui quitta la main, se mit à sa place, et lui demanda de nouveau ce qu'il souhaitait : « Je vous ai déjà dit, lui répondit Bakbac, que je vous demandais quelque chose, pour l'amour de Dieu. — Bon aveugle, répliqua le maître, tout ce que je puis faire pour vous, c'est de souhaiter que Dieu vous rende la vue. — Vous pouviez bien me dire cela à la porte, reprit mon frère, et m'épargner la peine de monter. — Et pourquoi, innocent que vous êtes, ne répondez-vous pas dès la première fois, lorsque vous frappez, et qu'on vous demande qui est là? D'où vient que vous donnez la peine aux gens de vous aller ouvrir, quand on vous parle? — Que voulez-vous donc faire de moi? dit mon frère. — Je vous le répète encore, répondit le maître, je n'ai rien à vous donner. — Aidez-moi donc à descendre, comme vous m'avez aidé à monter, répliqua Bakbac. — L'escalier est devant vous, repartit le maître; descendez seul, si vous voulez. » Mon frère se mit à descendre; mais le pied venant à lui manquer au milieu de l'escalier, il se fit bien du mal aux reins et à la tête en glissant jusqu'au bas. Il se releva avec assez de peine, et sortit en se plaignant et en murmurant contre le maître de la maison, qui ne fit que rire de sa chute.

« Comme il sortait du logis, deux aveugles de ses camarades, qui passaient, le reconnurent à sa voix; ils s'arrêtèrent pour lui demander ce qu'il avait. Il leur conta ce qui lui était arrivé; et après leur avoir dit que de toute la journée il n'avait rien reçu : « Je vous conjure, ajouta-t-il, de m'accompagner jusque chez moi, afin que je prenne devant vous quelque chose de l'argent que nous avons tous trois en commun, pour m'acheter de quoi souper. » Les deux aveugles y consentirent, il les mena chez lui.

« Il faut remarquer que le maître de la maison où mon frère avait été si maltraité était un voleur, homme naturellement adroit et malicieux. Il entendit par sa fenêtre ce que Bakbac avait dit à ses camarades : c'est pourquoi il descendit, les suivit et entra avec eux dans une méchante maison où logeait mon frère. Les aveugles s'étant assis, Bakbac dit : « Frères, il faut, s'il vous plaît, fermer la porte, et prendre garde s'il n'y a pas ici quelque étranger avec nous. » A ces paroles, le voleur fut fort embarrassé; mais apercevant une corde qui se trouva par hasard attachée au plancher, il s'y prit et se soutint en l'air, pendant que les aveugles fermèrent la porte, et firent le tour de la chambre en tâtant partout avec leurs bâtons. Lorsque cela fut fait, et qu'ils eurent repris leur place, il quitta la corde et alla s'asseoir doucement près de mon frère, qui, se croyant seul avec les aveugles, leur dit : « Frères, comme vous m'avez fait dépositaire de l'argent que nous recevons depuis longtemps tous trois, je veux vous faire voir que je ne suis pas indigne de la confiance que vous avez en moi. La dernière fois que nous comptâmes, vous savez que nous avions dix mille drachmes, et que nous les mîmes en dix sacs : je vais vous montrer que je n'y ai pas touché. » En disant cela, il mit la main à côté de lui sous de vieilles hardes, tira les sacs l'un après l'autre, et les donnant à ses camarades : « Les voilà, poursuivit-il; vous pouvez juger par leur pesanteur qu'ils sont encore en leur entier; ou bien nous allons les compter, si vous souhaitez. » Ses camarades lui ayant répondu qu'ils se fiaient bien à lui, il ouvrit un des sacs et en tira dix drachmes ; les deux autres aveugles en tirèrent chacun autant.

« Mon frère remit ensuite les dix sacs à leur place ; après quoi un des aveugles lui dit, qu'il n'était pas besoin qu'il dépensât rien ce jour-là pour son souper, qu'il avait assez de provisions pour eux trois par la charité des bonnes gens : en même temps il tira de son bissac du pain, du fromage et quelques fruits, mit tout cela sur une table, et puis ils commencèrent à manger. Le voleur, qui était à la droite de mon frère, choisissait ce qu'il y avait de meilleur, et mangeait avec eux ; mais quelque précaution qu'il pût prendre pour ne pas faire de bruit, Bakbac l'entendit mâcher, et s'écria aussitôt : « Nous sommes perdus : il y a un étranger avec nous ! » En parlant de la sorte, il étendit la main, et saisit le voleur par le bras ; il se jeta sur lui en criant : « au voleur ! » et en lui donnant de grands coups de poing. Les autres aveugles se mirent à crier aussi et à frapper le voleur, qui, de son côté, se défendit le mieux qu'il put. Comme il était fort et vigoureux, et qu'il avait l'avantage de voir où il adressait ses coups, il en portait de furieux tantôt à l'un et tantôt à l'autre, quand il pouvait en avoir la liberté ; et il criait au voleur encore plus fort que ses ennemis. Les voisins accoururent bientôt au bruit, enfoncèrent la porte, et eurent bien de la peine à séparer les combattants ; mais enfin, en étant venus à bout, ils leur demandèrent le sujet de leur différend : « Seigneurs, s'écria mon frère qui n'avait pas quitté le voleur, cet homme que je tiens est un voleur, qui est entré ici avec nous pour nous enlever le peu d'argent que nous avons. » Le voleur, qui avait fermé les yeux d'abord qu'il avait vu paraître les voisins, feignit d'être aveugle, et dit alors : « Seigneurs, c'est un menteur ; je vous jure, par le nom de Dieu et par la vie du kalife, que je suis leur associé, et qu'ils refusent de me donner ma part légitime. Ils se sont tous trois mis contre moi, et je demande justice. » Les voisins ne voulurent pas se mêler de leur contestation, et les menèrent tous quatre au juge de police.

« Quand ils furent devant ce magistrat, le voleur, sans attendre qu'on l'interrogeât, dit en contrefaisant toujours l'aveugle : « Seigneur, puisque vous êtes commis pour administrer la justice de la part du kalife, dont Dieu veuille faire prospérer la puissance, je vous déclarerai que nous sommes également criminels, mes trois camarades et moi. Mais comme nous nous sommes engagés par serment à ne rien avouer que sous la bastonnade, si vous voulez savoir notre crime, vous n'avez qu'à commander qu'on nous la donne, et qu'on commence par moi. » Mon frère voulut parler ; mais on lui imposa silence. On mit le voleur sous le bâton.... »

A ces mots, Scheherazade, remarquant qu'il était jour, interrompit sa narration. Elle en reprit ainsi la suite le lendemain :

CLXXIVe NUIT.

« On mit donc le voleur sous le bâton, dit le barbier, et il eut la constance de s'en laisser donner jusqu'à vingt ou trente coups; mais faisant semblant de se laisser vaincre par la douleur, il ouvrit un œil premièrement, et bientôt après il ouvrit l'autre en criant miséricorde, et en suppliant le juge de police de faire cesser les coups. Le juge, voyant que le voleur le regardait les yeux ouverts, en fut fort étonné : « Méchant, lui dit-il, que signifie ce miracle? — Seigneur, répondit le voleur, je vais vous découvrir un secret important, si vous voulez me faire grâce, et me donner, pour gage que vous me tiendrez parole, l'anneau que vous avez au doigt, et qui vous sert de cachet; je suis prêt à vous révéler tout le mystère. »

« Le juge fit cesser les coups de bâton, lui remit son anneau, et promit de lui faire grâce : « Sur la foi de cette promesse, reprit le voleur, je vous avouerai, seigneur, que mes camarades et moi nous voyons fort clair tous quatre; nous feignons d'être aveugles pour entrer librement dans les maisons, et pénétrer jusqu'aux appartements des femmes, où nous abusons de leur faiblesse. Je vous confesse encore que par cet artifice nous avons gagné dix mille drachmes en société; j'en ai demandé aujourd'hui à mes confrères deux mille cinq cents qui m'appartiennent pour ma part; ils me les ont refusées, parce que je leur ai déclaré que je voulais me retirer, et qu'ils ont eu peur que je ne les accusasse; et sur mes instances à leur demander ma part, ils se sont jetés sur moi, et m'ont maltraité de la manière dont je prends à témoin les personnes qui nous ont amenés devant vous. J'attends de votre justice, seigneur, que vous me ferez livrer vous-même les deux mille cinq cents drachmes qui me sont dues : si vous voulez que mes camarades confessent la vérité de ce que j'avance, faites-leur donner trois fois autant de coups de bâton que j'en ai reçu, vous verrez qu'ils ouvriront les yeux comme moi. »

« Mon frère et les deux autres aveugles voulurent se justifier d'une imposture si horrible; mais le juge ne daigna pas les écouter : « Scélérats, leur dit-il, c'est donc ainsi que vous contrefaites les aveugles, que vous trompez les gens sous prétexte d'exciter leur charité, et que vous commettez de si méchantes actions? — C'est une imposture, s'écria mon frère, il est faux qu'aucun de nous voie clair; nous en prenons Dieu à témoin! »

« Tout ce que put dire mon frère fut inutile; ses camarades et lui reçurent chacun deux cents coups de bâton. Le juge attendait toujours qu'ils ouvrissent les yeux, et attribuait à une grande obstination ce qui n'était que l'effet d'une impuissance absolue. Pendant ce temps-là, le voleur disait aux aveugles: « Pauvres gens que vous êtes, ouvrez les yeux, et n'attendez pas qu'on vous fasse mourir sous le bâton. » Puis s'adressant au juge de police: « Seigneur, lui-dit-il, je vois bien qu'ils pousseront leur malice jusqu'au bout, et que jamais ils n'ouvriront les yeux: ils veulent, sans doute, éviter la honte qu'ils auraient de lire leur condamnation dans les regards de ceux qui les verraient. Il vaut mieux leur faire grâce, et envoyer quelqu'un avec moi prendre les dix mille drachmes qu'ils ont cachées. »

« Le juge n'eut garde d'y manquer: il fit accompagner le voleur par un de ses gens qui lui apporta les dix sacs. Il fit compter deux mille cinq cents drachmes au voleur, et retint le reste pour lui. A l'égard de mon frère et de ses compagnons, il en eut pitié, et se contenta de les bannir. Je n'eus pas plutôt appris ce qui était arrivé à mon frère, que je courus après lui. Il me raconta son malheur et je le ramenai secrètement dans la ville. J'aurais bien pu le justifier auprès du juge de police, et faire punir le voleur comme il le méritait; mais je n'osai l'entreprendre, de peur de m'attirer à moi-même quelque mauvaise affaire. »

« Ce fut ainsi que j'achevai la triste aventure de mon bon frère l'aveugle. Le kalife n'en rit pas moins que de celles qu'il avait déjà entendues. Il ordonna de nouveau qu'on me donnât quelque chose; mais, sans attendre qu'on exécutât son ordre, je commençai l'histoire de mon quatrième frère. »

HISTOIRE

DU QUATRIÈME FRÈRE DU BARBIER.

LCOUZ était le nom de mon quatrième frère. Il devint borgne à l'occasion que j'aurai l'honneur de dire à votre majesté. Il était boucher de profession; il avait un talent particulier pour élever et dresser des béliers à se battre, et par ce moyen il s'était acquis la connaissance et à l'amitié des principaux seigneurs qui se plaisent à voir ces sortes de combats, et qui ont pour cet effet des béliers chez eux. Il était d'ailleurs fort achalandé; il avait toujours dans sa boutique la plus belle viande qu'il y eût à la boucherie, parce qu'il était fort riche, et qu'il n'épargnait rien pour avoir la meilleure.

« Un jour qu'il était dans sa boutique, un vieillard qui avait une longue barbe blanche vint acheter six livres de viande, lui en donna l'argent et s'en alla. Mon frère trouva cet argent si beau, si blanc et si bien monnayé, qu'il le mit à part dans un coffre en un endroit séparé. Le même vieillard ne manqua pas, durant cinq mois, de venir prendre chaque jour la même quantité de viande, et de la payer en pareille monnaie, que mon frère continua de mettre à part.

« Au bout de cinq mois, Alcouz, voulant acheter une quantité de moutons, et les payer en cette belle monnaie, ouvrit le coffre; mais, au lieu de la trouver, il fut dans un étonnement extrême de ne voir que des feuilles coupées en rond à la place où il l'avait mise. Il se donna de grands coups à la tête, en faisant des cris qui attirèrent bientôt les voisins, dont la surprise égala la sienne, lorsqu'ils eurent appris de quoi il s'agissait : « Plût à Dieu, s'écria mon frère en pleurant, que ce traître de vieillard arrivât présentement avec son air hypocrite ! » Il n'eut pas plutôt achevé ces paroles, qu'il le vit venir de loin; il courut au-devant de lui avec précipitation, et mettant la main sur lui : « Musulmans, s'écria-t-il de toute sa force, à l'aide ! Écoutez la friponnerie que ce méchant homme m'a faite. » En même temps il raconta à une assez grande foule de peuple, qui s'était assemblée autour de lui, ce qu'il avait déjà conté à ses voisins. Lorsqu'il eut achevé, le vieillard, sans s'émouvoir, lui dit froidement : « Vous feriez fort bien de me laisser aller et de réparer par cette action l'affront que vous me faites devant tant de monde, de crainte que je ne vous en fasse un plus sanglant, dont je serais fâché. — Eh !

qu'avez-vous à dire contre moi? lui répondit mon frère. Je suis un honnête homme dans ma profession, et je ne vous crains pas. — Vous voulez donc que je le publie? reprit le vieillard du même ton. Sachez, ajouta-t-il en s'adressant au peuple, qu'au lieu de vendre de la chair de mouton, comme il le doit, il vend de la chair humaine! — Vous êtes un imposteur! » lui repartit mon frère : « Non, non, dit alors le vieillard; à l'heure que je vous parle, il y a un homme égorgé et attaché au dehors de votre boutique, comme un mouton; qu'on y aille, et l'on verra si je dis la vérité. »

« Avant que d'ouvrir le coffre où étaient les feuilles, mon frère avait tué un mouton ce jour-là, l'avait accommodé et exposé hors de sa boutique, selon sa coutume. Il protesta que ce que disait le vieillard était faux; mais, malgré ses protestations, la populace, crédule, se laissant prévenir contre un homme accusé d'un fait si atroce, voulut en être éclaircie sur-le-champ : elle obligea mon frère à lâcher le vieillard, s'assura de lui-même, et courut en fureur jusqu'à sa boutique, où elle vit l'homme égorgé et attaché, comme l'accusateur l'avait dit : car ce vieillard, qui était magicien, avait fasciné les yeux de tout le monde, comme il les avait fascinés à mon frère, pour lui faire prendre pour de bon argent les feuilles qu'il lui avait données.

« A ce spectacle, un de ceux qui tenaient Alcouz lui dit, en lui appliquant un grand coup de poing : « Comment, méchant homme, c'est donc ainsi que tu nous fais manger de la chair humaine? » Et le vieillard, qui ne l'avait pas abandonné, lui en déchargea un autre dont il lui creva un œil; toutes les personnes mêmes qui purent approcher de lui ne l'épargnèrent pas. On ne se contenta pas de le maltraiter, on le conduisit devant le juge de police, à qui l'on présenta le prétendu cadavre, que l'on avait détaché et apporté pour servir de témoin contre l'accusé : « Seigneur, lui dit le vieillard magicien, vous voyez un homme qui est assez barbare pour massacrer les gens, et qui vend leur chair pour de la viande de mouton. Le public attend que vous fassiez un châtiment exemplaire. » Le juge de police entendit mon frère avec patience; mais l'argent changé en feuilles lui parut si peu digne de foi, qu'il traita mon frère d'imposteur, et, s'en rapportant au témoignage de ses yeux, il lui fit donner cinq cents coups de bâton.

« Ensuite, l'ayant obligé de lui dire où était son argent, il lui enleva tout ce qu'il avait, et le bannit à perpétuité, après l'avoir exposé aux yeux de toute la ville, trois jours de suite, monté sur un chameau.... »

« Mais, sire, dit en cet endroit Scheherazade à Schahriar, la clarté du jour, que je vois paraître, m'impose silence. Elle se tut, et la nuit suivante, elle continua d'entretenir le sultan des Indes en ces termes :

CLXXV^E NUIT.

Sire, le barbier poursuivit ainsi l'histoire d'Alcouz :

« Je n'étais pas à Bagdad, dit-il, lorsqu'une aventure si tragique arriva à mon quatrième frère. Il se retira dans un lieu écarté, où il demeura caché jusqu'à ce qu'il fut guéri des coups de bâton dont il avait le dos meurtri ; car c'était sur le dos qu'on l'avait frappé. Lorsqu'il fut en état de marcher, il se rendit la nuit, par des chemins détournés, à une ville où il n'était connu de personne, et il y prit un logement, d'où il ne sortait presque pas. A la fin, ennuyé de vivre toujours enfermé, il alla se promener dans un faubourg, où il entendit tout à coup un grand bruit de cavaliers qui venaient derrière lui. Il était alors par hasard près de la porte d'une grande maison, et comme après ce qui lui était arrivé il appréhendait tout, il craignit que ces cavaliers ne le suivissent pour l'arrêter : c'est pourquoi il ouvrit la porte pour se cacher, et, après l'avoir refermée, il entra dans une grande cour, où il n'eut pas plus tôt paru, que deux domestiques vinrent à lui, et le prenant au collet : « Dieu soit loué, lui dirent-ils, de ce que vous venez vous-même vous livrer à nous ! Vous nous avez donné tant de peine ces trois dernières nuits, que nous n'en avons pas dormi, et vous n'avez épargné notre vie que parce que nous avons su nous garantir de votre mauvais dessein. »

« Vous pouvez bien penser que mon frère fut fort surpris de ce compliment : « Bonnes gens, leur dit-il, je ne sais ce que vous me voulez, et vous me prenez sans doute pour un autre. — Non, non, répliquèrent-ils, nous n'ignorons pas que vous et vos camarades vous êtes de francs voleurs. Vous ne vous contentez pas d'avoir dérobé à notre maître tout ce qu'il avait, et de l'avoir réduit à la mendicité ; vous en voulez encore à sa vie. Voyons un peu si vous n'avez pas le couteau que vous aviez à la main, lorsque vous nous poursuiviez hier pendant la nuit. » En disant cela, ils le fouillèrent, et trouvèrent qu'il avait un couteau sur lui : « Oh ! oh ! s'écrièrent-ils en le prenant, oserez-vous dire encore que vous n'êtes pas un voleur ? — Hé quoi ! leur répondit mon frère, est-ce qu'on ne peut pas porter un couteau sans être voleur ? Écoutez mon histoire, ajouta-t-il ; au lieu d'avoir une mauvaise opinion de moi, vous serez touchés de mes malheurs. » Bien éloignés de l'écouter, ils se jetèrent sur lui, le foulèrent aux pieds, lui arrachèrent son habit et lui déchirèrent sa chemise. Alors voyant les cicatrices qu'il avait au dos : « Ah ! chien ! dirent-ils en redoublant leurs coups, tu veux nous faire accroire que tu es honnête homme ! Et ton dos nous fait voir le contraire. — Hélas ! s'écria mon frère, il faut que mes péchés soient bien grands, puisque, après avoir été déjà maltraité si injustement, je le suis une seconde fois sans être plus coupable ! »

« Les deux domestiques ne furent nullement attendris de ses plaintes ; ils le menèrent au juge de police, qui lui dit : « Par quelle hardiesse es-tu entré chez eux pour les poursuivre le couteau à la main ? — Seigneur, répondit le pauvre Alcouz, je suis l'homme du monde le plus innocent, et je suis perdu, si vous ne me faites la grâce de m'écouter patiemment : personne n'est plus digne de compassion que moi. — Seigneur, interrompit alors un des domestiques, voulez-vous écouter un voleur qui entre dans les maisons pour piller et assassiner les gens ? Si vous refusez de nous croire, vous n'avez qu'à regarder son dos. » En parlant ainsi, il découvrit le dos de mon frère et le fit voir au juge, qui, sans autre information, commanda sur-le-champ qu'on lui donnât cent coups de nerf de bœuf sur les épaules, et ensuite le fit promener par la ville sur un chameau, et crier devant lui : « Voilà de quelle manière on châtie « ceux qui entrent par force dans les maisons. »

« Cette promenade achevée, on le mit hors de la ville, avec défense d'y rentrer jamais. Quelques personnes, qui le rencontrèrent après cette seconde disgrâce, m'avertirent du lieu où il était. J'allai l'y trouver, et le ramenai à Bagdad secrètement, où je l'assistai de tout mon petit pouvoir. »

« Le kalife Mostanser Billah, poursuivit le barbier, ne rit pas tant de cette histoire que des autres ; il eut la bonté de plaindre le malheureux Alcouz. Il voulut encore me faire donner quelque chose et me renvoyer ; mais sans donner le temps d'exécuter son ordre, je repris la parole, et lui dis : « Mon souverain seigneur et maître, vous voyez bien que je parle peu ; et puisque votre majesté m'a fait la grâce de m'écouter jusqu'ici, qu'elle ait la bonté de vouloir encore entendre les aventures de mes deux autres frères ; j'espère qu'elles ne vous divertiront pas moins que les précédentes. Vous en pourrez faire faire une histoire complète, qui ne sera pas indigne de votre bibliothèque. J'aurai donc l'honneur de vous dire que mon cinquième frère se nommait Alnaschar.... »

Mais je m'aperçois qu'il est jour, dit en cet endroit Scheherazade. Elle garda le silence, et reprit ainsi son discours la nuit suivante :

CLXXVI^E NUIT.

Sire, le barbier continua de parler dans ces termes :

HISTOIRE

DU CINQUIÈME FRÈRE DU BARBIER.

TANT que vécut notre père, Alnaschar fut très-paresseux : au lieu de travailler pour gagner sa vie, il n'avait pas honte de la demander le soir, et de vivre le lendemain de ce qu'il avait reçu. Notre père mourut accablé de vieillesse, et nous laissa, pour tout bien, sept cents drahcmes d'argent. Nous partageâmes également, de sorte que chacun en eut cent pour sa part. Alnaschar, qui n'avait jamais possédé tant d'argent à la fois, se trouva fort embarrassé sur l'usage qu'il en ferait. Il se consulta longtemps lui-même là-dessus, et il se détermina enfin à les employer en verres, en bouteilles et autres pièces de verres qu'il alla chercher chez un gros marchand. Il mit le tout dans un panier à jour, et choisit une fort petite boutique où il s'assit, le panier devant lui, et le dos appuyé contre le mur, en attendant qu'on vînt acheter de sa marchandise. Dans cette attitude, les yeux attachés sur son panier, il se mit à rêver, et dans sa rêverie, il prononça les paroles suivantes assez haut pour être entendu d'un tailleur qu'il avait pour voisin : « Ce panier, dit-il, me coûte cent drachmes, et c'est tout ce que j'ai au monde. J'en ferai bien deux cents drachmes en le vendant en détail, et de ces deux cents drachmes que j'emploierai encore en verrerie, j'en ferai quatre cents : ainsi, j'amasserai par la suite du temps quatre mille drachmes. De quatre mille drachmes, j'irai aisément jusqu'à huit. Quand j'en aurai dix mille, je laisserai aussitôt la verrerie pour me faire joaillier : je ferai commerce de diamants, de perles, et de toutes sortes de pierreries. Possédant alors des richesses à souhait, j'achèterai une belle maison, de grandes terres, des esclaves, des eunuques, des chevaux : je ferai bonne chère et du bruit dans le monde. Je ferai venir chez moi tout ce qui se trouvera dans la ville de joueurs d'instruments, de danseurs et de danseuses. Je n'en demeurerai pas là, et j'amasserai, s'il plaît à Dieu, jusqu'à cent mille drachmes. Lorsque je me verrai riche de cent mille drachmes, je m'estimerai autant qu'un prince, et j'enverrai demander en mariage la fille du grand vizir, en faisant représenter à ce ministre que j'aurai entendu dire des merveilles de la beauté, de la sagesse, de l'esprit et de toutes les autres qualités de sa fille; et enfin que je lui donnerai mille pièces d'or pour la première nuit de nos noces : si le vizir était assez malhonnête pour me refuser sa fille, ce qui ne saurait arriver, j'irais l'enlever à sa barbe, et l'amènerais chez moi malgré lui. Dès que j'aurai épousé la fille du grand vizir, je lui achèterai dix eunuques noirs des plus jeunes et des mieux faits. Je m'habillerai comme un prince; et, monté sur un beau cheval qui aura une selle de fin or avec une housse d'étoffe d'or relevée de diamants et de perles, je marcherai par la ville accompagné d'esclaves devant et derrière moi, et me rendrai à l'hôtel du vizir aux yeux des grands et des petits qui me feront de profondes révérences. En descendant chez le vizir au pied de son escalier, je monterai au milieu de mes gens rangés en deux files à droite et à gauche; et le grand vizir, en me recevant comme son gendre, me cédera sa place et se mettra au-dessous de moi, pour me faire plus d'honneur : si cela arrive, comme je l'espère, deux de mes gens auront chacun une bourse de mille pièces d'or que je leur aurai fait apporter. J'en prendrai une, et la lui présentant : « Voilà, lui dirai-je, les mille pièces d'or que j'ai promises » pour la première nuit de mon mariage. » Et lui offrant l'autre : « Tenez, ajouterai-je, je vous en donne encore autant, pour vous » marquer que je suis homme de parole, et que je donne plus que » je ne promets. » Après une action comme celle-là, on ne parlera dans le monde que de ma générosité. Je reviendrai chez moi avec la même pompe. Ma femme m'enverra complimenter de sa part par quelque officier sur la visite que j'aurai faite au vizir, son père; j'honorerai l'officier d'une belle robe, et je le renverrai avec un riche présent : si elle s'avise de m'en envoyer un, je ne l'accepterai pas, et je congédierai le porteur. Je ne permettrai pas qu'elle sorte de son appartement, pour quelque cause que ce soit, que je n'en sois averti; et quand je voudrai bien y entrer, ce sera d'une manière qui lui imprimera du respect pour moi. Enfin, il n'y aura pas de maison mieux réglée que la mienne. Je serai toujours habillé richement. Lorsque je me retirerai avec elle le soir, je serai assis à la place d'honneur, où j'affecterai un air grave, sans tourner la tête à droite ou à gauche. Je parlerai peu; et pendant que ma femme, belle comme la pleine lune, demeurera debout devant moi avec tous ses atours, je ne ferai pas semblant de la voir. Ses femmes, qui seront autour d'elle, me diront : « Notre cher seigneur et maître, voilà votre épouse, votre

» humble servante devant vous : elle attend que vous la caressiez, » et elle est bien mortifiée de ce que vous ne daignez pas seulement » la regarder ; elle est fatiguée d'être si long-temps debout ; dites-lui » au moins de s'asseoir. » Je ne répondrai rien à ce discours, ce qui augmentera leur surprise et leur douleur. Elles se jetteront à mes pieds, et après qu'elles y auront demeuré un temps considérable à me supplier de me laisser fléchir, je lèverai enfin la tête et jetterai sur elle un regard distrait ; puis je me remettrai dans la même attitude. Dans la pensée qu'elles auront que ma femme ne sera pas assez bien ni assez proprement habillée, elles la mèneront dans son cabinet pour lui faire changer d'habit ; et moi cependant je me lèverai de mon côté, et prendrai un habit plus magnifique que celui d'auparavant. Elles reviendront une seconde fois à la charge ; elles me tiendront le même discours, et je me donnerai le plaisir de ne pas regarder ma femme jusqu'à ce qu'elles m'aient prié et sollicité avec autant d'instance et aussi long-temps que la première fois. Je commencerai dès le premier jour de mes noces à lui apprendre de quelle manière je prétends en user avec elle le reste de sa vie.... »

La sultane Scheherazade se tut à ces paroles, à cause du jour qu'elle vit paraître. Elle reprit la suite de son discours le lendemain, et dit au sultan des Indes :

CLXXVIIe NUIT.

Sire, le barbier babillard poursuivit ainsi l'histoire de son cinquième frère :

« Après les cérémonies de nos noces, continua Alnaschar, je prendrai de la main d'un de mes gens, qui sera près de moi, une bourse de cinq cents pièces d'or, que je donnerai aux coiffeuses, afin qu'elles me laissent seul avec mon épouse. Quand elles se seront retirées, ma femme se couchera la première. Je me coucherai ensuite auprès d'elle, le dos tourné de son côté, et je passerai la nuit sans lui dire un seul mot. Le lendemain elle ne manquera pas de se plaindre de mes mépris et de mon orgueil à sa mère, femme du grand vizir, et j'en aurai la joie au cœur. Sa mère viendra me trouver, me baisera les mains avec respect, et me dira : « Seigneur (car elle n'osera m'appeler son gendre, de peur de me déplaire en parlant si familièrement), je vous supplie de ne pas dédaigner de regarder ma fille, et de vous approcher d'elle : je vous assure qu'elle ne cherche qu'à vous plaire, et qu'elle vous aime de toute son âme. » Mais ma belle-mère aura beau me parler, je ne lui répondrai pas une syllabe, et je demeurerai ferme dans ma gravité. Alors elle se jettera à mes pieds, me les baisera plusieurs fois, et me dira : « Seigneur, serait-il possible que vous soupçonnassiez la sagesse de ma fille? Je vous assure que je l'ai toujours eue devant les yeux, et que vous êtes le premier homme qui l'ait jamais vue en face : cessez de lui causer une si grande mortification; faites-lui la grâce de la regarder, de lui parler, et de la fortifier dans la bonne intention qu'elle a de vous satisfaire en toute chose. » Tout cela ne me touchera point; ce que voyant ma bellemère, elle prendra un verre de vin, et le mettant à la main de sa fille, mon épouse : « Allez, lui dira-t-elle, présentez-lui vous-même ce verre de vin : il n'aura peut-être pas la cruauté de le refuser d'une si belle main. » Ma femme viendra avec le verre, demeurera debout et toute tremblante devant moi. Lorsqu'elle verra que je ne tournerai point la vue de son côté, et que je persisterai à la dédaigner, elle me dira, les larmes aux yeux : « Mon cœur, ma chère âme, mon aimable seigneur, je vous conjure par les faveurs dont le ciel vous comble, de me faire la grâce de recevoir ce verre de vin de la main de votre très-humble servante. » Je me garderai bien de la regarder encore, et de lui répondre : « Mon charmant époux, continuera-t-elle en redoublant ses pleurs et en m'approchant le verre de la bouche, je ne cesserai pas que je n'aie obtenu que vous buviez. » Alors, fatigué de ses prières, je lui lancerai un regard terrible, et lui donnerai un bon soufflet sur la joue, en la repoussant du pied si vigoureusement, qu'elle ira tomber bien loin au delà du sofa.

« Mon frère était tellement absorbé dans ses visions chimériques, qu'il représenta l'action avec son pied, comme si elle eût été réelle, et par malheur il en frappa si rudement son panier plein de verrerie, qu'il le jeta du haut de sa boutique dans la rue, de manière que toute la verrerie fut brisée en mille morceaux.

« Le tailleur, son voisin, qui avait entendu son discours extravagant, fit un grand éclat de rire lorsqu'il vit tomber le panier : « Oh! que tu es un indigne homme! dit-il à mon frère. Ne devrais-tu pas mourir de honte de maltraiter ainsi une jeune épouse qui ne t'a donné aucun sujet de te plaindre d'elle? Il faut que tu sois bien brutal pour mépriser les pleurs et les charmes d'une si aimable personne : si j'étais à la place du grand vizir, ton beau-père, je te ferais donner cent coups de nerf de bœuf, et te ferais promener par la ville avec l'éloge que tu mérites. »

« Mon frère, à cet accident si funeste pour lui, rentra en lui-même; et voyant que c'était par son orgueil insupportable qu'il lui était arrivé, il se frappa le visage, déchira ses habits, et se mit à pleurer en poussant des cris qui firent bientôt assembler les voisins, et arrêter les passants qui allaient à la prière du midi. Comme c'était un vendredi, il y allait plus de monde que les autres jours : les uns eurent pitié d'Alnaschar, et les autres ne firent que rire de son extravagance. Cependant la vanité qu'il s'était mise en tête s'était dissipée avec son bien ; et il pleurait encore son sort amèrement, lorsqu'une dame de considération, montée sur une mule richement caparaçonnée, vint à passer par là. L'état où elle vit mon frère excita sa compassion. Elle demanda qui il était, et ce qu'il avait à pleurer. On lui dit seulement que c'était un pauvre homme qui avait employé le peu d'argent qu'il possédait à l'achat d'un panier de verrerie, que ce panier était tombé et que toute la verrerie s'était cassée. Aussitôt la dame se tourna du côté d'un eunuque qui l'accompagnait : « Donnez-lui, dit-elle, ce que vous avez sur vous. » L'eunuque obéit, et mit entre les mains de mon frère une bourse de cinq cents pièces d'or. Alnaschar pensa mourir de joie en la recevant. Il donna mille bénédictions à la dame ; et après avoir fermé sa boutique, où sa présence n'était plus nécessaire, il s'en alla chez lui.

« Il faisait de profondes réflexions sur le grand bonheur qui venait de lui arriver, lorsqu'il entendit frapper à sa porte. Avant que d'ouvrir, il demanda qui frappait ; et ayant reconnu à la voix que c'était une femme, il ouvrit : « Mon fils, lui dit-elle, j'ai une grâce à vous demander : voilà le temps de la prière, je voudrais bien me laver pour être en état de la faire. Laissez-moi, s'il vous plaît, entrer chez vous, et me donnez un vase d'eau. » Mon frère envisagea cette femme, et vit que c'était une personne déjà fort avancée en âge. Quoiqu'il ne la connût point, il ne laissa pas de lui accorder ce qu'elle demandait. Il lui donna un vase plein d'eau ; ensuite il reprit sa place ; et toujours occupé de sa dernière aventure, il mit son or dans une espèce de bourse longue et étroite, propre à porter à sa ceinture. La vieille, pendant ce temps-là, fit sa prière ; et lorsqu'elle eut achevé, elle vint trouver mon frère, se prosterna deux fois en frappant la terre de son front, comme si elle eût voulu prier Dieu ; puis s'étant relevée, elle lui souhaita toute sorte de biens... »

L'aurore, dont la clarté commençait à paraître, obligea Scheherazade à s'arrêter en cet endroit. La nuit suivante, elle reprit ainsi son discours, en faisant toujours parler le barbier.

CLXXVIIIE NUIT.

La vieille souhaita toute sorte de biens à mon frère, et le remercia de son honnêteté. Comme elle était habillée assez pauvrement, et qu'elle s'humiliait fort devant lui, il crut qu'elle lui demandait l'aumône, et il lui présenta deux pièces d'or. La vieille se retira en arrière avec surprise, comme si mon frère lui eût fait une injure: « Grand Dieu, lui dit-elle, que veut dire ceci? Serait-il possible, seigneur, que vous me prissiez pour une de ces misérables qui font profession d'entrer hardiment chez les gens pour demander l'aumône? Reprenez votre argent; je n'en ai pas besoin, Dieu merci: j'appartiens à une jeune dame de cette ville, qui est pourvue d'une beauté charmante, et qui est avec cela très-riche; elle ne me laisse manquer de rien. »

« Mon frère ne fut pas assez fin pour s'apercevoir de l'adresse de la vieille, qui n'avait refusé les deux pièces d'or que pour en attraper davantage. Il lui demanda si elle ne pourrait pas lui procurer l'honneur de voir cette dame: « Très-volontiers, lui répondit-elle, elle sera bien aise de vous épouser, et de vous mettre en possession de tous ses biens en vous faisant maître de sa personne: prenez votre argent et suivez-moi. » Ravi d'avoir trouvé une grosse somme d'argent, et presque aussitôt une femme belle et riche, il ferma les yeux à toute autre considération. Il prit les cinq cents pièces d'or, et se laissa conduire par la vieille.

« Elle marcha devant lui, et il la suivit de loin jusqu'à la porte d'une grande maison où elle frappa. Il la rejoignit dans le temps qu'une jeune esclave grecque ouvrait. La vieille le fit entrer le premier et passer au travers d'une cour toute pavée, et l'introduisit dans une salle dont l'ameublement le confirma dans la bonne opinion qu'on lui avait fait concevoir de la maîtresse de la maison. Pendant que la vieille alla avertir la jeune dame, il s'assit; et comme il avait chaud, il ôta son turban et le mit près de lui. Il vit bientôt entrer la jeune dame, qui le surprit bien plus par sa beauté que par la richesse de son habillement. Il se leva dès qu'il l'aperçut La dame le pria d'un air gracieux de prendre sa place, en s'asseyant près de lui. Elle lui marqua bien de la joie de le voir; et après lui avoir dit quelques douceurs: « Nous ne sommes pas ici assez commodément, ajouta-t-elle; venez, donnez-moi la main. » A ces mots, elle lui présenta la sienne. et le mena dans une chambre écartée, où elle s'entretint encore quelque temps avec lui ; puis elle le quitta en lui disant : « Demeurez, je suis à vous dans un moment. » Il attendit ; mais au lieu de la dame, un grand esclave noir arriva le sabre à la main, et regardant mon frère d'un œil terrible : « Que fais-tu ici ? » lui dit-il fièrement. Alnaschar, à cet aspect, fut tellement saisi de frayeur, qu'il n'eut pas la force de répondre. L'esclave le dépouilla, lui enleva l'or qu'il portait, et lui déchargea plusieurs coups de sabre dans les chairs seulement. Le malheureux en tomba par terre, où il resta sans mouvement, quoiqu'il eût encore l'usage de ses sens. Le noir, le croyant mort, demanda du sel ; l'esclave grecque en apporta plein un grand bassin. Ils en frottèrent les plaies de mon frère, qui eut la présence d'esprit, malgré la douleur cuisante qu'il souffrait, de ne donner aucun signe de vie. Le noir et l'esclave grecque s'étant retirés, la vieille, qui avait fait tomber mon frère dans le piége, vint le prendre par les pieds, et le traîna jusqu'à une trappe, qu'elle ouvrit. Elle le jeta dedans, et il se trouva dans un lieu souterrain avec plusieurs corps de gens qui avaient été assassinés. Il s'en aperçut dès qu'il fut revenu à lui ; car la violence de sa chute lui avait ôté le sentiment. Le sel dont ses plaies avaient été frottées lui conserva la vie. Il reprit peu à peu assez de force pour se soutenir ; et au bout de deux jours ayant ouvert la trappe durant la nuit, et remarqué dans la cour un endroit propre à se cacher, il y demeura jusqu'à la pointe du jour. Alors il vit paraître la détestable vieille, qui ouvrit la porte de la rue, et partit pour aller chercher une autre proie. Afin qu'elle ne le vît pas, il ne sortit de ce coupe-gorge que quelques moments après elle, et il vint se réfugier chez moi, où il m'apprit toutes les aventures qui lui étaient arrivées en si peu de temps.

« Au bout d'un mois il fut parfaitement guéri de ses blessures par les remèdes souverains que je lui fis prendre. Il résolut de se venger de la vieille qui l'avait trompé si cruellement. Pour cet effet, il fit une bourse assez grande pour contenir cinq cents pièces d'or ; mais, au lieu d'or, il la remplit de morceaux de verre.... »

Scheherazade, en achevant ces derniers mots, s'aperçut qu'il était jour. Elle n'en dit pas davantage cette nuit ; mais le lendemain elle poursuivit de cette sorte l'histoire d'Alnaschar :

CLXXIX^e NUIT.

« Mon frère, continua le barbier, attacha le sac de verre autour de lui avec sa ceinture, se déguisa en vieille, et prit un sabre, qu'il cacha sous sa robe. Un matin il rencontra la vieille qui se promenait déjà par la ville, en cherchant l'occasion de jouer un mauvais tour à quelqu'un. Il l'aborda, et contrefaisant la voix d'une femme : « N'auriez-vous pas, lui dit-il, un trébuchet à me prêter ? Je suis une femme de Perse nouvellement arrivée. J'ai apporté de mon pays cinq cents pièces d'or : je voudrais bien voir si elles sont de poids. — Bonne femme, lui répondit la vieille, vous ne pouviez mieux vous adresser qu'à moi : venez, vous n'avez qu'à me suivre ; je vous mènerai chez mon fils qui est changeur ; il se fera un plaisir de vous les peser lui-même pour vous en épargner la peine. Ne perdons pas de temps, afin de le trouver avant qu'il aille à sa boutique. » Mon frère la suivit jusqu'à la maison où elle l'avait introduit la première fois, et la porte fut ouverte par l'esclave grecque.

« La vieille mena mon frère dans la salle, où elle lui dit d'attendre un moment, qu'elle allait faire venir son fils. Le prétendu fils parut sous la forme du vilain esclave noir : « Maudite vieille, dit-il à mon frère, lève-toi et me suis. » En disant ces mots, il marcha devant pour le mener au lieu où il voulait le massacrer. Alnaschar se leva, le suivit ; et tirant son sabre de dessous sa robe, il le lui déchargea sur le cou par derrière si adroitement, qu'il lui abattit la tête. Il la prit aussitôt d'une main, et de l'autre il traîna le cadavre jusqu'au lieu souterrain, où il le jeta avec la tête. L'esclave grecque, accoutumée à ce manége, se fit bientôt voir avec le bassin plein de sel ; mais quand elle vit Alnaschar le sabre à la main, et qui avait quitté le voile dont il s'était couvert le visage, elle laissa tomber le bassin et s'enfuit ; mon frère, courant plus fort qu'elle, la joignit, et lui fit voler la tête de dessus les épaules. La méchante vieille accourut au bruit, et il se saisit d'elle avant qu'elle eût le temps de lui échapper : « Perfide, s'écria-t-il, me reconnais-tu ? — Hélas ! seigneur, répondit-elle en tremblant, qui êtes-vous ? Je ne me souviens pas de vous avoir jamais vu. — Je suis, dit-il, celui chez qui tu entras l'autre jour pour te laver et faire ta prière d'hypocrite : t'en souvient-il ? » Alors elle se mit à genoux pour lui demander pardon ; mais il la coupa en quatre pièces.

« Il ne restait plus que la dame, qui ne savait rien de ce qui venait de se passer chez elle : il la chercha, et la trouva dans une chambre, où elle pensa s'évanouir quand elle le vit paraître. Elle lui demanda la vie, et il eut la générosité de la lui accorder : « Madame, lui dit-il, comment pouvez-vous être avec des gens aussi méchants que ceux dont je viens de me venger si justement? — J'étais, lui répondit-elle, la femme d'un honnête marchand, et la maudite vieille, dont je ne connaissais pas la méchanceté, me venait voir quelquefois : « Madame, me dit-elle un jour, nous avons de belles noces chez nous ; » vous y prendriez beaucoup de plaisir, si vous vouliez nous faire » l'honneur de vous y trouver. » Je me laissai persuader. Je pris mon plus bel habit avec une bourse de cent pièces d'or. Je la suivis; elle me mena dans cette maison, où je trouvai ce noir qui me retint par force; et il y a trois ans que j'y suis avec bien de la douleur. — De la manière dont ce détestable noir se gouvernait, reprit mon frère, il faut qu'il ait amassé bien des richesses. — Il y en a tant, repartit-elle, que vous serez riche à jamais si vous pouvez les emporter : suivez-moi et vous les verrez. » Elle conduisit Alnaschar dans une chambre où elle lui fit voir effectivement plusieurs coffres pleins d'or, qu'il considéra avec une admiration dont il ne pouvait revenir : « Allez, dit-elle, et amenez assez de monde pour emporter tout cela. » Mon frère ne se le fit pas dire deux fois; il sortit, et eut bientôt rassemblé dix hommes. Il les amena avec lui ; et en arrivant à la maison, il fut fort étonné de trouver la porte ouverte ; mais il le fut bien davantage, lorsqu'étant entré dans la chambre où il avait vu les coffres, il n'en trouva pas un seul : la dame, plus rusée et plus diligente que lui, les avait fait enlever et avait disparu elle-même. Au défaut des coffres et pour ne pas s'en retourner les mains vides, il fit emporter tout ce qu'il put trouver de meubles dans les chambres et dans les garde-meubles, où il y en avait beaucoup plus qu'il ne lui en fallait, pour le dédommager des cinq cents pièces d'or qui lui avaient été volées. Mais en sortant de la maison, il oublia de fermer la porte. Les voisins, qui avaient reconnu mon frère et vu les porteurs aller et venir, coururent avertir le juge de police de ce déménagement qui leur avait paru suspect. Alnaschar passa la nuit assez tranquillement ; mais le lendemain matin, comme il sortait du logis, il rencontra à sa porte vingt hommes des gens du juge de police qui se saisirent de lui : « Venez avec nous, lui dirent-ils, notre maître veut vous parler. » Mon frère les pria d'attendre un moment, et leur offrit une somme d'argent pour qu'ils le laissassent échapper; mais au lieu de l'écouter, ils le lièrent et le forcèrent de marcher avec eux. Ils rencontrèrent dans une rue un ancien ami de mon frère qui les arrêta, et s'informa d'eux pour quelle raison ils l'emmenaient ;

il leur proposa même une somme considérable pour le lâcher et rapporter au juge de police qu'ils ne l'avaient pas trouvé; mais il ne put rien obtenir d'eux, et ils menèrent Alnaschar au juge de police....»

Scheherazade cessa de parler en cet endroit, parce qu'elle remarqua qu'il était jour. La nuit suivante elle reprit le fil de sa narration, et dit au sultan des Indes:

CLXXXᴱ NUIT.

« Sire, quand les gardes, poursuivit le barbier, eurent conduit mon frère devant le juge de police, ce magistrat lui dit: « Je vous demande où vous avez pris tous les meubles que vous fîtes porter hier chez vous? — Seigneur, répondit Alnaschar, je suis prêt à vous dire la vérité; mais permettez-moi auparavant d'avoir recours à votre clémence, et de vous supplier de me donner votre parole qu'il ne me sera rien fait. — Je vous la donne, » répliqua le juge. Alors mon frère lui raconta sans déguisement tout ce qui lui était arrivé, et tout ce qu'il avait fait depuis que la vieille était venue faire sa prière chez lui, jusqu'à ce qu'il ne trouva plus la jeune dame dans la chambre où il l'avait laissée après avoir tué le noir, l'esclave grecque et la vieille. A l'égard de ce qu'il avait fait emporter chez lui, il supplia le juge de lui en laisser au moins une partie, en compensation des cinq cents pièces d'or qu'on lui avait volées.

« Le juge, sans rien promettre à mon frère, envoya chez lui quelques-uns de ses gens pour enlever tout ce qu'il y avait; et lorsqu'on lui eut rapporté qu'il n'y restait plus rien, et que tout avait été mis dans son garde-meuble, il commanda aussitôt à mon frère de sortir de la ville, et de n'y revenir de sa vie, parce qu'il craignait que s'il y demeurait, il n'allât se plaindre de son injustice au kalife. Cependant Alnaschar obéit à l'ordre sans murmurer, et sortit de la ville pour se réfugier dans une autre. En chemin il fut rencontré par des voleurs qui le dépouillèrent, et le mirent nu comme la main. Je n'eus pas plutôt appris cette fâcheuse nouvelle, que je pris un habit et allai le trouver où il était. Après l'avoir consolé le mieux qu'il me fut possible, je le ramenai et le fis entrer secrètement dans la ville, où j'en eus autant de soin que de ses autres frères. »

HISTOIRE

DU SIXIÈME FRÈRE DU BARBIER.

L'HISTOIRE de mon sixième frère, appelé Schacabac aux lèvres fendues, est la dernière à vous raconter. Il avait eu d'abord l'industrie de bien faire valoir les cent drachmes d'argent qu'il avait eues en partage, de même que ses autres frères, de sorte qu'il s'était vu fort à son aise; mais un revers de fortune le réduisit à la nécessité de demander sa vie. Il s'en acquittait avec adresse, et il s'étudiait surtout à se procurer l'entrée des grandes maisons, par l'entremise des officiers et des domestiques, pour avoir un libre accès auprès des maîtres, et s'attirer leur compassion.

« Un jour qu'il passait devant un hôtel magnifique, dont la porte élevée laissait voir une cour très-spacieuse, où il y avait une foule de domestiques, il s'approcha de l'un d'entre eux, et lui demanda à qui appartenait cet hôtel : « Bonhomme, lui répondit le domestique, d'où venez-vous, pour me faire cette demande? Tout ce que vous voyez ne vous fait-il pas connaître que c'est l'hôtel d'un Barmecide? » Mon frère, à qui la générosité et la libéralité des Barmecides étaient connues, s'adressa aux portiers, car il y en avait plus d'un, et les pria de lui donner l'aumône : « Entrez, lui dirent-ils, personne ne vous en empêche, et adressez-vous vous-même au maître de la maison, il vous renverra content. »

« Mon frère ne s'attendait pas à tant d'honnêteté; il en remercia les portiers, et entra, avec leur permission, dans l'hôtel, qui était si vaste, qu'il mit beaucoup de temps à gagner l'appartement du Barmecide. Il pénétra enfin jusqu'à un grand bâtiment en carré, d'une très-belle architecture, et entra par un vestibule qui lui fit découvrir un jardin des plus propres, avec des allées de cailloux de différentes couleurs qui réjouissaient la vue. Les appartements d'en bas, qui régnaient à l'entour, étaient presque tous à jour; ils se fermaient avec de grands rideaux, pour garantir du soleil, et on les ouvrait pour prendre le frais quand la chaleur était passée.

« Un lieu si agréable aurait causé de l'admiration à mon frère, s'il eût eu l'esprit plus content qu'il ne l'avait. Il avança, et entra dans une salle richement meublée et ornée de peintures à feuillages d'or et d'azur, où il aperçut un homme vénérable, avec une longue barbe blanche, assis sur un sofa, à la place d'honneur; ce qui lui fit juger que c'était le maître de la maison. En effet, c'était le seigneur Barmecide lui-même, qui lui dit d'une manière obligeante qu'il était le bienvenu, et lui demanda ce qu'il souhaitait : « Seigneur, lui répondit mon frère, d'un air à lui faire pitié, je suis un pauvre homme qui ai besoin de l'assistance des personnes puissantes et généreuses comme vous. » Il ne pouvait mieux s'adresser qu'à ce seigneur, qui était recommandable par mille belles qualités.

« Le Barmecide parut étonné de la réponse de mon frère, et portant ses deux mains à son estomac, comme pour déchirer son habit en signe de douleur : « Est-il possible, s'écria-t-il, que je sois à Bagdad, et qu'un homme tel que vous soit dans la nécessité que vous dites? Voilà ce que je ne puis souffrir. » A ces démonstrations, mon frère, prévenu qu'il allait lui donner une marque singulière de sa libéralité, lui donna mille bénédictions, et lui souhaita toutes sortes de biens : « Il ne sera pas dit, reprit le Barmecide, que je vous abandonne, et je ne prétends pas non plus que vous m'abandonniez. — Seigneur, répliqua mon frère, je vous jure que je n'ai rien mangé d'aujourd'hui. — Est-il bien vrai, repartit le Barmecide, que vous soyez à jeun, à l'heure qu'il est? Hélas! le pauvre homme, il meurt de faim! Holà! garçon! ajouta-t-il en élevant la voix, qu'on apporte vite le bassin et l'eau; que nous nous lavions les mains. » Quoique aucun garçon ne parût, et que mon frère ne vît ni bassin ni eau, le Barmecide, néanmoins, ne laissa pas de se frotter les mains, comme si quelqu'un eût versé de l'eau dessus, et en faisant cela il disait à mon frère : « Approchez donc, lavez-vous avec moi. » Schacabac jugea bien par là que le seigneur Barmecide aimait à rire, et comme il entendait lui-même la raillerie, et qu'il n'ignorait pas la complaisance que les pauvres doivent avoir pour les riches, s'ils en veulent tirer bon parti, il s'approcha et fit comme lui :

« Allons, dit alors le Barmecide, qu'on apporte à manger, et qu'on ne fasse point attendre. » En achevant ces paroles, quoiqu'on n'eût rien apporté, il commença de faire comme s'il eût pris quelque chose dans un plat, de porter à sa bouche et de mâcher à vide, en disant à mon frère : « Mangez, mon hôte, je vous en prie, agissez aussi librement que si vous étiez chez vous; mangez donc : pour un homme affamé, il me semble que vous faites la petite bouche. — Pardonnez-moi, seigneur, lui répondit Schaçabac en imitant parfaitement ses gestes, vous voyez que je ne perds pas de temps, et que je fais assez bien mon devoir. — Que dites-vous de ce pain? reprit le Barmecide; ne le trouvez-vous pas excellent? — Ah! seigneur, repartit mon frère, qui ne voyait pas plus de pain que de viande, jamais je n'en ai mange de si blanc ni de si délicat. — Mangez-en donc tout votre soûl, répliqua le seigneur Barmecide. Je vous assure que j'ai acheté cinq cents pièces d'or la boulangère qui me fait d'aussi bon pain.... »

Scheherazade voulait continuer, mais le jour, qui paraissait, l'obligea de s'arrêter à ces dernières paroles. La nuit suivante, elle poursuivit de cette manière :

CLXXXI^E NUIT.

« Le Barmecide, dit le barbier, après avoir parlé de l'esclave, sa boulangère, et vanté son pain, que mon frère ne mangeait qu'en idée, s'écria : « Garçon! apporte-nous un autre plat. » Mon brave hôte, dit-il à mon frère (encore qu'aucun garçon n'eût paru), goûtez de ce nouveau mets, et me dites si jamais vous avez mangé du mouton, cuit avec du blé mondé, qui fût mieux accommodé que celui-là? — Il est admirable, lui répondit mon frère : aussi je m'en donne comme il faut. — Que vous me faites plaisir ! reprit le seigneur Barmecide. Je vous conjure, par la satisfaction que j'ai de vous voir si bien manger, de ne rien laisser de ce mets, puisque vous le trouvez si fort à votre goût. » Peu de temps après, il demanda une oie à la sauce douce, accommodée avec du vinaigre, du miel, des raisins secs, des pois chiches et des figues sèches ; ce qui fut apporté comme le plat de viande de mouton : « L'oie est bien grasse, dit le Barmecide, mangez-en seulement une cuisse et une aile : il faut menager votre appétit, car il nous revient beaucoup d'autres choses. » Effectivement, il demanda plusieurs autres plats de différentes sortes, dont mon frère, en mourant de faim, continua de faire semblant de manger. Mais ce qu'il vanta plus que tout le reste, fut un agneau nourri de pistaches, qu'il ordonna qu'on servît, et qui fut servi de même que les plats précédents : « Oh ! pour ce mets, dit le seigneur Barmecide, c'est un mets dont on ne mange point ailleurs que chez moi ! Je veux que vous vous en rassasiez. » En disant cela, il fit comme s'il eût eu un morceau à la main, et l'approchant de la bouche de mon frère : « Tenez, lui dit-il, avalez cela ; vous allez juger si j'ai tort de vous vanter ce plat? » Mon frère allongea la tête, ouvrit la bouche, feignit de prendre le morceau, de le mâcher et de l'avaler avec un extrême plaisir : « Je savais bien, reprit le Barmecide, que vous le trouveriez bon. — Rien au monde n'est plus exquis, repartit mon frère ; franchement, c'est une chose délicieuse que votre table. — Qu'on apporte à présent le ragoût! s'écria le Barmecide. Je crois que vous n'en serez pas moins content que de l'agneau. Eh bien! qu'en pensez-vous? — Il est merveilleux, répondit Schacabac : on y sent tout à la fois l'ambre, le clou de girofle, la muscade, le gingembre, le poivre, et les herbes les plus odorantes, et toutes ces odeurs sont si bien ménagées, que l'une n'empêche pas qu'on ne sente l'autre. — Quelle volupté! Faites honneur à ce ragoût, répliqua le Barmecide : mangez-en donc, je vous en prie. Holà! garçon! ajouta-t-il en haussant la voix, qu'on nous donne un nouveau ragoût. — Non pas, s'il vous plaît, interrompit mon frère : en vérité, seigneur, il n'est pas possible que je mange davantage; je n'en puis plus. »

« Qu'on desserve donc, dit alors le Barmecide, et qu'on apporte les fruits. » Il attendit un moment, comme pour donner le temps aux officiers de desservir; après quoi reprenant la parole : « Goûtez de ces amandes, poursuivit-il : elles sont bonnes et fraîchement cueillies. » Ils firent l'un et l'autre de même que s'ils eussent ôté la peau des amandes et qu'ils les eussent mangées. Après cela, le Barmecide invitant mon frère à prendre d'autres choses : « Voilà, lui dit-il, de toutes sortes de fruits, des gâteaux, des confitures sèches, des compotes : choisissez ce qui vous plaira. » Puis avançant la main, comme s'il lui eût présenté quelque chose : « Tenez, continua-t-il, voici une tablette excellente pour aider à faire la digestion. » Schacabac fit semblant de prendre et de manger : « Seigneur, dit-il, le musc n'y manque pas! — Ces sortes de tablettes se font chez moi, répondit le Barmecide; et en cela, comme en tout ce qui se fait dans ma maison, rien n'est épargné. » Il excita encore mon frère à manger : « Pour un homme, poursuivit-il, qui étiez encore à jeun lorsque vous êtes entré ici, il me paraît que vous n'avez guère mangé. — Seigneur, lui repartit mon frère, qui avait mal aux mâchoires à force de mâcher à vide, je vous assure que je suis tellement rempli, que je ne saurais manger un seul morceau de plus.

« — Mon hôte, reprit le Barmecide, après avoir si bien mangé, il faut que nous buvions [1]. Vous boirez bien du vin? — Seigneur, lui dit mon frère, je ne boirai pas de vin, s'il vous plaît, puisque cela m'est défendu. — Vous êtes trop scrupuleux, répliqua le Barmecide : faites comme moi. — J'en boirai donc par complaisance, repartit Schacabac : à ce que je vois, vous voulez que rien ne manque à votre festin. Mais comme je ne suis point accoutumé à boire du vin, je crains de commettre quelque faute contre la bienséance,

[1] Les Orientaux, et particulièrement les mahométans, ne boivent qu'après le repas.

et même contre le respect qui vous est dû : c'est pourquoi je vous prie encore de me dispenser de boire du vin ; je me contenterai de boire de l'eau. — Non, non, dit le Barmecide, vous boirez du vin. » En même temps il commanda qu'on en apportât ; mais le vin ne fut pas plus réel que la viande et les fruits. Il fit semblant de se verser à boire et de boire le premier ; puis, faisant semblant de verser à boire pour mon frère et de lui présenter le verre : « Buvez à ma santé, lui dit-il ; sachons un peu si vous trouverez ce vin bon ? » Mon frère feignit de prendre le verre, de le regarder de près comme pour voir si la couleur du vin était belle, et de se le porter au nez pour juger si l'odeur en était agréable ; puis il fit une profonde inclination de tête au Barmecide, pour lui marquer qu'il prenait la liberté de boire à sa santé, et enfin il fit semblant de boire avec toutes les démonstrations d'un homme qui boit avec plaisir : « Seigneur, dit-il, je trouve ce vin excellent ; mais il n'est pas assez fort, ce me semble. — Si vous en souhaitez qui ait plus de force, répondit le Barmecide, vous n'avez qu'à parler : il y en a dans ma cave de plusieurs sortes. Voyez si vous serez content de celui-ci. » A ces mots, il fit semblant de se verser d'un autre vin à lui-même, et puis à mon frère. Il fit cela tant de fois, que Schacabac, feignant que le vin l'avait échauffé, contrefit l'homme ivre, leva la main et frappa le Barmecide à la tête si rudement, qu'il le renversa par terre. Il voulut même le frapper encore ; mais le Barmecide, présentant la main pour éviter le coup, lui cria : « Êtes-vous fou ? » Alors mon frère, se retenant, lui dit : « Seigneur, vous avez eu la bonté de recevoir chez vous votre esclave, et de lui donner un grand festin : vous deviez vous contenter de m'avoir fait manger : il ne fallait pas me faire boire de vin, car je vous avais bien dit que je pourrais vous manquer de respect. J'en suis très-fâché, et je vous en demande mille pardons. »

A peine eut-il achevé ces paroles, que le Barmecide, au lieu de se mettre en colère, se prit à rire de toute sa force : « Il y a longtemps, lui dit-il, que je cherche un homme de votre caractère.... »

Mais, sire, dit Scheherazade au sultan des Indes, je ne prends pas garde qu'il est jour. Schahriar, curieux de savoir comment en agirait le Barmecide, se leva et attendit la nuit suivante. La sultane continua de parler en ces termes :

CLXXXII[e] NUIT.

Sire, le barbier poursuivent l'histoire de son sixième frère :

« Le Barmecide, ajouta-t-il, fit mille caresses à Schacabac : « Non-seulement, lui dit-il, je vous pardonne le coup que vous m'avez donné, je veux même désormais que nous soyons amis, et que vous n'ayez pas d'autre maison que la mienne. Vous avez eu la complaisance de vous accommoder à mon humeur, et la patience de soutenir la plaisanterie jusqu'au bout ; mais nous allons manger réellement. » En achevant ces paroles, il frappa des mains, et commanda à plusieurs domestiques qui parurent d'apprêter la table et de servir. Il fut obéi promptement, et mon frère fut régalé des mêmes mets dont il n'avait goûté qu'en idée. Lorsqu'on eut desservi, on apporta du vin, et en même temps, un nombre d'esclaves, belles et richement habillées, entrèrent et chantèrent au son des instruments quelques airs agréables ; enfin Schacabac eut tout sujet d'être content des bontés du Barmecide, qui le goûta, en usa avec lui familièrement, et lui fit donner un habit de sa garderobe.

« Le Barmecide trouva dans mon frère tant d'esprit et une si grande intelligence en toutes choses, que peu de jours après il lui confia le soin de toute sa maison et de toutes ses affaires. Mon frère s'acquitta fort bien de son emploi durant vingt années. Au bout de ce temps-là, le généreux Barmecide, accablé de vieillesse, mourut ; et n'ayant pas laissé d'héritiers, on confisqua tous ses biens au profit du prince. On dépouilla mon frère de tous ceux qu'il avait amassés : de sorte que se voyant réduit à son premier état il se joignit à une caravane de pélerins de La Mekke, dans le dessein de faire ce pélerinage à la faveur de leurs charités. Par malheur la caravane fut attaquée et pillée par un nombre de Bédouins [1] supérieur à celui des pélerins. Mon frère se trouva esclave d'un Bédouin qui lui donna la bastonnade pendant plusieurs jours pour l'obliger à se racheter. Schacabac lui protesta qu'il le maltraitait inutilement : « Je suis votre esclave, lui disait-il ; vous pouvez disposer de moi à votre volonté ; mais je vous déclare que je suis dans la dernière pauvreté, et qu'il n'est pas en mon pouvoir de me racheter. » Enfin mon frère eut beau lui exposer toute sa misère et tâcher de le fléchir par ses larmes, le Bédouin fut impitoyable ; et de dépit de se voir frustré d'une

[1] Les Bédouins sont des Arabes errans dans les déserts, qui pillent les caravanes quand elles ne sont pas assez fortes pour leur résister.

somme considérable, sur laquelle il avait compté, il prit son couteau et lui fendit les lèvres pour se venger, par cette inhumanité, de la perte qu'il croyait avoir faite.

« Le Bédouin avait une femme assez jolie, et souvent quand il allait faire ses courses, il laissait mon frère seul avec elle. Alors la femme n'oubliait rien pour consoler mon frère de la rigueur de l'esclavage. Elle lui faisait assez connaître qu'elle l'aimait; mais il n'osait répondre à sa passion, de peur de s'en repentir, et il évitait de se trouver seul avec elle, autant qu'elle cherchait l'occasion d'être seule avec lui. Elle avait une si grande habitude de badiner et de jouer avec le cruel Schacabac toutes les fois qu'elle le voyait, que cela lui arriva un jour en présence de son mari. Mon frère, sans prendre garde qu'il les observait, s'avisa, pour ses péchés, de badiner aussi avec elle. Le Bédouin s'imagina aussitôt qu'ils vivaient tous deux dans une intelligence criminelle; et ce soupçon le mettant en fureur, il se jeta sur mon frère; et après l'avoir mutilé d'une manière barbare, il le conduisit sur un chameau au haut d'une montagne déserte, où il le laissa. La montagne était sur le chemin de Bagdad; de sorte que les passants qui l'avaient rencontré me donnèrent avis du lieu où il était. Je m'y rendis en diligence. Je trouvai l'infortuné Schacabac dans un état déplorable. Je lui donnai le secours dont il avait besoin, et le ramenai dans la ville. »

« Voilà ce que je racontai au kalife Mostanser Billah, ajouta le barbier. Ce prince m'applaudit par de nouveaux éclats de rire: « C'est présentement, me dit-il, que je ne puis douter qu'on ne vous ait donné, à juste titre, le surnom de silencieux : personne ne peut dire le contraire. Pour certaines causes néanmoins, je vous commande de sortir au plus tôt de la ville : allez, et que je n'entende plus parler de vous. » Je cédai à la nécessité, et voyageai plusieurs années dans des pays éloignés. J'appris enfin que le kalife était mort; je retournai à Bagdad, où je ne trouvai pas un seul de mes frères en vie. Ce fut à mon retour en cette ville que je rendis au jeune boiteux le service important que vous avez entendu. Vous êtes pourtant témoins de son ingratitude, et de la manière injurieuse dont il m'a traité : au lieu de me témoigner de la reconnaissance, il a mieux aimé me fuir et s'éloigner de son pays. Quand j'eus appris qu'il n'était plus à Bagdad, quoique personne ne me sût dire au vrai de quel côté il avait tourné ses pas, je ne laissai pas, toutefois, de me mettre en chemin pour le chercher. Il y a longtemps que je cours de province en province; et lorsque j'y pensais le moins, je l'ai rencontré aujourd'hui : je ne m'attendais pas à le voir si irrité contre moi.... »

Scheherazade en cet endroit, s'apercevant qu'il était jour, se tut, et, la nuit suivante, elle reprit de cette sorte le fil de son discours:

CLXXXIII^E NUIT.

Sire, le tailleur acheva de raconter au sultan de Casgar l'histoire du jeune boiteux et du barbier de Bagdad, de la manière que j'eus l'honneur de dire hier à votre majesté :

« Quand le barbier, continua-t-il, eut fini son histoire, nous trouvâmes que le jeune homme n'avait pas eu tort de l'accuser d'être un grand parleur. Néanmoins nous voulûmes qu'il demeurât avec nous, et qu'il fût du régal que le maître de la maison nous avait préparé. Nous nous mîmes donc à table, et nous nous réjouîmes jusqu'à la prière d'entre le midi et le coucher du soleil. Alors toute la compagnie se sépara; et je vins travailler à ma boutique, en attendant qu'il fût temps de m'en retourner chez moi.

« Ce fut dans cet intervalle que le petit bossu, à demi ivre, se présenta devant ma boutique, qu'il chanta et joua de son tambour de basque. Je crus qu'en l'emmenant au logis avec moi, je ne manquerais pas de divertir ma femme : c'est pourquoi je l'emmenai. Ma femme nous donna un plat de poisson, et j'en servis un morceau au bossu, qui le mangea sans prendre garde qu'il y avait une arête. Il tomba devant nous sans sentiment. Après avoir en vain essayé de le secourir, dans l'embarras où nous mit un accident si funeste, et dans la crainte qu'il nous causa, nous n'hésitâmes point à porter le corps hors de chez nous, et nous le fîmes adroitement recevoir chez le médecin juif. Le médecin juif le descendit dans la chambre du pourvoyeur, et le pourvoyeur le porta dans la rue, où l'on a cru que le marchand l'avait tué. Voilà, sire, ajouta le tailleur, ce que j'avais à dire pour satisfaire votre majesté : c'est à elle à prononcer si nous sommes dignes de sa clémence ou de sa colère, de la vie ou la mort. »

Le sultan de Casgar laissa voir sur son visage un air content, qui redonna la vie au tailleur et à ses camarades : « Je ne puis disconvenir, dit-il, que je ne sois plus frappé de l'histoire du jeune boiteux, de celle du barbier, et des aventures de ses frères, que de l'histoire de mon bouffon. Mais avant que de vous renvoyer chez vous tous quatre, et qu'on enterre le corps du bossu, je voudrais voir ce barbier, qui est cause que je vous pardonne. Puisqu'il se trouve dans ma capitale, il est aisé de contenter ma curiosité. » En même temps il dépêcha un huissier pour l'aller chercher avec le tailleur, qui savait où il pourrait être.

L'huissier et le tailleur revinrent bientôt, et amenèrent le barbier, qu'ils présentèrent au sultan. Le barbier était un vieillard qui pouvait avoir quatre-vingt-dix ans : il avait la barbe et les sourcils blancs comme neige, les oreilles pendantes et le nez fort long. Le sultan ne put s'empêcher de rire en le voyant : « Homme silencieux, lui dit-il, j'ai appris que vous saviez des histoires merveilleuses, voudriez-vous m'en raconter quelques-unes? — Sire, lui répondit le barbier, laissons là, s'il vous plaît, pour le présent, les histoires que je puis savoir. Je supplie très-humblement votre majesté de me permettre de lui demander ce que font ici devant elle ce chrétien, ce juif, ce musulman, et ce bossu mort que je vois là étendu par terre. » Le sultan sourit de la liberté du barbier, et lui répliqua : « Qu'est-ce que cela vous importe? — Sire, repartit le barbier, il m'importe de faire la demande que je fais, afin que votre majesté sache que je ne suis pas un grand parleur, comme quelques-uns le prétendent, mais un homme justement appelé silencieux.... »

Scheherazade, frappée par la clarté du jour, qui commençait à éclairer l'appartement du sultan des Indes, garda le silence en cet endroit, et reprit son discours la nuit suivante en ces termes :

CLXXXIV[e] NUIT.

Sire, le sultan de Casgar eut la complaisance de satisfaire la curiosité du barbier ; il commanda qu'on lui racontât l'histoire du petit bossu, puisqu'il paraissait le souhaiter avec ardeur. Lorsque le barbier l'eut entendue, il branla la tête, comme s'il eût voulu dire qu'il y avait là-dessous quelque chose de caché qu'il ne comprenait pas : « Véritablement, s'écria-t-il, cette histoire est surprenante; mais je suis bien aise d'examiner de près ce bossu. » Il s'en approcha, s'assit par terre, prit la tête sur ses genoux ; et, après l'avoir attentivement regardée, il fit tout à coup un si grand éclat de rire et avec si peu de retenue qu'il se laissa aller sur le dos à la renverse, sans considérer qu'il était devant le sultan de Casgar. Puis se relevant sans cesser de rire : « On le dit bien, et avec raison, s'écria-t-il encore, qu'on ne meurt pas sans cause. Si jamais histoire a mérité d'être écrite en lettres d'or, c'est celle de ce bossu. »

A ces paroles, tout le monde regarda le barbier comme un bouffon, ou comme un vieillard qui avait l'esprit égaré : « Homme silencieux, lui dit le sultan, parlez-moi : qu'avez-vous donc à rire si fort? — Sire, répondit le barbier, je jure, par l'humeur bienfaisante de votre majesté, que ce bossu n'est pas mort : il est encore en vie, et je veux passer pour un extravagant, si je ne vous le fais voir à l'heure même. » En achevant ces mots, il prit une boîte où il y avait plusieurs remèdes, qu'il portait sur lui pour s'en servir dans l'occasion, et il en tira une petite fiole balsamique dont il frotta long-temps le cou du bossu. Ensuite il prit dans son étui un ferrement fort propre qu'il lui mit entre les dents; et, après lui avoir ouvert la bouche, il lui enfonça dans le gosier de petites pincettes, avec quoi il tira le morceau de poisson et l'arête qu'il fit voir à tout le monde. Aussitôt, le bossu éternua, étendit les bras et les pieds, ouvrit les yeux et donna plusieurs autres signes de vie.

« Le sultan de Casgar et tous ceux qui furent témoins d'une si belle opération, furent moins surpris de voir revivre le bossu, après avoir passé une nuit entière et la plus grande partie du jour sans donner aucun signe de vie, que du mérite et de la capacité du barbier, qu'on commença, malgré ses défauts, à regarder comme un grand personnage. Le sultan, ravi de joie et d'admiration, ordonna que l'histoire du bossu fût mise par écrit avec celle du barbier, afin que le souvenir ne s'en éteignît jamais. Il n'en demeura pas là : pour que le tailleur, le médecin juif, le pourvoyeur et le marchand chrétien ne se ressouvinssent qu'avec plaisir de l'aventure que l'accident du bossu leur avait causée, il ne les renvoya chez eux qu'après leur avoir donné à chacun une robe fort riche dont il les fit revêtir en sa présence. A l'égard du barbier, il l'honora d'une grosse pension, et le retint auprès de sa personne. »

La sultane Scheherazade finit ainsi cette longue suite d'aventures auxquelles la prétendue mort du bossu avait donné occasion. Comme le jour paraissait déjà, elle se tut; et sa chère sœur Dinarzade, voyant qu'elle ne parlait plus, lui dit : « Ma princesse, ma sultane, je suis d'autant plus charmée de l'histoire que vous venez d'achever, qu'elle finit par un incident auquel je ne m'attendais pas : j'avais cru le bossu mort absolument. — Cette surprise m'a fait plaisir, dit Schahriar, aussi bien que les aventures des frères du barbier. — L'histoire du jeune boiteux de Bagdad m'a encore fort divertie, » reprit Dinarzade. J'en suis bien aise, ma chère sœur, dit la sultane; et puisque j'ai eu le bonheur de ne pas ennuyer le sultan, notre seigneur et maître, si sa majesté me faisait encore la grâce de me conserver la vie, j'aurais l'honneur de lui raconter demain l'histoire des amours d'Aboulhassan Ali Ebn Becar et de

Schemselnihar, favorite du kalife Haroun Alraschild, qui n'est pas moins digne de son attention et de la vôtre que l'histoire du bossu. Le sultan des Indes, qui était assez content des choses dont Scheherazade l'avait entretenu jusqu'alors, se laissa aller au plaisir d'entendre encore l'histoire qu'elle lui promettait.

Il se leva pour faire sa prière et tenir son conseil, sans, toutefois, rien témoigner de sa bonne volonté à la sultane.

CLXXXV^E NUIT.

Dinarzade ne manqua pas d'éveiller la sultane à l'heure ordinaire : « Ma chère sœur, lui dit-elle, le jour paraîtra bientôt; je vous supplie, en attendant, de nous raconter quelqu'une de ces histoires agréables que vous savez. — Il n'en faut pas chercher d'autre, dit Schahriar, que celle des amours d'Aboulhassan Ali Ebn Becar et de Schemselnihar, favorite du kalife Haroun Alraschild. — Sire, dit Scheherazade, je vais contenter votre curiosité. » En même temps elle commença de cette manière :

HISTOIRE

D'ABOULHASSAN ALI EBN BECAR, ET DE SCHEMSELNIHAR, FAVORITE DU KALIFE HAROUN ALRASCHILD.

Sous le règne du kalife Haroun Alraschild, il y avait à Bagdad un droguiste qui se nommait Aboulhassan Ebn Taher, homme puissamment riche, bien fait, et très-agréable de sa personne : il avait plus d'esprit et de politesse que n'en ont ordinairement les gens de sa profession; et sa droiture, sa sincérité et l'enjouement de son humeur le faisaient aimer et rechercher de tout le monde. Le kalife, qui connaissait son mérite, avait en lui une confiance aveugle. Il l'estimait tant, qu'il se reposait sur lui du soin de faire fournir aux dames, ses favorites, toutes les choses dont elles pouvaient avoir besoin : c'était lui qui choisissait leurs habits, leurs ameublements et leurs pierreries, ce qu'il faisait avec un goût admirable.

Ses bonnes qualités et la faveur du kalife attiraient chez lui les fils des émirs et des autres officiers du premier rang; sa maison était le rendez-vous de toute la noblesse de la cour. Mais parmi les jeunes seigneurs qui l'allaient voir tous les jours, il y en avait un qu'il considérait plus que tous les autres, et avec lequel il avait contracté une amitié particulière. Ce seigneur s'appelait Aboulhassan Ali Ebn Becar, et tirait son origine d'une ancienne famille royale de Perse. Cette famille subsistait encore à Bagdad depuis que, par la force de leurs armes, les musulmans avaient fait la conquête de ce royaume. La nature semblait avoir pris plaisir à assembler dans ce jeune prince les plus rares qualités du corps et de l'esprit : il avait le visage d'une beauté achevée, la taille fine, un air aisé, et une physionomie si engageante, qu'on ne pouvait le voir sans l'aimer d'abord; quand il parlait, il s'exprimait toujours en des termes propres et choisis, avec un tour agréable et nouveau; le son de sa voix avait même quelque chose qui charmait tous ceux qui l'entendaient. Avec cela, comme il avait beaucoup d'esprit et de jugement, il pensait et parlait de toutes choses avec une justesse admirable; il avait tant de retenue et de modestie, qu'il n'avançait rien qu'après avoir pris toutes les précautions possibles pour ne pas donner lieu de soupçonner qu'il préférât son sentiment à celui des autres.

Étant fait comme je viens de le représenter, il ne faut pas s'étonner si Ebn Thaher l'avait distingué des autres jeunes seigneurs de la cour, dont la plupart avaient les vices opposés à ses vertus. Un jour que ce prince était chez Ebn Thaher, ils virent arriver une dame, montée sur une mule noire et blanche, au milieu de dix femmes esclaves qui l'accompagnaient à pied, toutes fort belles, autant qu'on en pouvait juger à leur air, et au travers du voile qui leur couvrait le visage. La dame avait une ceinture couleur de rose, large de quatre doigts, sur laquelle éclataient des perles et des diamants d'une grosseur extraordinaire; et pour sa beauté, il était aisé de voir qu'elle surpassait celle de ses femmes, autant que la pleine lune surpasse le croissant qui n'est que de deux jours. Elle venait de faire quelque emplette; et comme elle avait à parler à Ebn Thaher, elle entra dans sa boutique, qui était propre et spacieuse, et il la reçut avec toutes les marques du plus profond respect, en la priant de s'asseoir, et lui montrant de la main la place la plus honorable.

Cependant le prince de Perse, ne voulant pas laisser passer une si belle occasion de faire voir sa politesse et sa galanterie, accommodait le coussin d'étoffe à fond d'or qui devait servir d'appui à la dame. Après quoi il se retira promptement pour qu'elle s'assît. Ensuite, l'ayant saluée en baisant le tapis à ses pieds, il se releva et demeura debout devant elle au bas du sofa. Comme elle en usait librement chez Ebn Thaher, elle ôta son voile, et fit briller aux yeux du prince de Perse une beauté si extraordinaire, qu'il en fut frappé jusqu'au cœur. De son côté, la dame ne put s'empêcher de regarder le prince, dont la vue fit sur elle la même impression : « Seigneur, lui dit-elle d'un air obligeant, je vous prie de vous asseoir. » Le prince de Perse obéit, et s'assit sur le bord du sofa. Il avait toujours les yeux attachés sur elle, et il avalait à longs traits le doux poison de l'amour. Elle s'aperçut bientôt de ce qui se passait en son âme ; et cette découverte acheva de l'enflammer pour lui. Elle se leva, s'approcha d'Ebn Thaher, et après lui avoir dit tout bas le motif de sa venue, elle lui demanda le nom et le pays du prince de Perse : « Madame, lui répondit Ebn Thaher, ce jeune seigneur dont vous me parlez se nomme Aboulhassan Ali Ebn Becar, et il est prince de race royale. »

La dame fut ravie d'apprendre que la personne qu'elle aimait déjà passionnément fût d'une si haute condition : « Vous voulez dire, sans doute, reprit-elle, qu'il descend des rois de Perse? — Oui, madame, repartit Ebn Thaher, les derniers rois de Perse sont ses ancêtres. Depuis la conquête de ce royaume, les princes de sa maison se sont toujours rendus recommandables à la cour de nos kalifes. — Vous me faites un grand plaisir, dit-elle, de me faire connaître ce jeune seigneur. Lorsque je vous enverrai cette femme, ajouta-t-elle en lui montrant une de ses esclaves, pour vous avertir de me venir voir, je vous prie de l'amener avec vous. Je suis bien aise qu'il voie la magnificence de ma maison, afin qu'il puisse publier que l'avarice ne règne point à Bagdad parmi les personnes de qualité. Vous entendez bien ce que je vous dis ; n'y manquez pas ; autrement je serai fâchée contre vous, et ne reviendrai ici de ma vie. »

Ebn Thaher avait trop de pénétration pour ne pas juger par ces paroles des sentiments de la dame : « Ma princesse, ma reine, repartit-il, Dieu me préserve de vous donner jamais aucun sujet de colère contre moi : je me ferai toujours une loi d'exécuter vos ordres. » A cette réponse, la dame prit congé d'Ebn Thaher en lui faisant une inclination de tête, et, après avoir jeté au prince de Perse un regard obligeant, elle remonta sur sa mule, et partit....

La sultane Scheherazade se tut en cet endroit, au grand regret du sultan des Indes, qui fut obligé de se lever, à cause du jour qui paraissait. Elle continua cette histoire la nuit suivante, et dit à Schahriar :

CLXXXVIᴱ NUIT.

Sire, le prince de Perse, éperdument amoureux de la dame, la conduisit des yeux tant qu'il put la voir, et il y avait déjà long-temps qu'il ne la voyait plus, qu'il avait encore la vue tournée du côté qu'elle avait pris. Ebn Thaher l'avertit qu'il remarquait que quelques personnes l'observaient, et commençaient à rire de le voir en cette attitude : « Hélas ! lui dît le prince, ces personnes et vous-même auriez compassion de moi, si vous saviez que la belle dame qui vient de sortir de chez vous emporte avec elle la meilleure partie de moi-même, et que le reste cherche à n'en pas demeurer séparé ; apprenez-moi, je vous en conjure, ajouta-t-il, quelle est cette belle dame qui force les gens à l'aimer, sans leur donner le temps de se consulter ? — Seigneur, lui répondit Ebn Thaher, c'est la fameuse Schemselnihar [1], la première favorite du kalife, notre maître. — Elle est ainsi nommée avec justice, interrompit le prince, puisqu'elle est plus belle que le soleil dans un jour sans nuage. — Cela est vrai, répliqua Ebn Thaher : aussi le Commandeur des croyants l'aime, ou plutôt l'adore. Il m'a commandé très-expressément de lui fournir tout ce qu'elle me demandera, et même de la prévenir, autant qu'il me sera possible, en tout ce qu'elle pourra désirer. »

Il lui parlait de la sorte afin d'empêcher qu'il ne s'engageât dans un amour qui ne pouvait être que malheureux ; mais cela ne servit qu'à l'enflammer davantage : « Je m'étais bien douté, charmante Schemselnihar, s'écria-t-il, qu'il ne me serait pas permis d'élever jusqu'à vous ma pensée. Je sens bien toutefois, quoique sans espérance d'être aimé de vous, qu'il ne sera pas en mon pouvoir de cesser de vous aimer : je vous aimerai donc, et je bénirai mon sort d'être l'esclave de l'objet le plus beau que le soleil éclaire. »

Pendant que le prince de Perse consacrait ainsi son cœur à la belle Schemselnihar, cette dame, en s'en retournant chez elle, songeait aux moyens de voir le prince, et de s'entretenir en liberté avec lui. Elle ne fut pas plutôt rentrée dans son palais, qu'elle envoya à Ebn Thaher celle de ses femmes qu'elle lui avait montrée, et à qui elle avait donné toute sa confiance, pour lui dire de la venir voir, sans différer, avec le prince de Perse. L'esclave arriva à la boutique d'Ebn Thaher dans le temps qu'il parlait encore au prince, et

[1] Ce mot arabe signifie le soleil du jour.

qu'il s'efforçait de le dissuader, par les raisons les plus fortes, d'aimer la favorite du kalife. Comme elle les vit ensemble : « Seigneurs, leur dit-elle, mon honorable maîtresse, Schemselnihar, la première favorite du Commandeur des croyants, vous prie de venir à son palais, où elle vous attend. » Ebn Thaher, pour marquer combien il était prompt à obéir, se leva aussitôt sans rien répondre à l'esclave, et s'avança pour la suivre, non sans quelque répugnance. Pour le prince, il la suivit sans faire réflexion au péril qu'il y avait dans cette visite : la présence d'Ebn Thaher, qui avait l'entrée chez la favorite, le mettait là-dessus hors d'inquiétude. Ils suivirent donc l'esclave, qui marchait un peu devant eux ; ils entrèrent après elle dans le palais du kalife, et la joignirent à la porte du petit palais de Schemselnihar, qui était déjà ouverte. Elle les introduisit dans une grande salle, où elle les pria de s'asseoir.

Le prince de Perse se crut dans un de ces palais délicieux qu'on nous promet dans l'autre monde : il n'avait encore rien vu qui approchât de la magnificence du lieu où il se trouvait : les tapis de pied, les coussins d'appui et les autres accompagnements du sofa, avec les ameublements, les ornements et l'architecture, étaient d'une beauté et d'une richesse surprenantes. Peu de temps après qu'ils se furent assis, Ebn Thaher et lui, une esclave noire, fort propre, leur servit une table couverte de plusieurs mets très-délicats, dont l'odeur admirable faisait juger de la finesse des assaisonnements. Pendant qu'ils mangèrent, l'esclave qui les avait amenés ne les abandonna point : elle prit un grand soin de les inviter à manger des ragoûts qu'elle connaissait pour les meilleurs ; d'autres esclaves leur versèrent d'excellent vin sur la fin du repas. Ils achevèrent enfin, et on leur présenta à chacun séparément un bassin et un beau vase d'or plein d'eau pour se laver les mains ; après quoi on leur apporta le parfum d'aloès, dans une cassolette portative qui était aussi d'or, dont ils se parfumèrent la barbe et l'habillement. L'eau de senteur ne fut pas oubliée : elle était dans un vase d'or enrichi de diamants et de rubis, fait exprès pour cet usage, et elle leur fut jetée dans l'une et dans l'autre main, qu'ils se passèrent sur la barbe et sur tout le visage, selon la coutume. Ils se mirent à leur place ; mais ils étaient à peine assis, que l'esclave les pria de se lever et de la suivre. Elle leur ouvrit une porte de la salle où ils étaient, et ils entrèrent dans un vaste salon d'une structure merveilleuse : c'était un dôme d'une forme des plus agréables, soutenu par cent colonnes d'un beau marbre blanc comme de l'albâtre ; les bases et les chapiteaux de ces colonnes étaient ornés d'animaux à quatre pieds, et d'oiseaux dorés de différentes espèces. Le tapis de pied de ce salon extraordinaire, composé d'une seule pièce à fond d'or, rehaussé de bouquets de roses de soie rouge et blanche, et le dôme peint de même à l'arabesque, offraient à la vue un objet des plus charmants. Entre chaque colonne, il y avait un petit sofa garni de la même sorte, avec de grands vases de porcelaine, de cristal, de jaspe, de jais, de porphyre, d'agate, et d'autres matières précieuses, garnis d'or et de pierreries ; les espaces qui étaient entre les colonnes étaient autant de grandes fenêtres avec des avances à hauteur d'appui, garnies de même que les sofas, qui avaient vue sur un jardin des plus agréables du monde. Ses allées étaient de petits cailloux de différentes couleurs, qui représentaient le tapis de pied du salon en dôme, de manière qu'en regardant le tapis, en dedans et en dehors, il semblait que le dôme et le jardin, avec tous ses agréments, fussent sur le même tapis. On apercevait, le long des allées, deux canaux d'eau claire comme de l'eau de roche, qui gardaient la même figure circulaire que le dôme, et dont l'un, plus élevé que l'autre, laissait tomber son eau en nappe dans le dernier, et de beaux vases de bronze doré, garnis l'un après l'autre d'arbrisseaux et de fleurs, étaient posés sur celui-ci d'espace en espace. Ces allées faisaient une séparation entre de grands espaces plantés d'arbres droits et touffus, où mille oiseaux formaient un concert mélodieux, et divertissaient la vue par leurs vols divers, et par les combats, tantôt innocents et tantôt sanglants, qu'ils se livraient dans l'air.

Le sultan et Dinarzade prêtaient une oreille attentive à la description du palais et du jardin de la favorite, lorsque le jour parut : « Mon Dieu ! dit celle-ci à sa sœur, qui avait cessé de parler, qu'il est fâcheux d'être interrompu au plus bel endroit d'un récit ! » C'est votre faute, répondit Scheherazade, il fallait me réveiller plus tôt : « Je vous promets, reprit Dinarzade, d'être demain plus diligente. »

FIN DU PREMIER VOLUME.

TABLE.

FIN DE LA TABLE DU PREMIER VOLUME.

PUBLICATIONS ILLUSTRÉES

DIVISÉES PAR SÉRIES A 1 FR. 50 C. AVEC PRIME.

En choisissant 8 vol. dans ce catalogue on a droit à une *prime simple*; un choix de 16 vol. donne droit à une *prime double* ou deux *primes simples*.

	Grav.	Vol.	Séries.
ŒUVRES COMPLÈTES DE CHATEAUBRIAND, in-8 jésus	64	16	144
MÉMOIRES D'OUTRE-TOMBE, par Chateaubriand, suivis du **CONGRÈS DE VÉRONE**, de la **VIE DE RANCÉ**, terminés par la **VIE DE CHATEAUBRIAND**, par Ancelot, de l'Académie française	64	8	96
GÉOGRAPHIE UNIVERSELLE, par Malte-Brun	41	8	72
HISTOIRE DE FRANCE, par Anquetil, continuée jusqu'à nos jours	40	8	72
ŒUVRES COMPLÈTES DE BUFFON, mises en ordre par M. A. Richard, nouvelle édition, gravures coloriées avec soin	80	10	100
HISTOIRE DE PARIS, par Dulaure, continuée par C. Leynadier, illustrée de gravures, monuments et costumes, d'après les dessins de Philippoteaux	100	8	80
LES NUITS DE PARIS, drames et récits nocturnes, par Paul Féval	24	4	36
LES MILLE ET UNE NUITS, par Galland	19	4	36
HISTOIRE DES MARINS, PIRATES ET CORSAIRES, par P. Christian, illustrée de 8 types coloriés	40	4	40
LE LIVRE D'OR DE LA FAMILLE BONAPARTE, études historiques, biographies et portraits napoléoniens, illustrés de gravures sur acier et sur bois; ces dernières tirées dans le texte	200	4	36
LE ROI DU MONDE, histoire de l'argent et de son influence. Dernier ouvrage d'E. Souvestre	12	2	18
LES FEMMES DE SHAKSPEARE, précédées de la Vie de l'illustre poëte anglais; notices critiques et littéraires, gravures anglaises	40	2	24
ENCYCLOPÉDIE DES FAMILLES, érudition, choix d'histoires, chroniques, biographies, voyages, anecdotes, etc.	24	3	30
LES FASTES DE VERSAILLES, par H. Fortoul	20	1	12
HISTOIRE DE LA RUSSIE, par Ravergie, continuée jusqu'à la prise de Sébastopol, avec un plan grand-aigle	6	1	9
HISTOIRE DE L'ALGÉRIE FRANÇAISE, par C. Leynadier et G. Clausel, illustrée de gravures, dont 4 coloriées	8	1	9
PARIS EN CHANSONS, notices sur les types excentriques de la grande ville, chansons avec musique de nos meilleurs artistes	14	1	9
LE FOYER DOMESTIQUE, nouvelle revue des feuilletons, illustrée de gravures sur acier et sur bois	40	5	60

Tout souscripteur, en examinant ce catalogue, peut se rendre facilement compte du prix des ouvrages qu'il choisit, du nombre de volumes et gravures illustrant chaque livre, et ne pas être abusé par les voyageurs comme certaines maisons ont pu laisser faculté de le faire en ne précisant pas ce qu'elles offraient au public.

Tous les ouvrages détachés de CHATEAUBRIAND peuvent être pris séparément, chacun d'eux pour le nombre de séries indiquées : ATALA, RENÉ et LE DERNIER ABENCERAGE, 1 vol., 9 séries; LES NATCHEZ, 1 vol., 9 séries; LE GÉNIE DU CHRISTIANISME, 2 vol., 18 séries; LES MARTYRS, 2 vol., 18 séries; ITINÉRAIRE DE PARIS A JÉRUSALEM, 2 vol., 18 séries; ÉTUDES HISTORIQUES, 1 vol., 9 séries; ANALYSE SUR L'HISTOIRE DE FRANCE, 1 vol., 9 séries; LE PARADIS PERDU, 1 vol., 9 séries; ESSAIS SUR LA LITTÉRATURE ANGLAISE, 1 vol., 9 séries; CONGRÈS DE VÉRONE et VIE DE RANCÉ, 1 vol., 10 séries. (Tous ces ouvrages peuvent être donnés en cadeaux d'étrennes.)

POISSY. — TYPOGRAPHIE ARBIEU.

www.ingramcontent.com/pod-product-compliance
Lightning Source LLC
LaVergne TN
LVHW010529100826
845148LV00001B/134

9782012696358